Christa Wolf · Ein Arbeitsbuch

Dokumentation
Essayistik
Literaturwissenschaft

Christa Wolf · Ein Arbeitsbuch

Studien – Dokumente – Bibliographie

Herausgegeben von Angela Drescher

Aufbau-Verlag Berlin und Weimar 1989

Christa Wolf: e. Arbeitsbuch; Studien, Dokumente, Bibliographie / hrsg. von Angela Drescher. – 1. Aufl.
Berlin ; Weimar : Aufbau-Verl., 1989. – 598 S.
(Dokumentation, Essayistik, Literaturwissenschaft)
NE: Hrsg.

1. Auflage 1989

Einbandgestaltung Gerhard Bunke unter Verwendung eines Fotos von Roger Melis
Karl-Marx-Werk, Graphischer Großbetrieb, Pößneck V 15/30
Printed in the German Democratic Republic
Lizenznummer 301. 120/236/89
Bestellnummer 613 829 1
01980

ISBN 3-351-01408-2

Lesarten

… mit der Jugend zu rechnen als mit einem Aktivposten

Gespräch mit Christa Wolf

Forum Die Erzählung ist eine Liebesgeschichte, eine Geschichte mit sehr subjektiven Zügen; ließ sich das allgemeine Thema, auf das gezielt wurde, darin unterbringen?

Christa Wolf Die Konzeption der Geschichte hat sich im Laufe der Arbeit mehrmals erweitert und verändert. Mich hatten Beobachtungen in Brigaden sehr gefesselt, gleichzeitig Beobachtungen an jüngeren Leuten vom Typ des Manfred Herrfurth, dazu die große Problematik unseres geteilten Landes. Allmählich erst wurde aus all diesen Elementen eine Liebesgeschichte, die gleichzeitig die Geschichte einer Trennung ist. Der Leser muß urteilen, ob die Möglichkeiten ihrer Konzeption wirklich genutzt wurden; ob es mir gelang, etwas über unsere Zeit zu sagen, über unsere Art, das Leben zu sehen, über Menschen, die uns begegnen, die uns weiterbringen oder zurückwerfen.

Forum Was macht eigentlich diese Rita, die doch keineswegs ein fertiger Marxist ist, in wichtigen Konfliktpunkten so relativ fest und so „instinktsicher" in ihrer kleinen und ihrer großen Entscheidung?

Christa Wolf Rita ist bei uns groß geworden. Sie hat, später, während der Handlungszeit des Buches, unser Leben als Realität, als Ergebnis des Kampfes von Menschen kennengelernt, die sie achtet. Sie hat, wie die meisten jungen Menschen, ein großes ursprüngliches Bedürfnis nach menschlicher Sauberkeit, nach Ehrlichkeit, nach Güte. Sie hat das Glück, in der entscheidenden Zeit ihres Lebens Menschen zu begegnen, die einfach und aufrichtig nach den Grundsätzen leben, die sie verkünden. Diesen Menschen schließt sie sich auf, ohne noch direkt politisch zu denken oder zu handeln.

Forum Daher ist sie dann imstande, eine für sie persönlich tragische Entscheidung zu treffen, die über eine Einzelentscheidung hinausgeht.

Christa Wolf Vor solch eine Wahl wurden und werden in Deutschland viele gestellt. Rita hat das Gefühl: Dieses Leben hier verlangt von ihr die Anspannung aller Kräfte. Es lohnt sich.

Manfred begreift die jetzigen Formen unseres Kampfes nicht, unsere Ideen in der Praxis überall durchzusetzen. Viele, auch junge Menschen, die erste, nicht immer glückliche Erfahrungen in der Praxis machen, können zu früh mutlos werden, wenn sie nicht spüren: Hinter ihnen steht eine gesellschaftliche Kraft, die öffentliche Meinung, die auch die Literatur vertreten muß.

Forum Der Bruch mit dem Schema – oder: die offene, scharfe Auseinandersetzung mit schematischem, falschem Denken erfolgt in dieser Geschichte überall dort, wo die größte Stärke des Sozialismus entwickelt wird: Vertrauen, Verständnis, Zusammengehen mit allen Menschen; eine – so scheint es uns – außerordentlich interessante „Besonderheit".

Christa Wolf Ich finde es schade, wenn wir eine unserer stärksten Waffen, die Wahrheit, nicht genügend einsetzen. Die politischen und ökonomischen Diskussionen, die in letzter Zeit bei uns geführt werden, sind doch sehr offen. Sie sind meist sachlich, nüchtern, realistisch. In einer Rede über ökonomische Probleme vor der Volkskammer zitierte Bruno Leuschner Lenin: „Kein Wort auf Treu und Glauben hinnehmen, kein Wort gegen das Gewissen sagen, sich nicht scheuen, jede Schwierigkeit einzugestehen, vor keinem Kampf zur Erreichung des gesteckten Ziels zurückschrecken." Zu einem Gewissen, das wirklich zum Urteilen berechtigt, gehört aber *Wissen*, gehört Gewißheit, die man sich durch Arbeit verschaffen muß. Gerade größere Verantwortung schließt Oberflächlichkeit, Schluderei, Anmaßung in der Arbeit aus. Große Teile unserer Jugend sind so selbständig in ihrem Denken geworden, haben sich sichere Maßstäbe für ihre Urteile erworben. Was könnte günstiger sein für eine Weltanschauung, die auf Wissenschaft basiert? Gerade darin müssen wir jeden bestärken, und da wir die Mythisierung, die Phrase, die Lüge nicht brauchen, muß uns überhaupt nicht bange sein um die Erfolge echter Überzeugung.

Für die Literatur heißt das: ohne Hysterie, ohne Exaltation und Suche nach dem Abwegigen die Wahrheit zu finden.

Forum Unsere Literatur müßte den Wünschen und Hoffnungen der Leser, des Publikums viel mehr Aufmerksamkeit zuwenden, ohne sich ihnen gegenüber unkritisch zu verhalten.

Christa Wolf Wir tun seit Jahren nicht genug zur musischen Bildung von uns allen. Darunter verstehe ich zuerst, daß man die Fähigkeit entwickelt, ein großes Kunstwerk als groß zu erleben.

Für mich war eines der größten Kunsterlebnisse der letzten Zeit der Romm-Film „Neun Tage eines Jahres". Hier entdecken Künstler eine ganze neue Generation, ihr geistiges und moralisches Profil, ihre Konflikte, die sich von denen aller vorangegangenen Generationen sehr unterscheiden. Dieser erregende Film wurde und wird bei uns sehr schlecht besucht. Es stimmt, daß er vom Verleih ungeschickt eingesetzt, von der Kritik nicht liebevoll genug behandelt wurde. Aber wir wissen ja, daß große Publikumserfolge sogar gegen Verleih und Kritik entstehen. Also was ist hier geschehen? Warum stürzt sich nicht mindestens unsere junge Intelligenz auf diesen Film? Warum ist zum Beispiel das „Forum" nicht voll mit Diskussionen darüber? Sollte wirklich eingetreten sein, was manche vermuten: Viele Zuschauer wissen mit „Helden", die das alte doktrinäre Heldenschema durchbrechen, nichts mehr anzufangen? Und sogar Funktionären, im Marxismus geschulten Menschen, sei es unbehaglich, einen sowjetischen Wissenschaftler auf der Leinwand zu sehen, der ihren schematischen Vorstellungen vom sowjetischen Wissenschaftler nicht entspricht?

Immerhin wäre auch das nur eine Teilerklärung dieser Frage, die mich beschäftigt ...

Forum Ist nicht dadurch, daß die Literatur noch zu wenig die Lebensweise der heutigen Jugend erforscht, vieles Positive – das sich *neu gebildet* hat – bisher unbeachtet, unfixiert geblieben?

Christa Wolf Sicher.

Wirklich haben wir da viel versäumt. In progressiven Epochen der Geschichte hat sich schon immer eine große Schicht der Jugend an den Idealen ihrer Avantgarde, vor allem in der Literatur, gebildet. In Deutschland war es nicht leicht, in der nach 1945 jüngsten Generation eine solche

Avantgarde, die in ihren Idealen, in ihren Arbeiten auf der Höhe der Zeit stand, zu entwickeln. Alle jungen Menschen bei uns sahen und sehen sich zwei verschiedenen Arten zu leben gegenüber. Sie sind hin- und hergezerrt zwischen diesen beiden Lebensweisen, von denen auf Anhieb die eine, die „westliche“, so viel attraktiver zu sein scheint, weil sie scheinbar „alles erlaubt“. Daß unter diesen Bedingungen, in diesem Deutschland, nach dem Faschismus, allen Widersprüchen direkt ausgesetzt, Menschen herangewachsen sind, die heute als Sozialisten Betriebe leiten, Lehrer sind, Ingenieure – das halte ich für ein eigentliches „deutsches Wunder“. Es stimmt: Die Literatur hat es zu wenig erforscht. Eine dem Leben nahe Literatur wird alle Möglichkeiten haben, sich klar abzugrenzen gegen Verschwommenheit, kleinbürgerliche Einflüsse und Ideologien, die uns feindlich sind.

1962

Anna Seghers

Ein Brief

Berlin, den 20. März 1963

Liebe Christa Wolf,
ich war längere Zeit auf einer Arbeitsreise, daher war ich nicht im Verband, habe verschiedene Sitzungen nicht mitgemacht, aber auch nicht die Besprechung Deines Buches.

„Geteilter Himmel" las ich im „Forum", übrigens oft gehindert, durch die Fortsetzungen und durch Arbeit und Wegsein unterbrochen. So daß ich es unbedingt als geschlossenes Buch noch einmal lesen will.

Ich wollte Dir nur schreiben (ob Du das gern oder ungern hast, weiß ich freilich nicht), daß ich meine, Du bist sehr begabt und hast einen guten Stoff gewählt. Das finde ich zunächst wichtig. Es gibt einen Haufen dazu zu sagen; das möchte ich aber lieber mündlich mit Dir abmachen.

An der Erzählung hat mir etwas gefallen, was vielleicht manchem gar nicht gefällt: Daß die Rita im Grunde genommen noch unschlüssig ist, wenn sie zuletzt zu ihrem Freund fährt. Mir hat die Stelle gefallen, in der sie „zum erstenmal laut sagt, wohin sie fährt", indem sie die U-Bahnkarte kauft und auch gleich die Rückfahrkarte bezahlt.

Nur müßte das meines Erachtens (meines Erachtens ist keineswegs gültig) ohne Motivierung ausgedrückt sein, die furchtbare Spannung in sich selbst müßte für den Leser absolut und ganz kommentarlos genügen, und das würde sie auch in diesem Fall. Nur kurze Fragen der Billettverkäuferin, nur kurze Antworten resp. Gedanken Ritas usw.

Das gilt übrigens für die ganze Darstellung. Meines Erachtens (immer im selben eingeschränkten Sinn, nämlich nur meines Erachtens) ist der „Geteilte Himmel", das geteilte Land, das geteilte Volk usw. sehr stark vereinfacht. Vielleicht weil Du beide Teile nicht kennst. Deshalb ist ja Manfred von Anfang an geradezu prädestiniert für die andere Seite.

Das gehört aber zu all den Sachen, die ich lieber mündlich mit Dir besprechen würde. Auch von meiner eigenen Arbeit, von meiner eigenen Arbeitsfahrt möchte ich Dir gern erzählen, wenn Du Lust hast. Bitte schreib einmal oder telephoniere (oder kommst Du zu der Einladung am 25. und 26. März?)

Viele Grüße

Deine Anna Seghers

Hans Bunge

Im politischen Drehpunkt

Man wird sich vielleicht erinnern, daß Uwe Johnsons Roman „Mutmaßungen über Jakob“, der 1959 im Suhrkamp Verlag erschien, lange Zeit in der Bestseller-Liste der Bundesrepublik stand. Ebenso großes Interesse fand ein mit den „Mutmaßungen“ stofflich verwandtes Buch, das 1963 in der DDR veröffentlicht wurde: Christa Wolfs Erzählung „Der geteilte Himmel“ (Mitteldeutscher Verlag, Halle); nach dem Vorabdruck in der Zeitschrift „Forum“ (Auflage 100000) hatte es innerhalb eines halben Jahres drei Auflagen mit rund 50000 Exemplaren erreicht, nebenher lief es außerdem als Fortsetzungsreihe in einer großen Frauenzeitschrift.

Die Übereinstimmung der beiden Fabeln ist deutlich: Jakob Abs ist am Ende des Krieges mit seiner Mutter – wie auch die Rita (im „Geteilten Himmel“) mit ihrer Mutter – in die sowjetisch besetzte Zone Deutschlands gekommen. Beiden Kindern ist der Vater im Kriege umgekommen, und beide Kinder werden in der DDR erzogen. Jakob wird Eisenbahner, Rita arbeitet in einer Waggonfabrik. Wie Rita dem Geliebten nachfährt, der Chemiker in einem großen Werk war und dann nach Westberlin geflüchtet ist, so fährt auch Jakob seiner Freundin Gesine nach, die in der DDR studiert hat und dann NATO-Sekretärin wurde. Rita und auch Jakob kommen in die DDR zurück. Rita gerät zwischen zwei Eisenbahnwaggons und wird beinahe getötet, Jakob wird auf den Schienen überfahren; in beiden Fällen bleibt unklar, ob es sich um einen Unglücksfall oder um Absicht handelt. Neben den Knotenpunkten in den Geschichten beider Hauptgestalten stimmen auch weitere Einzelheiten in ihrem Leben überein. Es gleichen sich auch andere Personen in beiden Erzählungen. Und eine Übereinstimmung gibt es bei beiden Autoren schließlich in der erzählerischen Grundkonzeption: Jeweils vom Ende her, dem Tode Jakobs beziehungsweise der Ohnmacht Ritas, werden ihre Geschichten rekonstruiert.

Ich will mich nicht lange bei dem Unterscheidungsmerkmal aufhalten, das jedem Leser auffällt: Johnsons Buch ist ein sprachliches Kunstwerk, seine stilistische Meisterschaft ist unbestritten. Christa Wolfs Stil ist sauber, aber nicht hinreißend, man spürt eher die Feile penibler Überarbeitung als den Schwung der großen Begabung. Die Sprache wird sorgfältig gehandhabt, aber nicht schöpferisch. Neben Geglücktem gibt es Entgleisungen. Die Erzählung scheint groß angelegt, aus einem Guß, aber einer genauen Überprüfung hält die Komposition nicht stand; sie hat nur formale Bedeutung und ist nicht notwendig durch den Inhalt bedingt – wie es bei Johnson der Fall ist, wo die Haltung des Berichterstatters identisch mit der Form der Darstellung ist.

Wir gewinnen nicht viel aus diesem Vergleich. Bedeutungsvoller scheinen mir andere Merkmale, durch die Johnsons (wenn auch noch in der DDR geschriebenes) Buch als typisch für die Bundesrepublik und Christa Wolfs Buch als typisch für die DDR gewertet werden können. Johnson schildert aus großer Distanz, objektiv, nüchtern, intellektuell, interessiert an der Sache, aber eine mögliche Anteilnahme weitgehend unterdrückend und keine Anteilnahme fordernd. Christa Wolf steht den Personen ihrer Geschichte mit spürbarer Wärme gegenüber. Sie markiert mit jeder Zeile ihren eigenen Standort und wendet sich, beeinflussend, direkt an den Leser. So wie von den Hauptgestalten Jakob allein steht und niemand wirklich etwas von ihm weiß, während Rita sich in einer Gemeinschaft befindet, in der sich alle um sie kümmern – so ist das eine Buch vornehmlich eine Information, während das andere Buch ein Erziehungsmittel ist. Es wird für möglich gehalten, daß der Leser Erkenntnisse gewinnt und durch Anteilnahme an den Schicksalen der literarischen Gestalten verändert wird. Johnson beschreibt auch Verhaltensweisen, aber die Beschreibung vermittelt lediglich Ansichten, die keine Verbindlichkeit haben – und haben sollen. (Als Kuriosum sei vermerkt, daß Johnson sich selbst – eher als in irgendeiner Figur seines eigenen Romans – in dem Manfred Herrfurth des „Geteilten Himmel“ wiedererkennen könnte: in jenem Wissenschaftler, der aus der DDR durch Enttäuschungen vertrieben wurde und der dort mehr fehlt, als er in der Bundesrepublik erwartet wurde.)

Die Tatsache, daß Christa Wolf aktuelle Vorgänge beschreibt, die sie selbst beobachtet hat oder aus erster Hand erfuhr und nachprüfen konnte, ist wichtig für die Beurteilung ihrer Arbeit. Kunst ist für sie ein Faktor der gesellschaftlichen Selbstverständigung bei möglichst unmittelbarer und direkter Auswirkung auf die Wirklichkeit. Sie schreibt Gebrauchsliteratur im besten Sinne des Wortes: Ein Buch soll notwendig und nützlich sein, weil es gebraucht wird „der Antworten wegen". Christa Wolf beschäftigt sich mit der „Spannung zwischen Ideal und Wirklichkeit, zwischen Glückserwartung und Glückserfüllung", mit dem Widerspruch zwischen den ökonomischen, gesellschaftlichen, politischen Möglichkeiten – und der oft unvollkommenen Verwirklichung. Im „Geteilten Himmel" wird dieses „Hauptproblem vieler junger Menschen" – wie Christa Wolf es einschätzt – dargestellt, und das Werk verdankt seine große Anziehungskraft wahrscheinlich der Tatsache, daß der Leser als produktiver Konsument betrachtet wird. Christa Wolf setzt einfach voraus, daß, was sie abhandelt, die Sache des Lesers ist und genau seinen Interessen entspricht – und viele Stimmen beweisen, daß es ihr gelungen ist, diese „Anteilnahme an der eigenen Sache" zu erzeugen.

Ein Hauptfaktor dieses Prozesses ist vielleicht, daß Christa Wolf ihre Erfahrungen – „wie empfindlich der Mechanismus der modernen Gesellschaft auf jede Verletzung der ihm zugrunde liegenden Gesetze reagiert und wie direkt manchmal ökonomische Fehler, Versäumnisse oder einfach noch unerkannte Prozesse zu menschlichen Konflikten führen" – auch auf dieser persönlichen Ebene demonstriert. In dieser Vertrautheit, die zuwege gebracht wird, wirken Vereinfachungen nicht wie Schönfärberei, und es ist sinnlos, „das Schwere in Leicht umzudeuten und das Dunkle in Hell". In der Erzählung sagt der Lehrer Schwarzenbach zu Rita: „Sozialismus – das ist doch keine magische Zauberformel. Manchmal glauben wir, etwas zu verändern, indem wir es neu benennen. Sie haben mir heute bestätigt: Die reine nackte Wahrheit, und nur sie, ist auf die Dauer der Schlüssel zum Menschen. Warum sollen wir unseren entscheidenden Vorteil freiwillig aus der Hand legen?" Dieser Satz ist eine Maxime Christa Wolfs. Sie bricht da mit Gewohnheiten, die in der DDR-Literatur nicht unüblich waren. Aber es zeigt sich, daß die Beurteilung, ob ein literarisches Werk pessimistisch oder optimistisch ist, nicht so sehr von den Tatsachen abhängt, die mitgeteilt werden, als vielmehr davon, welche Impulse durch die Art und Weise der Beschreibung geweckt werden. Unter diesen Umständen muß Christa Wolf als besonderes Verdienst angerechnet werden, daß sie viele Unsitten, beispielsweise die Heuchelei, nicht nur als existent nachweist, sondern auch unerbittlich in ihrer verheerenden Wirkung bloßstellt.

Ein wesentliches Merkmal haben die Figuren in der Erzählung alle gemeinsam: Sie sind durchschnittlich. Ihre Geschichten, ihre Erfahrungen, ihre Verhaltensweisen entsprechen ganz „gewöhnlichen" Menschen ohne besondere, hervorstechende Eigenschaften, und ihre Handlungen sind tausendfach reproduzierbar. Die Sympathie, die dem Buch in der DDR entgegengebracht wird, kann möglicherweise damit erklärt werden, daß nicht besonderer Heroismus gefordert, sondern daß gerade die Schönheit des „einfachen Lebens" als das Besondere, Wünschbare proklamiert wird. Das Buch beginnt und endet mit dem Gedanken: „Wir gewöhnen uns wieder, ruhig zu schlafen. Wir leben aus dem vollen, als gäbe es übergenug von diesem seltsamen Stoff Leben, als könnte er nie zu Ende gehen." Antriebsmoment der Personen im „Geteilten Himmel" ist nicht die Sehnsucht nach Heldentaten – und nicht einmal die vorsätzliche Bereitschaft, Opfer zu bringen. Die Aktivität wird vielmehr erzeugt aus der Hoffnung, ruhig, ohne Aufregung, ohne Kämpfe, ohne Furcht leben zu können. Das Motiv, das Christa Wolf immer wieder verwendet und mit dem beinahe alle Handlungen erklärt werden, ist: die Enttäuschung darüber, daß das Ideal noch nicht verwirklicht ist – und die Überzeugung, daß es erreicht werden kann. Die Personen reagieren – um einen wissenschaftlichen Begriff vulgär zu verwenden – kybernetisch: Sie streben den Zustand der Ausgeglichenheit an, und sie geraten in Bewegung, wenn dieser Zustand von außen gestört wird. Das ist ungemein menschlich! Die Tatsache, daß ein solches Buch in der DDR wegen seiner Tendenz *schon* ausgezeichnet (Christa Wolf erhielt den Heinrich-Mann-Preis 1963) und gleichzeitig *noch* angegriffen wird, ist nicht nur für die Literatur oder für die Kritik bedeutsam: Sie markiert vor allem einen politischen Drehpunkt. Unter diesem Gesichtspunkt kann Christa Wolf ein noch so feinsinniges ästhetisches Urteil – daß ihre Erzählung nicht in die große Literatur eingehen wird – gefaßt beiseite legen: Das Buch hat eine große politische Bedeutung. Es wird mittelbar vielleicht auch ein besseres Klima für die Literatur in der DDR schaffen. Die Rita im „Geteilten Himmel" ist gesundet, als „sie sieht, wie jeden Abend eine unendliche Menge an Freundlichkeit, die tagsüber verbraucht wurde, immer neu hervorgebracht wird".

1964

Anna Chiarloni

Christa Wolf: „Der geteilte Himmel"

„,Den Himmel wenigstens können sie nicht zerteilen', sagte Manfred [...] ,Doch', sagte sie leise. ,Der Himmel teilt sich zuallererst.'"[1]

Die Szene ereignet sich im Juli 1961 in Berlin, der Dialog kennzeichnet den Abschied von Rita und Manfred: Noch bevor die Trennungslinie zwischen den beiden Teilen Deutschlands am 13. August 1961 durch den Bau der Mauer die Stadt zerteilt, verläuft sie als Bekräftigung der inneren Zugehörigkeit zu gegensätzlichen Wertsystemen zwischen den einzelnen Menschen.[2] Das Thema der Entscheidung für oder gegen das System durchzieht in den fünfziger Jahren die Literatur der DDR.

Auf der einen Seite steht Rita, das zwanzigjährige Mädchen vom Lande, von proletarischer Herkunft, mutig und feinfühlig, großzügig und geduldig. Doch sie besitzt auch die für den neuen sozialistischen Menschen unabdingbare Eigenschaft der Neugier und erweist sich damit würdig, vom ,guten' Funktionär auf der Suche nach zuverlässigem jungem Nachschub rekrutiert zu werden: Als Studentin einer pädagogischen Hochschule kommt sie in die Stadt, wo sie mit der Realität der Produktion in Berührung kommt; sie erfährt die Arbeitersolidarität und nimmt teil daran. Am Ende, als sie sich dazu gezwungen sieht, zwischen Ost und West, zwischen dem Sozialen und dem Privaten zu wählen, ist ihr Verhalten das einer exemplarischen Protagonistin im Sinne von Lukács, in der die zeitbestimmenden Kräfte aufeinandertreffen und die im Moment der Entscheidung kohärent vom „Sog einer großen geschichtlichen Bewegung" (246), dem Sozialismus, angezogen wird.

Auf der anderen Seite steht Manfred, Chemiker von Beruf, zehn Jahre älter und damit von der nazistischen Vergangenheit noch beeinflußt oder, wie er selbst von sich sagt, zu früh von der Gleichgültigkeit vergiftet und daher nicht bereit, Ritas vertrauensvollen Optimismus gegenüber der sozialistischen Zukunft zu teilen und somit dazu prädestiniert, von der Leere aufgesogen zu werden und in den kapitalistischen Westen zu gehen.

Dieser Gegensatz, der die ideologische Leitlinie des Romans bildet, folgt jedoch bei der Beschreibung von Manfred, der negativen Figur, Richtlinien, die von den traditionellen Mustern der sozialistischen Epik abweichen und die im Zusammenhang mit der Schließung der Westgrenze relative Liberalisierung der Kulturpolitik zu Beginn der sechziger Jahre in der DDR erkennen läßt.

Manfred entspricht zwar zum Teil der gewöhnlichen Typologie des negativen Helden, er ist bürgerlicher Herkunft[3] und daher possessiv, pessimistisch, introvertiert und darüber hinaus ein Feinschmecker, doch er besitzt ohne Zweifel Eigenschaften, die die Sympathie des Lesers wecken. Neben den Eigenschaften, ein Feinschmecker zu sein, der selbst für sich kocht, und ein Akademiker, den danach verlangt, seine Arbeit auf ehrliche Weise zu tun, kennzeichnet ihn eine Einstellung zur Vergangenheit, die man gewiß nicht nostalgisch nennen kann: Er lehnt jede Beziehung zu seinen Eltern ab, die es 1945 eilig hatten, die Bilder des Führers durch unschuldige Herbstlandschaften zu ersetzen, und die heute nichts Besseres zu tun wissen, als die Krisensymptome der jungen Republik zu bespitzeln. Die Bewältigung der Vergangenheit geschieht in ihm durch einen Schnitt, der die Generationen trennt und jeglichen Kompromiß [ausschließt] mit einer, Kafka ähnlich, als Lebenssarg empfundenen häuslichen Umgebung. „Warum wollen sie nicht wahrhaben, daß wir alle ohne Eltern aufgewachsen sind?" (19) Versehen mit qualifizierten Voraussetzungen, wählt der junge Manfred den sozialen Bereich für seine Selbstbehauptung. Daß es ihm jedoch nicht gelingt, die enge Optik des Privaten zu überwinden, ist eben das Problem, mit dem Christa Wolf sich auseinandersetzt, in gewissem Sinn eine Fragestellung vorwegnehmend, die im Mittelpunkt ihres späteren Romans „Nachdenken über Christa T." steht.

Manfred ist, pauschal gesagt, eine negative Gestalt, von der man etwas lernen kann. Zwar scheitert er, doch gerade durch die Beschreibung seines Scheiterns beleuchtet Christa Wolf die politischen Irrtümer der fünfziger Jahre. Denn Manfreds wirkliche Schwäche ist sein Mangel an Geduld, an vertrauensvoller Geduld, so wie sie Rita besitzt: Luzide und kompetent beurteilt er die industriellen und menschlichen Fehlplanungen – es sind die Jahre, in denen der schwierige wirtschaftliche Neubeginn belastet wird durch die massive Abwanderung der qualifiziertesten Arbeitskräfte in die Bundesrepublik –, doch er erträgt die Kurzsichtigkeit eines Systems, das einem technisch unbefriedigenden kollektiven Projekt zur Errichtung eines neuen Webstuhls den Vorrang gibt, nicht und bricht die mit einem jungen Studenten durchgeführten Untersuchungen ab: Ihm fehlt die Geduld zu warten, daß das System den Fehler absorbiert und korrigiert. Er zieht sich zurück in eine Haltung aristokratischer Isolation.

Doch Christa Wolf beschränkt sich nicht darauf, die vorhersehbaren Fehlentscheidungen und Spannungen einer improvisierten Technokratie in der Klemme zwischen dem westlichen Boykott und den dringenden Problemen des moralischen und zivilen Wiederaufbaus zu benennen.

Mit Manfreds Geschichte erhebt sie ihre Stimme gegen die intellektuelle Verselbständigung einer vorwiegend mit der Funktionsfähigkeit ihres korporativen Apparats beschäftigten Bürokratie, die für die von der Basis kommenden Impulse bereits unerreichbar geworden ist. Der Gegensatz von Individuum und Gesellschaft (der von Plenzdorf behandelt wird und in den letzten Jahren Literatur und Filmgeschichte der sozialistischen Länder beschäftigt) bildet nicht den Mittelpunkt von Manfreds Geschichte. Die Gründe für seine fehlende Geduld und damit für seine Entscheidung liegen nicht in seiner durch die moralische Inkonsistenz der Vätergeneration provozierten Skepsis[4] oder in seiner beruflichen Niederlage[5], sondern vielmehr in einer weiter zurückliegenden, erniedrigenden Erfahrung einer aus politischem Opportunismus verratenen Freundschaft, als Manfred, auf der Suche nach Solidarität bei der mutigen Stellungnahme gegen den schulischen Konformismus, von einem ehemaligen nahen Freund, einem Karrierejournalisten, öffentlich der bürgerlichen Dekadenz verdächtigt und bezichtigt wurde.

Durch diese Episode, der im Verlauf der Erzählung ähnliche weitere Erfahrungen folgen, wird der Beginn von Manfreds politischer Regression gekennzeichnet. Die Autorin rückt hier das bis heute ungelöste Problem des Konfliktes zwischen dem durch die Abschaffung des Privateigentums geschaffenen Recht des einzelnen auf Mitgestaltung der Gesellschaft und der bürokratischen Verwendung von Informationen auf seiten einer ständig auf die eigene Selbsterhaltung bedachten Macht in den Mittelpunkt.

Mit dem scheiternden Versuch, einen privaten Ausweg in der Liebe zu suchen, mit dem anarchischen Ausbruch, der es ihm verwehrt, sich „um der Gerechtigkeit willen" (178) der Staatsraison zu fügen, übernimmt Manfred, Leser von Heine[6], im Roman die Funktion des negativen Sehers, dem Christa Wolf die denunzierende Bloßstellung des tragischen „immer" einer die Lebensangst des einzelnen verewigenden stalinistischen Macht überträgt. Eben durch seine Briefe aus Westberlin wird das noch heute in der Literatur der DDR tabuierte Thema des Stalinismus aufgeworfen; allerdings auf eine Weise, die von Manfreds ahistorischer Auffassung der menschlichen Natur, in der er eine unausrottbare, tierisch brutale Konstante (244) sieht, beeinflußt ist. Doch diese Thematik begleitet und unterstreicht Ritas Desorientierung gegenüber der Dissonanz zwischen Wort und Realität, zwischen den gespannten und resignierten Gesichtern der Arbeiter und den in der Fabrikzeitung veröffentlichten strahlenden Bildern der „Brigade", zwischen den täglichen Mißständen und ihrer Verwandlung in leuchtende Slogans einer triumphalistischen Epik.

Betrachtet man dagegen Christa Wolfs „langen Weg der Gefühle" im Licht ihrer späteren Werke, so ist zu sagen, daß Manfred – und nicht Rita – den inneren Kampf der späteren Protagonisten, von Christa T. zum Kleist in „Kein Ort. Nirgends", vorwegnimmt. Mit seinem Sarkasmus gegen die durch gute Noten prämierte Heuchelei, gegen Leute, die nicht auf die Zeitung angewiesen sind, weil sie „hinter die Kulissen" (244) sehen, gegen das dauernde Abschminken der Realität von seiten der Machthaber erhält Manfred eine wesentlich komplexere und problematischere Bedeutung als die zahllosen Figuren, die ihm bei der Flucht in den Westen vorangegangen sind.[7]

Aus dem Gesagten wird einsichtig, daß Christa Wolf schon in diesem Roman die Realität jenseits des offiziellen Sprachgebrauchs, der im Wind wehenden Fahnen und der Sicherheiten jener Jahre zu hinterfragen versucht. Eine Realität, die sie übrigens aus erster Hand kennt. Die im Roman beschriebene Waggonfabrik entstammt einer wirklich gelebten Erfahrung:

Auch Christa Wolf hatte seinerzeit den Bitterfelder Weg gewählt, der wie der Proletkult der zwanziger Jahre die Allianz zwischen Intelligenz und Arbeitermassen proklamierte, dazu berufen, „die Höhen der Kultur zu besteigen". Auch sie war der Einladung der Partei, sich in den Produktionsprozeß einzugliedern, um die Welt der Arbeiterklasse aus eigener Erfahrung beschreiben zu können, gefolgt. Doch die Einsichten, zu denen Christa Wolf gelangt, unterscheiden sich wesentlich von den Erkenntnissen all der Betriebsromane, die auf diese Initiative hin erschienen. Das Werk ist ein kreischendes, schmutziges Durcheinander (40), wo die sogenannten Leistungsnormen Haltungen der Ablehnung und Abwehr verstärken oder im Gegenteil die Isolierung der am meisten leistenden Arbeiter konsolidieren. Die Geschichte von Meternagel ist in diesem Sinn von exemplarischer Deutlichkeit.

Meternagel, ein Arbeiter, der seine ganze Kraft für den Aufbau einer gerechteren Gesellschaft hingibt, repräsentiert in vieler Hinsicht eine Gegenfigur zu Manfreds Vater mit umgekehrtem Vorzeichen. In den ersten Jahren der sozialistischen Entwicklung, als die politische Vertrauenswürdigkeit notwendig an die Stelle der fachlichen Kompetenz treten mußte, wurde er von der Welle außerordentlicher sozialer Mobilität auf Kommandostellen in die Höhe geschnellt. In den darauffolgenden Jahren wird er von der jüngeren Generation effizienter Technokraten überflügelt und degradiert, er kehrt in die Fabrik zurück, wo er sich aufreibt in einem ständigen Kampf gegen die lasche Arbeitsmoral der Genossen und gegen äußere Einflüsse, deren Zusammenhänge ihm oft entgehen, um mehr zu produzieren und damit langsam die Lage der Nation zu verbessern.

Meternagel ist der innere Konflikt fremd. Seine Bewegung vom Ich zum Wir geschieht durch das Selbstopfer, in der Überzeugung, daß sein Handeln der historischen Notwendigkeit des Augenblicks entspricht. Der Meternagel der sechziger Jahre entspricht dem auf eine bessere Zukunft vertrauenden Arbeiter, der immer bereit ist, sein privates Leben den Forderungen der Kollektivität unterzuordnen.

Eine solche Gestalt mußte gerade der rückständigen Kritik willkommen sein. Nach Günther Dahlke schließt der Kampf um die Verwirklichung der neuen sozialistischen Gemeinschaft das Opfer des einzelnen nicht aus, denn im Namen der Menschheit und des Vaterlands sind solche Opfer zu rechtfertigen.[8]

Meternagel bleibt zwar eine positive Figur, doch, genau besehen, würde man sagen, daß Christa Wolf ihm oder besser: dem System gegenüber, dem er sich ganz verbunden fühlt, einige Reserven hegt. Und daß somit der ideologisch belastete Einwurf, dem Roman fehle etwas von der unerschütterlich fortschrittsgläubigen Geschichtsauffassung der Partei,[9] nicht ganz unbegründet ist.

Denn Meternagel isoliert sich gerade durch seinen Eifer unter dem Druck der Stoppuhr im Namen der individuellen Produktivität,[10] wodurch er implizit die Solidarität der Arbeiter untereinander verneint: So sind es gerade seine Arbeitsgenossen, die sich seiner zu entledigen suchen durch eine zweite ätzende Degradierung. Meternagel ist eigentlich – wie schon andere Gestalten der Seghers – dem christlichen Märtyrer näher als dem beispielhaften sozialistischen Arbeiter: „Vor ihren Augen [Rita – A.C.] hatte ein Mensch einen schweren Packen auf sich genommen, von niemandem gezwungen, nicht nach Lohn fragend, […] hatte Schlaf und Ruhe geopfert, war verlacht worden, gehetzt, ausgestoßen." (96) Meternagels individuelle Physiognomie ist nicht so „verarmt", wie Dieter Schlenstedt meint,[11] sondern besitzt eher die demütige und großzügige Geduld, die den Leser an Boxer, das Pferd aus Orwells „Animal Farm", erinnert oder an die Allegorie des ehrlichen und ausdauernden Kommunisten, der sich ganz hergibt in dem Glauben, die Arbeit biete die Lösung aller Probleme. Und wie in „Animal Farm" der von der Arbeit ausgemergelte Boxer nur vom Willen weiterzumachen aufrechterhalten wird, bis er auf den Viehwagen kommt, der ihn ins Schlachthaus bringt, so arbeitet Meternagel bis zum physischen Zusammenbruch, bis ihn der Krankenwagen aus der Fabrik fährt.

Der Vergleich mit Orwell soll nicht bedeuten, „Der geteilte Himmel" erlaube eine antikommunistische Lesart, er soll vielmehr die Vielschichtigkeit der Probleme andeuten, mit denen Christa Wolf sich konfrontiert. So ist zum Beispiel interessant, wie die Autorin anhand von Meternagels Geschichte bestimmte entfremdende Aspekte der Arbeit im realen Sozialismus beleuchtet, die den Arbeiter vom Subjekt zum Objekt eines Ablaufs machen, den er nur scheinbar kontrolliert. Das sind Themen, die in der theoretisch-politischen Debatte erst fünfzehn Jahre später mit der Unruhe stiftenden Veröffentlichung der „Alternative“ von Bahro[12] auftauchen.

Alles in allem gewinnt man den Eindruck, daß mutatis mutandis Christa Wolf die gleichen Erfahrungen gemacht hat wie, Lukács zufolge, Balzac. Das Eindringen in die Fabrikwirklichkeit bringt die militante und manchmal dogmatische Kommunistin jener Jahre dazu,[13] eine gewisse Auffassung der Welt beiseite zu legen und das zu beschreiben, was sie in Wirklichkeit sieht. Und hier ist ihr klargeworden, daß die Machtlosigkeit der Arbeiter zur Folge hat, daß diese sich gegenüber dem System eher als Kleinbürger denn als Arbeiter verhalten: „Sie [Rita – A. C.] rief sich ins Gedächtnis, was sie jetzt, nach drei Monaten, von jedem wußte. Was war ihnen wichtig? Die Braut, das kleine ererbte Grundstück, das Motorrad, der Garten, die Kinder, die alte Mutter, die blind war und Pflege brauchte, die neuen Arbeitsnormen, Schauspielerfotos.“ (98)

Wie man sieht, ist Meternagel nicht der einzige emblematische Vertreter des Proletariats. In diesem Zitat wird die Rückständigkeit einer gänzlich der Privatsphäre verhafteten Arbeiterklasse beschrieben, es zeigt keine Spur des für die Literatur und Graphik dieser Jahre typischen kollektivistischen Triumphalismus. Es sind Beobachtungen, die eine Bewußtheit der eigenen intellektuellen Rolle voraussetzen und damit eine kritische Distanz implizieren, die zu der servilen und voluntaristischen Einfühlung, die aus anderen Werken des Bitterfelder Wegs spricht, im Gegensatz steht.

Aufschlußreich ist dazu zum Beispiel, wie Regina Hastedt in ihrem Roman „Die Tage mit Sepp Zach“, einer Reportage über ihren Aufenthalt in der Zeche „Karl Liebknecht“, das Resultat ihrer Begegnung mit dem Arbeiter und Aktivisten Sepp Zach kommentiert, wobei man sich fragen kann, ob nicht allein der Zechenname, diese Doppelbezeichnung für Revolution und Arbeit, genügt, um die Kulturpolitik der fünfziger Jahre zu verdeutlichen: „Wir standen uns anfangs sehr hilflos gegenüber. Ich stellte ihm Fragen – kompliziert formuliert –, die er nicht so beantworten konnte, wie ich es erwartete. Erzählte er etwas aus seinem Leben, wußte ich nichts damit anzufangen, weil ich sein Leben und seine Arbeit nicht kannte. Wir hatten so gar nichts Gemeinsames [...] Aber dann kam die Zusammenarbeit in Gang: Er zeigte mir Dinge, die ich früher nicht gesehen hatte. Dann lehrte er mich schaufeln. Ich mußte so lange schaufeln, bis ich den Rhythmus im Gefühl und die Hände blutig hatte. Und so lernte ich allmählich seine Arbeit mit seinen Augen sehen. – Und dann kam das Tolle: Ich sah meine Arbeit auch mit anderen Augen."[14]

Der jüdisch-christliche Begriff der Arbeit als Qual, als Strafe für die Erbsünde gelangt hier zu seiner Umkehrung, und die in der bürgerlichen Welt seit Calvin entwickelte Ideologie, die Arbeit sei die einzige Rechtfertigung der Existenz, erreicht hier ihre äußerste Grenze. In den Erklärungen der Hastedt wird das System der Arbeit zur einzigen Quelle von Kultur und zugleich ihre einzige Rechtfertigung, was die Argumente der Kritiker der bürgerlichen Ideologie auf den Plan ruft, denn für diese Autorin ist die Arbeit im Sozialismus nicht nur schön und revolutionär, sondern wird auch zu einem bevorzugten Weg für die Entwicklung des Bewußtseins. Das ist ein rein ideologischer Gebrauch dieser Kategorien, der auf den absurden Schluß hinausläuft, daß der Mensch um so „intellektueller" ist, je mehr er sich verdinglicht. Die Ideologisierungen der Hastedt weisen auf die extremen Folgen eines im gesamten marxistischen Denken vorhandenen Widerspruchs hin, das auf der einen Seite die Befreiung des Menschen anstrebt und auf der anderen die soziale Notwendigkeit der Arbeit bis zu dem Punkt behauptet, wo diese in ihren gröbsten und eben „ideologischen" Formen zur reinen Rationalisierung der Arbeit tout court und damit auch der vom Kapitalismus geschaffenen und exportierten Bedingungen der Arbeit wird. Das Ideologische steckt dabei in dem Versuch, den Homo faber in der kollektiven Fabrik oder Baustelle einzusetzen, was implizit die manuelle gegenüber der intellektuellen Arbeit privilegiert: „He, du, Schreiber, stehen Deine neunhundert Zeilen auch so gut auf unserer Erde wie meine zwölf Stockwerke?" schreit in einer Erzählung von Martin Stade[15] der Maurer dem Schriftsteller zu.

Christa Wolf paßt sich diesen Positionen nicht an. Die Arbeiter der Waggonfabrik, die ihre Energien sparen, um sich mit einer zweiten Arbeit die Gunst einer Frau oder ein weiteres Küchengerät zu erwerben, und Meternagel mit seiner Theorie des individuellen Opfers als angeblich tragendem Wert sind im Grunde genommen komplementär: Sie bezeugen das Fehlen eines alternativen Konsummodells, eines neuen sozio-politischen Konzeptes und eines tragenden Subjektes. Nach dem Verlust von Manfred versucht Rita eben in der Fabrik, sich zwischen zwei auf sie zurollenden Eisenbahnwaggons umzubringen. Eine in der Literatur der DDR vor 1963 sicher anomale Geste und kein „zufälliger" Tatort, worüber nachzudenken Christa Wolf ausdrücklich hinweist (257). Wenn man dem dann hinzufügt, daß die intellektuelle Arbeit, das „Nachdenken", das den Roman strukturiert, außerhalb der Fabrik geschieht, fern von der Welt der „Unordnung", so wird klar, daß der von Christa Wolf eingeschlagene Weg sich stark von der Bitterfelder Richtung unterscheidet.

Die Geschichte wird aus Ritas Perspektive erzählt, vom Moment an, in dem sie nach dem Unfall in der Fabrik im Bett eines Krankenhauses wieder zu sich kommt, bis zu ihrer Heilung und ihrer Rückkehr in die Arbeitswelt. Fast zwei Monate ohne Ereignisse, in denen die Gegenwart sich überlappt und verquickt mit der Erinnerung an eine nahe Vergangenheit, das Jahr 1960/61, in dem Ritas Leben von zwei zentralen Beweggründen gezeichnet worden ist: der Liebe zu Manfred und dem Eintritt in die Realität der Produktion. Doch wird die Legitimität einer Erzählung, die sich am Faden der Erinnerung entfaltet, von Christa Wolf mehrfach in Frage gestellt – „die Erinnerung trügt" (142) – bei dem Versuch, eine Schreibweise zu finden, bei der auf dem Papier wie in der menschlichen Natur Vergangenheit und Gegenwart zwar interagieren, wo jedoch viel mehr der Phantasie und der Erfindung als der einfachen Registrierung der Tatsachen die Aufgabe zukommt, die verstehende Durchdringung der Wirklichkeit zu vermitteln. Die Verarbeitung des Wirklichen, die Reflexion, ist also der Weg, auf dem Rita die Vergangenheit „begreift" und sich selber wiederfindet. Ein solcher Prozeß kann auch zu einem erklärten Abstand vom „Realen" führen. Dazu der Kommentar zu einem Gespräch zwischen Manfred und Rita: „Rita weiß nicht mehr, ob sie das alles sagten, aber in ihrer Erinnerung gab es das Gespräch, so wie es sein Gesicht gab – ganz nah und doch unerreichbar [...]" (172)

An anderer Stelle scheint Christa Wolf eine Untersuchung über den Prozeßcharakter des Denkens und sein Verhältnis zur Sprache vorwegzunehmen; eine Fragestellung, auf die sie in ihren späteren Werken eingeht.[16] Es handelt sich dabei vorerst um schüchterne Signale von der Arbeit eines Bewußtseins, das sich mit der neuen Sphäre der offiziellen ideologischen Gewißheiten konfrontiert, die keine „große Auswahl an Gedanken, Hoffnungen, Zweifeln"[17] zuläßt. Es scheint fortwährend eine Weigerung durch den die Lyrik und Prosa der DDR durchziehenden Gleichklang zwischen Mensch und Natur, zwischen Natur und menschlicher Arbeit zu propagieren[18]: Noch ehe sie getrennt sind, geht vom Himmel, der schwer über der fremden Stadt hängt, eine unbestimmte Drohung aus, während „eine trübe Flut von Lüge, Dummheit, Verrat" (201) aus dem Boden aufsteigt. Also nicht gerade die schöne sozialistische Gesellschaft, sondern vielmehr die bedrückende Schwere einer fortwährend aufsteigenden Vergangenheit, ähnlich der sich über den Landschaften von Kunert zusammenballenden bedrohlichen, finsteren Wolke. Eine belastende Schwere, die nur die im ausschließlich privaten Bereich gepflegte und ausgetauschte Freundlichkeit vielleicht zu lindern vermag.[19]

Kommen wir wieder zu Rita, der angeblich exemplarischen Gestalt einer Selbstverwirklichung in der sozialistischen Welt, wie der Umschlag der deutschen Ausgabe bekräftigt.[20] Es bleibt zu untersuchen, ob diese Figur jenseits der programmatischen Definitionen inner- und außerhalb des Textes in ihren Beziehungen zu den anderen Personen nicht eine ihr eigene Schwäche und Passivität verrät, die auf einen weiter gefaßten Problembereich zurückführt.

Ritas Entwicklung bewegt sich in zwei Richtungen, in die private – aus dem jungen Mädchen wird eine Frau – und in die politische – aus dem unerfahrenen Mädchen vom Lande wird ein Mensch, der „auf der Seite der Geschichte" stehen will. Diese beiden Entwicklungsrichtungen kontrastieren miteinander und führen zu dem Konflikt, der im Roman durch Ritas Selbstmordversuch symbolisiert wird: „Sie sieht die zwei schweren, grünen Wagen noch heranrollen, unaufhaltsam, ruhig, sicher. Die zielen genau auf mich, fühlte sie, und wußte doch auch: Sie selbst verübte einen Anschlag auf sich." (257)

Die beiden Eisenbahnwagen verkörpern dabei die beiden antagonistischen Kräfte, die Liebe und die Arbeit, das Private und das Politische, zwischen denen Rita eine Wahl zu treffen hat, die, ganz gleich wie sie ausfällt, ein Stück von ihr selbst fordert. (243)

Betrachten wir nun, wie Christa Wolf Ritas private Geschichte beschreibt. Neben Manfred, dem stämmigen Teutonen, der sich frühmorgens, halbnackt im Freien stehend, das kalte Wasser über Brust und Rücken laufen läßt, ein Mann, der „schwer zu fassen" (20) ist, mit männlichen und leicht paternalistischen Verhaltensweisen[21], neben ihm wird Rita erwachsen. Manfred besitzt, sozusagen, das *Know-how* des Lebens, er ist es, der Rita die neue und geheimnisvolle Welt der Stadt zugänglich macht: „Er hatte für all die fremden, langweiligen, zugeschlossenen Straßen und Plätze den Schlüssel [...] Er öffnete ihr die Stadt, sie sah, daß sie verborgene Schönheiten und Reichtümer hatte." (34) Manfred ist es, der den Weg weiß, wenn Rita „wie immer" die Orientierung verliert, vor allem jedoch ist er es, der weiß, wer sie ist,[22] der ihr die Sprache ihres Körpers „beschreibt" und sie damit formt: „Ein neuer Ausdruck war in ihrem Gesicht, den kannte sie selbst noch nicht. Dieses Gesicht verdankte sie ihm, und sie zeigte es nur ihm, heute und immer." (82) Ritas Identität wird also von Manfred vorgezeichnet, durch ihn wird sie sich ihrer selbst, ihres Körpers bewußt. Doch es ist eine unsichere, an Manfreds Anwesenheit gebundene Selbstvergegenwärtigung, die sich verflüchtigt, sobald sie mit sich allein ist: „Überhaupt bin ich häßlicher geworden, weil mich zwei Wochen lang keiner angesehen hat" (172), klagt Rita, als Manfred im Begriff steht, in den Westen zu gehen.

Erst nach dem Unfall, im vom Kontakt mit der Natur und damit in der Rückkehr zu den eigenen Ursprüngen angereicherten Nachdenken empfindet Rita sich selbst: „Der Wind hat sich gelegt. Rita steht da und sieht zum erstenmal in ihrem Leben Farben. Nicht das Rot und Grün und Blau der Kinderbilderbücher. Aber die zwanzig verschiedenen Grautöne des Bodens oder die unzähligen Spielarten von Braun an den Bäumen [...]" (131) Das wäre eine wesentliche Wendung, genau in der Mitte des Textes, die eine tiefreichende Selbsterfassung anzeigt. Ritas Zustand „läßt sich nur mit dem Staunen des

Kindes vergleichen, das zum erstenmal denkt: *Ich.* Rita ist ganz erfüllt vom Staunen des Erwachsenen." (131) Wenn der Beschreibung dieser Wiedergeburt nicht ein Traum voranginge, in dem Rita einen langen Weg geht und an ihrer Seite ist nicht Manfred – „merkwürdig!" –, sondern Wendland, der gute, zähe und dabei ungebundene Funktionär, wenn auch Vater von zwei Söhnen. Und dann „sitzen sie schon in Ritas kleiner Mädchenkammer im Häuschen der Tante", während „die Luft, die durch das offene Fenster hereinkommt, nach Wiesen riecht" (131). Der sorgfältig „entstellte" Traum (Ritas Verwunderung stammt daher, daß sie in Wirklichkeit ihre Sympathie für Wendland immer geleugnet hatte) zeigt eine „Arbeit der Verschiebung" zwischen zwei als verwandt und ähnlich empfundenen Männerbildern an.

Das Ich, das Rita in sich wiederfindet, wächst, im Unterschied zum darauffolgenden Roman, nicht über die Grenzen des Systems hinaus, es ist nicht autonom, sondern es verbindet sich mit einer männlichen Gestalt, die den Vorgänger ersetzt und implizit die ideologische Beispielhaftigkeit von Ritas Wahl garantiert.

Die in den folgenden Arbeiten weit überzeugender gestaltete Analyse der weiblichen Identität hebt hier Ritas strukturelle Schwäche hervor, sie bleibt eine subalterne, von männlicher Unterstützung abhängige Persönlichkeit und negiert damit von innen heraus jene positive Rolle, die die Kritik ihr einstimmig zugesprochen hat.

Die Analyse der Personen und ihrer Funktionen im Roman kommt nun zu folgenden Schlußfolgerungen: Manfred, die den Westen wählende negative Figur, weicht insofern von den gewohnten Schemen ab, als er die Priorität sozialer gegenüber den persönlichen Motivationen nicht anerkennt, dabei jedoch eine die politische Bürokratisierung der fünfziger Jahre kritisierende Funktion übernimmt.

Meternagel, der exemplarische Arbeiter, verwirklicht seinen Wunsch, „aus dem vollen zu leben", nicht, sondern negiert dagegen mit seiner Geschichte die Glaubwürdigkeit der strahlenden Helden in der sozialistischen Literatur, indem er die der Organisation der Arbeit eigenen Widersprüche ans Licht bringt.

Rita schließlich, die zwar Trägerin der zum Primat des Sozialen führenden Reflexion ist, besitzt nicht die psychische Autonomie für eine führende Rolle, da sie Unterstützung braucht, was ihre im Unbewußten liegende Abhängigkeit aufdeckt.

Die vorurteilslose Beobachtung der Wirklichkeit, die daraus folgende Erneuerung der literarischen Formen und die einer Prosa, die sich der offiziellen Epik entgegenstellt, erwachsenden Widersprüche sind Zeichen für die Suche nach neuen Wegen in der Literatur der DDR. Eine Suche nach der eigenen Identität als Intellektuelle, die Christa Wolf in ihren späteren Werken dazu führt, die Tiefen des sich mit den Vorbildern der Geschichte konfrontierenden Individuums auszuloten.

1985

1 Christa Wolf, Der geteilte Himmel. Halle (Saale) 1974, S. 253; Seitenzahlen fortan im Text.

2 Wie aus den Daten hervorgeht, bedingt die Entscheidung für zwei entgegengesetzte Welten die Trennung von Manfred und Rita und nicht die „Mauer", wie Alexander Stephan dagegen meint (Christa Wolf. München 1976, S. 34).

3 Erst im Jahre 1971 begegnen wir im postum erschienenen Roman von Brigitte Reimann, „Franziska Linkerhand", einem positiven Helden bürgerlicher Herkunft.

4 So Dolei in seinem sonst interessanten Artikel „Christa Wolf o la difficoltà di adattarsi" [Christa Wolf oder die Schwierigkeit der Anpassung]. In: Tre saggi sulla letteratura tedesca contemporanea [Drei Aufsätze zur deutschen Gegenwartsliteratur]. Quaderni del „Sicolorum Gymnasium" VII, Catania 1979.

5 Stephan, Christa Wolf, S. 45.

6 Es ist eine Lektüre, die die positiven Seiten dieses Autors hervorhebt: Heine, vom Nazismus verboten, gehört mit Lessing zu den geistigen Erneuerern der DDR in der Nachkriegszeit.

7 Zum Thema der Entscheidung zwischen den beiden deutschen Ländern sei hier eine Auswahl der bedeutendsten Texte gegeben: Erich Loest, Das Jahr der Prüfung (1955); Anna Seghers, Die Entscheidung (1959); Brigitte Reimann, Ankunft im Alltag (1961); Karl-Heinz Jakobs, Beschreibung eines Sommers (1961); Hermann Kant, Die Aula (1963).

8 In: Martin Reso, „Der geteilte Himmel" und seine Kritiker. Dokumentation mit einem Nachwort des Hrsg. Halle (Saale) 1965, S. 254.

9 Dietrich Allert, Hubert Wetzelt, Die große Liebe. Ebenda, S. 82.

10 In der sozialistischen Welt wird der Rhythmus der Produktion nach Leistungsnormen bestimmt, die das Arbeitstempo des einzelnen Arbeiters

festsetzen auf der Grundlage von Zeitwerten, die von den produktivsten Arbeitern geleistet werden.

11 In: Reso, „Der geteilte Himmel", S. 218.

12 Dazu vor allem Kapitel XIII der Alternative (Köln–Frankfurt 1977).

13 Interessant in diesem Sinn ist die vernichtende Kritik an einem Roman von Welk in: „Probleme des zeitgenössischen Gesellschaftsromans. Bemerkungen zu dem Roman Im Morgennebel von Ehm Welk" (Neue Deutsche Literatur [Berlin], 1/1954, S. 142–150).

14 Regina Hastedt, „Den laß ich nicht mehr los". In: Neue Deutsche Literatur, 6/1959, S. 29. Ich habe diesen Abschnitt betont, weil er als besonders repräsentativ für den Bitterfelder Weg zitiert wird von Hans Jürgen Geerdts in: Geschichte der Literatur der DDR. Berlin 1976, S. 316f.

15 Martin Stade, Ein bißchen Traurigkeit. In: Tage für Jahre. Hrsg. von E. Schmidt. Rostock 1974, S. 226. – Auch Volker Braun besingt, über seinen Schreibtisch gebeugt, die Bewegungen des Arbeiters, der vor seinem Fenster einen Wolkenkratzer baut, so lange, bis er die Gestalt eines heroischen Reiterstandbildes annimmt.

16 Über Rita, die Manfred von ihren Arbeitskollegen erzählt, schreibt Christa Wolf: „Ihre genauen, witzigen Beobachtungen machten ihm Spaß, und sie sah manchen erst richtig, während sie ihn Manfred beschrieb." (104)

17 Christa Wolf, Nachdenken über Christa T. Halle 1974, S. 31.

18 Ich zitiere zur Klärung zwei exemplarische Verse: „Im Schilf wiegt sich ein Kahn / fern summt die Autobahn." Johannes R. Becher, Gedichte. Leipzig 1969, S. 160.

19 „Der Tag, der erste Tag ihrer neuen Freiheit, ist fast zu Ende. Die Dämmerung hängt tief in den Straßen. Die Leute kommen von der Arbeit nach Hause. In den dunklen Häuserwänden springen die Lichtvierecke auf. Nun beginnen die privaten und öffentlichen Zeremonien des Abends – tausend Handgriffe, die getan werden, auch wenn sie am Ende nichts anderes bewirken als einen Teller Suppe, einen warmen Ofen, ein kleines Lied für die Kinder. Manchmal blickt ein Mann seiner Frau nach, die mit dem Geschirr aus dem Zimmer geht, und sie hat nicht gemerkt, wie überrascht und dankbar sein Blick ist. Manchmal streicht eine Frau einem Mann über die Schulter. Das hat sie lange nicht getan, aber im rechten Moment fühlt sie: Er braucht es.
Rita macht einen großen Umweg durch die Straßen und blickt in viele Fenster. Sie sieht, wie jeden Abend eine unendliche Menge an Freundlichkeit, die tagsüber verbraucht wurde, immer neu hervorgebracht wird. Sie hat keine Angst, daß sie leer ausgehen könnte beim Verteilen der Freundlichkeit." (269)

20 Vgl. Wolf, Der geteilte Himmel, Klappentext.

21 So die häufige Geste, Ritas Kinn hochzuheben und ihr dabei in die Augen zu schauen.

22 „‚Du bist ein weißer Rabe', sagte er. ‚Und das Beste ist: Du weißt es nicht.' ‚Was ich nicht weiß, weißt du', erwiderte sie." (88)

Heinrich Mohr

Produktive Sehnsucht[1]

Struktur, Thematik und politische Relevanz von Christa Wolfs „Nachdenken über Christa T."[2]

„Ein leicht angreifbares und schwer greifbares Stück Literatur [...], ein Roman, der Interpretationen herausfordert [...] und der sich [...] jeglicher Interpretation entziehen möchte."[3] So hat man das „Nachdenken über Christa T." beschrieben, den wahrscheinlich meistrezensierten und -diskutierten deutschen Roman der jüngsten Zeit. Das ist richtig; dieser Roman ist erregend vielschichtig und mehrdeutig. Er ist nicht aufzulösen in der Interpretation; es bleibt etwas Rätselhaftes, das reizt oder Ärgernis erregt.

Schon die Frage nach der Struktur der Erzählung führt ins Problematische, obwohl sich das „Nachdenken" zunächst einem traditionellen Schema einzufügen scheint. Eine Figur – die Erzählerin – denkt, genau wie der Titel es sagt, über eine zweite Figur – Christa T. – nach: mit dem Ziel, das Bild der Gestorbenen wiederherzustellen oder überhaupt die Freundin nach ihrem Tod erst zu erkennen, ihre ‚Gestalt', ihre ‚Wahrheit' aus der abgetanen Wirklichkeit ihres abgebrochenen Lebens hervorzuholen und hinzustellen. „Daß die Zweifel verstummen und man sie sieht." (235)

Der Prozeß des Nachdenkens ist als Thema ebenso wichtig wie die stets nur partiellen Resultate. Vernachlässigt ist dagegen die Nachdenkende. Die Figur der Erzählerin bleibt ohne Gesicht und ohne Geschichte; sie hat keinen Namen und existiert fast nur in bezug auf Christa T., und meist ist es nur in diesem Sinne, daß sie ‚ich' oder ‚wir' sagt. Das wenige, was der Leser von ihr weiß, erfährt er im Zusammenhang mit Christa T. Sie ist etwas jünger als diese, das heißt zur Zeit der Niederschrift, kurz nach Christa T.s Tod im Frühjahr 1963, etwas über fünfunddreißig Jahre alt.[4] Sie hat wie die Freundin in Leipzig Germanistik studiert; sie ist, wie diese es gewesen war, verheiratet und hat Kinder. Sie ist, was Christa T. sein wollte, Schriftstellerin.

Die auffallende Vernachlässigung der Erzählerfigur zusammen mit solchen weit vorgetriebenen Entsprechungen zum

Objekt des Erzählens legen den Gedanken nahe, daß es gar nicht um zwei Gestalten geht, daß vielmehr Christa T. und die ihr nachdenkende Freundin ein und dieselbe sind, und zwar die Autorin Christa Wolf. Schon die Identität der Vornamen scheint in diese Richtung zu deuten. Die Aufspaltung der Autorin in zwei literarische Figuren, in die Tote und in die mit dem Nachdenken befaßte Lebende, wäre also ein Kunstgriff, der den Zweck hat, die autobiographische Substanz des Romans zu verdecken und die so verdeckte Autobiographie zu ermöglichen.

Hans Mayer hat ein solches Deutungsmodell vorgelegt.[5] Er spricht von der „stellvertretenden Bedeutung" des Lebens und Sterbens der Christa T. für Christa Wolf und zitiert „Die Leiden des jungen Werther" zur Verdeutlichung. Auch Christa T. sterbe „paradigmatisch", damit ihre Autorin weiterleben und als Schriftstellerin in der DDR weiter arbeiten könne.[6]

Ich will die Erzählsituation im „Nachdenken über Christa T." wörtlich nehmen, also an zwei voneinander getrennte Gestalten ‚glauben', die sich gegenüberstehen. Die Struktur ist nicht monologisch, sondern dialogisch. Wörtlich soll auch der Vorspruch der Autorin genommen werden: „Christa T. ist eine literarische Figur. Authentisch sind manche Zitate aus Tagebüchern, Skizzen und Briefen. Zu äußerlicher Detailtreue sah ich mich nicht verpflichtet." Es hat also einen wirklichen Menschen gegeben, der im Buch in die Figur Christa T. übersetzt ist.[7] Das Buch gibt sich jedoch nicht als Resultat dieser Übersetzung; die poetische Operation wird vorgeführt. Sie hat ein strenges Programm. Aus den Zufälligkeiten des Historischen soll das ‚Eigentliche' herausgeholt, aus der Wirklichkeit die ‚Wahrheit' herausdestilliert und in der literarischen Gestalt Christa T. vorgestellt werden. In der literarischen Gestalt soll die wirkliche Freundin ‚aufgehoben' sein. Von der ‚Gestalt' wird erwartet, daß sie, einmal vorhanden, Wirkung tut. Die Blässe der Erzählerfigur, die nur als forschende und fragende, als poetische Intelligenz erscheint, findet eine neue Erklärung. Nicht Subjekt und Objekt der Erzählung sind identisch, wohl aber die Figur der Erzählerin im Roman und dessen Autorin. Die Erzählerin wird nicht – oder doch nur ganz ansatzweise – in eine literarische Figur umgesetzt; deshalb muß sie gesichts- und namenlos bleiben. Die Anonymität der

Erzählerin ist der Preis, den Christa Wolf dafür zahlt, daß sie selbst im Roman präsent sein kann. Das bedeutet ein direktes Engagement der Autorin.

Damit ergibt sich eine neue Perspektive. Was Christa Wolf unternimmt, ist ein ernstes Geschäft von moralischer und politischer Relevanz: Herstellung der Wahrheit mit den Mitteln der Poesie. Das Programm wird in einem Vor-Kapitel umschrieben; ja, es ist schon im ersten Satz des Buches gegeben: „Nachdenken, ihr nach-denken“ (7). Überlegen und Erinnern sind die beiden Pole der „Arbeit“, die die Erzählerin an die tote Freundin wendet; „daß sie sich zu erkennen gibt“ (9), ist das Ziel. Es wird leitmotivisch und mit Pathos mehrfach wiederholt – „daß man sie sehen kann“ (156) – als eine Art Losung, die anspornt und am Schluß des Buches, der die Erzählsituation des Beginns wieder aufgreift, sich fordernd zur Gegenwart wendet: „daß die Zweifel verstummen und man sie sieht. Wann, wenn nicht jetzt?“ (235)

Das Ziel bestimmt die Struktur des Buches. Man hat wenig und teilweise Irreführendes gesagt, wenn man das „Nachdenken“ der Rubrik ‚Erinnerungsroman‘ zuweist. Erinnert wird etwas, was man gehabt hat und was man behalten will. Der Erinnernde hat ein defensives Verhältnis zur Zeit.

Aber das ist nur ein Aspekt des „Nachdenkens“. Die Erzählerin begnügt sich nicht damit, die Wirklichkeit des Lebens der Toten literarisch einzuholen und aufzuheben; sie will ihre ‚Wahrheit‘ finden, sie herstellen, die ‚Gestalt‘ hervorbringen und sie der Gegenwart anbieten: damit sie Wirkung tut. Im Nachdenken wird die Erinnerung produktiv und richtet sich in die Zukunft.

Ein wichtiges Thema des „Nachdenkens“ ist die Zeit; für den Erzählvorgang selbst ist sie weitgehend irrelevant. Die erzählte Zeit wird nicht in ihrer eigentlich zeitlichen Dimension gefaßt, sondern als ‚Erinnerungsraum‘, in dem alles, was geschah, gleichzeitig da ist und dem Unternehmen der Erzählerin zur Verfügung steht. Es gibt keinen Lebenslauf der Christa T., sondern Stationen, oft auch nur Augenblicke, Momentaufnahmen. ‚Bedeutung‘ ist das Ordnungsprinzip des Romans, nicht Chronologie. „[...] die Chronologie stört“, heißt es ausdrücklich (139). Es bleibt allerdings von ihr, gleichsam zufällig und unbeabsichtigt, so viel an Restbeständen stehen, daß sich der Leser mit geringer Mühe den Lebenslauf der Christa T. aus den gegebenen Stationen zusammenfügen kann. Das ist gewollt. Die weiterfragende Intelligenz des Lesers soll nicht auf die Aufhellung dunkler Tatbestände, auf die Dechiffrierung eines Lebenslaufes zurückgerichtet werden. Sein Fragevermögen wird nach ‚vorne', auf seine Gegenwart und Zukunft gerichtet. Deshalb, und wohl auch um konservative Lesegewohnheiten nicht zu sehr zu verschrecken, wird die Vita – im groben, nicht ohne Lücken und Dunkelstellen – gleichsam nebenbei mitgegeben.[8]

Die Mittel, die der Erzählerin für das poetische Unternehmen ‚Herstellung der Wahrheit, der Gestalt der Christa T.' zur Verfügung stehen, sind: die eigene Erinnerung an die mit der Toten gemeinsam verbrachten Jahre; nachweisbare, ‚objektive' Tatsachen; Erzählungen und Auskünfte von Freunden und Bekannten, vorweg die des Mannes der Christa T.; die poetischen und kritischen Versuche und die Tagebücher der Freundin.

Die Erzählerin verfügt über dieses reiche und vielfältige Material und ist damit zugleich in der Gefahr, auch über die Tote zu „verfügen" (7). Die Macht bereitet ihr Angst. Über die Tote ‚verfügen' heißt sie abtun, sich ihrer ‚entledigen'. Das Wissen um diese Gefahr ist und bleibt bis zum Ende ein wichtiges Ingredienz des Nachdenkens.

Es ist zunächst die Gefahr der Erinnerung, einer ichsüchtigen, besitzergreifenden Erinnerung, welche die Freundin, die sich so gut zu entziehen wußte, im nachhinein ‚haben' will. Das ist das Gegenteil von ‚Erkennen'. Aber auch die disziplinierte, zur Arbeit entschlossene, auf der anderen bestehende Erinnerung erfährt sich von Mal zu Mal als unzulänglich. „Die Farbe der Erinnerung trügt", notiert sie sich (7). Was wirklich gewesen ist, erscheint überdeckt und verzerrt, steht nur zu oft für ein versäumtes ‚Eigentliches', auf das es ankäme. Die Wirklichkeit ist verworren, oft auch verlogen; selbst wenn es der Erinnerung möglich wäre, sie einfach zu reproduzieren, würde das Resultat nicht viel taugen. Kriterien, die das Erinnerungsvermögen leiten und Sicherheit versprechen könnten, wollen sich nicht einstellen. Hält die Erzählerin Tagebücher und Schreibversuche der Toten mit der eigenen Erinnerung zusammen, so überfällt sie vollends Rat- und Hilflosigkeit.

Selbstverständlichkeiten fallen auseinander; die Erinnerung fügt sich nur schwer mit der Sprache der Toten zusammen; und auch wo beide sich berühren, will sich nichts Stimmiges ergeben.

Die für das Nachdenken über die tote Freundin spezifischen Schwierigkeiten verallgemeinern sich zum Zweifel am literarischen Handwerk. Was wichtig ist und wirkliche Betroffenheit auslöst, scheint sich der Erzählbarkeit zu entziehen. Nur das Abgetane ist erzählbar. „Da sie [die Geschichte – H. M.] erzählbar geworden ist, scheint sie hinter uns zu liegen ..." (83) Erzählen ist eine Form des Abtuns. Der Vorgang des Erzählens scheint sich notwendig gegen die eigene Intention zu richten.

Den ‚Tatsachen' vertraut die Erzählerin am wenigsten. Worauf es ihr ankommt, steckt in oder hinter den Tatsachen, und zwar auf eine seltsam vertrackte Weise, die es erst zu bestimmen gilt. Wer sich an die Tatsachen als solche hält, erscheint ihr als leichtfertig. „Leichtfertigkeit" ist ein negatives Stichwort; sie „würde einen Toten endgültig töten[...] Darum kann man sich, leider, an die Tatsachen nicht klammern, die mit zuviel Zufall gemischt sind und wenig besagen." (31)[9] Tatsachen als solche sind nicht interessant. Daher werden sie in der Perspektive der Erzählerin seltsam realitätslos, abstrakt. Erst was sie bei den Menschen, die sie betreffen, bewirken, ist für sie interessante Wirklichkeit. Die ist schwer oder überhaupt nicht ‚objektiv' nach- und beweisbar. „Aber was sind Tatsachen?", notiert sich Christa T. Und die ihr Nachdenkende antwortet stellvertretend für die Tote: „Die Spuren, die die Ereignisse in unserem Innern hinterlassen." (218) Das genau ist die Wirklichkeitsebene des Buches der Christa Wolf und die Ebene seiner intendierten Wirkung. ‚Nachdenken' soll Tatsachen schaffen.

Von Berichten und Meinungen anderer Mitlebender, die mit der Toten Verbindung hatten, macht die Erzählerin wenig Gebrauch, wenig auch von denen des Mannes der Christa T., obwohl sie mit ihm Kontakt hat und er ihr Vorhaben kennt und unterstützt. Auch er scheint sich ungewiß über die Gestalt zu sein, die aus diesem Unternehmen aufsteigen wird, eher einer, der ‚erwartet' und etwas empfangen will, als einer, der gibt. Meist glaubt die Erzählerin schon zu wissen, was der oder jener an Christa T. hat sehen können und über sie denken muß: auf Grund seiner Natur und der Verhältnisse. Sie weiß darüber so gut Bescheid, daß sie zum Beispiel ein Gespräch mit einer gemeinsamen Studienfreundin imaginieren kann und gar nicht nötig hat, es wirklich zu führen (58–65).

Die Erzählerin ist gescheit und voller Skrupel; Fragwürdigkeit und Unzulänglichkeit ihrer Mittel und Materialien sind ihr voll bewußt. Sie zeigt ihre Schwierigkeiten immer wieder vor, wie überhaupt das „Nachdenken“ alles vorzeigt, auch und gerade den Kunstverstand im Arbeitsprozeß. Das Ganze ist in einem umfassenden Sinn ein Buch des Vorzeigens. Die Versuchung, das Unternehmen als undurchführbar aufzugeben, tritt der Erzählerin mehrfach nahe. Resignation überkommt sie: „Trauer walten lassen“ (96) scheint als einziges der Toten gegenüber noch möglich zu sein.

Es bedarf eines moralischen Aufschwungs, um solcher Verzagtheit Herr zu werden. Die Erzählerin ermutigt sich und den Leser ständig. Sie spornt an und fordert auf, nicht nachzulassen – etwa mit Wendungen wie „Dann wollen wir schon unsere Trauer von uns abtun und sie nehmen und sie wirklich vor uns hinstellen“ (97) oder „Nehmen wir uns zusammen, sehen wir sie groß“ (221). Das sind Aufforderungen an die Adresse der Einbildungskraft, genauer, Aufforderungen, der Einbildungskraft etwas zuzutrauen, sich ihr zu vertrauen. Eine Chance, das Unternehmen zu bestehen, die ‚Gestalt‘ der Christa T. mit den gegebenen Mitteln aus den gegebenen Materialien heraus zu ‚erfinden‘, gibt es nur dann, wenn die Erzählerin Mut faßt, wenn sie groß denkt von dem Vermögen der poetischen Einbildungskraft. Ihr wird zugemutet und – zögernd – auch zugetraut, die ‚Wahrheit‘ eines Lebens sichtbar und wirksam zu machen.

Diese Verfahrensweise der poetischen Einbildungskraft gilt es zu untersuchen. Die Erzählerin beginnt mit einem Bild: die halbwüchsige Christa T., die ihren Ruf ausstößt, die eine zusammengerollte Zeitung plötzlich an den Mund hält und hineinruft oder -bläst. Das geschah an einem Nachmittag gegen Kriegsende, auf dem gemeinsamen Weg zum Kino. In dieser Geste ‚erkannte‘ sie, die Erzählerin, zum ersten Male Christa T., und in diesem Bild ist ihr die ‚Gestalt‘ heute noch, und heute nur noch deutlicher, ‚dargestellt‘. „[...] ich sah sie. Sehe sie bis heute, aber heute erst recht." (14) Es läßt sich schwer und nur unzulänglich sagen, was zu ‚sehen' war; allenfalls ist Wirkung und Bedeutung bildhaft zu umschreiben: der „Ruf [...], der das alles wegwischte und für einen Sekundenbruchteil den Himmel anhob" (15). Dieser ‚wahre' Augenblick des Beginns ist eine Art Identitätszeichen. Er wird wiederholt zitiert: im letzten Brief der Erzählerin an die Sterbende (9), in einem bedeutenden Gespräch zwischen beiden (215). Für die Komposition des ersten Kapitels bildet er den Kristallisationskern, dem alles, was sonst zu sagen ist, zugeordnet wird.

Ihre Erinnerungen absuchend, vielfältiges Material hin- und herwendend, erkennt die Erzählerin, daß „man erfinden muß, um der Wahrheit willen: jener Gestalt, die mir manchmal schon erscheint und der ich mich mit Vorsicht nähere" (31). ‚Erfinden' – damit erst ist die Distanz geschaffen, die es ermöglicht, aus dem Bereich hilflosen und nie hinreichenden Nachbuchstabierens vermeintlicher Wirklichkeit herauszutreten, ‚produktiv' zu werden, erinnerte Wirklichkeit in ‚Wahrheit', in eine ‚Gestalt' zu übersetzen. Von dem Mut zur Freiheit, der die Einbildungskraft als das spezifisch poetische Vermögen erst freisetzt, lebt das „Nachdenken über Christa T.".

Das Werk fordert und macht Gebrauch vom ‚Möglichkeitssinn'. Um der Erkenntnis willen werden Festlegungen der Wirklichkeit aufgehoben, zeitweise sogar die entscheidende: der Tod der Freundin (8, 156). Das Verhältnis zur Wirklichkeit wechselt; die Machtgewichte verschieben sich ständig. Die Wirklichkeit kann die Erzählerin zwingen, Neigungen und Wünsche beiseite zu rücken. So gibt es einen Briefentwurf der Christa T., den sie „gerne unterschlagen hätte" (89); dreimal auf zwei Seiten wiederholt sie das, bittet um Verständnis – „Ich muß diesen Brief leider mitteilen" (89) – und betont, daß sie nicht für ihn verantwortlich ist. „Ich erfinde ihn nicht." (90) Sie hat hier der stärkeren Macht der Wirklichkeit nachzugeben. Ähnlich spricht sie von einem „gewöhnlichen Sommer", über den aber dennoch zu reden ist; denn „sie hat so viele Sommer nicht mehr, wir haben kein Recht, ihr diesen zu entziehen" (95).

Die Erzählerin tritt gegenüber dem ‚Stoff' bald herrisch, bald bescheiden auf, immer freilich tritt sie ihm ‚gegenüber'. Nicht recht befriedigend scheint ihr im Rückblick die Wiederbegegnung mit der Freundin. Nachdem sie die Szene ‚wirklichkeitsgetreu‘ erzählt hat (33–36), möchte sie die unbefriedigende Wirklichkeit literarisch in Ordnung bringen, das heißt, sie möchte die Szene nochmals erzählen: so, wie sie eigentlich hätte sein sollen. Sie will ein Stück Literatur machen, in dem die Wirklichkeit zu sich selber kommt.

Häufig wird der Wirklichkeit poetisch auf die Sprünge geholfen, wobei der Leser stets Einblicke in das Spiel mit den Polen Wirklichkeit und Fiktion erhält. Am wohlsten scheint sich die Erzählerin zu fühlen, wenn sie nicht allzu viele Tatsachen kennt, auf die sich zu berufen sie freilich nicht unterläßt. Sie baut kleine ‚schöne‘ Geschichten. Zum Beispiel über eine „Sommerliebe“ der Freundin: „Schwer zu erzählen. Aber gar nicht erzählbar unter dem entmutigenden Zwang der Tatsachen, die wir zum Glück nicht kennen. [...] Ein Abend Ende Juni. Wo sie also, wenn wir wollten, am Zaun stand unter den Kirschbäumen im Schulgarten, die verbürgt sind, ebenso der kleine Ententeich, dem sie den Rücken zukehrte.“ (48) Nachdem die Geschichte erzählt ist, tritt die Erzählerin hervor, bekennt sich als Autorin der Szene und unterstreicht deren fiktiven Charakter. „So oder anders. In diesem oder im folgenden Jahr. Dieser oder ein anderer.“ Gleich darauf weist sie mit bestimmender Geste der Toten die Geschichte zu, als etwas, was ihr von Rechts wegen gebührt. „Das soll sie gehabt haben, ich will es. Sie soll erfahren haben, was sie wissen mußte[...]“ (53f.)

Von ‚Sommerliebe‘ ist nur noch ein Schritt zu der Art Geschichten, die wir ‚Dichtungen in Variationen über ein vorgegebenes Thema‘ nennen wollen. Es sind Entwürfe, die die Erzählerin ihrer Not entgegenstellt, dem beim Niederschreiben des Bezeugten – „denn jeder Satz ist doppelt bezeugt und hält der Nachprüfung stand“ (147) – wieder wachen „alten Mißtrauen“, daß ihr Netz nicht taugt. Sie erfüllen am reinsten den Vorsatz des Erfindens „um der Wahrheit willen“ (31). Thema ist die Liebe der Christa T. zu dem Mann, den sie heiraten wird: Justus, der Rechte. Gedichtet wird der prägnante Augenblick der Entscheidung. Sehr genau, mit Datum und detailliertem Zeitkolorit, beschreibt die Erzählerin ein Kostümfest, an dem sie und die beiden teilnahmen. Zuvor hat sie von ihrer Mühe gesprochen, ein Zimmer für die Liebe der beiden „zu erschaffen“ (147). Am Schluß der Kostümfest-Erzählung verzichtet sie auf die Zimmer-Erfindung. Was wirklich geschehen ist, so scheint es und wird in entschieden festsetzenden Sätzen auch gesagt, hat ihre Erfindung überflüssig gemacht; die Erzählerin tut gut daran, der Wirklichkeit einfach beschreibend zu folgen. „An jenem Abend nahm er sie mit zu sich nach Hause. Die Erfindung des Zimmers habe ich aufgegeben, es ist nicht wichtig. Sie brauchte nun auch keine Zeit mehr. Das Spiel hörte auf, die Rolle fiel von selber ab, er liebte sie." (152)

Das so definitiv als wirklich Gesetzte wird im folgenden Kapitel wieder in den Raum der Möglichkeit zurückgeholt, wird wieder ‚Versuch', Fiktion, die die Wahrheit umkreist und vom Zweifel an ihrer Zulänglichkeit beschattet ist. „Wir können noch einen Versuch machen. Nicht jenes Kostümfest soll es gewesen sein, das sowieso erfunden ist, sondern eine einfache Ankunft, noch dazu in einem Landstädtchen." (152) Und es folgt, als zweite Variation über das gleiche Thema, eine wiederum genau und detailreich erzählte Geschichte. Christa T., die Justus besucht, ihre Bahnfahrt, ihr Empfang durch jenen (152–155).

Auf solche Weise wendet sich die Erzählerin an Imagination und Intelligenz des Lesers, aktiviert ihn, macht ihn zum Mitspieler, ja fast zum Mitverantwortlichen. Vor der doppelten Liebesdichtung hat sie ihm – zum ersten und einzigen Mal – versichert, daß sie ihn „brauche und jetzt um Beistand angehe" (148). Sonst hat sie ein eher progressiv-pädagogisches Verhältnis zu ihm. Sie entzieht ihm Sicherheiten, läßt ihn Entdeckungen machen und das ernste Spiel mit Wirklichkeit und Möglichkeit in ihrem Bezug zur Wahrheit erfahren.

Die Erzählerin berichtet von einem Krankenbesuch bei Christa T. (163–166) und hebt hervor, wie deutlich sie sich an den „ganzen Nachmittag" erinnert. Das wäre einfach. Eine Art von Prolog aber faßt den Bericht unter das Vorzeichen des Paradoxen. „So will ich denn auf der Suche nach dem Übersehenen noch einmal zu ihr ins Krankenhaus gehen, an jenem Sonntag im Herbst ihres Hochzeitsjahres. Ich habe Ursache, diesen Gang zu wiederholen, weil ich nie bei ihr war, als sie wirklich krank lag." (164) Hier wird das Paradoxon eingesetzt als eine besondere Art, sich einer nicht ‚besitzbaren' Wahrheit anzunähern.

In der gleichen Schwebe zwischen Fiktion und Bericht ist ein Gespräch der Erzählerin mit einer gemeinsamen Jugendfreundin gehalten. Es beginnt im Konjunktiv „ich würde", wechselt ins Futur und partienweise in den Indikativ Präsens. Zunächst als bloße Möglichkeit vorgestellt, wird es immer ‚wirklicher', bis der Schluß mit einer Entscheidung der Erzählerin die Fiktion wieder sicherstellt. „Ich werde nicht zu ihr gehen[...] Das Gespräch wird nicht stattfinden, diese Gemütsbewegungen werden wir uns ersparen." (64) In ähnlicher Schwebe bleibt auch ein Gespräch der Christa T. mit dem Direktor ihrer Schule. Hier unterstreicht die Erzählerin am Schluß ausdrücklich: „So kann es gewesen sein, aber ich bestehe nicht darauf." (134) Selbst dort, wo die Erzählerin sich eng an ihre Erinnerungen anschließt, also wirklich berichtet, ist ihre Gegenwart offensichtlich. Die Sache reproduziert sich nicht gleichsam von selbst oder vermittelt durch ein neutrales Medium; es bleibt die Situation des Dialoges, in dem die Erzählerin präsent und ihr Wille deutlich ist. „Wenn wir an jenem Abend so gewesen sind, wie ich es mir wünsche[...] Diesen einen Abend lang [...] soll sie [...] uns das Beispiel abgegeben haben für die unendlichen Möglichkeiten, die noch in uns lagen." (210f.)

Mit den poetischen und kritischen Versuchen der Christa T., die die Erzählerin als Material in Händen hält, verfährt sie auf zweierlei Art. Sie zitiert ein Gedicht und interpretiert es (75–77), auch den Beginn einer Erzählung (112–114) und andere Fragmente, sogar bloße Titel (110f.). Wo die Tote hingegen Ereignisse aus ihrem Leben, die in den Bereich des „Nachdenkens" fallen, literarisch geformt hat, übernimmt sie derlei nicht: Sie besteht darauf, jeweils ihre eigene Geschichte zu erzählen. Christa T. ist einmal bei einem Wahrsager gewesen und hat das als Szene literarisch fixiert unter der ironisch distanzierenden Überschrift „Wat de Generool seggt hett" (99–107). Sie hat ihn nicht erfunden im landläufigen Sinn; es gab eine wirkliche Séance, und sie hat versucht, das, was ihr wichtig und möglicherweise bedeutsam daran schien, festzuhalten. Für die Erzählerin ist das schon ‚Erfinden', und sie behauptet auch vor diesem Zeugnis ihren Platz und ihre Aufgabe. „Ich nehme mir heraus, sie [Christa T. – H.M.] zu korrigieren, und erfinde mir meinen General selbst. Bin gerecht, wie jedermann es ist. Was sonst?“ (102) Wenn sie der Erzählung der Christa T. folgt, tut sie es sehr ausdrücklich und wahrt gerade dadurch Position und Distanz der Erzählerin. Sie bleibt die Herrin der Geschichte: „Nun nehme ich die ganze Geschichte ruhigen Gewissens von ihr selbst [...] Beginnen wir, wie sie[...] Nehmen wir den nächsten Tag.“ (135)

„Nachdenken über Christa T.“ ist ein komplex strukturiertes, aber kein verworrenes Buch; das kunstvolle Gefüge ist durchschaubar. Christa Wolfs formale Modernität hat sogar einen pädagogischen Aspekt. Ihre ‚öffentlich‘, vor den Augen des Lesers arbeitende Kunstfertigkeit demonstriert modernes Erzählen für ein Publikum, das hier Nachholbedarf hat. Auch das „Nachdenken“ ist, wie mancher moderne Roman, zugleich der ‚Roman eines Romans‘, freilich in besonderer Weise. Es gibt keinen richtungslos vor sich hin sinnierenden, sondern einen voller Mühe und Skrupel arbeitenden Erzähler, dessen Ziel feststeht und dem Leser bekannt ist: Herstellung der ‚Wahrheit‘, der ‚Gestalt‘ und ihrer Bedeutung für Gegenwart und Zukunft. Die Struktur des „Nachdenkens“ ergibt sich aus den Schwierigkeiten des Nachdenkens. Sie werden dem Leser vorgezeigt, und so ‚versteht‘ er die verschiedenartigen Versuche, sie zu überwinden.

Wiederholt versichert die Erzählerin, daß es nicht sie war, die sich Christa T. gewählt hat. Es hat keine Wahl gegeben; die Tote hat sich „aufgedrängt“, war nicht abzuweisen, hat die Erzählerin in das Unternehmen „hineingezogen“. „Ach hätte ich die schöne, freie Wahl erfundener Eindeutigkeit[...] Nie wäre ich [...] auf sie verfallen.“ (57) Dennoch handelt es sich nicht um eine Obsession, von der sich die Lebende durch das Erzählen zu befreien sucht, auch nicht um den Versuch, die Tote irgendwie zu ‚erlösen‘, indem man sie in die dauernde literarische Gestalt verwandelt und damit aufhebt. Ebensowenig ist das Erzählen motiviert durch fromme, melancholisch sich selbst befriedigende Pietät, welche die Gestalt der toten Freundin nur für sich beschwört und es genug sein läßt, wenn die Erinnerte in solcher Weise privater Trauer und Liebe zur Verfügung steht. Das Erzählen versteht sich vielmehr als Vorgang des ‚Öffentlich-Machens‘. Christa T. wird zur öffentlichen Figur. Es wird auf sie „gezeigt“; sie wird „vorgestellt“: „daß man sie sehen kann“ (156). Der Dialog zwischen der Erzählerin und der Toten geht vor einem Publikum und auch für ein Publikum vor sich.

Der Leser, „derjenige, dem ich alles erzähle“ (147), ist als Mitbürger und Zeitgenosse verstanden. ‚Mitbürger‘ heißt Bürger der DDR, ‚Zeitgenosse‘ hat mehrere Bedeutungen. Im engeren Sinne bezeichnet der Begriff die Generation derer, die im Jahre Null – 1945 – jung, aber keine Kinder mehr waren; im weiteren Sinne meint er alle diejenigen, welche die Epoche des Zusammenbruchs des faschistischen und des Aufbaus eines sozialistischen Staates in Deutschland bewußt durchlebt haben; im weitesten Sinne fällt die Bedeutung ‚Zeitgenosse‘ mit der von ‚Mitbürger‘ zusammen, meint also alle, die jetzt in der DDR leben und an der Zeit von 1945 bis zur Gegenwart als an ‚ihrer‘ Zeit Interesse haben.

Das Personal des Romans, Leser und Erzählerin sind einander nah. Gemeinsame, zeit- und generationstypische Erlebnisse, Erfahrungen und Kenntnisse werden vorausgesetzt. Alle haben das gleiche ‚Zuhause‘. Christa T. wird als ‚eine von uns‘ vorgestellt. Die Stationen ihres äußeren Lebensweges sind typisch für die Generation und die Zeit: Kindheit in einem Dorf östlich der Oder, 1945 Flucht, Neulehrerin, Studium, Beruf, Heirat, Kinder. So ‚besonders‘ ihre Person ist, so normal und in vielem repräsentativ ist ihr Lebenslauf, den frühen Tod ausgenommen.

Die spezifische Nähe aller zu allen äußert sich im häufigen und unvermittelten Wechsel vom ‚ich‘ zum ‚wir‘ und vom ‚sie‘ zum ‚wir‘. Dieses ‚Wir‘ kann dreierlei bedeuten: die Allianz Erzähler – Leser gegenüber der Heldin, das Paar Erzählerin – Christa T. und eine Gruppe um die Erzählerin (eventuell auch um sie und Christa T.). ‚Ich‘ meint das Subjekt des Erzählens, die nachdenkende Freundin, die mit der Autorin identische Erzählerin. Es kann aber auch die mitlebende Freundin, die Komplementärfigur zu Christa T., bezeichnen. Das Erzählersubjekt ist zugleich Objekt der Erzählung und als solches ebenfalls einer Übersetzung des realen Ego in die Kunstfigur unterworfen. Es ist ganz konsequent, was Christa Wolf erstaunt feststellt: daß sie nämlich beim Schreiben plötzlich sich selbst als einer anderen gegenübergestanden habe.[10] Die Problematik solcher Übersetzung ist im Roman nicht ausgefaltet, sondern zurückgedrängt, weil die Erzählerin als Komplementärfigur zu Christa T. blaß und konturlos bleibt. Das hat eine wichtige, freilich schwer nachweisbare Folge. Die verdrängte Komplementärfigur geht irgendwie in die Kunstfigur Christa T. mit ein. Das Lebensmaterial, aus dem diese aufgebaut ist, stammt offenbar nicht ausschließlich von der Toten, sondern auch von der Erzählerin, die nachdenkend unvermutet sich selbst gegenüberstand. Ich möchte von einer Osmose sprechen, die sich ereignet hat. Die Wahl identischer Vornamen ist wohl eine Art nachträglichen Eingeständnisses.

Im Verhältnis zur Wirklichkeit gibt es eine eigentümliche Entsprechung zwischen Eigenschaften der Christa T. und Qualitäten des Buches. Christa T. wird die Eigenart zugeschrieben, „überall zu Hause und überall fremd zu sein, zu Hause und fremd in der gleichen Sekunde" (19). Es zeichnet sie die primäre philosophische Qualität aus: Sie vermag zu staunen; sie kann nicht umhin, zu staunen. Sie ist unruhig – nicht aus nervöser Schwäche, sondern weil sie sich stets unterwegs weiß; weil sie ein Gespür hat für die Vielschichtigkeit des Wirklichen. Sie ist fasziniert und geängstigt vom Leben. Diese Frau hat ein sehr intimes, ein angestrengtes und respektvolles Verhältnis zu aller Wirklichkeit und darum Mühe, sich in Konventionen einzupassen. Man hat sie deshalb „wirklichkeitsfremd" (73), „unzeitgemäß" (79) oder auch „naiv" (83) genannt. Doch Schärfe und Wachheit des Bewußtseins befähigen sie zugleich zum ‚Durchschauen'. „Sie sah die Dinge, wie sie waren." (18) Sie hat ein ‚genaues' Verhältnis zur Wirklichkeit, das auf einer starken Sinnlichkeit gründet. „Augentier" nennt sie sich (94). Es kann geschehen, daß ihre Sinne schneller reagieren als ihr Bewußtsein, das dann auf- und nachzuarbeiten hat. Von Anfang an hat sie es auf „Gewißheiten" abgesehen – so wie einer, dem Dinge und Verhältnisse nicht selbstverständlich sind, der genau wissen will, was es mit ihnen auf sich hat. Solche Gewißheiten verlangen danach, festgehalten, ‚aufgeschrieben' zu werden. Sie hofft, Gewißheiten im Akt des Aufschreibens zu gewinnen. Vom Schreiben erwartet sie Hilfe – „Daß ich nur schreibend über die Dinge komme!" (44) –, schreibend glaubt sie „Selbstbehauptung" und „Selbstentdeckung" (73) leisten zu können. Es ist die Rede von ihrer „äußersten Abneigung gegen das Ungeformte" (22). Christa T. reagiert schreibend. Trivialetymologisch heißt es: „Dichten, dicht machen, die Sprache hilft." (23) Das „Ungeformte" hat zu tun mit der „dunkleren Hälfte der Welt" (31), die nicht aufhört, als Bedrohung dazusein, als Negation des Lebens, als Arsenal schlimmer Möglichkeiten auch des eigenen Ichs. Diese Bedrohung ist in einigen Bildern und Szenen vorgestellt, die konkret individuell und dennoch, da wiederholt zitiert, von allgemeiner Bedeutung sind. Es sind Variationen des Bösen: der gegen die Wand geschleuderte Kater (28, 41f., 137), der Auszug der vertriebenen Zigeuner (29f.), die aus dem Nest geworfenen Vogeleier (42, 51, 138), die geköpfte Kröte (136f., 138), der erfrorene Junge (30f., 41), die Flucht-Etappe (26f.). Mehrfach zitiert wird Uhlands „Reiter über den Bodensee"* (38, 41, 95). Er steht für einen wichtigen Aspekt des Lebensgefühls der Christa T. und der ihr Nachdenkenden. „Wie dünn die Decke ist." (95)

Das ‚genaue' Verhältnis zur Wirklichkeit ist eine poetische Potenz. Die ‚Lust an der Wirklichkeit' erweist sich als stil- und strukturprägende Qualität des „Nachdenkens", das auch eine Suchaktion ist, die Wirklichkeiten aufdeckt. Wie Christa T. verweigert sich die Nachdenkende der Konvention, den festgesetzten Normen. So heißt es etwa: „Einmal nur, dieses eine Mal, möchte ich erfahren und sagen dürfen, wie es wirklich gewesen ist, unbeispielhaft und ohne Anspruch auf Verwendbarkeit." (57) Die für das „Nachdenken" wichtigste Wirklichkeitsebene mag man ‚innere' Wirklichkeit nennen. Sie ist präzis bestimmt, ist Ziel der literarischen Versuche der Christa T.: nämlich jener „Erfahrungen [...], die die Tatsachen des wirklichen Lebens [...] hinterlassen" (222).

Faszination durch das Leben ist ein Grundzug von Christa Wolfs Literatur. Vom „seltsamen Stoff" hatte der letzte Absatz im „Geteilten Himmel" gesprochen, zuversichtlich, seiner selbst wieder gewiß. Die Heldin hatte keine Angst mehr, war nachdrücklich gesagt worden.[11] Die seelische Landschaft im „Nachdenken" ist zwar düsterer, aber Faszination durch den „seltsamen Stoff" ist geblieben. Aber im Gegensatz zu Rita Seidel hat Christa T. Angst. „Eine Kälte in allen Sachen. Die kommt von weit her, durchdringt alles" (91), so schreibt sie der Schwester. Und ‚Angst' ist ein Stichwort der Erzählerin, dem sie das Unternehmen des Nachdenkens entgegensetzt,

* Gemeint ist Gustav Schwabs Gedicht „Der Reiter und der Bodensee". A.D.

wie ja auch Christa T. ‚dichten' wollte. „Woher sonst ihr Hang, zu dichten, dichtzumachen, die schöne, helle, feste Welt, die ihr Teil sein sollte? Die Hände, beide Hände auf die Risse pressen, durch die es doch immer wieder einströmt, kalt und dunkel." (27)

Christa Wolf hat dem „Nachdenken" ein Motto vorangestellt und mit ihm das Thema des Lebens der Freundin wie ihres eigenen Buches im voraus angegeben: „Was ist das: Dieses Zu-sich-selber-Kommen des Menschen? Johannes R. Becher." Becher merkt unter dem Text, dem das Zitat entnommen ist, an: „Aus dem Leben eines bürgerlichen Menschen unserer Zeit." Ausführlicher zitiert heißt die Stelle: „Denn diese tiefe Unruhe der menschlichen Seele ist nichts anderes als das Witterungsvermögen dafür und die Ahnung dessen, daß der Mensch noch nicht zu sich selber gekommen ist. Was ist das: Dieses Zu-sich-selber-Kommen des Menschen?" In ähnlichem Kontext beruft Christa T., ohne den Namen zu nennen, in gleicher Sache Becher, wenn sie den Titel seines literarischen Tagebuches „Auf andere Art so große Hoffnung" variierend als Formel ihres Lebens notiert: „Die große Hoffnung oder über die Schwierigkeit, ‚ich' zu sagen." (214)

„Zu-sich-selber-Kommen", „ich sagen": das ist das Thema. Es hat eine historische Dimension. Expressionistisches Menschheitspathos – „Mensch werde wesentlich" –, das seinerseits in weite Tradition zurückreicht, ist in Christa Wolfs Buch lebendig, und zwar ohne die ‚moderne' Brechung des Unglaubens. Die literarische Tradition trifft sich mit der politischen Ideologie. Denn „Zu-sich-selber-Kommen" heißt in marxistischer Terminologie „Aufhebung der Selbstentfremdung". Wir haben also eine dreifache Identität von kommunistischer Ideologie, vom Leben der Christa T. und vom Thema des Buches der Christa Wolf. Für die Übereinkunft von Literatur und Politik steht paradigmatisch, auch als Person, der berufene Johannes R. Becher, der Dichter und Kulturminister der DDR.

Es gibt drei szenische Bilder, in denen das „Zu-sich-selber-Kommen" der Christa T. momentan geglückt erscheint. Zuerst dasjenige der Halbwüchsigen, die auf einer zusammengerollten Zeitung Trompete bläst, einen Ruf ausstößt, der „alles wegwischte und für einen Sekundenbruchteil den Himmel anhob“ (15). Das ist ein Versprechen der Christa T., in dem sie nichts anderes als sich selbst verspricht. Es ist ein Augenblick der Wahrheit und der Anfang des Nachdenkens. Trompete blasend, so hat sie die Erzählerin fixiert: „Ich wollte an einem Leben teilhaben, das solche Rufe hervorbrachte.“ (16) Sie zitiert die Szene mehrfach; selbst in ihrem letzten Brief an die Sterbende spricht sie davon (9).

Das zweite Bild ist nicht zukunftsbezogen, sondern gegenwärtig, kein Versprechen, sondern Ausdruck eines Glückszustandes, eines kräftigen, sinnlich-warmen Glücks. Es zeigt Christa T. am Strand: „Wie sie läuft, Christa T., hinter dem riesigen weißroten Ball her, den der Wind den Strand entlangtreibt, wie sie ihn einholt, laut lacht, ihn packt, ihrer kleinen Tochter zurückbringt.“ (95) Auch dieses Bild wird wiederholt berufen. Die Erzählerin braucht es als eine Art Glücksdokument, mit dem sie sich beweist, daß Christa T. ganz da war, daß sie „voll gelebt hat“.[12] Das dritte Bild schließlich bleibt in einem bezeichnenden Schwebezustand zwischen wirklicher Szene, Traum und poetischer Erfindung. Christa T., in einem abgetragenen roten Bademantel, sitzt im Dämmerlicht eines Neujahrsmorgens und schreibt. Sie notiert jenes Schlüsselwort: „Die große Hoffnung oder über die Schwierigkeit, ‚ich‘ zu sagen.“ (214) Sie hat „dasselbe Gesicht“ wie achtzehn Jahre vorher, als sie Trompete blies. Die Erzählerin ‚erkennt‘ sie wiederum, aber viel expliziter jetzt. Sie glaubt, ihr „Geheimnis“ einzusehen: das Geheimnis der Autorschaft. Die Selbstverwirklichung der Christa T. – „Dieser lange, nicht enden wollende Weg zu sich selbst“ (222) – soll durch literarische Produktion geleistet werden. Das Thema von Christa Wolfs Buch ist also noch genauer zu bestimmen als ‚Nachdenken über den Weg einer Dichterin der DDR zu sich selbst‘.

Christa T. hat den politisch-ideologischen Neubeginn nach 1945 ganz persönlich als Neubeginn der eigenen Existenz realisiert. Der Wendepunkt ist durch einen physischen Kollaps markiert. Die Erkenntnis der Verdunkelung des eigenen Bewußtseins in der Zeit Hitlers – „ihre alten Tagebücher [...] Schwüre [...] Begeisterungen [...] Lieder“ (39) –, ein großes Erschrecken über das Schreckliche, das auch ihre Möglichkeit gewesen war, lassen sie im Sommer 1945 zusammenbrechen. Der „Reiter über den Bodensee“ wird erklärend zitiert (38f.).

Die „neue Welt“ ergreift sie rasch. Unter anderem kommt sie zu ihr über die Literatur: „[...] die neuen Namen auf den Buchdeckeln: Gorki, Makarenko, die neuen Broschüren, die, so wichtig wie die tägliche Nahrung, jedem in die Hand gegeben werden, der seine Hände nicht zumacht.“ (40) Christa T. begreift sehr schnell, weil „diese vernünftige Klarheit“ mit einer dunkel verworrenen „Sehnsucht“, die sie in sich weiß, genau korrespondiert. „Ja, so wird es sein. Dies ist der Weg zu uns selber.“ (41) Sie erlebt das Glück des Anfangs, den „Schmerz der Selbstausdehnung [...], auch die Lust, die man nie mehr vergessen und an der man alle künftige Lust messen wird“ (41). Solcher Anfang hat den Glanz der Utopie; was später, im Verlauf des Romans, problematisch wird, ist hier noch einfach gegeben. Der Aufbruch des Individuums ist gleichzeitig der einer neuen Gemeinschaft auf die gerechte Gesellschaft zu: ein Fest des Miteinanders, das für Christa T. – ein Glück und ein Vorzug – in die Zeit der eigenen Jugend fällt. Gegen Ende ihrer Aufzeichnungen resümiert die Nachdenkende diese Epoche: „Das Anfangsgefühl, das geliebt wird. Die einzige Unruhe, man könnte dieser allgemeinen Leidenschaft nicht gewachsen sein. Christa T. hatte mit uns das Glück, in dem Alter, in dem man mit Leidenschaften rechnet, gezwungen zu werden, sich selbst hervorzubringen. Das kann dann der Maßstab bleiben, andere Reize werden schal sein.“ (167)

Christa T. ist dem Anfang treu geblieben. Sie hat nie aufgehört, an die „neue Welt“ zu glauben, auch dann nicht, wenn sie an der Gegenwart – und an sich – verzweifelte. Wenn die Nachdenkende von sich und ihresgleichen aus der Perspektive der Erzählergegenwart spricht, ist die tote Freundin in dem ‚wir‘ ihres politischen Glaubensbekenntnisses mit eingeschlossen. „Denn die neue Welt, [...] sie gab es wirklich. Es gibt sie, und nicht nur in unseren Köpfen, und damals fing sie für uns an. Was aber immer mit ihr geschah oder geschehen wird, es ist und bleibt unsere Sache. Unter den Tauschangeboten ist keines, nach dem auch nur den Kopf zu drehen sich lohnen würde ... Sie hat, jetzt spreche ich von Christa T., nichts inniger herbeigewünscht als unsere Welt, und sie hat genau die Art Phantasie gehabt, die man braucht, sie wirklich zu erfassen.“ (66) Sie hat den ‚Glauben‘ gehabt, aber keinen blinden Glauben. Das Vermögen, sich über Wirklichkeiten hinwegzutäuschen, ist ihr abgegangen und auch jene unordentliche Zuversicht, die mit der weit weggeschobenen Zukunft jede Gegenwart entschuldigt und zudeckt. Sie hat sogar erkannt, daß man sich um die Dimension der Zukunft betrügt, wenn man sie als Alibi mißbraucht, wie man auf diese Weise ja auch die Gegenwart verfehlt (126).

Sensibilität, jenes ‚genaue Verhältnis' zur Wirklichkeit, bewährt sich auf eine für die Betroffene schwierige und oft schmerzliche Weise. Es vereinzelt sie. Bei allem prinzipiellen Einverständnis schafft es ihr notwendig – ohne daß sie dergleichen erstrebte – die Position dessen, der immer auch draußen steht: die Distanz des Beobachters, der Erfahrungen macht, der sich und seiner Umwelt Fragen stellen, der sich und seine Umwelt in Frage stellen muß. Sie beobachtet Unheimliches: wie das Verhalten der Menschen ‚uneigentlich' wird, bestimmt von vorgegebenen Normen und Schablonen, denen die einzelnen, gleichsam ohne eigenen Willen, sich einpassen; wie sich Menschen entziehen und den bloßen Namen zurücklassen. „Das hat sie nicht gekonnt. Aber auch die Fähigkeit, in einem Rausch zu leben, ist ihr abgegangen. Die heftigen, sich überschlagenden Worte, die geschwungenen Fahnen, die überlauten Lieder, die hoch über unseren Köpfen im Takt klatschenden Hände. Sie hat gefühlt, wie die Worte sich zu verwandeln beginnen, wenn nicht mehr guter Glaube und Ungeschick und Übereifer sie hervorschleudern, sondern Berechnung, Schläue, Anpassungstrieb. Unsere Worte, nicht einmal falsch – wie leicht wäre es sonst! –, nur der sie ausspricht, ist ein anderer. Verändert das alles?" (71) Christa T. mißtraut den Sprechenden, aber auch der Sprache, die nur selten Dinge nennt, ohne sie zu verformen, nach vorgegebenen Konventionen zu verändern, zu verfälschen. Und selbst wenn die Wörter und die Sachen zusammenkommen, das Benannte im Namen wirklich aufgehoben scheint, ist es nichts Definitives. Rasch fallen Wort und Ding wieder auseinander: „Ach, sie traute ja diesen Namen nicht. Sie traute sich ja nicht. Sie zweifelte ja inmitten unseres Rauschs der Neubenennungen, sie zweifelte ja an der Wirklichkeit von Namen, mit denen sie doch umging; sie ahnte ja, daß die Benennung kaum je gelingt und daß sie dann nur für kurze Zeit mit dem Ding zusammenfällt, sie zuckte davor zurück, sich selbst einen Namen aufzudrükken." (46)

Ihre Welt fängt an, ihr gespenstig zu erscheinen. Die Menschen verschwinden „hinter den überlebensgroßen Papptafeln, die sie trugen". Gemeint sind die Vorbilder, „die schrecklich strahlenden Helden der Zeitungen, Filme und Bücher", die allen, denen sie verordnet sind, Einsicht in die eigene Nichtigkeit zu vermitteln haben. Solcher Einsicht verbindet sich die Lust, „das bißchen Ich" (220) auszulöschen, Individualität aufzulösen in bloße Funktion: ein eigenartig lustvoller Opfergang, „Schräubchen" zu sein im großen „Apparat". Nachdenkend meint die Erzählerin: „So entstand um uns herum, oder auch in uns, was dasselbe war, ein hermetischer Raum, der seine Gesetze aus sich selber zog, dessen Sterne und Sonnen scheinbar mühelos um eine Mitte kreisten, die keinen Gesetzen und keiner Veränderung und am wenigsten dem Zweifel unterworfen war. Der Mechanismus, nach dem sich das alles bewegte – aber bewegte es sich denn? –, die Zahnräder, Schnüre und Stangen waren ins Dunkel getaucht, man erfreute sich an der absoluten Perfektion und Zweckmäßigkeit des Apparats, den reibungslos in Gang zu halten kein Opfer zu groß schien – selbst nicht das: sich auslöschen. Schräubchen sein. Und erst heute kommt das rechte Erstaunen darüber bei uns an: So weit ist der Weg der Gefühle." (72)

Christa T. hat schneller und empfindlicher reagiert, und sie hat, nach viel Unruhe und Nachdenken, sogar – was selten ist – Kritik gewagt und der Freundin erklärt, daß hier wohl ein „Mißverständnis" vorliege (220). Der Weg zum Ziel widerspreche dem Ziel; die Individualität voll zu ermöglichen sei ja gerade der Sinn der neuen Welt. Auf dem Weg dorthin aber werde das Individuum in einer falschen Konzeption von Kollektivität erstickt (71f.). Fast immer sucht Christa T. den ‚Fehler' bei sich selbst. „Da sie an der Welt nicht zweifeln konnte, blieb ihr nur der Zweifel an sich." (92) Verdammenswerte Schwäche nennt sie ihr Unvermögen, „auseinanderhalten [zu] können, was nicht zusammengehört: den Menschen und die Sache, für die er eintritt, die nächtlichen unbegrenzten Träume und die begrenzten Taten im Tageslicht, Gedanken und Gefühle" (83). Tief unterlegen fühlt sie sich den „Tatsachenmenschen“, den „Hopp-Hopp-Menschen“, die ihr – und der Erzählerin – doch verächtlich und sehr gefährlich erscheinen (66). Die sich in jede Rolle zu finden wissen, sei es aus Mangel an „Gewissen“ und „Phantasie“ (219) oder aus Disziplin, die Optimisten, die den Zwang zum Selbstdenken nicht empfinden oder ihn unterdrücken: Sie sind ihr suspekt und wirken doch auf sie als die Tüchtigen, „die weitergehen werden, die recht haben, weil sie stärker sind, die sich nicht umblicken können, denn sie haben keine Zeit“ (91).

Der Zweifel wird zur Verzweiflung. Es scheint Christa T., daß diese Zeit, die sie unbeirrt ‚gläubig‘ als ‚ihre‘ Zeit bejaht, nichts mit ihr anfangen kann; daß sie nirgends hineinpaßt, sich nirgends einpassen kann, ohne sich selbst aufzugeben; daß sie also allein und zum Untergang bestimmt ist: „lebensuntüchtig […], zu empfindsam, unfruchtbar grübelnd, ein skrupelvoller Kleinbürger“ (90). So steht es im Brief an die Schwester, der, unabgeschlossen und nie abgeschickt, vom Selbstmord sprach. Er beschreibt exakt Christa T.s Situation. „Atemlosigkeit oder diese Unfähigkeit, tief einzuatmen. Als ob ganze Teile der Lungen seit Ewigkeit nicht mehr mittun. Kann man aber leben, wenn ganze Teile nicht mittun?“ (90) Die Briefschreiberin ist nicht zärtlich mit sich, sondern streng und genau; sie sieht sich deutlich in ihrer Zeit und kommt zur schlimmen Summe: „Mir steht alles fremd wie eine Mauer entgegen. Ich taste die Steine ab, keine Lücke. Was soll ich es mir länger verbergen: Keine Lücke für mich.“ (90)

Die Erzählerin gibt zu dem fragmentarisch mitgeteilten Brief ausnahmsweise ein Datum: „im Frühsommer dreiundfünfzig“ (90). Der Aufstand vom 17. Juni wird im Buch allerdings nicht genannt. Ich würde jedoch die knappe Schilderung einer Frühsommernacht Unter den Linden – „Die Ordnung ist endgültig durcheinandergekommen“ (219f.) – auf ihn beziehen.[13] Die Wahl des Datums für den Selbstmord-Brief ist natürlich nicht zufällig, die Kongruenz nicht zu übersehen. Christa T.s „Lebensschwäche“ (103) ist ja sozialer, politischer Natur. Ein bestimmtes Individuum weiß nicht mehr, wie es in einer den Sozialismus aufbauenden Gesellschaft leben soll, und fügt gleichwohl hinzu: „Das alles ändert nichts, unlösbarer Widerspruch, an meiner tiefen Übereinstimmung mit dieser Zeit.“ (91) Die Diagnose des Arztes bestätigt, gerade in der Fachterminologie des Psychiaters, den sozialen Charakter der Krankheit: „Todeswunsch als Krankheit. Neurose als mangelnde Anpassungsfähigkeit an gegebene Umstände." Rat und Hilfe anbietend, empfiehlt er ein gesellschaftlich politisches Verhalten. „Sie werden begreifen müssen, worauf es ankommt. [...] Sie werden sich anpassen lernen." (92f.)

‚Anpassung' und das ihr entsprechende Gegensatzpaar ‚Krankheit' und ‚Gesundheit' sind Schlüsselbegriffe des Buches. Noch spät wird Christa T. belehrt, der Ironie halber von einem ehemaligen Schüler: „Der Kern der Gesundheit ist Anpassung. [...] Anpassung um jeden Preis." (141) Aber da ist sie schon sicher geworden in der Ablehnung dieser Anpassung und der Gesundheit, die sie verspricht. Da weiß sie schon um ihre Wahl, die, wenn es sein muß, auch das „Unglück" akzeptiert als „angemessenen Preis [...] für die Verweigerung der Zustimmung" (200). Sie setzt der Anpassung Verantwortung entgegen (143), an anderer Stelle ihre Zentralbegriffe „Gewissen" und „Phantasie", die sie nicht mehr für ichbesessene Vorstellungen kleinbürgerlicher Ideologie, sondern für gesellschaftlich notwendige Tugenden hält, „unerläßlich für den Fortbestand der Menschheit" (219). Sie ist sicher geworden in ihrer Haltung ‚gegen den Strom'; gerade mit ihr will sie ihre „tiefe Übereinstimmung mit dieser Zeit" (91) bewähren. Sie will der Gesellschaft dienen; weniger – so läßt es sich pointiert sagen – als Teil denn als Gegen-Teil.

Der äußere Lebensweg der Christa T. bleibt undramatisch und gewöhnlich. Die Dramatik ist nach innen verlegt; die intendierte Wirklichkeit des Buches sind „die Erfahrungen [...], die die Tatsachen des wirklichen Lebens in ihr [Christa T. – H. M.] hinterlassen haben" (222). Sie werden reflektiert und auf die Gegenwart bezogen durch die im doppelten Sinne nachdenkende Erzählerin. Laute Konfliktsituationen oder dramatische Konfrontationen gibt es kaum. Ein Gegner ist nicht eigentlich faßbar. ‚Das Böse' ist da, ‚der Böse' aber fehlt im ganzen Buch.

Als Lehrerin stößt Christa T. in den Aufsätzen ihrer Klasse über „eines der Pflichtthemen jener Jahre: Bin ich zu jung, meinen Beitrag für die Entwicklung der sozialistischen Gesellschaft zu leisten?" (128) auf das Phänomen der kollektiven

Lüge. Sie stellt sich dagegen. Ihre Schüler staunen ganz einfach, so wie sie es zum „Totlachen" finden, wenn die „Neue" Goethe-Zeilen wie „Edel sei der Mensch" ernst nimmt und von ihnen verlangt, sie ebenfalls ernst zu nehmen. Es kommt zu einer Art von pädagogischem Rollentausch. „Fast wortlos belehrten die Schüler sie über gewisse Spielregeln des praktischen Lebens." Sie sind die Überlegenen, die von ihren Erfahrungen verwundert, aber freundlich mitteilen. Sie verstehen den „Zorn der Lehrerin zwar [...], aber als Zorn einer Unerfahrenen [...], ein Gefühl, das längst hinter ihnen lag" (129). Der Direktor der Schule, dem sie die Sache vorträgt, ist nicht der enge Dogmatiker und Bürokrat, der hier laut Schema seinen Platz hätte. Er ist ein alter, hochrespektabler Mann, der die Junge mit etwas melancholischer Sympathie betrachtet. Was er zu sagen hat – „Hintergrunddenken lernen" (131) –, löst freilich nichts, stimmt aber nachdenklich. „Ihr wollt alles auf einmal haben [...] Macht und Güte und ich weiß nicht, was noch." (132)

Christa T. wird alles in allem von den Menschen, mit denen sie zu tun hat, freundlich behandelt. Auf die „eisern Gläubigen", die gerne und oft „vollständig" sagen, übt sie mit ihren Zweifeln und Fragen eine eigenartige Anziehungskraft aus: wie ein Problem, das zu lösen, ein Terrain, das zu erobern ist. Anderen scheint sie „gefährdet" „durch ihre Vorstellungskraft, [...] ausschweifend"! Sie wollen ihr helfen, ihr die „Einordnung" erleichtern, obwohl und vielleicht auch weil sie sich durch sie „in Frage gestellt" fühlen (60f.). Sogar der eine Zyniker des Buches – Schriftsteller auch er, ein Antipode der Christa T. – hat eine eigenartige, fast zärtliche Zuneigung zu ihr, wie zu einer sehr Schutzbedürftigen, deren ‚Reinheit' ihn fasziniert (186).

Von den Fakten ihres Lebens- und Berufsweges her gesehen, ist Christa T. weder ein ‚gesellschaftlicher Versager' noch ein rechter Erfolg. Sie hat unter Schwierigkeiten für sich und andere das Studium schließlich doch mit Erfolg abgeschlossen; siehat mit analogen Schwierigkeiten ihren Beruf ausgeübt; sie hat nach ziemlich langem, aber nicht zu langem Tasten und Zögern geheiratet, Kinder bekommen, ein Haus in der mecklenburgischen Provinz gebaut, ist Mutter und Hausfrau gewesen, hat der Versuchung eines Ehebruchs nicht ausweichen wollen und ist schließlich gestorben, früh und sehr gegen ihren Willen. Ihr Tod ist Angel- und Ausgangspunkt des Buches. Schreibend wehrt sich die Erzählerin gegen den Tod; im Nachdenken will sie ihn aufheben.[14] Sie hebt ihn zunächst ins Zweideutige. Da ist einmal die konkrete Krankheit Leukämie und eine konkrete, vorzeigbare Krankengeschichte. Und da ist zugleich der Zweifel an ihr, eine Weigerung, sie als ausreichend-abschließende Erklärung zu akzeptieren. Im Nachdenken verwandelt die Erzählerin den Tod der Freundin, gibt ihm eine ‚andere' Bedeutung; sie rückt ihn in die Dimension des Gesellschaftlich-Politischen. Krankheit und Tod werden gedeutet als endlich doch zu zahlender Preis für die „Verweigerung der Zustimmung" (200), für die Nicht-Anpassung, für den konsequenten und zum Kompromiß nicht bereiten Versuch, ‚ich' zu sagen. Einem Versuch, dem zwar die Theorie und – wie Christa T. unerschüttert glaubt – die Zukunft der Gesellschaft, in der sie lebt, gehört, aber nicht deren gegenwärtige Praxis. Ihre Freunde haben sie zuweilen „unzeitgemäß" – im Sinne von altmodisch – genannt (79). Die Erzählerin jedoch bezieht die Unzeitgemäßheit ihrer Heldin auf die Zukunft. Christa T. ist für sie, soweit dergleichen möglich ist, ‚unser Mensch von morgen'. Das macht die Schwierigkeiten, im Heute zu leben, nicht kleiner und das Sterben bitterer. „Was ihr fehlte war Zeit", so wird mit Nachdruck versichert. Sie selbst antwortet dem Arzt, der ihr Todesbereitschaft einreden möchte: „Ich habe das Wichtigste noch vor mir." (227) Damit erhält der heftige Kampf der Christa T. gegen den Tod einen zweiten Sinn, wie überhaupt die Wörter und Sätze, in denen von Krankheit und Tod die Rede ist. Die Nachdenkende ist sich dessen bewußt, wenn sie sagt: „Zu früh gelebt, hat sie vielleicht gedacht[...]" (232) Das ist konkret bezogen auf ein noch nicht existierendes Medikament gegen Leukämie, wird aber noch im gleichen Satz auf die Zeit überhaupt angewendet. Im Nachdenken über das Sterben der Christa T. sind zwei Bedeutungsebenen kunstvoll verschränkt, und diese Verschränkung wird bewußt vorgezeigt: „Endlich! schreibt sie [...], und das heißt soviel wie: Jetzt stirbt man nicht. Es beginnt, was sie so schmerzhaft vermißt hatte: daß wir uns selber sehen; deutlich fühlt sie, wie die Zeit für sie arbeitet, und muß sich doch sagen: Ich bin zu früh geboren. Denn sie weiß:

Nicht mehr lange wird an dieser Krankheit gestorben werden." (231)

Was ist diese Krankheit? Natürlich die Leukämie. Aber die Blutkrankheit steht zugleich für die – heilbare – Krankheit der Gesellschaft, in der der ‚Versuch, ich zu sagen', jetzt noch nicht gelebt werden kann. Müdigkeit war die auffallendste Erscheinungsform der Krankheit der Christa T. „Heute kann man ja fragen, was diese Müdigkeit verriet[...] Soviel ist sicher: Niemals kann man durch das, was man tut, so müde werden wie durch das, was man nicht tut oder nicht tun kann. Das war ihr Fall." (175f.)

Was wir hier sagen, ist Verdeutlichung. Das „Nachdenken" enthält sich der Verdeutlichung; es gibt nur Andeutungen, die zum Nach- und Weiterdenken anreizen sollen. Das ist die Struktur des Buches. Es stellt den Leser vor offene Fragen, vor allem die des Todes der Christa T. Früh schon und sehr nachdrücklich wird dieser Tod dem Leser als eine solche Frage in einem imaginären Gespräch präsentiert. „Oder denkst du, daß sie an dieser Krankheit gestorben ist? Nein. [...] die Frage, woran Christa T. gestorben ist, werde ich selber stellen, zu ihrer Zeit, ohne in Zweifel zu ziehen, daß es die Krankheit war, Leukämie, mit der sie nicht fertig werden konnte." (64)

Offen ist auch die Frage nach dem ‚Erfolg' der Christa T. „Man wird mich nach ihrem Erfolg fragen", heißt es, „wie denn nicht." (109) Christa T. ist sehr rigoros gewesen. „Die Verpflichtung, tragisch zu enden oder sich einer vollen Lebensleistung zu stellen. Also glücklich zu sein." (123) Das war die Alternative, die sie selbst gestellt hat. Sie taugt aber nicht, ihr Leben und ihren Tod zu fassen. Ihr Tod ist nicht tragisch, sondern traurig. Deshalb will sie auch nicht sterben. Der „vollen Lebensleistung" eingedenk, hat sie die Anpassung verweigert und in die Gesellschaft eingebracht, was sie bei gegebenen Umständen einbringen konnte, indem sie standhaft und tapfer versuchte, ‚ich' zu sagen. Eine ‚positive Leistung' freilich, als etwas von ihr Losgelöstes, Bleibendes, ist nicht vorzeigbar. Sie erscheint als ein „unwiederholbares, unerfülltes Versprechen" (22), nicht als Gescheiterte. Die Erzählerin insistiert darauf, auch die Autorin im „Selbstinterview".[15] „Nichts könnte unpassender sein als Mitleid, Bedauern. Sie hat ja gelebt. Sie war ganz da. Sie hat immer Angst davor gehabt, stekkenzubleiben, ihre Scheu war die andere Seite ihrer Leidenschaft, zu wünschen. Jetzt tritt sie hervor, gelassen auch vor der Nichterfüllung, denn sie hatte die Kraft, zu sagen: Noch nicht." (221)

Im Nachdenken über den unruhigen, auf „Selbstentdekkung" und „Selbstbehauptung" (73) angelegten Weg der Christa T. haben ‚Idyllen' einen wichtigen und eigentümlichen Platz. Es sind Idyllen, wie man sie aus der Literatur des 19. Jahrhunderts kennt: anschauungsgesättigte Bilder einfachen, schön beglückten Lebens. Schon das Haus des Vaters, das strohgedeckte Dorfschullehrerhaus im Wartheland, hat idyllische Züge. Dieses Haus wiederholt sich – wer boshaft ist, kann anmerken: auf höherer sozialer Ebene – im Eigenheim am See mit Pappeln und Schwänen, das Christa T. mit so viel Anstrengung baut. Idyllisch sind auch vielfach die Szenen der Erzählerin über Themen aus dem Leben der Christa T. Am Zaun unter Kirschbäumen steht sie und reicht dem Verehrer Kirschen (49); beide laufen über die Wiese, das Heu duftet, die Sonne geht unter usw.(51).

Das Klischeehafte, das literarisch Gewohnte und Verfügbare in solchen Szenen wird von der Erzählerin selbst betont. Damit soll die Trivialität aufgehoben und dem Leser vage Sentimentalität verboten werden. „Die Mutter", liest man, „schickte sie in die Jasminlaube und brachte Apfelmost, später geht auch der Mond auf." (115) Durch das „auch" verständigt sich die Erzählerin mit dem Leser über die Szene, über die ihm und ihr gleichermaßen bekannten Vorlagen. „Jetzt ist die Sonne in die Hecken gefallen. Fehlt bloß noch, daß sie quer über eine Wiese laufen und das ausgebreitete Heu duftet. Also gut, sie laufen, und das Heu duftet, das haben wir ja alles in der Hand." (51) Zweck solcher Zwischenschaltung des verweisenden und distanzierenden Bewußtseins ist nicht, die Szene ironisch zu zerstören. Sie soll im Gegenteil wieder möglich gemacht, rehabilitiert werden. Es wird versucht, die unernste Wirkung, die von der beliebigen Verfügbarkeit idyllischer Versatzstücke ausgeht, aufzuheben, um das mit der Idylle Gemeinte wieder zur Wirkung zu bringen. Erzählerin wie Christa T. lieben die Literatur des 19. Jahrhunderts: Raabe, Keller und vor allem Storm. Aus dieser Neigung erwächst nicht zuletzt der Versuch der Christa Wolf im „Nachdenken", die Idylle zu rehabilitieren.

In ihrer germanistischen Examensarbeit „Der Erzähler Theodor Storm" (119–125)[16] spricht Christa T. von den „stillen Orten" der Kindheit in Storms Dichtung, in denen sie „ähnliche Erlebnisse der eigenen Kindheit" wiederfindet. Sie zählt auf: „Pirschgang [...] im Hochwald [...] Baumgarten des Großvaters [...] Bienenhaus [...] auf der Bank der Geschichten erzählende Großvater [...] das liebe schöne Gesicht der Großmutter im Blättergewirr der Heckenpforte". Christa T. stellt fest, daß sie mit Storm gleiche Materialien der Erinnerung hat. Die Erzählerin macht deutlich, daß sie mit ihm die Art, sich zu erinnern, teilt. In der Storm-Interpretation erkennt und rechtfertigt Christa T. die eigene Art, „stille Orte" erinnernd und phantasierend zu evozieren. Sie gibt eine Deutung der Idylle, die, auf Theodor Storm angewandt, interessant und bedenkenswert ist, die aber vor allem auf die Funktion der Idylle im Leben der Christa T. und im Roman der Christa Wolf weist. Die „stillen Orte", heißt es, seien dem Erinnernden „zur Sehnsuchtslandschaft geworden" und damit zu „Sehnsuchtsbildern menschlicher Schönheit" aufgestiegen.

Erinnerung setzt sich um in Sehnsucht. Sehnsucht weist auf Ungenügen an der Gegenwart; sie richtet den Menschen auf Vergangenheit und Zukunft. Meist nimmt die Sehnsucht ihre Materialien aus der Erinnerung, doch bleibt sie nur im Grenzfall äußerster Lebensmüdigkeit der Vergangenheit verhaftet. Ihre eigentliche Natur ist die Ambivalenz. Je lebenskräftiger jemand ist, desto mehr richtet sich seine Sehnsucht in die Zukunft. Sie projiziert erinnerte und in der Erinnerung verklärte Vergangenheit in die Zukunft hinein: als etwas, was man noch leben will. Sehnsucht ist auch und vor allem Erwartung.

Uns interessiert die Tatsache der Umsetzung. Verklärte Vergangenheit wird zu einem Element der Zukunftserwartung. Das macht die Funktion der mit einigem Aufwand ermöglichten ‚altmodischen' Idyllen im „Nachdenken" deutlich. Sie werden von der sich Erinnernden als eine Art ‚Glücksbeweise' berufen und sind zugleich ‚Glücksversprechen'. Die ‚Erinnerungsidyllen', die Christa T. gerne schreiben möchte und welche die ihr nachdenkende Freundin entwirft, sind auch und vor allem ‚utopisch'.

Dies gilt in höchstem Grade von den Bildern, in denen die ‚Gestalt' der Christa T. wirklich sichtbar wird: Christa T. Trompete blasend, mit dem Ball am Strand, frühmorgens vor dem Schreibtisch. Das sind vollendete Idyllen, poetisch-philosophische Glücksbilder, wo der mit sich selbst identisch gewordene Mensch vorgezeigt wird und die Frage des Mottos beantwortet scheint. Motto und Leitmotiv des Buches weisen auf die utopische Idylle, das unendliche Ziel, die große Utopie, auf die hin das „Nachdenken" in Bewegung setzen will.

Christa T. baut sich ein Haus, wie es gut in einer Erzählung Storms beschrieben sein könnte, auf dem Land, an einem großen See, weit weg „am anderen Ufer die roten Dächer des Dorfes" (190). Sie konstruiert ein Lebensgehäuse, dessen tradierte idyllische Züge betont sind. Nachdenkend begreift die Freundin das Haus „als eine Art Instrument, das sie benutzen wollte, um sich inniger mit dem Leben zu verbinden", als Ort, der Schutz und Sicherheit gewähren sollte „und von dessen Boden aus sie sich allem Fremden stellen konnte" (193). „Ich grab mich aus", so hatte Christa T. selbst den Hausbau kommentiert, diesen ihren Versuch, ‚Idylle' zu materialisieren (191).

In der Arbeit über den als verwandt erkannten Theodor Storm war die Rede gewesen von der „Rettung der Poesie vor der drohenden Zerstörung der menschlichen Persönlichkeit an den Rand des Geschehens" (121). „Ihn [Storm] hat der Konflikt zwischen Wollen und Nicht-Können in den Lebenswinkel gedrängt ..." (123) Spricht Christa T. hier auch über sich und im voraus besonders über ihre letzte Tätigkeit? Ist das Haus am See für sie „Rand des Geschehens", „Lebenswinkel"? Auch Christa T. kennt den „Konflikt zwischen Wollen und Nicht-Können". Ihrem Unternehmen unbedingter Selbstwerdung steht eine Einordnung und Anpassung fordernde Gesellschaft entgegen. Das Haus weist in der Tat auf einen Rückzug, nicht aber auf Resignation. Eher wirkt es als Ort der Bewahrung, wo man überwintern und sich in die andere, die erhoffte Zeit möglicher Wirkung hinüberretten kann. „Was ihr fehlte, war Zeit." (77) Das Haus, mit so viel Energie als Refugium errichtet, war auch um künftiger Aktivität willen da. Es zeigt die Zukunftswilligkeit der Christa T., ist Schutzraum und Zeichen der Hoffnung. Sie hat sich den Ort selbst geschaffen, an dem sie meinte, ihre eigene Antwort finden zu können auf die früh gestellte Frage: „wie man denn – und ob überhaupt und unter welchen Umständen – in der Kunst sich selbst verwirklichen könne" (120).

Die ‚Autorschaft' der Christa T. ist für den Leser ein Problem. Man hat Schwierigkeiten, das „Nachdenken" als Künstlerroman zu lesen. Der Mensch Christa T. mit seinen seltenen Eigenschaften, seinen „geheimen Möglichkeiten" (171), seiner Unbedingtheit und großen Unruhe ist in der Spannung mit der Gesellschaft der DDR, die er bejaht und an der er leidet, deutlich. Die Künstlerin dagegen bleibt eigentümlich fremd. Das wenige, was von ihren literarischen Versuchen mitgeteilt wird, ist nicht sehr belangvoll; naiv-dilettantisch, eher ‚gut gemeint' als gut und auch als ‚Versprechen' kaum ernst zu nehmen. Das alles ist zu offenkundig, um unbeabsichtigt zu sein. Aber auch die andere Möglichkeit, das „Nachdenken" als Roman eines Irrtums zu lesen – ein sensibler und talentierter Mensch versteht sich zu Unrecht als Dichter und geht an diesem Irrtum zugrunde –, verfängt nicht. Die ‚Autorschaft' ist der Punkt des Rollentausches zwischen Christa T. und Christa Wolf. Es hat sich ein Prozeß eigentümlicher, partieller Identifizierung vollzogen.[17] Christa Wolf ist, was Christa T. sein wollte. Ihr und über sie nachdenkend, verwirklicht sie, was die Sehnsucht der Toten gewesen ist: in „eigener Währung" (110), in literarischer Münze also, der Gesellschaft ihre Schuld zu zahlen. Sie verwandelt Christa T. in ein Kunstwerk, das sich als große Frage an die Gesellschaft der DDR richtet. Im „Nachdenken" ist die ‚Gestalt' der Christa T. hergestellt, ihre ‚Wahrheit' gewonnen. Diese ist eins mit der intendierten Wirkung des Romans. Vergangenheit befragend, richtet er an Gegenwart und Zukunft des sozialistischen deutschen Staates die Forderung, jenes „Zu-sich-selber-Kommen des Menschen" möglich zu machen. Christa Wolf erhebt die tote Freundin zur Frage und zur Forderung an Gegenwart und Zukunft ihres Staates. Das „Nachdenken" ist skeptisch und aktiv zugleich, in einer Art zorniger Hoffnung. Es verneint den zufriedenen Stolz über wirklich oder vermeintlich Erreichtes, und es warnt vor dem Irrtum, die ökonomische und technische Entwicklung in einem sozialistischen Land führe notwendig und gleichsam von selbst zur Aufhebung der Entfremdung. Aber es glaubt an das ‚Mit-sich-identisch-Werden' des Menschen, an die große humane Utopie. Und es gründet auf der Überzeugung, daß diese Utopie nur für eine sozialistische Gesellschaft ‚konkret' sein kann.

1971

1 „Es gibt kein Vergangenes, das man zurücksehnen dürfte, es gibt nur ein ewig Neues, das sich aus den erweiterten Elementen des Vergangenen gestaltet, und die echte Sehnsucht muß stets produktiv sein, ein neues Besseres erschaffen." Kanzler von Müller, Unterhaltungen mit Goethe. Tagebucheintrag vom 4. November 1823.

2 Christa Wolf, Nachdenken über Christa T. (Mitteldeutscher Verlag, Halle [Saale] 1968). Die bundesrepublikanische Ausgabe, aus der im folgenden zitiert wird, erschien 1969 im Luchterhand Verlag.

3 Marcel Reich-Ranicki, Christa Wolfs unruhige Elegie. In: Die Zeit, Nr. 21, 23. Mai 1969, S. 21.

4 Zu den Zeit- und Altersangaben vgl. Nachdenken, S. 8, 120, 210.

5 Hans Mayer, Christa Wolf: Nachdenken über Christa T. In: Neue Rundschau (Frankfurt a. M.), 81. Jg., 1970, 1. Heft, S. 180–186.

6 Mayer hebt hervor, daß Christa T. Dostojewski liest, er spricht von einem „Dostojewski-Motiv", an dem sich „die autobiographische Substanz des Buches vielleicht am deutlichsten markieren" lasse. Er zitiert aus Christa Wolfs Dostojewski-Essay die Gedanken zum Prozeß der Entstehung von „Schuld und Sühne". Sie imaginieren den von Not und Haß bedrängten Dostojewski, wie er sich eine Figur schafft, Raskolnikow, der die Mordtat tut, damit der Autor sie nicht tun muß. Nach diesem „Arbeitsprinzip" sei das „Nachdenken" angelegt und Christa T. mit Christa Wolf verbunden. Wolfs Dostojewski-Essay ist in der Tat geeignet, Mayers Interpretationsmodell zu illustrieren. Aber die Verbindung des Essays mit dem Roman scheint mir zu schwach. Schließlich ist im „Nachdenken" nur ein einziges Mal von Dostojewski-Lektüre die Rede (47); das reicht nicht aus zu einem „Dostojewski-Motiv".

7 Hans Mayer teilt in einer Fußnote mit, daß es eine „reale" Christa T. mit „ähnlich ablaufender Lebensgeschichte" gegeben hat. Sie war eine Freundin von Christa Wolf. Beide studierten in Leipzig zusammen Germanistik. An die Examensarbeit über Theodor Storm, die im Roman zitiert wird und eine wichtige Rolle spielt, erinnert sich Hans Mayer, der damals Ordinarius in Leipzig war. Das sind willkommene Stützen für unseren Interpretationsansatz. Für Mayer hat dieses „Lebensmaterial" etwa die Rolle, die dem realen Selbstmord des Jerusalem für „Die Leiden des jungen Werther" zukommt.

8 Christa T. ist 1928 in einem Dorf östlich der Oder geboren. Sie hat eine ältere Schwester. Ihr Vater ist ein sozialdemokratischer Dorfschullehrer. Im Winter 1945 Flucht vor der Roten Armee, danach Landarbeit, Ausbildung zur Neulehrerin, drei Jahre Arbeit als Lehrerin, dann Studium. Ihr

erstes Studienfach wird nicht näher bestimmt. 1954 in Leipzig germanistisches Examen mit einer Arbeit über Theodor Storm. Danach Arbeit an der Schule. Ein zweiter Beruf bleibt unbestimmt. Freundschaften und Liebschaften mit einem Lehrerkollegen und einem Kommilitonen. Heirat mit einem Tierarzt. Drei Kinder. Hausfrauendasein. Bau eines eigenen, selbstentworfenen Hauses in Mecklenburg an einem See. Verbotene Liebschaft. Unheilbare Blutkrankheit. Tod nach hartnäckigem Widerstand. – Seit der Kindheit hat sie den Wunsch, ‚Dichter' zu sein. „Ich möchte gerne dichten und liebe auch Geschichten." (23) Fragmentarische Schreibversuche, die sie geheimhält. Dazu Tagebücher. Nach ihrem Tode – 1963 – übergibt ihr Mann dieses ‚Material' der Erzählerin. Diese beginnt mit der Arbeit des schreibenden Nachdenkens einige Zeit nach dem Tod ihrer Freundin. Der Roman der Christa Wolf war in einer ersten Fassung etwa 1965 fertig, wurde dann umgearbeitet und 1968 gedruckt.

9 Vgl. auch S.48, 87.

10 Christa Wolf, Nachdenken über Christa T. – ein Selbstinterview (künftig zitiert als Selbstinterview). In: Kürbiskern (München), 4/1968, S.555–558.

11 „Sie hat keine Angst, daß sie leer ausgehen könnte beim Verteilen der Freundlichkeit. Sie weiß, daß sie manchmal müde sein wird, manchmal zornig und böse. Aber sie hat keine Angst. Das wiegt alles auf: Daß wir uns gewöhnen, ruhig zu schlafen. Daß wir aus dem vollen leben, als gäbe es übergenug von diesem seltsamen Stoff Leben. Als könnte er nie zu Ende gehen." (Christa Wolf, Der geteilte Himmel. Halle [Saale] 1963, 11. Aufl. 1965, S.317.)

12 Auf die Vermutung, Christa T. sei als Gescheiterte zu verstehen, antwortet Christa Wolf: „Sie meinen, weil sie so früh starb? Weil die Ergebnisse ihres Lebens nicht leicht aufzählbar und vorweisbar sind? Nein. Ich habe gefunden, daß sie in der Zeit, die ihr gegeben war, voll gelebt hat." (Selbstinterview).

13 Für Christa T. und für die Erzählerin hatte der Aufstand in Ungarn vom Jahre 1956 große Bedeutung. Sie hatten ihn spontan als „Verdunkelung der Welt" aufgefaßt, nachdenkend verstanden als nachhaltige Ernüchterung und brutale Erziehung zur Wirklichkeit. Christa T. wie die Erzählerin haben es sich jedoch verboten, „in die Rolle der Betrogenen zurückzuweichen. Doch auch die Rolle der eisern Gläubigen war abgesetzt, die Bühne, auf der man solche Rollen spielte, war verdunkelt. Ja, ein plötzlicher Lichtwechsel hatte stattgefunden." (168)

14 Christa Wolf über die Entstehung ihres Buches: „Zu einem ganz subjektiven Antrieb muß ich mich bekennen: Ein Mensch, der mir nahe war, starb, zu früh. Ich wehre mich gegen diesen Tod. Ich suche nach einem Mittel, mich wirksam wehren zu können. Ich schreibe, suchend. Es ergibt sich, daß ich eben dieses Suchen festhalten muß, so ehrlich wie möglich, so genau wie möglich." (Selbstinterview).

15 Dagegen haben die Rezensenten des Romans in Ost und West in seltener Einmütigkeit Christa T. als Gescheiterte aufgefaßt. Fritz J. Raddatz versteht das „Nachdenken" sogar als ‚Geschichte eines Selbstmords'.

Fritz J. Raddatz, „Mein Name sei Tonio K.“. In: Der Spiegel (Hamburg), Nr. 23, 2. Juni 1969.

16 Die Examensarbeit gehört zum nachprüfbaren Wirklichkeitsmaterial des Romans. Hans Mayer kannte nicht allein die Kommilitonin und Freundin der Christa Wolf, die hinter der literarischen Figur Christa T. steht; er erinnert sich auch an deren Examensarbeit über Theodor Storm (vgl. Anm. 7).

17 Christa Wolf weist selbst auf den Prozeß hin, ohne freilich den springenden Punkt aufzudecken: „Ich stand auf einmal mir selbst gegenüber, das hatte ich nicht vorhergesehen. Die Beziehungen zwischen ‚uns‘ – der Christa T. und dem Ich-Erzähler – rückten ganz von selbst in den Mittelpunkt[...] Wäre ich Mathematiker, würde ich wahrscheinlich von einer ‚Funktion‘ sprechen: Nichts mit Händen Greifbares, nichts Sichtbares, Materielles, aber etwas ungemein Wirksames.“ (Selbstinterview).

Jürgen Grambow

Der Weg der Gefühle

Landschaften bei Christa Wolf

> „Grüne Insel Mecklenburg, einsam gewiß nicht, doch Ort für Besinnung."
> *C. W., Bibliotheka Universalis*

„Eichholz – du lieber Himmel! Bei Friedeberg. Zechow, Zantoch, Zanzin, Friedeberg, wir dreißig Einheimischen fuhren in Gedanken die Kleinbahnstrecke ab." Alles Vororte einer mittelgroßen, ehemals deutschen Stadt östlich der Oder, in Andrees Allgemeinem Handatlas von 1906 sowenig auszumachen wie auf jeder beliebigen anderen Karte größeren Maßstabs, sie aufzufinden brauchte man eine um ein weniges erweiterte Flurkarte: L und Umgebung, oder eine Gebietskarte über den Zusammenfluß von Warthe und Netze. Noch genannt werden: Beyersdorf und Altensorge. *Altensorge*, die Ortsbezeichnung klingt wie ausgedacht. – Die Faszination, die von Bobrowskis Prosa, vom Romanerstling des Günter Grass ausging, mochte auch in der Erwartung liegen, mit der landschaftlichen Inventur könne Erzählen beginnen. Als Siegfried Lenz dann mit ähnlichen Erzählerchen gleichsam über die Dörfer kam, war *die* Lektion begriffen: Poesie durch Dialekt, Poesie durch Benennung des Topographischen, manchmal klappt das.

Aus der Nähe von Friedeberg also kam die Klassenneue, Christa T., „kraucht aus einem Dorfschullehrerhaus, keine fünfzig Kilometer von hier, und dann dieser Blick". Stößt einen Ruf aus, wie den Schrei eines großen durchziehenden Vogels, einen Trompetenstoß.

Gerade hatte die Literaturdebatte – so etwas gab es in den Sechzigern! – Bienkopp als Selbsthelfer einen Teil Schuld an seinem Tod zugemessen, da starb erneut ein Mensch auf Buchseiten, erlag einer tückischen Blutkrankheit, und manche deutelten an Wörtern, die Assoziationen auslösten wie Blutarmut, Blutleere; und sie fragten: Wieso denn nun das? Aber noch in der heftigsten Abwehr wurde die Bedeutung des Buches aus dem Jahre 1968 erkannt: Über das Defizit Rolle – Mensch wurde gestritten, der Vorwurf der Selbstbespiegelung, wo man berechtigter von Selbstentdeckung, Selbsterfahrung, Selbstverwirklichung sprechen könnte, offenbarte das Maß an Betroffenheit.

Nimmt man ein Buch nach langer Zeit wieder in die Hand, liest man es anders, die Kenntnis der späteren Arbeiten drängt sich dazwischen. Ich kann die bekannten abhebbaren Sätze zu zitieren auf ein Minimum beschränken, Sentenzen sind nicht Christa Wolfs Stärke, oder sie zu formulieren liegt nicht in ihrer Absicht. „Einmal im Leben, zur rechten Zeit, sollte man an das Unmögliche geglaubt haben", lautete eine von ihnen und die bekannteste: „Wann – wenn nicht jetzt?" Das Wort von der *neuen Welt* kommt zweimal ins Spiel, als Absage an die „Phantasielosen, Tatsachenmenschen, Hopp-Hopp-Menschen", den Homo technicus, und als Ziel und Utopie: „Was aber immer mit ihr geschah oder geschehen wird, es ist und bleibt unsere Sache. Unter den Tauschangeboten ist keines, nach dem auch nur den Kopf zu drehen sich lohnen würde ..." Das kategorisch.

Hier die Fabel nachzuerzählen ist müßig. Der Verlauf der Geschichte sagt nichts über die Eigenart des Buches. Christa T.s Tod wird auf der ersten Buchseite mitgeteilt, das Ganze ist, wie der Titel verheißt, ein Sich-gewiß-Werden durch intensives Nachdenken. Christa Wolf hat sich mit ihrem Buch in eine Richtung eingereiht, die ihre Figuren mutmaßend einkreist, also die Bedingungen des Erzählens mitbedenkt, andererseits die Mitteilungen durch Assoziationsmöglichkeiten ausweitet, der Leser ist in jeder Beziehung beteiligt an der Recherche. In „Nachdenken über Christa T." ist, was folgen sollte, keimhaft angelegt mit deutlichem Bruch zu dem Vorangegangenen. Rezensenten bemerkten Anklänge an die Empfindsamkeit, der Christa Wolf in ihren Arbeiten zur Romantik intensiv nachgehen sollte, das Interesse der Autorin an psychosomatischen Vorgängen deutet sich an. Das Material wird bewußt offengehalten, in die Freiräume schieben sich Fragen der Autorin als eines „wichtigen Menschen". Wir werden nicht umhinkommen, auf die sogenannte „vierte Dimension", die sich in „Lesen und Schreiben" mit dieser Feststellung – „Der Autor nämlich ist ein wichtiger Mensch" – ankündigt und die die Schriftstellerin als Rezeptionsstrategie entwickelt hat, im Laufe der Überlegungen näher einzugehen.

Mich interessiert jetzt etwas anderes. Als Christa T. die Kleinstadt im Mecklenburgischen sieht, in die sie ihrem Mann folgen muß, mag Ernüchterung sie überkommen haben. „Warum nicht hier? sagt sie.“ Und die Erzählerin fügt hinzu: „Aber so unwichtig sind die Orte nicht, an denen wir leben. Sie bleiben ja nicht nur Rahmen für unsere Auftritte, sie mischen sich ein, sie verändern die Szene, und nicht selten ist, wenn wir ‚Verhältnisse‘ sagen, einfach irgendein bestimmter Ort gemeint, der sich nichts aus uns macht.“ Im Gespräch mit Joachim Walther hat Christa Wolf darauf hingewiesen, Handlungsräume, Milieu, müßten sich quasi in den Figuren verinnerlichen: „[...] weggekommen bin [ich] vom Beschreiben im Sinne des Objektschilderns: Milieu, in dem nur irgendwelche Handlungen oder Gespräche stattfinden. Ich möchte auch die Umgebung, alles das, was räumlich zu den Personen gehört, ihnen aneignen.“ Dem Heimatbegriff, für den das Landschaftliche ein Symptom ist, nachzugehen lohnt sich.

Was mag Christa Wolf Mecklenburg sein?

Sowohl in „Nachdenken über Christa T.“ wie in den „Kindheitsmustern“ (das wird die T. direkt als die Neue „aus der Friedeberger Gegend“ erwähnt) ist die engere Heimat den Mädchen bei aller Reizlosigkeit etwas Unumstößliches, Festumrissenes, die Erzählerin nennt das Lehrerhaus „inmitten des Dorfes“ eine von Christa T.s „Gewißheiten“, und Nelly gesteht sich Jahrzehnte später ein, sie habe sich damals nicht vorstellen können, „jemals woanders zu leben“. Christa T. geht die „paar Straßen ab, die alle auf dem Marktplatz endeten“, wie eine mäßig interessierte Besucherin, sie besichtigt „Häuser, Straßen, Kirchen, Parks, Plätze – die ganze Anlage dieser im übrigen kaum bemerkenswerten Stadt“ (so wird die Stadtlandschaft in den „Kindheitsmustern“ aufgefaltet) – mit dem distanzierenden Blick der Fremden, und die Einheimische, noch hat sie keinen Namen, sieht das ihr so überaus Vertraute plötzlich von außen. „Und ich mußte auf einmal denken, daß dieses Wasser da vielleicht doch nicht das Wasser des Lebens war und die Marienkirche nicht das erhebendste Bauwerk und unsere Stadt nicht die einzige Stadt der Welt.“ Die

Ebene der Neumark wird ganz allgemein gefaßt, hochstämmige Kiefern, Buschwerk, und ein Eindruck, flüchtig wie eine Empfindung, „der Himmel heiterer, weißere Schönwetterwolken als irgendwo“, da ist Ironie im Spiel, absichtliche Distanz selbst noch im Einssein mit der Natur, und die poesieträchtige Landschaftsschilderung, die Gottfried Benn, Truppenarzt ausgerechnet in der General-von-Strantz-Kaserne von L., gegeben hat, wird erkannt als im Grunde nicht der vertrauten Szenerie angemessen, „die Stadt als Anlaß, als Motiv, als Zeichen“, poetische Verklärung, nichts weiter. Auch für Benn ein Ort, „der sich nichts aus uns macht“.

Für die sich an ihre Kindheit erinnernde Erzählerin aus dem „Nachdenken über Christa T.“, die noch nicht Nelly Jordan heißt, stand der Handlungsraum damals so fest, daß kein Spielraum blieb: Ich meine nun nicht den unkindlichen Ernst dieses merkwürdigen Mädchens, nicht die Geschäftigkeit der Nelly, sondern die Auflösung aller Gewißheiten, als die Stadt aufgegeben und verlassen wird: „Dann war ich einer [...] von diesen Leuten da“, von den Flüchtlingen, bindungslos, umhergestoßen, später einmal werden anderes als Familienverhältnisse und Herkommen und Habe wichtig; die Emigrantengeneration, um einen Sprung von den Romanfiguren zu Verfassern von Romanen und von Dramen und von Gedichten zu machen, kehrte, auch wo einige, und sie bildeten die Ausnahme, in ihr altes Wirkungsfeld zurückkamen, nicht „heim“, anfangs hatte das Weltanschaulich-Soziale allemal Vorrang.

In der Biographie der Christa Wolf fallen die vielen Umzüge auf dem Territorium der DDR auf, gerade dieser Lebenslauf verdeutlicht, wie unsinnig es wäre, wollte man, wie es gedankenlos umgangssprachlich manchmal getan wird, einen Schriftsteller für den Bezirk vereinnahmen, in dem er mehr oder weniger zufällig ansässig ist. Die Ich-Erzählerin der „Kindheitsmuster“ fühlt sich, ein paar Jahre lang, gerade durch ihre Bindungslosigkeit überlegen: „Und wenn Einheimische dir in ihren Städten [...] das Konsumwarenhaus zeigten und dazu sagten: Früher Wertheim, dann hattest du ein heimliches, ungerechtfertigtes Gefühl von Überlegenheit.“ Es meint dasselbe, wenn von Christa T. gesagt wird, sie habe es offenbar „auf sich genommen, überall zu Hause und überall fremd zu sein, zu Hause und fremd in der gleichen Sekunde“.

Nun hat es etwas von Taschenspielertrick an sich, wenn man Ansichten der Figuren ganz verschiedener, jeweils eigenen Gesetzen gehorchender Bücher den stilisierten Erzählerfiguren gleichsetzt, wie ich das die ganze Zeit schon tue. Andererseits, Episoden aus dem Erleben der jungen Christa Wolf, die in den Essays für manche Schlußfolgerung erhärtend herangezogen werden, schlägt die Romanautorin unverwandelt der Biographie der Christa T. oder der der Nelly Jordan zu oder auch beiden: die als unwertes Leben in einem Heim plötzlich verstorbene schwachsinnige Schwester einer entfernten Verwandten; der Junge, der den eigenen Vater anzeigt; die Lektion in Gerechtigkeit, als der Schuster und Kommunist Wilhelm Sell Spanndienste für die Gemeinde verweigert; davor, auch schon im Mecklenburgischen, kam es zur ersten Begegnung mit einem Kommunisten; Bruder L., Lutz, schließlich in den „Kindheitsmustern" und in „Störfall", einem Buch, das für das von mir angeschlagene Thema so aufschlußreich ist wie die Tagebuchdimension aus den „Frankfurter Vorlesungen".

Ich stehe nicht allein mit dieser Auffassung, erst kürzlich hat ein Kritiker festgestellt, „mit ‚Nachdenken über Christa T.' bricht sich in der Produktion etwas Bahn, was eines besonderen Instrumentariums bedurfte". Rulo Melchert nannte diese „Wechselwirkung zwischen Erzählen und Essayistik ein Phänomen, das diesem Werk" den „charakteristischen Ton" gebe.

„Nachdenken über Christa T." schuf die Voraussetzungen für noch etwas anderes, das in dem Roman „Kindheitsmuster" erst zur Rede steht: Christa Wolf sprach von der Schwierigkeit, „ich" zu sagen; und das meint nun nicht lediglich das Gefühl der Fremdheit, die die Gedankenwelt der Halbwüchsigen, ihre diffusen Empfindungen, ihre Handlungen in der erwachsenen Frau hervorrufen, das hat prinzipiell zu tun mit der Ehrlichkeit eines Autors vor sich selbst. Diese schonungslos bohrende Ehrlichkeit hat Konsequenzen bis hinein in die Struktur der Sätze; gerade in „Nachdenken über Christa T." finden sich welche, die als Selbstaussagen nicht aussprechbar sind. (Man mache die Probe aufs Exempel und sage von sich, was über einen „ihn", eine „sie" ohne weiteres konstatierbar ist, zum Beispiel also: „Sie hatte auch eine zähe Kraft, wieder hochzukommen. Boden gewinnen, zentimeterweis." Oder: „Kleinlich ist sie nicht, wenn sie streng wird.") Genau sein, einen Charakter von innen und von außen beschreiben, mit einer unerhörten Offenheit, ohne zu beschönigen und ohne den Versuch einer Verteidigung zu unternehmen – man denkt, das kann das Bild des Autors doch nicht sein, was er offenlegt. (Die Verblüffung, ja mein Erschrecken ist mir noch gegenwärtig, als Max Frisch von dem Glück sprach, das ihn sein Leben lang nicht verlassen habe, ein unverdientes Glück, wie er meinte, und von der Glimpflichkeit des Schicksals; die nachträgliche Einsicht, ganz offenbar habe er allen seinen Figuren mehr von sich mitgegeben, als ich mir je vorzustellen wagte, rief erst einmal nichts als Abwehr hervor. Konnte es sein, daß er immer nur von sich gesprochen hatte, in einer ganz direkten Weise?) Um nicht mißverstanden zu werden, hinter allem, was geschrieben wird, steckt autobiographische Erfahrung, steht zwangsläufig Erlebnismaterial des Autors, aber der autobiographische Fakt erhält seine Legitimität erst in einem größeren Zusammenhang.

Doch ob Projektion, ob Fiktion, ändert das etwas am mitgeteilten Sachverhalt? In „Nachdenken über Christa T." versichert sich die Autorin an mehr als einer Stelle: „Die Farbe der Erinnerung trügt", in den „Kindheitsmustern" spricht sie mit einer gewissen Heftigkeit gar von Erinnerung als einem „Betrugssystem". Erinnerungen sind, könnte man hinzufügen, unzuverlässig wie die Gefühle.

Hinter dem, was sich zu der wohldurchdachten Poetik einer „eingreifenden Schreibweise" ausweitete – obwohl Christa Wolf die Auffassung vertritt, Brecht habe sie weder positiv noch negativ auch nur berührt, bedauert die Schriftstellerin, daß man, um sich nicht dem Mißverständnis einer Tautologie auszusetzen, von einer „epischen Prosa" schlecht reden könne –, steckt in mehr als einer Beziehung eine Auseinandersetzung mit Lukács und den Bestrebungen von Bitterfeld. Christa Wolf versicherte in den Interviews, die in der „Dimension des Autors" zusammengefaßt sind, nie habe sie, während sie schrieb, ein Defizit an Erleben gespürt, statt der häufig beklagten Kluft vielmehr „Steigerung und Konzentration von Denken, Sprechen, Handeln", und auch die Voyeurshaltung, die alles Leben in Nähe des Autors zu nichts als Rohstoff für den Schreibprozeß degradiere, sei ihr fremd. Schreiben also als Möglichkeit, „intensiv in der Welt zu sein", andererseits die programmatische Anwesenheit nicht eines beliebigen, mehr oder weniger deutlich hervortretenden Erzählers, sondern des Autors im Text als verläßliche, glaubwürdige Instanz, als Denk- und Daseinsweise einer „wichtigen Person". Und wenn die Autorin ihr Vorgehen, die Schreibumstände, einbezieht, dann bedient sie von den vielzitierten drei Stufen literarischer Aneignungs- und Produktionsweise des Georg Lukács nur die ersten beiden und ist bemüht, das Nacheinander von Erleben, „Überwinden" und Schreiben aufzuheben und den für mündig erachteten Leser in die Wahrheitsfindung einzubeziehen.

Allerdings warnte Christa Wolf im „Selbstinterview" vor Versimpelungen, wie sie in der Akademiediskussion zu den „Kindheitsmustern" die Gleichsetzung von Autobiographischem und Romanbiographie als unzulässig erklärte. Erzählen bedeutet bekanntlich immer stilisieren, verdichten, umgruppieren. Als Interviewerin – noch vor Erscheinen des 68er Romans – spricht sie von „zwei authentischen Figuren", „Christa T. und ein Ich"; die Antwort fällt gewiß nicht absichtslos sibyllinisch aus: „Sie hätten recht, wenn nicht beide Figuren letzten Endes doch erfunden wären." Und kann sie in den Papieren der Günderrode einen „modernen Zug" des Erzählens bemerken, nämlich, „daß die Schreiber zugleich die Romanfiguren" sind, so hat sie, Christa Wolf, den Vorzug, als Instanz genommen zu werden, ohne daß der Leser das Persönliche, das Halbprivate und Private mitdenkt. – Komplizierte Verhältnisse.

Ich bin mir der Gefahr der Grenzverwischung *Autorpersönlichkeit/Autor im Buch* bewußt, wenn ich, um die Wandlungen eines Heimatgefühls offenzulegen (und dem Prozeß einer Einbürgerung nachzugehen), Material aus dem Werk wie aus einem einheitlichen Ganzen zusammenziehe trotz der Abgeschlossenheit und Selbständigkeit jeder literarischen Arbeit und der thematischen Spezifik und Begrenztheiten beispielsweise der Publizistik, bis hin zu den Interviews.

Mecklenburg also. Der erste Eindruck, den die kleine Nelly von Mecklenburg erhält, ist ein ganz und gar märchenhafter. Er wird geprägt von einem Ort, Plau am See, einem Ort im Sommersonnenschein. In Plau am See lebt eine Tante, Trude

Fenske, und Plau reduziert sich auf ein Spielzeuggeschäft mit den anmutigsten Puppen und auf eine Promenade am See, „weißgekleidete Damen mit Sonnenschirmen und weiße Segel auf dem Wasser". Kaiserwetter also, und familiäre Harmonie.

Frauke Meyer wies darauf hin, daß das Stadium des Kindseins für Christa T., das durch ein Einssein mit der Natur gekennzeichnet war, abrupt beendet wird. Veränderungen im Gesellschaftlichen leiten den Ablösungsprozeß ein: Ein Schweizer in SA-Stiefeln und -Breeches wirft dem Lehrer als vermeintlichem „Sozi" die Fensterscheiben ein, und der Gutspächter schmettert eine Katze an die Stallwand. „Von nun an wird das Leben der Christa T. in einer Kette von Versuchen bestehen, trotz und aufgrund dieser Erfahrungen den kindlich-unschuldigen Zustand des ‚Einsseins' mit der Natur und der Gesellschaft wiederzuerlangen." Oder, um Becher, der dem Buch das Motto lieferte, beim Wort zu nehmen und Bloch zu streifen, es ist der Versuch, eine Heimkehr aus der Entfremdung zu gestalten.

Auch die Erfahrungen der Flucht und, das ist dann noch Zufall, die erste Begegnung mit Mecklenburg, dem fremden Landstrich, sind sozialer Natur, und ein Erlebnis ist so einschneidend, daß die Autorin es der Christa T. und der Nelly Jordan zuschreibt. Quer durch Südwestmecklenburg wurden Häftlinge des Konzentrationslagers Sachsenhausen getrieben; Schiffe standen für sie bereit, um mit ihnen an Bord in der Ostsee versenkt zu werden. Auf einen Überlebenden dieses Todesmarsches – der Häftlingszug wurde von der Roten Armee befreit – stößt der Treck, und der Mann in gestreiftem Drillich prägt sich den Mädchen als das unerhört Andere ein, er ist der lebende Beweis für etwas, das man nicht hat wahrhaben wollen, durch ihn erhält die ganze bisherige Existenz den Anschein permanenten Unrechts. Das, jedenfalls das erfassen sie in Sekundenbruchteil. Für den Leser genügen wenige überdeutliche Striche, einen Archetyp vor ihn hinzustellen: „geschorener Schädel", „rundes gestreiftes Käppi", „Nickelbrille mit scharfen Gläsern", sein andächtiges Kauen. Nur der Gesinnung wegen wurde niemand verfolgt? „Wo habt ihr bloß alle gelebt", fragt er.

Das Land zeigt sich in Dorfnamen aus dem Schwerinschen, der Sammelplatz „bei dem Ort Warsow", Großmühlen, Bardikow und Winkelhorst. Ein Name ist so sprechend, wie es *Altensorge* war, *Niegendorf.* Der vorwiegend bäuerliche Landstrich fordert den Zugewanderten harte Arbeit ab: „Uniformteile zuschneiden in diesem mecklenburgischen Bauernhaus" und Feldarbeit. Während die Plackerei auf dem Acker nicht als Belastung empfunden, sondern als Notwendigkeit genommen wird, Arbeit, die getan werden muß, um zu überleben, ist eine spätere Szene auf dem Kartoffelacker für Christa T.s weiteren Weg der entscheidende Drehpunkt: In einer Sammelpause geschieht die Sache mit der Kröte.

Weiterhin ist das Land gegenwärtig in allgemeinsten Benennungen – ein ausgefahrener Sommerweg, das Landstädtchen mit einer roten Scheunenreihe und der buckligen Pflasterstraße auf den Markt zu, magere schwarzfleckige Kühe, Koppelzäune – und in vorsichtigen sprachlichen Texteinfärbungen, durch sparsamste Satzpartikel: Steht da wie ein *bedrippter* Pudel. Geht zu diesem verfluchten *Spökenkieker.* Elemente von Platt, uneinheitlich geschrieben bis hin zum Lautmalerischen: *Wat de Generool seggt hett. – Ik glöw doar nich an. – Sieht aus, die wolln mich alle ganz gern dabeihaben. Schiet, wat?* Die Lehrerin unterhält ihre Schülerinnen in der besagten Sammelpause mit Sagwörtern, die aus Wossidlos Sprüchegut stammen könnten: *– Ja, Geld up de Sparkass' is schön, seggt de Deern, aber Kauken is doch noch 'n bäten schöner! – Sick de Arbeit bequem maken, is kein Fulheit, seggt de Knecht taun Burn.* Für die Nachgeborenen stellt die Zugezogene schon das Verbindungsglied zu den Traditionen der Region dar. Für die Heranwachsenden aus den siebziger Jahren sieht die Situation dann wieder anders aus; das Mädchen Lenka aus den „Kindheitsmustern" leugnet, so etwas wie Heimatliebe zu kennen, sie will sich allenfalls einlassen auf „ein paar Leute. Wo die sind, ist Zuhause." Sie gibt sich an internationalistischen Zusammenhängen (und an Zusammenhalt) interessiert.

Und schließlich, um die Aufzählung zu beenden, ist der Landstrich anwesend in Familiennamen und Berufsbezeichnungen, alles ganz sparsam eingesetzt, aber so aussagekräftig wie die sprechenden Ortsnamen: *Vater Fuchs, die Krögern, Hinrichsen, das magere Fräulein Feensen.*

Die Annäherung geschieht in Schüben. Lag Plau noch in strahlendem Sonnenschein, ein freundliches Bild, so belästigt auf den Feldern eine „fremde flimmernde Hitze", „ungemildert".

Das Buch „Nachdenken über Christa T." ist auch ein Entwicklungsroman, wenn auch in der Umkehrung, noch die Studentin stemmt sich gegen die Einsichten eines Erwachsenendaseins, als sie auf die Frage, was sie werden wolle, *ein Mensch* antwortet. Der langwährende Reifeprozeß ist erst abgeschlossen, als Christa T. sich endgültig festlegen muß. Sie darf nicht mehr beliebig die Rollen tauschen, sie soll eine Rolle für sich akzeptieren, „das Spiel mit Varianten hat aufgehört"; die Tierarztfrau muß sich, wie man so sagt, auf Land und Leute einlassen. Da hört sie den Bauern zu, blickt in die Kirchenbücher auf den Pfarrämtern, schreibt ihre Skizzen „Rund um den See".

In Christa T.s Verhalten offenbart sich scheinbar ein Widerspruch: Mag sie noch so beiläufig Landschaft aufnehmen – *ein paar Büsche, der Fluß, Sommergewitter, Herbststürme* –, so scheint sie doch auf eine ganz bestimmte Landschaft als festumrissenen Lebensraum angewiesen zu sein. Die Autorin hat für den Leser deutliche Signale gesetzt, auch wenn selbst die in der Diskussionshitze damals einseitig und vordergründig interpretiert wurden. Christa T. fertigt ihre Staatsexamensarbeit zu einem, nun, nicht mecklenburgischen, aber zu einem norddeutschen Dichter an, der mit seiner Landschaft auf das innigste verbunden war, Theodor Storm. Für eine wissenschaftliche Untersuchung schreibt sie ungewöhnlich bekenntnishafte Sätze: „die Rettung der Poesie vor der drohenden Zerstörung der menschlichen Persönlichkeit an den Rand des Geschehens", und: Ihn, Storm, habe „der Konflikt zwischen Wollen und Nicht-Können in den Lebenswinkel gedrängt".

In dem 68er Roman wird eine Episode, eine lustige anscheinend, denn Christa T. lacht so, daß sie „vor Lachen beinahe vom Stuhl" fällt, nur erwähnt als die von *Köster Hinrichsens Hochzeit.* Erzählt wird sie nicht. Die letzte Etappe der Annäherung, nämlich die Einheimischen auftreten und selber reden zu lassen, hat Christa Wolf sich für ihr jüngstes Buch, die *Nachrichten eines Tages,* „Störfall", vorbehalten. Ich möchte das einprägsamste Sprachporträt (das einzige ist es nicht) als Ganzes, so wie es da steht, hierhersetzen. Die Kraftwerkskatastrophe bringt Heinrich Plaack, den Nachbarn im dörflichen Refugium, zum Sprechen; aber er geht nicht auf das gegenwärtige Geschehen ein, sondern erinnert sich seiner Kriegserlebnisse in Frankreich. Verlassene Häuser, zurückgelassener Hausrat. Verwundet, habe er sich zwangsläufig nach Leinen umgesehen. „Am nächsten Tag aber, als er wieder vorbeigekommen sei, habe es drinnen ausgesehen, als hätten da die Vandalen gehaust. Seine eigenen Kameraden, die seien an die Truhen und Kisten rangegangen. Die hätten alles aufgebrochen, das frische saubere Bettzeug hätten sie auf den Fußboden gezerrt, drauf rumgetrampelt seien sie, für nichts und wieder nichts, aus lauter Übermut und Dollerei. Da habe er zu seinem Leutnant gesagt, was ein vernünftiger Kerl gewesen sei, wenn er mit ihm allein war: Dat geit nich gaut, Herr Leutnant, habe er gesagt, und der habe ihm erwidert: Sollst recht haben, Heinrich. Keine Achtung vor nichts – das hat nicht gut gehen können –" Das lebt noch in der indirekten Redewiedergabe, wie es sich, Halbsatz für Halbsatz, mühsam vorantastet auf der Suche nach größtmöglicher Genauigkeit. Das ist bis in die doppelte Verneinung hinein stimmig.

Das regional Eigenständige ist, wie beabsichtigt, den Figuren einverleibt.

Wenn der Pole Adam Krzemiński aus den Büchern der Christa Wolf nicht die Neumark und nicht Mecklenburg, sondern „Sand und Kiefern von Brandenburg" herauszuspüren meint, könnte man schlußfolgern, sie beschriebe, ganz allgemein, Flachland in seinen offen zutage liegenden Phänomenen; irgendeine Stadt an irgendeinem Fluß als ihr ursprüngliches Raumerlebnis und dörfliche Szenerie, gleichfalls in der Tiefebene angesiedelt. Blickt man genauer hin, verhält es sich dann doch wieder noch anders – benennt die Autorin beispielsweise Bäume, so handelt es sich nicht um Kiefern, sondern zumeist um Pappeln, die Kennzeichen rascher öffentlicher Gründungen wie Sportplätze, Schulen, Kasernen, Wohnsiedlungen an Stadträndern. (Offenbar komplettiert jeder Leser die Szenerie mit seinen eigenen Landschaftsvorstellungen.) Und zu Preußen fällt dieser Autorin noch anderes ein als die Beschaffenheit der Wege und die karge Vegetation, Preußen ist ihr Zentrum einer geistesgeschichtlichen Bewegung, ist, wie ein Essayband im Untertitel lautete, „*Gesprächsraum* Romantik".

Wenn Christa Wolf auch, Aufgaben der Kunst bedenkend, eine so starke Zuneigung zu Landstrichen, zu Orten fordert, daß sie einem plastisch vor Augen stünden und die Leser folglich den Operationsbasen und Zielpunkten auf Generalstabskarten vom Werk der Zerstörung unbedingt auszunehmende „imaginäre Landkarten" entgegenhielten, so scheint sie doch, andererseits, Poesie nicht aus dem Dingfestmachen von Topographischem zu ziehen. Denn ihre Methode, Vorstellbares und Vertrautes aufzurufen und es beim Allgemeinsten bewenden zu lassen, verläßt sie auch nicht, wo es sich nicht ums Flachland, wo es um andere Landstriche, um Exotisches gar geht. Zwei Beispiele: Daß von einem geschichtsträchtigen Raum, dem Harzumland, die Rede ist, merkt man in einem Aufsatz der Dichterin erst an dem Wort „Blutrinne". Die Blutrinne ist ein abschüssiger Weg zwischen dem Schlachtberg von Frankenhausen und der eigentlichen Stadt. Und im Gespräch mit Jacqueline Grenz faßt sie ihr mediterranes Erlebnis, das in die „Kassandra"-Erzählung einfloß, in die Worte: „[...] es war die Luft, es war der Himmel, es waren die Steine, die auch ihre [Kassandras – J. G.] Landschaft bildeten." Christa Wolf ruft ab, ruft auf und geht damit den umgekehrten Weg wie Bobrowski, wie Grass und wie Lenz. Das beschränkt sich nicht auf das Landschaftsinventar, sie spielt auch mit literarisch Vorgeprägtem, stellt Klischees in ihren Dienst. „Jetzt ist die Sonne in die Hecken gefallen. Fehlt bloß noch", heißt die durch Ironie erträglich gemachte bekannte Szene aus „Nachdenken über Christa T.", „daß sie quer über eine Wiese laufen und das ausgebreitete Heu duftet. Also gut, sie laufen, und das Heu duftet, das haben wir ja alles in der Hand." Hans Mayer, ihr einstiger Lehrer aus Leipzig, sprach in diesem Zusammenhang von der „Zwischenschaltung" eines „verweisenden und distanzierenden Bewußtseins", das das bis zum Überdruß Bekannte als dennoch lebenswahr wieder benutzbar, zitierbar, anführbar mache. Zerstört Bobrowski die Idylle, indem er in Genreszenen die große Welt einfallen läßt mit Überhebung und Krieg, und findet man bei Grass die ausgelebte und dadurch enthüllte, durch die Zeit und in der Zeit erledigte Idylle, so ist das „Nachdenken über Christa T." ein Versuch, „die Idylle zu rehabilitieren", wie Mayer schreibt.

Die Autorin kann nicht leugnen, daß sie verschiedentlich

von Literatur ausgeht; Literatur steht am Anfang, aber ihr Bemühen hat es auf das Leben in einem ganz umfassenden Sinne abgesehen – Intensivierung des eigenen Daseins und *eingreifende Schreibweise,* Einwirken auf Leser also, Einwirken auf die Gesellschaft. „Das deutliche Bild, das ich vorher hatte, hat sich befestigt. Wo nicht, wird sich wohl mein Vor-Bild aus der Lektüre des Buches durchsetzen", heißt es in Christa Wolfs bislang letztem Versuch über das Werk der Anna Seghers, nach einer Besichtigung Marseilles. „Zu jedem Transit, zu jeder Grenzüberschreitung, auch zu der in die Kunst, ist eine Sehnsucht nach ‚Unversehrbarkeit' nötig, die, immer erneut in Frage gestellt, sich immer wieder erneuert, ausgerechnet an den Werken der Literatur. Mag sein, daß ich mich dessen versichern wollte durch Augenschein." Im Zweifelsfalle, bedeutet sie uns, wohlgemerkt. Der Regelfall ist der Alltag, die Ganzheit von Schreiben und Schreibunterbrechungen durch Realitätseinbrüche und nichtige Verrichtungen, und da scheint ihr Mecklenburg schon wichtig zu sein, als Rahmen für den Alltag und als Realitätsbeziehung. In der „Vierten Frankfurter Vorlesung" spricht Christa Wolf von den einfachen stets wiederkehrenden Tätigkeiten, „Wäsche aufhängen, Heringe braten", „die mir nur hier" – damals: dem Haus in Alt-Meteln – „Spaß machen". Alle vier Poetik-Vorlesungen tragen Untertitel, von denen einer in dieser abschließenden letzten Vorlesung lautet: „über sehr alte Zustände und neue Seh-Raster".

Über sehr alte Zustände und neue Seh-Raster, das Wort könnte das Motto abgeben für den letzten Abschnitt dieser Überlegungen. Ein Landstrich wie der zwischen Elbe und Oder, im Norden begrenzt von der See, im Süden von der Mark, mit fließenden Übergängen dort und in der Vergangenheit verschiedentlich wechselnden Grenzen, Mecklenburg und Vorpommern also, scheint nicht groß genug gewesen zu sein für eine eigene differenzierte Ausformung im Literarischen, von dieser einen überragenden Gestalt, Fritz Reuter, und von Wossidlos gesammeltem vorwiegend humorigem Sprüchegut abgesehen, obwohl dem Niederdeutschen ein Vorzug innewohnt: Es konservierte ursprünglich volksnahe Formen des Erzählens und überlieferte sie in schriftlicher Form. Wer sich die Mühe macht und Schriftgut aus den letzten dreißig Jahren des vorigen und den ersten dreißig aus diesem Jahrhundert aus den Beständen der Wissenschaftlichen Allgemeinbibliothek in Schwerin oder den Universitätsbibliotheken Rostock und Greifswald durchsieht, wird, von Ausnahmen abgesehen, auf Erzählstereotype von erschreckender Selbstgenügsamkeit und Simplizität stoßen: Die Leute hatten ein unumstößliches Bild von sich und ihren Verhältnissen. In der Mundart dominierte das vordergründig Komische, oft genug ein schadenfrohes Lachen (wie anders sollten sich die Unterlegenen auch wehren), im Schriftsprachlichen dienten Naturbilder dazu, Charaktere und Situation zu beleuchten. Gerechterweise muß man einräumen, das gilt nicht speziell für Mecklenburg, das trifft auf die sogenannte Heimatdichtung allgemein zu. Um Bobrowskis Leistung ganz würdigen zu können, sprach Hermlin sogar das harsche Wort von einem „abgestandenen reaktionär gewordenen Bereich". Nun gibt es Zwischenglieder. Wer sich nach 1945 noch als Heimatdichter verstand, konnte es nicht dabei bewenden lassen, „einen regionalgeschichtlichen Abriß in literarisierter Form" (Kurt Batt) zu geben, vielmehr waren Autoren wie Käthe Miethe, Gerhard Ringeling oder Meyer-Scharffenberg bemüht, so belastete Begriffe wie Heimatliebe und Heimatkunst von dem Ruch bornierter Selbstgenügsamkeit oder gar anmaßender Verklärung allmählich zu befreien und um soziale Kategorien zu bereichern, wenigstens das. Die besseren von ihnen schrieben in dem Wissen, daß selbst scheinbar *ewige Werte* geschichtlich bedingt und also wandelbar sind. Die Tatsache, daß sogar einem so spröden Erzähler wie Uwe Johnson, der den Landstrich seiner Herkunft nicht verklärend, sondern kritisch befragte, mehr als einmal der Vorwurf gemacht wurde, Blut-und-Boden-Traditionen fortzuschreiben bis in unsere Gegenwart, erhellt zur Genüge, weshalb sich Schriftsteller gerade bei Landschaftsschilderungen Zurückhaltung auferlegten.

Mochte all das, was sich im engeren Sinne als Heimatliteratur verstand, mit seinem Hang zum Überlieferten und Belegbaren auch verhindern, daß nennenswerte Literatur entstand, so brachte andererseits gerade dieses ängstliche Bemühen um Authentizität ein beachtliches Maß an Lebenswahrheit mit sich – die karge Landschaft, die wenig entwickelte Sozietät hatten eine spartanisch nüchterne Lebensart zur Folge. In diesem Punkt stimmten alle diese Geschichten. Aber was heißt Geschichten; die Entwicklung verlief immer stärker zum feuilletonistisch aufgelockerten Sachbuch. Erst Leute mit einer völlig anders gearteten Erzählkonzeption – ich denke an die „Seestücke" von Fries, an Cibulkas Inseltagebücher, an so etliche Kinderbücher des wortgenauen Benno Pludra – konnten mit Fingerspitzengefühl dem Geist des Landstrichs nachspüren, indem sie ihn in seiner kargen Prosa respektierten und dennoch den Eigengesetzlichkeiten von Belletristik gerecht zu werden suchten. Manchmal genügten Fragen. Hier nun hat die Beziehung, die Christa Wolf analog zu dem schrittweisen Sich-ins-Verhältnis-Setzen ihrer Heldinnen Christa T. und Nelly Jordan zu dem einst fremden, gar abweisenden Landstrich herstellt (eine Neuland-Eroberung auch das), nicht nur ihre Berechtigung; *zu Hause und fremd sein, im selben Augenblick,* die Außensicht ist notwendig, sie wird bedeutsam. Einst mißbrauchte starke menschliche Gefühle wie Heimatliebe werden auf ihre Echtheit geprüft, auf Verläßlichkeit. Werden nach ihrer Herkunft befragt und ob wer aus ihnen Nutzen ziehen könnte. Dabei kommt die Autorität des, allgemein gesprochen, Autor-Erzählers, seine Integrität, der Glaubwürdigkeit des mitgeteilten Hergangs zugute, wie Wissenwollen und kritisches Wägen die Autorität bestärken. Das bringt das Konzept der eingreifenden Schreibweise mit sich, und das bedingt einander wechselseitig. So, nur so wird das hundertmal Gesagte wieder aussprechbar, das Klischee erweist sich, Freiräume schaffend, gar als nützlich.

1987

Włodzimierz Bialik

Christa Wolfs Abrechnung mit der Abrechnung

Als Hans Kaufmann 1974, also sechs Jahre nach dem Erscheinen der „Christa T." und zwei Jahre vor der Herausgabe der „Kindheitsmuster", Christa Wolf gefragt hatte, welche Beweggründe es dafür geben kann, daß nicht nur die Schriftsteller, die das Jahr 1945 als Erwachsene bewußt miterlebt haben, sondern auch solche, die zu dieser Zeit noch Kinder waren, über den Faschismus schreiben, ließ sie ihn folgendes wissen: „Eine Vergangenheit wie diese kommt in Wellen über uns, wenn wir ihr nicht einen Riegel in uns vorgeschoben haben (was eine häufig geübte Abwehrmaßnahme ist). Aber kein Mensch kann den Wirkungen entgehen, die von seiner Kindheit und Jugend her in sein späteres Leben dringen – auch und gerade, wenn diese Kindheit unter Einflüssen stand und Verhaltensweisen in ihm erzeugt hat, die er am liebsten vergessen und leugnen möchte, zuerst vor sich selbst."[1] Ist also der neue Roman von Christa Wolf, der mit den Sätzen beginnt: „Das Vergangene ist nicht tot; es ist nicht einmal vergangen. Wir trennen es von uns ab und stellen uns fremd"[2] als Fortsetzung des gleich nach dem zweiten Weltkrieg ansetzenden und bis heute nicht erloschenen Stroms der sogenannten Abrechnungsliteratur anzusehen? Soll dieses „Sich-Trennen" und „Sich-fremd-Stellen" zum Ausgangspunkt werden, die deutsche Vergangenheit zu analysieren oder sie gar zu „bewältigen" versuchen? Eine Art Sezierung der Vergangenheit wird angekündigt, ob man aber dies als einen Beitrag zur Vergangenheitsbewältigung – und wennschon, dann *welcher* Vergangenheit – anzusehen haben wird, mag einstweilen dahingestellt bleiben.

Es wird in den „Kindheitsmustern" auf drei zeitlichen Ebenen erzählt. Die die „Ereignissubstanz"[3] des Romans gestaltende Erzählebene setzt 1929 an und geht bis in das Jahr 1946 hinein. Hier wird die Geschichte der Nelly Jordan erzählt, eines Kindes, dem eine solche „Entwicklung" zuteil wurde, daß es in seinem Tagebuch den „Entschluß schriftlich niederlegte, dem Führer auch in schweren Zeiten unverbrüchliche Treue zu bewahren" (395),[4] eines Mädchens, unter dessen

Schulkameraden viele waren, die „über ‚Volk ohne Raum‘ oder ‚Nordischer Geist in antiker Dichtung‘ flüssig schreiben konnten, ein so einfaches Thema wie ‚Der erste Schnee‘ aber ganz und gar nicht bewältigen“ (295f.). Die zweite Ebene bildet eine sechsundvierzigstündige Wochenendreise der Erzählerin mit ihrem Mann, ihrem Bruder und der fünfzehnjährigen Tochter Lenka nach Gorzów Wielkopolski, früher Landsberg, Nellys (und der Erzählerin) Vaterstadt: eine Art „Konfrontations- oder Verfremdungsfahrt“[5], die am 10. und 11. Juli 1971 unternommen wird. Die Arbeit der Erzählerin an ihrem Buch, an den „Kindheitsmustern“, stellt die dritte Ebene, die Ebene des Schreibens, dar: Am 3. November 1972 wird es begonnen, am 2. Mai 1975 beendet.

Die Einführung der drei Erzählebenen, die manche Kritiker auf den im Roman enthaltenen postulativen Satz: „Im Idealfall sollten die Strukturen des Erlebens sich mit den Strukturen des Erzählens decken“ (354) zurückführen, scheint notwendig zu sein, um das im Text selbst irgendwie getarnte, in außerliterarischen Aussagen des öfteren geäußerte Vorhaben der Autorin literarisch zu realisieren. Mehrmals hat Christa Wolf deklarativ formuliert, daß sie eigentlich grundsätzlich *eine* Frage zu beantworten versuchte, nämlich: „Wie sind wir so geworden, wie wir *heute* sind?“ (276) Aus der ersten Erzählebene heraus, der Geschichte der Nelly Jordan, die hier (scheinbar) dem Wichtigkeitsgrad nach die zwei anderen Ebenen bei weitem übertrifft, kann allerdings diese Frage nicht beantwortet werden. Wenn die Ebene der „Ereignissubstanz“ über irgend etwas Aufschluß erteilt, und das tut sie, dann nur über die Frage, wie Christa Wolfs Landsleute so *geworden waren, wie sie damals waren.* Auf die von der Verfasserin wiederholt gestellte Frage, wie es dazu gekommen ist, daß die Deutschen so *geworden sind,* wie sie *jetzt* sind, kann die Antwort nur von den beiden Gegenwartsebenen her gefunden oder besser: auf ihnen gesucht werden. Nimmt man vorerst mal an, daß es sich im Werk um eine Vergangenheitsbefragung handelt, dann scheint es viel angebrachter zu sein, von *Befragungen* zu sprechen, die sich wenigstens *zwei* deutschen „Vergangenheiten“ anzunähern versuchen. Von vornherein wird auch in den „Kindheitsmustern“ eine Vorahnung wachgerufen, daß es hier mehr Antworten als gestellte Fragen gibt.

Nicht von ungefähr wurde ganz am Anfang der vorliegenden Skizze der vorletzte Roman von Christa Wolf genannt, der von vielen voreilig als postumer Lebenslauf[6] der Titelheldin angesehen wurde. Im Selbstinterview hat die Schriftstellerin auf die Frage, ob sie mit der Christa T. eine Art von postumem Lebenslauf geschrieben hätte, folgendermaßen geantwortet: „Das dachte ich zuerst. Später merkte ich, daß das Objekt meiner Erzählung *gar nicht* so eindeutig sie, Christa T., war oder *blieb*. Ich stand auf einmal mir selbst gegenüber [...]“[7] Wie ist das nun in den „Kindheitsmustern“? Die „Ereignissubstanz“ des Romans, die Geschichte der Nelly Jordan, ist auf den ersten Blick auch als eine postume Lebensgeschichte zu deuten: Nelly lebt zwar in der Gestalt der Erwachsenen, die aus ihr ausschlüpfte (vgl. 14), sie ist jedoch nicht mehr sie „selbst“. Sie hat die eine Welt verlassen, um plötzlich – als eine Zu-Verändernde – in eine ganz andere, in ein Jenseits, versetzt zu werden. Wenn im „Nachdenken über Christa T.“ das Objekt der Erzählung *nicht mehr* Christa T. blieb (was voraussetzt, daß sie es ursprünglich sein sollte) und die Erzählerin zur „Selbstbeschreibung“ hinüberwechselte, so ist das in den „Kindheitsmustern“ noch eigenartiger: Die Ich-Erzählerin, die sich an das Leben der kleinen Nelly *erinnert*, erinnert sich zweifelsohne an ihre eigene Kindheit, beschreibt eine Phase ihres eigenen Lebens, ohne allerdings – mag das paradox lauten – über sich selbst zu schreiben. Anders gesagt, gründen sich die Strukturprinzipien beider Romane auf einer gewissen Reziprozität: Im Erzählvorgang des „Nachdenkens“ werden die Beziehungen zwischen zwei verschiedenen Menschen – der Christa T. und der Ich-Erzählerin – in den Mittelpunkt gerückt (64), was eine Verschmelzung beider *zu einem* Erzählobjekt zur Folge hat und zur Selbstbeschreibung der Erzählerin führt; in dem der „Kindheitsmuster“ kommt es im Gegenteil zur *Spaltung* eines Menschen in zwei grund(?)verschiedene: des in einer bestimmten Realität *erzogenen* Kindes und des aus ihm gewordenen und in einer ganz anderen Realität *umerzogenen* Erwachsenen. Hier drängt sich zum ersten Mal die Frage danach auf, was und wieviel in dem Erwachsenen von dem dem Kind Eingeprägten geblieben ist.

Bleiben wir jedoch einstweilen bei der ersten Ebene, das heißt bei den Kindheitsmustern der Jahre 1929–1945, bei der

Frage also, die hier vorzüglich beantwortet wurde, ohne von Christa Wolf expressis verbis gestellt worden zu sein: Wie waren wir [die Deutschen – W. B.] so geworden, wie wir damals waren? Ein Kind wird in erster Linie von seinen Eltern und Lehrern erzogen. Alle Deutschen, die in jener Zeit diese gesellschaftlichen Rollen (bei manchen waren es natürlich beide zugleich) zu tragen hatten, konnte man grob in Überzeugte und Angst-Habende (manchmal „Vernünftige" genannt) teilen. Von den Beweggründen der faschistischen Erzieher wird hier noch später die Rede sein. Womit hat es angefangen? Damit, daß das Kind erfahren hat, daß „der Führer bedeutender war als die Straßenbahn"(64)? War das gerade der Anfang des Weges, dessen weiterer Verlauf so erschütternd und irgendwie „neutral" zugleich in den „Kindheitsmustern" dargestellt wurde? „Zum ‚Dienst' in der Hitler-Jugend muß Nelly sich gedrängt haben" (249), „Nelly schmerzt es, wenn die Mutter über heilige Gegenstände [BDM-Bluse – W. B.] vom Standpunkt ihrer Waschküche aus urteilt" (362). Die Kinder leben unter einem für sie nicht erkennbaren Terror der Sprache[8], unter Wörtern wie einerseits: „Mut, Tapferkeit, Treue" (140), andererseits: „Polackenpack, Judengesindel, Russenschweine" (317), unter Phrasen wie: „heilige Pflicht für uns alle" (335) und Sätzen: „Jesus Christus […] wäre heute ein Gefolgsmann des Führers und würde die Juden hassen" (170f.),[9] „Die Hakenkreuzfahne wird in hundert Jahren das Herzblatt der deutschen Nation geworden sein" (133), sie lernen in Schulen, wo man „Soll und Haben", „Kampf um Rom", „Volk ohne Raum" u. a. durchnimmt (vgl. 177), wo die Schüler in Sätzen wie: „Alle Deutschen lieben unseren Führer Adolf Hitler" Satzergänzungen zu bestimmen haben, im Lande, wo man im „General-Anzeiger" lesen kann, „Guernica sei nicht bombardiert, sondern von den Bolschewisten mit Benzin übergossen und angezündet worden" (192). Die jungen Deutschen werden von allen Seiten eingekreist und *überzeugt*. Es kommt die Zeit, in der man „nicht mehr anders" konnte, „die hatten jetzt alles in der Hand" (55). Das konsequent realisierte faschistische Erziehungsprogramm erntet seine Früchte: „Nelly weiß, was zu tun ist: Sie stellt sich taub und unwissend. Dann wurde sie es. […] Sie hatte längst angefangen, ihre wahren Gefühle vor sich selbst zu leugnen."[10]

Die Einflüsse der faschisierten Schule und des Elternhauses waren aus mancherlei Gründen, unter denen die Angst der Eltern um ihre Kinder eine beachtliche Rolle spielte, gewissermaßen gleichwertig. Es gibt ein Kapitel im Roman, das die Überschrift „Ein Kapitel Angst“[11] trägt, wo noch einmal aufgeführt und zusammengefaßt wird, was für Abschattierungen von Scheu, Vorstufen der Angst und Ängste in den Deutschen aufgebaut wurden.[12] Angst kam allerdings erst später, die Erzählerin läßt keinen Zweifel darüber aufkommen: „Aber hatten sie *schon* Angst? (Später ja. Da hat es gewisse Besuche gegeben ... Zwei Herren jeweils, in unauffälligem Trenchcoat, bei deren Erscheinen Charlotte die Knie schlotterten.)“[13] Am Anfang war Lüge, von den meisten Deutschen geringgeschätzte und geduldete Lüge, die sich dann bald in ein ganzes Betrugssystem verwandelte. In Kürze wurde es vielen klar, daß nur der aussichtsreich und erfolgreich sein (und verhältnismäßig ruhig leben) kann, der entweder mitlügt oder sich stillschweigend belügen läßt. „Wer lügt, siegt“, hieß es, oder: „Alles, was so lange schiefgelaufen war, kam ins rechte Gleis, wenn man nur einmal im Leben standhaft blieb und log“ (155). Die Angst stand schon dicht vor der Schwelle; man begann nur das zu sehen, was zu sehen erlaubt und wünschenswert war, man begann nur das zu wissen, was man wissen durfte, „denn in Zeiten wie diesen gibt es viele Stufen zwischen Wissen und Nichtwissen“ (260).[14]

Der Prozeß der Persönlichkeitsbildung ist für die im Jahre 1945 sechzehnjährige Nelly beträchtlich fortgeschritten, ihr „Wesen“ ist im Grunde völlig umrissen. Wenn wir uns nun den beiden der Gegenwart näheren Erzählebenen der „Kindheitsmuster“ zuwenden, das heißt der „Verfremdungsfahrt“ der Autorin nach Polen sowie der Zeit ihrer direkten Arbeit an dem Roman, stoßen wir in der Gestalt der Erzählerin auf die „neue“, veränderte, sechsundvierzig Jahre alt gewordene Nelly. Erst von diesen Ebenen her erscheint Christa Wolfs „programmatische“ Frage „Wie sind wir so geworden, wie wir heute sind?“ legitim. Wenn man noch in Betracht zieht, daß die Erzählerin auf ihrer Polenreise von ihrer fünfzehnjährigen Tochter Lenka begleitet wird, so ist es ersichtlich, daß die Reichweite der Frage noch größer ist: Sie betrifft zwei Generationen zugleich. Die Beantwortung der Frage wird in beiden

Fällen auf die Zeit 1945–1975 bezogen werden müssen, mit dem Unterschied nur, daß Lenka in dieser Zeit *erzogen*, Nelly dagegen *umerzogen* werden sollte.

Was Christa Wolf in ihrem Werk durchführen zu wollen scheint, ist eine Art *Abrechnung mit der Abrechnung.* Die Qualität der Abrechnung mit der deutschen Vergangenheit und ihre Gemäßheit erscheint Christa Wolf zweifelhaft, sie beunruhigt sie, und nicht nur sie. Ein junger Journalist meinte in einem Gespräch mit der Autorin: „Ist der Faschismus *emotional* für uns Jüngere verständlich? Denn darum geht es Ihnen ja. Ich meine, daß es *rational* klar ist, woher das kommt, ökonomisch, politisch, sozial – das ist geschenkt, das haben wir uns an den Schuhsohlen abgelaufen; das sollte man zwar auch immer wieder mal hören, dagegen bin ich gar nicht. Aber emotional ist das, glaube ich, uns nicht zugänglich."[15] Ähnliches drückt Christa Wolf selbst in demselben Gespräch aus: „Es wäre möglich, daß die Schule ihnen [den jungen Deutschen – W.B.] die echte Fragehaltung gegenüber dieser Zeit abgewöhnt hat. Das könnte sein. Ich habe mir die Geschichtsbücher von uns angeguckt, speziell über diese Zeit, und habe gefunden, daß da Gott sei Dank – das ist ja wirklich unser großer Fortschritt – nichts Falsches steht. Es steht dort, wie es war.[16] Andererseits weiß ich von jungen Leuten, daß sie das wie jeden anderen Stoff zur Kenntnis nehmen und nicht angehalten sind durch Lehrer, die übrigens gerade in meinem Alter sein mögen, diesen Stoff *emotional* aufzunehmen, mit einer tieferen Anteilnahme als etwas anderes: zum Beispiel die Karte im Geschichtsbuch der neunten Klasse, auf der alle Konzentrationslager verzeichnet sind. Ich habe erlebt, daß junge Leute von dreizehn, vierzehn Jahren in Buchenwald über den ehemaligen Appellplatz gehen und dabei essen und ihre Kofferradios anstellen. Da ist doch etwas in ihnen nicht geweckt worden; ich spreche nicht von Schuldgefühl, sondern von Mitgefühl. Das frage ich mich natürlich. Diese Karte über die KZs ist in den Büchern, und es wird alles richtig berichtet. Und doch habe ich beobachtet, daß diese Karte keine andere *Emotion* ausgelöst hat als irgendwelche anderen Geschichtskarten im selben Buch."[17] Die Bewältigung der Vergangenheit auch im Bereich des Individuellen, Privaten, Subjektiven wird postuliert (im obigen Zitat werden eher die Lehrer als die Schüler aufs Korn genommen), eine Sphäre angesprochen, wo die Soziologie und Statistik versagt,[18] es geht um „persönliche und gesellschaftliche Moral und die Bedingungen, die beide außer Kraft setzen“[19]. Daß die Vergangenheit in diesem Sinne nicht bewältigt ist, erkennt Christa Wolf an den *Fragen* junger Leute und ... an dem *Schweigen* (ihrer) Altersgenossen und der Älteren.[20] Das Schweigen kehrt immer wieder sowohl im Text des Romans als auch in außerliterarischen Äußerungen der Schriftstellerin zurück: „eine Familie ist eine Zusammenrottung von Menschen verschiedenen Alters und Geschlechts zur strikten Verbergung gemeinsamer peinlicher Geheimnisse“ (106); „Nirgendwo wird so abgrundtief geschwiegen wie in deutschen Familien“ (272); und endlich einer der eindrucksvollsten Sätze des Romans, eine Paraphrase des Wittgensteinschen Prinzips: „Wovon man nicht sprechen kann, darüber muß man allmählich zu schweigen *aufhören.*“[21] (235) „Die ältere Generation“ – sagt Christa Wolf –, „die älter ist als ich bin, die diese ganze Frage der Schuld ja im Grunde auf sich hätte beziehen müssen, ist am weitesten ausgewichen, die ist am schwersten zu bewegen, darüber zu reden oder vielleicht auch zu denken.“[22]

Nicht nur die ältere Generation verschweigt und verbirgt „etwas“. Abgesehen von ihr, der „eigentlich schuldigen“, deren Mitglieder in den dreißiger Jahren doch nicht im wörtlichen Sinne erzogen wurden (sie wurden oder haben sich angepaßt), besteht die Nelly-Generation aus erzieherischen Schichten und Ablagerungen, die die faschistische Kindheit bzw. Jugend in ihr hinterlassen hat und die man (bewußt) verschweigt oder (unbewußt) in sich weiterleben läßt. Die an den „Kindheitsmustern“ Arbeitende sieht ein, daß man „unerschrocken und zugleich behutsam würde vorgehn müssen, um die geologischen Schichten (bis hin zum Tertiär[23]) abzutragen“ (209). Dieses Abtragen fällt jedoch keinem leicht. „[...] Fotos, die man oft und lange betrachtet hat, brennen schlecht“ (39), heißt es gleich im ersten Kapitel des Romans, dem man diesen Satz ohne weiteres als ein zusätzliches Motto voranstellen könnte. Die Generation, der Nelly angehört, hat diese Fotos zum größten Teil verbrannt (verbrennen wollen oder müssen), die Negative, die ihr damals, vor Jahren, eingetrichtert worden sind, konnten nicht spurlos verschwinden. „Es ist mir öfter passiert" – so Christa Wolf –, „in Gesellschaft zu geraten von Menschen etwa meines Alters, etwas älter auch, die nur ein paar Schnäpse brauchen, ein paar Gläschen Wein, um eine ganz andere Schicht ihrer Person aus sich hervorzukehren und ganz andere Lieder zu singen, als sie eben noch gesungen haben."[24]

Die Einstellung von Nellys Altersgenossen zu sozialistischen Umerziehern war von zweifachem Mißtrauen gekennzeichnet: zunächst gegenüber allem, was irgendwie mit der „staatlicherseits vorgeschriebenen Umwertung aller Werte" in Beziehung stand, gegenüber dem so plötzlich und radikal Umgeschlagenen, besonders aber gegenüber den anfänglich am meisten auffallenden *äußeren*, verbalen Veränderungen: „Es war dir eigentlich [so die Erzählerin zu sich selbst – W.B.] immer lieb gewesen – nur hast du lange nicht mehr daran gedacht –, nach dem Kriege nur durch Städte zu gehen, deren Lenin- und Stalinalleen du nicht als Adolf-Hitler- und Hermann-Göring-Straßen gekannt hast" (393); später dagegen, nachdem die Entfaschisierung fortgeschritten war, gegenüber allem, was – mochte es auch nur oberflächlich und formal sein – irgendeinen Vergleich der neuen Wirklichkeit mit dem Vergangenen und Verurteilten herbeirief: „Geblieben ist: Eine Überempfindlichkeit gegen Massenübungen, tobende Sportstadien, im Takt klatschende Säle." (350) Dieses eigenartige gespaltene Mißtrauen brachte eine indifferente Lebenshaltung mit sich: „Betroffen, aber nicht ernsthaft gefährdet sein – auch das kann zur Lebensformel werden. Nelly probierte sie aus. (In der dritten Person leben ...) Es kam ihr leicht vor, Distanz zu halten. Es sollte niemals mehr irgendeinem Menschen möglich sein, sie ernstlich zu treffen." (525)

Wie gesagt, ist die Schlüsselfrage des Romans nach dem Sogeworden-Sein der Nelly-Generation nur von den Gegenwartsebenen her anzuschneiden. Sind Nellys Altersgenossen als Resultante zweier grundverschiedener Erziehungssysteme anzusehen? Christa Wolf wagt manches in unmittelbare Beziehung zu bringen: „Was heißt das: sich verändern? Ohne Wahn auszukommen lernen. Den Blicken der Kinder nicht ausweichen müssen, die unsere Generation treffen, wenn – selten genug – von ‚früher' die Rede ist: Früher, in den dreißiger, früher, in den fünfziger Jahren." (195) War das faschistische Erziehungssystem so tiefreichend, daß seine Spuren unauflöslich sind, oder wirkte das Um-Erziehungssystem (unterstreichen wir es noch mal: von der Nelly-Generation wird gesprochen, von dem sozialistischen Umerziehungs- und nicht Erziehungssystem) nur oberflächlich und vermochte nicht, in die tiefstgelegenen Ablagerungen und Schichten durchzudringen? Die Fragen bleiben offen. Was unverkennbar ist, ist die von Christa Wolf in ihrem „Psychogramm einer Epoche"[25] artikulierte Unruhe, die dort ansetzt, wo das Bewußtsein aufkommt, daß es zu wenig ist, den Hitler-Platz zu verwandeln oder die Schüler in anderen Sätzen als vor Jahren die Satzergänzung bestimmen zu lassen, daß die „Verwundung"[26] mancher *zu schnell* ausgeheilt zu sein scheint. Gemeint werden die, die in den fünfziger Jahren sich Knall auf Fall als „Bekehrte" erklärt haben. Zu schnell, scheint Christa Wolf auf vielen Seiten ihres Romans zu behaupten. „Ein wenig stört mich", meint sie in einer in der Akademie der Künste der DDR geführten Diskussion, „daß viele unserer Bücher über diese Zeit enden mit Helden, die sich schnell wandeln, mit Helden, die eigentlich schon während des Faschismus zu ziemlich bedeutenden und richtigen Einsichten kommen, politisch, menschlich. Ich will keinem Autor sein Erlebnis bestreiten. Aber mein Erlebnis war anders. Ich habe erlebt, daß es sehr lange gedauert hat, bis winzige Einsichten zuerst, später tiefergehende Veränderungen möglich wurden."[27]

Nicht zufällig wird gerade Christa Wolf oft danach gefragt, ob sie nicht in Schwierigkeiten mit der offiziellen Politik gekommen wäre: Sie wagt sich doch an Themen, an die sich nicht alle wagen, und schreibt „mit dem Risiko, falsch interpretiert zu werden"[28]. Wie sie in den „Kindheitsmustern" anspielt, ist für sie die gesellschaftliche Wirklichkeit eine Substanz, in der es – im Gegensatz zu anderen – eine „Abweichungstoleranz" gibt: „Die Ausführenden [gemeint wird der Raumflug Apollo 14 – W.B.] hatten sich bei Strafe des kosmischen Todes an ihren Entwurf zu halten. Abweichungstoleranz plus minus null." (126) Abweichungen nicht fürchten bedeutet sich auf das Risiko des Auffallens einlassen, aber „einem Menschen, der nicht auffallen will, fällt bald nichts mehr auf" (305). Dementsprechend versucht Christa Wolf, ihr

Schreiben nicht dem Mechanismus einer strengen Selbstzensur, die – ihres Erachtens – gefährlicher als die offizielle, amtliche Zensur ist, zu unterwerfen: „Er [der Mechanismus der Selbstzensur – W. B.] verinnerlicht Forderungen, die das Entstehen von Literatur verhindern können, und verwickelt manchen Autor in ein unfruchtbares und aussichtsloses Gerangel mit einander ausschließenden Geboten: daß er realistisch schreiben soll zum Beispiel und zugleich auf Konflikte verzichten; daß er wahrheitsgetreu schreiben soll, aber sich selbst nicht glauben, was er sieht, weil es nicht ‚typisch' sei. Ein Autor, der sich dieses Vorgangs nicht schärfstens bewußt bleibt und sein eigener unerbittlichster Kontrolleur ist, wird nachgeben, ausweichen, anfangen zu ‚wischen'."[29]

Und nur weil Christa Wolf nicht „wischen" will, wird sie von der westlichen Kritik als „Sympathisantin für westliche Lebensdeutung"[30] abgestempelt, und es werden bei ihr Symptome einer „Angleichung an die Entwicklung in der westlichen Epik"[31] gefunden. Da das Obige in seiner Primitivität lächerliche Identifizierung von „kritisch sein" mit „dagegen sein" ist, hat es keinen Sinn, sich mit ihm auseinanderzusetzen.

Andererseits bietet der anspielungsreiche Text der „Kindheitsmuster" einen ziemlich großen interpretatorischen Spielraum, in dem Textpassagen wie die folgende nicht nur verschiedenartig gedeutet, sondern auch mißdeutet werden können: „Heute weißt du, daß es im Zeitalter des Argwohns das aufrichtige Wort nicht gibt, weil der aufrichtige Sprecher auf den angewiesen ist, der aufrichtig zuhören wollte, und weil dem, dem lange das verzerrte Echo seiner Worte zurückschlägt, die Aufrichtigkeit vergeht. Dagegen kann er nichts machen. Das Echo, auf das er rechnen muß, schwingt dann als Vorhall in seinem aufrichtigsten Wort. So können wir nicht mehr genau sagen, was wir erfahren haben." (468) Oder: „An einem Morgen nach einer schlechten Nacht träumtest du von der Gefährlichkeit deines Berufs. Eine Gruppe grau gekleideter, ganz gleichförmig auftretender Männer, deren Sprecher – gesichtslos wie sie alle – sich von den anderen nur durch ein schmales scharfes Lippenbärtchen unterschied, verschaffte sich Zutritt zu deinem Haus. Sie kamen mit einem Auftrag von einer nicht näher bezeichneten Instanz: Sie wollten dich überreden, einen Text anzufertigen, der ihre ‚allgemeine Meinung' von den ‚Dingen des Lebens' mit deinen Worten ausdrücken sollte. Deiner Fassungslosigkeit glaubten sie mit dem Versprechen begegnen zu können, daß sie dieses Schriftstück an alle Haushalte verschicken würden. Besseres, sagte der Mann mit dem Bärtchen ernsthaft, aber hoffärtig, könnte einem wie dir doch nicht passieren. Oder solle er dir durch Vorlage des Telefonbuches beweisen, wie viele Leser dir im Falle einer Weigerung entgingen?" (396)

Für wen ist nun dieses Buch geschrieben worden? Für die Nelly-Generation, die vor 1945 in der „gewissenlos gemachten Sprache" (311) Reden zu hören bekam, um gleich nach 1945, diesmal „russisch und deutsch" „vorgefertigte Satzteile aneinandergefügt" (513) mitzuhören, für die Generation also, die verdächtig schnell der Vergangenheit den Rücken zugewandt hat und aus der als eine Art Deus ex machina eine „neue" Generation entstanden ist? Oder vielleicht für die Lenka-Generation, die von dem Faschismus nur aus Schulbüchern erfährt? Zweifelsohne für beide. Nicht zuletzt jedoch wurde um der Erzählerin willen geschrieben. Auffallend oft wiederholen sich in Christa Wolfs Aussagen Sätze wie: „ich habe das jetzt gemerkt, als ich das schrieb", oder „das ist mir jetzt erst klargeworden beim Schreiben"[32]. Mit „Ja" beantwortet auch die Autorin der „Kindheitsmuster" im Selbstinterview, ob sie, indem sie schreibt, etwas erfahren will, was sie vorher nicht wußte.[33] Der Roman ist auch eine Art Selbstbefragung oder Selbstprüfung, eine Art Artikulierung der eigenen Unruhe. Ähnlich wie im „Nachdenken über Christa T." erscheint hier das Schreiben als Experiment, als „Erkenntnisprozeß" oder sogar Therapie und Selbsttherapie.[34]

1 Hans Kaufmann, Gespräch mit Christa Wolf. In: Weimarer Beiträge (Berlin), 6/1974, S. 98.

2 Christa Wolf, Kindheitsmuster. Berlin und Weimar 1976, S. 9 (Seitenangaben fortan im Text).

3 Heinz Plavius, Gewissensforschung. Christa Wolf: „Kindheitsmuster". In: Neue Deutsche Literatur (Berlin), 1/1977, S. 142.

4 Da Nellys Deklaration eine Tagebuch-Eintragung ist, drückt sie unzweifelhaft ihre innerste Überzeugung aus.

5 Plavius, Gewissensforschung. In: Neue Deutsche Literatur, 1/1977, S. 142.

6 Vgl. Christa Wolf, Lesen und Schreiben. Aufsätze und Betrachtungen. Berlin und Weimar 1973, S.81.

7 Ebenda, S.81 [Hervorhebung – W.B.].

8 Vgl. Hubert Orłowski, Język III Rzeszy na poezja [Die Sprache des dritten Reiches und die Poesie]. In: Orłowski, Literatura w III Rzeszy [Literatur im dritten Reich]. Poznań, S.159–194.

9 Wolf, Kindheitsmuster, 170f. Vgl. auch die recht typische Reaktion der Eltern auf solche Art „Lehre“: „Laß den doch erzählen, was er will. Wenn man sich da überall einmischen wollte!“ (171)

10 Ebenda, S. 94, 211. Vgl. auch: ebenda, S. 214, wo Nelly, ein zartes, empfindliches Kind, auf sadistische Weise die „ungehorsamen“ [Marienkäfer – W.B.] bestraft.

11 Ebenda, S.462–497.

12 Vgl. Diskussion mit Christa Wolf. In: Sinn und Form (Berlin), 4/1976, S.870.

13 Kindheitsmuster, S. 196 [Hervorhebung – W. B.]. Nur das Dabeisein konnte vor Angst schützen: „Anerkennung und verhältnismäßige Sicherheit vor Angst und übermächtigem Schuldbewußtsein werden ihr [Nelly – W. B.] garantiert, dafür liefert sie Unterwerfung und strenge Pflichterfüllung.“ (Ebenda, S.256.)

14 Über die Fähigkeit der Menschen, „ihre Neugier auf die ihnen nicht gefährlichen Gebiete einzuschränken“, vgl. ebenda, S. 92. Als ein weiterer Beweggrund, sich anzupassen, ist die „Vernunft“ anzusehen: „Die Schicksale der Vernunft – Vernunft als Übereinstimmung – über die Jahrzehnte hin. Vernunft als Dämpfer: Ein Regelungssystem, das, einmal eingebaut, hartnäckig darauf besteht, das Signal für ‚Glück‘ nur im Zustand vernünftiger Übereinstimmung aufleuchten zu lassen ...“ (Ebenda, S.123.)

15 Diskussion mit Christa Wolf. In: Sinn und Form, 4/1976, S.879 [Hervorhebungen – W.B.].

16 Obwohl es dort steht, „wie es war“, obwohl die Kinder in der DDR in einem völlig anderen Geist erzogen werden, meint Lenka, die Tochter der Erzählerin, im Zusammenhang mit „Mario und der Zauberer“, „daß keiner in ihrer Klasse dem Zauberer widerstehen würde“ (vgl. Wolf, Kindheitsmuster, S.321).

17 Diskussion mit Christa Wolf. In: Sinn und Form, 4/1976, S.869 [Hervorhebungen – W.B.]. Vgl. auch: Kindheitsmuster, S.309.

18 Das Streben der Erzählerin, einer Figur der dargestellten Welt, aus der anonymen Statistik herauszuschlüpfen, bietet ein aufschlußreiches Gegenbeispiel, natürlich in einem ganz anderen literarischen Kontext verankert, zu Max Frischs „Homo faber“, wo der Titelheld gerade in der Statistik seine Sicherheit zu wissen glaubte. Vgl. dazu: Włodzimierz Bialik, Der Zufall als Strafe im Roman „Homo faber“ von Max Frisch. In: Studia Germanica Posnaniensia, IV (1975), S.37–45.

19 Diskussion mit Christa Wolf. In: Sinn und Form, 4/1976, S.865.

20 Vgl. ebenda.

21 Hervorhebung – W.B.

22 Diskussion mit Christa Wolf. In: Sinn und Form, 4/1976, S.877.

23 „Eine Frau, die dir nahesteht, um fünf Jahre jünger als du selbst, sagt unumwunden: Diese Zeit ist für mich Tertiär. Tertiär: Erdgeschichtliche Periode, an deren Ende die Umrisse der Festländer und Meere bereits denen der Jetztzeit ähneln [...] Der Mensch ist noch abwesend." (Kindheitsmuster, S. 200.)

24 Diskussion mit Christa Wolf. In: Sinn und Form, 4/1976, S. 873.

25 Plavius, Gewissensforschung. In: Neue Deutsche Literatur, 1/1977, S. 140.

26 Vgl. Diskussion mit Christa Wolf. In: Sinn und Form, 4/1976, S. 877.

27 Ebenda, S. 861. Weiter heißt es dort: „Wenn die Kindheit wirklich eine wichtige Zeit im Leben eines Menschen ist, dann sollten wir nicht so tun, als ob wir, als wir sechzehn waren, als der Faschismus zu Ende war, nun ‚neue Menschen' werden konnten." (Ebenda, S. 876).

28 Hans Stubbe, Begegnung mit Christa Wolf. In: Wolf, Lesen und Schreiben, S. 246.

29 Kaufmann, Gespräch mit Christa Wolf. In: Weimarer Beiträge, 6/1974, S. 98.

30 Gerda Wilmanns, Christa Wolf. In: Deutsche Dichter der Gegenwart. Hrsg. von Benno von Wiese. Berlin [West] 1973, S. 605.

31 Manfred Durzak, Ein exemplarisches Gegenbeispiel. Die Romane von Christa Wolf. In: Durzak, Der deutsche Roman der Gegenwart. Stuttgart – Berlin – Köln – Mainz 1971, S. 253.

32 Diskussion mit Christa Wolf. In: Sinn und Form, 4/1976, S. 871 und 881.

33 Vgl. ebenda, S. 881.

34 Vgl. Hubert Orłowski, Nachwort zur polnischen Ausgabe des „Nachdenkens über Christa T.". Poznań 1974, S. 173–179.

Heinrich Böll

Wo habt ihr bloß gelebt?

Grelle Töne sind Christa Wolfs Sache nie gewesen; nicht als Autorin, nicht als Zeitgenossin hat sie je zur Lautstärke geneigt und doch nie Zweifel an ihrer Haltung gelassen. Wenn ich das behaupte, muß ich eine Selbstverständlichkeit mitliefern, die allzu leicht vergessen wird. Autorschaft setzt permanente Überprüfung (nicht mehr und nicht weniger bedeutet das Wort: Kritik) der eigenen Position, des Zustandes der Welt, der Gesellschaft, des Staates, in dem einer lebt, voraus. „Der geteilte Himmel", „Nachdenken über Christa T.", Christa Wolfs Aufsätze zur Literatur und „Kindheitsmuster" erweisen sie als eine Autorin, die ernst macht bei der Suche nach jenem verfluchten Raum, zu dem es kein Passepartout gibt, keinen Patentschlüssel; diesem Raum, in dem jenes Himmels- oder Höllengebilde zu finden wäre, das man Wirklichkeit zu nennen beliebt, auch Realität, und das als letztere – als Realität – den nie genau definierten, wohl gar nicht definierbaren Begriff Realismus zur Folge gehabt hat. Dessen politisch bestimmte Variation „sozialistischer Realismus" blieb mißverständlich, ließ sich allzu leicht mißverstehen; mit ihm schienen die endlich „frei" gewordenen Künste wieder unter den Zwang verordneter Erbaulichkeit gestellt zu werden.

Setzt man statt erbaulich aufbauend, so kommt man dem Problem vielleicht etwas näher, wird ihm gerechter, versteht vielleicht auch besser, warum die beiden deutschen Staaten so viel Schwierigkeiten, so viel Ärger auch beim Aufbau oder Wiederaufbau mit den sie begleitenden Autoren gehabt haben. Die Differenz zwischen den beiden Staaten ließe sich möglicherweise sogar aus dem Unterschied von Aufbau – und *Wieder*aufbau erklären. Warum fühlten sich die beiden Staaten in ihrem enormen, gewaltigen, bewundernswerten Aufbauwillen so wenig – oder nicht ausreichend – von der sie begleitenden Literatur bestätigt? Das mag viele Gründe haben, einige davon nicht spezifisch deutsch – weder die südamerikanischen Staaten noch die USA können sich von ihrer Literatur bestätigt fühlen! –, *einen* spezifisch deutschen Grund glaube ich zu erkennen; er drückt sich in den Worten aus, die Christa

Wolf ihrem Roman „Kindheitsmuster" wie ein Motto voranstellt: „Das Vergangene ist nicht tot; es ist nicht einmal vergangen. Wir trennen es von uns ab und stellen uns fremd." Die Literatur bringt eben im Gegenwärtigen das Vergangene immer mit, und da fühlen sich die munter Aufbauenden – hier wie da – belästigt, behindert. Sie wollen Amnestie und praktizieren Amnesie. Amnestie ist ein administrativ-juridischer Vorgang, der ungefähr bedeutet: „Vergessen wir, was du getan hast, deine Strafe wird dir erlassen, fang neu an und werde nicht rückfällig." Amnesie ist eine Krankheit, die mit Gedächtnisschwund oberflächlich, mit Erinnerungsschwund besser bezeichnet ist. Ein Mensch, eine Gesellschaft ohne Erinnerung ist krank.

Das grausam-brutale Wort von der „Vergangenheitsbewältigung", von dem keiner so recht weiß, woher es stammt, wird überraschender- und verdächtigerweise immer in Gegensatz zu Geschichtsbewußtsein gebracht. Was ist Beschäftigung mit Geschichte denn anderes als ein Versuch, das Vergangene zu „bewältigen", seine Ursachen und Folgen herauszufinden – und was für den Historiker seine Quellen sind, ist für den Autor die Erinnerung, die er mit den „objektiven" Fakten konfrontiert. Um diese permanente Belästigung durch Autoren zu verhindern, müßte man die Erinnerung verbieten, möglichst, damit es unter Deutschen auch klappt, gesetzlich. Man müßte also die Krankheit Amnesie gesetzlich verordnen.

Nelly Jordan, die Heldin in „Kindheitsmuster", war vier Jahre alt, als man Hitler die Macht zuspielte, sie war sechzehn, als das Nazireich zusammenbrach, nicht von innen, sondern von außen zerstört. Und ich glaube, eben das: daß die Nazimacht nicht von innen zerstört wurde, sondern von außen zerstört werden mußte – unter bis heute nicht wahrgenommenen Verlusten an Menschenleben und Heimat –, ist eine der Begründungen für die Tatsache, daß diese zwölf Jahre mehr oder weniger in der Erinnerung umgangen oder umspielt werden – und warum man hier die „freiheitlich-demokratische Grundordnung" und dort den verordneten Sozialismus gefälligst ohne schmerzhafte Erinnerungen anzunehmen hat. Wohl deshalb werden in beiden deutschen Staaten von den Bewohnern – und am ausdrücklichsten von Autoren! – Bekenntnisse zu Staatsformen und Gesellschaftsordnungen verlangt, die man demonstrativ gefälligst für die jeweils bessere zu halten hat.

Nun lehnt man ja Staats- und Gesellschaftsformen noch nicht ab, wenn man sich nicht täglich wie beim Morgenappell, bei der Flaggenparade demonstrativ zu ihnen bekennt – und es ist noch lange nicht heraus, ob man sie akzeptiert, wenn man sie nicht demonstrativ ablehnt. Ich habe den Eindruck, daß Christa Wolfs „Kindheitsmuster" in der DDR nicht sehr freundlich aufgenommen worden ist, weil sie – und gar nicht einmal sie, sondern ihre Heldin Nelly Jordan, ach, wie kompliziert ist das mit Staaten und Autoren! – die flaggenhaft demonstrative Belobigung der dort herrschenden Gesellschaftsordnung, wenn nicht verweigert, so doch nicht deutlich genug gezeigt hat. Und hier, in der Bundesrepublik, hat man ihren Roman mit peinlicher Herablassung behandelt, wohl auch, weil sie – und eben wiederum nicht sie, sondern diese Nelly Jordan – die ausdrückliche, demonstrative, flaggenhaft gezeigte Ablehnung der anderen Gesellschaftsordnung verweigert. Man hat nur, so scheint mir, übersehen, daß dieser Roman nur andeutungsweise, nur in einer sparsam eingestreuten Handlung, in kurzen Dialogen, überhaupt in der DDR „spielt" – es ist der Roman der Nelly Jordan zwischen 1933 und 1945; auch die Reise nach L., einst deutsch, jetzt polnisch G., ist nur ein sehr loser Handlungsfaden; die Reise dauert 46 Stunden, der Roman umfaßt 477 Seiten, und vier Jahre lang ist daran gearbeitet worden.

Diese Frau so Anfang Vierzig, die mit ihrem Mann, ihrem Bruder und einer ihrer heranwachsenden Töchter in die alte Heimat fährt, sucht sich selbst, innen und außen, sucht das Muster, das sie geprägt hat – sie will herausfinden, was da zwischen ihrem vierten und sechzehnten Lebensjahr mit ihr passiert, was aus ihr gemacht worden ist; sie will hinter sich selbst kommen. Mit Scheu, mit Bangen, offenbar nach langem Zögern und einigen gescheiterten Versuchen, sich selbst zu Notiz zu bringen; diese zwölf Jahre, die nun einmal unweigerlich in unserer Geschichte hängen, will sie wiederfinden, auch ihre Kindheit, und sie hat doch Angst, diesen zwölf Jahren und ihrer Kindheit zu begegnen. Die Reise nach L. als äußeres, als technisches Ereignis ist dabei gar nicht so wichtig, ja fast belanglos. Das weiß sie – und doch wird die Reise zum

Anstoß, zum „Faden“ – mehr nicht –, „und du stimmtest zu. Obwohl du dir wiederholtest, daß es nicht nötig wäre. Aber sie sollten ihren Willen haben. Der Tourismus in alte Heimaten blühte.“ Die Reise, die dann bloß 46 Stunden dauert, bringt der Erinnerung weniger als erwartet: Natürlich gibt es da Straßen, Plätze, Kirche, Häuser, Treppenstufen – aber vielleicht hätte ein alter Stadtplan, hätten ein paar alte Fotos und Ansichtskarten ebensoviel gebracht. Das scheint Nelly Jordan gewußt zu haben, und doch mußte sie diese Reise machen; solche Erfahrungen muß einer machen, auch wenn er zu wissen glaubt, wie sie ausgehen – es muß einer sie machen auf die Möglichkeit hin, daß sich nicht bestätigt, was er vorher zu wissen glaubte.

Eins scheint ihr gewiß: Erinnerung selbst ist stärker als die Stätten, an denen sie haftet – und das hat im Falle Nelly Jordan nicht unbedingt mit der Tatsache zu tun, daß die Stadt L. inzwischen G. heißt und von Polen bewohnt ist. Heimat ist möglicherweise nur Erinnerung an Heimat, auch wenn einer in der weder verlorenen noch verlassenen Heimat wohnt. Kindheit, Spiele, Schule, Spielkameraden – gegenüber der Erinnerung an sie bleiben die Stätten der Erinnerung merkwürdig kalt.

Viel stärker jedenfalls als wiedererkannte Straßen, Plätze, Häuser ist „der alte Sommergeruch über Schlucht und Sandberg und Jordans Garten, in dem Nelly lesend in der Kartoffelfurche liegt – sie denkt oder fühlt, jedenfalls glaubtest du, das habe sie damals gedacht und gefühlt – wie es jetzt ist, wird es nie wieder sein[...]“ Ein Geruch, der an einen ewigen Augenblick erinnert. Und später das Anhalten am Stadion, „um das Holz des Drehkreuzes neben dem Kassiererhäuschen noch einmal in der Hand zu spüren und dich noch einmal an das eiserne Geländer zu hängen – zuerst gar nicht, dann sehr verwundert, daß es an der gleichen Stelle wie vor siebenundzwanzig Jahren auf die gleiche Weise knarrte. (Muß das nicht eine Täuschung sein? Eine Täuschung heute oder damals?)“

Einen Geruch wiederfinden, das Knarren eines Drehkreuzes an einer bestimmten Stelle? Vielleicht ist das wirklich eine Reise wert, eine Möglichkeit, sich hinter sich selbst zu stellen und von dort aus herauszufinden, was Historiker anderswie herausfinden: das Muster, das diese Kindheit zwischen dem vierten und sechzehnten Lebensjahr geprägt hat, so sehr geprägt, daß die Sechzehnjährige, während die Rote Armee schon kurz vor Berlin steht und amerikanische Tiefflieger in ihren deutschen Jungmädchendämmerzustand eindringen, ihrem Tagebuch anvertraut, daß sie dem Führer ihre unverbrüchliche Treue bewahren will – und später, daß ihr durch die Niederlage Deutschlands das Lachen verlorengegangen ist.

Auf solche Sätze, solche Erkenntnisse läuft – vielfach gewunden an Erinnerungen vorbei, über Reflexionen, über Erinnerungen hinweg, zwischen Reisenotizen, Dialogen mit Bruder, Tochter, Mann – , läuft diese Aufhebung oder Heilung der Amnesie zu – ein Prozeß, dem sich mehr Deutsche in beiden deutschen Staaten ausliefern sollten, auf daß die Krankheit der Erinnerungsverbannung sich nicht verfestige oder ausbreite. Das geschieht in „Kindheitsmuster" gewissenhaft, fast möchte ich sagen *zu* gewissenhaft, umständlich auch, manchmal *zu* umständlich und ist doch notwendigerweise so: Diese Nelly Jordan, 1933 vier, 1945 sechzehn Jahre alt, war ja weder ein besonders bösartiges noch besonders „faschistoides" Kind – sie war „normal", gewissenhaft und normal.

Am Anfang des Buches steht noch ein Zitat, das bedacht und behalten werden will: „Auffallend ist, daß wir in eigener Sache entweder romanhaft lügen oder stockend und mit heiser belegter Stimme sprechen." Es wäre zu fragen, ob „romanhaft" und „lügen" wirklich übereinandergehören und ob sich im „heiser und mit belegter Stimme sprechen" nicht auch eine Art „romanhaft zu lügen" verbergen kann. Ist die Intonierung nicht auch eine Möglichkeit, an etwas vorbeizusprechen? Es gibt ja Formen der Heiserkeit, des Stockens, auch des Stotterns, die wohlinszeniert sind.

Die verfluchte, immer wieder und immer wieder mit Recht gestellte Frage: Wie war das denn nun wirklich? ist nur zu beantworten in der Literatur als Ganzem, als über Jahrzehnte sich ausbreitendem Versuch, der viele Variationen, viele Intonationen, unzählig viele Ausdrucksformen hat – von der „romanhaften Lüge", die keine ist, bis zum Erzählen mit heiser belegter Stimme. Von der „Blechtrommel" bis zu „Kindheitsmuster" und „Heimatmuseum" – immerhin beträgt der Altersunterschied zwischen Günter Grass, Siegfried Lenz und Christa Wolf nur zwei, drei Jahre – gibt es sehr viele literarische

Möglichkeiten, Erinnerung und Geschichte aneinander und auch in Gegensatz zueinander zu bringen, und es sollte keiner von dem oder jenem Autor verlangen, was ein anderer Autor leistet. Man kann den einen dem anderen vorziehen, aber die Antwort auf die Frage: Wie war es denn wirklich? kann nicht nur von einem gegeben werden. Weder von *einem* Historiker noch von *einem* Autor, der die Historie ergänzt. Christa Wolf tut es auf ihre Weise: umsichtig, sorgfältig aufrichtig – ohne „romanhafte Lüge" –, und wenn sie „Kindheitsmuster" dennoch „Roman" nennt, so unterstellt sie sich selbst gewiß nicht Lüge, sondern vielleicht Ratlosigkeit, Hilflosigkeit angesichts eines Themas, das *ein* Autor ohnehin niemals ganz, sondern eben nur auf seine Art und immer nur annähernd angehen kann.

Es ist unsinnig, wenn hin und wieder beklagt wird, daß *der* Roman über diese Zeit noch fehle: Er wird von vielen geschrieben, in verschiedenen Intonationen. Das Besondere an Christa Wolfs „Kindheitsmuster", diesem Entwicklungsroman des Kindes Nelly Jordan, ist die Schilderung der Unmerklichkeit, dieser unheimlichen Unmerklichkeit, mit der da dieses Kind in ein Muster gebracht, mit der es gestanzt wird, mit der es geformt wird, in die Blindheit einer deutschen Geschichtsperiode gepreßt; in ein Muster, das ein kluges, sensibles, etwas scheues junges Mädchen noch 1945 in unverbrüchlicher Treue an ihren Führer glauben, ihm Treue schwören läßt. Da wird nicht die Frage der Schuld fällig, es wird die Frage der Zeitgenossenschaft fällig, die Frage der Augenzeugenschaft, und die Frage, wie wenig Augen sehen, wie wenig Ohren hören können, die doch im physiologischen Sinn keineswegs gestört sind.

Mir scheint da ein Zitat wichtig, das ziemlich am Anfang steht, es betrifft die begleitende Tochter Lenka: „Sie will nicht – noch nicht – erklärt haben, wie man zugleich anwesend und nicht dabeigewesen sein kann, das schauerliche Geheimnis der Menschen dieses Jahrhunderts." Da steht nicht, das schauerliche Geheimnis der Menschen der BRD oder der USA oder der DDR, sondern „der Menschen dieses Jahrhunderts". Ich stelle mir vor, daß solche Sätze ärgerlich sind für Literaturfunktionäre – denn was sollten die Bewohner der DDR, die ja auch Menschen dieses Jahrhunderts sind, für schauerliche Geheimnisse haben? Oder auch wir, die Bewohner der Bundesrepublik – sind wir nicht alle anwesend und doch nicht dabei? Von welchen Mustern werden wir geprägt, zu welchen Blindheiten verführt, hier wie dort und anderswo?

Die Musterung des Kindes Nelly Jordan hat sich in L. zwischen 1933 und 1945 nicht sensationeller abgespielt als anderswo in dieser Zeit. Da hatten die Eltern, sozialdemokratisch gesinnt, einen kleinen Laden, da gab's Verwandte, Bekannte, Freunde, Nachbarn, die üblichen komischen und weniger komischen Leute, kleine Tragödien, kleine Tragikomödien – albumhafte Anekdoten, wie sie beim Blättern in Fotoalben oder Kramen in Fotos erzählt werden: nette Leute, weniger nette; dieses ernste und ernsthafte Kind, Nelly, das eifrig der Schule vertraut, von Lehrern und Lehrerinnen geprägt wird. Und während Nelly über Schule, Lehrer, Mitschülerinnen meditiert oder auch plaudert – plötzlich ein Gegenwartsbezug zum Schulalltag ihrer Tochter Lenka: Da hat sich der Lehrer M. gemeinsam mit seiner Freundin umgebracht, und da heißt es – bei Lenka, im Jahr 1973: „Kaum ist einer tot, machen sie alles kaputt, was einer hinterlassen hat." Und: „Sie – seine Freundin – war zum zweitenmal nicht zum Medizinstudium zugelassen, obwohl sie alle Voraussetzungen glänzend erfüllte." Und der Selbstmörder, der kurz vorher noch Musils „Mann ohne Eigenschaften" zurückbringt, hat dort eine Stelle angestrichen, die lautet: „Man hat nur die Wahl, diese niederträchtige Zeit mitzumachen (mit den Wölfen zu heulen) oder Neurotiker zu werden. Ulrich geht den zweiten Weg."

In diesem stillen, fast beschaulichen Buch schlagen – jedenfalls mir – solche Sätze tief ein, fallen auf, sogar heraus, denn da kommt ziemlich eindeutig in die Vergangenheit die Gegenwart hinein. Wie überhaupt Lenka korrigierend wirkt: Was sie über die Produktionsbedingungen berichtet, klingt weder ermutigend noch erbaulich – und wenn sie in Prag von *jungen* Bewohnern der DDR das berüchtigte Lied vom Polenmädchen singen hört, so finde ich eine solche Feststellung ausreichend kritisch, zumal da eine Strophe mitgeliefert wird, die Heino seinen beseligten deutschen Zuhörern nicht vorsingt: „Nimm dir ein deutsches Mädchen bloß, / das nicht beim allerersten Stoß / krepieren muß."

Solche Anmerkungen zur DDR-Gegenwart, eingestreut in Nellys umfängliche Erinnerungen an ihre Kindheit in L.; zusammengenommen mit diesem „schauerlichen Geheimnis der Menschen dieses Jahrhunderts“, anwesend und doch nicht dabeigewesen zu sein – mir reichen solche Anmerkungen bei einer Autorin, die zu grellen Tönen nie geneigt hat, aus. Sie sollten auch jedem ausreichen, der nicht in der DDR lebt – und nicht so ohne weiteres, nicht ungeprüft die Selbstgefälligkeit von Gesellschaftsordnungen übernimmt.

Natürlich gab's in L. auch den Judenboykott, es gab die Kristallnacht, es gab Kommunisten, es gab die Hitlerjugend – aber im großen ganzen war doch diese Kleinbürgerlichkeit in der Kleinstadt „gefestigt“ – es geht alles seinen Weg, auch der Kriegsausbruch wird an- und hingenommen. Die Mutter ist eine sympathische Frau, der Vater menschlich. Selbst schon einmal Kriegsgefangener gewesen, weigert er sich, nun seinerseits Kriegsgefangene zu schikanieren. Er kommt spät aus der sowjetischen Kriegsgefangenschaft zurück, ein Wrack, und stellt fest: „Was haben die mit uns gemacht?“, stellt aber nicht die Gegenfrage: „Was haben wir mit uns machen lassen – und mit anderen gemacht?“

Wie selbstzufrieden und selbstsicher diese Welt war, läßt sich an der Beschreibung eines Fotos darstellen: „Wir haben eine gute Ehe geführt. Ein Geschäftsmann, mein Mann, wie er im Buche steht. Was der anfaßte, klappte. Zwischen den Eheleuten steht – auf dem Foto – der neue Couchtisch, mit sechzehn Kacheln belegt (in ‚bleu‘), von denen die Eck-Kacheln je ein Schiff bei bewegter See aufweisen. Hinter ihm [dem Tisch] steil aufgerichtet, auf der rostfarben geblümten Couch die Kinder. Wir haben immer gut zusammen gelebt.“ Da wird einem schon bange – und wenn dann Lenkas Schulbuch erwähnt wird, wo es eine Karte aller faschistischen Konzentrationslager in Europa während des 2. Weltkriegs gibt, eine Karte ohne Städtenamen, nur mit Meeren und Flüssen und den – je nach Vernichtungscharakter der Lager – gepunkteten Lagern, und es heißt dann: „Die geographische Lage der Vernichtungslager Chechno, Treblinka, vielleicht auch Maidanek, macht die Annahme wahrscheinlich, daß Transporte mit Menschen, die für diese (Vernichtungslager) bestimmt waren, auch über L. geleitet wurden, das ja an der Ostbahnstrecke lag" – dann wird das Gespenstische durch zwei nüchterne Beschreibungen heraufbeschworen. Familienidylle und Vernichtungslager – und die, die in die Lager verschleppt wurden, hatten wahrscheinlich auch ähnliche Familienfotos, die sie mit ähnlichen Kommentaren vorzeigten.

Diese minuziöse Beschreibung einer Kindheit, eines Werdegangs, einer Entwicklung setzt voraus, daß man, was hier in den Vordergrund geschoben wird, das Unmerkliche, das Unauffällige, ergänzt durch das, was man wissen sollte, aus Filmen, Dokumenten, Prozessen; es ist nicht Sache des Autors, das mitzuliefern. Es wird von Christa Wolf sogar – und damit verletzt ein Autor, der in einem sozialistischen Land lebt, fast schon ein Tabu – weder die Flucht verschwiegen noch deren Umstände, es wird nicht verschwiegen, daß da auch – und auch von sowjetischen Soldaten – geplündert wurde, daß Frauen allen Grund hatten, sich zu verstecken, daß es da ein Alarm- und Warnsystem gab, um die Frauen und Mädchen in ihrer Flüchtlingsunterkunft zu schützen. Die ökonomischen, politischen, psychologischen Um- und Zustände – das Leben der Nelly Jordan wird bis zu ihrem siebzehnten Lebensjahr erzählt, reflektiert, rekonstruiert – bis in die verlorenen Tagebücher, in denen das Bekenntnis zum Führer stand. Es wäre zu wünschen, daß manche heute Fünfzigjährigen sich dieser Reise in die Erinnerung anschlössen, den Weg der Nelly Jordan mit ihrem vergleichend: ein unauffälliges Leben, in dem es keine Sensationen gab; wahrscheinlich nicht einmal die blasphemischen Grimassen anläßlich der Konfirmation, die möglicherweise typisch waren für Mädchen dieser Jahrgänge, waren sensationell.

Es ist mir bei „Kindheitsmuster" zum erstenmal bei der Lektüre eines Buches von Christa Wolf der Gedanke gekommen, daß sie eigentlich in die Tradition einer Innerlichkeit gehört, die nicht nur eine deutsche ist. Das mag merkwürdig klingen, kommt auch mir überraschend vor und erscheint mir doch der Überlegung wert. Innerlichkeit, kombiniert mit einem weiteren Begriff, der sich mir aufdrängte: ostdeutsch, eine Eigenschaft, die wir – jedenfalls meine Altersklasse, soweit sie westdeutsch bestimmt war, durch Vorurteile programmiert – nie wahrgenommen haben. Es hat lange gedauert, bis mir die Qualitäten – und damit auch der Verlust – des Ostdeutschen bewußt geworden sind. Vielleicht hat die nackte Politisierung, gelegentliche Demagogisierung des Wortes „Flüchtling“ diesen Prozeß mitverzögert. „Kindheitsmuster“ ist der Versuch, eine ostdeutsche Kindheit nicht zu rekonstruieren, sondern wiederzufinden, und nicht nur diese Kindheit; mit ihr, an ihr, in ihr die geschichtliche Zeit, in die sie eingehängt war, die Zeit zwischen 1933 und 1945, zwölf Jahre, die weitgehend der Amnesie derer verfallen sind, die sie erlebt haben. Vielleicht wäre Amnestie möglich, wenn Amnesie – eine Krankheit – aufgegeben oder geheilt wird. Ein aus dem KZ Entlassener fragt die kluge und sensible Frau Jordan: „Wo habt ihr bloß gelebt?“

1979

Catherine Viollet

Nachdenken über Pronomina

Zur Entstehung von Christa Wolfs „Kindheitsmuster"

Wie ist es möglich, einen autobiographischen Roman zu schreiben, ohne das Pronomen *ich* zu gebrauchen? *Ich*, das Pronomen der ersten Person, das den Sprecher als Subjekt der Aussage über sich selbst ausweist, das für diese literarische Form bezeichnende Pronomen als Ausdruck des sich die Sprache zu eigen machenden Subjekts, als Schlüsselinstanz des Diskurses.

Bis auf die letzte Seite von Christa Wolfs „Kindheitsmuster"[1] – auf die wir später eingehen werden – gibt es kein *Ich* in diesem „sozusagen" autobiographischen Roman. Daß die Abwesenheit des *Ichs* bestimmte Gründe haben muß, keine willkürliche Wahl der Autorin bedeuten kann, wird schnell ersichtlich. Gleich zu Beginn des Textes wird ein wichtiges Problem gestellt: „Allmählich, über Monate hin, stellte sich das Dilemma heraus: sprachlos bleiben oder in der dritten Person leben, das scheint zur Wahl zu stehen. Das eine unmöglich, unheimlich das andere." (KM 9) Während die Lösung dieses Dilemmas durch den ganzen Roman hindurch gesucht wird, steht in den Entwürfen, wenn auch nach und nach verschwindend, das Pronomen *ich*.

Die Subjektivität, die von Benveniste (1966, S. 260) definiert wird als „Fähigkeit des Sprechers, sich selbst als Subjekt auszuweisen", als „psychische Einheit, die die Gesamtheit der Erlebnisse, die sie zusammenfaßt, transzendiert" – wie ist es möglich, sie in Ermangelung des *Ichs* auszusprechen? Und warum ermöglicht die *Ich*form es nicht, dem zerstörenden Dilemma „sprachlos bleiben oder in der dritten Person leben" zu entgegnen?

Das Verschwinden der *Ich*form in „Kindheitsmuster" ist Folge eines langwierigen Prozesses, der im Roman selbst aufgegriffen wird und zu dem Christa Wolf in einem Gespräch[2] sagt: „Ich mache sehr viele Anfänge. Ich habe zu diesem Manuskript länger als ein Jahr gebraucht, um überhaupt einen Anfang zu haben. Ich habe sehr viele Seiten liegen, die andere Erzählweisen ausprobieren und die mich alle nicht befriedigten." (EM 107)

Von Sommer 1971 bis November 1972 entstehen 33 verschiedene Anfänge, 33 Entwürfe, die Zeugnisse des Schreibprozesses sind.[3] Autobiographischer Roman: Roman des Gedächtnisses. Es verbinden und verkreuzen sich im Text mehrere Ebenen der Zeit: Mit der kurzen Reise nach Polen in die Heimatstadt (früher „L.“, jetzt „G.“) vom 10. und 11. Juli 1971 entwickelt sich die Erinnerung an die Kindheit (das Kind Nelly) 1933 bis 1946. Die Zeit der Niederschrift (1971–1975) bildet eine dritte, die beiden ersten umfassende Ebene, wobei das Schreiben und sein Prozeß, das Gedächtnis und seine Konflikte befragt werden.

1. Geburt des Ichs

In den Entwürfen aber steht sofort ein *Ich*, im Schriftbild abgesetzt durch eine besondere Schreibweise – erst zwischen Anführungszeichen (Entwurf 2), dann in Großbuchstaben (Entwurf 9 bis 26) –, die ihm eine besondere grammatikalische und diskursive Stellung verleiht.

Wie ein Leitmotiv findet sich dieses Ich, Ausgangsthema des Romans, in den meisten der Entwürfe. Zweifach autonym[4] – die Erfahrung des „Ich“ sagenden Kindes, von der Erzählerin berichtet –, birgt dieses Ich die ganze Problematik des Romans im Keim. Präzise und rückwärts gerichtet, ist die Erinnerung an diesen Augenblick, in dem das Kind zum erstenmal die Möglichkeit, „Ich“ zu sagen, zu sich selbst „Ich“ zu sagen, entdeckt, der Ursprung, der Ansatzpunkt der Arbeit des Gedächtnisses. Zugleich ist sie der Prüfstein der Romankonstruktion: Die Fahrt an den Ort der Kindheit wird erst die Existenz dieses Augenblicks bestätigen, durch den materiellen Beweis – die Steinstufe, auf der das Kind in jenem Augenblick gesessen hat –, und damit die Arbeit des Gedächtnisses legitimieren: „Wie es den Augenblick gibt, da das Kind in seinem Innern zu sich selbst ICH sagt und das unscharf hindämmernde Gedächtnis zwingt, sich [endlich] zusammenzunehmen und seine Arbeit zu tun.“ (Entwurf 9)[5]

Die Empfindungen des Kindes in dem Augenblick, in dem es sich seiner Entdeckung bewußt wird, in dem es an der Geburt seines Ichs teilhat, sind ambivalent und widersprüchlich:

innig miteinander verbundene Empfindungen der triumphierenden Freude, der Schuld, des Schreckens, der Enttäuschung; Empfindungen, die zu ergründen bleiben. Der Schrecken, das Gefühl der Ernüchterung, kommen sie nicht in erster Linie von den Schranken, die die grammatikalische Form *ich* der Selbstverständigung setzt? Mit der Entdeckung des ICH verschwindet auch die Möglichkeit, sich selbst mit seinem eigenen Vornamen zu bezeichnen, wie es bei Kindern, die die erste Person noch nicht gebrauchen, üblich ist: „Nicht, daß es Nelly gleich recht gewesen wäre, denn was sollte es für einen Vorteil bringen, abgesondert als eine Person herumzugehen? Sie begriff, daß ihr warmer anhänglicher Name nun niemals mehr von ihr selbst, nur noch von anderen für sie gebraucht würde. ‹Das tat ihr im Innersten leid.›“ (Entwurf 13)

In seiner autonymischen Verwendung hat das *ich* nicht den Wert einer Aussageinstanz. Aber diese erste Konfrontation mit dem eigentlichen Status des Pronomens, mit seiner Bedeutung im Bereich der intersubjektiven Beziehungen, ist schon aufschlußreich für das tastende Suchen, für die zeitweise konfliktreiche Annäherung zwischen schreibendem Subjekt und Geschriebenem, wie es gerade die Entwürfe uns verdeutlichen.

2. Beziehung zwischen Kind und erwachsener Person

Im ersten Entwurf ist das *ich* zweifach anwesend: Es bezieht sich zugleich auf die Erzählerin und auf die Person des Kindes. Parallel dazu wird ein doppelter Wert der Präsensform festgestellt, die zum einen den Zeitpunkt des Schreibens, zum andern den Zeitpunkt der Erinnerung bedeutet:

„Aber ich sah ein Bild, das ich für meine allerfrüheste Erinnerung halte […]

[…]sie lachen im Schein der Lampe, und ich bin so glücklich, daß mein höchstens dreijähriges Gehirn dieses Glück für Wert befindet, aufbewahrt zu werden. Ich habe keine Ahnung, daß dieses Bild mir jetzt aufsteigt[…]“ (Entwurf 1)

Ein und dieselbe Form – das Pronomen *ich* – für unterschiedliche Referenzbeziehungen: Der dadurch entstehende Eindruck der Identifikation von Person des Kindes und Erzählerin wird sogleich in Frage gestellt. Ab dem zweiten Entwurf zeigt sich die Notwendigkeit, diese zwei Ichs zu unterscheiden, sie zueinander in Distanz zu bringen. Der Versuch, sie in *ich* und *du* zu brechen, wird begründet eben mit dem Zweifel an ihrer Identität: „Zu diesem längeren [Anfang] Satz muß ich, Anna J., die du zu kennen glaubst, dich ‹also› zuerst verlassen, muß mich von m[ir]einer [selbst] Person entfernen, und Abstand nehmen von mir[...]" (Entwurf 2)

Von nun an findet sich, als Gleichwertiges und als Unterschiedliches zugleich, das Pronomen der dritten Person – Pronomen, das in der Linguistik des Sprechaktes nicht der Kategorie der „Person" angehört, sondern als „Nicht-Person" bezeichnet wird:[6] „Sie übrigens hat – ich also habe mich schon als Kind nach einer Tarnkappe gesehnt[...]" (Entwurf 2)

Es ist vermutlich kein Zufall, wenn in genau dem Moment, in dem die Gleichwertigkeit *ich/sie* eingeführt wird, das Thema der Tarnkappe auftaucht: Sie macht unsichtbar, verbirgt das Subjekt ...

Der anaphorische Bezug zwischen der weiblichen Person des Kindes und dem sächlichen Artikel (*das* Kind) ist im Deutschen nicht problemlos. Im Entwurf 9 wird das Kind Nelly durch das weibliche Pronomen *sie* bezeichnet (sylleptische Kongruenz); dann werden diese Pronomina auf dem ganzen Bogen gestrichen und durch das sächliche Pronomen *es* (grammatikalische Kongruenz) ersetzt: „[...]und das Kind, allein mit sich im Dunkeln, fühlte zum erstenmal den gräßlichen Verdacht in sich wachsen, [sie] es sei gar nicht dieser Eltern Kind, sondern zum Beispiel eine Tochter des Kaufmanns Rambow unten an der Wepritzer Straße, der ih[r]m schon manchmal mit Lutschkellen aufgelauert hatte." (Entwurf 9)

Somit erfolgt schon ab dem zweiten Entwurf die Einführung der Konstellation der drei Pronomina – *ich, du, sie* –, aber noch nicht die Infragestellung dieser grammatikalischen und linguistischen Kategorien.

Nur wenig andere Entwürfe enthalten danach den zweifachen Wert des *ichs* (Ich des Kindes, Ich der Erzählerin):

„Wie ich als Kind erschrocken bin, als[...]

[...]während ich mir Namen herausschreibe, die in meiner Kindheitsheimat vorkamen[...]" (Entwurf 8)

Es sind hier zeitliche Bezüge (insbesondere der Wechsel von Vergangenheit und Gegenwart der Aussage), die die zwei *ichs* voneinander lösen – was im Entwurf 18, in dem die beiden *ichs* einer Zeit der Vergangenheit angehören, nicht der Fall ist: „Wie lange schon hatte ich mich nachts im Traum nicht mehr ‹vergeblich› abquälen müssen mit der Benennung von Straßen, die ich doch besser kannte als irgendetwas auf der Welt[...]“ (Entwurf 18)

Durch den Bezug auf einen ihnen gemeinsamen Körper sind jedoch in diesem Entwurf das Ich des Kindes und das Ich der Erzählerin sozusagen verwandt: „[...]oder ein schmerzlos und unbemerkt vergangenes Heimweh nach einer unbedeutenden ‹Kindheits-›stadt, deren Straßengeflecht allerdings nicht nur am Grunde meines Gedächtnisses, sondern [auf] wohl verwahrt in jeder Zelle meines Körpers auf Abruf bereit liegt.“ (Entwurf 18)

Es ist dies auch der einzige Entwurf, in dem der Zusammenhang zwischen autonymischem, großgeschriebenem „ICH“ und kleingeschriebenem, doppelsinnigem *ich* (des Kindes und der Erwachsenen) direkt zum Ausdruck kommt: „Ein Recht darauf? Nur dadurch, daß ich selbst versuche, mich nicht auszunehmen, das große ICH, das seit jenem Tag auf der Treppenstufe immer und immer wieder gesprochen werden muß[...]“ (Entwurf 18)

Wie ist es möglich, bei diesem Authentizitätsanspruch, der das Vergessen bezwingen und die romaneske Fiktion verweigern will, zwischen der Integrität der Beobachterin und der vollen und permanenten Implikation der Schreibenden ein Gleichgewicht zu finden? Im Entwurf 3 schon folgt dem Eingeständnis des Nichtwissens ein bestimmtes Unbehagen: Die Wahrheiten des Kindes sind von denen der Erwachsenen zu unterscheiden: „Es hat keinen Sinn, so zu tun, als ob dieses Kind niemals erwachsen wurde. Es hat keinen Sinn, zu behaupten, man wisse die Wahrheit über dieses Kind. [Allerdings] Es mischen und überdecken sich die Wahrheiten des Kindes und des Erwachsenen, der daraus wurde und der dieses Kind [ohne xxxxgung] ‹leidenschaftslos› betrachten kann.“ (Entwurf 3)

In dem Gespräch über „Kindheitsmuster“ (EM 111f.) wird Christa Wolf gefragt: „Sind Sie jemals auf die Idee gekommen, dieses Buch vielleicht im Ich-Stil zu schreiben, eben von dieser Nelly aus? Dieses Mädchen als Ich-Person zu nehmen, in sie hineinzugehen[...]?" In ihrer Antwort erklärt sie den Prozeß der notwendig werdenden Distanzierung: „Ja, natürlich habe ich das überlegt. Ich habe vorhin gesagt, daß ich mehrere Anfänge habe, und davon sind die meisten in der Ich-Form. Und gerade das hat sich aus Gründen, die mir damals nicht einleuchten wollten, die ich auch gar nicht richtig verstand, immer wieder als Hindernis erwiesen, wirklich an die Sache heranzugehen. Natürlich, jetzt verstehe ich ganz gut, warum. Und es ist mir dann anderes eingefallen – ich meine, ich kaschiere an keiner Stelle, daß es sich sozusagen um Autobiographisches handelt; das wird nicht verschwiegen. Wobei dieses ‚sozusagen' wichtig ist, es ist nämlich keine Identität da. Aber es gibt doch – das ist eine der Eigentümlichkeiten meiner Biographie, aber vielleicht geht es anderen in meinem Alter auch so – ein Fremdheitsgefühl gegenüber dieser Zeit. Seit einem nicht auf den Tag genau, aber doch auf eine Zeitspanne genau anzugebenden Moment ist man nicht mehr diese Person, habe ich nicht mehr das Gefühl, daß ich das war, die das gedacht, gesagt oder getan hat. Und das wollte ich mit der dritten Person ausdrücken, das heißt, ich mußte es, weil sich anders das Material mir nicht öffnete, wie ich durch Versuche erfuhr." (EM 111f.)

Die Bewußtwerdung dieses Fremdheitsgefühls wird also die Entscheidung auslösen, für die Repräsentation des Kindes das Pronomen der dritten Person, in Verbindung mit den Zeiten der Vergangenheit, beizubehalten:

„Einmal würde sie es ihnen sagen[...]" (Entwurf 5)

„Jedermann sah in ihr noch das Kind, und sie schwieg dazu, aber einmal würde sie es ihnen sagen[...]" (Entwurf 6)

„Mochte sie töricht sein, ungeschickt und plump, seelenblind war sie jedenfalls nicht." (Entwurf 10)

Die Wahl einer präzisen linguistischen Form hängt mit der Distanz zusammen, die vom Gedächtnis gefordert wird, wie auch mit dem Zweifel an der Fähigkeit, dieses Kind wiederzufinden, wiederzuerkennen: „Das Kind, dreijährig, allein und unbeaufsichtigt, ist so gut wie unerreichbar." (Entwurf 26)

Der Entscheidung für die dritte Person, mit der die Trennung von der Vergangenheit vollzogen wird, entspricht die

Wahl eines Vornamens – eine Wahl, die nicht ohne Schwierigkeiten getroffen wird.

Im Entwurf 2 erscheint „Anna J.“. Ihr Vater, „Bruno Jordan“, wird in allen Entwürfen denselben Namen tragen; die Mutter hingegen, zuerst „Laura J., geb. Jabel“ benannt (Entwurf 2), wird später zu „Charlotte Jordan, geborene Menzel“ (Entwurf 19). Der Zweifel, das Zögern bei der Benennung wird als nötiger Übergang zur Welt der Erzählung thematisiert: „Und jene immer wieder sich ändernde Namenstafel anlegen, in deren einzelne Kästchen die bekannten Figuren in der Verkleidung eines fremden Namens auftreten.“ (Entwurf 18)

Die Wahl eines Vornamens für das Kind – „Anna“ zuerst (Entwurf 2), dann „Nelly“ (ab Entwurf 4) – wird zum Nachdenken über die Bedeutung des Benennungsaktes. Zuerst scheint es, als ob das Kind seinen eigenen Vornamen selbst wählte – „Aus dem mit leuchtenden Figuren besetzten Dikkicht der Märchen tauchte Nelly immer wieder mit ihrem Alltagsnamen hervor, den sie sich allerdings selbst gegeben hatte“ (Entwurf 12) –, einen Vornamen, dem es bald einen anderen vorziehen würde: „Zwar war es ihr lästig gewesen, [...] so daß sie, eines Tages, ‹heftig› verlangte, Joringel genannt zu [werden].“ (Entwurf 13) Danach wird ihm aber der Vorname Nelly von anderen auferlegt: „[...]das Kind war unwiderruflich auf seinen falschen Namen getauft (den es auch jetzt wieder annehmen wird, nur etwas später)[...]“ (Entwurf 22)

Ist der Name ein selbstgewählter oder ein aufgezwungener, der Benennungsakt ist nicht belanglos: Durch die Verleihung eines Namens wird der Bezug von schreibendem Subjekt zu geschaffener Figur entscheidend in Frage gestellt: „Es kann essen, trinken, gehen, Sandkuten bauen, Märchen anhören, sich fürchten, glücklich sein, Mam[m]a und Papa sagen. Es kann mehr, als eine Puppe je können wird.“ (Entwurf 25)

Dennoch handelt es sich nur um eine Figur, die vom schreibenden Subjekt gebildet und in Szene gesetzt wird: eine Figur, die den Anweisungen des Regisseurs sich fügt, dem Autor ausgeliefert ist. Aber wieweit kann das freie Schalten und Walten über Figuren – auch wenn es zu vielen geschriebenen Seiten führen kann – dem Authentizitätsanspruch entsprechen? „Und doch hemmte der Argwohn, da[s]ß nicht das Original, sondern eine geschickte Nachahmung [xxxxunterlief] in die Welt gesetzt wurde, [brachte] den zuerst so flüssigen Fortgang des Berichts ‹und brachte ihn› allmählich zum Erliegen." (Entwurf 25)

Die gewöhnliche Abhängigkeit der Figuren vom Autor, die allerdings den Maßstäben der literarischen Form der Autobiographie entspricht, wird von Christa Wolf abgelehnt: „Und doch: So anfangen bedeutet, daß hinter den Kulissen alles schon geschehen [war] ist." (Entwurf 25)

Dagegen tritt auf verschiedenen Ebenen eine Überlagerung von zwei gegenläufigen Bewegungen ein: einerseits die dem Kind eigene Entwicklung, der erlebte Übergang von der „Nicht-Person" zur ersten Person, andererseits die Brechung der gemeinsamen Identität und der Übergang, bei der Bezeichnung des Kindes im Erzählten, von der ersten zur dritten Person.

Gibt es jedoch keine totale, spiegelhaft abbildende Identifikation von Erwachsener und Kind (das *ich* der erwachsenen Person deckt sich nicht mehr mit dem des Kindes, das durch die Arbeit der Distanznahme zu einem *sie* geworden ist), so gibt es auch kein totales „Außerhalbsein" der Person des Kindes von der Schreibenden. Bei der Sehnsucht nach Vervollkommnung der einen durch die andere im Schreiben erwiese sich ein solches Machtverhältnis als steril. Wie aber die Sackgasse verlassen?

3. Beziehung zwischen Erzählerin und Autorin

Welche unter den begrenzten Möglichkeiten, die die Sprache erlaubt, wird die Schreibende wählen, um sich selbst zu nennen? Man kann verschiedene Versuche nachvollziehen, in denen jede der Formen abwechselnd erprobt wird.

Ab Entwurf 19 scheint das *ich* unannehmbar zu werden: Es wird gestrichen, und eine unpersönliche Formulierung wird ihm vorgezogen: „Lieber soll [ich] mit freier Stimme von halbwegs fremden Leuten erzählt werden." (Entwurf 19)

An anderen Stellen (Entwurf 13, 26) ist es das *wir*, erste Person Plural – von Emile Benveniste das „erweiterte *ich*" genannt –, das die Schreibende bezeichnet: „Das Kind kann uns nicht zu Hilfe kommen. Es muß ruhig dasitzen und warten, daß es uns wieder einfällt[.], [D]daß wir eine Art Such- und Rettungsaktion in Gang bringen und uns über weithin unbekanntes, womöglich gefährliches Gelände bis zu ihm vorarbeiten." (Entwurf 26)

Dieses *wir* ist aber zu umfassend, wenn es der Schreibenden darum geht, sich als solche zu bestimmen. Im nächsten Entwurf ersetzt ein anderer Versuch das *wir* durch ein *sie*: „Daß es dann so schwierig sein würde, sich zu erinnern, hätte sie wieder nicht gedacht. Sie stellte sogar die Behauptung auf, frühere Leute erinnerten sich leichter. Sie stimmte dem Plan zu, noch in diesem Sommer – es war das Jahr 71 – endlich nach [L.] W. zu fahren." (Entwurf 27)

Nur hier, in all den Entwürfen, bezeichnet sich die Schreibende durch die dritte Person, spricht von sich selbst in der dritten Person. Somit scheint das anfangs gesetzte Dilemma „sprachlos bleiben oder in der dritten Person leben" zum Teil gelöst zu sein. Ist das Ersterwähnte „unmöglich", so ist das Zweiterwähnte nichtsdestoweniger „unheimlich". Die dritte Person, oder „Nicht-Person", bezieht sich normalerweise nicht auf eine Sprecherinstanz, sondern hat nur anaphorischen Wert („das Kind Nelly") als sprachliche Bezeichnung der Ablösung. Bei beunruhigendem Sich-selbst-Fremdsein kennzeichnet die dritte Person die Exteriorität in bezug auf die abstrakte Ausgangsinstanz der Aussage. Geht es jedoch um die Schreibende, die sich selbst über das Schreiben befragt, scheint diese Form kaum angebracht. So wird dieser Versuch fallengelassen, und *sie* wird die vorbehaltene Bezeichnung des durch die Ungewißheiten des Gedächtnisses so schwer zugänglichen Kindes.

Vielleicht ist es diese zu große Distanz, diese Kluft zwischen dem *ich* und dem *sie*, die zur endgültigen Entscheidung führt: „Zugegeben: Daß es so schwierig sein könnte, sich zu erinnern, hättest du trotz allem nicht gedacht. Na und? Was folgt daraus? Für dich folgte daraus eine Behauptung: Frühere Leute erinnerten sich leichter – […]" (Entwurf 28)

Die zweite Person ermöglicht es, den Monolog zu vermeiden; sie schafft diese für den Roman charakteristische Dialogbezeichnung, die im Entwurf 2 flüchtig in Erscheinung getreten war und deren zwei Pole *ich* und *du* im Entwurf 28 wiederum vorhanden sind:

„Zum Glück wußtest du es nicht und hättest einen Menschen, der dir vorausgesagt hätte[...]

– ach ich weiß nicht, was du einem solchen Menschen geantwortet hättest.“ (Entwurf 28)

Hier tritt das *ich* zum letztenmal in den Entwürfen auf – zumindest in den uns zur Verfügung stehenden Bogen.

Die Wahl des *du* liegt auf einer anderen, von den vorhergehenden Etappen verschiedenen Ebene. Mit der Verwendung des *du* ist es die diskursive Beziehung der Schreibenden zu sich selbst, die sichtbar wird und einen Dialog eröffnet: „Im Kreuzverhör mit [sich] dir selbst zeigt sich der wirkliche Grund der Sprachstörung: Zwischen dem Selbstgespräch und der Anrede findet eine bestürzende Lautverschiebung statt, eine fatale Veränderung der grammatischen Bezüge!“ (Entwurf 32)

Obwohl es im Inneren des subjektiven Bereiches verbleibt, bewirkt das *du*, im Vergleich zum ursprünglichen *ich*, eine entscheidende Distanz: Die Stimme spaltet sich noch einmal. Gleichzeitig wird die abstrakte Ausgangsinstanz der Aussage, gewöhnlich durch die Form *ich* gekennzeichnet, unsichtbar.

Auch wenn das Incipit von „Kindheitsmuster“ Spuren dieses langen und schweren Weges trägt, machen einzig die Entwürfe es möglich, die Etappen aufzuzeichnen, die zum Verschwinden des Ichs führen.

Ihr Argwohn gegen autobiographisches Genre und autobiographischen Gestus bringt Christa Wolf dazu, die Frage nach dem Ich sowohl in bezug auf die Zeit als auch in bezug auf das Schreiben zu stellen; die vermittelnde Rolle der Personalpronomina wird insbesondere befragt: „Ich, du, sie, in Gedanken ineinanderschwimmend, sollen im ausgesprochenen Satz einander entfremdet werden. Der Brust-Ton, den die Sprache anzustreben scheint, verdorrt unter der erlernten Technik der Stimmbänder. Sprach-Ekel, und ihm gegenüber der fast unzähmbare Hang zum Gebetsmühlengeklapper: in der gleichen Person.“ (Entwurf 32)

Wie und aus welchen Gründen das Pronomen *ich* nicht verwendet werden kann und so im Laufe der Versuche verschwindet, zeigen die Entwürfe deutlich. Erst auf der letzten Seite des Romans wird das *ich* wieder sichtbar: „Je näher uns jemand steht, um so schwieriger scheint es zu sein, Abschließendes über ihn zu sagen, das ist bekannt. Das Kind, das in mir verkrochen war – ist es hervorgekommen? [...] Und die Vergangenheit, die noch Sprachregelungen verfügen, die erste Person in eine zweite und dritte spalten konnte – ist ihre Vormacht gebrochen? Werden die Stimmen sich beruhigen?

Ich weiß es nicht." (KM 377)

In dem Gespräch über „Kindheitsmuster" sagt Christa Wolf auch: „Jemand fragte, wie das Buch zu Ende geht. Es geht zu Ende, indem diese dritte Person, Nelly, und die ‚Du'-Person, die darin ist, zusammenlaufen und eine Person sind, die ‚ich' ist, von der dann auf andere Weise berichtet werden müßte: anderes und auf andere Weise." (EM 112)

An den Grenzen des Ichs, als übliche Figur der Autobiographie, ist gerüttelt worden: Die Nichtidentität von Kind und Erwachsener einerseits, von Erzählerin und Autorin andererseits führt zu einer Auseinandersetzung mit der Sprache. Denn: „Schließlich kann man ein Spiel mit sich um sich beginnen.

Ein Spiel in und mit der zweiten und dritten Person, zum Zwecke ihrer Vereinigung." (KM 149)

Das am Ende des Romans auftretende *ich* bedeutet die Wiedervereinigung von Kind und erwachsener Person, von Erzählerin und Autorin, deren Integration in ein selbstbewußtes Subjekt. Zwischen den vielen Instanzen, den „mehreren Personen, [die] in uns herumgeistern", werden Verhältnisse geschaffen, und die Aufspaltung wird durch den Prozeß des Schreibens überwunden. Subjektwerden heißt Sich-selbst-Kennenlernen, heißt Selbstbefreiung.

In den Entwürfen zeigt sich deutlich das gleichzeitige Bestehen der verschiedenen, widersprüchlichen Instanzen, die das Ich bilden. Sie werden auseinandergenommen beim Schreiben, um „die Schichten, die die Ereignisse in uns hinterlassen haben, wieder in Bewegung zu bringen" (EM 1979, S. 112). Mit der Infragestellung der Sprachformen werden die „Grenzen des Sagbaren" erweitert, und zugleich wird an den Grenzen zwischen Gegenwart, Vergangenheit und Zukunft, zwischen Erlebnis, Gedächtnis und Schrift, zwischen Objektivität und Subjektivität gerüttelt, sie werden in Bewegung gebracht: Aufgabe der Literatur sei der Reifeprozeß, das Subjektwerden des Menschen.[7]

1985

Für die Unterstützung bei der Übersetzung und die Überprüfung des deutschen Textes wie auch für die bereichernden Diskussionen bin ich Angelika Hechenblaickner zu aufrichtigem Dank verpflichtet.

Literatur

Emile Benveniste, Problèmes de linguistique générale. Paris 1966; deutsche Ausgabe: Probleme der allgemeinen Sprachwissenschaft. München 1974.

Daniel Bresson, La langue et les relations grammaticales dans l'organisation du récit: „Kindheitsmuster" de Christa Wolf. In: Cahiers d'Ettudes Germaniques (Aix-en-Provence), 6/1982, S. 123–149.

Ingeborg Drewitz, Stil und Existenz gehören zusammen. Christa Wolfs „Kindheitsmuster" und „Kein Ort. Nirgends". In: Text + Kritik. Zeitschrift für Literatur. Hrsg. von Heinz Ludwig Arnold. Heft 46: Christa Wolf. 3., erw. Aufl., München 1985, S. 60–66.

Wolfgang Emmerich, Identität und Geschlechtertausch. Notizen zur Selbstdarstellung der Frau in der neueren DDR-Literatur. In: Basis. Jahrbuch für deutsche Gegenwartsliteratur. Hrsg. von Reinhold Grimm und Jost Hermand. Band 8, Frankfurt a. M. 1978, S. 127–154.

Wolfgang Emmerich, Der Kampf um die Erinnerung. In: Christa Wolf. Materialienbuch. Hrsg. von Klaus Sauer. Darmstadt und Neuwied 1979, S. 115–121.

Erinnerte Zukunft. 11 Studien zum Werk Christa Wolfs. Hrsg. von Wolfram Mauser. Würzburg 1985, S. 107–140.

Frauenliteratur. Autorinnen – Perspektiven – Konzepte. Hrsg. von Manfred Jurgensen. München 1985.

Heidi Gidion, Wer spricht? Beobachtungen zum Zitieren und zum Sprechen mit der eigenen Stimme an Christa Wolfs Günderrode- und Kassandra-Projekt. In: Text + Kritik. Heft 46: Christa Wolf, S. 93–101.

Bernhard Greiner, „Mit der Erzählung geh ich in den Tod". Kontinuität und Wandel des Erzählens im Schaffen von Christa Wolf. In: Erinnerte Zukunft, S. 107–140.

Jacqueline Grenz, Gespräch mit Christa Wolf. In: Connaissance de la R.D.A. (Paris), 17/1983, S. 69–80.

Manfred Jäger, Die Grenzen des Sagbaren. Sprachzweifel im Werk von Christa Wolf. In: Christa Wolf. Materialienbuch, S. 143–162.

Manfred Jurgensen, Christa Wolf. Darstellung – Deutung – Diskussion. Bern – München 1985.

Jutta Kolkenbrock-Netz und Marianne Schuler, Frau im Spiegel. Zum Verhältnis von autobiographischer Schreibweise und feministischer Praxis. In:

Entwürfe von Frauen in der Literatur des 20. Jahrhunderts. Hrsg. von Irmela von der Lühe. Berlin [West] 1982, S. 154–171.
Adolf Muschg, Wie echt ist das Ich in der Literatur. In: Literatur aus dem Leben. Hrsg. von Herbert Heckmann. München – Wien 1984, S. 29–38.
Alexander Stephan, Christa Wolf. 2., erweiterte Aufl., München 1980.
Anthony Stephens, „Die Verführung der Worte" – von „Kindheitsmuster" zu „Kassandra". In: Wolf. Darstellung – Deutung – Diskussion.
Christa Wolf, Die Dimension des Autors. Gespräch mit Hans Kaufmann. In: Wolf, Lesen und Schreiben. Neue Sammlung. Darmstadt – Neuwied 1984, S. 68–99.
Christel Zahlmann, „Kindheitsmuster": Schreiben an der Grenze des Bewußtseins. In: Erinnerte Zukunft, S. 141–160.

Anmerkungen

1 Christa Wolf, Kindheitsmuster. Roman. Darmstadt und Neuwied 1979 [Berlin und Weimar 1976]; im folgenden KM, Seitenangaben im Text.

2 Christa Wolf, Erfahrungsmuster. In: Wolf, Fortgesetzter Versuch. Aufsätze, Gespräche, Essays. Leipzig 1979, S. 105–136; im folgenden EM.

3 Das Material besteht aus 37 Bogen, die den 33 Entwürfen des Romananfangs entsprechen (die Entwürfe 18, 20, 21 und 24 umfassen je zwei Bogen). Jeder Entwurf besteht also aus einem oder zwei Bogen, handgeschrieben oder getippt; links oben steht die Kapitelzahl 1 (wie in KM 9 erwähnt) und, oft, am linken Rande, das Datum.
Eine Kopie dieser Fragmente hat Christa Wolf anläßlich eines Vortrags am Institut des textes et manuscrits modernes (17. Dezember 1982) uns freundlicherweise überlassen; sie gab an, daß die Gesamtheit der Entwürfe von „Kindheitsmuster" ungefähr 400 Bogen betrage. Die Bogen sind von Christa Wolf geordnet; wir haben sie von „1." bis „33." numeriert.

4 Als autonym wird eine Sprachform bezeichnet, die sich auf sich selbst als Sprachform bezieht. Hier wird die Sprachform *ich* zugleich gebraucht und zitiert. Die Autonymie gilt als Zeichen einer Distanz, einer Diskrepanz zwischen dem Sprecher und den von ihm zwar gebrauchten Wörtern, die jedoch von einer anderen Sprecherinstanz herstammen. Was hier übertragen wird, ist nämlich nicht nur Aussage, sondern auch Sprechakt.

5 Transkription des Manuskriptes: [ ] Streichung; ‹ › Zusatz; xxx nicht entzifferbare Buchstaben.

6 Vgl. Benveniste, Problèmes de linguistique générale, S. 206 f.

7 Vgl. Christa Wolf, Lesen und Schreiben. In: Wolf, Fortgesetzter Versuch, S. 7–40.

Margarete Mitscherlich-Nielsen

Gratwanderung zwischen Anspruch und Verstrickung*

Christa Wolf unterscheidet sich in vielem von den beiden bisher dargestellten Frauen. Sie ist wesentlich jünger als diese, fünfundvierzig Jahre alt, als sie das Buch schreibt. Sie leitet es mit einem Gedicht von Pablo Neruda ein: „Wo ist das Kind, das ich gewesen, ist es noch in mir oder fort? Weiß es, daß ich es niemals mochte und es mich auch nicht leiden konnte?"

Für Christa Wolf bedeutet die Darstellung ihrer Autobiographie, die sie nur in der dritten Person zu leisten vermag, ganz offenbar etwas anderes als für Helene Deutsch und Margaret Mead. Diese beiden, insbesondere Margaret Mead, idealisieren ihre Kindheit und ihre Eltern und damit auch das Kind, das sie gewesen sind. Bei Christa Wolf ist das Gegenteil der Fall. Sie spricht von sich als von jemand anderem, den sie Nelly heißt.

Dieses Kind Nelly, zu dem Christa Wolf nur schwer Ich sagen kann, wird ihr um so fremder und unsympathischer, je näher es ihr in der Zeit rückt. Die BDM-Führerin der letzten Jahre, für die sie sich zunehmend verantwortlich fühlt, scheint ihr besonders schwer erträglich zu sein. Der Widerstand gegen die immer tiefere und immer persönlichere Verarbeitung der eigenen Kindheit und Jugend ist groß, die Zumutung an das eigene Ich führt zu einem Gefühl dauernder innerer Überanstrengung und schließlich zeitweilig zu einer Dekompensation des Herzrhythmus.

Es handelt sich hier also nicht um ein bloßes Erinnern, ein Erzählen der Kindheit, es ist eine Auseinandersetzung mit einem Menschen, zu dem Christa Wolf nicht mehr Ich sagen kann, den sie ganz offenbar aber besser kennenlernen möchte. Die Ebenen ihrer Annäherung an Nelly, das Kind, das sie war, sind vielfältig. Distanzierung und Annäherung an das eigene vergangene Ich wechseln einander dauernd ab und entsprechen dem Wechsel der Vergangenheit und Gegenwart, der das ganze Buch durchzieht. Wie die Verdrängung persönlicher

* Teil einer Studie über die Autobiographien von Helene Deutsch, Margaret Mead und Christa Wolf.

Gefühle und Erlebnisse dann dazu zwingt, diese auf anderer Ebene im späteren Leben zu wiederholen, wird überdeutlich.

Die sehr anstrengende Unternehmung Christa Wolfs, ihre so weit wie möglich objektive Suche nach der eigenen subjektiven Wahrheit der Hitlerepoche, nach dem inneren Gedächtnis, dient dem Zweck, verlorene Gefühle neu erwecken zu können, den Schmerz um den verlorenen Schmerz neu zu beleben, wie sie einmal sagt. Und hier finden sich dann auch Ähnlichkeiten mit Äußerungen von Helene Deutsch, die in der Einleitung ihrer Autobiographie sagt, das Wichtigste für sie sei dabei gewesen, intensive Gefühle neu beleben zu können.

Nach dem Zusammenbruch des Hitlerreiches kam es bei dem jungen Mädchen Nelly mit der untergründigen Entwirklichung der Vergangenheit auch zu einer entsprechenden Unterdrückung von Gefühlen. Die Selbstentwertung, die mit dem Verlust von Idealen immer einhergeht, konnte von Nelly schließlich nur mit körperlicher Krankheit beantwortet werden. Sie erkrankte an einer Lungentuberkulose. Das war im Jahre 1945. Damit endet dieses Buch.

Es wurde aber erst geschrieben, als Christa Wolf sich in der Lebensmitte befand, einer Periode, in der die Möglichkeit des eigenen Todes zunehmend eine Rolle zu spielen beginnt, das Zeitgefühl sich ändert, Christa Wolf sich zudem mit der Trauer und dem Tod der Mutter auseinandersetzen mußte. Nicht selten spricht sie von der Angst, daß Gefühle verlorengehen können, „daß die Gefühle sich rächen, die man sich verbieten muß“. Mit der Erinnerung an Gefühle ginge auch der Verlust des inneren Gedächtnisses Hand in Hand.

Ich erinnere an die Bemerkung Wordsworths, daß Empfindungen von Gedanken beeinflußt werden, diese wiederum aber Repräsentanzen aller vergangenen Gefühle sind. Nur durch Neubelebung und veränderte Verarbeitung von Gefühlen können auch Gedanken sich in einer anderen Richtung bewegen. Das läßt sich auch als Trauerarbeit bezeichnen.

Es ist klar, es geht in „Kindheitsmuster“ nicht nur um eine Auseinandersetzung mit dem fremd gewordenen Ich der eigenen Kindheit, es geht nicht nur um Scham und Schuldbewältigung, Gefühle, die um so peinlicher werden, je näher ihnen das eigene Ich zeitlich rückt. Es geht ganz allgemein um die lebendige Vielfältigkeit der Vergangenheit im gegenwärtigen Leben von Christa Wolf.

Sie spricht viel über die Unfähigkeit oder die bewußte Ablehnung der meisten Menschen, sich in die Welt anderer einzufühlen, in deren andersartige Gefühle, Wertsysteme, Lebenseinstellungen etc., eine Unfähigkeit, die in ihrer Kindheit katastrophale Folgen hatte und, wie sie meint, noch heute hat. Nur ihre Mutter hätte die Voraussetzung für das gehabt, was man gemeinhin Gewissen nennt. Nur sie sei wirklich in der Lage gewesen, innerlich zu fühlen, sich Menschen vorzustellen, die anders waren und erlebten als diejenigen ihrer unmittelbaren Umgebung oder solche, die ihrer traditionellen Erfahrungswelt entstammten.

Mit Recht ist das Erwachsenwerden, der Reifungsprozeß eines Menschen mit einem lebenslangen Trauerprozeß verglichen worden. Abschied von früheren Gefühlen, Sehnsüchten, Abhängigkeiten etc. ist mit diesem Prozeß, bei dem es sich eben nicht um einen zeitlich begrenzten Vorgang handelt, unweigerlich verbunden. Neue schmerzliche Abschiede von bisherigen Lebensformen, Erwartungen und Gefühlsarten werden besonders in der Lebensmitte von uns gefordert. Insofern ist auch die Geschichte der Christa Wolf nicht nur eine Geschichte von dem Kind Nelly, sondern eine Geschichte ihrer Lebensmitte, eine Auseinandersetzung mit den in dieser Zeit auftauchenden Problemen der Änderung des Erlebens im Zusammenhang mit dem eigenen Selbst und den nächsten Beziehungspersonen.

Nicht selten weist uns Christa Wolf darauf hin, daß ihre Mutter in ihrem eigenen jetzigen Lebensalter stand, als sie während der Flucht im Laufe von wenigen Wochen von einer lebensprallen fünfundvierzigjährigen zu einer alten Frau wurde. Es ist wohl die Trauer um die Mutter, deren Kraft und Lebensfülle gerade in dieser Zeit offensichtlich ihren Höhepunkt überschritt, die Christa Wolf mit dazu veranlaßt hat, dieses Erinnerungsbuch zu schreiben. Darf es ihr besser gehen als der Mutter? Sie schreibt, „der Schmerz […] ist noch zu benennen, zu fühlen nicht mehr".

Aber sie selber ist schon lange nicht mehr nur Tochter, sie ist Mutter, und zwar die Mutter einer Tochter, die etwa so alt ist wie Nelly, als diese unter dem Zwang stand, sich von verlorenen Idealen zu lösen, und dabei an der Lungentuberkulose erkrankte. Auch Christa Wolf hat sich mit der Ablösung, dem Erwachsenwerden ihrer Tochter, deren Distanzierung von der idealisierten Mutter auseinanderzusetzen. Das Mutter-Tochter-Verhältnis durchzieht das ganze Buch.

Am Einzelschicksal von Nelly wird dargestellt, was typisch für viele ist, was auf unterschiedliche Weise sowohl in den Kindheitserinnerungen von Helene Deutsch und von Margaret Mead eine wesentliche Rolle spielt. Der Vater von Nelly wird naiv, harmlos, kindlich und unreifer geschildert als deren Mutter. Diese war offenbar die einzig Erwachsene in der Familie, an die sich, wie so häufig, alle wendeten. Ähnlich werden auch die familiären Beziehungen geschildert, wie sie im Verhalten zwischen den ihr besonders nahestehenden mütterlichen Großeltern bestanden. Die Großmütter spielen in allen drei Lebensgeschichten eine für den Identifikationsprozeß ihrer Enkelinnen wesentliche Rolle. Am deutlichsten ist das bei Deutsch in negativer und bei Mead in positiver Form zu beobachten.

Nelly ist also die älteste Tochter von Bruno und Charlotte Jordan, die die Eigentümer eines kleinen Lebensmittelladens sind. Sie hat einen um drei Jahre jüngeren Bruder, Lutz. Auch sie hat, wie Mead, manche Erinnerung daran, stärker gewesen zu sein als der Bruder, und erlebt starke Schuldgefühle, ihm eventuell Schaden zugefügt zu haben. Sie ist sich all dieser Gefühle, des Neides und der Rivalität viel bewußter als Mead. So erinnert sie sich daran, daß sie auf den kleinen Bruder aufpassen sollte, wozu sie aber gar keine Lust hatte. Als er sie bei ihren Schularbeiten störte, sagte sie ihm gleichgültig, er solle spielen gehen und sie in Ruhe lassen. Plötzlich war er nicht mehr zu finden, eine große Suchaktion wurde gestartet. Sie war überzeugt, daß sie an seinem Tode schuld sei. Als er dann unter einem Sofa schlafend gefunden wurde, blieben ihr dennoch die bedrückenden Schuldgefühle. Sie spricht vom „Brudermord“.

Die Mutter ist die Hauptperson für Nelly, für lange Zeit ihr ambivalent geliebtes Ideal. Es ist darum nicht verwunderlich, daß in der frühen pubertären Ablösungsphase die nazibegeisterte Lehrerin Julia als Ersatz für das verlorene Mutter-Ideal, von dem sie sich abzulösen beginnt, gewählt wird. Dennoch fällt es auf, daß Nelly, die hitlerbegeisterte BDM-Führerin, sich keinen Mann als Ideal auswählt. Das mutet um so widersprüchlicher an, als es sich doch um eine Zeit handelt, in der der „Führer" gottähnlich verehrt wurde, auch von Nelly, und sie ihm, wie so viele andere, verfallen war. Indem sie aber einem sechzehnjährigen Jungen, der sich durch seine Nachahmung des Führers bei allen lächerlich machte, erlaubte, sie zu verehren, wird darin meines Erachtens schon gleich die neben der Verehrung bestehende untergründige Verhöhnung des „Führers" sichtbar.

Im Bewußtsein all dieser von ihr beschriebenen Familien des Bürger- und Kleinbürgertums wurde die patriarchalische Gesellschaftsordnung und die Vergottung des Mannes voll akzeptiert. Unbewußt aber wird der Mann in der Familie eher als schwach oder sogar als lächerlich erlebt. Das ist sowohl beim Großvater und den meisten Männern der ausführlich beschriebenen und weitverzweigten Verwandtschaft der Fall. So besteht bei Nelly einerseits, wie offenbar bei vielen Frauen ihrer Umgebung, eine tiefgründige Sehnsucht nach einem Vater-Ideal, die aber in der Realität keine Erfüllung finden kann. Denn in der Umgebung Nellys werden die Männer, bei allem Bedürfnis der Frauen und der Männer selber, sie zu Helden emporzustilisieren, eher als schwach und ängstlich und übermäßig abhängig beschrieben.

Nach dem Kriege ist es denn bei Nelly auch wieder eine Frau, Maria Kranhold, die ihr die langsame Abwendung von alten Idealen und die Zuwendung zu neuen ermöglicht. Der einzige Mann, der in ihrem Leben eine durchgehende Rolle zu spielen scheint, ist ihr Bruder, der sie auch auf der in „Kindheitsmuster" beschriebenen Reise in die Vergangenheit begleitet, die mit einem Besuch in ihrem Geburtsort beginnt.

Christa Wolf läßt sich in manchem mit Mead vergleichen. Wie sie wird sie im Laufe ihres Lebens sich eher selbst zum Ideal. Die Mutter und deren Forderungen wurden verinnerlicht, stellten aber nicht wie die Vaterfiguren bei Deutsch in der Außenwelt jemand dar, für den man sich aufopfern muß, dessen Wünsche und Ideale es zu verwirklichen galt.

Die Autobiographie von Christa Wolf unterscheidet sich dennoch von der der beiden anderen Frauen. Der Generationsunterschied ist offensichtlich. Die Art des Berichtens ist von ihrer schriftstellerischen Identität geprägt. Sie schwankt immer zwischen den verschiedenen Ebenen der Vergangenheit und Gegenwart, der frühen Kindheit, mittleren Kindheit, Jugend, wie auch der Kindheit, Jugend und Gegenwart der Mutter, des Vaters und der Verwandten hin und her. Sie läßt auch ihre Tochter Lenka immer wieder auftreten, die Fragen über die Vergangenheit stellt und mit der sie sich in der Gegenwart auseinanderzusetzen hat.

Christa Wolf ist voller Selbstkritik bei der Beschreibung ihrer Nelly, differenziert in der Darstellung ihrer jetzigen und früheren Gefühle den Eltern und Verwandten gegenüber. Von ungebrochener Idealisierung der Eltern und ihrer selbst kann keine Rede sein. Bei ihr handelt es sich um den Roman einer Autobiographie und nicht um die chronologische Darstellung möglichst realitätsgerechter Erinnerungen. „Kindheitsmuster" ließe sich auch, in Anlehnung an Proust, „Auf der Suche nach den verlorenen Gefühlen" überschreiben. Die Art des Suchens, die hier stattfindet, ist eine andere als bei Mead und Deutsch, die erklärender, chronologischer oder auch deutender sind als Christa Wolf, bei der immer neue Fragen auftauchen, die die schon gegebenen Antworten wieder in Frage stellen.

Der Anlaß, ihre Autobiographie zu schreiben, ist für Christa Wolf wohl auch ein anderer als für die beiden anderen Frauen. Diese haben ein Leben wissenschaftlicher Anerkennung hinter sich. Ihre Jugend, Herkunft, Eltern etc. werden nicht von der Außenwelt angegriffen, sie selber sind durchweg mit der Person einverstanden, die sie von Kindheit an waren. Christa Wolf aber hat sich mit sich selber und ihren verlorenen Idealen vor sich selber, ihren Eltern und ihren Verwandten auseinanderzusetzen, es ist der Nationalsozialismus, die politische Vergangenheit ihres Landes, in die sie alle persönlich verwickelt waren, die schwer auf ihr lastet und von der sie sich, wie schon erwähnt, im Sinne der Trauerarbeit zu befreien versucht.

In der Tat handelt es sich bei ihr aber auch um eine andere Generation mit anderen Problemen, als es die Generation von Mead und Deutsch war. Mit Recht erwähnte Margaret Mead, daß der zweite Weltkrieg die Generationen in einem Maße trennte, wie es nie zuvor der Fall gewesen sei. Eins zumindest wird aus dem Buch von Christa Wolf klar: daß die Autobiographie eines Menschen, der seine Kindheit und Jugend unter Hitler verlebte, der seine Ideale in der Pubertät verlor und sich nur mühsam neue aufzubauen vermochte, anders aussieht als die solcher Generationen, die sich mit den Idealen der Eltern oder später mit anderen, für sie bedeutsamen Figuren voll zu identifizieren vermochten.

Helene Deutsch sieht in der Pubertät die wichtigste Periode für die Entwicklung eines Menschen, von deren Verlauf die Lebensmitte, aber auch das Alter eines Menschen abhängig sei. Wenn hier das Gefühl eines positiven Selbstwertes entwickelt werden kann, Ideale und Zielsetzungen erworben werden, denen man nachgehen, die man zumindest teilweise glaubt verwirklichen zu können, ist für sie das Lebensgefühl ein ganz anderes, als wenn in der Pubertät der Selbstwert, die Ideale und entsprechende Zielsetzungen im Menschen zerbrochen wurden.

Das war zweifellos bei Christa Wolf der Fall. Dennoch hat sie in vielem eine ähnliche Selbständigkeit und Unabhängigkeit erreicht wie zum Beispiel Mead. Beide waren sie das älteste Kind der Familie und zeigten vom Beginn des Lebens an einen Zug zur Eigenständigkeit. Sie fühlten sich ihrem nachkommenden Bruder gegenüber überlegen, wenn sie auch, die eine bewußt, die andere unbewußt, viel Schuldgefühle ihm gegenüber empfanden.

Obwohl wir mittlerweile wissen, daß es die Art der Mutter-Kind-Beziehung ist, die wesentlich auf die Entwicklung des Selbstwertgefühls und die Bewältigung der weiteren Entwicklungsphasen eines Menschen einwirkt, ist es klar, daß auch im späteren Leben den Individuen in ihren Auseinandersetzungen mit neuen Problemen neue und verschiedenartige Lösungsmöglichkeiten offenstehen. Trauerarbeit kann erst nach der Pubertät wirklich geleistet werden. Bei der Erforschung der Lebensmitte scheint es oft so, als ob die Trennung von kindlichen Bindungen einerseits und die Integrierung der verlorenen Objekte in das Selbst andererseits, wenn überhaupt, erst in dieser Phase wirksam werden.

1980

Sandra Frieden

„Falls es strafbar ist, die Grenzen zu verwischen“: Autobiographie, Biographie und Christa Wolf

Die literaturwissenschaftliche Autobiographiediskussion der letzten Jahre bietet nur wenig Zugang zu Christa Wolfs „Kindheitsmustern“[1], obwohl dieses Buch eine der beachtetsten Autobiographien der siebziger Jahre ist. Auch findet „Kein Ort. Nirgends“[2] in den Kategorien und Konventionen, die landläufig mit biographischen Werken verbunden werden, keinen ausreichenden theoretischen Rahmen. Die Gattungen haben sich verändert, die literaturwissenschaftliche Diskussion aber hat – zumindest in bezug auf die Autobiographie – nicht Schritt halten können. Die theoretischen Stellungnahmen zur Autobiographie haben sich in den letzten Jahren zunehmend um die Versuche von dekonstruktivistischer Seite, die auf eine Überwindung traditioneller Definitionen zielen, zentriert. Ich möchte zunächst kurz mit Blick auf die Autobiographie (obwohl zahlreiche Gesichtspunkte auch auf die Biographie zutreffen dürften) auf diesen generellen Problemkomplex eingehen, um anschließend die beiden erwähnten Werke Christa Wolfs von solchen theoretischen Überlegungen aus zu untersuchen.

Verifizierbarkeit, autobiographische Intention und referentielle Autorität waren einmal die Hauptstützen jeder Autobiographiedefinition. Die Kraft dieser Begriffe ist unter den theoretischen und philosophischen Angriffen der letzten Jahre aber zunehmend geschwunden, wenn nicht gar verschwunden. Von dem Moment an, als Roy Pascal[3] und seine Schüler begannen, die autobiographische „Wahrheit“ von imaginativer (oder gar unbewußter) Gestaltung beeinträchtigt zu sehen, wurde die Autobiographie zu einem – bisweilen allerdings wenig behagenden – Teilgegenstand der literaturwissenschaftlichen Fiktionalitätsdiskussion, so daß Verifizierbarkeit als definierendes Charakteristikum von Autobiographie schließlich erheblichen Relativierungen unterworfen wurde. Wimsatts und Beardsleys[4] Thesen zur Unbestimmbarkeit und Unerheblichkeit der Autorintention hatten auch Auswirkungen auf die Autobiographiediskussion, die dann von Michel Foucault[5] bis zu einem Punkt zugespitzt wurde, wo sich die Bedeutung des Autors auf bloße Funktion der Textdynamik reduziert. Die Überzeugung von einer kohärenten historischen Identität als Basis autobiographisch referentieller Autorität zerstob schließlich unter dekonstruktionistischem und linguistischem Beschuß. Jacques Derrida[6] hinterfragt jedes System, in dem referentielle Autorität als Begriff fungiert; und Emile Benvenistes[7] linguistische Analysen postulieren das „Ich" eines schriftlichen Diskurses als „Leerformel", die vom Diskurs, in dem sie erscheint, selbst konstituiert wird. Michael Ryan[8] ist dieser Argumentation in seiner metakritischen Dekonstruktion des Konzepts von „self-evidence" als Basis für autobiographische Identität gefolgt, und Michael Sprinker[9] hat seinem letzten Aufsatz mit Blick auf diese Kontroverse den provokativen Titel „Fictions of the Self: The End of Autobiography" gegeben – ein Titel, der den Herausgeber des Aufsatzes, James Olney, zu der Frage bewegte, ob das Ende der Autobiographie nicht tatsächlich schon eingetreten sei.

So düstere Voraussagen über das Schicksal der Autobiographie hat es freilich schon früher gegeben, sogar mit ziemlicher Regelmäßigkeit. Roy Pascal[10] erklärte bereits 1960, daß die Gegenwart „ungeeignet für Autobiographien" sei, weil diese Form seiner Meinung nach vom lenkenden Bewußtsein einer „ganzen Persönlichkeit" abhänge und damit von einer Konzeption, die heute offensichtlich veraltet sei. Bernd Neumann[11] folgte dieser Einschätzung 1970, wenn er behauptete, daß der „außengeleitete" Bürger des 20. Jahrhunderts unmöglich den „innengeleiteten" Akt autobiographischen Schreibens vollziehen könne. Diese Prognosen sind offenbar Reaktionen auf soziale Umbrüche, aber zugleich auch Gefangene ihrer eigenen Systeme; ihre Autoren binden ihre Definitionen autobiographischen Schreibens an historische Bedingungen einer versunkenen Welt.

Vielleicht könnte man mit mehr Recht sagen, nicht die Autobiographie sei am Ende, wohl aber gewisse Theorien darüber, wie sie zu schreiben, zu lesen und zu erkennen sei. Denn tatsächlich erkennen wir sie – wenn auch zuweilen mit Schwierigkeiten – nach wie vor, wo immer wir ihr begegnen. Hatten wir auch gehofft, mit unseren seitherigen Theorien alle von den Autobiographien Augustins, Rousseaus, Goethes und Prousts aufgeworfenen Gattungsfragen beantwortet zu haben, so müssen wir heute erkennen, daß diese Fragen von vornherein zu begrenzt waren und zumindest für unsere Auseinandersetzung mit Autoren wie Christa Wolf und Peter Weiss als wenig geeignet erscheinen. Die Fragen, die nicht länger greifen, die Erklärungen, die nicht länger ausreichen, haben sich offensichtlich in dem Versuch erschöpft, mit den gattungsspezifischen und theoretischen Veränderungen der letzten Jahre Schritt zu halten – die Gattung aber existiert weiter und entwickelt sich. Wie schon in der Vergangenheit, wenn Theoretiker das „Ende der Autobiographie" proklamierten, wird es auch heute wieder notwendig, alte Wege der Annäherung aufzugeben und neue einzuschlagen, die an die potentiellen Aspekte ihres Gegenstandes besser heranführen und die historischen Veränderungen der Gattung in den Blick bringen.

Ein für unsere literaturwissenschaftlichen Diskussionen offeneres Modell finden wir vielleicht im Vorgang der ‚geglückten' Kommunikation, der nicht den Ansprüchen philosophischer Gültigkeit, wohl aber denen einer Pragmatik des Diskurses genügt. „Wahrheit" mag zwar im Licht einiger philosophischer Schulen als Illusion erscheinen, ist aber im gesprochenen Diskurs sowenig illusorisch oder ungreifbar wie im geschriebenen. Ein gesprochener Diskurs impliziert immer die pragmatische Annahme, daß gewissen Aussagen das Prädikat „wahr" zugesprochen werden kann. Die „Wahrheit" des gesprochenen Diskurses läßt sich aber letztlich nicht einfacher verifizieren als die des geschriebenen Diskurses, da die Bereitschaft eines Sprechers, seine Aussage zu erklären, nicht schon als Garantie für „Wahrheit" gelten kann. Wir hören eine *persona* in der mündlichen Äußerung eines ‚Senders' ganz ähnlich, wie sich uns in literarischer Kommunikation der „implizierte Autor" offenbart. Intention, Wahrheit und Identität mögen in einem philosophisch unanfechtbaren Begriffssinn abhanden gekommen sein: Der menschliche Diskurs funktioniert dessenungeachtet doch nach einem Regelsystem, das sich in der Praxis um eine philosophische Dignität nicht bekümmert. Daß der Diskurs auf so ‚pragmatische' Weise funktioniert, mag unsere Neugier wecken; auch könnten wir uns anderen Disziplinen zuwenden, um herauszufinden, warum das so ist, und uns auf diesem Weg mit dem Prinzip des philosophischen Determinismus auseinandersetzen. Wir brauchen dies für unseren Zusammenhang aber nicht zu tun: Es genügt, daß wir unsere Überlegungen zum Funktionieren literarischer Handlungen auf eine andere hierarchische Basis beziehen.

Welche Auswirkungen haben diese Überlegungen für die Autobiographiediskussion? Indem wir ein literarisches Werk als von einem Sender/Autor enkodierten Text betrachten, der durch ein spezifisches Medium innerhalb eines sozialen Kontextes zu einem Empfänger/Leser vermittelt wird, können wir einerseits die Dynamik der Gattung in ihrem tatsächlichen Funktionieren und andererseits den der literarischen Handlung inhärenten Historisierungsprozeß in die Autobiographiediskussion einbeziehen. Der Autor wählt für eine bestimmte Mitteilung ein Medium und bindet sich damit an eine diesem Medium anhaftende spezifische Dynamik. Die Optionen, die diese Dynamik dem Autor erlaubt, basieren auf den historisch wechselnden Kodes und Konventionen dieses Mitteilungstyps, ohne jedoch von ihnen begrenzt zu sein. Die Entscheidung, einen aufrichtigen Bericht des eigenen Lebens in autobiographischer Form zu liefern, beinhaltet bestimmte Probleme, von denen einige jeder schriftlichen Kommunikation anhaften, andere spezifisch für die Autobiographie sind. Der enkodierende Autor ist zunächst mit dem grundsätzlichen Problem der Ablösbarkeit des schriftlichen Textes konfrontiert: Er ist vom Vermittlungsprozeß des Textes ausgeschlossen, und im Fall der Autobiographie muß er sich selbst mit Hilfe bestimmter Signale, welche die referentielle Realität seiner Mitteilung „verbürgen", in den Text inskribieren. Damit impliziert die Autobiographie ein bestimmtes Risiko. Persönliche Enthüllungen können, obwohl sie im psychologischen Sinn durchaus therapeutisch sein mögen, bedrohliche Konsequenzen emotioneller, juristischer oder politischer Art nach sich ziehen. Autobiographische Enthüllungen können dabei natürlich durchaus sehr unterschiedliche Wirkungen haben. Was einem Autor als Sicherheit durch Distanz willkommen sein mag, kann einem anderen, wie zum Beispiel Michel Leiris[12], als Ausflucht vor dem Risiko erscheinen: Leiris bemüht sich deshalb, als „Torero" zu schreiben und so viel von sich zu entblößen, daß er sich noch als Schreibender wie „auf den Hörnern des Stieres" fühlt. Eine weitere ‚Dynamik' des autobiographischen Textes ist die Intensität des „Andersseins", eine Scheidung des Selbst vom Selbst, die in dem Versuch, die eigene Vergangenheit zurückzuholen, erfahren wird und sich im abgelösten Text konkretisiert.

Diese wie alle anderen Probleme autobiographischen Schreibens, die wir entdecken mögen, werden von Autor und Leser auf ständig wechselnden Wegen angegangen. Faktoren des sozialen Kontextes beeinflussen die Distribution und Rezeption einer bestimmten Gattung und dadurch auch diese selbst; die innerhalb des gleichen Mediums entstehenden Texte wirken aufeinander ein; und die Zeichen, die der Enkodierung des Textes dienen und dessen Zugehörigkeit zu einem speziellen Typus oder Genre innerhalb des gewählten ‚Mediums' signalisieren, werden entsprechend beeinflußt. Indem wir die literarische Handlung solchermaßen in einen Kommunikationskontext stellen, können wir sowohl die Dynamik einer bestimmten Gattung als auch die Entwicklung dieser Gattung unter der Feder eines bestimmten Autors untersuchen – in unserem Fall der Autorin Christa Wolf, die sich in den Texten, die ich hier behandeln werde, mit Gattungsproblemen von Autobiographie und Biographie auf Wegen auseinandersetzt, die einerseits die Grenzen beider Gattungen erweitern und andererseits die ästhetischen und politischen Positionen der Verfasserin widerspiegeln.

Christa Wolfs „subjektive Authentizität" ist mehr als nur ihre Version der „neuen Subjektivität". Als Autorin strebt sie eine literarische Reflexion ihrer eigenen Erfahrungen an (im doppelten Sinn von Widerspiegelung und weiterführender Auseinandersetzung) und hofft, eine Beziehung zwischen sich und dem Text herstellen zu können. Durch Verweigerung der erwarteten Form und durch das Beispiel ihres eigenen „Subjektwerdens" hofft sie, im Leser einen neuen Bewußtwerdungsprozeß zu fördern.[13] Gleichzeitig bringt sie ihren politischen Standpunkt zu Gehör. Sie hält zwar an einer im ganzen positiven Einschätzung der sozialistischen Gesellschaftsform fest, weigert sich aber, ihre Kritik zu unterdrükken, unterstützt Schriftsteller, die sich das Wohlwollen der DDR-Offiziellen verscherzt haben, und spricht sich für die

Emanzipation der Frauen aus den engen Grenzen erniedrigender Rollenrestriktionen aus.[14] Sie trägt diese Kritik allerdings auf eine subtile Art vor, die ihr erlaubt, weiterhin in dem von ihr favorisierten politischen System zu verbleiben, und zugleich mit einer Ambiguität, die ihre Kritik auf jede Gesellschaftsform anwendbar erscheinen läßt. Aus diesem politischen Anspruch und aus solchem schriftstellerischen Verantwortungsbewußtsein heraus hat Wolf zu einem Stil gefunden, der nicht lediglich den gegenwärtigen Trends folgt, sondern geradezu eine Herausforderung für herrschende Konventionen und für konventionelles Denken überhaupt ist.

In „Kindheitsmuster" (1976 im Aufbau-Verlag, 1977 bei Luchterhand erschienen) läßt Wolf die ersten sechzehn Lebensjahre ihrer 1929 geborenen Erzählerin wieder lebendig werden – eine Zeit, die von der ideologischen Indoktrination der Nationalsozialisten beherrscht war. Diese Erinnerungen tauchen während der Erzählung von einer Reise auf und sind mit ihr verwoben. Die Erzählerin unternahm diese Reise 1971 in Begleitung ihres Mannes, ihres Bruders und ihrer halbwüchsigen Tochter in die nunmehr polnische Stadt, in der sie aufgewachsen war. Die Beschreibung dieser Reise wiederum ist eingebettet in den fast tagebuchartigen Bericht über ihren Schreibprozeß, der sich von 1972 bis 1975 erstreckte. Wolf problematisiert jeden Zeitabschnitt thematisch auf seine historische Bedeutung und strukturell auf die Möglichkeit hin, vergangene und gegenwärtige Erfahrung im Erinnerungs- und Schreibprozeß zu integrieren. Die autobiographischen und historischen Details werden aus den Kindheitserinnerungen der Erwachsenen zusammengetragen, wirken auf die sie erinnernde Erwachsene zurück und werden von der reflektierenden Autorin kommentiert, welche die Signifikanz dieser Erinnerungen in dem noch weiteren Spektrum der gegenwärtigen Ereignisse und Wertsysteme erkennt. Die Bedeutungserweiterung vom spezifisch Autobiographischen zum Generellen wird formal durch die Zergliederung von Erinnerung und deren Anwendung auf die Gegenwart erreicht. Auf diese Weise legt Wolf die psychischen und politischen Verästelungen des Sozialisationsprozesses am Beispiel ihres eigenen Lebens und ihrer Arbeit bloß; und das, was als Inhalt erscheint – die Schwierigkeit des Auf- und Durchbrechens der durch Sozialisation verfestigten Bewußtseinsschichten –, spiegelt sich in der Zerlegung der Form wider.

Jede Zeitebene hat ihren eigenen Inhalt. Die historisch am weitesten zurückliegende Ebene vergegenwärtigt den Alltag der Naziindoktrination im Leben des kleinen Mädchens, für das die persönlichen Erlebnisse mit dem Einfluß der faschistischen Doktrin zu einer einzigen Erfahrungsstruktur verwoben sind. Gewöhnliche Ereignisse – die Hände des Pfarrers beim „Konfirmandenunterricht" (235) – vermischen sich mit der „Goebbels-Stimme" (238) im Radio. Das Kind wird Augenzeuge der beschämenden öffentlichen Bestrafung eines Schulkameraden und des Verhörs ihrer Mutter durch „zwei Herren im Trenchcoat" (155). Wolfs Methode des Details liefert nicht nur historische Daten, sondern dokumentiert auch, wie die schleichende Abfolge des Sozialisationsprozesses die ungeschützte Psyche des Kindes beeinflußt. Auf der nächsten Zeitebene – der der Erzählerin, die diesen Szenen ihrer Kindheit im Juli 1971 einen sechsundvierzigstündigen Besuch abstattet – führt Wolf einen psychologischen Kontext für das Werk als Ganzes ein. Während das erinnerte Kind der Vergangenheit in der Unmittelbarkeit seiner Erfahrung vorgeführt wird, bietet die erinnernde Erwachsene einen Vereinigungspunkt für die Flut der Erinnerungen und das Wissen von deren Implikationen: ein Filter späterer Einsicht, durch den die früheren Handlungen und Werte nunmehr hindurchmüssen. Diese Ebene wird als von Ereignis zu Ereignis fortschreitendes Erinnern präsentiert, Erinnerung und spontane Reaktion – die Erfahrung und das Wissen der erinnernden Erwachsenen sind als Vordergrund gegenwärtig, bleiben aber zunächst ohne Reflexion, die statt dessen der dritten Ebene vorbehalten ist. Diese dritte Ebene erstellt den zeitlichen und begrifflichen Rahmen des ganzen Buches. Alle drei Ebenen können allerdings nur heuristisch als voneinander ablösbar gesehen werden, da die erinnerte, die erinnernde und die reflektierende Ebene des Bewußtseins von Anfang an miteinander verwoben sind. Der Prozeß des Erinnerns und der Selbstbeobachtung wird nun noch einmal verdoppelt, wenn das erzählende Bewußtsein seine Versuche aufführt, das Erinnerte in Worten zurückzugewinnen und das Selbst in eigener Innenschau zu beobachten und zu reflektieren. Diese neuen thematischen

Elemente erlauben zugleich historische und politische Parallelen zur Gegenwart: Weltereignisse, die während des Schreibprozesses auftreten, werden Teil des innerpsychischen Zusammenhangs. Das erzählende Bewußtsein bezieht in seiner Reaktion auf jedes Ereignis und in der Aufzeichnung jeder seiner Reaktionen die Vergangenheit direkt auf die Gegenwart und überbrückt weite räumliche und zeitliche Ausdehnungen, um so die Elemente seiner Erfahrung zusammenbringen zu können. Auf dieser Ebene behandelt Wolf die generelle Frage, ob Einblicke, die aus der Erfahrung gewonnen werden, einer anderen Person (oder Generation) überhaupt und besonders durch eine Schreibhandlung mitgeteilt werden können. An diesem Punkt kommen auch die politischen und sozialkritischen Implikationen zum Tragen.

„Kindheitsmuster" hat diejenigen Kritiker in Verlegenheit gebracht, welche versuchten, das Werk innerhalb der Grenzen eines festgelegten literarischen Gattungsbegriffs zu untersuchen. Die Bezeichnung „Roman" der westdeutschen Ausgabe konnte dieses Problem nur vergrößern.[15] Die meisten Kritiker haben das Werk als Autobiographie gelesen und sich damit begnügt, Wolfs Darstellung entweder zu bekräftigen oder in Frage zu stellen und die Angemessenheit ihres Vergangenheitsporträts und ihrer Bezüge zur Gegenwart entweder zu bestätigen oder kritisch zu diskutieren.[16] In der Tat macht die Gattungsverwirrung, welche die Lektüre dieses Buches begleitet, ein wichtiges Merkmal desselben aus. Der Abbau von Konventionen des literarischen Diskurses stellt die Erwartungen des Lesers in Frage, der sich damit genötigt sieht, zu immer tiefer liegenden Schichten der Perzeption vorzudringen, um Antizipation mit Realität, Erinnerung mit Aktualität und – wie Wolf uns auffordert – „Erzählen" mit „Erleben" (252) zu integrieren. Wolfs Auseinandersetzung mit den risikoreichen Problemen der Autobiographie – Anderssein und Abwesenheit vom Text – ist durch ihre ästhetische und subjektive Authentizität und durch ihren politischen Anspruch, im Leser einen Bewußtwerdungsprozeß hervorzurufen, vermittelt. Der solchermaßen entstandene Text widersetzt sich den gegenwärtigen autobiographischen Konventionen, überwindet einige ihrer Grenzen und stellt somit ein Beispiel von Gattungsentwicklung dar.

Die Konventionen, gegen die „Kindheitsmuster“ geschrieben ist, dominieren noch immer in der Mehrzahl der in den letzten Jahren publizierten populären autobiographischen Werke. Es sind dies namentlich das (mehr oder weniger) lineare Erzählen einer chronologisch strukturierten Lebensgeschichte mit relativ klarer Abgrenzung der Zeitebenen; der Anspruch auf Wahrheit, oft durch „verifizierbare“ Daten dokumentiert; der Gebrauch des Personalpronomens „ich“, das sowohl das Selbst der Vergangenheit wie das der Gegenwart repräsentieren soll; sowie in der Regel das Fehlen des Bezugs auf den Schreibprozeß selbst. Die Einhaltung dieser Konventionen dient natürlich dazu, dem Leser eine bequem erkennbare Gattung zu signalisieren, und es ist genau diese Bequemlichkeit, die Wolf zu zerstören versucht.

Wolf beginnt „Kindheitsmuster“ mit einem sorgsam skizzierten Zeitrahmen, durch den sie den Erzählraum auf der ersten Seite betritt und auf der letzten wieder verläßt. Während sie am Beginn des Werkes von der Gegenwart des Schreibprozesses zurück zu ihrer Reise von 1971 und dann weiter zu den Jahren ihrer Kindheit schreitet, kehrt sie diese Abfolge am Ende des Buches um, um so den Rahmen zu vervollständigen. Nachdem dieser Rahmen aber einmal etabliert ist, stellt Wolf die verschiedenen Zeitebenen das ganze Buch hindurch nebeneinander, unterbricht so die Chronologie und schafft innerhalb des Werkes eine Ebene der Selbstreflexion, die sich beharrlich mit den konventionellen Erwartungen des Lesers reibt. Die ständig wechselnden Zeitebenen stören erkennbar jeden Versuch linearen Erzählens. Die Schwierigkeiten, die dieses Nebeneinander der Zeitebenen aufwirft, werden thematisch von dem Versuch parallelisiert und problematisiert, ein historisches Kontinuum, dessen Linearität ebenso trügerisch wie die der Zeitabfolge erscheint, zu konstruieren. Der Leser, der sich gezwungen sieht, die zeitlichen Bezüge zu hinterfragen, wird ermutigt, ebenso die historischen und politischen Kontinuitäten und Diskontinuitäten in Frage zu stellen. Auf diese Weise erlaubt der Text durch die Zerstörung der Konvention eine größere Annäherung an die nichtlineare Perzeption und konfrontiert historische und politische Erwartungshaltungen mit skeptischen Fragen.

Wolf löst sich von der autobiographischen Konvention des

Wahrheitsanspruchs durch eine Methode der Relativierung der faktischen Daten und damit der Objektivität, die solche Daten gewährleisten sollen. Trotz des Berichts von ihrer gewissenhaften Suche nach Beweisen, welche die nacherzählten Ereignisse „dokumentarisch belegen" (117) sollen, zeigt Wolf auf der anderen Seite die Substanzlosigkeit ihres oder jedermanns Anspruchs auf eine objektiv ermittelte Wahrheit. In dem Versuch, erstmalig ein Bild von sich selbst als Kind zusammenzufügen, sagt sie: „Das Kind selbst aber, das nun zu erscheinen hätte? Kein Bild. Hier würde die Fälschung beginnen." (11) Sie verschweigt nicht, daß die Gespräche, die sie anführt, Zusammensetzungen sind, und sie hinterfragt den Prozeß der Übersetzung von Erfahrung in Literatur. Ihr Vorwort stellt in seiner ironischen Negierung textexterner Verifizierbarkeit die erzählten Figuren weder als fiktiv noch als nicht-fiktiv vor:

„Alle Figuren in diesem Buch sind Erfindungen der Erzählerin. Keine ist identisch mit einer lebenden oder toten Person. Ebensowenig decken sich beschriebene Episoden mit tatsächlichen Vorgängen.

Wer Ähnlichkeiten zwischen einem Charakter der Erzählung und sich selbst oder ihm bekannten Menschen zu erkennen glaubt, sei auf den merkwürdigen Mangel an Eigentümlichkeit verwiesen, der dem Verhalten vieler Zeitgenossen anhaftet. Man müßte die Verhältnisse beschuldigen, weil sie Verhaltensweisen hervorbringen, die man wiedererkennt." (6)

In diesem kurzen Vorwort parodiert Wolf nicht nur die üblichen Dementis des Romans, der sich juristisch absichern will, und den nicht weniger konventionellen autobiographischen Anspruch auf Wahrheit, sie richtet ihren Angriff auch auf Konformität überhaupt und führt eine Parallele ein – einen Vergleichsrahmen zwischen „damals" und „jetzt" und „überhaupt", wie ich hinzufügen möchte – in ihrer typisch mehrdeutigen Art, ihren Bezugspunkt *nicht* klarzumachen. Sie mag, wie westliche Kritik sagen könnte, einen Mangel an Sinn für Individualität innerhalb der DDR geißeln oder, wie östliche Kritik behaupten könnte, sich in ihrer humanistischen Vision auf eine gefährliche universale Tendenz zur Konformität beziehen – ich würde sagen: Sie tut zumindest beides.

Wolfs Bruch mit dem konventionellen Gebrauch der Pronomina (und ihres Bezugs) macht die signifikanteste Abweichung von der erwarteten Form aus. Innerhalb des Rahmens unseres Kommunikationsmodells ist der Text selbst das, was in einem primären Diskurs mit dem Autor als Sender und dem Leser als Empfänger erzählt wird. Eingebettet oder inskribiert im Text ist ein zweiter Diskurs: der des Erzählers mit dem implizierten Leser – konventionell ein „ich" und ein „du", die sich über ein „sie/er" austauschen. Die Fiktionalität dieses „sie/er" ebenso wie die Nähe des „Ich-Erzählers" zum Autor werden vom Leser auf der Basis von textexternem Begleitwissen determiniert. Innerhalb dieser Konvention des pronominalen Bezugs werden das „ich", das „du" und das „sie/er" nur auf der zweiten Kommunikationsebene als funktional aufgefaßt. Wolf zerstört dieses System, indem sie sich bis zur letzten Seite des Buches nicht als „ich" auf sich selbst bezieht. Sie spricht sowohl ihr gegenwärtig schreibendes Selbst als auch das erinnernde Selbst von 1971 als „du" und das Selbst ihrer Kindheit als „sie" an – und gibt dem Kind sogar einen anderen Namen, Nelly. Der Gebrauch des „wir" ist natürlich das ganze Buch hindurch mehrdeutig, bezieht es sich doch bisweilen auf das „du" und die anderen ihrer Generation, dann auf das „du" und den Leser und schließlich auf die Menschen im allgemeinen. Die Verwendung des „du" ist aber mehr als nur ein Ersatz der konventionellen Dichotomie von „erzählendem Ich" und „erzähltem Ich". Die Benutzung des „du" zur Selbstansprache überrascht den Leser und überträgt sich auf ihn, fordert ihn zu stärkerer Identifikation mit dem schreibenden Selbst, mit skeptischer Kritik und mit der Menschheit überhaupt auf. Dieses „du" eröffnet die Möglichkeit für ein innerpsychisches Gespräch, in dem man auf das Selbst als einen „anderen" antwortet. Und – was besonders wichtig ist – Wolfs Gebrauch der „Du"-Form für die Funktionen des erzählenden und erzählten „Ich" stellt das Pronomen „ich" für Aufgaben auf einer anderen Ebene frei: für Wolfs Annäherung an den ersten Diskurs, einen Ort, an dem sie sich in den Text hineinbegeben kann, wobei das „du" dann noch als ein weiterer Bedeutungsträger fungiert, nämlich als Eintrittspunkt des Lesers.

Wie stellt sich das im Text selbst dar? Wolf problematisiert die Pronomina-Referenz sowohl inhaltlich als auch strukturell gleich zu Beginn des Buches. Die ersten Sätze legen ihr

Thema fest: „Das Vergangene ist nicht tot; es ist nicht einmal vergangen. Wir trennen es von uns ab und stellen uns fremd.“ (9) Dieser Gedanke bestimmt den Gang des ganzen Werkes. Wolf selbst löst sich von ihrer noch lebendigen Vergangenheit in Form der Nelly ab und sucht mitten in ihrem Dilemma nach einer Stimme: „Sprachlos bleiben oder in der dritten Person leben[...] Das eine unmöglich, unheimlich das andere.“ (9) Die Zerstörung von persönlicher und historischer Kontinuität innerhalb ihres eigenen Bewußtseins nimmt eine grammatische Form an:

„Im Kreuzverhör mit dir selbst zeigt sich der wirkliche Grund der Sprachstörung: Zwischen Selbstgespräch und der Anrede findet eine bestürzende Lautverschiebung statt, eine fatale Veränderung der grammatischen Bezüge. Ich, du, sie, in Gedanken ineinanderschwimmend, sollen im ausgesprochenen Satz einander entfremdet werden.“ (9)

An mehreren Stellen des Werkes visiert Wolf ein Ziel an, das erreicht wäre, „wenn zweite und dritte Person wieder in der ersten zusammenträfen, mehr noch: zusammenfielen. Wo nicht mehr ‚du‘ und ‚sie‘ – wo unverhohlen ‚ich‘ gesagt werden müßte.“ (322) Mit der Herstellung eines für sie selbst gültigen historischen Kontinuums und mit der Rückgewinnung ihrer abgetrennten Vergangenheit sucht Wolf auch nach einer Basis für ein psychologisch und grammatisch repräsentierbares Kontinuum. Die spärlichen Resultate erscheinen am Ende des Werkes in der Form der ersten Person Singular:

„Das Kind, das in mir verkrochen war – ist es hervorgekommen? Oder hat es sich, aufgescheucht, ein tieferes, unzugänglicheres Versteck gesucht? [...] Oder hat es sich dazu hergegeben, durch Irreführung zu beweisen, daß es unmöglich ist, der Todsünde dieser Zeit zu entgehen, die da heißt: sich nicht kennenlernen wollen?

Und die Vergangenheit, die noch Sprachregelungen verfügen, die erste Person in eine zweite und dritte spalten konnte – ist ihre Vormacht gebrochen? Werden die Stimmen sich beruhigen?

Ich weiß es nicht.“ (377f.)

Für Christa Wolf darf und muß sich der Autor mit seinen Fragen in den Text einbringen: „Denn man erwirbt sich Rechte auf ein so beschaffenes Material, indem man sich mit ins Spiel bringt und den Einsatz nicht zu niedrig hält." (149) Das Selbst wird für Wolf zum Mittler des Textes. Das, was sie in den konventionellen Gattungserwartungen zerstört, ist ein Bezug, der außerhalb des Selbst liegt oder doch irreführend von ihm getrennt wird. Der Fluß der Ereignisse, die historischen Daten, die Strukturen des Selbstbezugs werden durch die Subjektivität der Autorin gefiltert und strukturiert, die selbst nicht in vorgespiegelter Ganzheit, sondern in unvermeidbarer Zersplitterung präsent ist. Die historische Funktion der Autobiographie, einen Sinn für zeitliche Kontinuität zu ermöglichen, bleibt für Individuum und Gesellschaft erhalten, die Lücken und Widersprüche werden aber zugestanden und nicht ignoriert. Die Gattung ‚Autobiographie' hat sich in Christa Wolfs Händen weiterentwickelt. In einer in literarische Form gekleideten Nachforschung sucht sie das Selbst und findet das „Andere".

Wolfs Prosatext „Kein Ort. Nirgends" von 1979 beschreibt ein imaginiertes Treffen zwischen Heinrich von Kleist und Karoline von Günderrode. Ausgehend von einem Bericht in einer frühen Kleist-Biographie, dem zufolge sich die beiden getroffen haben sollen, bringt Wolf sie für einen Nachmittag mit Tee und Gesprächen im Kreise gemeinsamer Freunde zusammen. Kleist, der sich unter der Fürsorge seines Freundes Dr. Wedekind von einem Nervenzusammenbruch erholt – an einem Punkt zwischen dem Verlust seiner Pariser Ideale und einer Zukunft als preußischer Bürokrat, noch sieben Jahre entfernt von Resignation und Selbstmord –, ist der stotternde Dichter, dessen Unruhe die Künstlichkeit des Nachmittags zu zerbrechen droht. Die Günderrode – Freundin der Familie Brentano, eine gedruckte, aber wenig bekannte Dichterin, deren Poesie von ihrer Melancholie beherrscht wird, eine Frau, noch zwei Jahre von Verzweiflung und Selbstmord entfernt – ist die junge Stiftsdame, die sich als Außenseiterin zwischen ihren Freunden bewegt. Die Gesellschaft ist klein: Clemens Brentano, seine Schwestern Bettina und Gunda, Gundas Mann, der spätere preußische Justizminister Friedrich Karl von Savigny, der Wissenschaftler Nees van Esenbeck und einige andere, welche die wechselnden Gesprächsgruppen vervollständigen. Die Günderrode und Kleist beobachten und hören einander, mischen sich in die Konversation. Auf einem

Nachmittagsspaziergang unterhalten sie sich allein und entdecken ihre gemeinsame Melancholie. Die Gäste reisen ab, ihrem jeweiligen Schicksal entgegen; das Buch endet.

Ohne Gattungsbezeichnung veröffentlicht, ist das Werk für eine verblüffende Vielfalt möglicher „Lektüren" offen. Als „erwünschte Legende" (6) könnte es als historische Fiktion gelten; die wissenschaftliche Forschung aber, die den die Dialoge konstituierenden Zitaten und der Zeichnung des historischen Hintergrunds zugrunde liegt, verweist auf eine biographische Studie. Eine utopische (oder anti-utopische) Parabel, Kritik patriarchalischer Kultur, eine Künstlergeschichte, ein maskiertes autobiographisches Dokument von Wolfs Unbehagen als Schriftstellerin in der DDR, ihr Gefühl, wie Kleist und die Günderrode in einer Übergangsepoche verloren zu sein: Alle diese Lesarten sind vorgeschlagen worden, und mit jedem dieser Vorschläge komplizierte sich die Aufgabe des Lesers.[17] Es ist typisch für Wolfs Werke, daß die Rezeption von politischen Untertönen beherrscht wurde und daß die Deutungen sich mit dem Grenzübertritt ihrer Bücher ändern. Im Westen handelt „Kein Ort" von Wolfs Schwierigkeiten als Schriftstellerin in einem Staat, in dem sie nicht verstanden wird. Im Osten gilt das Werk einerseits als Versuch, die einst abgelehnte romantische Epoche als Teil des kulturellen Erbes zurückzugewinnen, andererseits als Warnung vor einem übertriebenen Glauben an den technischen Fortschritt. Auf beiden Seiten schließlich wird der hochstilisierten Sprache die Unzugänglichkeit des Buches angelastet. Wolf selbst hat einigen dieser Diskussionen durch ihre im gleichen Jahr erschienene Biographie der Günderrode, „Der Schatten eines Traumes"[18], den Weg gewiesen. Die Anteilnahme, die Wolf für die Günderrode empfindet, durchzieht die Biographie in solchem Maße, daß die Kritiker zu der Frage gedrängt werden, wieweit eine solche Emphase Identifikation mit dieser so offensichtlich tragischen Figur des 19. Jahrhunderts bedeutet. Aber selbst hier bleibt die Möglichkeit offen, die Günderrode als Verkörperung einer utopischen Möglichkeit zu verstehen, die für die Romantik so charakteristisch wie verfrüht war. Die Günderrode hat in der Tat „einen Ort, irgendwo" gefunden. Es ist das ein Ort innerhalb ihrer selbst, ein Potential, das aber in der Epoche, in der sie geboren wurde, unrealisiert bleiben mußte. Daß Wolf leidenschaftlich humanistische Ideale nährt, daß sie an das Vermögen einer sozialistischen Gesellschaftsordnung glaubt, solche Ideale fördern zu können, und daß sie Frauen für geeigneter ansieht, zwischen Ideal und Realität zu vermitteln: diese Überzeugungen, die vor allem in ihren früheren Werken im Vordergrund standen, sprechen auch hier noch für eine optimistische Interpretation. Wolf gesteht zwar zu, daß die Probleme unlösbar sein könnten – „Für Unlösbares gibt es keine Form" (142) –, fährt aber fort, sich einer Lösung durch Schreiben und durch die Herausforderung, die sie in die Form einbringt, anzunähern.

Gerade weil das Buch „Kein Ort" im traditionellen Sinn keine Biographie ist, exemplifiziert es die Durchbrechung der Gattungsgrenzen, die in den siebziger Jahren so häufig beobachtet werden kann. Genau wie Wolf in „Kindheitsmuster" gegen die Konventionen der Autobiographie anschreibt und damit die Leser herausfordert, Vergangenheit wieder mit Gegenwart zu verknüpfen und das historische Selbst in den Rahmen des gegenwärtigen Selbst einzufügen, so verweigert sie auch in „Kein Ort" die Anpassung an unsere Formerwartungen und bietet statt dessen eine Brücke, die über den historischen Graben hinweghelfen soll. Ihr Umgang mit der Form stellt sich als Antwort auf die Fragen an Politik und Geschichte, Vergangenheit und Gegenwart, Ideal und Realität, das Selbst und das Andere dar.

Die Möglichkeit, eine konventionelle Biographie zu schreiben, stand Wolf offen, und in der Tat nimmt sie sie in „Schatten eines Traumes" ziemlich konsequent wahr. Hier stellt sie das Leben der Günderrode durch die Erzählung chronologisch geordneter Lebensdaten vor, verbunden durch einzelne Episoden, die dem Leben als Ganzem Bedeutung zutragen. Die Information wird aus Dokumenten, Briefen, Werken, Augenzeugenberichten gewonnen, und die Attitüde der erzählenden Biographien – obwohl kaum so ‚objektiv', wie es sich ein Historiker wünschen würde – ist eher gegenstands- als selbstbezogen. Diese Form ist aber nicht geeignet, den ganzen Gehalt aufzunehmen, den Wolf im Günderrode-Material entdeckt hat; dementsprechend wird die Form von „Kein Ort" umgestaltet und bleibt nicht in Einklang mit den traditionellen biographischen Mustern, sondern setzt sich in Widerspruch zu diesen.

Wolf untergräbt hier die lineare Erzählform von Anfang an mit einer Mischung aus Paradoxie und Beschwörung. „Die arge Spur, in der die Zeit von uns wegläuft", so beginnt sie, Geister aus einer anderen Dimension anrufend, „Vorgänger ihr, Blut im Schuh. Blicke aus keinem Auge, Wort aus keinem Mund. Gestalten, körperlos. Niedergefahren gen Himmel, getrennt in entfernten Gräbern, wiederauferstanden von den Toten, immer noch vergebend unsern Schuldigern, traurige Engelsgeduld." (5) Sie führt die Charaktere ein, läßt die Fiktionalitätsfrage (angeblich) außer acht: „Daß sie sich getroffen hätten: erwünschte Legende"; sie bestimmt die Zeit (Juni 1804) und den (überprüften, für ‚richtig' befundenen) Ort: „Winkel am Rhein, wir sahn es. Ein passender Ort." (6) Nach der Frage „Wer spricht?" (6) beginnt der Dialog. Ein dramatischer Ton wird für die Gespräche festgesetzt, die von einem allwissenden Erzähler auf vieldeutige Weise vermittelt werden – ein Vorrecht des Epischen, ins Dramatische gemischt. Der Dialog dient als Paradigma, indem er den Inhalt in einer Form präsentiert, die seine dialektische Natur bewahrt und den Leser in die Dynamik dieser Dialektik einbezieht. Der pronominale Bezug ist nicht nur wie in „Kindheitsmuster" verschoben, sondern erscheint so unscharf, daß der Leser nicht immer sofort sicher sein kann, welche Gestalt gerade spricht oder ob der Sprecher womöglich der im Präsens redende Erzähler selber ist. Eigentlich mit jeder ‚Handlung', die in den Dialogen zum Vorschein kommt, fühlt sich der Leser gezwungen, die Worte der Figuren sorgfältig neu abzuwägen und sogar die Stille auf mögliche Bedeutung hin abzuhorchen. Der Gegenwartsrahmen, der das Werk eröffnet, wird im Präsens am Ende – zumindest scheint es so – wieder aufgenommen. Die Akteure treten ab – „Jetzt wird es dunkel. Auf dem Fluß der letzte Schein. Einfach weitergehn, denken sie. Wir wissen, was kommt." (151) Eine bereits zitierte Frage – „Wer ist wir?" – kann hier auf die Unbestimmbarkeit des „wir" verweisen, das die Linearität konventioneller biographischer Erzählweisen durchbricht, indem es sich den festgesetzten Grenzen der Zeit, des referentiellen Bezugs und der Gattungserwartungen entzieht. „Wir wissen, was kommt": Von Kleist oder der Günderrode gesagt oder gedacht, impliziert der Satz eine Resignation dem Schicksal gegenüber, das beide erwartet ..., vielleicht aber auch, allerdings wohl weniger überzeugend, daß sie fühlen, eine bessere Zeit werde kommen, obschon nicht innerhalb ihrer Lebensspanne. Soll das „wir" jedoch Erzähler und Leser einschließen, bleibt die Ambiguität zwar erhalten, der Rahmen der „Legende" aber ist zerbrochen. Der Leser, der versucht, das Werk als eine „Erzählung" zu lesen, findet sich schließlich damit konfrontiert, daß das Buch die Grenzen der Fiktion bisweilen überschreitet und auf das Gebiet der Biographie überwechselt.

Der konventionelle biographische Anspruch auf Authentizität wird im Werk nicht ausgedrückt; ja, er scheint zuweilen negiert zu werden. In gewisser Weise ist die Szenerie eben „kein Ort". Das Werk erscheint darum als fiktional, weil der Realitätsillusion so häufig bewußt zuwidergehandelt wird. Die tiefsten Gedanken der Gestalten werden enthüllt, die Dialoge sind ins Steife stilisiert, und die Zeit – angegeben von der Salonuhr – schreitet auf den 150 Seiten kaum weiter. Andererseits sind die von den Gestalten gesprochenen Sätze aus Briefen und Dichtungen ihrer realen Modelle übernommen. Der Schutzumschlag des Buches zitiert Wolfs Bericht von ihrer Reise nach Winkel am Rhein („Wir sahn es") und auch den Verweis jener Kleist-Biographen auf das Treffen mit der Günderrode. Die gleichzeitige Veröffentlichung der Günderrode-Biographie schließlich bietet noch weitere „faktische" Belege. Dennoch, die Dokumentation dient in „Kein Ort" wie schon in „Kindheitsmuster" nicht der Verifikation, sondern soll als Kontrapunkt zur Fiktion wirken. Das, von dem man weiß, daß es geschehen ist, wird kontrastiert mit dem, von dem man ahnt, daß es geschehen ist – alles auf der Basis derselben Informationsquellen. Ebensowenig fühlt sich das erzählende Bewußtsein dem biographischen Insistieren auf Objektivität verpflichtet. Selbstbezug wird schon durch die Pronominaverschiebung impliziert; das erzählende Selbst besteht darauf, in die Gespräche mit eingeschlossen zu werden. Während dieses erzählende Selbst in „Kindheitsmuster" in seine Komponenten aufgesplittert werden mußte, um den autobiographischen Prozeß konkretisieren zu können, vermischt sich das erzählende Bewußtsein in „Kein Ort" mit den Figuren, die es beschreibt, assimiliert sie sich, um sich ihnen von einer biographischen Perspektive anzunähern. In beiden Fällen ist die

Aufgabe des erzählenden Selbst, das „Andere" über die Grenzen der Entfremdung hinweg zu suchen. Wir werden Zeugen einer „Grenzenverwischung": Das Biographische und das Autobiographische treffen aufeinander. Für Christa Wolf wird das Selbst zur Grenze, bewußt erweitert und wiedergewonnen: einer Grenze, an der die Konventionen überprüft werden. Es ist das Selbst, das Wolfs Humanismus wie auch ihrer Ästhetik Kohärenz verleiht. Die Fähigkeit des Selbst, sich dem Anderen zu nähern, macht Hoffnung; die Fähigkeit des Selbst, Einsicht, Erfahrung und Werte zu filtern, schafft Kontinuität; und die Tendenz des Selbst, die Grenzen des Anderen in sich aufzunehmen, erweitert die Aussagemöglichkeiten der Form.

(Aus dem Amerikanischen von Bernd Fischer)

1981

1 Christa Wolf, Kindheitsmuster (Berlin und Weimar 1976) und Kindheitsmuster. Roman (Darmstadt und Neuwied 1979); Seitenangaben im Text beziehen sich auf die Luchterhand-Ausgabe. – Vgl. auch meinen Aufsatz: In eigener Sache: Christa Wolf's Kindheitsmuster. In: German Quarterly (Ohio), 54.Jg., 1981, Heft 4, S.473–487.

2 Christa Wolf, Kein Ort. Nirgends (Berlin und Weimar 1979 und Darmstadt und Neuwied 1979); Seitenangaben im Text beziehen sich auf die Luchterhand-Ausgabe.

3 Roy Pascal, Design and Truth in Autobiography (Cambridge 1960); deutsch unter dem Titel: Die Autobiographie: Gehalt und Gestalt (Stuttgart 1965).

4 W.K. Wimsatt/M. Beardsley, The Intentional Fallacy. In: The Sewanee Review (Sewanee), 54.Jg., 1946, S.468–488.

5 Michel Foucault, What is an Author? In: Foucault, Language, Countermemory, Practice. Ed. by D.F. Bouchard. New York 1980, S.113–138.

6 Jacques Derrida, Signature Event Context. In: Glyph I. Johns Hopkins textual studies. Editors Samuel Weber/Henry Sussman (Baltimore – London), 1977, S. 172–197; derselbe, Limited Inc. abc. In: Glyph II. Johns Hopkins textual studies. Editors Samuel Weber/Henry Sussman, 1977, S.162–254.

7 Emile Benveniste, Subjectivity in Language. In: Problems in General Linguistics. Ed. by Emile Benveniste. Coral Gables 1971, S.226.

8 Michel Ryan, Self-Evidence. In: Diacritics. A review of contemporary criticism (Ithaka), 10.Jg., 1980, Nr.2, S.6.

9 Michael Sprinker, Fictions of the Self. The End of Autobiography. In: Autobiography. Essays Theoretical and Critical. Ed. by J. Olney. Princeton 1980, S.321–342.

10 Pascal, Design and Truth in Autobiography, S.160.

11 Bernd Neumann, Identität und Rollenzwang. Frankfurt a. M. 1970, S.183f.

12 Michel Leiris, Afterword: The Autobiographer as Torero. In: Leiris, Manhood. New York 1963, S.151–162.

13 Christa Wolf, Lesen und Schreiben. In: Wolf, Lesen und Schreiben. Aufsätze und Prosastücke. Darmstadt und Neuwied 1972, S.181–220.

14 Christa Wolf, Vorwort. In: Maxie Wander, Guten Morgen, du Schöne. Darmstadt und Neuwied 1979, S.11.

15 Vgl. Sigrid Bock, Christa Wolf: „Kindheitsmuster". In: Weimarer Beiträge (Berlin), 9/1979, S. 102–130; Marie-Louise Linn, Doppelte Kindheit – Zur Interpretation von Christa Wolfs „Kindheitsmuster". In: Der Deutschunterricht (Stuttgart), 2/1978, S. 52–66; B. M. Kane, In Search of the Past: Christa Wolfs „Kindheitsmuster". In: Modern Languages (London), 59. Jg., 1978, Heft 1, S. 19–23; Hans-Jürgen Greif, Wie sind wir so geworden, wie wir heute sind? Bern – Frankfurt a. M. – New York 1978; Günter Jäckel, Nachdenken über Polen. In: Germanica Wratisłaviensia (Warschau und Wrocław), Nr. 34, 1978, S. 195–212; Christa Wolf. Materialienbuch. Hrsg. von Klaus Sauer. Darmstadt und Neuwied 1979. Man vergleiche auch die Diskussion mit Christa Wolf (Sinn und Form [Berlin], 4/1978, S. 861–888), um die Verwirrung zu sehen, die das Werk bei einer Lesung schon vor seiner Veröffentlichung verursachte.

16 Vgl. Alexander Stephan, Rezension von Christa Wolf: „Kindheitsmuster". In: New German Critique (Milwaukee), 11/1977, S. 178–182; Marcel Reich-Ranicki, Christa Wolfs trauriger Zettelkasten. In: Frankfurter Allgemeine Zeitung vom 15. Februar 1977; Charles Lindsmayer, Die wiedergefundene Fähigkeit zu trauern. In: Neue Rundschau (Frankfurt a. M.), 3/1977, S. 472–478; Hans Richter, Moralität als poetische Energie. In: Sinn und Form (Berlin), 3/1977, S. 667–678; Monika Helmecke, „Kindheitsmuster". Ebenda, S. 678–681; Annemarie Auer, Gegenerinnerung. Sinn und Form, 4/1977, S. 847–878; Briefe zu Annemarie Auer. In: Sinn und Form, 6/1977, S. 1311–1322; Hans Mayer, Der Mut zur Unaufrichtigkeit. In: Der Spiegel (Hamburg) vom 11. April 1977, S. 185–190; Bernd Schick, Brief eines Nachgeborenen. In: Sinn und Form, 2/1978, S. 422–426.

17 Sibylle Wirsing, Das Malheur zu allem Unglück. In: Frankfurter Allgemeine Zeitung vom 24. März 1978, S. 422–426; Wolfgang Werth, Für Unlösbares gibt es keine Form. In: Süddeutsche Zeitung (Stuttgart) vom 4. April 1979; Silvia und Dieter Schlenstedt, „Kein Ort. Nirgends". In: Sonntag (Berlin), Nr. 32, 1979; Ursula Püschel, Zutrauen kein Unding, Liebe kein Phantom. In: Neue Deutsche Literatur (Berlin), 7/1979, S. 134–139; Hans-Georg Werner, Romantische Traditionen in epischen Werken der neueren DDR-Literatur. Franz Fühmann und Christa Wolf. In: Zeitschrift für Germanistik (Leipzig), 1/1980, S. 398–416.

18 Karoline von Günderrode, Der Schatten eines Traumes. Gedichte, Prosa, Briefe, Zeugnisse von Zeitgenossen. Hrsg. und mit einem Essay von Christa Wolf. Darmstadt und Neuwied 1979.

Karin Hirdina

Begegnung zwischen den Zeiten

Christa Wolf, „Kein Ort. Nirgends“

Christa Wolfs Prosa ist nicht bequem. Sie ist ernst. Die Autorin bringt sich ein, zunehmend ohne Vorbehalt und Selbstschutz. Ihre Prosa verlangt – mit Recht – auch den Einsatz des Lesers. „Kein Ort. Nirgends“: Der Titel dieser neuen Erzählung bereits zwingt provokativ zum Überdenken. Was ist gemeint? Pessimismus? Verallgemeinernde Ortsbestimmung?

Und der Anfang der Erzählung. Manchem Leser mag er fast manieriert scheinen. „Die arge Spur, in der die Zeit von uns wegläuft. – Vorläufer ihr, Blut im Schuh. Blicke aus keinem Auge, Worte aus keinem Mund. Gestalten, körperlos. Niedergefahren gen Himmel, getrennt in entfernten Gräbern, wiederauferstanden von den Toten, immer noch vergebend unsern Schuldigern, traurige Engelsgeduld. – Und wir, immer noch gierig auf den Aschegeschmack der Worte. Immer noch nicht, was uns anstünde, stumm.“ – Befremdlich ist ein solcher Anfang jedenfalls. Nicht gefällig, sondern rigoros: Hier ist diese Erzählung, ihre Welt, begib dich in sie hinein oder – bleib draußen.

Eine Begegnung zwischen Kleist und der Günderrode – Legende, wünschenswerte. Die Begegnung findet statt in Winkel am Rhein, in einer Gesellschaft, die illuster genannt werden kann: Clemens Brentano mit Frau Sophie Mereau, Bettine Brentano, Savigny, Nees von Esenbeck und Frau Lisette. Ein paar Stunden machen den zeitlichen Rahmen der Erzählung, der Salon im Hause des Kaufmanns Merten und die Rheinlandschaft ihren Raum aus. Nichts geschieht – nur Gespräche, laute und leise, in Gedanken geführte. Merkwürdige Gespräche. Die Reflexionen sind die der Figuren, Kleists und der Günderrode, ausschließlich.

Die Art dieser Prosa hat Christa Wolf selbst beschrieben: „Ich liebe Bücher, deren Inhalt man nicht erzählen kann, die sich nicht auf die simple Mitteilung von Vorgängen und Ereignissen reduzieren lassen, die sich überhaupt auf nichts reduzieren lassen als auf sich selbst.“ (Zu Vera Inber in: Fortgesetzter Versuch. Leipzig 1979.)

Das ist ein Programm, und dieses hat Christa Wolf in ihrer neuen Erzählung so eingelöst wie nie zuvor. In der Dichte der Erzählung, der strengen Komposition, dem vielsinnigen Gehalt und der poetisch verknappten Sprache.

Ohne Reduktion über die Erzählung zu schreiben ist fast unmöglich. Keine Geschichte wird hier erzählt, auch keine Handlung, keine Biographie. Letztere allerdings liefert der Essay Christa Wolfs über die Günderrode, der fast gleichzeitig erschienen ist (in: Fortgesetzter Versuch) unter dem Titel „Schatten eines Traumes". In ihm finden wir Auskünfte über die Günderrode in ihrer Zeit und über Christa Wolfs Deutung jenes Lebens, bestimmt von gegenwärtigem Bedürfnis: „[...] wir blicken uns um, getrieben von dem nicht mehr abweisbaren Bedürfnis, uns selbst zu verstehn: unsre Rolle in der Zeitgeschichte, unsre Hoffnungen und deren Grenzen, unsre Leistung und unser Versagen, unsre Möglichkeiten und deren Bedingtheit. Und, wenn es sein kann, für das alles die Gründe. Zurücksehend, begegnen wir unruhigen, in so langer Zeit nicht beschwichtigten Blicken, stoßen auf Zeilen, die uns treffen[...]" – „Zurücksehend" – das Wort und damit das gewählte Sujet der Erzählung können aufmerken lassen. Warum das Interesse am Leben und am Werk einer Generation, die „zwischen den Zeiten" existierte, die Dichter hervorbrachte, die „ihre Stirnen an der gesellschaftlichen Mauer der Wirklichkeit wund rieben" (Anna Seghers) und die zur klassischen Vollkommenheit nicht gelangten? Die Frage soll zurückgestellt werden.

Die Erzählung gibt so etwas wie eine Momentaufnahme, nach innen ausgeleuchtet. Ein anmutiges Bild, eine heitere Gesellschaft in der heiteren Rheinlandschaft ist das Sichtbare. Die freundliche Atmosphäre läßt den Fremdling Kleist seine Zerrissenheit, sein „hautloses" Dasein nur noch stärker empfinden. In dieser Gesellschaft eine Frau, die Günderrode, vertraut mit dem Kreis und gleichzeitig in ihm isoliert. „Ich bin unter ihnen nicht heimisch." Die beiden nähern sich einander, auf dem Spaziergang kommt vertrautes Gespräch zustande, beider innere Situation wird ausgesprochen, verglichen. Gesagtes und Gedachtes ist nicht durchweg erfunden, der Essay belegt es.

Was Kleist hier vorfindet, ist ein Circle, ein Kreis Gleichgesinnter. „Kleist kennt diese Zirkel, die nur zusammentreten, daß ihre Mitglieder sich in ihren Ansichten bestätigen." – „Wir kennen alle alles." Eine intellektuelle Elite. Hier finden die Beteiligten Ersatz für nicht vorhandene Öffentlichkeit. Selbst die Illusion einer bürgerlichen Citoyen-Öffentlichkeit ist verloren. Und gleichzeitig bewahren diese Zirkel einen Rest von demokratischem Austausch, von Gemeinsamkeit vor dem Rückzug oder jenseits des Rückzugs in die totale Einsamkeit. „Der Versuch, die Vereinzelung zu durchbrechen und sich in neuen, produktiveren Lebensformen zu bewegen, Lebensformen aus dem Geist einer Gruppe heraus." (Schatten eines Traumes)

Aber die Gemeinsamkeit ist fragil, Kleist und die Günderrode wissen darum. Es sind nicht nur die (privaten) latenten Spannungen zwischen Brentano und der Günderrode, Savigny und der Günderrode, zwischen den Frauen, von denen die einen – wie Lisette – in die bürgerliche Existenz integriert sind, die anderen sie nie finden werden, es sind tiefere Differenzen, die sich in diesem Kreis bereits anbahnen. Deutlich werden sie im Gespräch zwischen Savigny und Kleist über Frankreich. Der tiefe Riß in Kleist, der die Realität nach der bürgerlichen Revolution in ihrem Widerspruch zu den frühbürgerlichen Idealen erlebt hat, wird von Savigny als Schwärmerei belächelt. Denn: „Daß man die Philosophie nicht beim Wort nehmen, das Leben am Ideal nicht messen soll – das ist Gesetz."

Zwei Reaktionen auf die Grunderfahrung dieser Generation am Ende des 18. Jahrhunderts: „Die Revolution erleben sie als Fremdherrschaft. Sie, Söhne und Töchter der ersten Generation deutscher Bildungsbürger und verbürgerlichter armer Adelsfamilien, haben die Wahl zwischen den verkrüppelnden Unterdrückungspraktiken deutscher Duodezfürsten und der Überwältigung durch Napoleon; zwischen dem anachronistischen Feudalismus der deutschen Kleinstaaten und der zwangsweisen Einführung überfälliger verwaltungs- und handelstechnischer Reformen durch den Usurpator, der den Geist der Revolution natürlich strikt niederhält: Wenn dies eine Wahl genannt werden kann, so ist es eine, die das Handeln an seiner Wurzel, schon im Gedanken, erstickt. Sie sind die ersten, die es bis auf den Grund erfahren: Man braucht sie nicht. [...] Die Utopie ist vollständig aufgezehrt, der Glaube verloren, jeglicher Rückhalt geschwunden. Sie kommen sich einsam vor in der Geschichte." (Schatten eines Traumes)

Diese Situation erfährt die Günderrode, erfährt Kleist, erfährt nicht Savigny, der später preußischer Justizminister werden wird. Kleist wie die Günderrode werden sich selbst töten. Zuvor ertragen sie lange die „Sehnsucht, aus der Ohnmacht, individuellen Vereinzelung, aus der Verwirrung der Gefühle und insgesamt der Unbehaustheit einer sie erdrückenden Wirklichkeit auszubrechen" (Wolfgang Heise in: Weimarer Beiträge, 4/1978).

Der Mann und die Frau erleben verschiedene Aspekte dieser Unbehaustheit. Die Frau ist gefesselt an ihr Geschlecht, an die engen Grenzen einer „weltenfernen Existenz". Als adliges Fräulein aus armer Familie lebt sie im Stift, erlebt die Unmöglichkeit, gleichzeitig Frau zu sein und auf eine ihren Anlagen gemäße Weise zu arbeiten. Den Männern – Savigny hier – ist sie unheimlich in ihrem Drang nach geistiger Selbständigkeit, mit ihrem Intellekt. Zur Gattin wählt man sie nicht. Liebesfähigkeit, Sinnlichkeit muß sie unterdrücken, Leidenschaften fesseln. Die Frau erlebt damit aber auch die ausweglose Situation der Männer, die für sie zählen und die zunehmend, vom Gang der Geschäfte beansprucht, vereinseitigen. „Wir sind auf den ganzen Menschen aus und können ihn nicht finden." Der ganze Mensch hat sich aufgespalten in den Handelnden (Merten, Savigny) und den leidvoll Reflektierenden. Das eben ist es, was Kleist bis zum Zerreißen auszuhalten hat: „Sehn Sie nicht, wie unsre männliche Pflicht, zu handeln, uns unerfüllbar gemacht wird, daß wir nur falsch handeln können oder gar nicht! [...] Merken wir nicht, wie die Taten derer, die das Handeln an sich reißen, immer unbedenklicher werden? Wie die Poesie der Tatenlosen den Zwecken der Handelnden immer mehr entspricht? Müssen wir, die wir uns in keine praktische Tätigkeit schicken können, nicht fürchten, zum weibischen Geschlecht der Lamentierenden zu werden, unfähig zu dem kleinsten Zugeständnis, das die alltäglichen Geschäfte einem jeden abverlangen, und verrannt in einen Anspruch, den auf Erden keiner je erfüllen kann: Tätig zu werden und dabei wir selber zu bleiben?" Wer so erlebt, so fragt, ist zerrissen, kann die eigene Identität nicht mehr finden. In der Versuchung zu reduzieren könnte man fragen, wie produktiv eine solche Entgegensetzung von Tun und Denken, vermittelt dann von Leben und Schreiben ist. Die Frage aber wird der Erzählung gegenüber zur Reduktion. Sie trifft, was „Kein Ort. Nirgends" erzählt, nur einseitig. Erzählt wird ja der Versuch, die absolute Entgegensetzung aufzuheben – als Denkmöglichkeit, im Dialog zwischen dem Mann Kleist und der Frau Günderrode. Im fast raunenden Dialog, in Gang gesetzt durch die Frage „Wer spricht?", die Frage, die am Ende, unmittelbar nach obigem Zitat, noch einmal gestellt wird. So bekräftigt sie den schwebenden Charakter des Gesagten durch behutsames In-Frage-Stellen. Gemeintes gleitet zwischen Gesprochenem und Gedachtem oft unmerklich, außerordentlich kunstvoll, hin und her, geht vom Monolog des Kleist oder der Günderrode in den Dialog über, auch von den Gedanken des einen zu denen des anderen. Und: Es besteht aus sehr vielen betroffen machenden Sentenzen von eindringlicher und lakonischer Allgemeinheit, gesprochen oder gedacht von den beiden Figuren, die ihre Identität, ihre Lebensmöglichkeit zu bestimmen suchen. Das Ungesicherte ihres Lebens steht der Bestimmtheit solcher Sätze scheinbar entgegen. Sätze, die dem Leser vertraut erscheinen, als hätte er sie schon einmal gelesen. „Wahres Leben nur fühlen, indem man schreibt." – Lasen wir Ähnliches nicht schon in „Kindheitsmuster"? – „Aber alles, was wir aussprechen, muß wahr sein, weil wir es empfinden." – „Wenn wir zu hoffen aufhören, kommt, was wir befürchten, bestimmt." – „Wie soll zurechtkommen, wer sich in das Gegebene nicht zu schicken weiß." – „Man versteht nicht, was man nicht mit andern teilt." – Solche Sätze, sie ließen sich ergänzen, gewinnen Autorität, geben Gewißheit vor, die den Figuren fehlt. In dieser Spannung erst entfaltet sich der Gehalt der Erzählung: Schreiben, Aussprechen als Gegengewicht zum Unterliegen. Festigkeit wird beschworen, so erscheint sie möglich. Schreiben als Tun, sich seiner selbst vergewissern im Wort.

Die Sentenzen sind beides: lakonische Zusammenfassungen der erzählten Haltungen Kleists und der Günderrode wie auch Spuren zum erzählerischen Credo von Christa Wolf. Sehr kontinuierlich hat sich dieses seit dem „Nachdenken über Christa T." entfaltet, leitmotivisch mit dem Motto damals formuliert: „Was ist das: dieses Zu-sich-selber-Kommen des

Menschen?" (Becher) Die beiden Romane, die Erzählungen haben dieses Motiv variiert, in je verschiedenen Sujets erprobt, mit anderen Motiven verbunden und schließlich immer schärfer herausgetrieben. Entstanden ist dabei die unverwechselbare Prosa der Christa Wolf. Für mich setzt sie seit dem „Nachdenken über Christa T." Maßstäbe: „daß man um jeden Preis versuchen muß, den Kreis dessen, was wir über uns selbst wissen oder zu wissen glauben, zu durchbrechen und zu überschreiten" (Christa Wolf in: Fortgesetzter Versuch).

Es sind Maßstäbe für Aufrichtigkeit, intelligente Wachheit, kritische Selbstprüfung. „Christa T.": Nie zuvor war mir so bewußt geworden, wie dringend wir diese kritische Selbstbeobachtung und -prüfung brauchen, wie nötig „Gewissen und Phantasie" – Christa T.s Forderungen an uns – sind, wie schädlich das unreflektierte Tun, die gedankenlose Anpassung, die sich auf den pragmatischen Leitsatz beruft: „Der Kern der Gesundheit ist Anpassung." Die Figur der Christa T. und die Fragen der Erzählerin nach ihr, das hat in unsere Literatur einen neuen Gehalt eingebracht, der vielen einseitig erschien und erscheint. Wahrscheinlich aber ist doch jede Literatur einseitig, setzt besondere Akzente für die kollektive Selbstverständigung in unserer Gesellschaft. Diese Einseitigkeit jedenfalls geht mich an. Sätze sind stehengeblieben: „Was durch uns in die Welt gebracht ist, kann nie mehr aus ihr herausgebracht werden." – „Einmal im Leben, zur rechten Zeit, sollte man an Unmögliches geglaubt haben."

„Die Schwierigkeit, ich zu sagen." Dieses Leitmotiv wurde in „Nachdenken über Christa T." an einer Figur entwickelt, die nicht meiner Generation angehört, aber sie trifft allgemeiner. Trotz oder vielleicht gerade wegen der Genauigkeit, mit der Christa Wolf sie als Frage ihrer Generation stellt. Einer Generation, die am Ende des Faschismus noch nicht erwachsen, deshalb schuldlos war. Und dennoch: Gerade für sie wird die Frage nach der moralischen Verantwortung des einzelnen gestellt, nach seiner Wandlung, wird dem Anspruch auf „Selbstverwirklichung" die Pflicht zur Selbsterkenntnis und Selbstbestimmung vorangesetzt. In „Kindheitsmuster" hat Christa Wolf die Voraussetzung ihres Themas entwickelt und reflektiert. „Wie sind wir so geworden, wie wir sind?" Wir – das sind diejenigen, die den „gewöhnlichen Faschismus" erlebt haben, seinen Alltag. In Familien, die nicht exponiert waren – weder als Mörder noch als Opfer, noch als Kämpfer. Waren sie unbeteiligt? Ist Faschismus an ihnen spurlos vorübergegangen? Was ist dieser Generation geschehen, die Zumutungen ausgesetzt war, die vielleicht einmalig sind? Einer Generation, der viele Handlungen, Gefühle, Verhaltensweisen belastet sind und bleiben werden durch ihre Vorgeschichte. Sich selbst anzunehmen, sich ungebrochen zum eigenen Werden zu bekennen scheint entweder leichtfertig oder zynisch. Denn es „rückte wie von selbst im Laufe der Jahre jenes Kinderland in den Schatten der Öfen von Auschwitz". Unverstellt ich zu sagen zu dem, der da heranwuchs, ist nicht möglich. „Kunstgriffe" sind nötig, um schreiben zu können. Sich ausliefern an die Vergangenheit, um sie dingfest zu machen, und der Versuch, durch sprachliches Formen den inzwischen produzierten Abstand mitteilbar zu machen und im Schreiben Abstand zu produzieren. Den Kindheitsmustern wird nachgegangen, die Mitgefühl, Neugier, Streben nach Eigentümlichkeit, Zweifel als anrüchige Verhaltensweisen erfahren ließen. Die untersagten Gefühle und Eigenschaften verkümmerten. Diesen Weg ging die Erzählerin zurück. Was sich herstellte, ist die durch nichts zu überwindende Trauer um die Möglichkeiten, die unwiderruflich für das Kind Nelly, für diese Generation zerstört waren. Das Aussprechen der Trauer aber wird der Verzweiflung entgegengesetzt. Und die wirkliche Veränderung. Für sie stand im Buch die Lenka. Sie lebt in einer Gesellschaft, deren Charakter den Mut zum Schreiben dieses Buches erst ermöglichte. Mut aufzubringen war dennoch nötig. Und Abstand. Und Wahrhaftigkeit. Und ein Ausmaß von Sensibilität, Verletzbarkeit, das manchem übertrieben scheint. Unbequem ist es jedenfalls, vor allem für die Erzählerin. „Man kann entweder schreiben oder glücklich sein" – dies ist der Satz, der ganz ähnlich in „Kein Ort. Nirgends" wiederkehrt und der anzeigt, welches Maß an innerer Beunruhigung Voraussetzung für das Schreiben solcher Bücher ist.

„Wie sind wir so geworden, wie wir sind?" Nicht alle sind so geworden wie die Erzählerin Christa Wolf, so grüblerisch ernst, so quälerisch und selbstquälerisch im Nachdenken, so verletzlich und empfindlich gegenüber allen Formen von Gedanken- und Bedenkenlosigkeit. Wesentliche Voraussetzungen dieses Gewordenseins haben „Kindheitsmuster“ deutlich gemacht.

Nun „Kein Ort. Nirgends“: Die Schwierigkeit, ich zu sagen, dargestellt am historischen Sujet, an zwei Gestalten der Literaturgeschichte, fast vergessen die eine, umstritten bis heute die andere. Was ist gewonnen? „Zurücksehend, begegnen wir unruhigen, in so langen Zeiten nicht beschwichtigten Blikken[...]“ Verwandtschaft wird gefunden zum Befinden jener, deren Generation „zur Vollkommenheit nicht gelangen konnte“.

Polemischer Unterton des historischen Rückgriffs: das Unbehagen am Absolutsetzen von Klassizität, wenn deren Voraussetzungen fehlen. Gewiß ist dies mehr als eine literaturhistorische Kontroverse gegen die – im übrigen nun seit Jahren mehr und mehr aufgebrochene – falsche Entgegensetzung von Klassik und Romantik als dem Gesunden und dem Kranken. Vor allem ist es das Bestehen darauf, nach der gesellschaftlichen Bedingtheit eines einseitigen, auf leidvolle Ich-Erfahrung konzentrierten Weltgefühls und ihm entsprechender Dichtung zu fragen.

Einseitigkeit zeigt sich – auch Ungerechtigkeit – in den Urteilen über Goethe. Die Norm des „ganzen Menschen“, der „gedanklichen wie poetischen Bewältigung des Geschichtsprozesses – manifestiert in der [...] klassischen Dichtung, speziell in der poetisch-philosophischen Dichtart Goethes“ (Heise, Weimarer Beiträge, 4/1978) ist präsent noch dort, wo sie nicht mehr als eigene Möglichkeit erscheint und deshalb attackiert wird: Goethe bleibt Kleists Bezugsperson. „Ich werde ihm den Lorbeer von der Stirne reißen.“ Kleists Thema aber ist ein anderes. Nicht mehr Entwurf allgemeinmenschlicher Emanzipation, sondern das schmerzhafte Bewußtmachen, Aussprechen von Entfremdung, von leidvoller Erfahrung des vereinzelten, sensitiven Individuums.

Darin liegen Gefährdungen, und auch davon erzählt Christa Wolf. Die Gefahr vor allem, die intellektuelle Individualität zu hypertrophieren. Das Ich wird dann ein reduziertes, weil vereinzeltes. Privatheit und Öffentlichkeit sind auseinandergefallen. Dies ist die historische Erfahrung. Der Rückgriff auf sie ist gewiß nicht nostalgischer Romantizismus. Eher abwägendes Vergleichen, das Suchen nach Gemeinsamkeiten und Unterschieden. Das Schwebende der Erzählung, das dialogische Gegeneinandersetzen auch der Konzepte der Günderrode und Kleists lassen sie aufscheinen. Auch der glücklich gewählte Moment der Begegnung: Die Günderrode macht sich gerade frei von der inneren Bindung an Savigny, frei für selbstbewußte Produktivität. Schreiben erscheint als die einzige Möglichkeit zu leben. Kleist erlebt in Winkel Momente produktiver Hoffnung auf das gelingende, ihn nicht mehr zerreißende Werk und auf die Möglichkeit von Verständigung. Befreiendes Lachen am Ende. Der Grund: „Begreifen, daß wir ein Entwurf sind – vielleicht, um verworfen, vielleicht, um wieder aufgegriffen zu werden. Das zu belachen ist menschenwürdig. Gezeichnet zeichnend. Auf ein Werk verwiesen, das offen bleibt, offen wie eine Wunde." Zwar: „Wir wissen, was kommt." Aber nicht das wird erzählt. Sondern: Begegnung, Reden, Reflektieren und Schreiben gegen Einsamkeit und Nicht-Gebrauchtwerden.

Die „unruhigen, nicht beschwichtigten Blicke" jener sind Herausforderung zur Selbstbestimmung für uns. Als Muster taugen jene Gestalten nicht, sind sie historisch verbraucht. Literatur aber gibt nicht nur Muster als Vorbilder, sie zeigt auch Unerledigtes, dem wir uns zu stellen haben. Die komplizierte Beziehung von Reflexion und Aktion, von Bedenken und Handeln gehört dazu. Wir wären ohne beides nicht, was wir sind.

1979

Ingeborg Drewitz

Im Sog des Todes

„Kein Ort. Nirgends" – das neue Buch von Christa Wolf

Ein schmales Buch, Kleinformat, Großdruck, die 151 Seiten wären auf 80 Seiten unterzubringen. Aber ein Buch muß ja nicht umfangreich sein, um zu zählen. Ein Buch zwischen Büchern, das ist spürbar, ein Buch des Innehaltens, Neuausmessens. Nur scheinbar von der Gegenwart abgewandt. Nur scheinbar fiktiv. Und was ist das schon!

Eduard von Bülow berichtet 1848 von Kleists schwerer Erkrankung in Mainz auf dem Rückweg aus Frankreich. Und daß er in dieser Zeit die Bekanntschaft der Günderode gemacht haben soll. Eine Andeutung, Anlaß genug, darüber zu sinnen. Die Günderode, Freundin von Clemens und Bettina Brentano, die unter dem Dichternamen Tian Lyrik, Prosa und Dramen veröffentlichte, ertränkte sich 1806 im Rhein bei Winkel, zwei Jahre nach Kleists Mainzer Aufenthalt.

Bettina setzte der Freundin vier Jahrzehnte später ein literarisches Denkmal. Kleist endete sein Leben im November 1811 am Kleinen Wannsee (nicht, wie's im Luchterhand-Klappentext heißt: im Wannsee. Wieviel Bildung haben Lektoren eigentlich noch?).

Verwandte Ausweglosigkeit also? Grundmuster einer Generation? Heinrich von Kleist und Caroline von Günderode sind ja fast gleichaltrig. Der Werkvergleich ergäbe es kaum, die Sprachwut des Mannes ist größer, sein Ungenügen an der Fremdheit der Geschlechter ist wütender, aber auch die kühle Planung in Novelle und Drama ist ihm geläufiger. Was beiden widerfährt, woran sie sich wundstoßen, ist die vibrierend ungenaue Realität ihrer Zeit, die Enttäuschung (Resignation) nach der Französischen Revolution, die Napoleons Aufstieg in den Schatten gedrängt hat, was beiden widerfährt, ist die Abgestandenheit der gesellschaftlichen Gebaren, der schale Geschmack der Verbindlichkeit, der die Gegenwart zur Brauchbarkeit vermindert.

Was sie sich zu sagen haben werden, ob sie sich etwas zu sagen haben werden oder ob es genügt, daß sie nebeneinanderher gehen, einander ansehen, ein paar gestammelte Sätze tauschen, wird für Christa Wolf zum Thema. Wie eh setzt sie ihre Sprache der Einkreisung ein, vergegenwärtigt sie die literarische Teegesellschaft im Hause des Großkaufmanns Merten in Winkel, beobachtet, charakterisiert. Namen werden in wenigen Sätzen zu Persönlichkeiten, Savigny, Clemens und Bettina Brentano und die für uns Nachgeborenen fast Namenlosen. Eine Teegesellschaft, Konversation, draußen die Landschaft, der Sonnenuntergang endlich. Die gedämpft heitere Stimmung, das Beinahe-Nichts solcher Stunden, die Peinlichkeit einer Vorlesung von Texten Carolines (Literatur als Schmuck sonst fader Geselligkeit).

Aber die wachsende Spannung zwischen Kleist und Caroline, kaum erotisch, keinesfalls sexuell, Spannung zwischen Zwillingen im Geist, zwischen Betroffenen. Mehr ereignet sich nicht. Ein kurzer gemeinsamer Weg abends, Kleist wird schon gerufen, um die Kutsche nach Mainz nicht zu versäumen.

Aber es ereignet sich, daß zwei junge Menschen ihre Ausgeschlossenheit begreifen, ihr Nicht-zum-Zirkel-Gehören, auch den Stolz darüber und die Frostigkeit, die zurückbleibt. Es ereignet sich die Übereinstimmung, die zur Geborgenheit wird für Minuten, die für beide keine Dauer haben.

Christa Wolf hat mit der Vehemenz des Erzählenkönnens die Denk- und Beobachtungsebenen ständig gewechselt, nimmt den Leser mit in die gesellige Runde auf, in das Spannungsfeld zwischen Menschen und in die behutsame Polarisierung der Begegnung Kleist – Günderode. Die fast heitere Stille wird durchlässig für das Vakuum, auf das diese jungen Menschen zuleben, für die Resignation, die niemand erwähnt.

Ein Innehalten zwischen den Zeiten, ein Annähern und Zurückschaudern vor der gleichen Angst (Enge, Ausweglosigkeit, die das Stiftsfräulein, die der ehemalige preußische Offizier so gut kennen). Ökonomisches spielt mit; schlimmer, von etwas sprechen, schreiben müssen, das Konversation leidlich zuzudecken vermag.

Nachdenken über die Günderode, vielleicht das. Der Todessog gehört zu Christa Wolfs immer wieder beschworenen Erfahrungen. Todessog, wenn doch die Lebenden so selbstsicher parlieren. (Noch immer!)

1979

Günter de Bruyn

„Sie, Kleist, nehmen das Leben gefährlich ernst"

> „Das Unglück, Herr Hofrat, von Bindungen abzuhängen, die mich ersticken, wenn ich sie dulde, und die mich zerreißen, wenn ich sie löse."
> *Christa Wolf, Kein Ort. Nirgends*

Nichtübereinstimmung mit der Welt, in der zu leben man gezwungen ist, wird in besonderem Maße von dem als schmerzlich empfunden, der Übereinstimmung stark ersehnt. Wege, diesem Schmerz zu entgehen, führen entweder in selbstverleugnende Anpassung an die Ordnung oder in deren realitätsverleugnende Idealisierung. Daneben gibt es die Flucht: in die Fremde, ins Abseits, in die Gleichgültigkeit, in den Tod. Nicht nur die Leute, die in der Kunst Stellvertretung suchen, sondern auch die Kunst selbst verlangen vom Künstler, sich dem Schmerz zu stellen und – für andere – zu sagen, was er leidet.

Kleist, zum Beispiel, hat alle Wege und Abwege versucht: die Selbstvergewaltigung durch ein Staatsamt, die Fremde, das Abseits der Insel im Thuner See, den Traum von einem idealen Staat. Aber da er gebunden war an das, was er floh, konnte keine Flucht glücken bis zu den Schüssen am Wannsee. Er tötete sich, weil es ihm nicht gelang, sein schlechtes Gewissen zu töten. Seiner Ketten zu spotten war ihm nicht gegeben. Aus den Schmerzen aber, die sie ihm bereiteten, wuchs sein Werk.

Hätte Christa Wolf früher, als sie es tat, zu schreiben begonnen, wäre bei ihr, so ist anzunehmen, Realität von Idealisierung überwuchert worden. In ihrem Essay „Lesen und Schreiben" steht: „Eine Welt, die nicht zur rechten Zeit verzaubert und dunkel war, wird, wenn das Wissen wächst, nicht klar, sondern dürr." Der Satz ist auf die Lektüre des Kindes bezogen, kann aber auch als Schlüssel gelten für ihre Art des Erlebens. Er verteidigt *Ver*zauberung – der Erschütterung wegen, die *Ent*zauberung hervorruft. Das ist Verteidigung eigner Erfahrung, der moralische Wesen wie sie sich durch Produktivität stellen müssen.

In Christa Wolfs Erzählung „Kein Ort. Nirgends“ ist zu Beginn von Vorgängern die Rede. Gemeint sind zwei Autoren, die Nichtübereinstimmung mit ihrer Welt in den Tod trieb: Karoline von Günderrode und Heinrich von Kleist. Angeregt durch eine Jahrzehnte nach Kleists Tod geäußerte Vermutung, entsteht Christa Wolfs Vision einer Begegnung der beiden im Jahre 1804. Er kommt aus Preußen, zu dem er so steht, wie das Motto-Zitat es zusammenfaßt; sie ist ein Fräulein vom Rhein.

Historisches, das für sie keinen Zeitbezug hätte, würde sie langweilen, sagte Christa Wolf in einem 1974 veröffentlichten Gespräch. Sieht man von dem für den Film geschriebenen „Till Eulenspiegel“ ab, ist dies ihre erste Erzählung mit historischem Stoff. Im Gegensatz zu fast allen anderen Prosaarbeiten von ihr kommt Autobiographisches hier nicht vor. Trotzdem wird die Nähe der Autorin spürbar, weil sie ihre Figuren aussprechen läßt, was sie zu sagen hat. Zeigte „Kindheitsmuster“, wie Christa Wolf wurde, so diese Erzählung, wie sie ist.

Aus der Stimmung, die Christa Wolfs Bücher erzeugen, kommt man schwer wieder heraus. Die Melodie ihrer gedankenschweren, manchmal lyrischen Prosa, deren Sätze, Halbsätze und Worte dauernd die Grenze zum Unsagbaren berühren, geht einem lange nach. Es ist eine suggestive Sprache, die das Bedürfnis zur Folge hat, sich des eignen Ichs zu versichern.

Besonders der, dessen Weltsicht der Christa Wolfs ähnlich ist, hat Suggestion zu befürchten. Je größer die Liebe zu ihren Büchern ist, desto stärker wird sich zu distanzieren versuchen, wer die Trauer, die zurückbleibt, nicht ertragen kann oder das nicht, was in der Erzählung, auf Kleist bezogen, „Hang zum Absoluten“ heißt. Eine Art Selbsterhaltungstrieb wird da wirksam, der gefördert wird durch die Selbstdarstellung der Autorin. Die Stärke, mit der sie ihr Ich in ihr Werk einbringt, fordert das des Lesers dazu heraus, sich zu behaupten, was auch heißt: sein Anderssein zu betonen. Der Wahrhaftigkeit der Autorin setzt der Leser die seine entgegen. Während er Identifizierung ablehnt, vollzieht er sie, indem er, dem Vorbild folgend, sich der Selbsterkenntnis öffnet – ganz im Sinne der Autorin, die (in „Kindheitsmuster“) die mangelnde Bereitschaft, sich selbst kennenlernen zu wollen, als die Todsünde unserer Zeit bezeichnet hat. Ablehnungen, die Christa Wolf erfährt, sind sicher oft diktiert von der Angst vor dieser Ehrlichkeit sich selbst gegenüber. Denn selbstgemachte Legenden von sich zu zerstören kann weitreichende Folgen haben: für den einzelnen und für eine Ordnung, die sich einreden will, sie sei deshalb allein schon gut, weil sie besteht. Die Heftigkeit, mit der – bei allem behaupteten Verständnis für Sensibilität – auf sensible Moralität reagiert wird, könnte einen wider besseres Wissen an Wirksamkeit wortgewordener Moralität glauben machen.

In dem schon erwähnten Interview spricht Christa Wolf davon, daß es darauf ankomme, „die Welt einer menschenwürdigen Moral und nicht die Moral der Menschen einer noch wenig menschenwürdigen Welt anzupassen“. Alle ihre Bücher handeln davon, auch ihre neue Erzählung, die in der Vergangenheit spielt und auf Gegenwart zielt. Ein reflektierendes Ich kommt in ihr nicht vor, doch hinter den Bildern, die von Kleist und der Günderrode entworfen werden, wird das der Autorin deutlich. Seine Konturen könnte man darstellen aus Zitaten, zu denen auch der Satz gehören müßte: „Welch Trost, daß man nicht leben muß.“ Es wäre das Bild einer Gefährdeten, um die Angst zu haben nötig wäre, hoffte man nicht, daß Gestaltung Gefahren des Innern bannen kann.

Vor zehn Jahren hat Christa Wolf (in „Lesen und Schreiben“) einen Ideal-Autor entworfen, der unter anderem „nüchtern und optimistisch“ sein sollte. Beides zusammen ist sie dies nie gewesen, und heute ist sie davon weiter entfernt denn je. Die Leiden der Welt, die sich in ihr zu sammeln scheinen, lassen Nüchternheit nicht zu, und neueste Erfahrung gibt zu Optimismus nicht Anlaß, eher zu Zorn oder Trauer. In der Erzählung, in der die beiden, die sich in dieser Welt nicht zu helfen wissen, angesichts des Todes zu lachen beginnen, keimt Bitterkeit auf, gedeiht aber nicht. Es ist kein Lachen der Weltverachtung; denn die Freiheit, die die beiden vor sich zu haben meinen, ist die, „die Menschen zu lieben und uns selbst nicht zu hassen“. Diese Freiheit aber gibt in einer menschenunwürdigen, ständig bedrohten Welt für Menschen, wie Christa Wolf sie darstellt, nur der Tod. Der Standort der Autorin ist jenseits aller Illusionen.

Illusionslos sein aber heißt für sie nicht hoffnungslos sein.

„Wenn wir zu hoffen aufhören, kommt, was wir befürchten, bestimmt“, läßt sie die Dichterin sagen, die sich zwei Jahre später den Dolch ins Herz stoßen wird. Daß das Unheil nur vielleicht kommt, nicht bestimmt, wenn die Hoffnung nicht stirbt, ist ein Glaube, kein Wissen. Berge kann der zwar nicht versetzen, aber er kann fähig machen zum Weiterleben, zum Weiterschreiben, auch wenn Hoffnung auf Vervollkommnung des Menschen „dem Geist aller Zeiten strikt zuwiderläuft“ und der Hoffende wirklich keinen Ort findet als den Ehrenplatz zwischen den Stühlen.

1979

Günter Kunert

Zweige vom selben Stamm

Christa Wolf in Freundschaft

Im Akt, eine historische Gestalt sich zum Thema zu erwählen und schreibend sich mit ihr zu vereinen, ist Selbstentblößung unausweichlich, auch wenn dabei „nur" der Erwählte in seinem Wesen, seiner Existenz enthüllt wird. Obgleich: Die Wahl ist keine aus freiem Willen. Wahlverwandtschaft erwächst aus vielerlei Übereinstimmungen, aus geheimen und offenkundigen Gründen, letztere meist in zeitgeschichtlichen Analogien bestehend, aus denen jedoch bloß bedingt Rückschlüsse auf die verborgeneren Motive möglich sind.

Keine Absicht, ein Psychogramm Christa Wolfs zu entwerfen. Zu unmittelbar würde womöglich anhand ihrer beiden letzten Arbeiten die Folgerung, zu groß das Risiko leichtfertiger Analyse. Gefragt soll trotz solcher Bedenken aber doch werden: Warum Heinrich von Kleist und warum Karoline von Günderrode? Warum diese zwiefache, tiefinnerliche Verstörung literarisieren? Warum im gegenwärtigen historischen Augenblick der Rekurs auf einen so fernliegenden?

Flucht: Den Vorwurf wird man zu erwarten haben, unberechtigt, wie ich meine. Im Gegenteil: Nicht Rückzug ist das Motiv, eher ein Vorausgreifen; sich des geschichtlichen Bodens versichern wollen, auf dem wir alle stehen, unbedingt deutsch zu nennen, immer noch voller Abgründe und Sümpfe bis zum Horizont denkbarer Künftigkeit. Und außerdem: Verdeutlichung bestimmter Konstellationen, Kenntlichmachung von Verflechtungen, Aufdecken eines konstanten Musters, das eine trostlose Ähnlichkeit mit jenem aufweist, das in der „Strafkolonie" die Maschine dem Verurteilten auf den Rücken zeichnet. So gezeichnet sind wir alle; nach Art des Apparates.

Der Titel von Christa Wolfs Erzählung „Kein Ort. Nirgends" apostrophiert oder besser: leitmotiviert den inneren wie äußeren Zustand von Heimatlosigkeit und Fremdheit Heinrich von Kleists. Aus allen Bindungen gefallen, familiären, sozialen, beruflichen und nicht zuletzt: geschlechtlichen, gelingt es ihm nicht, obschon ehrgeizig und „ruhmbegierig", wie Hölderlin von sich sagte, in den kulturellen Kontext seiner Epoche sich einzupassen: auch hier nur Abstoßung, Mißverständnisse, Peinlichkeiten, Scheitern. Freundschaften, ohnehin nicht viele, helfen kaum dagegen. Dazu die Verzweiflung an der versteinerten Lebensart Preußens, an diesem aus Schwäche rabiaten Absolutismus, seiner Leisetreterei gegenüber der Besatzungsmacht, seiner Reformunwilligkeit; die Enttäuschung an der Französischen Revolution, nachdem sie ins „Enrichissez vous“ einmündet – nichts, woran man sich halten, was festen Stand für die Füße liefern könnte.

Den früheren Kleist, den des Jahres 1804, den noch nicht gänzlich verzagten, stellt Christa Wolf für einen Nachmittag in eine literarische Teegesellschaft, umgibt ihn mit Gegenspielern, bis auf die Günderrode, ihm in ihrer Sonderstellung, ihrem Abweichlertum ähnlich, um mittels authentischer Stellvertreter einen Diskurs zu halten. Was immer zur Sprache kommt, zwei Themen grundieren die Dialoge (und inneren Monologe): Geist und Macht beziehungsweise Denken und Handeln sowie das (zur Kunstausübung bestimmte) Individuum und die Gesellschaft respektive Weltlauf und Lebenslauf. Wir sehen: Eine Versuchsanordnung; eigentlich eine Aufführung mit verteilten Rollen, die, gerade weil historisiert (ohne die Probleme zu historisieren), um so reiner und schlakkenloser Antworten ans Licht fördert, auf Fragen, die sich uns täglich stellen. Die Antworten sind nicht tröstlich, sie sind endgültig. So heißt es von Kleists Lippen: „Bei seiner ersten Grenzüberschreitung, sagt er, habe er die Erfahrung gemacht, wie sich sein Vaterland immer besser ausnahm, je weiter er sich von ihm entfernte; wie allmählich der Druck einer selbstauferlegten, doch uneinlösbaren Verpflichtung gegen dieses Land von ihm wich, wie ihn das erleichtert habe, daß er auch wieder schlafen konnte und zu neuem Lebensmute kam.“ Und später:

„Soll der Staat meine Ansprüche an ihn, soll er mich verwerfen. Wenn er mich nur überzeugen könnte, daß er dem Bauern, dem Kaufmann gerecht wird; daß er uns nicht alle zwingt, unsere höheren Zwecke seinem Interesse zu unterwerfen. Die Menge, heißt es. Soll ich meine Zwecke und Ansichten künstlich zu denen der ihren machen? Und vor allem: Was ihr wirklich zuträglich wäre, ist noch die Frage. Nur stellt sie niemand. Nicht in Preußen.“ Nun – damit ist sie gestellt. Mitten in Preußen. Denn unübersehbar bleibt ihre Aktualität, die darin besteht, daß sie bis heute unbeantwortet ist und einfach dadurch, daß die besagte Menge selber niemals um die Zuträglichkeit des ihr Verordneten ausgeforscht wurde. Das Ergebnis kennen wir: Die Fortsetzung der deutschen Misere mit anderen Mitteln.

Kleists Leiden, zumindest eines des Kleist-Syndroms, ist, nicht zur Sprache bringen zu dürfen, oder doch nur verwandelt in Dichtung, was ihn quält. Die starre Konvention verbietet, sich von der Seele zu reden oder zu schreiben, wessen diese Seele im Übermaß voll ist. Die Tabus sind keineswegs allein politischer oder gar staatlicher Herkunft, da sind grausamere, die ebenfalls alles Intime, Persönliche erdrücken, die innere Figuration des Eros, der, bricht er doch einmal durch wie in der „Marquise von O ...“, sofort den Skandal nach sich zieht. Es gibt ein Übermaß innerlichen Druckes, das der Unmittelbarkeit bedarf; bei dem die Transformation ins gezügelte Wort nicht genügt: Es vergiftet den ganzen Menschen, kann er sich dessen nicht entledigen.

„Kleist hat die Vision eines Zeitalters, das sich auf Gerede gründet anstatt auf Taten“, schreibt Christa Wolf. „Und da sitzen wir immer noch und handeln mit den Parolen des vergangenen Jahrhunderts, spitzfindig und gegen unsre stärkere Müdigkeit ankämpfend, und wissen: Das ist es nicht, wofür wir leben und worum wir sterben könnten. Unser Blut wird vergossen werden, aber man wird uns nicht mitteilen, wofür.“

Weil diejenigen, welche es immer wieder vergießen, auch nicht wissen oder nur zu wissen meinen. Gespenstisches Schema, Grundplan des Weltgetriebes, verbildlicht und versinnbildlicht in der Vorstellung von einer Maschine, ihrem Konstrukteur, ihrem Mechaniker entzogen und verselbständigt.

Kleist und Günderrode, Zweige vom selben Stamm, spüren ihre geistige und seelische Nähe, ohne die konventionsbedingte Barriere zwischen sich überwinden zu können. Kleists „Frauenbild“, zumindest in Christa Wolfs erzählerischer Interpretation, hindert ihn daran – wobei ich eher glauben möchte, daß der unaufhebbare Egozentrismus des Schreibenden die Berührung verhindert. Eine unvorstellbare Gravitation des innersten Kerns bindet die entscheidenden, beziehungsschaffenden Worte, die emotionalen Emanationen: dem Gesetz solcher Schwerkraft, einer außergewöhnlichen, unterworfen, können sie nicht nach außen dringen: naturwissenschaftlicher Vergleich für den Autismus und die Kälte des Dichters, eine höllische Kälte, die im „Doktor Faustus" noch moralisch statt phänomenologisch betrachtet wird. Alle, die schreiben, kennen sie. Ganz entgeht ihr keiner.

Ausweg aus den Spannungen, aus dem erkannten Unglück, das man mit Beihilfe der Umwelt, des Denkens, der kritischen Reflexion, diesen Komplizen der Negation, sich bereitet hat (die Umwelt negiert uns funktional, wir sie rational), wäre, sich entweder geistig oder körperlich abzutöten. Kleist und Günderrode haben die letztere Konsequenz vorgezogen, entsprechend einer Sentenz aus dem berühmten Buch Jean Amérys, der seiner eigenen Einsicht gefolgt ist: „Der Freitod ist ein Privileg des Humanen." Aber das Geheimnis liegt tiefer, klingt kaum mehr so apodiktisch-trotzig und wird schneidend-schmerzhaft in fast Kleistscher Formulierung angedeutet:

„Er ist absurd [der Freitod – G. K.], nicht aber närrisch, da doch seine Absurdität die des Lebens nicht mehrt, sondern verringert."

Amérys Freitod steht in unlöslicher Verbindung zum Schlußmachen Kleists, zum Ende der Günderrode, zu dem so vieler anderer Dichter und Schriftsteller, die sich der Potenzierung und blinden Mehrung des Absurden verweigerten.

In einer Folgearbeit Christa Wolfs, einem umfangreichen Essay über die Günderrode, dessen Titel „Der Schatten eines Traumes" eine Gedichtzeile der nahezu vergessenen Autorin ist, wird deren Suizid hauptsächlich auf die mißlingende Emanzipation dieser Frau als Frau zurückgeführt, damit gleichfalls als Dichterin, versteht sich. Sie stirbt an der Liliputanerhaftigkeit der von ihr geliebten Männer, an deren traditionellem Verständnis von Weiblichkeit, dem *sie* nicht Genüge tun konnte. Mann sein wollen: Wunsch, der geäußert wird, auf menschliche Gleichheit zielend, aber das nicht allein. Ein Ansatz zur Uneindeutigkeit des Geschlechts zeigt sich, wie bei Kleist übrigens, was vielleicht mit der Fähigkeit zum Identitätswechsel mit der Psyche des biologisch anderen, im Werk gestaltet, zusammenhängt; eine Voraussetzung des Schreibens. Nicht Sexualität, die gerade von der Eindeutigkeit aller primären und sekundären Unterschiede lebt, prägt sich darin aus, sondern ein Eros, Begrenzungen aufhebend, der Verschmelzung zugetan, den schwebenden Möglichkeiten.

Der Mechanismus, der die Vernichtung der beiden Menschen produziert, ist jedoch prinzipiell derselbe, und wenn Christa Wolf unwiderleglich darauf verweist, wie dieses Mädchen Karoline in ihrer patriarchalischen Welt, wo die Patriarchen bloß noch deformierte Untertanen, sozial zerstückelte Existenzträger sind, während die Frauen, am Vorabend der industriellen Revolution und immer noch ans Haus gefesselt, die gleichartige Parzellierung des Ichs bisher nicht erlitten, sich zur Gänze geben könnten und möchten, so zeichnet sich darin Kleists Schicksal noch einmal und nur mit anderen Strichen ab. Auch was er zu geben hatte, wurde zurückgewiesen. So wie die Herren Savigny und Creuzer nacheinander die ihnen angetragene Liebe Karolines aus ihrer eigenen Ohnmacht heraus ablehnten, so stieß Preußen, und was es als Synonym enthält, Kleist von sich. Scheint das keine unglaubliche Absurdität, bei der einem das Lachen vergeht? Lohnt es, diese zu mehren?

Solche Erkenntnis bewegt die Erzählerin und Essayistin. Auch sie, wer nicht, hat das Spiel vom Nichtmehrsein und Selbstverschwinden gespielt, gedanklich zumindest, doch bis zu welcher Limitation, bleibt unerschließbar. Der Moment des Übertrittes ins Nichts, mächtig die todesbereite Phantasie anregender Fluchtpunkt, findet keine Darstellung, keine Beschreibung. Nur Ahnungen bekunden sich:

„Wir wissen zuviel. Man wird uns für rasend halten. Unser unausrottbarer Glaube, der Mensch sei bestimmt, sich zu vervollkommnen, der dem Geist aller Zeiten strikt zuwiderläuft. Ein Wahn?

Die Welt tut, was ihr am leichtesten fällt: Sie schweigt."

Und die letzte Zeile auf der letzten Seite der Erzählung:

„Wir wissen, was kommt."

Nämlich nichts anderes als das, was immer schon gewesen ist. Ob an Kleist, ob an der Günderrode, Majakowski, Tucholsky, Celan, Améry, an den zahllosen anderen Namenlosen durften wir ablesen, daß unsere Hoffnungen blind waren. Das blinde Tier Mensch, unselig mit sich selber verstrickt in unauflöslichen Widersprüchen, umarmt immer wieder Bilder ohne Bestand. Bilder, von denen er Lösungen und Erlösung erwartet. Bilder, die sich nicht erfüllen können, weil es eben Bilder sind.

Christa Wolfs Denk- und Darstellungsweise ist konsequenter geworden, entschlossener, ja: radikaler. Ihre fragwürdige Fähigkeit, im Relativsatz die Aussage des Hauptsatzes zu relativieren, sogar zu neutralisieren, die Wahrheit des Erkannten erschrocken zu verwischen, hat abgenommen. Die Angst erhält Kontur und wird nicht länger wie im „Kindheitsmuster" als ein Agens affirmiert. Es gibt keine Entschuldigungen mehr vor dem eigenen Blick, weder historische noch gesellschaftliche, keine falsche Einsicht in vorgetäuschte Notwendigkeiten: So frei wie in dieser Erzählung, diesem Essay war sie nie vordem.

Plädiert sie, unter anderem, für eine neue Literaturgeschichtsschreibung? Literaturgeschichte als Märtyrergeschichte?

Ich bin nahe daran, das zu bejahen, obgleich mir nur allzu bewußt ist, daß die Ursachen und Verursacher des Martyriums dadurch unbeeinflußbar und unbeeindruckt in ihrer Intransigenz verharren. Das enthebt uns jedoch nicht, den zerstörerischen Mechanismus wieder und wieder zu benennen mit seinen vielen und wechselnden Namen, wie Christa Wolf es getan hat. Ihr Günderrode-Aufsatz endet nicht im Lamento, wohl aber mit dem Hinweis auf einen Zustand, der bis heute nicht aufgehört hat, das Beste in den Menschen zu vernichten:

„Die rigorose Arbeitsteilung zeitigt ihre Ergebnisse. Die Produzenten der materiellen und die der geistigen Werte stehen einander fremd an verschiedenen Ufern gegenüber, daran gehindert, gemeinsam lebbare Umstände hervorzubringen. Der Zerstörung, die nicht immer offensichtlich ist, sind sie alle ausgesetzt. [...] Dichter sind, das ist keine Klage, zu Opfern und Selbstopfern prädestiniert."

1979

Jürgen Engler

Herrschaft der Analogie

Christa Wolf, „Kein Ort. Nirgends“

Der Name Kleists ist bekannt, sein Werk sicherlich weniger, aber auch davon haben viele eine Vorstellung. Karoline von Günderrode dagegen, frühromantische Dichterin, 1806 durch Selbstmord aus dem Leben geschieden, kennen viele nicht einmal dem Namen nach. In ihrem neuen Prosatext läßt Christa Wolf beide zusammentreffen. Zeit: 1804. Ort: Winkel am Rhein. Eine Teegesellschaft auf dem Weingut des Frankfurter Kaufmanns Joseph Merten. Bettina und Clemens Brentano sind anwesend, der Jurist Friedrich Carl von Savigny, der Naturwissenschaftler Christian Nees von Esenbeck und andere. Sie bleiben Randpersonen, fungieren als Stichwortgeber, selten als Dialogpartner. Ihr Auftreten hat etwas Theaterhaftes. Lebende Bilder, inszenierte Bewegungen. In Kulissen fühlt man sich nicht wohl. Der Blick, der auf die Szenerie fällt, ist der der „Außenseiter“. Heinrich von Kleist und Karoline von Günderrode spüren ihre Fremdheit im Kreis der Selbstsicheren und Erfolgreichen.

Auf die innere Bewegtheit allein kommt es der Autorin an, Eigenschaft ihrer Prosa seit je. Keine „feste Geschichte“ wird erzählt. Biographien des Innenlebens werden mitgeteilt. Erfundenes mischt sich mit Gefundenem. Die Autorin nutzt ausgiebig die Schriften und Briefe Kleists und der Günderrode. Hoffnungen, Ängste, Sehnsüchte, Zweifel, Erwartungen, Überzeugungen der beiden werden herbeizitiert.

Christa Wolfs Text ist kunstvoll. Im doppelten Sinn. Kleist und die Günderrode sind Kunstfiguren. Wer denkt und spricht schon in solch phantastisch genauen Sätzen? Jedoch, nur wer einem naturalistischen Literaturbegriff huldigt, könnte den Gebrauch des Vor-Geschriebenen rügen. Das Auserlesene verlangt vom Leser hellwache Aufmerksamkeit, Sinn für Hintergründiges und Abgründiges, ständige Anspannung. Die Methode hat ihre Gefahren. Läßt nicht die Stilhöhe die im anderen Kontext vielleicht schlichte Feststellung „Immer ist es Leidenschaft, wenn wir tun, was wir nicht wollen“ als Banalität erscheinen? Und schließlich ist die Autorin gezwungen, sich auch in jenen Passagen, in denen ihre Wahlverwandten nicht zu Wort kommen, auf der gewählten Stilebene zu bewegen. An der Grenze von Kunstvollem und Künstlichem.

Kunst-voll ist der Text nun auch in dem Sinn, daß über künstlerisches Schaffen nachgedacht wird. Über die subjektiven Voraussetzungen und Nötigungen. Über die gesellschaftlichen Bedingungen, die sozialen und geistigen Wurzeln von Verständnis und Mißverständnis. Über den Künstler und die anderen. Jedoch widerspiegeln sich in der Künstlerproblematik in gesteigerter Form die Lebensfragen aller.

Christa Wolf spürt die Wesensnähe von Kleist und der Günderrode auf, die freilich aus unterschiedlichen Lebensumständen und unterschiedlichen seelischen Dispositionen erwächst. Das Graben im Bergwerk der Seele, um es in der Metaphorik der Romantik auszudrücken, der auf dem Weg nach innen durchaus nicht allein die erwünschte Harmonie aufleuchtete. Sie stieß nicht minder auf den schreienden Widerspruch. Flackernder Widerschein des zerrissenen Außen.

Kleist ist in Begleitung des Hofrats Wedekind, der den „Gemütskranken" behandelt und betreut. Aus Frankreich kommend, brach Kleist in Mainz zusammen, in seiner ganzen Existenz erschüttert. Das Erlebnis des nachrevolutionären Paris vertiefte seine Lebens- und Weltanschauungskrise. Nicht das Reich der Freiheit brach in Frankreich an, die Bourgeoisie allein hat ihr Auskommen. Ungeeignet fühlt sich Kleist für Staatsamt wie für bürgerliches Erwerbsleben. „Dem Leben schuldig bleiben, was es fordert, den Lebenden, was sie fordern müssen; wahres Leben nur fühlen, indem man schreibt [...]" Die verzehrenden Schuldgefühle können nur durch die gewaltige künstlerische Leistung gebannt werden. In Paris aber scheiterte auch sein wahnwitziges Vorhaben, mit seinem Drama „Robert Guiskard" die Vorzüge der Alten und der Neuen zu vereinen. Er übergab das Manuskript den Flammen. Doch kann Kleist sein Wissen darüber nicht verdrängen, daß er keine Wahl hat, als sich dem zu widmen, was ihn zerreißt. Das heißt, die Sehnsucht nach den Wonnen der Gewöhnlichkeit abzuwehren, den Wunsch nach dem einfachen, maßvoll-harmonischen Leben als Tischler. Gescheitert schon war der Versuch, dem quälenden Zwiespalt, der Ungewißheit in ihm durch die Teilnahme am geplanten französischen Flottenkrieg gegen England zu entkommen. Die erlösende Tat wurde gesucht – im zwanghaften Anschluß an den später tödlich gehaßten Eroberer Napoleon.

Im Rückblick, auch im sparsamen Ausblick werden die ihn zerbrechenden Konflikte sichtbar. „Das Ungenügen mit sich selbst ist der eigentliche Stachel", denkt die Günderrode. Auch was Kleist zerstörte, lag nicht zuletzt in ihm selbst. Die Autorin macht nicht einlinig und einschichtig Wohl und Wehe des einzelnen von der Gesellschaft abhängig. Aber deren Anteilnahme und Ermutigung könnte unter Umständen Rettung bedeuten. Nicht die freundliche Geste freilich, das freundliche Wort allein reichen aus, sondern das Gefühl des Gebrauchtwerdens wird erhofft, die Anerkennung von Eigenart und Eigentümlichkeit. Eben darauf mußten Kleist und die Günderrode vergeblich hoffen. Sie rieben sich, wie Anna Seghers schrieb, „ihre Stirnen an der gesellschaftlichen Mauer der Wirklichkeit wund".

Dreifacher Einsamkeit ist Karoline von Günderrode ausgesetzt. „Sie war so zaghaft, eine junge *Stiftsdame*, die sich fürchtete, das Tischgebet laut herzusagen; sie sagte mir oft, daß sie sich fürchtete, weil die Reihe an ihr war; sie wollte vor den Stiftsdamen das Benedicte nicht laut hersagen." (Bettina von Arnim in ihrem Bericht über den Selbstmord der Günderrode) Als *Dichterin* veröffentlichte sie ihre Verse unter männlichem Pseudonym. Und schließlich schrieb die Gesellschaft der *Frau* ihre Rolle weitgehend vor, als selbständiges Wesen ist sie nicht gefragt.

„Eine Luft weht herein, so leicht, daß die Günderrode sie fast nicht atmen kann. Manchmal, wenn sie luftknapp auf ihrem Bette liegt, denkt sie, sie brauche doppelt soviel Luft wie andere Menschen, als verwende ihr Körper einen Vorrat für heimliche Zwecke." Im „Nachdenken über Christa T." beschwört das Motiv der nicht atembaren Luft, wohl von Kafka stammend, die Übermacht der Dinge, Rollen und Regeln. Ihr ist auch die Günderrode ausgesetzt, sie braucht doppelt soviel Luft wie die anderen, ihren Kampf zu führen mit den Anforderungen des Alltags, die dann doch nicht zu erfüllen sind. Gedanken und Motive aus anderen Büchern von Christa Wolf tauchen ständig auf, den Konfessionscharakter ihrer Prosa unterstreichend. Denn grundsätzlichen Konflikten zwischen Gewissen und Handeln, Menschlichkeit und Rationalität, Moral und Fortschritt gilt ihre bohrende Aufmerksamkeit.

Den Schwächen und Ängsten ringt die Günderrode einen hohen Anspruch an sich und andere ab. Und umgekehrt: Der stolze Anspruch nährt die Zweifel. Hochmütig wird sie von den Leuten genannt. Sie versteht das Urteil, wiewohl es letztlich nicht trifft. Denn die Hochmütige behauptet ihren Wert, indem sie auf andere herabsieht. Das ist es nicht. Nicht Sucht nach Ruhm und äußerer Anerkennung treiben die Günderrode. Sie will geliebt sein. Erkannt als Mensch. In das „rechte Verhältnis von Selbständigkeit und Hingabe", das Savigny erwartet, kann sie sich nicht schicken. Sorgsam erhellt Christa Wolf die Beziehung der Günderrode zu Savigny. Die Geschichte einer Zuneigung wird erkennbar an den Spuren, die sie im Innern der Günderrode hinterlassen hat. Die Geschichte auch einer sachten Loslösung. Und doch weiß man um die Gefährdung dieser Frau. Schon zwei Jahre später treibt die unerfüllt bleibende Liebe zu dem Philologen und Historiker Creuzer die Günderrode in den Freitod. In die Rollenwelt der Gesellschaft konnte sie sich nicht finden, als Intellektuelle, mittellos, wie sie war, ihren Anspruch nicht realisieren.

Die „erwünschte Legende" des Zusammentreffens von Kleist und Karoline von Günderrode entbehrt nicht der Wahrscheinlichkeit. Das sei nicht wichtig, treffen sich doch beispielsweise in einer Erzählung von Anna Seghers unwahrscheinlich und doch wahrhaftig Gogol, E. T. A. Hoffmann und Kafka in einem Prager Kaffeehaus. Doch ist diese Stätte eben von vornherein der Treffpunkt auserwählter Geister: Sie müssen ins tiefere Gespräch kommen. Anders hier. Die Naturgesetze, die äußeren Bewegungen in Raum und Zeit betreffend, werden nicht außer Kraft gesetzt. Erkennen sich Kleist und Günderrode? Fast unmerklich wächst das Interesse aneinander. Vorurteile und Rollenklischees sind zu überwinden. Stärker vom Mann. „Sie dichtet? Fatal. Hat sie das nötig?" Kleist sind Frauen lieber, die im Rahmen bleiben. Die den Mann, so wäre zu ergänzen, von quälenden Konflikten erlösen könnten. Zumindest zeitweilig. Bei denen er Schutz sucht, solange er ihn braucht. Je weniger Kleist selbst herrschendem Männlichkeitsideal entspricht, um so mehr klammert er sich daran. Diesen Rollenvorstellungen kommt die Günderrode nicht entgegen. Sie gerade verkörpert die Hoffnung, die Einseitigkeit zu überwinden. „Manchmal, sagt Kleist [...], manchmal ist es mir unerträglich, daß die Natur den Menschen in Mann und Frau aufgespalten hat." Die Günderrode erwidert: „Das meinen Sie nicht, Kleist. Sie meinen, daß in Ihnen selbst Mann und Frau einander feindlich gegenüberstehn. Wie auch in mir." Ihre traumhafte Begegnung am Schluß des Buches, in der sie einander vertrauend und erkennend gegenüberstehen, ist utopischer Vorgriff auf die Sammlung der zerstreuten, einander ausschließenden Kräfte, die Versöhnung von Mann und Frau, Gesetz und Gefühl, Nützlichkeit und Menschlichkeit. Der Wunsch nach schöner Daseinsweise, in der Mann und Frau den ganzen Menschen bilden, verkörpert sich im androgynen Menschenbild der Frühromantik. Das Trachten nach Gleichstellung der Geschlechter wird von der Günderrode verknüpft mit dem Streben nach einer neuen Kultur und Lebensweise, die nicht – in den Worten der Freundin Bettina – an die „Sklavenkette des Erwerbs" gelegt sind.

Fordernde und ermutigende Impulse strahlt das frühromantische Erbe aus. Und andererseits gründet die Hinwendung zu ihm – Christa Wolf ediert im Buchverlag Der Morgen Schriften und Briefe der Günderrode – in den Bedürfnissen der Gegenwart. In Maxie Wanders Tonband-Protokollen „Guten Morgen, du Schöne" werden die Konflikte und Bewegungen dokumentiert, hervorgerufen von der menschlichen Emanzipation der beiden Geschlechter. „Rechenschaft ist nichts anders als Zurückholen des Vergangenen, ein Mittel, das Verlorne wieder einzubringen, denn mit dem Erkennen des Versäumten fällt der Tau auf den vernachlässigten Acker der Vergangenheit und belebt die Keime, hoch in die Zukunft zu wachsen." So schrieb die Günderrode.

Sich Rechenschaft zu geben heißt, sich der Vorgänger zu vergewissern. Als diese werden Kleist und die Günderrode in den Eingangssätzen des Buches aufgerufen. Sie sind es im direkten zeitlichen Sinn. Sie sind es freilich auch als Wahlverwandte, Vor-Gänger, denen zu folgen als Drang und Verpflichtung erfahren wird. Wir lauschen ihren Stimmen. „Wer spricht?" fragt an einer Stelle die Erzählerin. So fragen auch wir. – In den Reflexionen der nicht nur in der Teegesellschaft

Einsamen sind die Überzeugungen Christa Wolfs auffindbar. „Kein Ort. Nirgends“ ist Gedanken- und Bekenntnisdichtung. Immer ist die Autorin anwesend.

Der Widerspruch von Rationalität und Humanität fordert sie heraus, von Überschreitung des Gegebenen und Anpassung daran. Für letztere Haltung steht Savigny, der erfolgreiche Rechtsgelehrte, späterer königlich-preußischer Jusitzminister. „An nichts gefesselt als an ausführbare Pläne und Ziele“, lehnt er es ab, die Philosophie beim Wort zu nehmen, das Leben am Ideal zu messen. Und an anderer Stelle heißt es: „Ja, sei es nicht überhaupt unstatthaft, jene Wand zu durchbrechen, die zwischen Phantasien der Literaten und die Realität der Welt gesetzt ist?“ So wird dann den Hauptfiguren vorgeworfen, daß sie sich nicht die rechten Begriffe von der Wirklichkeit machten. Wir wissen es anders. Trotzdem, das wohl maßgerecht geschneiderte historische Gewand einmal abgelegt: Bleibt nur der ewige Zwiespalt eines Kleist und eines Savigny? Muß man sich auf eine der beiden Seiten schlagen? (Wie ist es beispielsweise mit der Bettina, der späten zumal? Einem aus romantischer Geselligkeit erwachsenden Bild des ganzen Menschen verpflichtet, trat sie – das Ideal am Leben messend – ein für die Armen – unwiderrufliche und zunehmende soziale Konkretisierung der Aufklärungsideale in der deutschen Literatur.) Christa Wolf hält, scheint mir, fest am dualistischen Schema von Innerlichkeit und Äußerlichkeit, Authentizität und Anpassung, Idealischem und Pragmatischem, unwirksamem menschlichem Anspruch und wirksamer „Hopp-hopp-Philosophie“. Mein Nachdenken über Christa T. läßt mich auch heute nicht einsehen, wieso die Hochachtung vor ihrem Lebenskampf die Abwertung der – auch „abrechenbar“ – Handelnden verlangt.

„Der Geheime Rat, sagt Kleist, doch auch Herr Merten preisen mir die Vorzüge der neuen Zeit gegenüber denen der alten. Ich aber, Günderrode, ich und Sie, denk ich, wir leiden unter den Übeln der neuen.“ Genau werden historische Situation und dichterische Programmatik der Vorgänger erfaßt. Und zugleich offenbart Christa Wolf einen Grundsatz ihrer Poetik. Die schmerzliche Divergenz von Ideal und Wirklichkeit, die menschlich einschneidenden Widersprüche eines andauernden Ablösungsprozesses der sozialistischen von der kapitalistischen Gesellschaft beschäftigen sie. Die Struktur des Romans „Kindheitsmuster" gründet auf solcher Poetik. Oft verdrängten Erlebnissen und Erfahrungen, die uns beim Durchdenken nachträglich erschrecken lassen, widmet die Erzählerin vorrangig ihre Aufmerksamkeit. Kurzfristig-illusionärem Denken, der Verfälschung der Geschichte zum Traktat entgegenzuarbeiten, finden wiederum die Möglichkeiten selbstbewußt-eigentümlichen Lebens in der neuen Gesellschaft wenig Beachtung.

„Aber alles, was wir aussprechen, muß wahr sein, weil wir es empfinden." So die Günderrode. Und im „Nachdenken über Christa T." hieß es: „Tatsachen sind die Spuren, die die Ereignisse in unserem Innern hinterlassen." Welche Spuren sie hinterlassen, hängt auch von diesem Innern ab. Und andere Leute haben andere Erfahrungen. Also stehen die Ansichten von den Verhältnissen unvergleichbar nebeneinander? Je nach Lebenslage? Redet man aneinander vorbei? Oft genug. Und doch zerfällt die Wirklichkeit nicht in abgezirkelte Erfahrungswelten. Wir haben eine gemeinsame Historie. Neben sich ausschließenden stehen sich berührende, überschneidende Erfahrungen – Grund für geistigen Austausch. Sonst wären Argumente, Fragen, Einwände sinnlos.

„Anspruch, den auf Erden keiner je erfüllen kann: Tätig zu werden und dabei wir selber zu bleiben." Warum nicht: „Tätig zu werden und dabei wir selber zu werden?" Das Buch verführt dazu, Sätze und Sprüche heftig zustimmend aus dem Text zu lösen. Oder mit Gegensprüchen zu konfrontieren. Doch das trägt nicht weit. Eher schon der Zweifel an der vom Text in seiner Ganzheit getragenen Behauptung, daß neue Erfahrungen nicht gemacht worden seien.

Goethe notierte in den „Maximen und Reflexionen": „Jedes Existierende ist ein Analogon alles Existierenden; daher erscheint uns das Dasein immer zu gleicher Zeit gesondert und verknüpft. Folgt man der Analogie zu sehr, so fällt alles identisch zusammen; meidet man sie, so zerstreut sich alles ins Unendliche. In beiden Fällen stagniert die Betrachtung, einmal als überlebendig, das andremal als getötet." Christa Wolf unterwarf sich der Herrschaft der Analogie. „Unser unausrottbarer Glaube, der Mensch sei bestimmt, sich zu vervollkommnen, der dem Geist aller Zeiten strikt zuwiderläuft." Widersinnig die Hoffnung also auf zunehmende Synthese von Moral, Sinnlichkeit und menschlicher Praxis, auf geschichtlich-menschlichen Fortschritt?

Die Idylle in Winkel am Rhein ist trügerisch. Für Kleist und die Günderrode kein Freiraum. „Unlebbares Leben. Kein Ort, nirgends." Und doch: „Wenn wir zu hoffen aufhören, kommt, was wir befürchten, bestimmt." Überschreiten wir wiederum den Bannkreis der Erzählung. Nicht nur im Hoffen ist heute Heimat. Sondern bereits im Handeln. Die Arbeit des Schriftstellers, gilt sie nur dem arbeitenden Menschen, der Wurzel der Geschichte, gehört dazu. Aus seinen Nöten macht der Schriftsteller seit je eine Tugend. Und wiederum aus ihr die Not, die Ideen dem Leben auszusetzen. „Kein Ort. Nirgends" ist auch kein Ort des Bleibens.

1979

Sigrid Weigel

Vom Sehen zur Seherin

Christa Wolfs Umdeutung des Mythos und die Spur der Bachmann-Rezeption in ihrer Literatur

1

„Sie begriff, wie manche Leute zur Sehergabe kommen: Ein starker Schmerz oder eine starke Konzentration erleuchtet die Landschaft ihres Innern." (KN 135) So hieß es in der Erzählung „Kein Ort. Nirgends" (1979) von der Dichterin Karoline von Günderrode, die die weibliche Heldenrolle in dieser *erwünschten Legende* spielt. Im Rückblick ist in ihr leicht eine jüngere Schwester Kassandras zu erkennen, denn eine solche Seherin ist die Heldin in Christa Wolfs jüngster Erzählung „Kassandra" (1983). Und in den Arbeiten der historischen Günderrode sind einige Aspekte vorgebildet, die für die Arbeit an der „Kassandra" wichtig werden sollten. Im Günderrode-Essay (1979), den Wolf ihrer Zusammenstellung einer Sammlung mit Texten dieser lange ‚vergessenen' Schriftstellerin vorausschickte, schrieb sie:

„Sie teilt der Bettine gerade jene ihrer Arbeiten mit, in denen sie, verwandelt in unterschiedliche Gestalten, zu den Müttern zurückgeht, bis an den Punkt, da Bewußtsein und Sein noch nicht voneinander getrennt sind, da Einheit ist, Urstoff, Vor-Schöpfung. [...] eine Alternative zu den Quellen der Klassik, eine Hinwendung zu archaischen, teilweise matriarchalischen Mustern. Der Mythos wird neu gelesen, und zu dem bisher alleinherrschenden Mythos der Griechen kommen die Vorgeschichte und die Lehren Indiens, Asiens, des Orients. Der Eurozentrismus ist durchbrochen, mit ihm die Alleinherrschaft des Bewußtseins." (Sch 38/39)

Daß die Günderrode trotzdem scheiterte, führte Christa Wolf darauf zurück, daß sie sich dem „Gesetzeswerk" einer Ästhetik unterwarf, die sich am „männlichen ‚Werk'- und ‚Genie'-Begriff orientiert" (LS 317), daß sie ihre Empfindungen reglementierte und daß ihr als Ausflucht aus der Beschränkung des weiblichen Lebenszusammenhanges nur heroische Vorstellungen blieben, „Begierden wie ein Mann"[1]. Auch wenn ihre Gedichte für sie „Balsam auf Unstillbares im Leben“ waren, so spiegeln sich doch in deren Form die Fesseln, die sie sich im Leben auferlegen mußte. In ihrem Bettine-Essay (1980) hat Wolf sich dagegen mit einer literarischen Alternative auseinandergesetzt, mit der Schreibweise Bettina von Arnims, deren Günderrode-Buch sie als „Gegen-Entwurf an den Wurzeln einer in die Irre gehenden Kultur“ (LS 315) bewertet, als „Ansatz zu einer anderen Ästhetik“ (LS 318), fern der „Ästhetik der Meister-Werke“ (LS 317): „Die Bettine wittert, daß die Strukturen der ihr bekannten Ästhetik in irgendeinem wie immer vermittelten Sinn zusammenhängen müssen mit den hierarchischen Strukturen der Gesellschaft.“ (LS 316)

Als derart unterschiedlich charakterisierte Persönlichkeiten und Schriftstellerinnen markieren Karoline von Günderrode und Bettina von Arnim zwei Pole eines Widerspruchs, der bis heute die Problematik weiblicher Schreibpraxis strukturiert. Auch die von Christa Wolf selbst. Obwohl die literaturtheoretischen und kulturgeschichtlichen Überlegungen Wolfs eindeutig in der Schreibweise Bettina von Arnims Perspektiven für eine andere, unheroische Art zu schreiben entdecken, für eine Literatur, die sich des Objekte-Machens enthält und sich nicht das Leben durch Kunst vom Leibe zu halten sucht, trotz dieser Bewertung liegen ihre Sympathie und ihre Faszination eindeutig auf seiten Karoline von Günderrodes. Die hat sie zur Heldin ihrer Erzählung „Kein Ort. Nirgends“ gemacht. Von ihr heißt es dort, und die Worte sind Heinrich von Kleist in den Mund gelegt: „In dieser Frau, denkt er, könnte ihr Geschlecht zum Glauben an sich selber kommen.“ (149) Die historische Günderrode hat ihrem Leben selbst ein Ende gemacht. Christa Wolf deutet dieses Ende als Konsequenz ihrer Art Leben und Schreiben, in der sie ihre Empfindungen verleugnet hat, hat verleugnen müssen: „Könnte es nicht sein, daß sich das, was sie in sich, ‚gehorchend‘, unterdrücken muß, eines Tages selbstzerstörerisch gegen sie erhebt?“ (LS 317) Bettina von Arnim dagegen, so Christa Wolf, habe nicht aufhören können, „Vorschläge zu machen für eine andere, nichttötende Art, auf der Welt zu sein“ (LS 318). Diesem gleichen Ziel gilt Wolfs Arbeit in den „Voraussetzungen einer Erzählung: Kassandra“ (1983). Darin begibt sie sich auf die Suche nach einer anderen, einer nichttötenden Art zu leben und zu schreiben. Ihre Umarbeitung des Mythos, die Kritik an der griechischen Mythologie und der ganzen abendländischen Logik münden dort in die Frage nach „einer anderen Art zu erzählen“ (VK 154). Die Erzählung selber aber, „Kassandra“ (1983), scheint mehr von der Faszination einer Figur getragen, deren tragisches Schicksal zum Teil dem der Günderrode gleicht. Der Konjunktiv in den Worten des literarischen Kleist ist im Entwurf der literarischen Kassandra zum Indikativ geworden, die Hoffnung damit zur Gewißheit. In Kassandra hat Christa Wolf eine Figur gefunden, in der sie „ihr Geschlecht zum Glauben an sich selber kommen“ läßt. Bei diesem Entwurf bzw. unter diesem Glauben ist allerdings die Suche nach einer anderen Art zu erzählen, nach einer nicht-heroischen Literatur, auf der Strecke geblieben.[2]

Mit ihren Frankfurter Vorlesungen und ihrer Erzählung hat Christa Wolf einen Gegensatz reproduziert, der schon in ihrer Günderrode- und Bettine-Rezeption enthalten war. Die Überlegungen in den „Voraussetzungen“ folgen Ansätzen, die sie in der Scheibweise Bettinas vorfand, und Fragestellungen und Perspektiven, die sie in den Texten Karolines *thematisiert* sah. Die Erzählung aber ist getragen von der Faszination für das tragische Schicksal Kassandras und geprägt durch die Identifikation der Autorin mit der „Landschaft ihres Innern“. Das Ergebnis ist eine Ästhetik des tragischen Sinns, in der alle Überlegungen aus der Kritik an der männlichen Tradition – dem Zusammenhang von Heldenkult, Opferung, Erzählen und Krieg – vergessen scheinen. Offenheit, Alltag, Gewebe, Vieldeutigkeit und Lebendigkeit sind Begriffe, die im Verlaufe dieser Kritik und der Gegen-Lektüre des Mythos in den Frankfurter Vorlesungen entwickelt werden. Die Erzählung, die auf Grund dieser „Voraussetzungen“ entstanden ist, ist dagegen ein geschlossenes Kunstwerk, das in monologischer Form die innere Entwicklung einer vorbildlichen Heldin beschreibt, deren Erinnerung auf ein eindeutiges Ziel, auf ihre innere Autonomie – das zum *Glauben an sich selber* gekommene Sein – hinausläuft. Damit stellt sich der Text in eine ästhetische Tradition, die viel eher auf Günderrode zurückgeht denn auf Bettina von Arnim. Der Versuch, Kassandra aus ihrer Erstarrung im Bild der tragischen Heldin zu befreien, stößt in der Erzählung an die Grenzen dieser Ästhetik, deren Kritik doch gerade den Ausgangspunkt dieses Versuches bildete. Wir scheinen uns in einem Zirkel zu bewegen. Der Frage, wie dieser Zirkel begründet ist und ob es Ausbruchsstellen aus ihm gibt, soll im folgenden nachgegangen werden. Die Frage bewegt sich im Kontext eines aktuellen und verbreiteten Diskurses, wie auch der Bücherberg zeigt, den Christa Wolf zu Beginn ihrer „vierten Vorlesung" auf ihrem Tisch ausbreitet und von dem manche Spuren in ihren „Voraussetzungen" zu finden sind. Wie die Ausgrenzung des ‚Weiblichen' mit *diesem* Verlauf der Geschichte zusammenhängt, ist eine der Kernfragen zeitgenössischer Untersuchungen, die sich mit der Dialektik von Mythos und Geschichte, von Subjektivität und Vernunft beschäftigen.

Wie viele andere Frauen heute auch, verweist Christa Wolf am Ende ihrer „Voraussetzungen" auf Ingeborg Bachmann, deren Literatur sie als ein heutiges Beispiel für „eine andere Art zu erzählen" betrachtet. Da Hinweise auf und Zitate von Bachmann Christa Wolfs literarische Entwicklung durchziehen, soll nach der Untersuchung der „Kassandra" Christa Wolfs Differenz zur Schreibweise Bachmanns skizziert und aus der Geschichte von Wolfs Bachmann-Rezeption begründet werden. Es ist die Geschichte einer produktiven Aneignung, aber auch die einer Umdeutung.

2

„Einen Helden kann ich nicht lieben. Deine Verwandlung in ein Standbild will ich nicht erleben." (K 156) Mit diesen Worten begründet am Ende der Erzählung „Kassandra" (1983) die ‚Heldin' des Geschehens ihre Weigerung, nach dem Untergang Troias ihrem Geliebten Aineias zu folgen und „ein neues Troia irgendwo zu gründen" (K 156). Es ist Kassandras Entscheidung zur Geschichtsverweigerung, zum Austritt aus einer Geschichte, die den beschriebenen Zusammenhang von Heldenkult, Krieg und Verdrängung des Weiblichen/der Frauen weiter vorantreiben und zuspitzen wird, aus einer Geschichte fortschreitender Patriarchalisierung. Da die Geschichte tatsächlich diesen Verlauf genommen hat – und weil der Mythos es so erzählt –, bleibt als Alternative nur der Tod Kassandras. Der Tod der mythischen Figur erhält in dieser Umdeutung Christa Wolfs aber einen historischen Sinn und für Kassandra den Charakter einer selbstbestimmten Alternative: Untergang nicht als tragisches Schicksal, sondern als sinn-volle Tragik.

„Mit der Erzählung geh ich in den Tod." (K 5) So beginnt der Monolog der Kassandra auf der ersten Seite des Textes, nachdem mit wenigen Zeilen die Erzählsituation vergegenwärtigt wurde. Die „steinernen Löwen", die Symbole an den Toren Mykenes, dieser „Festung, einst uneinnehmbar, ein Steinhaufen jetzt", bezeichnen den Ort, von dem aus die Figur der Kassandra aus der Vorstellung der Erzählerin sich herauslöst. Es ist die historische Kulisse für den Tod Kassandras, von dem uns die Mythologie berichtet. Der Monolog der Kassandra, der die ganze Erzählung mit Ausnahme weniger Zeilen zu Beginn und am Ende des Textes ausmacht, ist Christa Wolfs Antwort auf die Frage „Wer war Kassandra, ehe irgendeiner über sie schrieb?" (VK 127), die sie sich selbst vorgelegt hatte – anläßlich der Lektüre der Überlieferungen, von Aischylos' „Orestie" und Homers „Ilias", und angesichts der Überreste frühgeschichtlicher und klassischer Kultur in Griechenland.

„Mit der Erzählung geh ich in den Tod." Damit versucht sie, Kassandras Austritt aus der Geschichte – und ihrem Tod – einen Sinn abzuringen. Es ist ihre, Christa Wolfs, und in der Fiktion Kassandras Version über den Krieg und den Untergang Troias. Sie wird erzählt im Rückblick Kassandras auf ihr eigenes Leben. Die entscheidet sich, wenn schon keine Zuhörer sie vernehmen wollen, wenigstens sich selbst die eigene Geschichte zu erinnern. Ihre Erinnerungsarbeit deckt sich mit dem Versuch der Autorin, eine durch die männlichen Überlieferungen festgelegte Figur umzudeuten. Ihre Version des Mythos ist das Ergebnis ihrer Suche nach der historischen Kassandra durch die Schichten der Überlieferung hindurch, zurück in eine Zeit ohne Schrift, welche den Blick öffnet auf die Ursprünge abendländischer Tradition.

Im Text Christa Wolfs wünscht sich Kassandra, wenigstens eine junge Sklavin möge ihr zuhören, um ihre Geschichte der eigenen Tochter weiterzusagen. „Die wieder ihrer Tochter, und so fort. So daß neben dem Strom der Heldenlieder dies winzige Rinnsal, mühsam, jene fernen, vielleicht glücklicheren Menschen, die einst leben werden, auch erreichte." (K 93) Es ist der Wunsch, eine weibliche Geschichtsschreibung zu begründen, die der historischen Kassandra nicht vergönnt war, an die die literarische Kassandra dieser Erzählung auch nicht wirklich glaubt, die die Autorin aber mit ihrem Text in literarischer Form nachträgt, als Ergebnis einer historischen Erinnerungsarbeit, einer Rekonstruktion der Überlieferungsschichten: zurück und gegen den (männlichen) Strich. Während der Tod einer Figur im Mythos als unabwendbares tragisches Schicksal erscheint, erhält der Tod Kassandras in Christa Wolfs Erzählung durch diese geschichtsstiftende Erinnerungsarbeit Bedeutung. Die Umdeutung des Mythos begründet so einen geschichtsverweigernden und geschichtsstiftenden Sinn zugleich, der Austritt aus der männlichen Geschichte wird durch den Entwurf einer weiblichen entgolten.

Für die Leser gerät die Erzählung zur historischen Lehre über den Vorkrieg und den Troischen Krieg, die unschwer als Parabel darüber, wie Gewalt entsteht und wo sie hinführt, zu lesen ist. Für diese historische Perspektive stellte sich für Christa Wolf die notwendige Aufgabe einer *Historisierung* des Mythos und einer Rückführung der Kassandra-Figur „aus dem Mythos in die (gedachten) sozialen und historischen Koordinaten" (VK 111).

Über diese Rekonstruktionsarbeit, die Entstehungsgeschichte der Erzählung, informieren Christa Wolfs Frankfurter Vorlesungen „Voraussetzungen einer Erzählung: Kassandra" (1983). Darin entwickelt sie, aus der Auseinandersetzung mit archäologischen, frühgeschichtlichen, kultur- und mythengeschichtlichen Studien und Arbeiten über den Ort des Weiblichen in der Geschichte, die These, daß die Texte der griechischen Klassiker Zeugnis dafür seien, „daß der ideologische Überbau der patriarchalischen, hellenistischen Kultur in einem jahrhundertelangen Einschmelzungsprozeß Erinnerungen an matriarchalische Strukturen tilgte"[3]. Dies sei zugleich die Geburtsstunde einer Kultur, die auf dem Heldenkult basiere. Der Zusammenhang von Sprach-/Literaturentwicklung, Heldenkult und der Überlagerung bzw. Zerstörung matriarchalischer Strukturen wird am Beispiel des Heldenepos und der attischen Tragödie in den „Voraussetzungen" erörtert:

„Der Chorgesang der Priesterinnen, ganz und gar eingebettet in den Jahresablauf einer wenig differenzierten Menschengruppe, ist ein Hymnos, erzählt wird da nichts. Erst als Besitz, Hierarchie, Patriarchat entstehn, wird aus dem Gewebe des menschlichen Lebens, das die drei Uralt-Frauen, die Moiren, in der Hand hatten, jener eine blutrote Faden herausgerissen, wird er auf Kosten der Gleichmäßigkeit des Gewebes verstärkt: die Erzählung von der Heroen Kampf und Sieg oder Untergang. Die Fabel wird geboren. Das Epos, aus den Kämpfen um das Patriarchat entstanden, wird *durch seine Struktur* auch ein Instrument zu seiner Herausbildung und Befestigung. Vorbildwirkung wird dem Helden auferlegt, bis heute. Der Chor der Sprecherinnen ist verschwunden, vom Erdboden verschluckt. Als Heroine kann die Frau nun Gegenstand der männlichen Erzählung werden. Zum Beispiel Helena, die, zum Idol erstarrt, in den Mythen überlebt." (VK 147)

Die Konstitution des männlichen Helden und die Degradierung der Frau zum Bild werden in den „Voraussetzungen" im großen kulturgeschichtlichen Kontext der Genese des Logozentrismus thematisiert: eines Denkens, das sich an Ereignissen, an Tatsachen und am Fortschritt orientiert, einer Sprache/Literatur, die der Darstellung von Handlungen dient. Aus dieser Analyse folgt konsequent, daß Christa Wolf die Gestaltung ihrer Kassandra-Figur am konfliktreichen Übergang vom Matriarchat zum Patriarchat situiert und daß sie für ihre Darstellung nach Möglichkeiten „einer anderen Art zu erzählen" (VK 154) sucht. Es müßte ein Erzählen jenseits der ‚Fabel', jenseits des Heldenkultes sein, ein Erzählen, das nicht vorbildhafte Taten oder Ereignisse vorführte – ein Erzählen, das nicht dem „roten Faden", sondern dem „Gewebe" folgte. „Erzählen ist Sinngeben" (VK 37), heißt es an einer anderen Stelle der „Voraussetzungen", womit eine für Christa Wolf positive Bedeutung des Erzählens eingeführt wird. Von hier aus läßt sich Kassandras Erzählung – „Mit der Erzählung geh ich in den Tod" – noch einmal als Bemühen der Autorin verstehen, dem Tod ihrer Figur, an dem sie nichts ändern kann, einen historischen Sinn abzugewinnen. Zu fragen bleibt nun, inwieweit sich dieser Sinn von dem heroischen und strukturell gewalttätigen Charakter der Überlieferung unterscheidet, ob Christa Wolfs Erzählen, ob ihre Sinngebung ohne Helden/innen auskommt. Der Wunsch einer weiblichen Geschichtsschreibung qua Erzählen und der Austritt aus der Geschichte, die weitere Helden produzieren werde, stehen am Anfang und am Ende von Kassandras Erzählung. Zwischen diesen beiden Polen werden die Geschichte vom Troischen Krieg und die Entwicklung Kassandras durch sie erinnernd reflektiert. Christa Wolfs Version der Geschichte, ihre Vorstellung von den troischen Ereignissen, ist auf diese Weise mit dem Entwurf und der Entwicklung einer Figur verbunden, mit der sie Kassandra aus der Erstarrung zum Idol befreien will: „Idol von griechisch ‚eidolon' = Bild. Das lebendige Gedächtnis wird der Frau entwunden, ein Bild, das andere von ihr sich machen, wird ihr untergeschoben: der entsetzliche Vorgang der Versteinerung, Verdinglichung am lebendigen Leib." (VK 148) Gegen diese Existenzweise der Frau als Bild, deren Entstehung Wolf in der hellenistischen Kultur beobachtet und auf deren Reproduktion und harmonisierende Idealisierung in der klassischen deutschen Ästhetik sie verweist, richtet sich der Entwurf ihrer Figur. Dieser Entwurf enthält den Versuch, für die Frau die ihr in der Geschichte bisher verweigerte Subjektivität hervorzubringen. In dem Entwurf weiblicher Subjektivität liegt somit ein weiterer Aspekt der Sinngebung dieser Erzählung.

Daß Christa Wolf mit ihrem Text historisch nicht weiter zurückgeht und nicht das Bild einer matristischen Gesellschaft entwirft, hängt mit dem Mangel an Individualität in der matriarchalischen Kultur zusammen: „‚Erkenne dich selbst', der Spruch des delphischen Orakels, mit dem wir uns identifizieren, ist eine Losung Apolls; keiner Göttin einer undifferenzierten Epoche hätte dieser Satz einfallen können." (VK 145) Dieser Mangel an Individualität bedingt für Wolf die Abwesenheit von Erzählung in der matriarchalischen Kultur: „Nur wer Konflikte kennt, hat etwas zu erzählen." (VK 147) Im Text der Erzählung „Kassandra" ist eine Abgrenzung gegenüber Sehnsüchten, die auf eine Rückkehr in ein Goldenes Zeitalter matriarchalischer Vorvergangenheit projiziert sind, in der Szene formuliert, in der die alte Arisbe die Anbetung der Göttinnen durch die Frauen als Flucht vor der Selbsterkenntnis deutet. Der Mensch brauche das fremde Abbild, weil er sich selbst nicht ertrüge. „Und darin wird sich nie was ändern? Immer nur die Wiederkehr des Gleichen? Selbstfremdheit, Götzenbilder, Haß?“ (K 141) Christa Wolf ist zu sehr Künstlerin, um den Prozeß der Individuation zurückdrehen zu wollen. In derartigen Tendenzen sieht sie eine „Unfähigkeit zur Reife“, einen Weiblichkeitswahn, der an die Stelle des herrschenden Männlichkeitswahnes trete (VK 115). Auch aus diesen Überlegungen ergibt sich der historische Ort der Erzählung am Übergang zwischen Matriarchat und Patriarchat. *Hier* glaubt die Autorin die kulturgeschichtlichen Voraussetzungen für die Darstellung weiblicher Subjektivität zu finden.

In den „Voraussetzungen“, in denen die Genese der Kassandra-Figur beschrieben wird, gibt es ein Leitmotiv, das die allmähliche Verfertigung der Figur in der Vorstellung der Autorin begleitet. Es lautet „Schmerz der Subjektwerdung“. In ihrer Art, mit dem Schmerz umzugehen, soll Kassandra sich, so Christa Wolf, von einer tragischen Figur unterscheiden (VK 89).

„Der Punkt, über den ich sie mir anverwandle, Schmerz der Subjektwerdung?“ (VK 89) Aus dieser Konzeption Kassandras erklärt sich die Identifikation der Autorin mit ihrer Figur, mit der sie dreitausend Jahre Distanz überbrückt. Es sind ihr „schmerzhafter Loslösungsprozeß“ (VK 96), „ihre innere Geschichte: das Ringen um Autonomie“ (VK 118), die Kassandra für Christa Wolf zu einer Gestalt werden lassen, in die sie vollständig hineinzuschlüpfen vermag. Aus diesen aktuellen und subjektiven Motiven der Autorin ergibt sich ein anderer Aspekt in der Umdeutung des Mythos. Er betrifft Kassandras Sehergabe, die auf Grund einer *Psychologisierung* des Mythos als Auseinandersetzung mit den zeitgenössischen problematischen Wahrnehmungs- und Verdrängungsstrukturen erscheint. Entgegen einem mythischen Verständnis der Sehergabe hat Kassandras Ahnung und Wissen vom bevorstehenden Untergang Troias nichts Übermenschliches. Sie verdanken sich einzig der Bereitschaft und Fähigkeit hinzusehen, zu fühlen, wahrzunehmen, den eigenen Sinnen – auch gegen die herrschenden Verabredungen und Sprachregelungen – zu trauen und sich der Wahrheit auszusetzen. Im Sinne einer solchen, gänzlich unmythischen und rätsellosen Bedeutung des Sehens überwindet die Kassandra der Erzählung ihre „Teilblindheit" (K 47), indem sie auf die Zeichen ihres Körpers achtet und ihre Angst freiläßt: „Ja, tatsächlich, auch Angst kann befreit werden, und dann zeigt sich, sie gehört mit allem und allen Unterdrückten zusammen." (K 41) Dieser Weg führt Kassandra durch vorübergehende Wahnsinnszustände, die Christa Wolf als „Regression in undifferenziertere Stadien ihrer Person (auch der Menschheitsgeschichte)" (VK 118) begreift.

„Wahn-Sinn als Ende der Verstellungsqual" (K 69) richtet sich gegen den Zwang der herrschenden Verabredungen über die „Wirklichkeit": „Meine Muskeln sind verhärtet. Ich hatte das Gefühl, mit meinem Körper jene Stelle abzudecken, durch die, für mich nur spürbar, andre Wirklichkeiten in unsre Welt der festen Körper einsickerten. Die die fünf Sinne, auf die wir uns verständigt haben, nicht erfassen, weshalb wir sie verleugnen müssen." (K 121) Im Wahnsinn verschafft sich das Verdrängte und das in der Verstellung Gebändigte Luft. In ihm kommt das Andere, das aus der Logik der Gegensätze Ausgeschlossene, ‚zur Sprache'.

In diesen Passagen der Erzählung ist die weitestreichende Dimension der Realismuskritik Christa Wolfs enthalten. Es geht ihr nicht nur um eine Kritik am Realismuskonzept der Literatur und (materialistischer und bürgerlicher) Geschichtsschreibung, sondern um den Wirklichkeitsbegriff der abendländischen Geschichte, um die „Bereitschaft, [...] einem anderen Inhalt des Begriffs ‚Wirklichkeit' sich hinzugeben" (VK 57), um die Veränderung des „Seh-Rasters" (VK 131), wie sie in den „Voraussetzungen" schreibt. Wie sieht nun dieser andere Wirklichkeitsbegriff aus? Im Text der Erzählung bezeichnet sie das aus der Logik der Gegensätze Ausgeschlossene, das Andere, das durch das Entweder-Oder verdrängt ist, als Drittes: „Es ist das andere, das sie zwischen ihren scharfen Unterscheidungen zerquetschen, das Dritte, das es nach ihrer Meinung überhaupt nicht gibt, das lächelnde Lebendige, das imstande ist, sich immer wieder selbst hervorzubringen, das Ungetrennte, Geist im Leben, Leben im Geist." (K 121f.)

Die Kategorie des „Ungetrennten" verweist auf Horkheimer/Adornos Verständnis der Geschichte von Magie, Mythos und Aufklärung in der „Dialektik der Aufklärung", an die auch manche Stelle in Wolfs „Voraussetzungen" erinnert. Der

Weg des abendländischen Denkens wird von ihr zum Beispiel, „vereinfacht gesagt“, skizziert als „Weg der Sonderung, der Analyse, des Verzichts der Mannigfaltigkeit der Erscheinungen zugunsten des Dualismus, des Monismus, zugunsten der Geschlossenheit von Weltbildern und Systemen; des Verzichts auf Subjektivität zugunsten gesicherter ‚Objektivität‘“ (VK 139). In diesem Prozeß ist also Subjektivität überhaupt, nicht nur die der Frau, verdrängt worden. Horkheimer/Adorno zentrieren diese Entwicklung der Sonderung, für die auch bei ihnen die griechische Mythologie paradigmatischen Charakter erhält, um die Konstitution des „Selbst“, der Instanz des „autonomen Subjekts“, in der die Natur im Menschen verleugnet wird und in der sich Subjektivität verflüchtigt. Auch für sie ist darin die Tendenz zum Kriege eingeschrieben. „Furchtbares hat die Menschheit sich antun müssen, bis das Selbst, der identische, zweckgerichtete, männliche Charakter des Menschen geschaffen war, und etwas davon wird noch in jeder Kindheit wiederholt.“[4] Dieses männliche Selbst und die Bilder des Weiblichen bzw. Anderen sind die zwei Seiten dieser Geschichte, deren Dialektik, aus der Perspektive derjenigen, die nicht auf der Seite des männlichen Selbst stehen, zu einer paradoxen Situation führt: Matriarchat ohne Individuation, menschliche Individuation als patriarchale. Der Entwurf weiblicher Subjektivität wird durch dieses Paradox erheblich erschwert. Nur *eines* läßt sich daraus ableiten: daß sie keinem Konzept eines Subjekts folgen sollte, welches sich für die Männer längst als (natur- und selbst)zerstörend erwiesen hat.

Die Frage nach einer *anderen* Subjektivität, einer Subjektivität, die das Individuum nicht auf Eindeutigkeit und eine Instanz reduziert, wird in der Erzählung Christa Wolfs überlagert durch das Motiv der „Subjektwerdung“, die sich am Begriff der „Autonomie“ orientiert. Durch dieses Motiv erhält der Text auf der Ebene der Entwicklung Kassandras eine utopische Dimension, die ihm auf der historischen Ebene verwehrt ist, verwehrt sein muß, solange die Autorin ihrem Konzept einer Historisierung des Mythos treu bleiben möchte.

Die so enge Vermittlung der historischen Ereignisse des Troischen Krieges mit der subjektiven Entwicklung der Hauptfigur hat ihren Grund darin, daß die Autorin die Tendenzen zu Krieg und Zerstörung in den aggressiven und

Feind-konstituierenden Verhaltensweisen der einzelnen begründet. Und darin liegt der Beitrag des Buches für eine aktuell zu verstehende Kriegsanalyse, die ‚Politik' nicht auf die Ebene des Schachspiels von Großmächten reduziert. Die Tendenz zur Zerstörung und letztlich zum Krieg wird in der Erzählung strukturell auf ein Denken zurückgeführt, das sich an Tatsachen, am Sichtbaren, das heißt an Ereignissen orientiert: „Ereignisse, die süchtig machen, auf immer neue Ereignisse, zuletzt auf Krieg" (K 33). In der Diskrepanz zwischen dem herrschenden Männlichkeitswahn bzw. Heldenmythos und der psychischen Realität der männlichen Subjekte, in der Übereinstimmungssucht der einzelnen, ihrer Unfähigkeit zum Ungehorsam und zu notwendigen Trennungen ist der politische Mechanismus, der Kriege hervorbringt, auf der psychischen Ebene längst vorbereitet. Hierfür ist in der Erzählung der Begriff des „Vorkrieges" eingeführt. Die Frauen sind in diese Struktur nur als Opfer einbezogen. Kassandra löst sich, indem sie diese Struktur erkennt, allmählich aus der Übereinstimmung mit den Herrschenden, erst nur mit innerem Vorbehalt, dann mit stillem Protest, Schweigen, und schließlich mit offenem Widerspruch. Dieser bringt sie den anderen näher: den Deklassierten, den Außenseitern, Sklavinnen, den Frauen am Skamander außerhalb der Stadt.

Im Leben der Frauen außerhalb der Stadt ist eine konkrete Utopie in einem „Zeitenloch" (K 141) entworfen: die Verweigerung, am Krieg teilzunehmen, und der Versuch, zu lernen, „wie man mit beiden Beinen auf der Erde träumt" (K 152). Hier ist das „Dritte" positiv gewendet als Möglichkeit außerhalb der zerstörerischen Gegensätze, formuliert in dem hoffnungsfrohen Satz einer Sklavin: „Zwischen Töten und Sterben ist ein Drittes: Leben." (K 134) Konkretisiert ist dieses Leben außerhalb der Lager der Griechen *und* der Troer. Der Zusammenbruch Troias – oder, aktuell gesprochen, die Totalisierung des Krieges – beendet diese konkrete Utopie der Frauen. Eine Existenzweise außerhalb der Geschichte, im „Zeitenloch", hat keinen historischen Bestand. Die Thematik und die dargestellten Ereignisse lassen der Erzählung Christa Wolfs keine Möglichkeit konkreter Utopie, das heißt keinen Ausweg aus einer Geschichte zunehmender Herrschafts- und Gewaltverhältnisse. Ein Fortschreiten ist in der Erzählung nun nur noch auf der Ebene der subjektiven Entwicklung Kassandras möglich. Und tatsächlich findet mit dem Untergang Troias eine Verschiebung der Erzählung auf die innere Entwicklung der Figur statt. Ihr Weg, das „Ringen um Autonomie", wird konsequent zu Ende geführt. Aus ihm begründet sich ihre Entscheidung, der Liebe zu Aineias zu entsagen, ihm nicht zu folgen und ein *Überleben* zu verweigern. Aus dieser konsequenten Entwicklung Kassandras, mit der sie dem Ideal des autonomen Subjektes gerecht wird, ergibt sich auch ihre Abgeklärtheit und Überlegenheit, die als Ton die Erzählung über weite Strecken bestimmt, „vergiftet von der Gleichgültigkeit der Außerirdischen gegenüber uns Irdischen" (K 5) und ohne Haß (K 12). Am Ende, kurz vor dem Tod – und das ist die Situation, aus der heraus erzählt wird –, hat die Vernunft wieder die Herrschaft übernommen. Kassandra erscheint als Person, die für alles Verständnis hat – „noch ihren Haß auf mich hab ich verstanden" (K 6) – und die ihre Gefühle beherrscht. „Jetzt kann ich brauchen, was ich lebenslang geübt: meine Gefühle durch Denken besiegen." (K 11)

Diese Kassandra erinnert sich, *sie* steht am Anfang der Erzählung, wodurch das Ziel ihrer Entwicklung die erzählten Ereignisse und Schritte diesem Ziel unterordnet. Die Eindeutigkeit ihrer Entwicklung, die Festlegung der Figur auf das Konzept des autonomen Subjekts, strukturiert die Erzählung so sehr, daß alle Passagen und Szenen, die andere Wege thematisieren – wie zum Beispiel das „Dritte", das „Ungetrennte", die „Mannigfaltigkeit", die Frage: „Wer setzte die Grenze fest zwischen Sichtbarem und Unsichtbarem" (K 24) –, zu bloßen Abweichungen oder vorübergehenden Erscheinungen bzw. Empfindungen werden. Aus dieser Struktur entsteht eine neue Heldin, eine Heldin der inneren Entwicklung. Sie, die sich dem Krieg der Männer und die sich einer Geschichte verweigert, „die Helden braucht" (K 156), wird so zu einer vorbildhaften Gestalt innerer Unabhängigkeit und Überlegenheit, die selbst den Tod nicht scheut. Die Kassandra dieser Erzählung kommt damit Frauenfiguren sehr nahe, die schon in der klassischen Ästhetik beliebt waren, wo den Frauen der Platz einer *Heldin* der Seele zugewiesen war.

Erzählerisch kommt dieses Ergebnis dadurch zustande, daß die Autorin aus der deprimierenden historischen Wahrheit, die aus ihrem Konzept der Historisierung des Mythos folgt, sich mit der Psychologisierung der mythischen Figur einen Ausweg geschaffen hat. Die in der Historisierung enthaltene Grenze der Darstellungsfreiheit – Kassandra *ist* getötet worden – wird überwunden, indem Wolf diesem Tod einen Sinn abgewinnt. „Erzählen ist Sinngeben." Die ganze Erzählung wird so dem Sinnkonzept des autonomen Subjekts unterworfen. Die Dominanz dieses Konzeptes wird noch durch die Erzählstruktur des Textes unterstrichen: 1. durch die monologische Erzählperspektive, in der Erzählerin und Figur identisch geworden sind – und durch die die Autorin der Figur Einsichten in den Mund legt, deren komplexe Entstehungsgeschichte in den „Voraussetzungen" thematisiert wird, und 2. durch eine teleologische Erzählweise, in deren Ziel die Entwicklung der Figur, ihr Tod und das Ende der Ereignisse zur Deckung kommen. Erzählt wird vom Ende her, von der Situation kurz vor dem Tode Kassandras. Die nur kurze Erzählzeit ist ausgefüllt mit der Erinnerung Kassandras, in der sie die Geschehnisse des Troischen Krieges und ihre subjektive Entwicklung rekonstruiert und reflektiert. Das Ende der erzählten Zeit ist mit dem der Erzählzeit identisch, wodurch Kassandras Tod und ihre innerlich erreichte Autonomie in einem Punkt zusammentreffen: An die Stelle des „blutroten Fadens" im Heldenepos ist der Faden der inneren vorbildhaften Entwicklung getreten, nicht das „Gewebe". Achill, der mordende Held, ist aus seiner Herosrolle entlassen und ersetzt durch Kassandra, die moralisch überlegene Heldin, die getötet wird, eine Frau, die aus der Geschichte austritt und ihre historische Unschuld bewahrt. Eine neue Fabel. Über Homers „Ilias" heißt es in den „Voraussetzungen", sie sei „der erste uns bekannte Versuch, einer unter das Gesetz der Schlacht und des Schlachtens gestellten blanken Chronologie ein menschliches Gefühlsmaß aufzudrücken: den Zorn des Achill. Aber es ist die Linie männlichen Handelns, die der Erzähler verfolgt." (VK 91) Dagegen begründet Wolf in ihrer Erzählung eine Linie weiblicher Tragik. Ihr Bericht von der Entstehung und dem Verlauf des Troischen Krieges ist einem anderen Gefühlsmaß unterworfen: dem Leiden und dem Ringen um innere Unabhängigkeit, dem „Schmerz der Subjektwerdung". Dadurch daß der Untergang Kassandras, der im Mythos als schicksalhafter erscheint, moralisch motiviert und als selbstbestimmte Alternative umgedeutet wird, tendiert die Erzählung dazu, den Mythos durch einen bürgerlichen Tragikbegriff und einen idealistischen Subjektbegriff zu ersetzen. In der Analyse von Horkheimer/Adorno ist dieser Begriff aber nur eine Stufe in der Geschichte der Dialektik der Aufklärung. Homers Bericht über die Irrfahrt des Odysseus, dem Abenteuerroman nahestehend, ist für sie das historische Paradigma, an dem sie die Konstituierung des *Selbst* beschreiben. In ihm ist bereits das Muster des bürgerlichen Subjekts vorgebildet. Odysseus bezwingt den Mythos und seine eigene Natur durch die Vernunft, der er auch seine Sinnlichkeit opfert. Der ‚fortschreitende' Prozeß der Aufklärung wird beschrieben als Totalisierung dieser Entwicklung, die bis ins Innerste des Menschen vordringt. „Die Geschichte der Zivilisation ist die Geschichte der Introversion des Opfers. Mit anderen Worten: die Geschichte der Entsagung."[5] Kassandra entsagt der Liebe und der Geschichte und gewinnt ihrem Tod damit einen höheren Sinn ab. Sie ist Heldin auf dem Schauplatz der inneren Landschaft, wo schon immer der Handlungsort von Weiblichkeit situiert war.

Es soll hier nicht bedauert werden, daß die Autorin keinen schöneren Verlauf für ihre Erzählung gefunden hat. Im Gegenteil. Problematisch erscheint mir vielmehr, daß die Geschichte, daß die Schrecken, von denen die Erzählung berichtet, und das objektive Scheitern Kassandras durch ihren inneren moralischen Sieg versöhnt werden. In den „Voraussetzungen" fragt Christa Wolf anläßlich von Ingeborg Bachmanns „Der Fall Franza", ob wir darauf gestoßen werden sollen, „daß wir – Männer und Frauen – nicht fortschreiten, uns nicht lossprechen, uns nicht emanzipieren werden, wenn wir dieses Entsetzen nicht durchleben, wenn wir uns um dieses Grauen herumdrücken wollen" (VK 152). In ihrer eigenen Erzählung erscheinen Schrecken und freigesetzte Angst immer schon unter der Perspektive der vollkommenen Entwicklung der Figur, die solch unkontrollierte Gefühle besiegt haben wird. Die Frage, ob aus der freigesetzten Angst, aus einem anderen Begriff von Wirklichkeit eine andere Subjektivität entstehen könnte, wird zu früh durch eine Antwort befriedigt. Denn da ist die Selbstgewißheit der Kassandra, die das Schwierigste, wie es heißt, nicht scheut – „Das Schwierigste nicht scheuen, das Bild von sich selbst ändern“ (K 25) – und der es gelingt: „Das Glück, ich selbst zu werden und dadurch den andern nützlicher – ich hab es noch erlebt.“ (K 15) Als gäbe es diese Möglichkeit, diesen Punkt, an dem das Ziel, man selbst zu sein, wirklich erreicht ist, den Punkt, an dem weitere Entwicklung und Auseinandersetzung sich erübrigte. Hier ist das alte Bild durch ein neues ersetzt: das reife, überlegene, autonome weibliche Subjekt. Dies, sowie der Sprachgestus der Überlegenheit und Abgeklärtheit, mag dazu beigetragen haben, daß die Erzählung in den Rezensionen so oft als ‚erhaben‘ bzw. als ‚makellos‘ empfunden wurde und daß die Rezeption zum Teil Gefahr läuft, in ehrfurchtsvoller Bewunderung (für Text und Figur) zu erstarren.

In einer Zeit, da die Literatur männlicher Autoren und Protagonisten seit langem durch die Erfahrung geprägt ist, nicht (mehr) ‚Herr des Sinns‘ zu sein, ist mit Kassandra eine Figur entworfen, die vollständig über sich und den Sinn ihres Schicksals verfügt. Seit „Nachdenken über Christa T.“ (1968) gibt es ein Leitmotiv in den Texten Christa Wolfs: „dieses Zu-sich-selber-Kommen des Menschen“ (CT 5), wie es im Motto des Romans formuliert wird. Doch keine Figur der früheren Texte konnte oder wollte für sich in Anspruch nehmen, dies sei erreichbar oder sie habe es gar erreicht. Die ‚Reife‘ der Figur und die Geschlossenheit der Erzählung „Kassandra“ werden relativiert und teils konterkariert durch die Frankfurter Vorlesungen Christa Wolfs, deren Überlegungen zwar als Einsichten der Heldin teils in die Erzählung übernommen, nicht aber in die Konzeption des Textes umgesetzt wurden. Um so bedauerlicher ist es, daß durch die Marktgesetze des Verlagswesens in der Bundesrepublik bei der Veröffentlichung Erzählung und „Voraussetzungen“ auseinandergerissen wurden, in teure Poesie und Gebrauchsware Theorie. Die Frage, ob es eine „andere Art zu erzählen“ gibt (VK 154), und die Spuren einer anderen Subjektivität werden in den „Voraussetzungen“ weiter verfolgt als in der Erzählung. Über die „Ilias“ heißt es da: „Nur in den Lücken zwischen den Schlachtbeschreibungen schimmert das Alltagsleben durch, die Welt der Frau.“ (VK 91/2) Diese „Lücken“ ebenso wie das „Gewebe“ – das allerdings durch das Herausreißen des roten Fadens in Mitleidenschaft gezogen ist, also: das beschädigte Gewebe – könnten Anhaltspunkte für diese andere Art des Erzählens sein. Die „Lücken" lassen sich auf die These von der Geschichte weiblicher Geschichtslosigkeit beziehen, womit die in die herrschende Geschichte eingeschriebene Abwesenheit von Frauen gemeint ist. Es käme nun für eine Geschichtsschreibung von Frauen, die die herrschende Überlieferung gegen den Strich liest, darauf an, die blinden Flecken nicht auszumalen, sondern die Produktion der Lücken ebenso wie die der Bilder, in denen Frauen zum Ideal erstarrt sind, zurückzuverfolgen.

In ihrem Roman „Kindheitsmuster" (1976) hatte Christa Wolf eine solche Schreibweise entwickelt: Erinnerungsarbeit, die dem Konzept entspricht, das Walter Benjamin in seinem Text „Ausgraben und Erinnern"[6] beschrieben hat: Die Bilder, „losgebrochen aus allen früheren Zusammenhängen, als Kostbarkeiten in den nüchternen Gemächern unserer späten Einsicht", werden auf ihre Entstehungszusammenhänge zurückbezogen, indem wie bei einer Ausgrabung Schicht um Schicht durchforscht wird: „So müssen wahrhafte Erinnerungen viel weniger berichtend verfahren als genau den Ort bezeichnen, an dem der Forscher ihrer habhaft wurde. Im strengsten Sinne episch und rhapsodisch muß daher wirkliche Erinnerung ein Bild zugleich von dem, der sich erinnert, geben, wie ein guter archäologischer Bericht nicht nur die Schichten angeben muß, aus denen seine Fundobjekte stammen, sondern jene andern vor allem, welche vorher zu durchstoßen waren."

In der Gestaltung verschiedener Zeitebenen und in der Aufteilung der Erzählperspektive in die zweite Person, die Frau, die sich heute erinnert, und die dritte Person, das Kind, das sie einmal war, ist in dem Roman „Kindheitsmuster" eine solche Ausgrabung literarisch konkretisiert. Eine Reise nach Polen zum Geburtsort der Erzählerin stellt als Konfrontation der Erwachsenen mit den Sehnsuchtsorten[7] ihrer Kindheit eine Vermittlung *und* Brechung zwischen heute und damals dar. Das Bildreservoir der Erinnerung wird dabei belebt und überprüft. Eine ähnliche Funktion hat die Griechenlandreise in der Entstehungsgeschichte der „Kassandra". Mit dem Bericht über diese Reise beginnt der Text der Frankfurter Vorlesungen. Dort besucht die Autorin die Orte mit den Überresten der minoischen und hellenistischen Kultur, aus der die

Vorstellungsbilder für die gleichzeitige Lektüre der Überlieferungen entstehen können. Der Anblick von Architektur, Malerei und Natur beflügelt die Phantasie und schärft die Sensibilität für die Spuren einer vorhellenistischen Kultur und deren Verdrängung durch patriarchale Strukturen. Zum Beispiel die griechischen Kolossalbauten über dem verschütteten Heiligtum der Gaia auf der Akropolis oder die zu Karyatiden degradierten Koren, ehemals Fruchtbarkeitsgöttinnen, werden Christa Wolf zu Zeichen eines Geschichtsprozesses, der die Erinnerungen an matriarchale Strukturen getilgt hat. Auf Kreta besucht sie die Stätten, die oft als Projektionsorte einer friedlichen Kultur dienen: die Überreste der minoischen Paläste Knossos und Phaistos. Die Beschäftigung mit der minoischen Kultur dient ihr als Zeitenvergleich zum Kampf um Troia, der wie der Untergang der minoischen Kultur im zwölften vorchristlichen Jahrhundert angesiedelt wird. Obwohl die Projektion eines vorbildlichen Zeitalters desillusioniert wird, bleibt eine Hoffnung: „Es *gab* es doch einmal, das Land, in dem die Frauen frei und den Männern gleichgestellt waren. In dem sie die Göttinnen darstellten; [...] sogar die Masse der Priesterinnen stellen." (VK 61) Und es bleibt der Zauber der minoischen Malerei, den die Autorin als „Wiedererkennungszauber" beschreibt, der einen anderen Wirklichkeitsbegriff herausfordere (VK 57).

All diese Umwege, die Faszination und Desillusionierung, Verzauberung und Auseinandersetzung mit verschiedenen wissenschaftlichen Deutungen und Hypothesen, sind in der Geschlossenheit und Eindeutigkeit der Erzählung verschwunden. Das Motiv für die Gestaltung der Kassandra-Figur, der „Schmerz der Subjektwerdung", entwickelt sich in den „Voraussetzungen" sichtlich unabhängig von diesen Studien. In einem Gespräch über die Erzählung bestätigte Christa Wolf, daß ihre Vorstellung von der Figur schon vorher vorhanden war: „Ich habe mich sehr anstrengen müssen, mir diese Gesellschaft möglichst konkret vorzustellen. Ich wollte so viel wie möglich von dem verwenden, was man heute darüber weiß. Das bedeutete, viel dazu lesen. Die Kassandra-Figur war mir in ihrer Entwicklung allerdings früher schon klar."[8] Diese Entstehungsgeschichte, die von einer starken Identifikation der Autorin mit ihrer Figur geleitet ist, erklärt die Widersprüche in der Konzeption, vor allem die zwischen Historisierung des Mythos und Psychologisierung der Figur.

Die Figur Kassandra wird zum Bild für das Begehren nach ursprünglicher Einheit. Der Begriff des „Ungeschiedenen" bei Horkheimer/Adorno – ein hilfloser sprachlicher Versuch, aus der Perspektive vollzogener Sonderung einen Zustand zu bezeichnen, der vor dieser Sonderung liegt – wird bei Wolf zur Vorstellung von Einheit. In Abgrenzung zum undifferenzierten Charakter matriarchalischer Kultur entwickelt sie eine ursprungsmythologische Utopie von Einheit. Im Günderrode-Essay hieß es über deren Gang „zu den Müttern", sie bewege sich dorthin, wo „Bewußtsein und Sein noch nicht voneinander getrennt sind, da *Einheit* ist, Urstoff, Vor-Schöpfung" (Sch 38).[9] Da dieser Zustand als historisch konkreter nicht vorstellbar ist, wird er als Zustand des Subjekts entworfen. Die Einheit der ästhetischen Form korrespondiert diesem Einheitsmythos, den der Monolog der Kassandra verfolgt.

3

Immer wieder, auch in den „Voraussetzungen" mehrfach, verweist Christa Wolf auf Ingeborg Bachmann und deren Literatur, besonders dort, wo es um „eine andere Art zu erzählen" und zu schreiben geht. Deren Gedicht „Erklär mir, Liebe" zum Beispiel ist ihr Beispiel für einen Text „von genauester Unbestimmtheit, klarster Vieldeutigkeit. [...] Grammatik der vielfach gleichzeitigen Bezüge" (VK 129). Ein Hinweis auf eine Schreibweise jenseits des Zwangs zur Eindeutigkeit und der Logik der Gegensätze. Über den „Todesarten"-Zyklus heißt es dann: „Die Bachmann aber *ist* jene namenlose Frau aus ‚Malina', sie *ist* jene Franza aus dem Romanfragment, die ihre Geschichte einfach nicht in den Griff, nicht in die Form kriegt." (VK 151) Tatsächlich trifft aber der erste Teil dieser Aussage eher auf ihre eigene Erzählung zu, denn Christa Wolf *ist* Kassandra, während das Nicht-in-die-Form-Kriegen ihrer Geschichte gerade Bestandteil von Ingeborg Bachmanns Schreibweise der Dekomposition ist, die sie im „Todesarten"-Zyklus entwickelt hat.[10] Eine Schreibweise, in der Erzählerin und Figur so weit zur Deckung kommen wie in Christa

Wolfs Monolog der Kassandra, findet man bei Ingeborg Bachmann nur am Beginn ihrer Prosa, in den Erzählungen des Bandes „Das dreißigste Jahr“ (1961). Je mehr die Gestaltung von Frauenfiguren in den Mittelpunkt tritt, um so komplexer werden Komposition und Erzählperspektive bei ihr, um so mehr treten Lücken, Sprünge, Übergänge und Verstummen an die Stelle der einen „Stimme“ (LS 172), die ihre frühen Erzählungen strukturierte. Da das Verhältnis von Sprache und Weiblichkeit durch Festlegung *und* Ausschluß bestimmt ist – die Frauen sind in der Sprache und auch anderswo, heißt es bei Luce Irigaray[11] –, gibt es bei Ingeborg Bachmann keinen Text mit einer weiblichen Stimme, die einer identischen personalen Instanz gehört. Ein Monolog aus weiblichem Munde ist nur die Erzählung „Undine geht“, und Undine ist keine Frau, sondern ein Märchenwesen, Personifikation eines imaginären Bildes, in dem sich Momente von Kunst, Natur und Weiblichkeit mischen: die mythische Verkörperung des Nicht-Festgelegten, das als ‚anderes‘ bei der Konstituierung des (männlichen) Subjekts hervorgebracht wird. Und Franza kriegt ihre Geschichte nicht in die Form, weil sie ihre Sprache erst gewinnt, indem sie die Bedeutungen, die ihr andere, die „Weißen“, zu- und eingeschrieben haben, zerstört. „Der Fall Franza“ enthält keine Utopie eines weiblichen Subjekts; eine *andere* Subjektivität scheint aber am Übergang zwischen verschiedenen Wirklichkeits- und Erzählebenen hervor.

Christa Wolfs erzählerische Entwicklung verläuft in umgekehrter Richtung. In „Nachdenken über Christa T.“ (1968) ist die Dialektik zweier Lebensläufe – das „Widerspiel des Unmöglichen mit dem Möglichen“ (IBW 4/276) – als Erinnerungsarbeit der Ich-Erzählerin gestaltet, die über das Leben Christa T.s nachdenkt. Christa T. s Bemühen, sich den Festlegungen von Rollen, Denk- und Verhaltensmustern zu widersetzen, ist in der Reflexion der Erzählerin auf diese Dialektik bezogen: „Jeden von uns gibt es doppelt: als Möglichkeit, als Un-Möglichkeit.“ (CT 121) Ihre Opposition gegen das Realismuskonzept der „Tatsachenmenschen“ (CT 52) ist dabei verbunden mit einer Kritik an einem Realismusprogramm der Literatur, das durch die genaue Beschreibung von Handlungen und Tatsachen oder durch dokumentarische Genauigkeit der ‚Wahrheit‘ näher zu kommen glaubt. Widersprüche zwischen dem, was „erzählbar" ist, und der „Wirklichkeit" werden ebenso thematisiert wie die strukturell gegenläufigen Bewegungen des Erzählens: „hervorbringen" und „töten". Immer wieder wird der Versuch der Erzählerin, ihre Figur nach-denkend hervorzubringen, durch Reflexionen unterbrochen, die von der Gefahr handeln, den Gegenstand des Erzählens durch ebendiese Tätigkeit zu töten, indem er einer beabsichtigten Wahrheit, einer Abfolge oder einer Norm von Vollkommenheit unterworfen werde. Gegen diese Gefahr wird eine Erzählbewegung aufgeboten, die als Wechsel von Aneignung/Annäherung und Distanzierung („sie wieder entfernen") inszeniert und beschrieben ist: eine Bewegung, die vor der vollständigen Identifikation der Erzählerin mit der Figur, vor deren Degradierung zum Objekt, zum Geschöpf, hüten soll.

Im Roman „Kindheitsmuster" (1976) wird diese Dialektik des Erzählens auf eine Gestalt bezogen, die in Wirklichkeit eine Person ist, sich aber nicht als ein und dieselbe betrachten kann: die Erzählerin der autobiographischen Erinnerung und ihr ‚Objekt', ihr früheres ‚Ich'. Schon in der Erzählung „Kein Ort. Nirgends" (1979) dann ist die Identifikation der Autorin mit ihren Figuren Kleist und Günderrode so stark, daß sie die formal dialogische Struktur überlagert: durch den unmerklichen Perspektivwechsel zwischen beiden, das sanfte Hinüberspielen vom *ich* zum *sie* bzw. *er*, vom inneren Monolog Kleists oder Günderrodes zur Erzählung in der dritten Person. Eine erkennbare Erzählinstanz gibt es nur auf den beiden ersten Seiten, und zwischen dem „Wer spricht?" (KN 6) dort und dem „Wer spricht?" (KN 144, vgl. IBW 4/225) wenige Seiten vor dem Ende des Textes herrscht Einheit von Ort, Zeit und innerer Perspektive. Die Empfindungen Kleists und Günderrodes *sind* die der Autorin, wie Christa Wolf in einem Interview bestätigt hat.[12] Sie identifiziert sich mit dem Außenseiterdasein ihrer historischen Vorbilder. Durch deren Problematik formuliert sie – maskiert[13] – ihre eigene. In der Identifikation mit einer Figur in der Erzählung „Kassandra" wird dieser Erzählmodus dann auf eine monologische Struktur verengt.

Viele der in „Nachdenken über Christa T." enthaltenen Motive sind direkt oder mittelbar auf Texte Ingeborg Bachmanns bezogen. In der Umorientierung und grundsätzlichen Veränderung ihrer Schreibweise zwischen „Der geteilte Himmel"

(1963) und „Christa T." hat die Rezeption Bachmanns für Wolf keine unerhebliche Rolle gespielt. „Denn nichts anderes ist schreiben als: Beispiele anbieten" (CT 45), hieß es in „Christa T.", gegen das Vollkommenheits- und Vorbildsdogma des ‚sozialistischen Realismus' gerichtet. Das Nachdenken über ein Beispiel, über einen ‚Fall' hatte die Autorin zuvor als Verfahren Bachmanns bezeichnet, in ihrem Essay „Die zumutbare Wahrheit", der 1966 entstand, aber erst 1972 publiziert wurde: „Ingeborg Bachmann ist keine ursprüngliche Erzählerin, wenn man darunter verstehen will, daß jemand unbefangen Geschichten erzählen und sich selbst dabei vergessen kann. Sie berichtet keine Fälle, sondern denkt über Fälle nach – über den ‚Grenzfall, der in jedem Fall steckt'." (LS 178) In diesem Essay sind viele Überlegungen vorweggenommen, die in „Christa T." praktiziert und in dem danach entstandenen literaturtheoretischen Essay „Lesen und Schreiben" (1968) diskursiv entwickelt werden. Statt der „nackten, unreflektierten Realität" (LS 175) oder der detailgetreuen Beschreibung (LS 179), wie Bachmann sie in ihrer Erzählung „Ein Wildermuth" kritisiert hatte, sieht Wolf in den Texten Bachmanns eine „neue Realität" (LS 175), die sie mit Begriffen wie „Subjektivität" und „Authentizität" verbindet. Diese neue Realität des Textes ent-deckt „Zusammenhang und Bedeutung hinter scheinbar zusammenhanglosen und unbedeutenden Vorfällen" (LS 177). Die hier vorgenommene Umdeutung des Realismusbegriffes, gewendet gegen eine Tendenz zum Positivismus, zur Affirmation und zum Fortschrittsdenken im Realismuspostulat der herrschenden Kulturpolitik, wird von nun an, bis zur „Kassandra", zu einem Leitmotiv im Literaturprogramm Christa Wolfs. Als Motto zitiert sie im Bachmann-Essay deren These, daß die verändernde Wirkung von Literatur in der Veränderung von Wahrnehmung, Gefühl und Bewußtsein bestünde (LS 178, IBW 4/195). Dementsprechend erhalten auch bei Wolf die bei Bachmann zentralen Motive des „Hörens" und „Sehens" eine wichtige Bedeutung. Im Essay bezieht sie sich explizit auf Bachmanns Gedicht „An die Sonne", deren Rede „Die Wahrheit ist dem Menschen zumutbar" und den Essay „Was ich in Rom sah und hörte": „Man sieht, wie sie zu sehen beginnt; wie ihr die Augen aufgehen, wie ihr Hören und Sehen vergeht." (LS 174) Schon hier ist das Motiv der

„Seherin" thematisiert. Mit dem Begriff des Sehens verbindet sich das Bemühen um eine originäre Wahrnehmung der Wirklichkeit, die die gültigen Deutungs- und Einordnungsmuster durchbricht und zur notwendigen Ent-Täuschung gelangt, „daß man enttäuscht, und das heißt, ohne Täuschung, zu leben vermag" (IBW 4/277): eine nüchterne Prosa voller Hoffnungen – „scharf von Erkenntnis und bitter von Sehnsucht" (IBW 4/197), wie Bachmann in ihren Frankfurter Vorlesungen formuliert hatte.

Christa Wolfs Bachmann-Essay blieb vorerst in der Schublade, vermutlich weil deren Literatur dem ‚Modernismus'-Verdikt unterlag.[14] Die an der Lektüre Bachmanns gewonnenen Überlegungen und Motive durchziehen aber die in diesen Jahren geschriebenen Texte Wolfs. „[...]und Hören und Sehen vergeht einem" (CT 154), endet das 17. Kapitel von „Christa T.". In der Figur von Christa T. und ihrer Charakterisierung tauchen viele der im Bachmann-Essay enthaltenen Motive auf: „Da Sehnsucht von ‚sehen' kommt: die Sucht, zu sehen, hat sie zu sehen angefangen und gefunden, daß ihre Sehnsucht, wenn sie nur ruhig und gründlich genug hinsah, mit den wirklichen Dingen auf einfache, aber unleugbare Art übereinstimmte." (CT 7/8) Schon Christa T. also ist eine Art Seherin.

Ein anderes Motiv aus dem Bachmann-Essay ist – hier am Beispiel Georg Büchners erörtert – im Essay „Lesen und Schreiben" enthalten. Es geht um die Erzählperspektive bzw. um den formalen Modus der Autorpräsenz im Text. An Bachmanns Erzählung „Ein Wildermuth" hatte Wolf beobachtet, wie der Text „vom ‚Er' zum ‚Du' und ‚Ich' hinüberspielt" (LS 179). Und am Beispiel Büchners entwickelt sie ihre Kategorie der „Tiefe" – auch dieser Begriff spielt schon in Bachmanns Frankfurter Vorlesungen keine unwesentliche Rolle (vgl. IBW 4/231, 233) –, die Wolf die vierte Dimension des Erzählens nennt, die der „Zeitgenossenschaft, des unvermeidlichen Engagements[...] Sich ihrer bewußt zu bedienen ist eine Grundmethode moderner Prosa. Komplizierte Erzählstrukturen, die dadurch hervorgebracht werden, haben nichts mit Willkür zu tun – so, wie Georg Büchner nicht zufällig unvermittelt von einem Satz zum anderen vom ‚Er' zum ‚Ich' übergehen kann: eine Methode, die heute noch Befremden erregt." (LS 32) Und auch hier, über Büchner redend und über Bachmann schweigend, geht es wiederum um den Realismusbegriff.

Bereits in der Erzählung „Juninachmittag“ (1965) wird der Tatsachenrealismus in Frage gestellt. Schon der erste Satz der Erzählung verweigert sich gegenüber der Erwartung einer „greifbaren Geschichte“. Statt dessen wird die Möglichkeit einer „Vision“ eingeführt.

„Eine Geschichte? Etwas Festes, Greifbares, wie ein Topf mit zwei Henkeln, zum Anfassen und zum Daraus-Trinken?

Eine Vision vielleicht, falls Sie verstehen, was ich meine.“ (GE 34)

So beginnt der Text der Erzählung, der von einer Frau handelt, die im Liegestuhl sitzt und ein Buch liest, darin unterbrochen durch Gespräche mit ihrem im Garten arbeitenden Mann, mit den Töchtern und mit Nachbarn. Sie liest das Buch einer Autorin, über das sie fasziniert feststellt: „Ein ganz genaues Wort neben dem anderen. Das ist es.“ (GE 35) Dieses Buch erhält in der Erzählung beinahe den Status einer Person, so wird über seine Anwesenheit gesprochen, über seine Bedeutung, „dessen Vorzug gerade darin lag, nicht zu stören beim Betrachten von Aprikosenbäumen. Sondern das Seine dazuzugeben, in aller Bescheidenheit, wie der Dritte es soll.“ (GE 41) Die Lektüre des Buches eröffnet eine andere Art zu sehen und eine andere Art zu schreiben. Die Texte der Erzählung „Juninachmittag“ und des Bachmann-Essays verweisen aufeinander und entschlüsseln sich gegenseitig, wie Helen Fehervary gezeigt hat.[15] Im Essay erfährt man, was Christa Wolf mit dem Wort „Vision“ verbindet: „Da sieht man auch, der Vision hat man sich nicht zu schämen, sie ist nichts Leichtfertiges oder Ausgeklügeltes[...] Vision! hört man leichtfertig sagen, was ist das: Vision? – Man sieht plötzlich, was nicht zu sehen ist, was aber dasein muß, weil es Wirkungen zeitigt. Die Vergangenheit in der Gegenwart zum Beispiel. Oder die immer unterdrückten maßlosen Wünsche, die jeden Augenblick, keiner weiß, woher, in jedermann aufschießen können.“ (LS 177) Eine solche Vision ist die Erzählung „Juninachmittag“. Durch die andere Art der Wahrnehmung, wie diese Erzählung sie thematisiert, wird ein Motiv freigesetzt, das ebenfalls die Literatur Wolfs seither durchzieht. Es ist die Angst, von der es dann in „Kassandra“ heißt, sie müsse befreit werden. Die lesende Frau in „Juninachmittag" bekennt sich selbst, daß sie „neuerdings Angst habe vor dem nächsten Tropfen, der auf unsere bloßen Köpfe fällt" (GE 41). Schon hier geht es um die im Alltag nistenden Gewaltverhältnisse, die in die Gartenidylle der Familie einbrechen. Die „Vergangenheit in der Gegenwart", nämlich der unverarbeitete, fortwirkende Faschismus, wird dann das Thema des Romans „Kindheitsmuster" werden.

Die ersten Sätze des Bachmann-Essays können zugleich als Kennzeichnung des mit „Juninachmittag" erstmals erprobten neuen Literaturkonzepts Wolfs betrachtet werden: „Man soll, im Begriff, diese Prosa zu lesen, nicht mit Geschichten rechnen, mit der Beschreibung von Handlungen." (LS 172) Die Entstehung der „Fabel" wird in den „Voraussetzungen einer Erzählung: Kassandra" dann zum wichtigen Indiz für den Zusammenhang von Erzählen, Heldenmythos und Krieg, für die Unterwerfung der erzählten Realität unter das Gesetz des Handelns. In der zweiten Hälfte der sechziger Jahre, als die Autorin den Blick noch nicht so weit zurück auf die Genese des Patriarchats gerichtet hatte, sondern sich auf die Geschichte der bürgerlichen Literatur konzentrierte, thematisierte sie dieselbe Problematik bereits am Paradigma des bürgerlichen Romans im 19. Jahrhundert, dem sie die „Entdekkung der Fabel" zuschrieb, ein „Mittel, die reichlich wilde Welt zu zähmen" (LS 28). Die Regelhaftigkeit und Festigkeit der Konstruktion des Romans, „ein Mittel [...], um gewisse Objekte – literarische Helden – durch Raum und Zeit zu transportieren" (LS 28), erweise sich vor allem an den Fabeln, „die, typisch für den bürgerlichen Roman, tragisch endeten" (LS 29). Die untergehenden Helden hinterließen ihren Erben einige „unbezweifelbare Konstanten": die Realität und Raum und Zeit als Koordinaten. Ganz ähnlich haben Horkheimer/Adorno in der „Dialektik der Aufklärung" die „Odyssee" als Vor-Form des Abenteuerromans beschrieben. Sie lesen Odysseus' Irrfahrt als Reise durch die eigene erlebte Vergangenheit, die ihm als mythische Vorzeit erscheint. Durch die Struktur des Abenteuers wird „die Vorwelt [...] in den Raum säkularisiert, den er durchmißt"[16]. Da Horkheimer/Adorno in Odysseus das Muster des bürgerlichen Helden vorgebildet sahen, verwundert diese Parallele nicht. Sie zeigt aber, daß Christa Wolf, die im Kassandra-Projekt dann selbst auf Homers Heldenepen zurückgeht, die dort erörterte historische Problematik von Fabel und Helden in der Literatur bereits in den sechziger Jahren besprochen hat. Ihr Bezug auf Bachmanns „Todesarten"-Romane im letzten Teil der „Voraussetzungen" ist somit ein Rück-Bezug auf eine frühere Rezeption von deren Literatur als Gegenkonzeption zu einer Literatur, die Fabeln erzählt und Helden entwirft.

Im Motiv des *Sehens* fallen formale und inhaltliche Momente dieses Gegenkonzeptes zusammen. Es bezieht sich auf eine andere Wahrnehmung der Wirklichkeit als auch auf Darstellungsprobleme in der Literatur, auf eine antirealistische Literatur, sofern ‚Realität' nur das „Tatsächliche" (IBW 3/346) meint und literarischer ‚Realismus' als Nachahmung oder auch Widerspiegelung dieser ‚Realität' begriffen wird. Es geht beiden Autorinnen somit um ein anderes Verständnis von Realität. Eine Formulierung Bachmanns aufgreifend, in der sie von einem „moralischen Antrieb vor aller Moral" spricht (IBW 4/192), könnte man sagen, es ginge ihnen um die Realität vor allem ‚Realismus'.

„Nicht mehr bin ich an die Tatsachen gekettet. Ich kann frei die Wahrheit sagen." (GE 54) „Aber die Wahrheit ist keine Geschichte[...]" (GE 62) Das sind Sätze aus Wolfs Erzählung „Unter den Linden" (1969), in der die Ich-Erzählerin, die „Regeln des Ortes" und der Zeit hinter sich lassend, auf einer Straße in einem Traum wandelt, um der Wahrheit einer Geschichte näher zu kommen. Der Text enthält eine subtile Kritik am geltenden Glückspostulat. Auch in dieser Erzählung geht es um Angst, um die Angst, die sich auf die beobachtete Liebes- *und* Leidensunfähigkeit bezieht. Und auch in dieser Ich-Erzählerin kann man schon eine Vorstufe der Kassandra sehen. Wie „Juninachmittag" wäre diese Erzählung nach der Bedeutung, die Christa Wolf dem Begriff selbst gegeben hat, als eine „Vision" zu bezeichnen. Der Text beginnt ebenfalls mit einem Einspruch gegen das Geschichten-Erzählen. „Unbeschreiblich liebe ich diese sicheren Anfänge, die nur denen gelingen, die glücklich sind." (GE 54) So heißt es nach dem ersten Absatz, den Erzählfluß unterbrechend und reflektierend. Mit dem Verzicht auf die Fabel ist der Verzicht auf (glückliche oder vollkommene) Helden verbunden, auf Entwicklung,

Kohärenz und Eindeutigkeit. „Für dich, damit du mir glauben kannst, gehe ich nun daran, die Übergänge zwischen dem Glaublichen und Unglaublichen zu verwischen." (GE 62) Die Ich-Erzählerin aus „Unter den Linden", die dieses sagt, ist als Figur, als personale Instanz, nicht greifbar. Ebensowenig wie in den Prosatexten Bachmanns, aus deren Rezeption wesentliche Anregungen für Christa Wolfs literarischen Neuanfang in den sechziger Jahren gewonnen wurden.

Eine andere Art des Sehens, nämlich die Veränderung der „Seh-Raster", und die Bereitschaft zu einem anderen Wirklichkeitsbegriff sind dann auch das Thema in den „Voraussetzungen", und auch hier ist es an die Suche nach einer anderen Art zu erzählen gebunden. In der Erzählung „Kassandra" wurde daraus der Entwurf einer Seherin. Vom *Sehen* zur *Seherin*, von einer Wahrnehmungs- und Darstellungsweise zur Gestaltung eines Subjektes, das sehen kann und das Gegenkonzept zum Tatsachen-Realismus *repräsentiert*, in diesem Wechsel ist der Widerspruch zwischen Vorlesungen und Erzählung zu greifen. Auch für diesen Widerspruch gibt es eine Spur in der Geschichte von Wolfs Bachmann-Rezeption. Am Ende des Bachmann-Essays nämlich hatte sie einen Vorbehalt formuliert, der im Kontext einer Abgrenzung gegenüber anderen, das heißt bürgerlichen Gesellschaftsverhältnissen steht, für die Bachmann schrieb. Da kennzeichnet Wolf den radikalen Neuerungswunsch einiger Gestalten aus Bachmanns Erzählungen als „Über-Spannung. Der radikale Anspruch auf Freiheit wird, wenn keine gesellschaftliche Bewegung ihm entspricht, zur verzehrenden Sehnsucht nach der absoluten, der schrankenlosen und irrealen Freiheit; die vollkommene Verzweiflung an der Möglichkeit nächster Schritte schlägt um in illusionäre Forderungen." (LS 182) Sie bewertet diese Literatur als „äußerste Position in der heutigen bürgerlichen Literatur", indem sie humanistische Werte verteidige gegenüber dem „totalen Zerstörungstrieb der spätkapitalistischen Gesellschaft" (LS 185). Die Utopie in der Literatur Bachmanns entbehre der realen Grundlagen. Implizit wird von Christa Wolf hier ein Idealismusvorwurf erhoben, da Bachmanns Texte sich der „Andeutung realer Schritte", dem „Entwurf eines neuen Menschen" enthielten. In ihren Erzählungen hatte Bachmann sich aber gerade kritisch mit dieser Idee vom „neuen Menschen" auseinandergesetzt und deren notwendiges Scheitern auf die herrschenden Strukturen von Sprache, Ordnung und Geschlecht zurückgeführt und ent-täuscht (paradigmatisch in der Erzählung „Alles"). Die verändernde Wirkung der Literatur auf die Wahrnehmung versuchte sie nicht durch den Entwurf eines neuen Menschen, sondern durch Spracharbeit zu erreichen. In der Figur der Kassandra ist nun unschwer dieser Entwurf eines neuen Menschen aus der Feder Christa Wolfs zu erkennen. Daß Wolf sich aber Ingeborg Bachmanns Literatur am Ende ihres Essays derart interpretierte, beinhaltet eine Rückführung der emphatischen Besprechung der Bachmannschen Literatur auf ihr eigenes Programm bzw. auf einen Anspruch, der sich aus ihrer eigenen Autorsituation ergab. Auch am Ende des literaturtheoretischen Programms in „Lesen und Schreiben" werden die vorausgegangenen Überlegungen auf dieses Programm zurückgebogen. Die Aufgabe der engagierten Prosa in einer sozialistischen Gesellschaft zusammenfassend, heißt es da: „Sie unterstützt das Subjektwerden des Menschen. Sie ist revolutionär und realistisch: sie verführt und ermutigt zum Unmöglichen." (LS 48) Diese problemlose Synthese von Subjekt, Revolution und Realismus mag so gar nicht zu den vorausgegangenen Überlegungen des Essays passen.

Die Schlußpassagen von „Leben und Schreiben" und vom Bachmann-Essay sind wie ein ‚Aber' strukturiert, wie der Einspruch einer moralischen Instanz, die etwas Positives einfordert, woran man sich halten kann. Was für eine solche Forderung taugt, ist dann offenbar nur noch eine Rückbesinnung auf die *Ideen* des Humanismus bzw. der bürgerlichen Emanzipation oder Aufklärung. Da sollen am Ende von „Lesen und Schreiben" die „Persönlichkeit" und der „Humanismus" vor ihrem Verlust in der spätbürgerlichen Gesellschaft gerettet werden. „So bleibt der schmale Weg der Vernunft, des Erwachsenwerdens, der Reife des menschlichen Bewußtseins, der bewußte Schritt aus der Vorgeschichte in die Geschichte." (LS 47) Und obwohl die Autorin im Kassandra-Projekt diesen Schritt in umgekehrter Richtung verfolgt, um die Genese unserer Geschichte zu rekonstruieren, ist doch das Muster für den Entwurf ihrer Figur schon hier vorformuliert: Subjektwerdung, Reife, Erwachsenwerden, Vernunft. Die Frage nach einer anderen Subjektivität, nach (Selbst-)Erkenntnis jenseits der Dominanz der Vernunftherrschaft ist durch diesen unumstößlichen Subjektbegriff verstellt. Der Rekurs auf die Ideen der Aufklärung geht hinter die Dialektik der Aufklärung zurück. In den „Voraussetzungen" hat Christa Wolf die Dialektik der Aufklärung beschrieben, in ihrer Erzählung aber einen aufgeklärten Mythos gestaltet, indem sie ihre Deutung des Kassandra-Mythos dem Vernunftprimat der Aufklärung unterwirft, das längst selbst zum Mythos geworden ist.

Am deutlichsten ist diese Struktur des ‚Aber' – eine Bewegung, die eine fundamentale Kritik an einem bestimmten Punkt abbricht und sie auf die „Andeutung realer Schritte" zurückbezieht – in der Büchner-Preis-Rede (1980) erkennbar. Diese Dankrede steht zwischen den Texten, die sich um die Rezeption von Kleist, Günderrode und Bettina von Arnim gruppieren, und dem Kassandra-Projekt. Sie verbindet literaturtheoretische Fragen mit der Geschichte von Frauen bzw. Weiblichkeit. In der Art einer Binnengeschichte wird zwischen Überlegungen zu den Möglichkeiten von Literatur jenseits der „Denk- und Verhaltensmuster des Abendlandes" (LS 321) eine Parabel erzählt über Rosetta „unter ihren vielen Namen" (LS 326). Es ist eine Parabel über die weibliche Geschichte, über den Ort von Frauenbildern und Frauen in der Geschichte. Rosetta bleibt außerhalb der „Zitadelle der Vernunft", in die sich der Mann zurückzieht. Sie haust „unsichtbar, sprachlos, entwirklicht, gerade in jenem verleugneten, schalltoten, wegmanipulierten Raum, den die Welt, der doch auch sie angehört, beim besten Willen nicht wahrnehmen kann" (LS 325). Beim Eintritt in *seine* Geschichte „erfährt sie als äußerstes Zugeständnis: Sie sei wie er" (LS 326). Beim „Eintritt in die Zitadelle unterliegt sie auch deren Gesetzen" (LS 327). Für die Erfahrung dieser paradoxen Situation steht das Motiv der Rosetta mit ihren lieber aus der Zeit tanzenden Füßen. Es ist ein Bild für die Ambivalenz weiblicher ‚Emanzipation' und ‚Gleichberechtigung', für die Empfindung von Rissen bei dieser neuen Art der „Selbstverleugnung" (LS 327). Der leitmotivische Satz dieser Rosetta-Parabel: „Meine Füße gingen lieber aus der Zeit", enthält das Motiv der Geschichtsverweigerung bzw. des Wunsches, aus *dieser* Geschichte auszutreten. Rosetta ist eine jüngere Schwester Kassandras. Auf

Grund derselben paradoxen Struktur hält Kassandra sich am historischen Übergang auf, an der Grenze zwischen Matriarchat und Patriarchat.

Wie in Bachmanns Erzählung „Undine geht" ist die Geschichte von Rosetta auch als Parabel über die paradoxe Situation der Literatur zu lesen. Darauf jedenfalls ist sie im Rahmentext der Dankrede bezogen (der übrigens einen direkten Hinweis auf die „Dialektik der Aufklärung" enthält).[17] Am Beispiel von Bachmanns Gedicht „Nichts gefällt mir", einem Gedicht, mit dem sie sich programmatisch vom lyrischen Genre verabschiedete, entwickelt Christa Wolf die paradoxe Situation, daß noch die Kritik an Kunst und Sprache selbst Kunstwerk und Sprache ist. Diese Paradoxie auf sich zu nehmen, wird als eine Alternative zum Schweigen betrachtet: „Zum Schweigen gebracht werden. Schweigen wollen. Schweigen müssen. Endlich schweigen dürfen." (LS 330) Genau in diesem Sinne hatte Ingeborg Bachmann in ihren Frankfurter Vorlesungen ihre Schreibweise begründet, ihre „Wiederkehr aus dem Schweigen" (IBW 4/188), die sie als Spracharbeit verstand.

In Wolfs Büchner-Preis-Rede folgt an dieser Stelle – nach dem Hinweis auf die vielen begründeten Motive zum Schweigen – nach einem großen Absatz, den sie als lange Pause verstanden wissen möchte, ein „Aber", nach dem der Literatur dann quasi rettende Funktionen zugeschrieben werden. „Die Sprache der Literatur scheint es merkwürdigerweise zu sein, die der Wirklichkeit des Menschen heute am nächsten kommt[...] Vielleicht weil immer moralischer Mut des Autors – der zur Selbsterkenntnis – in Literatur eingeht." (LS 330) Dies enthält einen Rückzug auf die Literatur als moralische Instanz, in der Hoffnung, sie enthalte „Übereinkünfte" und „Gesittung", die eine Rettung befördern könnten. Auch hier also folgt wieder nach der Rekonstruktion einer Struktur, die keine Auflösung der Widersprüche erlaubt und keine praktischen Lösungen enthält, der Rekurs auf die Idee der Sittlichkeit. Indem aber die Literatur als moralische Instanz definiert ist, ist die Frage nach ihrer Funktion am einfachsten zu beantworten: Als Gegensatz zur Zerstörungstendenz in der Sprache der Politik verspricht sie zugleich Rettung. Der bemühte Versuch Wolfs, am Ende ihrer Rede der Literatur doch noch ganz praktische und positive Möglichkeiten zuzusprechen, ist als Figur einer Rückkehr zum verlorengegangenen Glauben modelliert. Das Motiv einer anderen Sprache, wie es im ersten Teil des Rahmentextes angesprochen wurde, wird im letzten Teil durch das „Aber" unterbrochen und durch diesen Rückzug ersetzt. Dort ging es darum, daß mit dem Verlust des Glaubens an Worte aus dem Bestand des humanistischen Denkens auch die sprachliche Empörung bzw. Verurteilung ohnmächtig geworden sei. Im Kern geht es dabei um die Hilflosigkeit eines sprachlichen Gegensatzes von Moral und Unmoral.

„An ihre Stelle, an die Stelle all der bescheid- und besserwissenden, der urteilenden, auftrumpfenden oder aufgebenden Wörter tritt das schlichte stille Wort: verkehrt.

Der Zustand der Welt ist verkehrt, sagen wir probeweise und merken: es stimmt. [...] Könnte es vielleicht ein erstes Wort einer anderen, zutreffenderen Sprache sein, die wir im Ohr, noch nicht auf der Zunge haben?" (LS 322)

Es wäre das erste Wort einer Sprache jenseits der Logik der Gegensätze, in der auch die althergebrachten Sicherheiten der moralischen Werte nichts taugten. Von Bachmann und Büchner, auf die sich Christa Wolf in diesem Text noch einmal bezieht – dieses Mal stehen sie namentlich in einem Text nebeneinander –, heißt es gleichlautend, es sei eine Sprache bzw. ein Land „jenseits des Glaubens" in ihrer Literatur. In dieses Land jenseits des Glaubens mag Christa Wolf ihren literarischen Vorbildern nicht folgen. Die Offenheit und Unsicherheit, die sich aus dem dargestellten paradoxen Ort von Kunst und Weiblichkeit ergibt, wird statt dessen mit der sprachlichen Figur des „Aber" beschwichtigt. Dabei unterlaufen dann auch so plakative Sätze wie „Literatur heute muß Friedensforschung sein" (LS 331). Und zwar nicht zu Beginn, sondern am Ende der Dankrede, als ob nicht mit diesem Postulat die Probleme erst anfingen, *wie* denn und ob überhaupt Literatur dies leisten könne.

So enthält die Spur der Bachmann-Rezeption in Wolfs Texten auch eine Konstante der Umdeutung, die jeweils dem gleichen Muster folgt. Explizit wird sie im achten Kapitel des Romans „Kindheitsmuster" in einer entscheidenden Umwandlung eines für Bachmann zentralen Motives vorgenommen. Dieses Kapitel ist mit einem Motto versehen, das aus „Malina" stammt: „Mit meiner verbrannten Hand schreibe ich über die Natur des Feuers." Es ist ein verschlüsselter Hinweis auf die Autorin, deren Name nicht genannt wird, während im Text die Nachricht über ihren Tod (1973) Reflexionen über das Schweigen auslöst. „Wovon man nicht sprechen kann, darüber muß man allmählich zu schweigen aufhören" (KM 167), heißt es dann bei Wolf, was wie eine politische Willensbekundung klingt. Ingeborg Bachmann hatte aber (in Anlehnung an Wittgenstein) formuliert: „Wovon man nicht sprechen kann, darüber muß man schweigen." Mit dieser Feststellung ging sie davon aus, daß die Struktur der Sprache, ihre logische Form, eine Grenze markiert, die man nicht voluntaristisch überschreiten kann. Diese Grenze ist für sie vielmehr der Ort der Schriftsteller, gleichsam ihr Handlungsfeld. Aus diesem Grenzort ergibt sich die (auch von Wolf) beschriebene paradoxe Situation: mit der Sprache gegen die Struktur der Sprache anzugehen, mit der alten Sprache auf eine „erahnte Sprache" hin (IBW 4/270). Es ist ein Ort, der keine Fassung verspricht, „weil ja all die Muster, in denen zu reden, zu erzählen, zu denken und zu dichten wir gewöhnt sind, nicht mehr verfügbar wären. Sie würden wohl erfahren, was es wirklich heißt: die Fassung verlieren." (LS 323) So beschreibt Christa Wolf in der Büchner-Preis-Rede die Konsequenzen des von ihr angedeuteten Versuches einer anderen Sprache, die aus dem ersten Wort „verkehrt" entwickelt würde. Als derart ohne Fassung hatte Ingeborg Bachmann sich bereits 1959/60, mit Worten aus Hofmannsthals „Chandos-Brief", in der ersten ihrer Frankfurter Vorlesungen vorgestellt: „Mein Fall ist, in Kürze, dieser: Es ist mir völlig die Fähigkeit abhanden gekommen, über irgend etwas zusammenhängend zu denken oder zu sprechen." (IBW 4/189) Schon hier nennt sie die Gründe, warum „Der Fall Franza" kein geschlossener, vollständiger kohärenter Roman werden sollte. Es ist statt dessen ein Text, der das Aus-der-Fassung-Sein zu artikulieren versucht. Die Schreibweise dafür hat Bachmann in den Frankfurter Vorlesungen entwickelt und vorbereitet. Sie nennt ihren Versuch, jenseits des Gegensatzes von l'art pour l'art und engagierter Literatur eine eigene Schreibweise zu finden: „ein Drittes [...]: eine hindernisvolle Herausführung aus der babylonischen Sprachverwirrung" (IBW 4/186). Es ist ein Weg, der sie aus der Logik der Gegensätze herausführen soll. Es ist eine Schreibweise, die sie anders als mit diesem Wort nicht benennen kann, die sie nicht auf den Begriff bringen kann.

Auch dieses „Dritte“ zieht seine Spur durch Christa Wolfs Texte, allerdings mit wechselnden Bedeutungen und Zuschreibungen. In der Erzählung „Juninachmittag“ wurde das Buch der lesenden Frau als „ein Dritter“ bezeichnet. In dem Essay „Lesen und Schreiben“, in dem Bachmann nicht genannt ist, wird die Feststellung aus dem Bachmann-Essay aufgegriffen, daß sich in ihren Sätzen eine „neue Realität“ herstelle: „Tiefer, unheimlicher kann die Verquickung von ‚Stoff‘ und ‚Autor‘ nicht sein. Erst aus dieser Verquickung geht ein Drittes hervor, die neue Realität des Buches.“ (LS 40) Während es hier um die Bedeutung der Literatur und eine literaturtheoretische Alternative zum geltenden Realismuskonzept ging, taucht „das Dritte“ mit einer sehr viel weiterreichenden Bedeutung im Kassandra-Projekt wieder auf.

Einmal steht es, in den Worten Kassandras, für das aus der Logik der Gegensätze Ausgeschlossene, das „Ungetrennte“ oder „lächelnde Lebendige“, wie es heißt (K 121). Da ist es ein anderer Begriff für die Kategorie des ‚Anderen‘, mit der die Aufklärung all das benennt, woraus und wogegen sich das vernünftige, moralische Subjekt konstituiert. An einer anderen Stelle der Erzählung steht „das Dritte“ für eine konkrete Utopie, für das Leben der Frauen außerhalb der Stadt, als Ausweg aus dem Gegensatz von Töten und Sterben. In dieser Bedeutungsverschiebung des Dritten im Text der Erzählung „Kassandra“ spiegelt sich die Struktur des ganzen Projektes. Aus der Rekonstruktion einer Geschichte, die als Prozeß der Sonderung beschrieben wird, aus der Kritik des abendländischen Denkens und seinen Wahrnehmungs- und Sprachstrukturen erfolgt ein Blick zurück in die Zeit vor der Zeit, vor der griechischen Kultur. Die vierte Vorlesung der „Voraussetzungen“ trägt denn auch den Titel: „Ein Brief über Eindeutigkeit und Mehrdeutigkeit, Bestimmtheit und Unbestimmtheit; über sehr alte Zustände und neue Seh-Raster; über Objektivität“ (VK 126). Diese Überlegungen werden aber nicht in eine Schreibweise umgesetzt, die Mehrdeutigkeit zuläßt, sondern in eine konkrete Utopie, in einen ganz eindeutigen Entwurf einer vorbildlichen Figur und ihrer Entwicklung. Die Bedeutungen der sprachlichen und formalen Strukturen eines Textes – wie die geschlossene Form, der Monolog, das Persönlichkeits- und Entwicklungsmodell der Figur, Erzählperspektive, Sprachrhythmus etc. (s. Teil II) – sind aber mindestens ebenso gewichtig und wirkungsvoll wie die Worte, die die Figur, Kassandra, ausspricht.

Der Beitrag geht auf einen Vortrag über einen Vergleich zwischen Christa Wolfs „Kassandra" und Ingeborg Bachmanns „Der Fall Franza" zurück, der im Januar 1984 am Germanistischen Seminar der Freien Universität Berlin gehalten wurde. Er wurde ergänzt durch Teile aus einer vierteiligen Vorlesung über die Entwicklung Christa Wolfs, die im November 1983 in der Evangelischen Akademie Hamburg vorgetragen wurde.

Zitiert wird mit folgenden Siglen und nach folgenden Ausgaben:

GE Gesammelte Erzählungen. Darmstadt und Neuwied 1981 (Sammlung Luchterhand 361).

LS Lesen und Schreiben. Neue Sammlung. Essays, Aufsätze, Reden. Darmstadt und Neuwied 1980 (Sammlung Luchterhand 295).

CT Nachdenken über Christa T. Darmstadt und Neuwied 1971.

K Kassandra. Erzählung. Darmstadt und Neuwied 1983 (Sammlung Luchterhand 455).

KM Kindheitsmuster. Roman. Darmstadt und Neuwied 1979 (Sammlung Luchterhand 277).

KN Kein Ort. Nirgends. Darmstadt und Neuwied 1979 (Sammlung Luchterhand 325).

SCH Karoline von Günderrode, Der Schatten eines Traumes. Gedichte, Prosa, Briefe, Zeugnisse von Zeitgenossen. Hrsg. und mit einem Essay von Christa Wolf. Darmstadt und Neuwied 1979.

VK Voraussetzungen einer Erzählung: Kassandra. Frankfurter Poetik-Vorlesungen. Darmstadt und Neuwied 1983 (Sammlung Luchterhand 456).

IBW Ingeborg Bachmann, Werke. Band 1–4. Hrsg. von Christine Koschel, Inge Weidenbaum und Clemens Münster. München 1978.

1 So die Worte Günderrodes, die Wolf in ihrem Essay zitiert (SCH 5).

2 Auf diese „Widersprüche zwischen Theorie und Praxis des Schreibens" hat am deutlichsten bisher Sibylle Cramer hingewiesen in ihrem Aufsatz: Eine unendliche Geschichte des Widerstands. Zu Christa Wolfs Erzählungen „Kein Ort. Nirgends" und „Kassandra". In: Christa Wolf. Materialienbuch. Hrsg. von Klaus Sauer. Neue, überarb. Ausgabe, Darmstadt und Neuwied 1983, S. 121–142.

3 So Christa Wolf in ihrer Antwort an Wilhelm Girnus (Zur Information. In: Sinn und Form [Berlin], 4/1983, S. 864).

4 Max Horkheimer/Theodor W. Adorno, Dialektik der Aufklärung. Frankfurt a.M. 1971, S. 33.

5 Ebenda, S. 51.

6 Walter Benjamin, Ausgraben und Erinnern. In: Benjamin, Gesammelte Schriften. Unter Mitwirkung von Theodor W. Adorno und Gershom Scholem hrsg. von Rolf Tiedemann und Hermann Schweppenhäuser. Band 1–5, Frankfurt a.M. 1974–1983, Band 4, S.400–401.

7 Dieses Wort benutzt Christa Wolf im Stormkapitel von „Nachdenken über Christa T.". Sie spricht dort von den „Sehnsuchtslandschaften" seiner Kindheit (CT 96).

8 Documentation: Christa Wolf. In: The German Quarterly (Ohio), 57., Jg., 1984, Heft 1, S.106.

9 Hervorhebung – S.W.

10 Vgl. meinen Beitrag: „Ein Ende mit der Schrift. Ein andrer Anfang". Zur Entwicklung von Ingeborg Bachmanns Schreibweise. In: Text + Kritik. Zeitschrift für Literatur. Hrsg. von Heinz Ludwig Arnold. Sonderband: Ingeborg Bachmann. München 1984, S. 58–92.

11 Luce Irigaray, Das Geschlecht, das nicht eins ist. Berlin [West] 1979.

12 Christa Wolf, Kultur ist, was gelebt wird. Gespräch mit Frauke Meyer-Gosau. In: Christa Wolf. Materialienbuch, S.67–81.

13 Vgl. Helen Fehervary, Christa Wolf's Prose: A Landscape of Masks. In: New German Critique (Milwaukee), 27/1982, S. 57–87. Fehervary sieht in der „Maske" ein durchgehendes Darstellungsprinzip Wolfs, womit sie sich die Möglichkeit der Multiplikation literarischer Identität verschaffe. Für die Erzählung „Kein Ort. Nirgends" möchte ich die Kennzeichnung der Darstellung durch die Kategorie der Maske übernehmen.

14 Vgl. die Kampagnen gegen den ‚Modernismus' vor allem in den fünfziger Jahren der DDR-Kulturpolitik. Aber auch auf dem 11. Plenum des ZK der SED im Jahre 1965 wurde diese Abgrenzung erneut formuliert. Vgl. Wolfgang Emmerich, Kleine Literaturgeschichte der DDR. Darmstadt und Neuwied 1981.

15 Vgl. Fehervary, Christa Wolf's Prose ... In: New German Critique, 27/1982, S. 85. In diesem Aufsatz ging Fehervary davon aus, daß das Buch, welches die lesende Erzählerin in der Hand hält, Ingeborg Bachmanns „Das dreißigste Jahr" ist. Dieses hat sie inzwischen korrigiert; tatsächlich handelt es sich um Marie Luise Kaschnitz' „Lange Schatten" (1960). Vgl. den revidierten Wiederabdruck des Beitrages von Fehervary in: Critical Perspectives on Christa Wolf. Ed. by Marilyn S. Fries. Wayne State University Press.

16 Horkheimer/Adorno, Dialektik der Aufklärung, S.44.

17 „[...] daß der Fortschritt, den man gerade in größerem Stil anwarf, das Zeug zum neuen Mythos in sich hatte." (LSN 324).

Heidi Gidion

Wer spricht?

Beobachtungen zum Zitieren und zum Sprechen mit der eigenen Stimme an Christa Wolfs Günderrode- und Kassandra-Projekt

> „Mit meiner Stimme sprechen: das Äußerste. Mehr, andres hab ich nicht gewollt."
> *Kassandra*

> „*Zitat* (lat. ‚das Aufgerufene') *das*, wörtlich angeführte Stelle aus dem Werk eines Schriftstellers oder Dichters, im Druck meist durch Anführungszeichen und Namensnennung des Verfassers gekennzeichnet."
> *Der Große Brockhaus*

Wieder einmal: Der Große Brockhaus hält es nicht für erforderlich, sich vorzustellen, auch aus dem Werk einer Schriftsteller*in* oder Dichter*in* gebe es etwas zu zitieren oder es sei der Name einer Verfasser*in* zu nennen. Immerhin macht er die Anführungszeichen beim Zitieren nicht obligatorisch (*meist*) und die Namensnennung auch nicht. Denn im Werk der hier zu betrachtenden Schriftstellerin spielen Zitate eine grundlegende, geradezu programmatische Rolle, und am interessantesten sind die ohne Anführungszeichen und Namensnennung.

Christa Wolf, eine Leserin von Gnaden, hat in ihren Essays schon immer vermocht, zitierend und sich einfühlend die Intentionen von Autoren und besonders von Autorinnen nachzuvollziehen, ihre eigene Stimme denen zu leihen, die sie in der Rezeption ihrer Werke zu wenig oder zu ungenau beachtet fand: Anna Seghers (1968), Ingeborg Bachmann (1966 und 1983), die bei Anna Seghers genannte Karoline von Günderrode (neben Kleist, 1979). Anna Seghers war zu verteidigen gegen die sich absolut setzenden Normen von Georg Lukács für eine ‚realistische', objektive Realität widerspiegelnde Schreibweise – zu verteidigen im Namen eigener *Erfahrungen*, einer „aus dem wirklichen, schwierigen Schaffensprozeß abgeleiteten Denk- und Sehweise", die (und hier fällt schon das Wort) das *„Wagnis des ‚Sehens'"* auf sich nimmt, die unbedingt wahrhaftig sein will. Ist Anna Seghers die Lehrerin, das verehrte Vorbild, so ist Ingeborg Bachmann die Schwester, deren Stimme („kühn und klagend") Christa Wolf wieder zu Gehör bringt, eingedenkend, zitierend, sie dem Vergessenwerden leidenschaftlich entreißend. Anna Seghers hatte insistiert auf der „Macht des ehrlichen, genauen, inständigen Wortes" – Ingeborg Bachmann muß sich selbst vom Glauben an die Macht, ja an die Möglichkeit des Wortes von Satz zu Satz immer neu überzeugen (Christa Wolf zitiert eine Zeile aus dem Gedicht „Ihr Worte" und ruft damit auch die Zeilen hervor, die sie nicht mehr zitiert, den Übergang ins Verstummen: „Kein Sterbenswort, Ihr Worte"); auch bei ihr ein Grundmotiv: „Sehend werden, sehend machen", „sehen, einsehen, durchschauen". Christa Wolf vergegenwärtigt „eine Gestalt, eine lyrische Existenz, die ihre innere Erfahrung auch zum Gegenstand ihrer Prosa macht und daher immer wieder zurückkehren muß zur Problematik des Dichters in dieser Zeit" (Die zumutbare Wahrheit. In: Lesen und Schreiben). In ihren Vorlesungen („Voraussetzungen") gibt sie Ingeborg Bachmann noch einmal und immer wieder das Wort, als sei die Dichtung der Schwester ein Stück von ihr selbst. In der Interpretation des Gedichtes „Erklär mir, Liebe" (vierte Vorlesung) vermittelt sie eine Lese-Lehre, die auch ihre eigenen Texte entschlüsseln helfen kann.

In diese Genealogie gehört auch die Günderrode. In einem großen Essay, „Der Schatten eines Traumes – Karoline von Günderrode, ein Entwurf", ebenso wie mit der von ihr herausgegebenen Auswahl von Gedichten, Prosa und Briefen der damals kaum bekannten, heute vergessenen Dichterin (1780–1806), die dieser Versuch einleitet, leistet Christa Wolf ein äußerstes an einfühlender Wiedergutmachung, an Wiederbelebung. Eine weibliche Existenz, die weder ihre dichterische Begabung noch ihre Liebesfähigkeit leben kann, wird als Zeitgenossin, als Verwandte vor uns hingestellt, zum Sprechen gebracht. Der Essay enthält die „Voraussetzungen" nicht nur für „Kein Ort. Nirgends", sondern auch für die „Voraussetzungen einer Erzählung: Kassandra" und noch für die Erzählung selbst. In den beiden ‚Voraussetzungs-Texten' (Essay und Vorlesungen) gibt Christa Wolf Ort und Zeit und gesellschaftliches Koordinatensystem ihrer Gestalten und die Bedeutung dieser Frauenbilder im Sinne von Modellen, exemplarischen Verkörperungen; in den dichterischen Texten (Kein Ort. Nirgends; Kassandra) kann sie auf Grund dieser Voraussetzungen körperlose, entsinnlichte Stimmen sprechen lassen, nur flüchtig beheimatet mit Angaben wie: Winkel am Rhein, Juni 1804, und „diese steinernen Löwen", „diese Festung". Den Verständnishorizont für die Stimmen umreißt sie in beiden ‚Voraussetzungs-Texten': „Fortleben könnte sie [die Günderrode – H.G.] als Gestalt, die sich der Erfahrung von Vergeblichkeit und Entfremdung unbedingt zu stellen hatte." Und: „Der Riß der Zeit geht durch sie." Und: „Sie gehört zu den ersten, die für den Prozeß der Selbstentfremdung ein Bild und einen Ausdruck finden [...]"

Und zu Kassandra: „[...] dies ist ein weites Feld, doch bis zu seinem Rande mußten wir wohl kommen, wenn wir uns von dem Stichwort ‚Kassandra' leiten ließen. Ahnt man, ahnen wir, wie schwer, ja wie gefährlich es sein kann, wenn wieder Leben in die ‚Sache' kommt; wenn das Idol sich wieder zu fühlen beginnt; wenn ‚es' die Sprache wieder findet? Als Frau ‚ich' sagen muß?"

Zu den *Abtötungstechniken*, die Kassandra zuerst lernen, sodann wieder verlernen muß, gehört für ihre Autorin auch die Tötung lebendiger Erfahrung im Kunst-Objekt: „Meine übergreifende Frage richtet sich auf, genauer: gegen das unheimliche Wirken von Entfremdungserscheinungen auch in der Ästhetik, auch in der Kunst."

Entfremdung, Selbstentfremdung, Abtötung – das sind die Erfahrungen, für die die Namen der Schriftstellerinnen, der Seherin stehen.

Die ‚Voraussetzungs-Texte' (Essay und Vorlesungen) identifizieren sich, fühlen sich ein – wahren jedoch bei aller unbedingten Sympathie im Vergegenwärtigen den Abstand zwischen heute und damals, zwischen Zitierendem und Zitat, zwischen Dargestelltem und Darstellender. Die beiden schmaleren dichterischen Texte unternehmen den Versuch, sich in eine Gestalt hineinzuversetzen, das heißt: aus ihr heraus zu sprechen. In Essay und Vorlesungen gibt es deshalb, wenn ich recht lese, kein Problem mit den Wörtern und dem Sprechen. Sprechen und Schreiben sind zwar Thema, wie auch in „Nachdenken über Christa T.", aber die Chronistin, die Freundin von Christa T., kann referieren, zitieren, wiedergeben die geglückten oder mißglückten Versuche von Christa T., „schreibend über die Dinge zu kommen"; sie selbst muß diese Schwierigkeiten aber nicht reproduzieren. Mit geschwundener Distanz zwischen Chronist und dargestelltem Schicksal einer sehenden, schreibenden Frau wachsen die Schwierigkeiten mit den Wörtern, wie ein Vergleich zwischen „Nachdenken über Christa T." und „Kindheitsmuster" zeigen könnte und wie es in der Häufung sprach-bedenkender Sätze in „Kein Ort. Nirgends" und „Kassandra" manifest wird – bis hin zum Fragen nach der Identität des oder der Sprechenden.

„Kein Ort. Nirgends" verschmäht nicht nur wie „Kassandra" die Ein- oder Aufteilung in Kapitel, sondern darüber hinaus auch eine Gattungsbezeichnung. Karoline von Günderrode, der Leserin des Essays anschaulich und lebendig vor Augen, befindet sich in fiktivem Gespräch mit Kleist:

„Wie oft ich ein Mann sein wollte, mich sehnte nach den wirklichen Verletzungen, die ihr euch zuzieht!

Sehn Sie nicht, wie unsre männliche Pflicht, zu handeln, uns unerfüllbar gemacht wird, daß wir nur falsch handeln können oder gar nicht! Während Sie wenigstens im Reich der Ideen schalten können, das man Ihnen zugeteilt hat.

Die Ideen, die folgenlos bleiben. So wirken auch wir mit an der Aufteilung der Menschheit in Tätige und Denkende." (113)

Der Absatz, dessen Fragen um das Leitmotiv der Spaltung, hier: in Handelnde (Männer) und Denkende (Frauen), kreisen, endet mit der jähen Frage: „Wer spricht?" Sie war schon gleich zu Beginn des Textes aufgetaucht, Leserfragen antizipierend, da weder Anführungszeichen noch Namensnennung klärten, wo die Zitate anfingen (aus Günderrode-, aus Kleist-Texten), wo die Erzählerbemerkungen aufhörten. „Wer spricht?" Keine Antwort. Es scheint müßig, die Besitzverhältnisse an den Redeteilen eindeutig zu bezeichnen (auch Hölderlin spricht mit); ob Kleist, ob Günderrode, ob Christa Wolf – es gilt für jeden von ihnen, was hier gesprochen wird.

Schon immer reizte Christa Wolf das Herüberspielen vom Ich zum Er und Du – die Grenzverwischungen, die „Grammatik der wechselseitigen Bezüge", wie sie das, Ingeborg Bachmann interpretierend, nennt. Es läßt sich wohl als ein Ungeschehenmachen der Aufteilung, Abgrenzung, Spaltung verstehen, was damit angestrebt wird. Hier sind es die Rollen von Frau und Mann, die im Miteinander der Stimmen von Günderrode und Kleist fallengelassen werden. Das Prinzip der Zitat-Collage hat programmatischen Wert. „Vergiß, was du weißt. Behalt es. Maskierungen fallen ab, Verkrustungen, Schorf, Polituren. Die blanke Haut. Unverstellte Züge. Mein Gesicht, das wäre es. Dies das deine. Bis auf den Grund verschieden. Vom Grund her einander ähnlich. Frau. Mann. Unbrauchbare Wörter." Und dann die Frage, die unvermeidliche Konsequenz des Abreißens der Masken vom Gesicht: „Ich bin nicht ich. Du bist nicht du. Wer ist wir?" (109)

Das geht über in eine Reihung von Dikta, Sätzen, Satzfragmenten, die an Aphorismensammlungen erinnern, wie sie für Prosawerke bezeichnend sind, denen das „primitiv Epische" (Musil, Der Mann ohne Eigenschaften) abhanden kam. Gedanken- und Gesprächsresultate – des historischen Kleist? der fiktiven Günderrode? – werden eingeblendet, parataktisch zueinandergefügt, nicht der Herrschaft von Über- und Unterordnung unterworfen.

Wer spricht? Eine leidvolle Lebenserfahrung. Eine utopische Vergesellschaftung von erfahrenem Leid an der Zerrissenheit, unter den Namen Günderrode und Kleist eingeführt, findet ihren Ausdruck.

Als Kassandra vom Überlaufen des Sehers Kalchas zu den Griechen hört, erfährt sie die Spaltung, die *die Sehergabe* für sie bedeutet. Das wird so dargestellt: „Und ich, hörte ich mich zu Aineias sagen, ich habe es von Anfang an gewußt. Die Stimme, die das sagte, war mir fremd [...] Ich hab es gewußt, ich hab es gewußt, immer mit dieser fremden hohen wimmernden Stimme [...] Unentschieden war, ob ich – wer: ich? – wieder aufsteigen würde [...]"(45/46)

Kassandra hat keine Texte hinterlassen, sie kann nicht wörtlich zitiert werden, und doch ist diese „fremde Stimme", die aus Kassandra schreit, ein Zitat: Christa Wolf beschreibt in der ersten Vorlesung der „Voraussetzungen", wie sie von der Stimme gefangengenommen wird, die sie (in der Übertragung von Walter Jens) beim Lesen der Orestie des Aischylos zu hören glaubt: „Oh! Oh! Ach! Apollon! Apollon! – Ihr glaubte ich jedes Wort, das gab es noch, bedingungsloses Vertrauen. Dreitausend Jahre – weggeschmolzen." Im Verlauf der Vorlesung zitiert sie beinahe Stück für Stück, nur in veränderter Reihenfolge, die Sätze Kassandras. Für sie ist Kassandra so notwendig *allein* vorzustellen, daß sie entgegen der Stichomythie in ihrer Quelle den *Dialog* zwischen der Seherin und dem Chorführer in einen *Monolog* verwandelt: „Die Zeit ist reif, ihr Freunde, und der Tod ist nah. / Auch noch die letzte Stunde hat Gewicht. / Sie ist schon da, und Flucht hat keinen Sinn. / Dein Elend läßt dich tapfer sein. / Vielleicht. Das Glück braucht keinen Mut." – Gesprochen von ihr selbst, gibt diese Version schon einen Eindruck von dem Sprechen zu sich selbst. Christa Wolfs Identifizierung mit der Kassandra-Gestalt geht so weit, daß sie noch tiefer eingreift: Daß Kassandra den Agamemnon beweine, nimmt sie Aischylos nicht ab – ihn beweinen? „Da müßte ich sie schlecht kennen."

Das ist die Situation, aus der heraus Christa Wolf Kassandra sprechen läßt: Ihre Lebensgeschichte erinnernd, gibt sie Antwort auf die Frage: „Wie, auf welche Weise, geschah es ihr, das Zusammenbrechen aller Alternativen?" An einem längeren Textbeispiel soll dem nachgegangen werden, wie Kassandra – die nicht mehr mit der fremden Stimme der Seherin spricht – nun mit eigener Stimme ihre Geschichte aus sich heraussetzt:

Kassandra läßt das Wort fallen: „Todesangst" (26). Das löst eine Kette von Erwägungen darüber aus, ob es der Angst vor körperlichem Schmerz gelingen wird, ihre Selbstbeherrschung (Wer beherrscht wen? Verdächtig oft drückt Kassandra aus, wie sie Herrschaft gegen sich selbst ausübt) zu erschüttern, ihren Vorsatz, alles, auch die bevorstehende Tötung durch Klytaimnestra, bewußt zu erleben. In einem weitausholenden Temporalsatz zeichnet sie die Stationen vom Betreten des fremden Landes bis zur Ankunft unmittelbar in Sichtweite der Burg Mykene, des „Menschenschlachthauses", nach:

„[...] da war der Vorsatz fertig, geschmolzen, ausgeglüht, gehämmert und geformt wie eine Lanze. Ich will Zeugin bleiben, auch wenn es keinen einzigen Menschen mehr geben wird, der mir mein Zeugnis abverlangt.

Und ich wollte es mir nicht erlauben, über diesen Vorsatz nochmals nachzudenken. Doch ist er nicht ein Hilfsmittel von der Art, die Übleres bewirkt als das Übel, gegen das man sie verwenden will? Hat es nicht jetzt schon, dies probate Mittel, mein altes, schon vergeßnes Übel wieder wahr gemacht: daß ich, gespalten in mir selbst, mir selber zuseh, mich sitzen seh auf diesem verfluchten Griechenwagen, unter meinem Tuch, von Angst geschüttelt. Werd ich, um mich nicht vor Angst zu winden, um nicht zu brüllen wie ein Tier – wer, wenn nicht ich, sollt das Gebrüll der Opfertiere kennen! –, werd ich denn bis zuletzt, bis jenes Beil ... – Werd ich denn noch, wenn schon mein Kopf, mein Hals – werd ich um des Bewußtseins willen bis zuletzt mich selber spalten, eh das Beil mich spaltet, werd ich –

Warum will ich mir diesen Rückfall in die Kreatur bloß nicht gestatten. Was hält mich denn. Wer sieht mich noch. Bin ich, die Ungläubige, denn immer noch im Mittelpunkt der Blicke eines Gottes, wie als Kind, als Mädchen, Priesterin? Gibt sich das nie.

Wohin ich blicke oder denke, kein Gott, kein Urteil, nur ich selbst. Wer macht mein Urteil über mich bis in den Tod, bis über ihn hinaus, so streng." (27/28)

Die Entstehung des Vorsatzes wird durch den Vergleich mit den Stufen eines Schmiedeprozesses und dessen Produkt, der Lanze, als wahrlich unerschütterlich, ganz und gar unumstößlich vorgestellt. „Ich will Zeugin bleiben" – dieser Entschluß steht fest. Oder sollte er gerade deshalb als eisern ausgegeben werden, weil es damit nicht so weit her ist? Schon der folgende Absatz wirft den geschmiedeten Entschluß, heldenhaft zu sein, erneut in den Schmelztiegel. Auch der selbstgesetzte Entschluß, diesen Entschluß nicht mehr in Frage zu stellen, wird sogleich mißachtet. Das Nachdenken ist nicht zu verbieten, die Fragen lassen sich nicht unterdrücken. Kassandra treibt Selbstentlarvung: Selbstbeobachtung, Selbstspaltung sei ohnehin ihr „Übel" – das brauche sie sich nicht noch extra zu verordnen und mit dem großen Wort „Zeugenschaft" aufzuputzen. Liest man die Sätze laut, gerät man in jambisches Sprechen hinein, in deklamatorischen Gestus: „Hat es nicht jetzt schon, dies probate Mittel, / mein altes, schon vergeßnes Übel wieder wahr gemacht: / daß ich, gespalten in mir selbst, mir selber zuseh" – die Wortwahl scheint mitbestimmt durch metrische Nötigung. Wer spricht? Ist das die neue Sprache, die Christa Wolf in den „Voraussetzungen" beschwört, die sich wehren soll gegen ertötende Formzwänge, die die Regeln abschütteln und dadurch authentisch sein soll, daß sie „auf den Abstand, den bestimmte Formen geben, verzichtet"? Lesen wir weiter. „[...] mir selber zuseh / mich sitzen seh auf diesem verfluchten Griechenwagen, unter meinem Tuch, von Angst geschüttelt". Abrupt ist der hohe Ton abgebrochen, noch einmal hat sich Kassandra eine Maske abgenommen und spricht jetzt nüchterne Prosa, zu der noch beiträgt die Ersetzung des erwarteten Fragezeichens durch einen Punkt. Noch einmal folgt die Frage, die die vor ihr liegende Szene der Abschlachtung und ihre eigene Rolle dabei umkreist, wieder im hohen Ton, mit dem Aufgebot eines ganzen Arsenals rhetorischer Mittel, die auf Emphase zielen. In immer neuem Anlauf, mit fünffacher Anapher, schwingt sich die Frage zur Klimax auf – scheint sich zu schwingen, denn auf den fünften Aufschwung erfolgt kein Höhepunkt, sondern zum dritten Mal ein Abbrechen des Satzes, so daß rückwirkend das letzte Glied der Reihe „werd ich um des Bewußtseins willen bis zuletzt mich selber spalten, eh das Beil mich spaltet" als das Wichtigste stehenbleibt. Nach all der Amplificatio setzt sich der Gedanke dann wieder, wie schon zuvor, nach dem letzten Abbrechen in karger Prosa fort. Herabgestiegen vom Kothurn, lakonisch: „Warum will ich mir diesen Rückfall in die Kreatur bloß nicht gestatten." Fragen, immer weiter Fragen. Die Tatsache der Selbstspaltung bleibt, sie erscheint nur unter immer neuen Bildern und Namen, als strenges, gegen sich selbst gewandtes Urteil, ohne daß ein verurteilender Vater (wie bei Kafka) noch anwesend wäre. Ist das die neue Sprache?

Die Gespaltenheit, die Kassandra beklagt und die Christa Wolf anklagt, behält sie als Signum der Wahrhaftigkeit bei bis zum Schluß. Es ist ein Weg hin zu der neuen Sprache mit eigener Stimme. Die Sprache der Spaltung entspricht dem Selbstentlarvungsprozeß – der dem Prozeß der Entlarvung der Götter und der Ihren auf dem Fuße folgt; er ist dem Härtungsprozeß des beschworenen Vorsatzes, Zeuge zu bleiben, genau entgegengesetzt, hebt ihn wieder auf. Der jambisch geprägte hohe Stil der überlieferten Kassandra, der heldische Gestus, wird zitiert – und aufgegeben. Er bezeichnet die Fallhöhe, die Länge des Weges, die zurückzulegen ist von der Kassandra der Überlieferung zur Kassandra 1983, aus deren

Stimme Christa Wolf heraushörte, in die sie hineinhörte: „Selbsterkenntnis, Distanz, Nüchternheit […] bei innigster Betroffenheit“.

Es erinnert an einen Zustand, an dem Kassandra bei Aischylos und Euripides teilhat, ebenso wie die Sonettdichterin Caroline von Günderrode und auch Ingeborg Bachmann, ehe sie ihrer Lyrik absagte um der Prosa willen. Christa Wolf hat im Günderrode-Essay diesen Zustand charakterisiert: „Welchen Grad von Freiheit und Unabhängigkeit verleiht die Kunst, der Zwang zur Form!“ Ihre Kassandra kann diese paradoxe, dialektische Freiheit in der Formgebundenheit allenfalls noch zitieren – aufgegeben ist ihr nach dem Willen ihrer Autorin, die überlieferten Formen zu durchschauen als auf Herrschaft zielend, als entfremdend, ertötend. Sie muß sich ins Wort fallen, wenn sie sich ihnen noch einmal zu überlassen beginnt. Dabei erfährt sie: Das Fallenlassen der Form bedeutet zunächst einmal Unsicherheit, offene Fragen, Selbstzweifel.

Welchen Grad von übereinstimmender, ergriffener Einfühlung die Autorin mit der Kassandra der Überlieferung auch empfindet – ebenso bezeichnend sind die Abweichungen. Die wichtigste ist wohl, daß die Kassandra des Aischylos heldenhaft ist oder zumindest glaubt, es sich und der Nachwelt schuldig zu sein: „Nach meinem Tod sollt ihr bezeugen: Daß ich tapfer war.“ Bei Euripides erscheint sie ebenfalls ohne Angst, aber auch ohne Bewußtsein, ganz eins mit ihrem rasenden Verlangen, durch die Ehe Agamemnon zu verderben, selbst eine der Rachefurien, von denen sie kündet. Kassandra 1983 ist, wie ihre Sprache bezeugt, auch nach der Befreiung von den Rollenzwängen eine Gespaltene. Sie kann nicht ungebrochen tapfer sein, sie kann aber auch nicht ungebrochen ihre Angst zulassen. Wenn sie später die Stationen der „Befreiung“ ihrer unterdrückten Angst in wohlgeformten Sentenzen, selbstbewußt ironisch und zum Zitieren einladend, nachzeichnet: „Die Tochter des Königs hat keine Angst, denn Angst ist Schwäche, und gegen Schwäche hilft ein eisernes Training. Die Wahnsinnige hat Angst, sie ist wahnsinnig vor Angst. Die Gefangene soll Angst haben. Die Freie lernt es, ihre unwichtigen Ängste abzutun und die eine große wichtige Angst nicht zu fürchten, weil sie nicht mehr zu stolz ist, sie mit anderen zu teilen“, so endet diese Klimax wiederum mit einem jähen Fall: „Formeln, nun ja" (41). Ein verbales Schulterzucken.

„Prophetenglauben ist, denke ich, großenteils Glaube an die Kraft des Wortes", schreibt Christa Wolf in den Vorlesungen, und der im Zusammenhang mit Anna Seghers beschworene aufklärerische Glaube an die Macht des Wortes klingt nach. Ist mit dem Glauben an die fremde prophetische Stimme in Kassandra auch ihr Glaube an die Kraft des Wortes dahin?

Bei der Kassandra des Aischylos prägt dieser Glaube noch die letzte Station des Weges der gefangenen Seherin: Sie legt zwar auch die Insignien des Seherstandes ab – ihre Sehergabe bewahrt sie aber weiter: Sie „sieht" von außen das Geschehen im Palast des Agamemnon, das vergangene, gegenwärtige und zukünftige Schlachten und Metzeln, und kündet kraftvoll davon dem Chor, der reagiert, mit Entsetzen, Abwehr, Staunen. Die Kassandra der Christa Wolf hat niemanden mehr, der ihr zuhört – sie verkündet nichts mehr („Der Ton der Verkündigung ist dahin: Glücklicherweise dahin"), sie schaut nichts voraus als das Offensichtliche, Unvermeidliche, sie spricht „Vergangenheitssprache" im Zurückblicken auf einst Prophezeites, schrecklich Erfülltes, auf Warnungen und Weheschreie, die nichts verändern, nichts aufhalten konnten.

Sich der Wörter vergewissern, das ist Teil der Gegenwartshandlung der „Kassandra", die mitteilt, erfährt und „sieht", wie schwer, ja wie gefährlich es ist, wenn eine Frau sich nicht mehr durch Rollenerwartungen definiert, zu denen vorgegebene Sprachmuster gehören, sondern lernt, „als Frau ‚ich' zu sagen".

„Gern wüßte ich (was denk ich da! Gern? wüßte? ich? Doch. Die Worte stimmen), gern wüßte ich, welche Art Unruhe [...]"(22)

„Nie war ich lebendiger als in der Stunde meines Todes, jetzt.

Was ich lebendig nenne? Was nenne ich lebendig. Das Schwierigste nicht scheuen, das Bild von sich selbst ändern. Worte, sagte Panthoos, da war er noch ein Widerpart für mich. Nichts als Worte, Kassandra. Der Mensch ändert nichts, warum ausgerechnet sich selbst, warum ausgerechnet das Bild von sich." (25)

„Nichts davon werden ihre Sänger überliefern.

Und wenn sie – oder wir – es überlieferten? Was folgte daraus? Nichts. Leider oder glücklicherweise nichts. Nicht der Gesang, nur der Befehl bewegt mehr als die Luft. Das ist nicht mein Satz, das ist Penthesileas Satz." (122)

Der Weg heißt: zu versuchen, mit der eigenen Stimme zu sprechen – und sich dabei der Unterstützung zu versichern der anderen, Frauen und Männer von heute oder aus früheren Jahrhunderten, deren Anspruch auf unverstümmeltes Leben „niemals zu verwirklichen, doch auch niemals mehr ganz und gar aus der Welt zu schaffen" ist, wie sie im Günderrode-Essay schreibt. Das Durchbrechen der Vereinzelung gelingt in der Kassandra-Fiktion in der Frauengemeinschaft in den Höhlen am Skamandros (stadtfern wie Arden Forest bei Shakespeare, Hierarchie-Regeln des Patriarchats außer Kraft setzend) – aber nur auf Zeit; gelingt Anna Seghers durch den Anschluß an eine „progressive gesellschaftliche Bewegung", gelingt der Günderrode nach dem Fehlschlagen ihrer Liebeswünsche nicht, gelingt der Frau in Ingeborg Bachmanns „Malina" nicht, gelingt Christa Wolf 1979 und 1983 durch das Vergegenwärtigen der Stimmen derer, die sich nicht das Denken und das Fühlen auseinanderreißen lassen wollten und wollen, die „Abtötungstechniken" bewußt erlebt und im Schreiben oder Leben zu überwinden versucht, die den „Selbstvernichtungswunsch" kennengelernt haben und ihm nachgeben oder auch nicht. Die Programmpunkte für eine ‚Ästhetik des Widerstands' sind unbedingt aufrechtzuerhalten; Kassandra aber *bezeugt* durch ihre Sprache die Anstrengung, die es kostet, die Kluft zwischen Anspruch und Wirklichkeit nicht auf sich beruhen zu lassen oder wegzulügen.

„Es stellt sich heraus, daß ich […] Kassandra nicht mehr als tragische Figur sehen kann. […] Besteht ihre Zeitgenossenschaft in der Art und Weise, wie sie mit Schmerz umgehn lernt? Wäre also der Schmerz – eine besondre Art von Schmerz – der Punkt, über den ich sie mir anverwandle, Schmerz der Subjektwerdung?" (Voraussetzungen, 89.)

1985

Das Kassandra-Projekt steht auch für das Stichwort „weibliches Schreiben". Von den zahlreichen Beiträgen zu diesem Aspekt seien hervorgehoben: Sibylle Cramer, Eine unendliche Geschichte des Widerstands. Zu Christa Wolfs Erzählungen „Kein Ort. Nirgends" und „Kassandra". In: Christa Wolf. Materialienbuch. Hrsg. von Klaus Sauer. Neue, überarb. Ausgabe, Darmstadt und Neuwied 1983, S. 121-142; Manfred Jäger, Die Grenzen des Sagbaren. Sprachzweifel im Werk von Christa Wolf (ebenda, S. 143–162); sowie Sonja Hilzinger, Weibliches Schreiben als eine Ästhetik des Widerstands. Über Christa Wolfs „Kassandra"-Projekt. In: Neue Rundschau (Frankfurt a. M.), 1/1985, S. 84–101. Bei Marina Gambaroff (Emanzipation macht Angst. In: Die Utopie der Treue. Hamburg 1984) fand ich bekräftigende Übereinstimmungen zwischen den von der psychoanalytischen Praxis bestimmten Beobachtungen der Autorin und meinen Beobachtungen an der Schreibweise von „Kassandra".

Ich möchte eine Bemerkung von Christa Wolf in der vierten Vorlesung (Voraussetzungen, 150) nicht unwidersprochen lassen. Sie spricht dort über Intention, Wirkung und Leistung von Ästhetik: Die seien, „wie Philosophie und Wissenschaft, mindestens im gleichen Maß, zu dem Zweck erfunden, sich Wirklichkeit vom Leib zu halten, sich vor ihr zu schützen, wie zu dem Ziel, der Wirklichkeit näherzukommen". Das ist der Zusammenhang, in dem sie fortfährt: „Meinst Du, die Bachmann wußte nicht, wie Goethe, Stendhal, Tolstoi, Fontane, Proust und Joyce Romane schrieben?" Diese Zusammenstellung ist wenig sachdienlich, scheint mir. Goethe hat auf sehr unterschiedliche Weise das geschrieben, was man ‚Roman' nennt – und für seinen letzten hat man ihm die Zugehörigkeit zu der Gattung rundum abgestritten. Bei aller Anerkennung der Eigenart des Romans „Malina" von Ingeborg Bachmann, auf die das Argument zielt – ich hätte doch gewünscht, in den Büchersäcken, die Christa Wolf zu Beginn der vierten Vorlesung in ihrem Arbeitsraum ausschüttet, hätte sich noch ein weiteres Buch befunden: Erich Auerbachs „Mimesis" (5. Aufl., Bern–München 1971), in dem er der dargestellten Wirklichkeit (dies Wort durchaus ohne Gänsefüßchen) der abendländischen Literatur auf die Spur zu kommen sucht und am Ende zu Virginia Woolf gelangt. Er tut ihr (die für Christa Wolf zu der Bachmann-Genealogie gehört) kein Unrecht, wenn er sie zusammen sieht mit Joyce und Proust und Musil, in ihrer Weise, „die Wirklichkeit in vielfältige und vieldeutige Bewußtseinsspiegelungen" aufzulösen und „den Akzent auf den beliebigen Vorgang zu legen, ihn nicht im Dienst eines planvollen Handlungszusammenhangs auszuwerten, sondern in sich selbst; wobei etwas ganz Neues und Elementares sichtbar wurde: eben die Wirklichkeitsfülle und Lebenstiefe eines jeden Augenblicks, dem man sich absichtslos hingibt" (513). Es gibt eine Tradition ‚ästhetischen Widerstands' gegen Kunstformen, die Wirklichkeit abwehren, der den Gegensatz männliches – weibliches Schreiben übergreift; so wie es in „Kein Ort. Nirgends" an der Günderrode, Kleist (und Hölderlin) exemplifiziert wird.

Sonja Hilzinger

Weibliches Schreiben als eine Ästhetik des Widerstands

Über Christa Wolfs „Kassandra"-Projekt

Die folgenden Überlegungen verstehen sich als Beitrag zur weiteren Klärung der Begriffe ‚weibliches Schreiben' und ‚weibliche Ästhetik', über die seit annähernd zehn Jahren nicht nur im Rahmen feministischer Literaturwissenschaft diskutiert wird.

Als Beispiel für meine Untersuchung wähle ich die „Voraussetzungen einer Erzählung: Kassandra" sowie die Erzählung „Kassandra"[1] der DDR-Autorin Christa Wolf, weil diese beiden Texte in idealer Weise die dialektische Bezogenheit verschiedener literarischer Formen von Prosa und Essayistik, von Leben und Schreiben aufweisen, die mir für weibliche Schreibpraxis charakteristisch erscheinen.

In fünf Vorlesungen, in denen Christa Wolf ihre subjektive Herangehensweise und ihre Annäherungen an Stoff und Figur der Kassandra nachvollziehbar offenlegt, arbeitet sie den Widerspruch zwischen dem „lebendigen Material" (V 8) und den vorhandenen ästhetischen Formen heraus, in die es gebracht werden soll.

Dabei variiert sie verschiedene literarische Gattungen: Reisebericht, Arbeitstagebuch, Brief und Erzählung. Diese Bewegungen ihrer ästhetischen Formensuche experimentellen Charakters kreisen um ein Bild, ohne es letztlich fixieren zu können: Kassandra, auf dem Beutewagen des Agamemnon vor dem Löwentor von Mykene sitzend.

In einem ersten Entwurf geht Christa Wolf davon aus, daß Kassandras Grundkonflikt in ihrem „Ringen um Autonomie" (V 118) bestehe, daß ihre Grunderfahrung sei, von den eigenen Leuten zum Objekt für deren Zwecke, die Sicherung ihrer Macht, mißbraucht zu werden. In Kassandra sei, so Wolfs Annahme, „eine der ersten Frauengestalten überliefert, deren Schicksal vorformt, was dann, dreitausend Jahre lang, den Frauen geschehen soll: daß sie zum Objekt gemacht werden" (V 86).

In diesem ersten Entwurf bringt Christa Wolf Kassandras versuchsweise rekonstruierte, modellhaft aufgefaßte Situation in unmittelbare Beziehung zur aktuellen politischen Lage: eine Vor-Kriegs-Zeit, eine Zeit der Rüstung zum Krieg in bisher nicht dagewesenem Ausmaß der Bedrohung.

Die historische Figur der Kassandra steht an der Nahtstelle einer Zeitenwende, von der es keine nach wissenschaftlichen Kriterien gesicherten Daten und Fakten gibt: die für die abendländische Geschichte grundlegende Wende, den vermutlich nach längeren kriegerischen Auseinandersetzungen erreichten Sieg des Patriarchats über die bestehende matriarchale Gesellschaft. Wolfs Anliegen ist die Rückführung der Kassandra-Figur in die „(gedachten) sozialen und historischen Koordinaten“ (V 111) dieser Zeitenwende, von der keine Geschichtsschreibung berichtet, aber Mythen – wie beispielsweise die Orestie – und deren frühe literarische Gestaltung überliefert sind.

Dieses Unternehmen fördert, wie ich zeigen möchte, eine Geschichtsschreibung von unten und eine widerständige Poetik zutage, die von Frauen, welche seit dieser Zeitenwende zu den Unterdrückten und Ausgesperrten gehören, getragen werden.

Christa Wolfs Entwurf weiblichen Schreibens

Ich möchte mich hier hauptsächlich auf diejenigen Überlegungen Christa Wolfs zu weiblichem Schreiben beziehen, die sie – einerseits historisch, andererseits psychologisch begründet – in den „Voraussetzungen“ ausführt; daneben sollen jedoch auch andere wichtige Bezüge – wie die zu Ingeborg Bachmann, zu Karoline von Günderrode – aufgezeigt werden.

Wolf geht zunächst, die abendländische Geschichte verfolgend, einem in Politik und Kultur gleichermaßen wirksamen Ausschluß des weiblichen Geschlechts nach; ihr Fazit: „Die Frau, einst Ausführende, ist entweder ausgeschlossen oder zum Objekt geworden.“ (V 144) Die kulturellen und wissenschaftlichen Fortschritte der abendländischen Zivilisation seien durch das Gewaltmonopol des männlichen Geschlechts über das weibliche und eine daraus resultierende Arbeitsteilung zwischen den Geschlechtern erreicht worden. Das abendländische Denken sei bei seiner Festigung und schließlichen Etablierung den „Weg der Sonderung [gegangen], der Analyse, des Verzichts auf die Mannigfaltigkeit der Erscheinungen zugunsten des Dualismus, des Monismus, zugunsten der Geschlossenheit von Weltbildern und Systemen, des Verzichts auf Subjektivität zugunsten gesicherter ‚Objektivität'" (V 139). In dieser Tendenz zur Objektivierung, zum „Objektmachen" (V 114), dem auch gerade die Frau, das ‚andere' Geschlecht, unterworfen wurde, erkennt Wolf die „Hauptquelle von Gewalt" (V 114) im privaten wie im gesellschaftlichen Bereich.

Dieses abendländische Denken interpretiert Christa Wolf nun, ausgehend von Ingeborg Bachmanns Gedicht „Erklär mir, Liebe", als eines, das vor allen anderen dadurch gekennzeichnet ist, daß es Liebe ausschließt.

Der Liebe kommt in Wolfs Prosa und Essayistik eine umfassende und zentrale Bedeutung zu. Sie ist das Signum einer erfüllten Existenz, des Zu-sich-selber-Kommens des einzelnen Menschen, ist das Gegenteil von Entfremdung. Darüber hinaus schließt Liebe die Bereitschaft zu dem lebensgefährlichen, aber gleichwohl lebensnotwendigen Risiko des Sicheinlassens ein, ohne das es weder politische Entschiedenheit noch ebenbürtige zwischenmenschliche Beziehungen geben kann.

Liebe in dieser Bedeutung hat Wolf den am traditionellen Rollenbild festhaltenden Männern in Erzählungen wie „Unter den Linden" (1969), „Selbstversuch" (1972) und zum Teil in „Kein Ort. Nirgends" (1979) radikal abgesprochen. Liebe und Liebesfähigkeit findet sie, neben anderen Merkmalen von „Schwesterlichkeit", bei Frauen in der DDR ausgeprägt.

Diese Frauen, so schreibt sie in ihrem Essay „Berührung", der in der westdeutschen Ausgabe Maxie Wanders Protokollsammlung „Guten Morgen, du Schöne" vorangestellt ist, haben begonnen, die Realität mit allen ihren Sinnen und mit „rückhaltloser Subjektivität" zu erfassen und dem herrschenden Realitätsprinzip selbstbewußt ein anderes – ihr eigenes – entgegenzusetzen: „Vernunft, Sinnlichkeit, Glückssehnsucht setzen sie dem bloßen Nützlichkeitsdenken und Pragmatismus entgegen – jener ‚Ratio', die sich selbst betrügt: Als könne eine Menschheit zugleich wachsende Anteile ihres

Reichtums für Massenvernichtungsmittel ausgeben und ‚glücklich‘ sein; als könne es ‚normale‘ Beziehungen irgendwo auf der Welt geben, solange die eine Hälfte der Menschheit unterernährt ist oder Hungers stirbt. Das sind Wahnideen. Es kommt mir so vor, daß Frauen, denen ihr neu und mühsam erworbener Realitätsbezug kostbar ist, gegen solchen Wahn eher immun sind als Männer, und daß die produktive Energie dieser Frauen deshalb eine Hoffnung ist.“

Wie hätte das abendländische Denken aussehen können, wenn Frauen es mitgeprägt hätten? Was haben Frauen eingebracht an Erfahrungen, Erkenntnissen und Entwürfen, seit ihnen dafür eine Öffentlichkeit zugestanden wurde? Diesen Fragen folgend, nennt Christa Wolf als Vorläuferinnen einige wenige, durch Herkunft und Bildung privilegierte Frauen der Romantik. Im „Brief über die Bettine“ beschreibt Wolf die Umrisse dieses anderen Denkens, wie sie es bei den Romantikerinnen fand: „Miteinander denken um der Liebe willen. Liebe, Sehnsucht als Mittel der Erkenntnis brauchen; denkend, fühlend nicht von sich selber absehen müssen.“

Gegen solche Entwürfe steht ungebrochen die Herrschaft der Männer. An die Bilder, die sie von Frauen erstellen, können diese im Leben wie im Schreiben nicht anknüpfen: Sie müssen authentische Muster erst suchen.

Ästhetik als Ausdruck einer aus einer besonderen Wahrnehmung von Wirklichkeit folgenden Gestaltung derselben könnte, so Wolfs These, neben anderen auch geschlechtsspezifische Varianten haben. Ästhetik könne sowohl dazu gebraucht werden, sich die Wirklichkeit – auch die der eigenen Person – vom Leib zu halten (dies die vermutete männliche Variante), als auch (dies die weibliche), ihr nahe und näher zu kommen, ihr schließlich ausgeliefert zu sein. So sei die Autorin Bachmann identisch mit der namenlosen Frau in ihrem Roman „Malina“, sei auch identisch mit Franza, die „ihre Geschichte einfach nicht in den Griff, nicht in die Form kriegt. Die es einfach nicht fertigbringt, aus ihrer Erfahrung eine präsentable Geschichte zu machen, sie als Kunstgebilde aus sich herauszustellen.“ (V 151)

Mit dieser Problematik – die Authentizität ihrer Erfahrung und Empfindung in vorgegebenen ästhetischen Formen zu bewahren – waren und sind schreibende Frauen vertraut. Die

Romantikerinnen, bei denen Wolf den ersten „Ansatz zu einer Ästhetik, deren Splitter wir sammeln sollten" (Brief über die Bettine), fand, wählten deshalb aus den vorhandenen vorwiegend diejenigen Gattungen, die, auf Selbstaussage, Anrede und Dialog gegründet, zu den persönlichsten und subjektivsten Literaturformen gehören: Tagebuch, Brief, Reisebeschreibung, Gedicht. Dies sind, wenn man den durchaus jambischen Rhythmus der Erzählung „Kassandra" bedenkt, auch die Formen, die Wolf für ihre Vorlesungen wählte.

Indem die Romantikerinnen sich auf ihre Sinne, ihre Sinnlichkeit als eine Erkenntnismöglichkeit von großem Umfang und unbestechlicher Genauigkeit einließen, entdeckten sie bekannte Wirklichkeit neu, schufen sie andere Bezugssysteme, entwickelten sie eine andere Ästhetik.

In intellektualisierter Form greift Bachmann die Wirklichkeitsauffassung der Romantikerinnen auf, wenn sie schreibt: „Denn die Tatsachen, die die Welt ausmachen – sie brauchen das Nichttatsächliche, um von ihm aus erkannt zu werden." (Der Fall Franza.)

In dieser wie auch in Wolfs Auffassung von Wirklichkeit – „Nicht mehr bin ich an Tatsachen gekettet. Ich kann frei die Wahrheit sagen" (Unter den Linden) – geht es um die fruchtbar zu machende Spannung zwischen ‚objektiven' Tatsachen und subjektiver Wahrheit. Zugleich spielt diese Wirklichkeitsauffassung auf einen Begriff des Erkennens an, der faktisch identisch ist mit Wolfs Begriff der Liebe als einer genauen, umfassenden sinnlichen Wahrnehmung eines anderen.

Von einer durch diese Voraussetzungen historischer und psychologischer Art geprägten besonderen Beziehung von Frauen zur Wirklichkeit versucht Wolf den Begriff weibliches Schreiben zu fassen: „Inwieweit gibt es wirklich ‚weibliches Schreiben'? Insoweit Frauen aus historischen und biologischen Gründen eine andre Wirklichkeit erleben als Männer. Wirklichkeit anders erleben als Männer und dies ausdrücken. Insoweit Frauen nicht zu den Herrschenden, sondern zu den Beherrschten gehören, jahrhundertelang, zu den Objekten der Objekte [...]; insoweit sie aufhören, sich an dem Versuch abzuarbeiten, sich in die herrschenden Wahnsysteme zu integrieren. Insoweit sie, schreibend und lebend, auf Autonomie aus sind." (V 114 f.)

Diese Begründung weiblicher Schreibpraxis im weiblichen Lebenszusammenhang, der als ein historisch gewordener und deshalb auch veränderbarer vorausgesetzt wird, begreift diese als den Versuch einer Befreiung von Unterdrückung und als Widerstand gegen permanente Fremdbestimmung.

Weibliches Schreiben in dem Sinn, daß es die Genauigkeit der Wahrnehmung mit der Authentizität der subjektiven und – notwendig – parteiischen Erfahrung von Frauen verbände und seinen Stoff im „kostbaren Alltag" (V 125) fände, beschreibt Wolf als einen Versuch, „sich in jedem Sinn ‚von unten' an sein Material heranzuarbeiten, das, wenn man es durch ein anderes Raster ansähe als bisher, doch noch bisher unerkannte Möglichkeiten offenbaren mag" (V 125).

Es handelt sich also um den Versuch, der aus dem abendländischen Denken erwachsenden Ästhetik der Herrschaft des Schreckens und der Vernichtung eine Ästhetik des Widerstands entgegenzusetzen.

Aspekte weiblichen Schreibens am Beispiel der Erzählung „Kassandra"

Interpretatorischer Ansatz

Ich möchte am Beispiel der Erzählung „Kassandra" einen interpretatorischen Ansatz zur Anwendung bringen, mit dem ich im Zusammenhang mit Wolfs Prosa und Essayistik schon einmal gearbeitet habe.[2] Hierbei beziehe ich mich auf Thesen und Postulate von Hélène Cixous und Julia Kristeva, die Bezüge herzustellen versuchen zwischen Feminität, Schreiben und Frauenbewegung. Es handelt sich dabei um keine kohärente Theorie nach traditionell wissenschaftlichem Verständnis, sondern vielmehr um feministisch rekonstruierte Fragmente und Begriffe aus der Freudschen und Lacanschen Psychoanalyse, dem französischen Strukturalismus sowie dem Marxismus-Leninismus. Hauptsächlich beziehe ich mich bei der folgenden Interpretation auf die Begriffe „semiotische Sprachebene" (Kristeva) und „weibliche Sublimation", „weibliches Begehren" und „weibliche Bisexualität" (Cixous).

Mit diesen Begriffen und den ihnen zugrunde liegenden

Vorstellungen von weiblichem Schreiben innerhalb des patriarchalen Kulturzusammenhangs möchte ich eigene vorläufige Ergebnisse über Aspekte emanzipatorischer Schreibpraxis in der Frauen-Prosa der DDR in den siebziger Jahren ergänzen und präzisieren. Am Beispiel von Prosatexten von Sarah Kirsch, Irmtraud Morgner, Brigitte Reimann, Anna Seghers, Gerti Tetzner, Maxie Wander, Christa Wolf und anderen habe ich vier Aspekte weiblichen Schreibens herausgearbeitet, die ich im folgenden ausführe:

– Subjektivierung des Erzählens;

– parteiische Kritik an patriarchalen Verhältnissen bei gleichzeitiger Antizipation besserer Verhältnisse;

– Widerstand gegen Vergessen und Verdrängen auf persönlicher wie gesellschaftlicher Ebene;

– formale Vielfalt und Experimentierfreudigkeit, keine kanonisierbaren Formen.

1. Subjektivierung des Erzählens

Subjektivierung des Erzählens meint anderes als eine äußere Übereinstimmung zwischen Autorin/Erzählerin/Protagonistin oder die Praxis (auto)biographischer Schreibweise. Vielmehr steht die Autorin mit ihrer Persönlichkeit ein für die Wahrhaftigkeit, die Authentizität des Erzählten: Sie ist in dem, was sie schreibt, anwesend.

Christa Wolf, die für ihre Prosa am Beispiel Büchners und Dostojewskis den Begriff der ‚subjektiven Authentizität' eingeführt hat, um die Hereinnahme der gesamten Persönlichkeit des Prosa-Autors mit seinem Verhältnis zu seiner Zeit und Gesellschaft in seine Prosa zu beschreiben, definiert erzählen als „wahrheitsgetreu zu erfinden aufgrund eigener Erfahrung" (Lesen und Schreiben).

Die französische Strukturalistin Julia Kristeva beschreibt das Anwesendsein der Frau als Autorin in ihrem Text als einen dialektischen Prozeß, in welchem „das Subjekt, das könnte die Frau sein, ihre ganze (unbewußte) libidinös-archaische Struktur auf sich nimmt und in den Akt der Symbolisierung einbringt"[3].

Kristeva unterscheidet zwei Ebenen der Sprache: Der semiotischen Ebene ordnet sie aus dem Unbewußten schöpfende bildhafte Gestaltung sowie die frühkindliche Mutterbeziehung zu, der symbolischen das ordnende Bewußtsein, Wortproduktion als Zeichenproduktion sowie die Beziehung zum Vater bzw. zur gesellschaftlichen Repräsentanz des Männlichen. Die eigentliche Quelle künstlerischer Produktivität vermutet Kristeva für beide Geschlechter in der (verdrängten) frühkindlichen Beziehung zur Mutter, insbesondere zu deren Körper: Dies nennt sie „Funktion der Mutter“. Weiter konstatiert Kristeva den „Effekt Frau“, d.i. die Nicht-Existenz der Frau und des Weiblichen im Symbolischen auf Grund männlicher Verdrängung.

Das Semiotische als Ursprung künstlerischer Produktivität bricht auf dem Weg über die Stimme – ihren Rhythmus, ihr Sprechen und Schweigen – in die Bereiche des Symbolischen ein. Wie für das Kleinkind die Stimme der Mutter es ihrer Anwesenheit versichert, auch ohne Blickkontakt, steht die Stimme für den (weiblichen) Körper, der im Sprechen, im Erzählen nicht realisiert, sondern – wie Erotik, Sexualität, Weiblichkeit überhaupt – verdrängt wird.

In der Prosa Christa Wolfs gibt es zahlreiche eindrucksvolle Beispiele für die Verdrängung von Körperlichkeit und Sexualität, allerdings auch Hinweise auf die Genese dieser Verdrängung, wie die Geschichte der Nelly Jordan in dem Roman „Kindheitsmuster“ zeigt. Die Stimme, die einerseits einen „Erzählraum“ (Wolf) schafft, der angefüllt werden muß, steht andererseits, materialisiert zum „Erzählton“ (Wolf), für die Authentizität des Erzählten, garantiert dessen Wahrhaftigkeit. Die Stimme steht in Beziehung zum Unbewußten, zur Erinnerung, sie bricht das Schweigen, das über dem Vergessenen und dem Verdrängten liegt.

Die Erzählung „Kassandra“ ist gestaltet als ein einziger langer Monolog, in den Fragmente aus Träumen, Erinnerungen und Phantasien eingebettet sind. Die Schwierigkeit, angesichts des Todes, des endgültigen Vergessens und Vergessenwerdens, wie es scheint, die Stimme zu erheben, gestaltet die Erzählung poetisch aus. Kassandra, auf dem Beutewagen des Agamemnon sitzend, vor sich das Löwentor von Mykene, hinter dem sie der sichere Tod erwartet – in dieses Bild nun kommt Leben, es findet die Sprache wieder, seine Stimme erreicht uns heute.

In ähnlicher Weise, wie sich Wolf in „Nachdenken über

Christa T.", aber auch in ihren Essays über Bettine von Arnim, Karoline von Günderrode, Anna Seghers, Ingeborg Bachmann, Vera Inber als Ziel ihres Erzählens setzt, diese Frauen erneut „hervorzubringen", daß „man sie sieht" (Nachdenken), versucht sie am Beispiel der Kassandra diese Versinnlichung eines Bildes.

Cixous beschreibt mit dem Begriff „weibliche Sublimation" einen produktiven Umgang mit Schmerz, Trauer und Verlust als Alternative zur Verdrängung; damit meint sie die Fähigkeit, „den Verlust auf sich zu nehmen [...] und ihn zu leben. [...] Das ist wie eine Art offenes Gedächtnis, das ohne Unterlaß zuläßt."[4]

Diese Beschreibung gibt die innere Haltung Kassandras anschaulich wieder, die angesichts des Todes eine Flut von Bildern freisetzt. Ihr Monolog kann in der Tat als ein solches ‚offenes Gedächtnis' interpretiert werden, das – über das individuelle Schicksal hinaus – Momente weiblicher Geschichte und weiblichen Bewußtseins vor dem Vergessen bewahrt.

2. Kritik und Entwurf

Parteiische Kritik an patriarchalen Verhältnissen kann sich in vielfältigen Formen äußern, wie die neuere Frauen-Literatur in der DDR überzeugend zeigt: Phantastische, satirische, verfremdende Elemente, Motive aus Traum und Märchen, aus romantischer Erzähltradition usw. werden dort erprobt.

Indem patriarchale Verhältnisse zugleich als vor-sozialistische begriffen werden, versteht sich diese Literatur auch als an vorderster Front einer oppositionellen Bewegung. Schreiben wird als Gegenentwurf zum Bestehenden, als Antizipation besserer Verhältnisse aufgefaßt; in Anlehnung an Bloch kann Erinnerung zum Vorschein des Zukünftigen werden.

Die Stadt Troia wird von Christa Wolf vorgeführt als eine Festung des noch jungen Patriarchats, die sich zunächst in Vorbereitung des Krieges, dann in zehnjährigem Kriegs- und Belagerungszustand befindet. Die Frauen in dieser Stadt leben in politischer Ohnmacht; sie sind aus entscheidenden politischen Funktionen ausgeschlossen, werden zum Tauschobjekt mit dem Feind erniedrigt, als Preis für politische Bündnisse instrumentalisiert, Opfer der Rache der Feinde, versklavt, vergewaltigt, ermordet.

Die Erzählung benennt die Mechanismen, mit denen Männer in Troia Politik machen, als solche der Verdrängung, der Verfälschung, der Heuchelei, des Intrigierens und des Verrats und letztlich der Mißachtung der Unversehrtheit des Lebendigen zugunsten einer Fiktion von Stärke und Macht, die sich ausschließlich im Töten und Siegen realisiert.

In den Griechen, die Troia zehn Jahre lang belagern, vor allem aber in Achill, einem ihrer Führer, verkörpert sich ‚die' kriegerische männliche Gewalt, die nur Sieg oder Tod kennt. Zwischen diesen Extremen vernichten die Männer beider Lager „das Dritte, das es nach ihrer Meinung überhaupt nicht gibt, das lächelnde Lebendige, das imstande ist, sich immer wieder aus sich selbst hervorzubringen, das Ungetrennte, Geist im Leben, Leben im Geist" (K 125).

Die troischen Männer werden den Griechen immer ähnlicher. Mit der Erkenntnis, daß die ‚Ihren' nicht die Ihren sind, beginnt für die troische Königstochter ein schmerzhafter Bewußtwerdungsprozeß, in dessen Verlauf sie sich von der Klasse ihrer Herkunft löst. Als Kassandras Schwester Polyxena zum Tauschobjekt mit dem Feind gemacht werden soll, protestiert Kassandra zum erstenmal öffentlich. Sie wird von den eigenen Leuten gefangengesetzt und kurz darauf aus bündnispolitischen Erwägungen mit einem Mann verheiratet, der im Kampf fällt. Kassandra weiß inzwischen, daß es in diesem Krieg nicht um die geraubte Griechin Helena geht – diese war nie in Troia –, sondern um die Aufrechterhaltung troischer Handelsmonopole.

Kassandras Beispiel zeigt, daß die Bindung an eine privilegierte, an die herrschende Klasse das Erkennen der wirklichen Verhältnisse und den Versuch, unabhängig zu leben, unmöglich macht. „Wann Krieg beginnt, das kann man wissen, aber wann beginnt der Vorkrieg. Falls es da Regeln gäbe, müßte man sie weitersagen. In Ton, in Stein eingraben, überliefern. Was stünde da. Da stünde, unter andern Sätzen: Laßt euch nicht von den Eignen täuschen." (K 78)

Außerhalb der Stadt Troia, in Höhlen an dem Fluß Skamandros, lebt eine immer größer werdende Gruppe von Frauen und Männern, die an alten matriarchalischen Kulten festhalten – weswegen sie Außenseiter bleiben. In ihrer von Solidarität, Freundlichkeit, Anteilnahme und Vertrauen geprägten

Gemeinschaft setzen sie eine wachsende Hoffnung gegen die kriegerische Vernichtung: „Zwischen Töten und Sterben ist ein Drittes: Leben." (K 138)

Kassandra, lange Zeit hin- und hergerissen zwischen ihrem „Hang zur Übereinstimmung mit den Herrschenden" (K 74) und ihrer „Gier nach Erkenntnis" (K 74), solidarisiert sich mit den Leuten am Skamandros. Dort wird sie eine unter vielen und lernt, „wie man mit beiden Beinen auf der Erde träumt" (K 156) – ein Blochscher Satz.

Die Grenzen dieses Entwurfs werden deutlich, wenn man – den Verlauf der Geschichte vorwegnehmend – die Ermordung oder Versklavung der Höhlenbewohner durch die Griechen als ein Scheitern dieser Utopie begreift.

Bedenkt man, daß Wolf diese ‚Gegengesellschaft' im wahrsten Sinne des Wortes erfunden hat, tritt ein anderes Moment dieser Utopiebildung, an dem deren Grenzen deutlich werden, stärker in den Vordergrund. Neben der Ausführung lebensbejahender und im weitesten Sinn kommunistischer Werte und Lebenspraxis spielen in diesem ‚anderen' Leben Gedanken gesellschaftlicher Humanisierung durch Kunst und künstlerische Produktivität eine wichtige Rolle.

In der Erzählung „Sagen von Unirdischen" (1970) hat Anna Seghers die Entstehung von Kunst aus dem magischen Verhältnis der Menschen zur Welt sowie die Bedeutung der Kunst als Kämpferin mit ihren spezifischen Mitteln für Freiheit, Gerechtigkeit und Menschlichkeit abgeleitet. Ihre Gestalt des Bildhauers Matthias greift Wolf auf in der Figur des Anchises, des Vaters des Aineias.

Den grundlegenden Gedankengang der Seghersschen Erzählung fortführend, führt der Teil der Erzählung „Kassandra", in dessen Mittelpunkt neben zahlreichen Frauen auch Anchises steht (der übrigens auch Momente der Philosophie Blochs vertritt), überzeugend den Nachweis von der Unentbehrlichkeit und Einzigartigkeit der Kunst, weil sie produktive und humane Eigenschaften in den Menschen befördere: Träume, Phantasie, Hoffnung, Genußfähigkeit, aber auch Angst und Zweifel.

Angesichts der kriegerischen Gewalt bleiben die Versuche einer Humanisierung mittels Kunst zum Scheitern verurteilt.

3. Momente des Widerstands

Die Erzählung „Kassandra" greift zunächst insofern ein Widerstandsmoment auf, als Kassandra – entgegen der patriarchalischen Verdrängung des Weiblichen – Kontur und Stimme gewinnt: Gleichermaßen zum Leben erweckt, erfährt sie den Prozeß einer Bewußtwerdung. So steht sie für ein „weibliches Vermächtnis, das der patriarchalischen Geschichte zum Opfer fiel" (Sibylle Cramer).

Abgesehen von der Figur der Kassandra, auf die noch zurückzukommen sein wird, zeigt die Erzählung verschiedene Widerstandshandlungen in ihren Begrenzungen und Möglichkeiten auf.

Am Beispiel des Aineias und der mit ihm ziehenden Schar Troer wird deutlich, daß Flucht und Emigration zwar das Leben sichern, aber das Prinzip, Held oder Opfer sein zu müssen, nicht durchbrechen können.

Die Amazonen repräsentieren ein anderes Moment des Widerstands, indem sie sich das patriarchalische Prinzip zu eigen machen und Töten oder Sterben dem Leben unter männlicher Herrschaft vorziehen. Insbesondere die Figur der Penthesilea verkörpert diese „ausweglose Linie des Matriarchats" (V 118).

Die Frauen des besetzten Troia realisieren ihren Ausschluß aktiv, indem sie sich einen Ort außerhalb der Gesellschaft, hier: vor den Toren der Stadt, schaffen – eine Gegengesellschaft auf der Grundlage lebensbewahrender Werte, die auch von einigen Männern mitgetragen werden.

Zwar ermöglicht ihnen diese konsequente Fortführung ihres Ausschlusses ein relativ freies, selbstbestimmtes Leben. Es bedeutet jedoch zugleich Verzicht, in die wichtigen Ereignisse handelnd und bestimmend einzugreifen, und endet notwendig in Flucht oder Versklavung.

Für die Figur der Kassandra sind unter dem Aspekt des Widerstands drei Momente bedeutsam:

– Sie setzt die von ihr subjektiv als solche erkannte Wahrheit gegen die taktischen, das Volk funktionalisierenden Manöver der Herrschenden, denen sie sich zunächst durch Herkunft und Zuneigung verbunden fühlt.

– Sie wählt das Priesteramt, um sich damit der weiblichen Rolle des Sexualobjekts zu widersetzen.

– Sie versucht in doppelter Weise Liebe und Leidenschaft

gegen die Todessucht und den Vernichtungswahn des Patriarchats auszuleben.

1. Kassandra ist als Königstochter und Apollon-Priesterin in einer privilegierten Situation, die ihr Schutz und einen gewissen Einfluß sichert. Sie hat den Mut, die wirklichen Verhältnisse zu sehen – den Kampf um wirtschaftliche und politische Macht und deren Sicherung –, was sie in Konflikt zu den Herrschenden bringt. Die Lösung dieses Konflikts vollzieht sich in einem schmerzhaften Prozeß der Bewußtwerdung, an dessen Ausgang sich Kassandra mit gesellschaftlichen Außenseitern solidarisiert.

Kassandras Geschichte steht nicht nur gegen die bisherige Geschichtsschreibung, welche die Heldentaten der Männer, Machtkämpfe, Siege und Niederlagen aneinanderreiht; sie vollzieht auch eine Entwertung des Heroenkultes.

Kassandra sieht und erkennt die Erbärmlichkeit der Sieger, die Gräßlichkeit des Siegens. Sie leistet Widerstand, indem sie die wirklichen Machtverhältnisse und Machtinteressen benennt und deren Vertuschung nicht länger unterstützt. Ihre exzessive Wahrheitssucht, die auf moralischer Verpflichtung und auf Solidarität mit anderen Unterdrückten beruht, läßt ihr jedoch keine Möglichkeit, dem Tod zu entkommen.

Dies ist insofern konsequent, als es in der Erzählung nicht allein um individuelle Überlebensmöglichkeiten, sondern um eine gesamtgesellschaftliche Humanisierung geht. Daß alternative Lebensformen, die sich in Nischen der bestehenden Ordnung ghettoisieren, diese Ordnung jedoch unangetastet lassen, begrenzt bleiben, wird deutlich. Die Tatsache, daß es Alternativen zu den Wegen, welche die Geschichte schließlich nahm, gab und gibt, wird in der doppelten Deutung eines Traumes der Königinmutter Hekabe zum Ausdruck gebracht. Der Priester Kalchas, der die neue patriarchalische Ordnung vertritt, deutet, daß der neugeborene Sohn Paris Troia in Brand stecken werde, die Hebamme Arisbe hingegen, er setze die alten matriarchalischen Göttinnen wieder ein.

Diese zweite Deutung kann im Kontext der Erzählung dahingehend interpretiert werden, daß es an der Zeit sei, eine gesamtgesellschaftliche Veränderung im Hinblick auf solche Fähigkeiten, wie sie die Leute am Skamandros entwickelt hatten – Solidarität, Liebe, Glückssehnsucht –, endlich mit ungeteilter Kraft zu betreiben.

2. Ein deutliches Motiv für Kassandra, das Priesteramt zu wählen, ist ihre „Abneigung gegen die Annäherung irdischer Männer“ (K 32). Die Tempelprostitution, die sie als junges Mädchen erfährt, bestärkt sie in ihrem Widerstand gegen die weibliche Rolle des Sexualobjekts, in der sich alle Erniedrigung und Ohnmacht des Objekt-Seins konzentriert.

Das Amt der Priesterin distanziert sie von anderen Frauen – vor allem von Polyxena, der Schwester, und der Amazone Penthesilea. Diese beiden verkörpern auf jeweils verschiedene Art eine Triebhaftigkeit, die Kassandra ängstigt: die eine, Polyxena, indem sie ihren masochistischen Unterwerfungswünschen, die andere, Penthesilea, indem sie ihren aggressiven Vernichtungswünschen in bezug auf Männer ausgeliefert ist, und beide sterben durch die Hand von Männern. Zwischen diesen beiden Frauen, die jeweils extreme Ausprägungen deformierter Weiblichkeit verkörpern, nimmt sich Kassandra merkwürdig körperlos, beinahe entsinnlicht aus.

Im Zusammenhang mit der Stimme, die für den im Erzählen nicht realisierten Körper steht, wurde bereits auf die Verdrängung von Sexualität in der Prosa Wolfs aufmerksam gemacht; gleiches gilt für die Figur der Kassandra, die, indem sie spricht, vergessen machen will, daß sie keinen Körper hat.

Ihre „Produktivkraft Sexualität“ (Irmtraud Morgner) kann sie nicht nutzen, was die Voraussetzung dafür wäre, „als ganzer Mensch zu leben […], von allen Sinnen und Fähigkeiten Gebrauch“ (Berührung) machen zu können.

So erweist sich Kassandras ‚Wahl‘ nicht als wirkliche Alternative zu den Weiblichkeitsbildern, wie sie Polyxena und Penthesilea darstellen, sondern als ein weiteres Bild.

Das Postulat von der „Produktivkraft Sexualität“, welche die Frauen für ihre Befreiung notwendig brauchen, bleibt jedoch nicht nur für die Prosa Christa Wolfs, sondern insgesamt für die emanzipatorische Frauen-Literatur, auch in der DDR, mehr Entwurf als konkrete Praxis.

Das von Cixous als wesentliche Konstituante weiblichen Schreibens proklamierte „weibliche Begehren“, welches mit Morgners „Produktivkraft Sexualität“ identisch sein dürfte, bleibt am Beispiel der Kassandra-Figur zu sehr auf innere Dimensionen beschränkt – auf eine Maßlosigkeit im Wünschen, auf die Gier nach Erkenntnis, auf Sinnlichkeit als Sucht, genau zu sehen, zu durchschauen –, um den Begriff des „weiblichen Begehrens“ wirklich auszufüllen.

3. Liebe und Leidenschaft realisieren sich für Kassandra auf andere Weise als für Polyxena und Penthesilea: Sie liebt einerseits die Amazone Myrine, andererseits den Aineias. Kassandras Liebe ist also eine doppelte, sie gilt sowohl der Frau als auch dem Mann, in diesem Sinne auf eine menschliche Ganzheit, eine Aufhebung der Trennung zwischen den Geschlechtern hoffend.

Cixous bezeichnet mit dem Begriff „weibliche Bisexualität“ die Möglichkeit der Frau, sich um ein anderes Subjekt zu erweitern, mit ihm in Beziehungen, in Austausch zu stehen, ohne es unterzuordnen: „Die Bisexualität auf dem Niveau des Unbewußten ist die Möglichkeit, sich um das Andere zu verlängern [...], und zwar in der Weise, daß ich ins Andere übergehe, ohne das Andere zu zerstören, daß ich das Andere da suchen gehe, wo er/sie/es ist, ohne zu versuchen, alles wieder auf mich zurückzuführen.“[5]

Das ist es, was Kassandra versucht: eine Liebe auf der Basis von Ebenbürtigkeit. Ihre Liebesbeziehungen haben jedoch beide keine Zukunft. Schon nach der ersten Umarmung des Aineias träumt Kassandra „von einem Schiff, das den Aineias über glattes blaues Wasser von unsrer Küste wegführte, und von einem ungeheuren Feuer, das sich [...] zwischen die Wegfahrenden und uns, die Daheimgebliebenen, legte“. Dieser Traum, der das Schicksal Troias vorwegnimmt, enthält darüber hinaus die Gewißheit, daß Aineias als einer von wenigen die Zerstörung Troias überleben wird.

Die Liebe zu ihm wird für Kassandra jedoch unlebbar, weil er notwendigerweise ein Held werden wird, einer, der die Geschichte der Sieger weiterträgt. Kassandra will nicht mit ihm gehen, weil sie Angst hat vor der Wiederholung dessen, was sie erlebt hat: Angst vor neuen Kämpfen und Siegen, vor neuen Helden und Heldentaten. „Einen Helden kann ich nicht lieben. Deine Verwandlung in ein Standbild will ich nicht erleben.“ (K 160) Das ist ihr Abschied von Aineias.

Die Amazone Myrine erscheint Kassandra als eine zugleich zarte und mutige Frau, die Eigenschaften herkömmlich weiblicher und männlicher Zuschreibung in sich vereint. Ihrer Leidenschaftlichkeit und Sensibilität steht ein unbedingter Wille zum Kampf gegenüber. Mit Myrine erfährt Kassandra ansatzweise die Möglichkeit persönlicher Autonomie bei gleichzeitiger Hingabe.

Gegen die aufkommende Geschichte der Sieger können diese beiden Liebesbeziehungen nicht bestehen: Die Frau, Myrine, wird Opfer der kriegerischen Gewalt; der Mann, Aineias, wird zu den Siegern gehören. Dennoch enthalten diese beiden Geschichten sowie die Beschreibung des Lebens am Skamandros Elemente von Utopie, die vor dem Vergessen bewahrt bleiben sollen, solange sie noch darauf drängen, gelebt zu werden.

4. Formale Aspekte

Emanzipatorische Schreibpraxis experimentiert mit einer Vielzahl von Formen, eine kanonisierte Form gibt es nicht, kann es nicht geben. Kleine Prosaformen, Mischformen und allgemein eine Bevorzugung subjektiver Literaturgenres, ein montierendes, summierendes Verfahren, konzeptionell offene Form, eine starke Bildhaftigkeit der Sprache können vorläufig als Aspekte weiblichen Schreibens benannt werden, eine weitere Differenzierung bleibt noch zu leisten.

Die „Voraussetzungen einer Erzählung: Kassandra" sowie die Erzählung selber variieren, darauf wurde schon hingewiesen, verschiedene literarische Gattungen. Die Autorin Christa Wolf stellt Erfahrungen und Entwürfe zur Diskussion, die, um ihre Genauigkeit und ihre Subjektivität bewahren zu können, notwendig der Variation der ästhetischen Form bedürfen. Die Reisebeschreibungen, das Arbeitstagebuch, der Brief und schließlich die Erzählung arbeiten auf verschiedene Weise aus Mythologie und Vorgeschichte die Figur der Kassandra heraus, die Zeugnis ablegt von der weiblichen Anwesenheit in der Geschichte – nicht allein in der Rolle des Opfers und Objekts, sondern auch von weiblicher Bewußtheit, von Autonomie und von Widerstand.

Kassandra, so wie die Erzählung sie imaginiert, zugleich Sehende und Ausgesperrte, steht für den Anspruch, „auf eine andere, nichttötende Art, auf der Welt zu sein" (Brief über die Bettine), und für ein Selbstbewußtsein, „das nicht zugleich

Wille zum Herrschen, zum Dominieren, zum Unterwerfen bedeutet, sondern Fähigkeit zur Kooperation" (Berührung).

Es gibt also keine kanonisierte oder kanonisierbare Form für das, was in diesem Beitrag ‚weibliches Schreiben' genannt und in seinen Voraussetzungen, Möglichkeiten und Beschränkungen versuchsweise umrissen werden sollte. Es kann offenbar gar nicht anders sein, als daß die Schwierigkeit, weibliche Ästhetik begrifflich zu fixieren, in Widersprüche und zu neuen Fragen führt, wie eine Bemerkung Christa Wolfs zeigt, die hier abschließend in eigener Sache zitiert werden soll: „Empfinde die geschlossene Form der Kassandra-Erzählung als Widerspruch zu der fragmentarischen Struktur, aus der sie sich für mich eigentlich zusammensetzt. Der Widerspruch kann nicht gelöst, nur benannt werden." (V 120)

1985

1 Beide Bücher sind 1982 im Luchterhand Verlag erschienen. Die Vorlesungen werden mit V, die Erzählung wird mit K zitiert; Seitenangaben im Text.

2 Vgl. Sonja Hilzinger, Der Wunsch nach „Berührung". Über das Schreiben von Frauen am Beispiel der DDR-Autorin Christa Wolf (1981). In: Hilzinger, Kassandra. Über Christa Wolf. 2. Aufl., Frankfurt a. M. 1984, S.15–63.

3 Julia Kristeva, Produktivität der Frau. In: Alternative (Berlin [West]), 108–109/1976.

4 Hélène Cixous, Die unendliche Zirkulation des Begehrens. Weiblichkeit in der Schrift. Aus dem Französischen übersetzt von Eva Meyer und Jutta Kranz. Berlin [West] 1977 (Internationale marxistische Diskussion 71).

6 Ebenda.

Erich Fried

Christa Wolf, „Kassandra“

Zwei Bücher, die Erzählung „Kassandra“ und, ein wenig länger als sie selbst, das Taschenbuch „Voraussetzungen einer Erzählung: Kassandra“. Christa Wolfs Frankfurter Poetik-Vorlesungen, in denen sie ihre „Kassandra“ eine Schlüsselerzählung nennt. Ich habe zuerst die Erzählung gelesen. Mit ihren knapp 50000 Worten könnte man sie auch Roman nennen.

Aber vom Peinlichen eines Schlüsselromans enthält sie kein Wort! Daß „Kassandra“ ursprünglich ein Lehrstück werden sollte, angesichts unseres vielleicht vergeblichen Wissens um unseren heute drohenden Untergang, merkt man ihr nicht an. Nichts fällt aus der Zeit des Troischen Krieges heraus. Der Klappentext, der die von Homer und Aischylos überlieferte Untergangsprophetin, die man nicht hören will, als *Modell* bezeichnet, reizte mich zum Widerspruch, weil das Wort *Modell* irgendwie etwas Konstruiertes, Blutarmes suggeriert, weil es Kassandra fast zur Gliederpuppe macht. Gerade das ist Christa Wolfs Kassandra nicht! Hier, als Gefangene der Griechen vor dem Löwentor von Mykene, die weiß, sie wird in zwei, drei Stunden ermordet, wird sie unvergleichlich lebendiger als bei Homer oder Aischylos. Sie beobachtet alles, vor allem sich selbst, letzte Zeugin ihrer Erinnerungen, auch wenn niemand mehr da ist, vor dem sie Zeugnis ablegen könnte. Das Buch besteht aus diesen ihren letzten Beobachtungen.

Beim Lesen meint man Kassandra – kein Modell, sondern sie selbst, eine Frau, die gelernt hat, nicht mehr Objekt zu sein – so gut kennenzulernen, wie man kaum die Menschen kennt, die einem am nächsten stehen, Kinder oder Geliebte oder Freund. Man wird um ein zweites Leben reicher, trauriger und erfahrener.

Irgendwie ist das vergleichbar mit Christa Wolfs Buch „Kein Ord. Nirgends“, in dem man Kleist und die Günderrode, von denen man auch weiß, *sie sind des Todes,* auf ähnlich gültige Weise kennen-, verstehenlernt und noch im nahen Untergang ihre Menschenwürde mit ihnen teilen darf.

Und doch *hat* diese tödlich lebendige Kassandra zugleich Modellcharakter! So streng sie *in* ihrer Zeit bleibt, das, was sie aus ihr gelernt hat, ist auch *uns* gesagt, etwa ihre Worte: „*Wann Krieg* beginnt, das kann man wissen, aber wann beginnt der *Vorkrieg*. Falls es da Regeln gäbe, müßte man sie weitersagen. In Ton, in Stein eingraben, überliefern. Was stünde da. Da stünde, unter andern Sätzen: Laßt euch nicht von den Eigenen täuschen." Oder sie fragt: „Aber wo lebten wir denn. Ich muß mich scharf erinnern: Sprach in Troia irgendein Mensch von Krieg? Nein. Er wäre bestraft worden. In aller Unschuld und besten Gewissens bereiteten wir ihn vor. Sein erstes Zeichen: Wir richten uns nach dem Feind. Wozu brauchten wir den?"

Ebenso klar – klar heißt nicht immer auch ruhig – formuliert Kassandra ihre eigene Todesangst, auch ihr Wissen, ihre kleinen Kinder, Zwillinge, werden ermordet werden, mit ihrer Dienerin, Marpessa, durch die Kassandra mit dem Leben freier Frauen bekannt wurde, was sie der Hofgesellschaft Troias, der kriegestiftenden Vaterherrschaft, noch weiter entfremdete. Das Kriegstreiben, auch seine Helden, Achill wie Agamemnon, entlarvt Kassandra so vernichtend wie Shakespeare in „Troilus und Cressida". Kassandras Klarheit muß auch nicht Trockenheit sein, weder im Haß, wenn sie vom „Vieh Achill" spricht, noch in der Liebe, wenn sie an Aineias denkt:

„Unser Erkennungszeichen war und blieb seine Hand an meiner Wange, meine Wange in seiner Hand. Wir sagten uns kaum mehr als unsre Namen, ein schöneres Liebesgedicht hatte ich nie gehört. Aineias Kassandra, Kassandra Aineias. Als meine Keuschheit seiner Scheu begegnete, wurden unsere Körper toll. Was meinen Gliedern einfiel auf die Fragen seiner Lippen, welch unbekannte Sinne sein Geruch mir schenken würde, hatte ich nicht ahnen können. Und welcher Stimme meine Kehle fähig war."

Kassandras Selbstgespräch enthält manchmal antike Versmaße, aber ohne dadurch künstlich zu wirken. Solche Stellen sind nur leichte Steigerung. Etwa wenn sie sagt: „Weil keine Zeit mehr ist, genügt die Selbstanklage nicht. Was hat mich blind gemacht, das muß ich mich doch fragen. Beschämend ist, ich hätte fest geglaubt, die Antwort läge lange schon in mir bereit.“ Meistens aber entsteht Steigerung vor allem durch Kassandras Formulierung ihrer Erkenntnisse am Ende ihres Lebens. Sie fragt und antwortet: „[...] ist es ein Trost? Kein Trost. Ein Wissen. Ich habe nur noch Wörter ungefärbt von Hoffnung oder Furcht.“ Christa Wolfs Dichtung bringt es zuwege, daß diese *Wörter* zu sinnvollen *Worten* und Bildern werden, die Furcht und Hoffnung erwecken können und Würde und Schönheit haben, ohne das Grauen zu stilisieren oder zu beschönigen. Wenn es möglich war, ein noch ergreifenderes, noch bedeutenderes Buch zu schreiben als „Kein Ort. Nirgends“, dann ist ihre Kassandra dieses Buch: Schön, weise und immer wieder auch furchtbar.

Kassandra denkt zurück, wie sie den Tochtermörder Agamemnon, der seine Iphigenie den Göttern geschlachtet hat, nach ihr fragt: „Er wand sich. Er habe sie opfern müssen. Das war nicht, was ich hören wollte, aber Wörter wie ‚morden‘, ‚schlachten‘ sind ja den Mördern und Schlächtern unbekannt.“

Natürlich: Wenn Christa Wolf nicht, notabene als Frau, unsere vielleicht auf den Untergang zutreibende Zeit erleben müßte, könnte sie ihrer Kassandra kaum solche Erkenntnisse in den Mund legen. In diesem Sinne: *ja*: – Schlüsselerzählung, Schlüsselfigur! – Darüber geben ihre „Voraussetzungen einer Erzählung“ Auskunft. Ein genaues Buch, ehrlich, lebhaft, ohne Pose. Eigentlich Pflichtlektüre – mindestens, aber nicht *nur* – für Schriftsteller.

Tagebuchnotiz Christa Wolfs am 2. Februar 81: „Die meisten Kräfte werden verbraucht zur Abwehr der Irrsinnsnachrichten, besonders aus den USA, zum Beispiel dem Ausbruch kollektiven Wahnsinns bei der Rückkehr der Geiseln aus dem Iran. Bei uns wächst die Liste derer, die weggehn. Täglich Kampf um Arbeitsfähigkeit, von ‚Lust‘ nicht zu reden. – Jetzt muß man nicht mehr ‚Kassandra‘ sein: Die meisten beginnen zu spüren, was kommen wird. [...] Aber ein Fluchtweg ist nicht in Sicht. Man fühlt sich gestellt. Australien ist kein Ausweg.“

Notiz vom 22. Februar 81: „Die Nachrichten beider Seiten bombardieren uns mit der *Notwendigkeit* [Hervorhebung – E. F.] von Kriegsvorbereitungen, die auf beiden Seiten Verteidigungsvorbereitungen heißen. Sich den wirklichen Zustand der Welt vor Augen zu halten ist psychisch unerträglich."

In den „Voraussetzungen einer Erzählung" findet sich in den Berichten über die Griechenlandreise auch der Abendlichteindruck erwähnt, dem Christa Wolf ihre Schilderung des Lichtes verdankt, in dem Kassandra am Abend ihres Todes ihre Umgebung sieht. Wir erfahren auch, daß Kassandras wichtiger Traum vom wölfischen, *dunklen* Apollon durch den Briefwechsel Thomas Mann – Kerényi angeregt wurde und Kassandras Kontaktverlust mit ihrer Familie durch die Verfolgungen, die ein griechischer Partisan nach 1945 erdulden mußte. Wichtige Gedanken von Lewis Mumford werden zitiert, sehr viel, zu dessen bloßer Erwähnung meine Zeit hier leider nicht reicht. Nur auf eines möchte ich hier noch aufmerksam machen: Die „Voraussetzungen einer Erzählung" enthalten auch wichtige Bemerkungen über *nicht*-sektiererisches weibliches Selbstbewußtsein und über „weibliches Schreiben": „Insoweit Frauen aufhören, sich an dem Versuch abzuarbeiten, sich in die herrschenden Wahnsysteme zu integrieren. Insoweit sie, schreibend und lebend, auf Autonomie aus sind."

1983, Funkrezension

Hans Altenhein

Ansprache für Christa Wolf am 27. Mai 1982

„Literatur entsteht überhaupt nur aus Widersprüchen [...], sonst entsteht Langeweile."
Christa Wolf am 5. Mai 1982 in der Alten Universität in Heidelberg

An Widersprüchen ist kein Mangel. Fährt man von Frankfurt aus in das Land, aus dem Christa Wolf zu uns kommt, so läßt sich eine ganze Geographie der Widersprüche erkennen. Denn: Einerseits betritt man hinter Herleshausen Feindesland. Der einfache Augenschein an der Grenze bestätigt das, und die Doktrinen der Bündnisse auf beiden Seiten gehen davon aus. Stephan Hermlin hat uns kürzlich noch einmal darauf aufmerksam gemacht, daß an dieser Grenze nicht nur zwei deutsche Staaten aneinanderstoßen, sondern zwei internationale Militärpakte. Also scharfe Munition. Nettigkeiten sind da nicht zu erwarten. Einerseits.

Andererseits gibt es kaum einen deutscheren Reiseweg als diesen von Frankfurt nach Berlin. Hinter Wartha: Eisenach mit der Wartburg, die sanften Ausläufer des Thüringer Waldes mit den Drei Gleichen, Weimar, der Ettersberg, den Goethe noch arglos als einen buchenbestandenen Lustort betrachten konnte und auf dem er seine „Iphigenie" aufführen ließ. Jena. Leipzig. Wittenberg. Orte aus einer imaginären Nationalgeschichte. Andererseits.

Solche Widersprüche machen nachdenklich. Was waltet hier, Tyche, der Zufall, Moira, das Geschick? Christa Wolf war fünfzehn, als sie das Gelände der heutigen Deutschen Demokratischen Republik betrat, Anfang 1945. Ahnungsvoll habe ich es im selben Jahr noch verlassen. Sie kam, ich ging nicht aus freien Stücken. Vielleicht hätten wir sonst an derselben Universität dasselbe Fach studiert, also Germanistik bei Hans Mayer in Leipzig. Hans Mayer kam damals übrigens aus Frankfurt, er war hier 1946 und 1947 Chefredakteur des Rundfunks. Leipzig bot dem Emigranten eine Professur an.

Bleiben wir bei Frankfurt. Hier hätten wir Christa Wolf schon 1964 treffen können und aus einem durchaus gesamtdeutschen Anlaß: Sie war Zuhörerin beim Auschwitz-Prozeß. Aber damals kannten wir uns nicht. Inzwischen war sie noch mehrmals hier, bis sie nun, als Gastdozentin der Johann-Wolfgang-Goethe-Universität im Jahre 1982, fünf Vorlesungen zu einem öffentlichen Ereignis dieser Stadt gemacht hat. Aber täuschen wir uns nicht: Dieses öffentliche Ereignis hebt die Widersprüche nicht in sich auf. Christa Wolf ist als Sozialistin zu Besuch in einem nichtsozialistischen Land. Bei der Prüfung, ob die Erwartungen, die sie mit zwanzig in den Sozialismus gesetzt hat, erfüllt worden sind, ist unsere Anteilnahme nicht erbeten. Wir müssen unsere eigenen Widersprüche aushalten. „Es ist, als ob die Menschen dafür, daß sie die Hoffnungen ihrer Jugend verraten und sich in der Welt einleben, mit frühzeitigem Verfall geschlagen würden!" (Horkheimer/Adorno, Dialektik der Aufklärung.) Solche Einsichten wurden von Frankfurter Professoren vermittelt. Einerseits. Andererseits befinden wir uns hier an einem Ort, der Ihnen, liebe Christa Wolf, nicht ganz geheuer sein kann. Es ist nicht Ihre Art von Handel, Industrie und Wissenschaft, die als Namenspatron dieses Hauses fungiert. Hier habe ich Friedrich Sieburg Ansichten von Literatur vortragen hören, die Sie nicht teilen würden, und er bemängelte dabei, daß es zöge. Hier wurde eines Nachts der Sieg von Mogadischu gefeiert. Das wäre nicht Ihre Siegesfeier gewesen.

Wir müssen also auch bei einer so freundlich gemeinten Gelegenheit davon ausgehen, daß sich die Widersprüche nicht gerührt in die Arme sinken. Ganz im Gegenteil: Wer Ihre Büchner-Preis-Rede 1980 in Darmstadt gehört, wer Ihre Novelle „Kein Ort. Nirgends" gelesen, wer die immer wieder neu ansetzenden Entwürfe zum „Kindheitsmuster" in der lehrreichen Ausstellung der Universitätsbibliothek in diesen Wochen gesehen hat, der weiß, welches ungewöhnliche Maß an Schmerzempfindlichkeit, Sorgfalt und Aufrichtigkeit Sie aufwenden, um Widersprüche überhaupt wahrnehmbar und begreiflich zu machen. „Der Schmerz fing an, ihm das Bewußtsein wiederzugeben." Literatur, so zeigen Sie uns, entsteht aus Widersprüchen. Und das Schlimmste wäre es, diese Widersprüche kurzerhand und konsequent logisch lösen zu wollen. „Wir, ernüchtert bis auf die Knochen", so heißt es in der Büchner-Rede, „stehn entgeistert vor den vergegenständlichten Träumen jenes instrumentalen Denkens, das sich immer noch Vernunft nennt [...]" Wir, das sind für Sie in erster Linie die zornig gewordenen Frauen, die das Prinzip der männlchen Ratio nicht bis zur Selbstaufhebung demonstriert zu sehen wünschen. Wir, das sind für Sie aber auch alle, die den Irrtum Hegels, man könne die Widersprüche hinwegdenken, nicht zum Grundsatz der Weltpolitik erheben, die sich nicht im Zusammenprall der allgemeinen Begriffe von Frieden und Freiheit um beides bringen wollen – und um das Leben dazu. „Logik", sagt Marx verächtlich, „ist das Geld des Geistes." Was Kassandra spricht, klingt nicht logisch.

Die Gefahren eines schlechten Irrationalismus sehen Sie wohl. Sie wissen, wie schwer es ist, die „richtigen" Gefühle zu haben. Ihre Vorläuferin auf dem Poetik-Lehrstuhl in Frankfurt, Ingeborg Bachmann, hat damals gesagt: „Weil er [der Dichter – H. A.] das ganze Unglück des Menschen und der Welt im Auge hat, scheint es, als sanktionierte er dieses Unglück [...] Weil er den Blick auf das ganze Unglück verstattet, scheint zugelassen, daß auch das Veränderbare nicht verändert wird." Das war 1959 und hätte ebensogut der Tochter des Priamos gelten können. Aber es ist ja gerade die Wahrnehmung des Entsetzlichen, und nur diese, die menschliches Leben ermöglicht. Ihr anderer Vorgänger, Peter Bichsel, hat sehr schön dargetan, daß nur unter der Voraussetzung der Zeitlichkeit Geschichten entstehen, daß es aber auch die Geschichten sind, die uns unsere Zeitlichkeit ertragen lassen. Auch jenseits der Verzweiflung wird gesprochen werden, wenn auch leise. Da plötzlich bekommt die Literatur eine Dimension der Ernsthaftigkeit, von der sich der gewöhnliche Literaturbetrieb nichts träumen läßt. Schriftsteller werden an diesem Punkt das, was ein Berliner Amtsausdruck so unwiderleglich formuliert: „Personen des grenzüberschreitenden Verkehrs".

Sie sind in dieser Funktion nicht ungeübt. Bevor Sie als erste Gastdozentin aus der DDR nach Frankfurt kamen und bevor Sie von hier aus zur Fortsetzung der erstaunlichen, nein der ganz und gar plausiblen Berliner Schriftsteller-Begegnung nach Den Haag reisten, um dort gegen den Krieg zu sprechen, hatten Sie schon manche Grenze überschritten. Sie kennen Moskau, Sie waren als Gastdozentin in Oberlin, Ohio, Sie waren in Paris, Stockholm, Warschau und Athen. Auch Ihre Bücher sind herumgekommen, gerade wird in den USA die englische Ausgabe von „Kein Ort. Nirgends“ vorbereitet. (In der Fußnote wird man erklären, wo Winkel liegt.) Fast noch bemerkenswerter ist, daß alle Ihre Bücher nicht nur in der DDR erschienen sind, erst beim Mitteldeutschen Verlag, für den Sie auch noch als Lektorin gearbeitet haben, dann beim Aufbau-Verlag in Berlin, sondern auch hier in der Bundesrepublik. Bei Luchterhand kam 1969 als erstes „Nachdenken über Christa T.“ heraus, ein Buch, das mittlerweile in dreizehn Sprachen übersetzt wurde. Den DEFA-Film nach Ihrem Buch „Der geteilte Himmel“ habe ich Mitte der sechziger Jahre sehen können, und Sie haben hier wie zu Hause Preise bekommen: Fontane in Potsdam, Büchner in Darmstadt und Heinrich Mann in Berlin. Das alles ändert nichts daran, daß ich, sosehr ich Ihre Bücher mit „innigster Betroffenheit“ lese und verlege, die Bedingungen Ihrer schriftstellerischen und persönlichen Existenz mir niemals wegdenken kann, weder die nordöstlichen Landschaften, in denen Sie aufgewachsen sind, noch die Gesellschaft der Intellektuellen und Künstler Ihres Landes, noch die politischen Überzeugungen und Sitten Ihrer Mitbürger. Natürlich gibt es menschliche Grundvereinbarungen, die nicht strittig sein sollten. Aber es wäre ein grobes Unrecht und ein Mißverständis dazu, wollte man Sie aus dem vielfältigen, eigentümlichen und lebendigen Zusammenhang der Literatur der Deutschen Demokratischen Republik dieser Jahrzehnte herausheben, die ohne Ihre Arbeit ja eine andere wäre. Das ist zu respektieren, hier wie dort. Im übrigen sehe ich in dieser Trennung zweier deutschsprachiger Literaturen eine, wenn auch bitter erkaufte, Chance: Zusammengehalten, zeigen sie, sich wechselseitig beleuchtend oder verdeckend, komplexere Möglichkeiten von Denken und Fühlen als jede für sich.

Sie haben in diesen Frankfurter Wochen ein „dicht besetztes“ Leben gehabt, wie Anna Seghers das nennt. Manchmal, vor allem zu Beginn, war Ihnen die schiere Fülle der Säle etwas unheimlich. Aber Sie haben dann auch erkannt, daß dies nur die Folge von angestautem, nicht von künstlich erhitztem Interesse ist. Sie haben Ihren Blick für das tägliche Leben, der nicht Ihre geringste Begabung ist, an den Frankfurter Verhältnissen schärfen können, und trotzdem waren Sie gelegentlich auch erheitert. Sie haben mit Studenten gearbeitet, Sie konnten den Geburtstag von Gabriele Wohmann feiern, Sie haben mit Frauengruppen und mit Häftlingen gesprochen. Sie werden Widersprüche entdeckt haben und Widersprüche zu Widersprüchen. Ich danke Ihnen für das Privileg, Zuhörer Ihrer Vorlesungen gewesen zu sein, und für das Privileg, diese Vorlesungen veröffentlichen zu dürfen – demnächst.

Peter Härtling

Christa, zuhörend

Ich hatte vor, über einen Satz aus der „Kassandra" zu schreiben, der mich, als ich ihn zum ersten Mal las, mit einer solchen Wucht und derart ungeschützt traf, daß ich ihn noch immer „spüre". Es ist ein unerbittlicher Satz mit einem (für mich) eigentümlichen Nachklang von Erbarmen: „Einen Helden kann ich nicht lieben." Ich habe ihn inzwischen oft zitiert. Doch als ich nachzudenken begann, warum dieser Satz mir so nachgeht, warum sich unter seiner Wirkung manche Knorpel in meiner Geschichte lösen und andere um so heftiger schmerzen, begriff ich, daß ich noch Zeit brauche und wahrscheinlich nichts zustande brächte als ein reichlich verwirrtes Bekenntnis. Dabei stellte ich mir vor, wie sie mir, kämen wir in einem Gespräch darauf, zuhören würde. Womit ich bei meinem Thema bin und den Satz dennoch in Gedanken mitnehmen kann:

Christa als Zuhörerin.

Ich bin vor ihr nur einem begegnet, der, wenn er jemandem zuhörte, völlig von sich absehen konnte. Das war Heinrich Böll. Er lauschte mit dem ganzen Gesicht, den Mund immer ein wenig geöffnet, den Kopf nach vorn geneigt und im Blick freundlich auffordernde Fragen. Er nahm auf, er nahm ernst. Christa hört anders, aber nicht weniger entschieden zu. Sie gibt sich nicht so preis. Ihr Lauschen wird gleichsam von wortlosen Kommentaren begleitet, und ihre Neugier ist stets gezügelt durch einen Anflug von Ironie. Auf diese Weise regt sie ihre Gesprächspartner an und bewahrt sie zugleich vor blanker Redseligkeit. Manchmal aber vergißt sie sich, die von Aufmerksamkeit strengen Züge lösen sich in bestätigender Heiterkeit. Vor allem, wenn sie kleine Wirklichkeiten erfährt, ihr Gegenüber sich in Alltäglichkeiten offenbart. Dann genießt sie Übereinstimmungen, Erfahrungen, Nachbarschaften. Sie stimmt stumm zu und sammelt ein.

Vor einiger Zeit, in Heidelberg, habe ich beobachtet, wie sie Gerhard in einer Lesung zuhörte. Er las aus seinem Hölderlin-Buch; sie hörte diese Passagen sicher nicht zum ersten

Mal. Sie saß im Publikum; natürlich zog sie eine Weile die Aufmerksamkeit vieler Zuhörer auf sich. Eine Weile, sage ich. Denn rasch beschämte sie die Neugierigen durch ihr unverwandtes Lauschen. Mit ihm forderte sie Gerhard geradezu auf, wenn schon nicht für die andern, dann wenigstens für sie zu lesen. Ihre Konzentration übertrug sich. Nicht vorwurfsvoll, sondern in einer Art von strengem Übermut. Sie machte vor und ließ sich nichts vormachen. Die Unruhe legte sich, und das Publikum hörte nun zu. Als ich dann ebenfalls las, vermied ich es, zu ihr hinzusehen. Mir genügte es, sie an ihrem Platz zu wissen. Ich las für sie, war sicher, daß sie prüfend mitdachte, und fragte mich, ob meine Sätze ihrer Wortgenauigkeit standhielten. Das behielt sie für sich. Als wir danach durch die Stadt spazierten, sagte sie, eher nebenbei: Ich hab euch gerne zugehört. Ja, sie hört gern zu. Sie kann es.

1988

Brief an Angela Drescher

Finkenweg 1
6082 Mörfelden–Walldorf
7.3.88

Es ist schön, es bewegt mich, liebe Angela Drescher, wie Sie aus Ihrem Brief springen, ganz „da“ sind, mit mir zu reden beginnen, mich aufstören wollen – doch will ich Ihnen versichern, daß ich meinen Aufsatz für Christa auf keinen Fall ergänzen werde (es sei, Sie setzen diesen Brief als Fußnote), denn ich müßte weit ausholen, ein beträchtliches Stück meiner Erfahrungs- und Denkgeschichte schreiben, um Ihnen und mir klarzumachen, weshalb Kassandras Satz „Einen Helden kann ich nicht lieben“ auch mir in den Mund gelegt scheint, warum ich ihn brauche und gebrauche, warum er mir nah ist. Sie meinen, mit ihm lasse Kassandra sich und Aineias keine Chance. Aber nein. Sie gibt ihm, dem Helden, endlich eine. Sie entkleidet, sie entblößt ihn. Sie macht ihn auf eine andere Weise verwundbar, indem sie ihn, zum ersten Mal, wahrhaft verletzt. Als Kind habe ich die Namen von Helden aufsagen müssen wie einen ehernen Rosenkranz. Als ich dann begriff, daß sie nichts waren als Popanze der Geschichte und man mir auf diese Weise den Blick getrübt hatte auf jene, die ich hätte Helden nennen können, schrieb ich eins meiner ersten Gedichte, das mit dem Vers beginnt: „Vielleicht ein Narr wie ich / Narren sind immer gleich.“ Und auch in meinen Romanen werden Sie keine „Helden“ finden. Denn, „einen Helden kann ich nicht lieben“. Wieso sollte ich ihm dann glauben müssen? Kassandra liebt Aineias. Mit diesem Satz bekennt sie ihm ihre Liebe.

Nun habe ich doch zu lange auf Sie eingeredet und Sie gar nicht zu Wort kommen lassen. Aber Sie wollten's ja wissen, liebe Angela Drescher. Ich frage mich nicht nach Ihren und meinen Helden; wir stecken in *einer* Geschichte, in der Helden sich dadurch auszeichnen, daß sie den Schauplatz verwüstet hinterlassen.

Seien Sie herzlich gegrüßt von

Ihrem Peter Härtling

Anna Kuhn

Ein offener Brief an Christa Wolf

Liebe Christa!
„Christa T." war das erste Ihrer Werke, das ich las. Ich erinnere mich lebhaft, daß ich einem (männlichen) Kollegen zu erklären versuchte, was das Erlebnis der Lektüre für mich bedeutet hatte. Ich hatte nicht viel Erfolg damit. Vielleicht war ich nicht sehr überzeugend, vielleicht war er nicht besonders aufnahmebereit; wahrscheinlich kam beides zusammen. Ich entsinne mich, daß ich sagte: „Dieses Buch konnte nur von einer Frau geschrieben werden", eine Behauptung, zu der ich mich auch jetzt, nach ungefähr sechs Jahren, noch bekennen würde. Obwohl mir damals nicht wirklich klar war, was ich mit jener Bemerkung meinte. Ich wußte nur, daß sich das Buch von der deutschen Literatur, die ich zu lesen gewohnt war, irgendwie sehr unterschied.

Da Sie selbst deutsche Literatur studiert haben, wissen Sie, daß es sich um ein traditionell männliches Gebiet handelt und das Studium der deutschen Sprache und Literatur (Germanistik) eine sehr männliche Disziplin ist. Das mag die Tatsache hinreichend erklären, daß die einzige Schriftstellerin, auf die ich während meiner Studienjahre stieß, Annette von Droste-Hülshoff war, der eine „akzeptierte" weibliche Schriftsteller im akademischen Kanon der Germanisten.

Später gestand ich demselben Kollegen, einer anerkannten Autorität auf dem Gebiet der DDR-Literatur, daß ich über Sie schreiben wollte. Sein gutgemeinter (?) Rat war: „Laß die Finger von der Christa Wolf. Die ist schon durchgeackert*.

In einer Hinsicht hatte er recht: Es existiert eine Überfülle von Sekundärliteratur zu Ihrem Schaffen. Aber je mehr ich von Ihrem Werk las, je mehr Sekundärliteratur ich durcharbeitete, desto mehr überzeugte ich mich davon, daß er *im Grunde unrecht hatte*, daß etwas Wesentliches fehlte: die Einschätzung von genau dem, was Ihr Werk für mich so faszinierend und belangvoll macht, seine Beziehung zu weiblicher Erfahrung. Und ich entschied, daß es über Christa Wolf noch viel zu sagen gibt und mein Ausgangspunkt der Versuch sein

* Im Original deutsch.

sollte, zu verstehen, was ich mit der Bemerkung, diese Literatur konnte nicht von einem Mann geschrieben werden, gemeint hatte.

Glücklicherweise hatte ich in einer anderen Institution einen Kollegen, der mich in meinem Wunsch unterstützte, eine englischsprachige Studie über Ihr Werk zu schreiben. Seine Begeisterung für Ihr Schaffen und sein Rat, niemandem, auch keinem Experten, zu erlauben, mich am Engagement für eine wissenschaftliche Arbeit zu hindern, die ich für wichtig hielt, halfen mir, meiner Überzeugung gemäß handeln zu können. Heute weiß ich, daß dies ein Wendepunkt in meiner Karriere war: Ich werde mich nicht länger so ohne weiteres von den Erwartungen anderer einschüchtern lassen, und ich glaube, ich werde mich in Zukunft nicht so leicht davon abbringen lassen, das zu tun, was ich für richtig halte. Sich mit dieser Studie über Christa Wolf zu befassen, war richtig. Es brachte viel harte Arbeit mit sich: die Verarbeitung einer großen Menge von neuem Material; die Begegnung mit verschiedenen Betrachtungsweisen der Literatur und der Welt; die Konfrontation mit Vorurteilen, von denen ich nicht gewußt hatte, daß ich sie hegte; den Versuch, die gewonnenen Einsichten in meinen Alltag zu integrieren und auf sinnvolle Weise danach zu handeln. Während dieses oft freudvollen, oft schmerzlichen Prozesses standen mir wunderbare Freundinnen mit Freundschaft und Unterstützung zur Seite, Freundinnen, mit denen ich Erfolg, Mißerfolg, Lachen, Tränen, Ängste und Hoffnungen teilen konnte. Es sind Frauen, die für die „rückhaltlose" Subjektivität, die Sie in „Berührung" beschreiben, hätten Modell stehen können, Frauen, die einander tief „berühren" und die Ihre Ansichten über die Wichtigkeit von Frauenfreundschaften bestätigen.

Als ich mit meinem Kollegen sprach, ahnte ich nicht, in was für ein Abenteuer ich mich einzulassen im Begriff war, ein Abenteuer, bei dem ich nicht nur mehr über Sie, sondern auch mehr über mich erfahren sollte. (Das meinte ich, als ich Ihnen bei unserem Treffen in Columbus im Juni 1983 sagte, daß Sie für mich als Frau der wichtigste Schriftsteller seien.) Durch Sie war ich gezwungen, mein Leben als Frau, Lehrerin und Wissenschaftlerin neu zu überdenken. Ich habe gelernt, die wesentlichen autoritären Fundamente meines Berufes anzuzweifeln, und mich gefragt, welche meine Rolle als Frau an einer Universität sein könnte und sollte. Ich mußte den destruktiven Strukturen des Hochschulwesens entgegentreten und wurde schmerzlich des Preises gewahr, den „Erfolg“ in menschlicher Beziehung an einer Institution hat, die auf Wettbewerb, Leistung und dem Glauben basiert, „das geistige Eigentum sei unsere wertvollste Ware“ (der DDR-Experte). Zunehmend fiel mir auf, wie mein Beruf menschliche Gefühle verkümmern läßt, indem er uns ermuntert, alles auszuklammern, was nicht „sachdienlich“ ist, und eine Religion der „Objektivität“ predigt, indem er uns ermutigt, unsere Emotionen vom Intellekt zu trennen. Ihr Schaffen hat nicht nur mein Blickfeld auf sehr grundlegende Weise verändert, es hat mich auch schmerzlich gewahr werden lassen, wie tief meine eigenen Verhaltensmuster in mir verwurzelt sind. Obgleich ich also zu der Erkenntnis gelangt bin, daß die Postulate im unmittelbaren Herzen („Herz“ ist natürlich nicht das richtige Wort) unserer Disziplin falsch sind, *verkehrt**, verdreht, in dem Sinne, wie Sie das Wort gebrauchen, daß das Konzept der „Objektivität“ selbst eine ideologische Konstruktion ist, eine subjektive Behauptung, erfahre ich mich doch selbst als Gefangener jener Postulate, da ich von Experten dieser Ideologie geschult wurde. Wie Ihnen ist es mir schwergefallen, „ich“ zu sagen, zumindest im Kontext des „objektiven“ Diskurses der Literaturwissenschaft. Es ist sehr schwierig, Jahre des Lernens abzustreifen, in denen wir beharrlich beigebracht bekamen, nie, unter keinen Umständen in der ersten Person zu schreiben, und in denen der Begriff der Relevanz, der unsere Forschungen mit der Wirklichkeit in Verbindung setzt, bestenfalls als schlechte Form, schlimmstenfalls als schädlich angesehen wurde.

Ich lerne langsam, mit eigener Stimme zu sprechen, ich beginne, meine Bedürfnisse als eine Frau, die mit Forschung und Lehre auf dem Gebiet der deutschen Sprache und Literatur befaßt ist, zu artikulieren, ich frage – immer hartnäckiger –, wo all die Schriftstellerinnen sind, die wir nie gelesen haben, ich frage nicht nur nach der männlichen Einschätzung der weiblichen Schriftsteller, sondern auch nach der Relevanz von einem großen Anteil männlichen Schreibens mit seinem

* Im Original deutsch.

einseitigen Blick auf die Welt. Ich habe aus erster Hand die Angst kennengelernt, die das Äußern einer unpopulären Meinung hervorruft – sowohl beim Sprecher als auch beim Zuhörer, habe gesehen, wie erschrocken einige Kollegen waren, einfach weil sich meine Reaktionen nicht länger voraussagen ließen, habe beobachtet, wie sie zu einem „ismus“ griffen, der ihnen mein seltsames Verhalten deuten half, der ihnen erlaubte, sauber nach Kategorien zu ordnen („Oh, wissen Sie nicht, Anna ist Feministin geworden“), als könnte ein einfaches Etikett die volle Komplexität meiner Erfahrungen der letzten fünf Jahre erklären. Ich habe mich verändert, oder vielleicht sollte ich sagen, ich bin dabei, mich zu verändern. Und während dieses Vorgangs habe ich einige sehr grundlegende Postulate in Frage gestellt und einige liebgewordene Ansichten in Zweifel gezogen.

Natürlich wußte ich irgendwie immer, daß ich eine Gefahr darstellte – warum sonst solche Feindseligkeit? Ich nehme an, es *ist* ziemlich verwirrend, in seiner Mitte jemanden zu entdecken, der anders ist, bewußt anders, und der nicht länger dazugehören will. Damit stellt sich das Problem, wie man subjektive Gefühle wie Verdacht oder Furcht in kurzer Form „objektiv“ beschreiben, wie man die Kritik am anderen in einer Art und Weise ausdrücken sollte, die für das Wissensgebiet akzeptabel war. Der DDR-Experte äußerte den Einwand, daß ich mich im ersten Entwurf meiner Untersuchung „zu dicht“ am Text gehalten hätte. Wahrscheinlich meinte er damit, daß mein Thema für mich persönlich zu bedeutungsvoll sei, daß ich für eine objektive wissenschaftliche Arbeit zu stark an der Sache Anteil nähme. Interessanterweise wurde seine Meinung von einer Christa-Wolf-Expertin geteilt. Andererseits bemängelte eine andere feministische Wissenschaftlerin das Manuskript, weil es nicht persönlich genug war, weil ihm das Engagement fehlte, das das Thema erfordere. Eine ausweglose Situation? Es gab natürlich Zeiten, da hatte ich das Gefühl, in der Klemme zu sitzen. Aber vielleicht ist das eine ganz gewöhnliche Situation für eine Wissenschaftlerin in einer traditionellen Disziplin wie der Germanistik, wenn sie sich dem Status quo nicht länger fügen kann, wenn sie sich genötigt fühlt, neue Wege des Herangehens einzuschlagen. Sich selbst in einem Übergangsstadium befindend, erregt sie sowohl Anstoß bei den Hütern des Establishments wie auch bei den progressiven Berufskollegen.

In gewisser Hinsicht stimme ich der zweiten, der feministischen Wissenschaftlerin zu. Ich war in meiner Kritik nicht so konsequent oder so unverblümt, wie ich es gern gewesen wäre. Ich habe wirklich das Gefühl, daß ich mich an der Schwelle von etwas Aufregendem und Neuem befinde und nicht umkehren kann. Doch ich bin enttäuscht, daß diese neue Sicht in der vorliegenden Studie, die häufig behutsamer vorgeht, als ich es eigentlich wollte, und sich zu sehr auf „Experten“ verläßt, oft nicht konsequent artikuliert wurde. (Es ist viel leichter, in einem Klassenraum Bilderstürmerei zu betreiben als auf einem Stück weißem Papier, das Freund und Feind lesen kann.) Jahrelanges Einüben der „richtigen“ Forschungsmethoden kann man nicht über Nacht abschütteln. Das Reinergebnis all dessen – der Konflikt zwischen dem Bedürfnis, meine neue Sicht auf überzeugende Weise auszudrücken, und den Jahren, in denen mir beigebracht wurde, etwas auf vorgeschriebene Weise zu sehen oder gar nicht – führt zu einer Art Schizophrenie, ähnlich der, die Sie in „Kassandra“ und anderswo beschreiben.

„Kassandra“ ist das Werk, das mich am tiefsten berührt hat. Als Sie die Ohio State University besuchten, war es gerade erschienen. Nachdem ich Sie daraus lesen gehört hatte (die Sterbeszene der Penthesilea), habe ich alles, woran ich arbeitete, sein lassen und mich monatelang diesem Text gewidmet. Meine Reaktion auf das Werk ist ähnlich der der meisten Frauen meiner Bekanntschaft, die es gelesen haben: Wir begreifen im tiefsten Innern, daß „Kassandra“ von uns handelt. Jede intelligente Frau, die heute lebt, muß die Richtigkeit Ihrer Kritik am Patriarchat erkennen. Jedes empfindende Wesen sollte die Stichhaltigkeit Ihrer machtvollen Analyse der Anatomie des Krieges und Ihre Ablehnung der Pseudologik des militärischen Diskurses erkennen. Doch unglücklicherweise hält sich diese widernatürliche Denkungsart hartnäckig. Wie oft habe ich in den letzten Monaten gehört, wie Reagans Militärberater auf der Notwendigkeit des Kriegs der Sterne bestanden, eine wahnhafte Idee, von der der Präsident besessen ist. Ich höre sie sagen, daß immer wirksamere, immer teurere Sprengköpfe erforderlich seien, um den Frieden und die Sicherheit zu gewährleisten. Ich höre sie die amerikanische Öffentlichkeit warnen, den sowjetischen Abrüstungsvorschlägen gegenüber mißtrauisch zu sein, höre sie ein vorgefertigtes Feindbild propagieren. Und immer, wenn ich sie höre, habe ich ein Gefühl von déja-vu, und muß denken: Das ist es, was sie meint. (Noch ungeheuerlicher war die Erfahrung, die ich erst vor kurzem machte. In der Zeit, in der ich den „Störfall" las, hörte ich eines Morgens in den Nachrichten, daß weniger als ein Jahr nach der Katastrophe das Zentrum von Tschernobyl verwaist sei, eine Geisterstadt – abgesehen von einer Gruppe von Ingenieuren, damit beschäftigt, einen neuen Reaktor zu bauen – von genau demselben Typ wie der geschmolzene. Bis ins Mark erschüttert, dachte ich: Werden wir nie lernen? Ist es dieses Unvermögen, das uns am Ende zerstören wird? Dieser fanatische Glaube an die Technologie?) Vielleicht hat mich, weil ich Literatur unterrichte, Ihre Neueinschätzung unseres westlichen Erbes mit seiner Glorifizierung des Krieges, der Technologie und der Aggression so stark betroffen gemacht. Es mag auch sein, weil ich während der Lektüre dieser Texte das Ausgeschlossensein, das Sie in „Voraussetzungen einer Erzählung" und „Kassandra" beschreiben, an mir selbst erfahren habe. Meine Situation hat sich geändert seit jener Zeit. Dessenungeachtet halte ich das Werk nach wie vor für das belangvollste für mich als Frau.

Als eine Frau deutscher Abstammung war ich von den „Kindheitsmustern" auf andere Weise angerührt.

Ich hatte das Gefühl, Nellys Mutter besser zu kennen als sie. Charlotte Jordan ist meine Mutter. Immer wenn Charlotte sprach, hörte ich meine Mutter sprechen. In Nellys Tante sah ich meine Tante, in ihrer Situation die Situation einer Vielzahl meiner Verwandten. Ich bin mir nicht darüber im klaren, ob Sie wissen, wie machtvoll das Tabu ist, das das dritte Reich umgibt. Nicht nur bei denen, die Hitlers Deutschland selbst erlebten, sondern auch bei jenen Deutschen, die dreitausend Meilen davon entfernt waren, die längere Zeit vor dem Krieg nach Amerika ausgewandert waren. So sah es in meiner Familie aus: Obwohl meine Eltern 1930 in dieses Land gekommen waren und deshalb für den Aufstieg Hitlers, den Krieg und die Massenvernichtung keine Verantwortung trugen, vermochte ich nie mit meiner Familie über diese Zeit zu reden.

Nach einer Vielzahl von Versuchen, meine Eltern (beide haben noch viele Verwandte in Deutschland) zu fragen, was geschehen war und wie es geschehen konnte, die alle mit furchtbaren Szenen endeten, habe ich es aufgegeben. Viel Widerstand leistete ich nicht. Ich ließ es zu, daß meine Neugier schnell erstickt wurde und wurde ein Komplize in der Verschwörung des Schweigens. Jetzt weiß ich, daß ich gar nicht wissen wollte. Selbst als jemand, der am Ende des Krieges in einem anderen Land geboren wurde, war es zu furchtbar, darüber nachzudenken. Erst jetzt beginne ich mich der deutschen Vergangenheit zu stellen. Ich habe meiner Mutter ein Exemplar von „Kindheitsmuster" gegeben: Sie hat es nicht gelesen. Sie wird es nie tun.

Durch Sie wurde ich mit den Werken von Karoline von Günderrode und Bettina von Arnim bekannt. „Kein Ort. Nirgends" und Ihr Romantik-Essay haben mir Zugang zu den Schriftstellern dieser Zeit geschaffen, einer Zeit, mit der ich nie etwas anfangen konnte. Ich habe die aufrührerischen Elemente in ihrem Denken zu würdigen gelernt, und ich halte sie nicht länger für rückschrittlich und *weltfremd**.

Dank Ihnen lese ich Anna Seghers, Ingeborg Bachmann und natürlich Ernst Bloch. Vielleicht wäre ich mit diesen Autoren sowieso vertraut geworden. Aber sie gehören nicht dem Kanon der Germanistik an, ebensowenig wie Sie, so daß ich nicht so sicher bin. Jedenfalls hätte es viel länger gedauert, und ich hätte sie nicht mit Ihren Augen gesehen. Ihre schonungslose Ehrlichkeit und Selbstprüfung sind inspirierend und mir Vorbild, da sie mich ermutigen, mich meinem eigenen Leben zu stellen. Letztendlich hat mir Ihr Werk den Mut gegeben, zu kritisieren, neu zu betrachten, neu einzuschätzen, neu zu durchdenken und neu zu beginnen. Ich danke Ihnen.

Aus dem Amerikanischen von Marlies Juhnke

1987

* Im Original deutsch.

Eva Kaufmann

„Unerschrocken ins Herz der Finsternis"

Zu Christa Wolfs „Störfall"

„Über den Rand der Prosa hinaus ..."

Am Ende von „Störfall" verweist Christa Wolf ausdrücklich auf die Kürze der Schreibzeit: Juni bis September 1986. Diese Information schien ihr wohl auch deshalb wichtig, weil sie gewöhnlich langsam[1] schreibt. Diesem Text, in den auch frühere Vorarbeiten eingegangen sein mögen, ist anzumerken, daß er unter großem innerem Druck entstanden ist, ähnlich dem, der hinter Aitmatows Roman „Der Tag zieht den Jahrhundertweg" (geschrieben Dezember 1979 bis März 1980) zu vermuten ist. Gewiß überschätzt Christa Wolf die Wirkungskraft von Belletristik auf die großen politischen Prozesse, zum Beispiel auf die „anonymen nuklearen Planungsstäbe"[2], nicht, dennoch ist „Störfall" auf unmittelbare Wirkung angelegt.

Ist, was manche Rezensenten von „Störfall" als Mischform bezeichneten, dem Wettlauf der Autorin mit der Zeit geschuldet? Wäre, wenn sie sich mehr Zeit genommen hätte, Prosa entstanden, die eindeutiger den Charakter einer Erzählung gehabt hätte? So fragen heißt an der Eigenart dieses Textes vorbeigehen, der, verglichen mit „Kassandra", auf anderen, teilweise ungünstigeren Voraussetzungen beruht. Gegenüber dem Anfang der achtziger Jahre sind die Besorgnisse über den Weltzustand 1986 weiter gewachsen. Hinzu kommt Tschernobyl. Mit der Kassandra-Mythe hatte Christa Wolf einen Stoff in den Händen, der einem Erzählen, das große Zeit- und Menschheitsfragen umgreift, entgegenkam. Die poetisch in vielen Varianten vorgeformten Figuren und Begebenheiten boten der eigenen, auch polemisch angesetzten Imagination reichlich Spielraum. Mechanismen, die das Verhalten von Menschen und Menschengruppen vor dem und im Kriege beschreiben, ließen sich in der Erzählwelt um den Troischen Krieg leicht in Handlung umsetzen. All dies entfällt für „Störfall". Hier geht es zudem um Themenbereiche, die verschiedene Wissenschaftsdisziplinen berühren, deren Theorien, Thesen und Hypothesen um der Stimulierung allgemeinen

Nachdenkens wegen möglichst exakt und zum Teil in ihrer eigenen besonderen Terminologie dargeboten werden sollten.

Wenn Christa Wolf schreibt: „Alles, was ich habe denken und empfinden können, ist über den Rand der Prosa hinausgetreten" (66), meint das unter anderem, die Gegenstände und Anlässe des Schreibens hätten eine Schreibweise verlangt, die über ihren eigenen, sehr geschmeidigen Begriff von Prosa, wie sie ihn seit „Lesen und Schreiben" vertritt, noch hinaustreibt.

Nehmen wir den Text als ein „Netzwerk"[3], dessen zahlreiche und verschiedenartige Bauelemente so vielfältig miteinander in Beziehung gesetzt sind, daß sie mehr ergeben als ihre Summe. Der Text vermittelt eine kaum kalkulierbare Fülle von Assoziationen und Impulsen, die über unmittelbar zitierbare Worte und Sätze, über das, was expressis verbis ausgesagt ist, beträchtlich hinausgehen. Für das Zustandekommen und Funktionieren dieses Netzwerks haben kleinste Textelemente (einzelne besonders herausgehobene und zum Teil mit anderen verkettete Worte) nicht weniger Gewicht als Elemente der Makrostruktur (Figuren, Handlungs- und Themenlinien).

Die *Ich-Erzählerin,* die Hauptfigur des Textes, weist so viele Berührungspunkte mit Christa Wolf auf, daß man bei der dem Text vorangestellten Bemerkung stutzt, alle Figuren seien erfunden. Dennoch ist dieser Hinweis – analog zu „Kindheitsmuster" – ohne Augenzwinkern gemacht. Der Hinweis auf die Fiktionalisierung der Figuren, vor allem der Ich-Figur, ist durchaus ernst zu nehmen. Im Unterschied zu den Kassandra-Vorlesungen, in denen das Ich mit Christa Wolf identisch ist, weist das Ich in „Störfall" gegenüber seiner Autorin sowohl Identität als auch Nicht-Identität auf. Dieses Ich ist für Christa Wolf auch eine *literarische Figur*, mit der sie aus psychologischen und ästhetischen Gründen in gewissem Maße frei umgeht, die sie aus sich herausstellt, einen bestimmten Handlungsvorgang durchlaufen läßt. Auf derartige Vorgänge wird im Text selbst angespielt, wenn von jenem Ich die Rede ist, „das sich zum Zwecke des Nachdenkens von ‚mir' abzuspalten pflegt" (38). Durch diese Doppelnatur ergeben sich für die Rezeption insofern Probleme, als sich die Autorin Wolf ständig vor die namenlose Ich-Figur schiebt, da diese keine von ihrer Schöpferin unabhängige Existenz entfaltet.

Erfindung waltet auch in bezug auf die Erzählsituation: Auf *einen* Tagesablauf wird zusammengedrängt, was in Wirklichkeit in viel größeren Zeiträumen gedacht und empfunden worden sein dürfte. Christa Wolf verzichtet darauf, sich auf einen konkreten Tag in der Woche nach dem Reaktorunglück festzulegen. Innerhalb eines historisch genauen Rahmens wird ein Kunst-Tag vorgeführt, an dem vermittels der Kombination von Gehirnoperation des Bruders und Nachrichten von Tschernobyl verschiedenartige komplizierte Widersprüche gebündelt und zugespitzt werden, so daß eine Konfliktsituation entsteht, in der das Ich außerordentlichen Belastungsproben ausgesetzt wird. Von diesem zugleich gewöhnlichen und ungewöhnlichen Tag ergeben sich Rückschlüsse auf den Alltag. Vieles von dem, was sich zwischen Frühstücksei, Sonnenuntergang und nächtlichen Alpträumen begibt, kann sich tagtäglich wiederholen, die „natürliche" Begrenzung des erzählten Tages gibt plausible Anfangs- und Endpunkte des Erzählens ab.

Die Wendung „über den Rand der Prosa hinausgetreten" erläuternd, heißt es im Text: „So wie unser Gehirn arbeitet, können wir nicht schreiben." Auf dem Weg vom Gehirn über die Nervenbahnen zur schreibenden Hand träten allzuviel Verluste, zum Beispiel an „Unmittelbarkeit, Fülle, Genauigkeit, Schärfe" (66), ein. Und doch versucht der Text eben dies: Mechanismen von Denken, Empfinden und Verhalten als Erleben einer bestimmten Figur anschaulich nachzuzeichnen. Aber noch mehr – Beschaffenheit und Arbeitsweise des menschlichen Gehirns sind Gegenstand des literarischen Diskurses auf allen Textebenen; psychische und Denkvorgänge konstituieren viel von dem, was die „Handlung" des Buches ausmacht. Der Text simuliert verschlungene Prozesse von Erinnern, Verdrängen, Erkennen durch Willensanstrengung, Ausweichen in Bewußtseinsspaltung usw. usf. In der Art, wie zum Beispiel literarische Zitate, etwa Brechts „Erinnerung an die Marie A.", schrittweise ins Bewußtsein herauf- und in den Text hineingeholt werden, wird arbeitende Subjektivität als Vorgang *erzählt*.

In diesem ganz auf die Reflexion aufgebauten Text sind *Spannungsbögen* wirksam; sie ergeben sich aus der Dramatik der geistigen Auseinandersetzung und emotionalen Anspannung der Ich-Erzählerin. Als sie – längst überreizt – am „Drehpunkt des Tages“ (55) für einen Moment die Nerven verliert, erreicht die Spannung einen ersten Höhepunkt. Sie klingt ab, nachdem die Nachricht von der erfolgreichen Beendigung der Operation (60) eingetroffen ist, und sie scheint aufgehoben, als sich überraschend das „Lied von der Freude“ einstellt (63). Dann baut sie sich, bezogen auf einen anderen Gegenstand, neu auf. Der Anstoß erfolgt an jenem schon zitierten „Drehpunkt des Tages“, als des Bruders weiter zurückliegende Frage nach den zerstörerischen Seiten ihrer Schreiblust erinnert wird, und begleitet die ausgedehnte Debatte um den „blinden Fleck“ (66, 73, 94, 97, 98, 117). Immer neue Erinnerungen und Überlegungen lösen einander ab, schachteln sich ineinander, bis sich das Ich nach dem Gespräch mit der älteren Tochter (102–106) zu lange verdrängten persönlichen Einsichten durchringt (107/108) und sie durch die Berufung auf Joseph Conrads Erzählung „Herz der Finsternis“ (115ff.) kommentiert und verallgemeinert. Folgerichtig endet der Text nicht mit dem beruhigten Einschlafen des Ichs. Das aufgestörte Hirn arbeitet weiter und resümiert in grandioser Bildkombination im Traum die schlimmen Denkmotive des Tages. Die bewußten und halbbewußten Ängste, das Gefühl unverminderter Bedrohtheit werden in der großen Metapher vom sich zersetzenden Mond auf den Punkt gebracht und als Unerledigtes an den Leser weitergegeben. Vom Textende her zeigt sich dieser Tag als ein von lebendiger geistiger und emotionaler Aktivität erfüllter Tag, er ist alles andere als ein „toter Tag“.

Tschernobyl bildet neben mehreren thematischen Linien (Evolution des Menschengeschlechts, Verhältnis zu Krieg und Faschismus in Vergangenheit und Gegenwart, Sprache und Menschheitsentwicklung, Hinterfragung der Utopie usw.) den aktuellen, alle Textebenen durchdringenden und damit auch verbindenden Bezugspunkt. Gegenstand der Darstellung ist in diesem Text nicht Tschernobyl,[4] sondern der subjektive Bezug zu diesem authentischen Ereignis. Das Spektrum individueller Reaktionen ist breit und differenziert. Der ratlose Gleichmut der Nachbarn im Dorf macht die Ich-Figur betroffen, die „maßvolle“ (109) Ungerührtheit der Spezialisten im Fernsehen, die die Risiken der Kernenergetik gelassen einkalkulieren, dagegen weckt ihren Zorn. Aufgestört, will sie sich zur

Wehr setzen und entwirft im Kopf einen Brief, in dem sie „irgend jemand" beschwörend mitteilen möchte, „daß man bei einem auch nur minimalen Unsicherheitsfaktor auf diese Technik unbedingt verzichten müsse" (112). Da dem Ich keine „reale Adresse" (112) für diesen Brief einfällt, wird er nicht verfaßt. Der Schreibimpuls – sofern er auf direkte Wirkung abzielt – weist über die Prosa hinaus, führt aber aus dem gleichen Grund in sie hinein; auf diesem Wege sind „reale" Adressaten zu erreichen, wenn auch nicht abzusehen ist, wie zahlreich, geschweige denn einflußreich die anonymen Leser sein würden.

„Störfall" handelt allenthalben von der übermächtig werdenden Gefährdung des Menschen als Individuum und als Gattung, die in der Atomkriegsdrohung, z. B. im „Starwar"-Projekt, ihren zugespitzten, aber keineswegs alleinigen Ausdruck findet. Überall entdeckt das Ich Zusammenhänge „zwischen Töten und Erfinden" – worauf bereits durch das Motto von Carl Sagan vorverwiesen wird. Tschernobyl ist dafür krasses Symptom und gleichsam „letzte Warnstufe". Deshalb auch der Nachdruck, mit dem das Ich auf die mögliche, gespenstisch unsichtbare Veränderung der gesamten Umwelt reagiert und die vertrauten Elemente Luft, Erde und Wasser ins feindlich Zerstörerische verkehrt glaubt. Deshalb auch am Textanfang die grundsätzliche Feststellung, die Nachrichten dieses Tages stellten bisherige Lebensorientierung und -haltung in Frage.

Ein weiteres Element, das den Text durchgehend formiert, ist die *Schwester-Bruder-Beziehung.* Die Aufmerksamkeit wird zunächst auf die intensive Anteilnahme des Ichs an der Gehirnoperation des Bruders gelenkt. Durch diese Handlungsdetails kommt die heilende, rettende Seite des wissenschaftlichen und technischen Fortschritts ins Blickfeld. Die in charakteristischen Bruchstücken skizzierte Geschwister-Geschichte enthüllt sich als eine äußerst konfliktgeladene Beziehung zweier sich nahestehender Menschen. Sie dient als anschaulicher Beleg dafür, daß zerstörerische Züge tief in der Psyche des einzelnen angelegt seien. Damit korrespondiert der mehrfache Verweis auf die Mythe von Kain und Abel, vom Brudermord am Beginn des Menschengeschlechts, die sich – wie schon oft in der Literatur- und Kunstgeschichte – als aktuelles Deutungsmuster aufdrängt. Solche „Belege" legen die Deutung nahe, Geschwisterkampf – im direkten und übertragenen Sinne – sei „Naturanlage“. Dem sind in anderen Textpassagen Beispiele gegenübergestellt, die genau das Gegenteil bezeugen. Eingeblendet sind alltägliche Beobachtungen, die die Freundschafts- und Liebesfähigkeit (24) kleiner Kinder bezeugen. Sie dünken der Ich-Erzählerin angesichts der Eskalation des Zerstörerischen aufregender als griechische oder Shakespearesche Tragödien. So steht Naturanlage gegen Naturanlage. Daraus ist ableitbar, daß es der Mensch in der Hand hat, solche Anlagen zum Guten wie zum Bösen auszuleben oder zu unterdrücken. Das Grimmsche Märchen „Brüderchen und Schwesterchen“ ist, vor allem in der Brechung durch das kindliche Nachspielen, außerordentlich beziehungsreich eingesetzt. Die starke Emotionalität dieser Textpassage hängt mit der alternativlosen Grundsituation zusammen („entweder verdursten oder sich in ein wildes Tier verwandeln“, 80f.).

Die Faszination, die in der Vielschichtigkeit gerade dieses Märchens liegt, wird für die komplizierten Beziehungen der Ich-Erzählerin zu ihrem Bruder glücklich genutzt. Die Erinnerung an das kindliche Märchen-Spielen wird beherrscht vom Gefühl der Trauer, einer Trauer, die bereits das kindliche Gemüt bedrängt habe und die nun gedeutet wird als „frühe Angst vor der schlimmen Kehrseite unserer Natur, von der wir uns nie anders als durch Mord und Totschlag befreien konnten“ (81).

Lange verdrängt die Ich-Erzählerin, daß auch in der Gegenwart das Verhältnis zum Bruder von Trauer geprägt ist. Während sie sich, um ihm bei der Operation von ferne beizustehen, in Liebe und Fürsorge Details seiner Krankheit und der medizinischen Behandlung vergegenwärtigt, spielt ihr das Unterbewußtsein Erinnerungsfetzen an schmerzhafte Auseinandersetzungen zu. Der Bruder fungiert in ähnlicher Weise als Widerpart wie Bruder Lutz in „Kindheitsmuster“; hier wird seine Rolle jedoch tiefer und genauer begründet. Er stößt sie unsanft auf ihren „blinden Fleck“. Der Zwiespalt des Gefühls äußert sich in der lakonischen Aussage gegenüber der Freundin: „Er ist das genaue Gegenteil von mir ... Er steht mir nahe.“ (61) Gegen Ende des Tages und damit des tiefgreifenden psychisch-geistigen Prozesses wird das Verhältnis von Nähe und Gegensätzlichkeit in der Beziehung zum Bruder in seiner lebendigen Widersprüchlichkeit begriffen. Gerade als Widerpart sei er für sie hilfreich, erweise er sich als „einer der wenigen Menschen, die mich nicht anders haben wollen, als ich bin“ (101).

Zur Fülle und Farbigkeit des Textes tragen auch die mannigfaltigen, in sich „vernetzten“ *Zitate und Anspielungen* bei. Lieder und Gedichte, Märchen und Mythen, literarische Figuren wie Faust, Erzählungen und Romane verschiedener Völker und Zeiten werden aufgerufen, meist solche, die einem breiteren Leserkreis bekannt sein dürften. Nur ein Teil von ihnen ist durch Kursivdruck auffällig gemacht, nur wenige sind durch Angabe von Titel und Verfasser leicht identifizierbar. In einigen Fällen kommt es allein auf die zitierten Worte oder Zeilen an („O Himmel, strahlender Azur“, 15), in anderen auch auf den Kontext des gesamten Werks (Joseph Conrads „Herz der Finsternis“). Von dieser breiten Schicht ästhetisch formierter Textelemente gehen – komplementär zu dem prosaischen und abstrakten Gedankenmaterial – unmittelbar sinnliche und emotionale Reize aus.

Viele Zitate und Anspielungen beziehen sich auf die Erfahrung Tschernobyl, verfremden diese und werden ihrerseits durch sie verfremdet; das betrifft sowohl das Schubertsche Lied „In einem Bächlein helle“ (11), der Großmutter Lied „Holde Abendsonne / Wie bist du so schön“ (94) als auch „Wie herrlich leuchtet mir die Natur“ (44) aus Goethes „Mailied“ und andere mehr. Die Beschwörung der Wolke aus Brechts „Erinnerung an die Marie A.“ bekommt durch herausgehobene Details („blühte nur Minuten“, 62) beklemmende Aktualität. Die spruchhaften Wendungen aus den Märchen „Brüderchen und Schwesterchen“ („Nun komm ich noch zweimal und dann nimmermehr“, „Nun komm ich noch diesmal und dann nimmermehr“, 79) und „Die drei Männlein im Walde“ („Königssohn, was machst du, schläfst du oder wachst du“, 117) können ihre Signalfunktion gerade durch ihre Einprägsamkeit ausfüllen: In beiden Fällen geht es darum, daß jeweils eine letzte Warnung erteilt wird und danach die Chance verspielt ist, den bösen Zauber zu brechen. Wie die genannten Anspielungen haben auch die vielen anderen in sich die Potenz, Sinn zu stiften bzw. zu vertiefen oder zu differenzieren.

Die Sprache bzw. das Sprechen bilden in diesem Text unter verschiedenen Aspekten Gegenstände des Nachdenkens. Sensibilisiert für die „schlimme Kehrseite unserer Natur", hebt die Ich-Figur hervor, daß Sprache, indem sie Menschen verbindet, einander auch fremd und feind mache (90). Mythen vom Turmbau zu Babel und von Nimrod werden als Beispiele dafür angeführt, wie man in frühen Phasen der Menschheitsgeschichte Sprachverwirrung und Sprachmißbrauch (als Herrschaftsinstrument) gedeutet habe.

Der Begriff „Doppelgesicht der Sprache" (90) verweist auch in anderer Hinsicht auf ihre gegensätzlichen Funktionen und Möglichkeiten. So tauchen im Kontext von Tschernobyl neue furchteinflößende Worte auf (GAU, Cäsium, Halbwertzeit usw., 34, 49); bekannte gewinnen plötzlich schreckenerregende Bedeutungen: An den Worten strahlen/Strahlung wird vorgeführt, wie sich emotional negativ wirkende Bedeutungen vor die neutralen oder positiv besetzten schieben, wie die Worte ihre „Unschuld" verlieren. Die Aura des Schönen (strahlender Himmel, 28), des Humanen (der Schwester Gedankenstrahlen zum Bruder hin) und des Heilenden (Röntgenstrahlen, 28), die um das Wort Strahl ist, wird durchkreuzt vom Schrecken, der von den „Strahlenwaffen" (71) und den Strahlen des glühenden Reaktorkerns ausgehen. Und umgekehrt wird Worten, die zunächst Negatives assoziieren, auch ihr Gegenteil abgewonnen: So offenbart zum Beispiel der Titelbegriff *Störfall* erst allmählich seine produktive Seite, seinen Charakter als „Stachel", der gründlich aufstört.

Dutzendemal werden die Worte Bruder und Brüderchen in der Funktion verwendet, die innere Zwiesprache der Ich-Figur mit dem Bruder zu signalisieren und dem gesamten Text ein Element von Vertraulichkeit und Wärme zuzusetzen. Um so schroffer fällt ins Auge, wenn die Worte brüderlich und Brüderlichkeit ihre böse Kehrseite offenbaren („Kampf der Brüder untereinander", 97), wenn sie als Stereotype denunziert werden, die durch einen bestimmten Gebrauch ihren Sinn eingebüßt haben (brüderlich verbunden, geeinigt, brüderliche Kampfesgrüße, 97). Auf diese Weise wird der Begriff Brüderlichkeit keinesfalls entwertet oder negiert; es wird hingegen unausgesprochen nahegelegt, die Sache zu erneuern, die hinter diesem Begriff steht.

Nicht zufällig haben in einem Buch, das dem Feindbild-Denken zu Leibe geht, neben den Begriffen Bruder/Brüderlichkeit auch Freund/Freundlichkeit großen Stellenwert: Freundlichkeit erleichtere das Verstehen des anderen (29); dem Nachbarn „ein menschliches Signal, ein Lächeln, zu entlocken“ (95), „freundlich sein, das können wir nicht“ (107). Die aufeinander bezogenen Begriffe Lust, Gier, Genuß und Freude geben Anreize, über verschiedene Arten von Bedürfnissen und deren Befriedigung nachzudenken.

Innerhalb eines einheitlichen sprachlichen Gestus, der aus der Reflexionssituation der Ich-Erzählerin hervorgeht, stoßen verschiedenartige „Sprachen“ aufeinander: Spontane umgangssprachliche Äußerungen der Ich-Figur kontrastieren auffällig mit der Bemühtheit, Sachverhalte der Medizin mit den entsprechenden und scheinbar unvermeidlichen Fachtermini zu referieren (olfaktorischer Cortex, R-Komplex, limbisches System, Neocortex, endokrines System, Hypophysengewebe, S. 57–59), die den Text fremd und sperrig machen. Davon wiederum heben sich ironisch gefärbte Zitate aus Medien-Verlautbarungen ab. Die vielfältigen Elemente von Sprachmasken und Sprachporträts fügen sich zu einem Eindruck lebendiger Widersprüchlichkeit zusammen. In diesen Zusammenhang gehören auch die oft selbstquälerischen Reflexionen über die Sprache im Sinne von Literatur, wovon an anderer Stelle noch zu reden ist.

Mit dem „Wortekel“ (107), von dem die Ich-Figur heimgesucht wird, offensichtlich gut vertraut, nutzt Christa Wolf sprachliche Mittel mit großem Bedacht. Auf die besondere Verwendung der Zeitformen des Verbs wurde bereits in Rezensionen aufmerksam gemacht. Die Verwickeltheit und Sprunghaftigkeit gedanklicher Vorgänge werden durch zwei verschiedene, optisch auffällig gemachte Arten, Absätze zu bilden, und eine überaus reichhaltige Interpunktion unterstrichen; so zum Beispiel setzt sie einen ganzen Absatz (101f.) in Klammern, um deutlich zu markieren, daß sich der Vorfall, über den hier berichtet wird, keineswegs an diesem einen Tag, sondern später zugetragen hat. Damit wird die Fiktion der erzählten Zeit das einzige Mal sichtbar durchbrochen. Der bisherige Gang der Untersuchung zeigt, wie weitläufig die Gegenstände des Nachdenkens sind, und die Frage drängt sich auf, ob nicht die rein erörternde Darbietungsweise (Tagebuchaufzeichnung, Essay) vorzuziehen gewesen wäre. Nicht nur die jüngste Literaturgeschichte kennt dafür verschiedenartige Möglichkeiten. Christa Wolfs Entscheidung für die fiktionalisierende, erzählende Darbietungsweise hat starke Gründe für sich. Gerade die dominant künstlerische Formierung des Materials, die ein beträchtliches Quantum „unliterarischen" Materials integriert, ermöglicht jenen Reichtum an Impulsen und komplexen, vielschichtigen Aussagen, auf die es der Autorin ankommt. Die Wendung „über den Rand der Prosa hinaus" assoziiert vieles, meint vielleicht auch, die Grenzen zwischen Erzählwelt und wirklicher Welt so durchlässig zu gestalten, damit die Bezüge zu historisch-konkreten Gegebenheiten vom Leser wahrgenommen werden. Im Text schwingt so vieles mit, was im rein problemerörternden Diskurs – zumindest unter den gegebenen Umständen – nicht sagbar war oder schien. Im folgenden soll der im Text angelegten Wirkungsstrategie in bezug auf zentrale Gedanken des Buchs nachgegangen werden.

Der eigenen Wahrheit ohne Angst ins Gesicht sehen

Leser reagieren auf dieses Buch – vor allem emotional – außerordentlich verschieden. Während die einen von niederdrückenden Empfindungen reden, sprechen die anderen von belebender Wirkung. Beide aber beziehen sich auf wirkliche Textgegebenheiten. Offensichtlich entscheidet die individuelle Disponiertheit, vor allem auch die Übung mit solcher Art Prosa, darüber, welche Textelemente wahrgenommen und zu einem Gesamteindruck verschmolzen werden.

In bezug auf das, wovor gewarnt wird, weist der Text konkrete Bezüge zu Sachverhalten des wirklichen Lebens auf. Dagegen erscheinen die Argumente und Tatsachen, die der zerstörerischen Gewalt entgegengehalten werden, verhältnismäßig vage. Diese Ungleichartigkeit der Wirkungsfaktoren fällt auch bei der Gestaltung des Schlusses auf. Die in ihrer Sinnlichkeit überwältigende Angstvision endet mit den Worten „ich schrie". Damit könnte das Ganze sinnvoll und stark enden. Es folgt aber noch ein letzter Satz: „Wie schwer, Bruder, würde es sein, von dieser Erde Abschied zu nehmen." Das sind Gedanken eines wachen, aus dem Schreckenstraum aufgetauchten Ichs. Christa Wolf mag das Buch offensichtlich nicht beschließen, ohne dem Leben noch einmal das Wort zu reden – ebenso behutsam wie elegisch. Mit diesem letzten Satz wird weder Trost nachgereicht, noch werden Ängste abgeschwächt. Der Akzent liegt hier in der von abgründiger Trauer erfüllten Verbundenheit mit dem Leben.

Es fällt nicht schwer, die beunruhigende Wirkung dieses Buches zu erklären: Der Teufel ist riesengroß an die Wand gemalt, und zwar so, daß man es nicht für übertrieben halten könnte. Die Bedrohlichkeit ergibt sich aus der unmittelbaren Verlängerung wirklich beobachteter Tendenzen. Was aber ist dem als Alternative entgegengesetzt? Woraus könnte Ermutigung gewonnen werden?

Ausführlich wird über den „Sog des Todes" (71) reflektiert, vor allem im Verhalten der jungen „starwarriors" (69) in Livermore. Die Ich-Erzählerin, so heißt es, wisse „kein Mittel gegen Leute, die insgeheim todessüchtig" (72) seien. Das Buch ist auf der Suche nach dem, was Leben rettet. Was ist mit denen, die gern leben, an ihrem gewöhnlichen Leben hängen? Die Ich-Erzählerin konstatiert, daß sich die „arbeitsamen, stillen Leute" (109) allzuleicht beruhigen und ablenken lassen und damit ein anerzogenes Normalverhalten zeigen, das „dazu beiträgt, uns umzubringen" (109).

An den Reaktionen der Ich-Figur wird deutlich gemacht, daß es Kraft kostet, dem Drang nach Beruhigung und Ablenkung zu widerstehen. Dabei hilft, sich Werte des Lebens bewußtzumachen. Deshalb mehrfach die Betonung der „haltbaren Genüsse" (14), die einerseits die Gaumenfreuden betreffen, zum anderen die Freuden an der Schönheit der so arg bedrohten Natur und vor allem menschliche Verbundenheit, Freundschaft, Liebe. Überall werden Möglichkeiten aufgesucht, die das Leben lebenswert machen. Aber nichts gilt als selbstverständlich, nicht einmal der „schlichte Selbsterhaltungstrieb" (113). Angesichts des angehäuften Zerstörungspotentials aller Art kann Christa Wolf nicht mehr, wie zum Beispiel Anna Seghers reichlich vier Jahrzehnte vorher, mit der natürlichen Überlebenskraft der Menschheit argumentieren. Man vergegenwärtige sich, wie am Ende von „Transit" hinter den Schrecken von Krieg und Faschismus das alltägliche Dasein von Zeitungsjungen, Fischerfrauen, Händlerinnen der Hafenstadt als ewig unversehrbarer Lebensgrund tröstlich aufscheint und dem Helden eine sichere Ankunft ermöglicht.

Schon in seinem ersten Absatz unterstellt der Text, Tschernobyl verändere mit einem Schlag die bisherige Lebensorientierung des Ichs („an nichts mehr gebunden", „frei, zu tun und vor allem zu lassen, was mir beliebt", 10). An diesem Punkte wird es wichtig, Ich-Figur und Autorin auseinanderzuhalten. Aus Christa Wolfs Schriften weiß man, daß sie nicht zum ersten Mal auf ein bedrohliches Geschehen mit dem Gefühl schockartigen Entbundenseins reagiert. In ihrer Rede auf der Berliner Begegnung 1981 bekennt sie, daß die Mitteilung einer Expertenkommission, Europa habe noch eine „Überlebenszeit von drei bis vier Jahren"[5], in ihr schlagartig den Willen freisetzte, sich nunmehr manches herauszunehmen, was vordem undenkbar schien. Die Ich-Figur erlebt einen derartigen Schock, als wäre es das erste Mal, wiewohl sie meint, ihr Leben als eine „Folge solcher Einschnitte" (43) beschreiben zu können. Sie läßt den Schrecken ganz in sich hinein, allerdings nicht passiv, sie arbeitet ihn nach allen Seiten hin durch. Und eben dies bildet das Kraftzentrum des Buches. Der Größe des Schreckens entspricht die geistige Aktivität, die dadurch in Gang kommt. Im Verlauf des Textes wird deutlich, der Schrecken[6] ist nicht nur das Ende, sondern auch der Anfang von etwas: vor allem von erhöhter Verantwortlichkeit. Das ist die Erfahrung der Ich-Figur. Aus dem Schock Tschernobyl wächst für sie, gerade als Schreibende, das Gefühl für Mitverantwortung neu. In diesem individuellen Vorgang liegt als Potenz Ermutigung. Sie kann sich dem Leser mitteilen, der sich auf aktive Durcharbeitung des Textes einläßt, auch seine Andeutungen mitvollzieht. Deshalb kommt der historisch genauen Motivierung im Verhalten der Ich-Figur besonderes Gewicht zu. Es heißt, sie fühle sich durch den Verlust aller Bindungen, durch das Kappen aller „Taue" (88) in einen eigentümlichen Zustand *zwischen* Generationen und Haltungen versetzt. „Die vor uns würden für immer von ihnen gehalten und an sie gebunden sein; die nach uns haben die Taue gekappt und sehen sich, losgelöst, frei, zu tun und zu lassen, was ihnen beliebt. Wir würden uns nie mehr auf jene Bindungen verlassen können, sie aber auch, und sei es als Sehnsucht nach ihnen, nie ganz loswerden." (88) Diese Sätze erinnern an die eingangs verkündete Annahme der Ich-Erzählerin, ihr stehe nunmehr frei, nach Belieben zu tun und zu lassen, und korrigieren sie. Der Sehnsuchtsschmerz ist etwas, was ihr leben hilft. Er gilt einer bestimmten Art von Bindungen und Idealen, die die Ich-Erzählerin glücklicherweise nicht verallgemeinert. Es ist eine sehr spezifische, von historischen Konstellationen geprägte Art, subjektive Bindungen an die menschliche Gemeinschaft aufzubauen.

In „Störfall" wird die Utopie nicht mehr, wie in jüngster DDR-Literatur häufig, für den Aufbau von Zukunftsorientierung in Anspruch genommen. Das Ich kommt zu der schmerzlichen Entdeckung, Utopien offenbarten ihre schlimme Kehrseite, sobald sie in die Tat umgesetzt würden; als Beweis dafür gilt zunächst Tschernobyl. Mit diesem Reaktorunglück sei die Utopie (die in bester Absicht vertretene Überzeugung), „genug Energie für alle und auf ewig" (37) erzeugen zu können, vollkommen widerlegt worden. Die kritischen Fragen beziehen sich auch, und zwar sehr pauschal, auf die soziale Utopie, „Gerechtigkeit, Gleichheit, Menschlichkeit für alle" (37) ohne Aufschub und mit allen Mitteln herbeiführen zu können. Daran knüpft sich die böse Frage, ob die „Utopien unserer Zeit notwendig Monster" (37) heraustrieben. Anlässe zu dieser Art Überlegung gibt die jüngste Weltgeschichte überreichlich; der Text überläßt die historische Konkretisierung jedem Leser selbst.

Der Begriff Monster, der mit diesem Passus ins Spiel kommt und bis zur letzten Seite, bis zum Anruf „A faultless monster!", immer wieder aufgenommen wird, hat im Textaufbau eine überaus wichtige Funktion. Monster bedeutet im allgemeinen Sprachgebrauch das, was außerhalb alles Menschlichen liegt, was ihm strikt entgegengesetzt ist. Wer muß oder mag diesen Begriff schon auf sich selbst beziehen? Christa Wolf aber schließt ihre Ich-Figur in diesen Begriff ein. Für sie wird die Entdeckung, daß man sich selbst aus diesem Begriff nicht herausnehmen darf, Schrecken, *heilsamer* Schrecken.

Die Wirkungsstrategie von „Störfall" erinnert sehr an die Marxsche Wendung „Man muß das Volk vor sich selbst *erschrecken* lehren, um ihm *Courage* zu machen"[7]. Sie kennzeichnet im Besonderen auch die geistige Prozedur, der sich die Ich-Figur unterziehen muß. Ihre kritische Selbstbefragung und Selbstbeobachtung bezieht sich auf Verhaltensweisen im „gewöhnlichen Leben". Auch sie sitzt stundenlang gebannt vor dem Fernsehgerät, auch sie behandelt gelegentlich fremde Besucher, die auf ihrem Grundstück nach einem Kindergrab (82f.) suchen, unfreundlich. Erschrecken lernt sie in der Hauptsache in bezug auf ihre schriftstellerische Arbeit, die im Text im ganzen sehr sparsam und in verallgemeinerter Form behandelt wird: Hier, im Zusammenhang von „Schreib-Lust und Zerstörung" (108), liegt ihr eigener „blinder Fleck". Auf den ersten Blick ist schwer mitzuvollziehen, warum in der schriftstellerischen Arbeit der Ich-Figur, die Christa Wolf nahesteht, Zerstörerisches liegen sollte. Zwar verweisen bestimmte Andeutungen auf Schwierigkeiten beim Schreiben. Allzugern beurlaubt sich die Ich-Erzählerin für diesen Tag von einem „in falschen Fragestellungen, zaghaften Annäherungen [...] steckengebliebenen Manuskript" (37). Dem ersten deutlichen Eingeständnis von Krisenempfinden geht ein Bibelzitat mit Anspielungen auf die Auserwähltheitsproblematik voraus. Daran schließt sich, in Klammern gesetzt, damit wird die große Verkürzung des Problems angedeutet, die Frage an: „(So wäre es schon Schuld, Teilhabe an der Schuld, wenn man sagt, was man zu wissen meint, und – obwohl es verletzend sein mag – Befriedigung dabei spürt? Weil man es weiß? Weil man es sagen kann? Und schweigen wäre genauso miserabel?)" (56) Der hier verwendete, moralisch besetzte Begriff *Schuld* trifft nur die subjektive Empfindung der Schreibenden. Die objektiven Zwänge, die die besondere Stellung des Schriftstellers im gesellschaftlichen Gefüge bedingen, sind damit lediglich angedeutet. Wie bei anderen Problemfeldern auch beläßt es Christa Wolf hier bei Vereinfachungen und Eingrenzungen; sie sind ästhetisch legitimiert durch die Fiktion (Ich-Figur in einem ganz bestimmten „Handlungszusammenhang"). Und zugleich bleiben auch immer Wünsche offen, die sich an die im Text überaus gegenwärtige Autorin richten. Das ist bei der gewählten Darstellungsweise unvermeidbar.

Der Zwiespalt erscheint auch deshalb so tief und lähmend, weil sich falsche Alternativen auftun, weil Schreiben und Nichtschreiben gleichermaßen fatal sind. Zumindest momentan löst sich der Selbstzweifel in der Überlegung: „Nicht zuviel – zuwenig haben wir gesagt, und das Wenige zu zaghaft und zu spät." (68) Erst am Abend des Tages, am Ende des Selbsterkennungsvorgangs wird bei „herabgesetzter Hemmschwelle" (106) benannt, wovor das Ich bis zu diesem Tag zurückgeschreckt ist. Die Rede ist vom dichter werdenden Kordon des Wort-Ekels, vom Umschlag des Wort-Ekels in Selbst-Ekel. Gleichsam fieberhaft (die lange Passage auf den Seiten 107 und 108 enthält keinen einzigen Punkt) arbeitet sich das Ich zum Kern seines Konflikts durch und spricht vom „Umkreis von Zerstörung um einen Schreibenden" (108). Schreiblust und Zerstörung seien insofern gekoppelt, als sich andre Menschen durch den Schreibvorgang „beobachtet, aufgespießt, kategorisiert [...], verkannt, in schlimmeren Fällen verraten, [...] auf Distanz gebracht" (108) fühlten.

Aus der Erkenntnis der Konfliktlage ergibt sich jedoch nicht eine „Lösung" im gewohnten Sinn. Das Dilemma ist unaufhebbar. Der Ausweg ins Schweigen wird nicht in Erwägung gezogen. Die Schreibende muß lernen, mit diesem Konflikt bewußt zu leben und produktiv umzugehen. In dieser aufdämmernden Erkenntnis findet sie sich auf wunderbare Weise durch Joseph Conrads Erzählung bestätigt. „Herz der Finsternis" bekräftigt sie in dem Gedanken, daß „man der Sprache doch auch wieder froh werden " (109) könne. Sie ertappt sich bei der Frage, „mit welchen Mitteln er es zu solchen Wirkungen" (117) gebracht habe. Das läßt vermuten, sie werde vom Schreiben nicht ablassen, wie umgekehrt wohl auch Schuldgefühle gegenüber Menschen weiter auf ihr lasten würden – so deute ich das an den „nachtdunklen Himmel" (118) befestigte Foto der toten Mutter.

Es mag zunächst verwundern, daß die Konflikte der Schriftstellerexistenz, wie sie die Ich-Figur artikuliert, allein aus ihren eigenen inneren Bedingungen hergeleitet werden, weiß man doch, wie sehr sich Christa Wolf selbst an äußeren reiben mußte. Erfahrungen mit Streichungen, wie sie sie 1987 in ihrer Rede auf dem Schriftsteller-Friedenstreffen artikulierte,[8] kommen hier kaum zur Sprache. Nur in einer allgemein gehaltenen Wendung wird auf „verletzende Ungerechtigkeiten der anderen" (36) angespielt. Was andere tun und lassen, ist in „Störfall" auf keiner der thematischen Ebenen Gegenstand der

Auseinandersetzung. Alles ist auf den Vorsatz konzentriert, der „eigenen Wahrheit" auf die Spur zu kommen. Das ist weder Resignation noch Masochismus. Bei sich selbst anzufangen scheint unter den 1986 gegebenen Umständen die einzige Denkmöglichkeit zu sein, fehlerhafte Kreisläufe aufzubrechen. Was Leser sich davon aneignen können und wollen, liegt ganz bei ihnen und dem öffentlichen Umgang mit dem Text und seinen Problemfeldern.

In der Mitte des Buches steht die düstere Frage, ob es für die Menschheit, angesichts des scheinbar unabänderlichen Zwangs zu Herrschaft und Unterordnung, überhaupt einen „Fluchtweg" oder „Notausgang" (57) geben könne. Sie bleibt bestehen, über den Raum des Buches, „über den Rand der Prosa" hinaus. Was der Text bietet, ist: die Einübung einer Haltung vorzuführen, die sich freihält sowohl von passiver Unterwerfung als auch von panikhaftem Aktionismus. Die geistige Aktivität bezieht sich auf das Nächstliegende, auf die Ausbildung einer Haltung der Konfliktfähigkeit. Sie wird durch die intensive Kommunikation der Ich-Figur mit vielen anderen gewonnen.

Das Buch lebt von unzähligen Gesprächen, von solchen, die an diesem Tage stattfinden (vor allem mit Nachbarn), von Telefonaten mit Töchtern, Freundin und Schwägerin – aber auch von unzähligen erinnerten Gesprächen. Aus vielen kommen Elemente von Ermutigung: Heinrich Plaack spricht unaufgefordert von deutscher Kriegsschuld (50–54), ein junger Dorfbewohner hält, wenn auch auf spinnerte Weise (41f.), an der Überzeugung von der Überlebenskraft des Planeten fest.

Die Nachricht, daß der Physiker Peter Hagelstein Livermore verlassen hat, bedeutet eine ungeheure Erleichterung („Nichts ist endgültig", 101). Kraft zieht das Ich auch aus der Vergegenwärtigung des Lebens der Namensvetterin Charlotte Wolff, die selbst meint, das Unheil, das sie ins Exil gestoßen hatte, habe sich „für sie in eine glückliche Fügung verwandelt" (88), was die Ich-Figur dahin gehend korrigiert: „sie ganz allein hat das Unheil verwandelt" (88f.). Unentwegt sammelt das Ich Belege dafür, daß in Menschen allenthalben die Potenz für Veränderungen ruht, daß es – so ließe sich ableiten – darauf ankommt, diese Potenzen zu entwickeln und zusammenzuführen.

Die ausführliche, gelegentlich auch umständlich wirkende Wiedergabe von Gesprächen hat unter anderem auch die Funktion, vorzuführen, wie sich das Ich in der Konfrontation mit anderen Ansichten reibt, quält, neu aufládt, letztlich: beweglich und offen hält. Der Text breitet vor dem Leser, vor allem auch durch die mehr oder minder deutlich ausgewiesenen Lesefrüchte, eine Fülle von widersprüchlichem Gedankenmaterial aus, durch das sich das Ich selbst hindurcharbeitet. Es ist nicht darauf angelegt, Leser zu bloßer Zustimmung zu veranlassen. Das gilt auch für die Ansichten der Ich-Figur.

Die Formel „der eigenen Wahrheit ohne Angst ins Gesicht sehen" deckt in ihrer Allgemeinheit geschichtlich differenzierte Phänomene nur teilweise ab; in Hinsicht auf das atomare Wettrüsten – auf das der Text auch anspielt – ist sie allerdings geeignet, jenen Denk-Durchbruch zu ermöglichen, der aus dem Teufelskreis herausführt. In der Grundrichtung entspricht das in „Störfall" entwickelte Beispiel neuartigen Denkens verblüffend genau jenem neuen Denken in der großen Politik, wie es in zahlreichen Äußerungen und Dokumenten im Verlaufe des Jahres 1987 in unser Blickfeld trat – vor allem in Reden Michail Gorbatschows zur Innen- und Außenpolitik, im Papier zum Streit der Ideologien zwischen SED und SPD, in den Verhandlungen um atomare Abrüstung zwischen UdSSR und USA u.a.m. Überall werden Denkansätze sichtbar, die noch kurze Zeit zuvor, und eben auch noch 1986, als „Störfall" entsteht, in vieler Hinsicht als utopisch gelten mußten. Die Zustandsanalyse ist so angelegt, daß sie Bewegung – geistige Bewegung zunächst – stimuliert.

Als „Störfall" im Frühsommer 1987 unter die Leute kommt, hat das Buch, zusammen mit Bestrebungen der großen Politik, die Chance, zum Beispiel auf den Abbau des Feindbild-Denkens, die Entwicklung von Dialog- und Konfliktfähigkeit hinzuwirken. Ein Glücksfall, der das belletristische Werk in keiner Weise überflüssig macht, ist doch das, was durchgesetzt werden soll, so unerhört und ungewohnt, so sehr aller bisherigen Praxis entgegengesetzt, daß das literarische Werk gerade in der Orientierung auf den einzelnen die notwendige Ergänzung zu den allgemeinen Formulierungen politischer Verlautbarungen bildet.

Kommen wir auf die Frage zurück, *was* „Störfall“ den bedrohlichen Gewalten und Tendenzen entgegensetzt. Keine beruhigenden Verweise auf Institutionen, Parteien, Bewegungen, Gremien, *nur* die arbeitende Subjektivität eines Menschen, der, verbunden mit anderen in gleicher Not, dem Sog des Todes sich widersetzend, übt, sich den zerreißenden Widersprüchen auf neue Weise zu stellen.

Und eben dazu macht „Störfall“ Courage.

1988

Die Seitenangaben im Text beziehen sich auf: Christa Wolf, Störfall. Nachrichten eines Tages. Berlin und Weimar 1987.

1 Christa Wolf, Die Dimension des Autors. Essays und Aufsätze. Reden und Gespräche 1959–1985. Band 1 und 2, Berlin und Weimar 1986, Band 2, S. 483.

2 Christa Wolf, Kassandra. Vier Vorlesungen. Eine Erzählung. Berlin und Weimar 1983, S. 110.

3 Der Begriff wird hier in Anlehnung an Christa Wolf verwendet: „Warum sollte das Gehirn, das doch oft mit einem Netzwerk verglichen wird, die Erzählung einer linearen Fabel besser ‚behalten‘ können als ein erzählerisches Netzwerk?“ (Ebenda, S. 150.)

4 Das trifft in vollem Maße auf den „Tschernobyl-Roman“ von Wladimir Jaworiwski „Maria im Wermut Ende des Jahrhunderts“ (Sowjetliteratur [Moskau], 2/1988) und andere Werke der Sowjetliteratur zu.

5 Wolf, Die Dimension des Autors, Band 1, S. 438. – Vgl. auch die Schilderung dieses Vorgangs in: Kassandra, S. 135.

6 Unter Berufung auf Brecht betont – auch um die Mitte der achtziger Jahre – Heiner Müller die Möglichkeit, Erkennen durch Schrecken zu stimulieren („Vorwärts zurück zu Shakespeare in einer auch von Brechts Theater mit veränderten Welt“. Gespräch zwischen Wolfgang Heise und Heiner Müller. In: Theater der Zeit [Berlin], 2/1988, S. 22–26).

7 Karl Marx, Zur Kritik der Hegelschen Rechtsphilosophie. Einleitung. In: Karl Marx/Friedrich Engels, Werke. Band 1, Berlin 1956, S. 381.

8 Berlin – ein Ort für den Frieden. Internationales Schriftstellergespräch anläßlich des 750jährigen Jubiläums der Stadt 5.–8. Mai 1987. Berlin und Weimar 1987, S. 126.

Horst Nalewski

Ernstfall: Störfall

Woraufhin schreiben? Fragen eines Jahrzehnts

„Die Mittel, unsere Welt zu zerstören, werden in den Händen von ganz wenigen liegen, und es gibt für mich keinen zwingenden Grund, der mich verhindern könnte anzunehmen, daß diese wenigen satanisch-kluge politische Erfolgsmenschen sein könnten, natürlich in Schafspelze gehüllt, triefend von zwingender Modeethik, begabt mit der Schaffung von Hypnoseformen, durch welche dann alle Erscheinungen für die ‚Peter Squenze' der mittleren Welt mundgerecht verzaubert werden. Noch ein Krieg und wir werden unter dem Druck der Angst, des Hasses, des Zorns Zerstörungsmittel ersinnen, die uns dann endlich die furchtbare Antwort der von uns so umworbenen Materie geben werden. Einmal über Nacht wird alles nur noch nackte Gewalt sein, nur noch entfesselte Kraft. Aber auch hier hineinbrechen wird man mit dem Optimismus irdischer Paradiese, man wird sie mit moralischen Argumenten beschönigen, so lange bis es dann auch den selbstgerechten Schwindlern das Mundwerk verschlägt. Oder glauben Sie, daß mit dem Bewußtwerden der Gefahr der Urtrieb des Menschen, zu siegen und im Siege moralisch triumphieren zu dürfen, endlich einmal hinter den Selbsterhaltungstrieb zurücktreten wird?"[1]

Das wurde 1922 geschrieben; Carl Jacob Burckhardt an Hugo von Hofmannsthal. Die auf solche Weise ausgesprochene Erschütterung durch den Krieg, der zum erstenmal das Prädikat Welt-Krieg erhielt, verbindet sich mit einer finalen Vision, von der wir uns nicht entfernt, sondern der wir uns bis zur Schwelle ihrer Realität genähert haben. Das 20. Jahrhundert an seinem Ende scheint das Schicksalsjahrhundert der Menschheit zu werden. Der Historiker Carl Jacob Burckhardt war nicht der erste und in diesem Moment einzige „Hell"-Seher und Warner seiner Zeit, deren seit der Jahrhundertwende hemmungsloser Fortschrittsglaube durch die Depravierung aller technischen Mittel zu Mitteln des Massenmords – U-Boot, Flugzeug, Tank, weitreichende Geschütze, Maschinengewehr, Gas etc. – in eine erste tiefe Krise geraten war. Karl Kraus hat in seinem alle Dimensionen sprengenden Drama „Die letzten Tage der Menschheit", dessen Buchausgabe in ebendem Jahr 1922 erschien, festgestellt, daß „die Phantasie der Neuzeit [...] hinter den technischen Errungenschaften der Menschheit zurückgeblieben" sei; sie hätte sich sonst „die unvorstellbarsten Greuel vorstellen"[2] können und müssen. Zum bestürzenden Beispiel infamer Entartung menschlicher Schöpferkraft wurde ihm das Flugzeug. „Der Mensch wird keines Fortschritts teilhaft, ohne sich dafür zu rächen. Sie wenden sofort eben das gegen das Leben an, was ihm aufhelfen sollte. [...] Der Aufstieg der Montgolfiere ist eine Andacht, der Aufstieg eines Aeroplans eine Gefahr für jene, die ihn nicht mitmachen. [...] Es ist von allen Schanden des Krieges die größte, daß jene einzige Erfindung, die die Menschheit den Sternen näherbrachte, lediglich dazu gedient hat, ihre irdische Erbärmlichkeit, als hätte sie auf Erden nicht genügend Spielraum, noch in den Lüften zu bewähren."[3] Und Rilke sah mit Schrecken auf die Janusköpfigkeit der Technik in den „Sonetten an Orpheus" (1922), wo es von der Maschine heißt, daß sie „mit dem gleichen Entschluß ordnet und schafft und zerstört"[4].

Steigerungen waren möglich. Es ereignete sich der 6. August 1945: Hiroshima. Wie erst später bekannt wurde, hatten amerikanische Wissenschaftler unter Vorsitz des Physikers James Franck Präsident Truman gewarnt, nach der Kapitulation Deutschlands die Atombombe dennoch einzusetzen: „Wenn die USA als erste dieses neue Massenvernichtungsmittel auf die Menschheit loslassen, dann verlieren sie die Unterstützung der Öffentlichkeit in der ganzen Welt, beschleunigen den Rüstungswettlauf und gefährden die Möglichkeit eines internationalen Abkommens über die künftige Kontrolle solcher Waffen."[5] Diese nüchterne Prognose, deren erster Punkt nur vorübergehend wirksam wurde, hat sich im Verlauf von über vierzig Jahren bestätigt, Punkt für Punkt: der Rüstungswettlauf und die nicht zustande gekommene Kontrolle jener exzeptionellen Waffen. Suchte man einen Anfang der sodann zwangsläufigen Entwicklung, hier wäre er zu finden.

Brecht konstatierte: „Als der zweite Krieg zu Ende war, gab es keinen Frieden mehr."[6] Der „kalte Krieg", der angesichts der forcierten Rüstung besonders in den fünfziger Jahren, bei Gleichgewicht und Ungleichgewicht der Kräfte, mehrmals nahe daran war, in die Konfrontation umzukippen, ließ Albert Einstein noch vor 1956 erklären: „Unserer Welt droht eine Krise, deren Umfang anscheinend denen entgeht, in deren Macht es steht, große Entscheidungen zum Guten oder zum Bösen zu treffen. [...] Die entfesselte Macht des Atoms hat alles verändert – nicht nur unsere Denkweisen. Auf diese Weise gleiten wir einer Katastrophe ohnegleichen entgegen. Wir brauchen eine wesentlich andere Denkungsart, wenn die Menschheit am Leben bleiben soll."[7]

Im gleichen Jahr hielt Karl Jaspers einen vielbeachteten Rundfunkvortrag, „Die Atombombe und die Zukunft der Menschheit", der in erweiterter Buchform große Verbreitung fand. Hier wollte eine „politische Philosophie", die sich im Metaphysischen befestigt wußte, Antworten auf einen „neuen Tatbestand" geben, wobei sie von den Physikern selbst nichts meinte erwarten zu können. „Vernunft lehrt uns: Es ist nicht mutig, Urteile über Ende und unausweichlichen Untergang zu fällen. Mutig ist es, im Wissen und Nichtwissen zu tun, was möglich ist, und die Hoffnung nicht aufzugeben, solange man lebt. [...] Tapfer ist, sich bis in den Grund erschüttern zu lassen und zu erfahren, was in der Grenzsituation sich offenbart. Es bleibt, die Herrlichkeit der Welt zu sehen und Menschen liebend verbunden zu sein mit Gegenwärtigkeit, solange es vergönnt ist [...], beginnend beim eigenen alltäglichen Tun, auf die Überwindung der drohenden Endkatastrophe [...] Daß das utopisch Scheinende möglich ist, sagt uns ein Vertrauen, das nicht in dieser Welt gegründet ist, das aber auch nur dem geschenkt wird, der tut, was er kann."[8] Die engagierten Physiker konnten mit dergleichen Auslassungen nichts anfangen; Max Born schrieb: „Ich hatte sehr viel davon erwartet und war tief enttäuscht. Es hat meine alte Abneigung gegen die Philosophie wieder neu belebt. Welche Menge von Worten und so wenig wirklich neue Gedanken!"[9] Die Naturwissenschaftler hatten gehandelt: Am 12. April 1957 war die „Göttinger Erklärung" von 18 Atomwissenschaftlern erschienen; darin bekräftigten namhafte deutsche Physiker, sich nicht „an der Herstellung, der Erprobung oder dem Einsatz von Atomwaffen in irgendeiner Weise zu beteiligen"[10].

Allein nach einer Phase relativer Entspannung, besonders in Europa, ist immer deutlicher geworden, daß die großen

Probleme der Menschheit globalen Charakter angenommen und daß eben dieses Europa das Ziel einer eiskalten Strategie geworden. Christa Wolf ist mehrmals auf jenen ungeheuerlichen Schock zurückgekommen, den ihr eine Meldung vom Frühjahr 1981 bereitete: Eine Konferenz von Friedensforschern, Wissenschaftlern verschiedener Disziplinen, Ärzten, ehemaligen hohen Militärs der NATO hatte in der niederländischen Stadt Groningen Europa, angesichts der Vorstellung der USA, daß der nächste Krieg auch als Atomkrieg „gewinnbar" sei, noch eine Gnadenfrist von drei, vier Jahren gegeben, wenn es nicht damit beginnen würde, eine vollkommen andere Politik zu betreiben.[11] Unter dem Eindruck solchen Wissens steht die „Kassandra"-Erzählung; die Erzählung einer tödlichen Erfahrung, die, indem sie ausgesprochen werden könnte, das Ich jenseits des Gescheitert-Seins zu setzen versucht. Literatur hat die Gestalt von „Beschwörung" angenommen, extreme Form von Warnliteratur, basierend auf, wie Christa Wolf bekannte, „Visionen [...], die ich mich scheute aufzuschreiben"[12].

Die Wende, zu der Politik in der Lage sein könnte und für die, wie Erich Fried schrieb, Literatur „noch keine Worte finden kann, die unbeschädigt genug / und gut genug wären für das Aufatmen und die Freude"[13], „das neue Denken", welches Politik und Moral zu echten Partnern machen würde, die Vorstellung eines Friedens, der eine zu erlernende Konfliktfähigkeit darstellen sollte – all das bewegt unsere Jetztzeit, besonders den europäischen Raum, bewegt die Köpfe der Menschen wie seit Jahrzehnten nicht mehr. Kunst und insbesondere Literatur sehen sich vor der Möglichkeit, aus „Beschwörung", ja auch aus Ohnmacht herauszutreten und, wie Christa Wolf im Mai 1987 sagte, „*wieder* eine ihnen gemäße Rolle zu spielen"[14].

Doch es hat sich der 26. April 1986 ereignet: das Reaktor-Unglück von Tschernobyl, der bisher schwerste Unfall auf dem Gebiet der friedlichen Nutzung der Kernenergie. Damit ist eine Tatsache in die Welt getreten, deren Langzeitfolgen für die Menschen und die Natur jener Region noch gar nicht absehbar sind, deren unmittelbare Folgen jenen Prozeß eines umfassenden Umdenkens nur noch zwanghafter machen. Denn all die Warnungen vor einer globalen Katastrophe in einem dritten Weltkrieg müssen sich eingeholt sehen von einer Realität, die, um Carl J. Burckhardt zu erinnern, eine „furchtbare Antwort der von uns so umworbenen Materie" erkennbar werden läßt. Oder nüchterner gesagt: die uns auf die existentiellen Risiken des Lebens mit einer bestimmten Technik nachdrücklich verweist. Wollte man den Begriff „Störfall" darauf beziehen, dann wäre er inadäquat, ein Euphemismus.

Christa Wolfs Prosa/Essay von rund einhundert Seiten mit dem Titel „Störfall. Nachrichten eines Tages" will und kann kein Buch über Tschernobyl sein. Jener Name stellt nun vielmehr ein nicht mehr zu eliminierendes Faktum dar für jegliches Nachdenken über Zukunft; für die Erzählerin quasi einen Ruck innerhalb eines in „unzureichenden, daher zahllosen Ansätzen steckengebliebenen Manuskripts"[15]. Es ist ausdrücklich von „Nachrichten" die Rede, einem Plural also, wenn auch DIE NACHRICHT, gleich am Anfang und einzig in Großbuchstaben gesetztes Wort, herausragenden Stellenwert erlangt. 1963, im „Geteilten Himmel", hat Christa Wolf schon einmal dieses so gesetzte Signal-Wort verwendet, für die Kunde vom 12. April 1961: „Wißt ihr's schon? [...] Seit einer Stunde haben die Russen einen Mann im Kosmos."[16] So verklammern sich – das Selbst-Zitat macht es deutlich – innerhalb einer kurzen historischen Epoche, einem Vierteljahrhundert, Sieg und Niederlage technischen Schöpfergeistes, epochaler Fortschritt und säkulare Infragestellung jenes Fortschritts. Hat Christa Wolf damals, 1963, die Großtat Juri Gagarins preisen können, indem sie gar das Brechtsche Wort aus dem Gedicht „An die Nachgeborenen" in eine Positivität torsierte, so assoziiert sich jetzt wieder der ursprüngliche Wortlaut des Brecht-Verses, die „Nachricht" mit dem dazugehörigen Attribut: „die furchtbare Nachricht".[17]

Man wird es in einer künftigen Literaturgeschichtsschreibung herausheben müssen, daß hier eine Autorin sich der Distanz versagt hat, einem beispiellosen Geschehnis gegenüber, das „ein Vorher und ein Nachher"[18] geschaffen, das eine Zäsur momentan tiefer Verstörung und Ratlosigkeit hinterlassen. Aus solcher Befindlichkeit heraus ohne Abstand dennoch geschrieben zu haben muß für Christa Wolf zwanghaft verantwortlich, zugleich aber Beruf und Berufung auf eine Weise problematisierend gewesen sein wie noch nie zuvor. Daß der Leser Zeuge der Spannung eines Erzähler-Ichs wird, das eben willens ist, sich spontan und unverstellt zu öffnen, macht die einsehbare Authentizität des Textes, macht die Betroffenheit des Lesers, der sich hier zur Sprache gekommen sieht, schafft Identifikation. Die Erzählerin, die wir uns weitgehend mit der Autorin übereinstimmend denken können, bekennt: „Ich habe mich auf meinen Drehstuhl gesetzt, die Blätter überblickt, einzelne Sätze gelesen und gefunden, daß sie mich kalt ließen. [...] Ich habe eine neue Erfahrung mit einer bösen Art von Freiheit gemacht. Ich habe erlebt, daß es auch die Freiheit gibt, jeglichen Gehorsam aufzukündigen, sogar den, den ich den selbstauferlegten Pflichten schulde. Ich habe es zum erstenmal für möglich gehalten, daß auch diese Art Pflichten sich zersetzen können, und mir ist klargeworden, daß keine Gewohnheit stark genug sein würde, an ihre Stelle zu treten. Ach. Wie freudig würde ich mich weiter auf ein Ziel zu bewegen, zu dem der Abstand sich nie verringern würde. Wie aber könnte ich gehen ohne Ziel?"[19] Wen berührt dieser letzte Satz nicht zuinnerst? Wäre ein Gehen vorstellbar, das, indem es Bewegung wagt, das Ziel sucht oder neu findet, vergleichbar jener Brechtschen Ungeduld beim Zuschauen des Radwechsels vom Straßenrand her. Was diese Prosa, dieser monologische Sog zustande bringt, ist das insistierende Angebot, die Vorgabe des Mit-Denkens, der nicht ausgewichen werden kann. Wem daran eigentlich oder mehr gelegen ist als an den Auskünften eines Sachbuchs, dem erledigt sich die Frage, ob denn hier ein Mehr an Information, Nachdenklichkeit, Zusammenhang erbracht werden könnte, als die Medien unmittelbar nach Tschernobyl schon geliefert haben. Es wird etwas anderes auf andere Weise vor unsere Augen gerückt: ein Stück Welt in einem Tag, an abgelegenem Ort: DANACH.

Der Untertitel also: „Nachrichten eines Tages". Nur dem „Geteilten Himmel" und der „Kassandra" hat Christa Wolf die Genrebezeichnung „Erzählung" gegeben; „Nachdenken über Christa T.", „Kindheitsmuster" und „Kein Ort. Nirgends" sind ohne eine solche Bestimmung geblieben. Die „Erzählung" ist immer schon ein Gebilde gewesen, das sich nicht durch „strenge ästhetisch-strukturelle Gesetzmäßigkeit charakterisiert" zeigt, vielmehr eine „große [...] formale Elastizität aufweist".[20] Spätestens seit der Entstehung von „Nachdenken über Christa T." begleitet Christa Wolf ihre Prosa mit essayistischen Überlegungen, die permanent die Gestalt-, Form-, Kompositionsmöglichkeit von Prosa heute reflektieren. Der „Erfahrungsbegriff", die „subjektive Authentizität", die „vierte Dimension" sind zentrale Kategorien ihrer Selbstverständigung; sie spielen für die Rezeption ihres Werkes, indem sie nach und nach angenommen worden sind, eine entscheidende Rolle. Es scheint mit dem großen Ernst einer Kunst-Vorstellung zusammenzuhängen, die von Einwirkung auf und Veränderung von Wirklichkeit nicht ablassen will, die nach dem ihr einzig adäquaten Ausdruck sucht, der wiederum adäquat sein möchte der Denk- und Fühlweise des zeitgenössischen Menschen, daß da eine Prosa entstanden ist, die die Erfahrung des Subjekts Autor nicht in vorgegebenen Formen, „künstlichen Kategorien", „Hohlformen"[21] aufgehen lassen will – „Form mildert [...] immer"[22] –, sondern Erfahrung dem Leser bedrängend zu machen gedenkt. Der Terminus „Mischform" taucht wiederholt auf, d. i. eine Prosa aus Tagebuch, Brief, Autobiographie, Notat, Reflexion, Zitat, wie sie bei Max Frisch beobachtet wird, in dessen „letztem Tagebuch"[23], mehr und wichtiger wohl noch in dem 1975 erschienenen Text „Montauk". Beunruhigender und selbstbestätigend zugleich ist für Christa Wolf, die nie in der Lage war, „sich Wirklichkeit vom Leib zu halten"[24], die wiederholte Begegnung mit dem Werk von Ingeborg Bachmann gewesen, die ihrerseits nicht willens gewesen war, ihre „Erfahrung [...] als Kunst*gebilde* aus sich herauszustellen"[25], die vielmehr „auf den Abstand, den bestimmte Formen geben, verzichtet"[26] hat. Und dann folgen Ingeborg Bachmann betreffende Sätze, die eine atemstockende Betroffenheit artikulieren, welche in die Sphäre der Erzählung „Kassandra" eingegangen ist und die noch bis in die Entstehung des „Störfalls" vom Sommer 1986 hineingereicht haben mag: „[...] eine neue Art Spannung scheint da um Ausdruck zu ringen, in Entsetzen und Angst und in schlotternder Verstörtheit. Nicht einmal der Trost, daß dies noch formbar wäre; nicht im herkömmlichen Sinn."[27]

Es kann der Zweifel aufkommen, ob der so beschriebene Zustand tatsächlich so ist, wie er beschrieben wird; einer, der sich primär auf die Form, das „Gebilde" auswirkt, beides eigentlich verhindernd. Könnte aus solchem Endpunkt, möchte man fragen, dann noch etwas entstehen, das den Namen „Literatur" verdiente?

Es ist ein Paradox: Denn „aus ihrer Erfahrung eine präsentable Geschichte zu machen"[28], etwas Kalkuliertes, etwas letztendlich auch in der Form Beherrschtes, wenn auch nicht eine „Geschichte" „im herkömmlichen Sinn", muß ja der insgeheime Wunsch sein. Die Ursache der Ratlosigkeit und Verstörtheit meint man anderswo zu finden und in Annäherung zu begreifen. Wenn Flaubert einmal konstatiert hat, Stil sei Kontinuität, und wir dies als Aufgabe und Prädikat verstehen, dann mag Kontinuität im Suchen und Finden der künstlerischen Gestalt etwas mit deren wachsender und dauernder Relevanz zu tun haben. Eine der frühesten Erzählungen von Christa Wolf, „Juninachmittag" (1965), die mit dem Satz beginnt: „Eine Geschichte? Etwas Festes, Greifbares, wie ein Topf mit zwei Henkeln, zum Anfassen und zum Daraus-Trinken?"[29] und die dann eben nicht eine solche „Geschichte" ist, bietet in ihrem Tableau-Charakter ein erstes Formmuster der Nachdenklichkeit und der aufschreckenden Meldungen, wie es im „Störfall" potenziert Ausdruck gefunden hat. Die Ingredienzien, die Mosaiksteinchen dieser „Form" finden sich schon in jenen nur zwanzig Seiten. Kontinuität. Obsession.

NACHRICHTEN sind in unserem Zeitalter ihrer vielgestaltigen technischen Reproduzierbarkeit zu einem pausenlosen Phänomen geworden, Segen und auch Fluch der Zivilisation, unausweichliche und begierig aufgenommene Begleitung unseres Lebens, Mittel gewollter Beeinflussung und gezielter Manipulation. Nun hat es Literatur, Prosaliteratur insonderheit, immer schon mit „Nachrichten" zu tun; die „novella" ihrer Anfänge bedeutete nichts anderes als „Neuigkeit", die mitgeteilt, nach und nach immer gestalteter, geformter, ästhetisch spezifischer, im Rückzugsgefecht gegen konkurrierende Nachrichten-Medien sich selbst bestimmend, verändernd, entwickelnd: Prosa.[30] Dennoch akzentuiert Christa Wolf den Begriff der „Nachricht". Ist sie hier zu einem Formierungselement geworden, bindet sie die Mischform dieser Prosa zu einer gewissen Form? Konstituieren sie, die „Nachrichten", die „Beschreibung eines Tages" zu einem neuen „Gebilde"?

Ende April 1986. Eine Schriftstellerin, Mitte Fünfzig, in

Haus und Garten ihres mecklenburgischen Dorfgrundstücks; sie weiß am Morgen dieses Tages von zwei alles sonstige Leben zudeckenden Ereignissen: Sie weiß von jener fernen, doch auch sie erreichenden Katastrophe, und sie weiß, daß in dem Moment die auf Leben und Tod gehende Operation, einen Tumor aus dem Gehirn zu entfernen, für ihren Bruder beginnt. Es bauen sich zwei Angstfelder auf, selbständig, sich berührend, sich durchdringend, die anhaltend gespeist werden durch Informationen von außen, Impulse, die drohen überschwemmend zu werden: Radio, Telefon, Buch, Erinnern, Bruchstücke von Gesprächen mit Nachbarn auf dem Weg durch das Dorf, Einbruch von Vergangenem durch zufällig auftauchende Fremde; und wieder das Radio, das Telefon, der krampfhafte Versuch, sich der bedrängenden, fürchterlichen Assoziationen zu erwehren durch alltäglichste, banale Tätigkeiten in Haus und Garten, die ihm, dem Subjekt, das dieses Leben aushalten will, auf einmal teurer werden denn je; Abwehr durch heraufgerufene Verse, Sentenzen, Gestalten der Dichtung, die sich als Beistand in Not erweisen möchten: Gegenbilder, Gegengewichte.[31] All das, aus den unterschiedlichsten Elementen von Nachrichten aufgeladen, ins Präsens und Perfekt fixiert, wird, indem es niedergeschrieben, verknüpft und kontrastiert, also Gestalt gewinnt, zu einer vermittelbaren Erfahrung. Max Frisch stellt in „Montauk" fest: „[...] ich mache Erfahrungen nur noch, wenn ich schreibe."[32] Fazit des Alters, des „erfahrenen" Schriftstellers, der das unmittelbare Leben – die drei Punkte mögen nun doch ersetzt werden: „Leben ist langweilig ..." – nur noch durch die Reduktion auf das Wesentliche, Gültige, das Überprüfbare annehmen will oder kann, schreibend, sich selbst einbringend, wo die Absage in Zusage umschlägt.

Die beiden „Angstfelder"[33]. Es ist die Wissenschaft, die Technik, der sich selbst in Frage stellende Fortschritt, nach und nach die Machbarkeit all dessen, was denkbar wäre, die gefährliche Loslösung des Erfundenen vom Erfinder und die nun beliebige Brauchbarkeit beider durch einen Nutzer, was mehr Angst aufbaut als Zuversicht. Der Schriftstellerin Christa Wolf Denkkoordinaten umfaßten von früh an das aufmerksame Interesse für bestimmte Gebiete von Naturwissenschaft und Technik. Nicht überraschend, daß dieses Anschauen und

Fragen immer dringlicher, beunruhigender, skeptischer wurde im Laufe von über zwei Jahrzehnten. Insofern stellt der „Störfall" kein Novum in diesem Werk dar, sondern die – allerdings extremste, fast verzweifelte – Kulmination der „Sorge um die Zukunft" des Menschen. Davon, „von der großen Sorge um die Zukunft", war schon die Rede in einem Essay, überschrieben „Ein Besuch", aus dem Jahr 1969, Christa Wolfs Gespräch mit dem Biologen und Genetiker Hans Stubbe in Gatersleben. Es war die Rede von den „schlaflosen Nächten der Kernphysiker"[34], denen die der Biologen folgten. Auch damals wurde schon konstatiert: „[...] wir werden unsere eigenen Erfindungen nur *als Menschen* überleben, als vernunftbegabte Wesen in vernünftig organisierten Gesellschaften – oder gar nicht."[35] Einen Anflug von Angst hörte man auch damals schon heraus, wenn dieser Satz, zitiert aus einem Buch von Hans Stubbe, den Essay endet: „Unsere Erde, dieser einmalig kostbare Planet, Geburtsstätte und Heimat des Menschen."[36] Allein wieviel schmerzvoller und bitterer, wie sehr auf sich, die Erzählerin, zurückgeworfen, endet die Prosa von 1986: „Wie schwer, Bruder, würde es sein, von dieser Erde Abschied zu nehmen."[37] Wir müssen mit dieser Vorstellung leben; sie ist der individuelle Weg. Sie würde sich aber ganz verfinstern, müßten wir diesen Weg uns als in das nunmehrige Ende der Menschheit denken. Doch auch das wird offenbar: Es geht um den Bruder Mensch, es geht um Brüderlichkeit auf unsrer gemeinsamen Erde. Die Zielpunkte von damals und heute berühren sich. Suchte man eine Botschaft in diesem Buch, hier wäre sie zu finden.

Ihm, dem Bruder, beizustehen, bemüht die Erzählerin ein Äußerstes, besser: ein Innerstes an gefühlsmäßiger Intensität der Zuwendung. (Wer kennt nicht diesen angestrengten gedanklich-emotionalen Versuch, einem fernen oder auch nahen geliebten Menschen beizustehen in einer tödlichen Gefahr? Wer kennt diese Art von inständiger Hoffnung nicht, so etwas könnte helfen?) Was Wunder, daß sie sich solche Zuwendung in diesem Moment als einen heilenden Gedankenstrahl, als einen „gebündelten Energiestrahl [...], gewiß nicht gefährlich"[38], vorzustellen sucht. Die Künstler sahen sich immer schon vor der Aufgabe, Äquivalente des Sichtbaren für ein innerstes, unsichtbares Geschehen zu finden. Die unendlichen

Möglichkeiten der Metapher, eben der Übertragung, dienen den Dichtern als Assoziationsraum für die Annäherung an das „Unsagbare". (Wie heute auch gelegentlich den Physikern für die Vorstellbarkeit des „Unsichtbaren", der Strukturen und Bewegungen im Atom die Metapher eine Annäherung an das Gedachte, in einer Formel Fixierte sein möchte.)

Was geschieht hier? Eine Grenzüberschreitung der Rationalität? Ein Rückfall gar in Irrationalität? Gibt es etwas dazwischen? Christa Wolf ist sich des Vorgangs deutlich bewußt. „Der Positivismus und der reine Rationalismus sind die Grundlage für bestimmte Fehlentwicklungen, die heute bis zu der ungeheuren Kriegsgefahr führen, in der wir uns befinden. Meine Hauptarbeit der letzten Jahre ist, mich damit auseinanderzusetzen: was hat unsere Zivilisation an den Rand der Selbstzerstörung gebracht? Einer der Gründe ist die absolute Ausschaltung alles Nicht-Rationalen aus dem Fortschrittsbegriff – ich sage nicht Irrationalen, denn das ist im Deutschen mit so viel Negativem belastet. Solange der technische Fortschrittsbegriff als der höchste Wert der Zivilisation gilt, [...] sehe ich keine Möglichkeit, das zu ändern."[39] Und in einem anderen Zusammenhang spricht sie von einer „Spielart [...] aufklärerischen Denkens: die geschärfte Ratio *und* gesteigerte Empfindungsfähigkeit in einer Person zusammen"[40]. Stephan Hermlin hat in dem auch im „Störfall" apostrophierten Sonett „Die Vögel und der Test" (1957) das Sichtbar-Ungeheuerliche der Wasserstoffbomben-Explosion zunächst mit der Metapher „Ein höhres Licht" für eine von Menschen gemachte Sonne zu fassen gesucht, sodann die Visualisierung in die Nähe einer Personifizierung getrieben: „Das schreckliche Gesicht". Das zwang die Zugvögel, von ihrer einem uralten Instinkt eingegebenen Bahn abzugehen, was wiederum den Dichter zu der schmerzlichen Bitte führte: „Laßt diese Änderung euer Herz erschüttern ..."[41] Auch Christa Wolf, auf der Suche nach den Wurzeln menschlicher Zerstörungs-, ja Selbstzerstörungslust, ist daran gelegen, dieses Furchtbar-Unbegreifliche möchte willens sein, uns sein „Gesicht zu zeigen"; und tastend gibt sie dem das Attribut einer „Macht oder Kraft oder Energie oder Potenz (bis zum Schmerzhaften verdichtete Atmosphäre)", paraphrasiert es gar mit der Vorstellung eines „fremden, unbekannten Gottes" und weiß doch zugleich – in

„geschärfter Ratio und gesteigerter Empfindungsfähigkeit" –, daß es „die Abgründe in mir selbst sind [...], aus denen ein solches Un-Wesen aufsteigen könnte"[42], daß es also eine vom Menschen unabhängige Transzendenz nicht besitzt. Solch quälende Grenzüberschreitung ins „Nicht-Rationale" müßte dem seit je bedrängenden Imperativ des „Erkenne dich selbst!", der für Christa Wolf zentrale Funktion erlangt hat, zugeordnet werden.[43] Dabei ist die Erzählerin bereit, nachdem sie über den nicht eindämmbaren Trieb des Naturwissenschaftlers und Technikers: zu forschen und zu machen, mit immer größerer Beunruhigung nachgedacht, „das Schreiben" selbst als einen Trieb, als ein „Laster" zuzugeben, dem das Moment der „Zerstörung" nicht fremd sei.[44] Allein die Folgen des vergleichbaren Triebs sind nicht vergleichbar. Und deshalb bleibt jene delphische Ermahnung gültig, auch wenn Orakel immer wieder nicht verstanden, nicht befolgt worden sind, wenn ihnen ausgewichen wurde. Christa Wolf meint, daß gerade dieses, wie uns scheint, mit eminent aufklärerischem Impetus versehene Wort des „Erkenne dich selbst!" „am allermeisten von unseren Zeitgenossen geflohen" sei „wie nichts sonst"[45]; und sie setzt hinzu: „Menschen, die von sich nichts wissen, sind die sichersten Objekte für Demagogie und Massenwahn. So läßt sich aus dem Durchschnittsmenschen das Monstrum heraustreiben"[46] und – spannt man die Brücke zu der fürchterlichen Traumvision der Erzählerin am Ende des „Störfalls" – aus dem genialen, wissenschaftlich-technisch denkenden Menschen: „A faultless monster!", das fehlerlose Monster machen.

Wenn das Buch auch mit diesem beklemmenden, fast verhängnishaften Bild endet, so schließt es doch mit einem Satz, aus dem, rückschauend und so auch hoffend, diese unsere Erde angerufen wird, von der wir und Künftige auf andere Weise einmal Abschied nehmen möchten.

Die Frage: Woraufhin schreiben? mag nicht so sehr in klassischen Zeiten, wohl aber in krisenhaften Momenten immer wieder hochgekommen sein. Hölderlins schmerzlicher Ausruf 1800/01: „und wozu Dichter in dürftiger Zeit"[47] ist ebensosehr dem Bewußtsein geschuldet, nicht in griechischer, götternaher Zeit zu leben, wie der Tatsache, daß die Französische Revolution die erhofften großen Veränderungen nicht gebracht hatte. Brecht, der Flüchtling, in der Nacht des Faschismus, gibt sich 1938 selbst die Antwort auf eine gewiß nicht rhetorische Frage: „In den finsteren Zeiten / Wird da auch gesungen werden? / Da wird auch gesungen werden. / Von den finsteren Zeiten."[48]

Spätestens seit Beginn der achtziger Jahre werden die globalen Zeichen von Zerstörung auf diesem Planeten immer sichtbarer; auch insofern, als ein noch nie gekanntes Spannungsfeld in Film, bildender Kunst, Musik und Literatur weltweit sich aufgebaut hat, ein Spannungsfeld von Verzweiflung und Widerstand, kritischer Einmischung und Utopie (auch gezeigter Utopie-Zurücknahme), schockierender Abbilder und negativer Herausforderungen, grauenhafter Visionen und klagender Erinnerungen eines nicht-entfremdeten Daseins. Christa Wolf spitzte die Frage 1980 zu: „Schreiben auf diesem hauchdünnen Boden? Nicht mehr ‚auf Hoffnung', nur noch auf den ‚Ernstfall' hin?"[49] Und nach dem Störfall, 1986, taucht die Möglichkeit des Schweigens auf, der Selbstaufgabe: „Ist es das wert, Bruder, ein Leben daranzusetzen, sich immer genauer, erkennbarer, unverkennbarer ausdrücken zu können?"[50] Man möchte auch das nicht als Rhetorik abtun, angesichts des ja doch Geschriebenen, Zu-Ende-Geschriebenen. Etwas benannt zu haben heißt in solchem eigensten Bezug wohl am allerwenigsten, etwas gebannt zu haben. Der Einbruch in den „hauchdünnen Boden" wäre der Verlust der Lebensgrundlage, des Lebenssinns: Schreiben. Vorstellbar, weil schon zu oft geschehen.

In einem Fernsehgespräch vom Frühjahr 1987, unmittelbar nach Erscheinen des „Störfalls", bekräftigte Christa Wolf die Wirkungsintentionen dieses Buches: Wissend, daß da ein Kern getroffen, Menschheit als Ganzes tief bedroht ist, möchte sich ein Wille aufbäumen: Das wollen wir sehen; das soll nicht aufzuhalten sein?! Dabei hatte es nicht jenes Ereignisses bedurft, um die Grundhaltung dieser die Weltsituation illusionslos engagiert anschauenden Autorin sich artikulieren zu lassen, die zwar von Ohnmacht weiß, doch ihr sich nicht ergibt: „Unter dem Druck der Gefahr wächst die Intensität des Nachdenkens, Suchens, Zusammenlebens. Man erlaubt sich keine Mätzchen wie Lebensmüdigkeit, Endzeitgefühle. Mit aller Schärfe weiß man nun […], daß man leben will und daß man umdenken lernen muß, auch umfühlen."[51]

Prosa und Essay in einem, ist dieser Text vorrangig monologischen Charakters, verweist in seiner Struktur auf ein Subjekt, das, von einem übermächtigen Objekt auf sich zurückgeworfen, sich herausgefordert sieht. Der Monolog birgt die Chance zur Radikalität: sich selbst gegenüber; die wiederum die Hoffnung knüpft, sie könne Leser bewegen, Bedingungen und Zwänge kenntlich machen, also Hoffnung auf Veränderung bewirken. Wie eine mit sich selbst Schach-Spielende sucht die Erzählerin den Widerpart zu finden, den Anderen: den Bruder, die Tochter, die Freundin, die Nachbarn im Dorf. Es gelingt ihr, von sich abzusehen, dem Anderen zuzuhören. Christa Wolf hat es zuwege gebracht – bei allem Gewicht der Reflexion –, das Individuum als Mittelpunkt der Prosa sich zu bewahren: den tätigen, beobachtenden, ratenden, wißbegierigen, liebenden, sich ängstigenden Menschen; damit der Literatur ein Element ihrer Spezifik erhalten. Und da fügt sich nun ein Mosaik von gewußten bzw. erst in diesem Moment wieder bewußten Lebenspartikeln zu einem Lebensfeld, das die Kontur eines Gesetzes von möglicher Dauer zeichnet. Vielleicht werden Nachkommende es bestätigen, was wir heute fühlen oder zu meinen wissen, daß wir am Ende dieses Jahrtausends in einer mit bisheriger Menschheitsgeschichte unvergleichbaren Situation gelebt und mit ihr gerungen haben.

Obenan steht das Fazit eines Briefwechsels mit einer achtzigjährigen Emigrantin, deren Halbjahrhundert in der Fremde ein schweres Leben gewesen, die anhaltende, lebbar gemachte „Verwandlung", Verwandlung eines „Unheils" in Daseinsmöglichkeit. „Erschöpfung" wolle sie jetzt zugeben, schreibt sie, nicht jedoch „Altersfurcht". Und dann folgen Worte gültiger Einsicht: „[…] Furcht vor dem Nachlassen der Intensität, der Lebensfreude, der Spannkraft? Aber das seien doch dumme Faxen. Um wieviel vernünftiger sei es doch, sich dem Rhythmus von Arbeit, Erschöpfung, Ausruhen zu überlassen und jenen Kräften in uns zu vertrauen, die von Natur aus auf Erneuerung drängen. Auf Wiedergeburt."[52] Das Wort „Wiedergeburt" impliziert, freilich als Metapher, einen vorangegangenen „Tod" und nun, aus radikalen Einsichten, einen radikalen Neubeginn.

Doch zunächst ist es ein Sichbesinnen, ein additives Nennen von Realitätspartikeln – von manchen Rezensenten mit dem Attribut „banal" versehen[53] –, was eine Art von Befestigung des Individuums innerhalb des Sogs der Angst sein möchte und es wohl auch wird: das Anrichten, der Anblick und der Duft des Frühstücks, der Blick durchs Fenster auf das riesige Getreidefeld, „eine grüne Matte", die manuellen Tätigkeiten des Tages, das freudige Erschrecken über so reichlich aufgegangene Keimlinge in den Blumentöpfen am Lichtplatz, das Zubereiten eines Aalgelees. All das gewußt als die „haltbaren Genüsse" oder befragt als „Zeitvergeudung"[54]. Schließlich der Sonnenuntergang, ein „Farbenspiel, das nur die nördlichen Himmel kennen"[55]. Und dann der inbrünstige Wunsch, ja die Gewißheit: „Es würde wieder einen Sommer geben. Alle zusammen, viele Menschen, würden wir um den riesigen Tisch hinter dem Haus sitzen, der wieder aus der hellgrün gestrichenen Tür und zwei Holzböcken aufgebaut werden und über den ich die blaugeblümte Wachstuchdecke breiten würde, an allen vier Ecken mit Steinen gegen den Wind beschwert."[56]

Es ist Alltägliches, das in einem katastrophalen Moment als etwas Kostbares, Vitales, Eigentliches des Lebens vor das Bewußtsein rückt. Brecht kommt anläßlich der Betrachtung des „Sturz des Ikarus" von Pieter Breughel zu der Feststellung eines fundamentalen Widerspruchs: „Im ‚Sturz des Ikarus' überfällt etwa die Katastrophe die Idylle in solcher Art, daß sie sich höchst deutlich absetzt und daß auch über die Idylle wertvolle Einsichten entstehen. Er erlaubt der Katastrophe nicht, die Idylle zu verändern; vielmehr wird diese, selbst unverändert bleibend, nach wie vor unzerstört erhalten, lediglich gestört. [...] Schöne Darstellung der Aufmerksamkeit, welche das Pflügen beansprucht. Der fischende Mann rechts vorn, der zum Wasser in besonderer Beziehung steht. [...] Besondere Schönheit und Heiterkeit der Landschaft während des grauenhaften Ereignisses."[57] Geschrieben etwa 1938. Wirklichkeitsdeutung durch Deutung großer Kunst. Es mag ein schlimmes Paradox sein: Solange wir nur in der *Möglichkeit* der Selbstzerstörung der Menschheit leben und wir lediglich *erste Schritte* in dieser Richtung beobachten, bleibt die Brechtsche Beschreibung des Nebeneinanders von Katastrophe und Idylle als eines dauernden Phänomens bestehen; stellt sich etwas wie ein Gleichgewicht immer wieder her; Permanenz des Daseins.[58] Allein die Relationen beginnen sich zu verschieben, und es ist unübersehbar, daß die so beschworene „Idylle" Verletzungen erkennen läßt, eben doch „Veränderungen", realiter und mehr noch im Vorstellungsvermögen des Menschen. Daher ist die Evozierung des Alltäglichen bei Christa Wolf nicht frei von gleichzeitig Schmerzhaftem, von Sorge um auch dessen Berühr- und Zerstörbarkeit.

Dem Buch sind zwei Motti vorangestellt. Carl Sagan: „Die Verbindung zwischen Töten und Erfinden hat uns nie verlassen. Beide entstammen dem Ackerbau und der Zivilisation." Konrad Lorenz: „Das langgesuchte Zwischenglied zwischen dem Tier und dem wahrhaft humanen Menschen sind wir." Zusammen mit dem zum Titel gewordenen Anlaß, dem Störfall, ausgehend also von dem In-Frage-Gestelltsein einer jahrtausendelangen Entwicklung, konstituiert sich so eine Polarität mit der denkbar weitesten Entfernung ihrer Punkte.

Christa Wolf fragt, unter Zuhilfenahme von Forschungsergebnissen der Biologie, Ethnologie, Anthropologie, Psychologie, nach Ursprung, Wesen und Gewordensein des Menschen, um einer Menschheit näherzukommen, die sich heute „an den Rand der Selbstzerstörung gebracht"[59] hat. Und auch hier handelt es sich um eine Konstante ihres Denkens, die mehr als ein Jahrzehnt zurückreicht und eine Erweiterung jener Koordinaten darstellt, in die sie noch früher das geschichtlich gewordene Verhältnis von Mann und Frau, die Stellung des weiblichen Menschen in der Gesellschaft seit der Herausbildung des Patriarchats versetzt sah.

Christa Wolf hat beharrlich, nach und nach unbeirrter, durch ihre Schriften und ihr künstlerisches Werk der sozialistischen Literatur Räume erschlossen, Blickwinkel zugeführt, Fragen offeriert, die dieser Literatur in ihrer Vielfalt ein unverwechselbarer Teil geworden sind, des Ernstes, der Würde, der Verantwortung. Ihre Denkkonstellationen, die den Literaturbegriff in Hinblick auf die wirkungsästhetische Funktion zugleich erweitert und intensiviert haben, bedürften einer eigenständigen Untersuchung. Es mag abschließend nur folgendes angedeutet werden.

Eine programmatische Rigorosität kündigte sich Anfang der

siebziger Jahre an, vor dem „Kindheitsmuster", als die Rede war von der „radikalsten Tatsache der deutschen Geschichte – nämlich der Veränderung der alten Gesellschaft von ihren Wurzeln her in Richtung auf den Sozialismus –" und gefragt wurde, ob dem „die Radikalität unserer (historischen, ökonomischen, soziologischen, moralischen, künstlerischen) Fragestellungen an diese unsere Gesellschaft"[60] entspräche. Die Akzente haben sich seitdem für Christa Wolf verschoben. Was Literatur soll und kann, und eben nur sie, auf ganz spezifische, unersetzbare Weise, und nur für sie, die Schriftstellerin Christa Wolf, das ist im Kontext gesellschaftlicher Veränderungen und neuer Problemstellungen hier und heute, im Mitwissen eines desolaten Weltzustands, das ist in diesem Werk von erregender Qualität künstlerischer Ausdruck geworden. „Daher wird Literatur [...] jedenfalls für mich [...] immer mehr ein Instrument zur Öffnung unbewußter Bereiche, der Weg zu dem Depot des Verbotenen, von früh an Ausgesonderten, nicht Zugelassenen, Verdrängten; zu den Quellen des Traums, der Imagination und der Subjektivität [...]"[61]

Nicht im gewohnten Raster des Anschauens von Gegenwärtigem zu verharren, sondern weit zurückzugehen, kommt es einem auf die „Veränderung der alten Gesellschaft *von ihren Wurzeln her*" [Hervorhebung – H.N.] an, also auf einen Grund zu gelangen, an die „Quellen", das hat schließlich mit Konsequenz zu tun, von der Ingeborg Bachmann einmal sagt, daß sie „in fast allen Fällen etwas Furchtbares"[62] sei; wohl in dem Sinne, daß sie für einen Autor zwanghaft und in ihren Ergebnissen schockierend ist.

Der Störfall, der sich für Christa Wolf als Anlaß für eine aufbrechende tiefe Irritation an der Zwiegesichtigkeit der Wissenschaft herausstellt, ist als Buch geringen Umfangs aufgeladen mit Feststellungen verschiedener Wissenschaftsdisziplinen, die freilich nicht sich isolierende Information, sondern Teil des erzählerischen Anliegens sein wollen. Ein Großteil erzielter Nachdenklichkeit kommt zustande durch die Verflechtung dieses Materials mit der subjektiven Befindlichkeit und Reaktion der Erzählerin. Allein angesichts des Gewichts objektiver Erkenntnisse in diesem Prosa-Geflecht – benennen wir hier nur Biologie und Anthropologie – stellt sich uns nun jedoch die Frage, ob jene Einsichten in die – größte Zeiträume umfassende – Evolution des Menschen sich nicht außerhalb des Raumes vorstellbarer „Veränderungen“ in einem gegebenen geschichtlichen und sozialen Koordinatensystem ansiedeln müßten. Der Ort engagierter, eingreifender Literatur ist nicht identisch mit dem Ort immer weiter nach objektiven Erkenntnissen forschender Naturwissenschaft. Hebt Christa Wolfs Gehen aus dem einen in den anderen Raum nicht das spezifische Vermögen von Literatur letztendlich auf? Grund einer sich da und dort in den Vordergrund schiebenden Ohnmacht?

Albert Einstein, den wir eingangs zitierten, schrieb 1949: „Der Mensch empfängt mit seiner Geburt ein biologisches Erbteil, das für unsere Betrachtung konstant und unabänderlich ist, mit Einschluß der für die Spezies charakteristischen Naturtriebe. Außerdem empfängt der Mensch während seines Lebens von der Gesellschaft ein kulturelles Erbteil, das durch Mitteilung und andere Arten der Beeinflussung auf ihn übertragen wird; dies kulturelle Erbteil ist es, welches geschichtlichen Wandlungen unterworfen ist und welches die Beziehungen zwischen Individuum und Gesellschaft weitgehend bestimmt. Die moderne Anthropologie hat durch das Studium und die Vergleichung sogenannter primitiver Kulturen gezeigt, daß das soziale Verhalten der Menschen weitgehend verschieden sein kann, je nach der Beschaffenheit des kulturellen Erbgutes und der in der Gesellschaft maßgebenden Organisationen. Hierauf dürfen diejenigen ihre Hoffnung gründen, welche eine Verbesserung des menschlichen Loses anstreben: Der Mensch ist *nicht* auf Grund seines biologischen Erbes von vornherein verdammt zur gegenseitigen Vernichtung oder zum selbstgeschaffenen grausamen Schicksal. Wenn wir uns fragen, wie die Struktur der Gesellschaft und die durch Gestaltung der Tradition bestimmte Einstellung der Individuen sein müßte, um das Dasein der Menschen möglichst befriedigend zu machen, so müssen wir vor allem jene Faktoren fest im Sinne behalten, deren Veränderung *nicht in unserer Hand liegt.*“[63]

Einstein entwickelt sodann mit nüchterner Folgerichtigkeit aus jenen Prämissen „das Wesen der gegenwärtigen Krise“, indem er, Bezug nehmend auf die ihm bekannte bürgerliche Gesellschaft, in deren Struktur zwei „Triebkomponenten“ des

Menschen gefördert bzw. verkümmern sieht: seine „egoistische", respektive die ohnehin schwächere „soziale", und diese wiederum geschichtlich und gesellschaftlich konkret in einer Welt realisiert findet, die als „kapitalistische" beschrieben wird: Welt des Privatkapitals, der Klassen, des Profitstrebens, „Wurzel des Übels". Die notwendige Überwindung dieses gesellschaftlichen Zustands ist im Ethischen dem humanistischen Anliegen des Schriftstellers ganz nah; sie könnte gar nicht entschiedener formuliert sein: „Diese Verkrüppelung [...] [der sozialen Seite in der Verantwortung der Individuen – H. N.] halte ich für das größte Übel, das der Kapitalismus mit sich bringt."[64] Aus solcher Analyse beantwortet sich für Einstein die in der Überschrift gestellte Frage: „Warum Sozialismus?" Er beschreibt die Alternative, nicht ohne auf ihre möglichen inneren Gefährdungen hinzuweisen; dennoch bleibt sie für ihn die notwendige, deshalb machbare Zukunft. Der kleine, sich weitgehend nur thesenartig gebende Aufsatz ist deshalb so eminent aussagekräftig, weil er eine Synthese zustande bringt von wissenschaftlichem *und* gesellschaftlichem Denken, weil er, nach dem Wesen des Menschen fragend, zugleich seine Potenzen weiß, die, vielfach noch brachliegend, in einer alternativen, eben sozialistischen Gesellschaftsstruktur Polaritäten verschieben könnten, zum Beispiel die jener beiden Triebkomponenten. Einstein überwindet das, was Brecht als „tödliche" Gefahr beschrieben hat: „fortschritt in der erkenntnis der natur bei stillstand in der erkenntnis der gesellschaft."[65] Man dürfte hinzusetzen: Erkenntnis der einander gegenüberstehenden Systeme und des geschichtlichen Prozesses. Denn auch Literatur, welche spezifische Möglichkeit oder Funktion sie sich zugesprochen haben mag, wird wieder oder überhaupt den in unserer Gesellschaft größeren Stellenwert erlangen oder befestigen, wenn sie sich übereinstimmend finden kann mit erkennbarer Alternative und mit vor der Menschheit zu verantwortendem endlichem Impuls für eine erreichbare Zukunft.

1988

1 Hugo von Hofmannsthal/Carl Jacob Burckhardt. Briefwechsel. Frankfurt am Main 1966, S.95.

2 Karl Kraus, Die letzten Tage der Menschheit. München 1966, Band 1, S.157f.

3 Ebenda, S.162f.

4 Rainer Maria Rilke, Sonette an Orpheus. Zweiter Teil. X. In: Rilke, Ausgewählte Werke. Band 1–3. Hrsg. von Horst Nalewski. Leipzig 1978, Band 1, S. 638.

5 Zitiert nach: Werner Mittenzwei, Das Leben des Bertolt Brecht oder Der Umgang mit den Welträtseln. Band 1–2, Berlin und Weimar 1986, Band 2, S.187.

6 Ebenda, S.299.

7 Albert Einstein. In: Zeitwende. Die neue Furche, Jg. 27, 1956, Heft 12, S.820.

8 Karl Jaspers, Die Atombombe und die Zukunft des Menschen. München 1960, S.27.

9 Max Born an Ernst Schwarz, 25.Juli 1958. In: Literatur im Industriezeitalter. Eine Ausstellung des Deutschen Literaturarchivs im Schiller-Nationalmuseum, Marbach am Neckar, Band 2, S. 864 (Marbacher Kataloge 42/2. Hrsg. von Ulrich Ott).

10 Ebenda.

11 Christa Wolf, Kassandra. Vier Vorlesungen. Eine Erzählung. Berlin und Weimar 1983, S.135.

12 Christa Wolf, Politik. Moral. Literatur. In: Sonntag (Berlin), Nr.22, 1987, S.4.

13 Erich Fried, Brief nach Moskau. Für Michail Gorbatschow. In: Neue Deutsche Literatur (Berlin), 5/1987, S.6.

14 Wolf, Politik. Moral. Literatur. In: Sonntag, Nr. 22, 1987, S. 4; Hervorhebung – H.N.

15 Christa Wolf, Störfall. Nachrichten eines Tages. Berlin und Weimar 1987, S.37.

16 Christa Wolf, Der geteilte Himmel. Halle (Saale) 1963, S.209.

17 „Sie alle [...] hatten DIE NACHRICHT noch nicht empfangen"; dies in vierfacher Abwandlung. Ebenda, S. 205–208. Bei Bertolt Brecht heißt es: „Der Lachende / Hat die furchtbare Nachricht / Nur noch nicht empfangen." (Brecht, Hundert Gedichte. 1918–1950. Berlin 1951, S.303.)

18 Wolf, Störfall, S.43.

19 Ebenda, S.29f.

20 Wörterbuch der Literaturwissenschaft. Hrsg. von Claus Träger. Leipzig 1986, S.147.

21 Christa Wolf, Subjektive Authentizität. Gespräch mit Hans Kaufmann. In: Wolf, Die Dimension des Autors. Essays und Aufsätze, Reden und Gespräche 1959–1985. Auswahl: Angela Drescher. Band 1 und 2, Berlin 1986, Band 2, S.322.

22 Ebenda.

23 Christa Wolf, Max Frisch, beim Wiederlesen oder: Vom Schreiben in Ich-Form. In: Wolf, Die Dimension des Autors, Band 1, S. 174; vgl. auch

Band 2, S. 145, wo die „Mischform" gegen die „Romanform" gestellt wird, die „reduzieren, beurteilen, einteilen und richten" müsse.

24 Christa Wolf, Vierte Frankfurter Vorlesung. Ein Brief. Ebenda, S. 198.

25 Ebenda, S. 199; Hervorhebung – H.N.

26 Ebenda.

27 Ebenda.

28 Ebenda.

29 Christa Wolf, Erzählungen. Berlin und Weimar 1985, S. 36.

30 Den Vorgang hat Christa Wolf in einem ihrer ersten umfangreichen Essays abgehandelt: „Lesen und Schreiben" (1968). In: Wolf, Die Dimension des Autors, Band 2, S. 7–47.

31 Vgl. Hans Kaufmann, Dringliches Forschen. Christa Wolf, Störfall. Nachrichten eines Tages. In: Neue Deutsche Literatur, 8/1987, S. 136.

32 Max Frisch, Montauk. In: Frisch, Erzählende Prosa 1939–1979. Berlin 1980, S. 447.

33 Den Terminus prägte Wilfried F. Schoeller in seiner Rezension des „Störfalls" in der „Süddeutschen Zeitung" vom 14. April 1987.

34 Christa Wolf, Ein Besuch. In: Wolf, Die Dimension des Autors, Band 2, S. 267.

35 Ebenda, S. 268.

36 Ebenda, S. 270.

37 Wolf, Störfall, S. 118.

38 Ebenda, S. 10.

39 Christa Wolf, Aus einer Diskussion an der Ohio State University. Gespräch mit Christa und Gerhard Wolf (1984). In: Wolf, Die Dimension des Autors, Band 2, S. 450.

40 Christa Wolf, Nun ja! Das nächste Leben geht aber heute an. Ein Brief über die Bettine. Ebenda, S. 148; Hervorhebung – H.N.

41 Stephan Hermlin, Gedichte. Berlin und Weimar 1984, S. 81. „Das schreckliche Gesicht" ist ein Topos der deutschen Literatur insofern, als Faust ebenjenes mit magischen Mitteln heraufbeschworene Antlitz des Erdgeistes, so benannt, nicht aushalten kann: „Schreckliches Gesicht! [...] Weh! ich ertrag dich nicht!", obwohl diese Erscheinung für Goethe die Personifizierung des „Welt- und Tatengenius" darstellte und als „nichts Fratzenhaftes und Widerliches erscheinen dürfte". (Goethe, Berliner Ausgabe. Band 8, Berlin und Weimar 1965, S. 807.) Bei Hermlin liegt nun die Verkehrung des Schöpferischen in das Zerstörende vor, worin die epochale Differenz ein und desselben Bildes erkennbar wird.

42 Wolf, Störfall, S. 46. – Georg Büchners von Christa Wolf wiederholt zitierte verzweifelte Frage lautet ja: „Was ist das, was in uns lügt, mordet, stiehlt. Ich mag dem Gedanken nicht weiter nachgehen." (An die Braut, Gießen, November 1833? In: Büchner, Werke und Briefe. Leipzig 1968, S. 395.) Im „Woyzeck" heißt es: „Jeder Mensch ist ein Abgrund; es schwindelt einem, wenn man hinabsieht." (Ebenda, S. 173 f.)

43 Es scheint uns vorschnell und die Intention Christa Wolfs mißverstehend, wenn sie in diesem Zusammenhang als „auf einem Weg ... zur Mystik" gedeutet und mit Sorge gewarnt wird. So Uwe Wittstock in der „Frankfurter Allgemeinen Zeitung" vom 14. April 1987.

44 Wolf, Störfall, S. 108.
45 Christa Wolf, Wiener Rede (1985). In: Wolf, Die Dimension des Autors, Band 1, S. 78.
46 Ebenda.
47 Friedrich Hölderlin, Brot und Wein. In: Hölderlin, Sämtliche Werke und Briefe. Band 1–4. Hrsg. von Günther Mieth. Berlin und Weimar 1970, Band 1, S. 415.
48 Bertolt Brecht, Svendborger Gedichte. In: Brecht, Gedichte. Band 4, Berlin 1961, S. 19.
49 Christa Wolf, Von Büchner sprechen. Darmstädter Rede. In: Wolf, Die Dimension des Autors, Band 2, S. 165. Das Schreiben „nur auf Hoffnung" ist eine „These" Johannes Bobrowskis in seinem Vortrag „Benannte Schuld – gebannte Schuld?" In: Bobrowski, Selbstzeugnisse und Beiträge über sein Werk. Berlin 1967, S. 32.
50 Wolf, Störfall, S. 101.
51 Christa Wolf, Antwort an einen Leser (Dezember 1981). In: Wolf, Die Dimension des Autors, Band 1, S. 452.
52 Wolf, Störfall, S. 87.
53 Das Wort hat heute einen pejorativen Sinn; überraschenderweise verweist das etymologische Wörterbuch auf einen ursprünglich ganz anderen: „mit Zwang belegt, gebieterisch"; so Anfang des 19. Jahrhunderts; bei Goethe in der Bedeutung „von allen benutzt, der Gemeinde gehörig".
54 Wolf, Störfall, S. 14, S. 38.
55 Ebenda, S. 94.
56 Ebenda, S. 40.
57 Bertolt Brecht, Verfremdungseffekt in den erzählenden Bildern des Älteren Breughel. In: Brecht, Schriften zur Literatur und Kunst. Band 1, Berlin und Weimar 1966, S. 346–348.
58 Christa Wolf ist 1985 den Überlegungen Brechts sehr nahe: „Wir leben in dem ungemütlichen Gelände zwischen Katastrophe und Idylle, und so wird es, falls wir überleben, lange bleiben." (Der weiße Kreis. Ein unveröffentlichter Brief. In: Wolf, Die Dimension des Autors, Band 1, S. 457.)
59 Wolf, Aus einer Diskussion an der Ohio State University. In: Wolf, Die Dimension des Autors, Band 2, S. 450.
60 Wolf, Subjektive Authentizität. Gespräch mit Hans Kaufmann. Ebenda, S. 339.
61 Wolf, Wiener Rede. In: Wolf, Die Dimension des Autors, Band 1, S. 79.
62 Ingeborg Bachmann, Ein Ort für Zufälle. Rede zur Verleihung des Georg-Büchner-Preises. In: Bachmann, Ausgewählte Werke in drei Bänden. Berlin und Weimar 1987, Band 1, S. 567.
63 Albert Einstein, Warum Sozialismus? In: ad libitum/Sammlung Zerstreuung Nr. 4. Berlin 1986, S. 171; letzte Hervorhebung – H. N. – Dieser kleine Aufsatz, in der Zeit des McCarthyismus im Jahre 1949 entstanden, schließt mit den Sätzen: „Klarheit über die Ziele und Probleme des Sozialismus ist für unsere Zeit des Übergangs von größter Bedeutung. Leider ist bei dem jetzigen Zustande der Gesellschaft die freie Diskussion dieser Dinge durch ein mächtiges Tabu erschwert." (Ebenda, S. 175.)
64 Ebenda, S. 174f.
65 Zitiert nach: Mittenzwei, Das Leben des Bertolt Brecht ..., Band 2, S. 597.

Alexander Kosorukow

Auf der Suche nach der Wahrheit

Über Christa Wolfs Erzählung „Störfall“

Alles, worüber in „Störfall“ berichtet wird, ist in das unheilverkündende Licht der Explosion des *friedlichen* Atoms von Tschernobyl getaucht – ein Licht gleich einer Kassandra, die den Untergang Troias prophezeit. Hauptthema von „Störfall“ ist jedoch nicht das Reaktorunglück von Tschernobyl, sondern die durch dieses Unglück erschütterte Seele der Schriftstellerin. Die Erzählung offenbart den Menschen und Künstler Christa Wolf – sie ist ein Bekenntnis zu den Konsequenzen, die sie aus Tschernobyl gezogen hat und, weitergehend, zur Veränderung ihres Denkens und Bewußtseins, einer Veränderung, die schon früher begonnen hat und die von der Vorstellung eines freien, vorurteilslosen Nachdenkens über die neuen Kräfte und Perspektiven im nuklearen Zeitalter inspiriert wird. Die Arbeit an dieser bekenntnishaften Erzählung fiel zeitlich mit dem Reaktorunglück von Tschernobyl zusammen, das Überdenken früherer Prinzipien und Vorstellungen der Schriftstellerin wurde durch dieses Ereignis noch beschleunigt.

Das humanistische, demokratische Antikriegsbuch Christa Wolfs hat mich durch die ehrliche Selbstanalyse beeindruckt. Es zeigt, daß die Schriftstellerin aufrichtig darunter leidet, daß Denken und Bewußtsein des Menschen mit den Forderungen der heutigen und der kommenden Zeit nicht Schritt halten. Ihre entscheidende Schlußfolgerung, daß das allgemeine Ziel („das Überleben der Menschheit“) Vorrang vor allen anderen habe, teile ich natürlich ebenso wie ihren Standpunkt zu den meisten anderen Fragen, die in „Störfall“ aufgeworfen werden (die Beurteilung der „Sternenkriege“, der Kolonialpolitik, der Profitgier herrschender Gruppierungen, der Möglichkeiten des Menschen, die Welt vor dem Untergang zu retten u. a.).

Doch es gibt auch eine ganze Reihe entscheidender Probleme der Gegenwart, die die Autorin anders sieht als ich und wo sie meinen Widerspruch herausfordert; zu ihnen möchte ich im folgenden etwas sagen. Darin sehe ich die Hauptaufgabe dieses Artikels, obwohl er sich nicht nur darauf beschränkt. Da Christa Wolf nach eigener Aussage „absichtlich" das Wesentliche ihrer Erzählung in einen „dauerhaften Untertext" eingebaut hat, muß man auch über einige Verfahren zur Schaffung dieses Untertextes sprechen, ohne die die Spezifik des geistigen und bildlichen Systems der Erzählung nicht zu verstehen ist.

Der beunruhigende Widerschein der Explosion und des Brandes von Tschernobyl lastet schwer schon auf der ersten Seite von „Störfall", der Lebensrhythmus der Autorin, ihr Schreiben sind aus dem Takt gekommen, ihr Denken hat die für die Zeit vor Tschernobyl gewohnten Bahnen verlassen; sie ist sich bewußt, *„daß ich mich von nun an an nichts mehr gebunden fühlen würde. Frei, zu tun und vor allem zu lassen, was mir beliebt"** (9f.; Hervorhebung – A. K.). Und schon im nächsten Satz wird diese Wende im Bewußtsein noch deutlicher ausgedrückt: „Jenes Ziel in einer sehr fernen Zukunft, auf das sich bis jetzt alle Linien zubewegt hatten, war weggesprengt worden, gemeinsam mit dem spaltbaren Material in einem Reaktorgehäuse ist es dabei gewesen zu verglühen. Ein seltener Fall" (10). Die Bedeutung, die ein Ziel im Leben eines Menschen hat, ist gar nicht hoch genug einzuschätzen. Ein naheliegendes oder – besonders – ein fernes Ziel bestimmt wie ein Gesetz die Richtung unseres Verhaltens und übt einen starken Einfluß auf die Bewußtseinsbildung des Menschen aus. „Wie aber könnte ich gehen ohne Ziel?" (30) fragt Christa Wolf, und ihre Frage enthält schon die Antwort: Der Mensch kann sich nicht weiterentwickeln, wenn er kein Ziel hat. Das ist eine wohlbekannte, unangefochtene Wahrheit. Man kann sie jedoch nur dann spüren, wenn ein bisheriges fernes Ziel (wir sprechen meist von einem „strategischen" Ziel) durch ein neues ersetzt wird. Für die menschliche Seele stellt diese Ablösung eines Lebenszieles durch ein neues stets einen Prozeß dar, den man mit der allerdings etwas schablonenhaften Bezeichnung „akute seelische Krise" genau beschreiben kann.

In solchen – wie ich annehme – äußerst „seltenen Fällen" stellt sich unausweichlich die Frage: Warum hat ein Ziel das andere abgelöst?

Zunächst einmal muß natürlich geklärt werden, worin das

* Die Seitenangaben beziehen sich auf die Erstausgabe (Berlin und Weimar 1987) – A. D.

Lebensziel der Schriftstellerin vor dem Reaktorunfall von Tschernobyl bestanden hat und in welchem Licht sie es nun nach dem Unfall sieht. Wie heißt es doch ganz am Anfang? Das frühere „Ziel [...] war weggesprengt worden, gemeinsam mit dem spaltbaren Material in einem Reaktorgehäuse". Gemeinsam – darum geht es. Der Zusammenhang des einen mit dem anderen ist unbestreitbar. Die Spaltung der Materie führte zur Kernexplosion und zum Reaktorbrand mit dem Ergebnis, daß aus dem glühenden Reaktorkern ununterbrochen kleinste Teilchen in die Atmosphäre abgegeben wurden, die sich zu unsichtbaren „Wolken" vereinigten, aus denen dann wiederum durch Wind und Regen ein verhängnisvoller „Samen" für Krankheiten und Tod ausgestreut wurde. Das Auseinanderbrechen, die Spaltung des Bewußtseins endet gesetzmäßig damit, daß die schädlichen „Teilchen" des Gehirns, die das alte Ziel gewissermaßen „konstituierten", der gesamte Komplex von Ideen, die die unversehrte Einheit dieses Ziels ausmachten, abgestoßen werden. Was aber stellt beide „Explosionen", die im Kernreaktor und die im Bewußtsein der Schriftstellerin, in einen so engen Zusammenhang? Dieser Frage wollen wir im folgenden nachgehen.

Von ihrem Standpunkt aus bedeutet die Explosion des friedlichen Atoms das *Ende* der Idee, daß die friedliche Nutzung der Kernenergie zur Festigung des Friedens auf der Erde beiträgt und damit auch das Ende der Idee, daß sie die wichtigste Voraussetzung für die Verbesserung des Lebens der Menschen und für das Überleben der Menschheit bildet: „Mir ist ein Brieftext durch den Kopf gegangen, in dem ich – beschwörend, wie denn sonst – irgend jemandem mitteilen sollte, daß das Risiko der Atomtechnik mit fast keinem anderen Risiko vergleichbar sei und daß man bei einem auch nur minimalen Unsicherheitsfaktor auf diese Technik unbedingt verzichten müsse." (112) Kurzum: Das friedliche Atom ist nach Meinung von Christa Wolf ein Instrument, das im Widerspruch zu dem Ziel steht, einen sicheren Frieden zu schaffen. Das also hat die Explosion von Tschernobyl „verdeutlicht", damit also hängt die Absage der Schriftstellerin an ihr früheres Ziel zusammen, das die Nutzung der Kernenergie zu friedlichen Zwecken einschloß, so wie das neue Ziel sie ausschließt.

Das Ziel, das da verglühte, ist, wie ich aus „Störfall“ entnehme, „Gerechtigkeit, Gleichheit, Menschlichkeit für alle“ (37). Ein sozialpolitisches, klassengebundenes und deshalb kein allgemeines Ziel, auch wenn es den Interessen der Mehrheit der Menschheit entspricht. Es war das Ziel all derjenigen, die guten Grund zu der Annahme hatten, daß sie unterdrückt werden und daß ihre realen Möglichkeiten für eine gleichberechtigte Entwicklung – gleichberechtigt mit den anderen, den privilegierten Schichten und Klassen der Gesellschaft – beschränkt sind. Dieses Ziel, heißt es in „Störfall“, lag nicht (und liegt nicht) im Interesse bestimmter Gruppen von Menschen, so daß die Erreichung dieses Ziels unausweichlich zu sozialen Konflikten führen wird. Nach Tschernobyl erschien der Schriftstellerin dieses Ziel unerreichbar, wie eine Linie am Horizont. Welchen Sinn hat es, einer „Utopie“ nachzujagen und Kraft und Zeit sinnlos zu verausgaben? Diese Frage enthält schon die Antwort auf eine andere, auf die Frage nach dem Grund der Absage an ein solches Ziel.

Wie sieht nun aber das neue Ziel der Schriftstellerin aus? Davon wird im Text nichts gesagt. Doch das soll uns nicht stören, denn die Antwort, und zwar eine ganz bestimmte Antwort, ist in den in „Störfall“ dargelegten Gedanken und Bildern, im literarischen Untertext des Buches enthalten. Man braucht sich nur genauer anzuschauen, worauf alles abzielt, was die Schriftstellerin an dem in „Störfall“ beschriebenen Tag tat. Wir werden dabei feststellen, daß ihr wichtigstes Anliegen an diesem Tage darin bestand, daß der schwerkranke Bruder, der in diesen Stunden an einem Gehirntumor operiert wird (auch ein Störfall, auch eine Spaltung sowohl der Materie als auch des Geistes), geheilt werde. Die Figur des Bruders ist als eine Verallgemeinerung zu verstehen, sie steht symbolisch für die Menschen, deren „Denken und Sprache im Dunkel“ bleiben, deren Bewußtsein krankhaft um das Dilemma „leben – nicht leben“ kreist oder schon an die kritische Grenze gelangt ist, hinter der der Selbsterhaltungstrieb verlorengeht. In der „Übersetzung“ aus der literarischen in die politische Sprache wird dieses Ziel als „Überleben der Menschheit“ bezeichnet. Außer der Figur des KRANKEN BRUDERS gibt es in „Störfall“ die (ebenfalls zentrale) Gestalt der Schriftstellerin selbst, die als SCHWESTER symbolisch für die andere, relativ gesunde Hälfte der Menschheit steht. Ihr gesamtes Handeln verfolgt das gleiche ZIEL: die Erhaltung des menschlichen Lebens, seine Bereicherung und Verschönerung. Das neue Ziel besteht also in der Heilung des BRUDERS – mit der unerläßlichen Unterstützung durch die SCHWESTER – und in der Vervollkommnung ihres eigenen Lebens, ihres Denkens und ihres Bewußtseins. Die Frage nach dem allgemeinmenschlichen Ziel wird in „Störfall" in aller Schärfe, im konkret-praktischen Sinne gestellt: Ist für Sie – Leser dieses Buches, Bruder oder Schwester – das Überleben der Menschheit das persönliche Ziel, dem Sie die großen und kleinen Dinge unterordnen und an dem Sie sich selbst und alles messen, was um Sie herum vor sich geht? Bei dem Versuch, auf diese Frage eine Antwort zu finden, läßt Christa Wolf den Leser an ihren beunruhigenden Beobachtungen und Überlegungen teilhaben, in denen manchmal auch pessimistische Töne sind, obwohl insgesamt niemals die Hoffnung auf einen glücklichen Ausgang aufgegeben ist.

Die Gesamtsituation besteht nach Meinung Christa Wolfs darin, daß es im Ergebnis der unermüdlichen Hilfe der gesunden Kräfte im letzten Moment gelungen ist, eine – wenn auch noch unbedeutende – Wende im Kampf für die Wiedererweckung des Selbsterhaltungstriebs bei dem KRANKEN BRUDER herbeizuführen und den Grundstein für seine Gesundung zu legen. Er ist schon so weit, daß er leben will, obwohl er noch immer Zweifel hegt, ob es sich lohnt, ein nicht mehr vollwertiges Leben zu leben (die Krankheit hat die Möglichkeiten seiner Persönlichkeit beschnitten), sich daran zu klammern und, mehr noch, darum zu kämpfen. Hier bedarf es natürlich der hartnäckigen, bis an die Grenze der Kraft gehenden Anstrengung aller, die dazu fähig sind, um diese Wende zu befestigen und die Gesundung der Menschheit in einen unumkehrbaren Prozeß zu verwandeln. Eine schwere Aufgabe. Es gibt auf der Welt noch so schrecklich viel Verständnislosigkeit, Gleichgültigkeit und Unlust der Menschen, an sich und in ihrem Leben irgend etwas zum Besseren zu verändern, so viel sinnlose Hoffnungen „ins Blaue hinein" oder auf rettende Hilfe zum Beispiel von außerirdischen Wesen, so viel überlebte stereotype Denkweisen, so viel Habsucht und Lüge, so viel blindes Sichausliefern an Gewalten, Idole und Gruppeninteressen ... Zu all diesen Fragen werden in „Störfall“ interessante Überlegungen angestellt, die ein großes Bedürfnis nach Wahrheit erkennen lassen.

Nehmen wir zum Beispiel die schöngeistige Literatur, die Christa Wolf so vertraut ist. Sie ist der Überzeugung, daß Werke von Klassikern (einen zitiert sie) und von einigen zeitgenössischen Schriftstellern weiterhin Einfluß auf die Perspektive der Menschheit haben, auch eingedenk der vielen „Zunftgenossen, die – *Tod, Verderben, Untergang und Bedrohung vieler Art um sich* – die Linie, die sie, schreibend, irgendwann einmal angesetzt hatten, unbeirrt weiter verfolgten, wortebesessen, auf ein Ziel hin, zu dem der Abstand sich niemals verringern will“ (29–Hervorhebung A. K.). Inwieweit diese Charakteristik, die auf die Loslösung des Schaffens der Schriftsteller vom realen Leben zielt, auf die Schriftsteller dieses oder jenes Landes zutrifft, sollte dem Urteil der Leser und der Kritiker überlassen bleiben, die die jeweilige Literatur kennen. Unter den sowjetischen Schriftstellern, und das ist auch auf dem XXVII. Parteitag der KPdSU gesagt worden, hatten sich Unbekümmertheit und Abwendung von den akuten Problemen der gegenwärtigen Welt als Grundhaltung breitgemacht. So wie man dem Unkraut, den Brennesseln zum Beispiel (die von Christa Wolf als Bild verwendet werden), mit bloßen Händen nicht beikommt, so sind auch solche Haltungen nicht leicht auszurotten. Und wenn man sie schon aus dem Garten der Literatur entfernen will, muß man sorgfältig „ausjäten“ und auch die kleinsten Wurzeln beseitigen.

In den Massenmedien – und das hat sich bei der Behandlung des Reaktorunfalls von Tschernobyl einmal mehr gezeigt – liegen Wahrheit, Halbwahrheit und Lüge dicht beieinander, so daß auch Christa Wolf mitunter ihre Schwierigkeiten hat, sich zurechtzufinden. Von dem KRANKEN BRUDER hält man den unmittelbaren Eindruck lieber fern und teilt ihm nur das mit, was der Realität entspricht und seiner Genesung nicht zuwiderläuft. Selbst die Kernphysiker neigten ja in ihrer Mehrzahl dazu, die Situation zu beschönigen, sie nach der bewährten Schablone eines falsch verstandenen Optimismus, der sich den wirklichen Fakten nicht stellt, zu beurteilen. Doch eines ist noch schlimmer. Die großen Informationszentren, in den USA zum Beispiel, unterstützen aktiv das Sternenkriegsprogramm, indem sie die Schöpfer der Weltraumwaffen heroisieren und aggressive Leidenschaften kultivieren. Die Erziehung von Millionen Menschen im Geiste des Militarismus treibt – womit sie auch immer begründet werden mag – die Menschheit objektiv in die thermonukleare Katastrophe.

Es gibt noch eine ganze Reihe weiterer Zonen „radioaktiver" Ideologie, es gibt ganze gesellschaftliche Schichten und politische Strukturen, für die die Vorstellung vom „Überleben der Menschheit" nichts mit dem täglichen Handeln zu tun hat. Ich kann nicht alles hier darlegen, was in „Störfall" über diese Zonen, Schichten und Strukturen gesagt wird. Ich hoffe, der Leser hat selbst den Wunsch, die Analyse fortzusetzen. Was mich betrifft, so möchte ich noch einmal auf die Frage des Ziels zurückkommen, eine Frage, zu der sich mein Standpunkt von dem der Autorin von „Störfall" unterscheidet.

Um es einfach und offen zu sagen: Für mich ist das bisherige sozialpolitische Ziel – und ich würde seine von Christa Wolf gegebene Beschreibung akzeptieren – nicht durch die Explosion des Kernreaktors im Kraftwerk von Tschernobyl weggesprengt worden. „Störfall" hat mich nicht davon überzeugt, daß das frühere Ziel „utopisch" war oder wurde. Ich stimme mit der Autorin jedoch darin überein, daß das neue Ziel unbedingte Priorität besitzt und daß es dringend notwendig ist, die Gesamtheit der ideologischen und geistig-moralischen Möglichkeiten der Menschheit, alle zwischenmenschlichen Beziehungen in Übereinstimmung zu bringen. Und ich füge noch hinzu: Auch das alte Ziel, untergeordnet unter das neue, verschwindet nicht, sondern dient der Erreichung des neuen Ziels. Damit kommen wir zur Frage der Übereinstimmung zwischen dem neuen und dem alten Ziel oder, besser gesagt, zur Frage nach dem Ziel überhaupt und nach den Mitteln für seine Erreichung.

Theoretisch scheint hier alles klar zu sein. Der Marxismus lehnt den Grundsatz, daß der Zweck die Mittel heiligt, ab. Mittel und Zweck müssen eine dialektische Einheit bilden. Doch in der Praxis hat sogar der sozialistische Staat diese Dialektik häufig mißachtet und untaugliche Mittel eingesetzt, die uns dem Ziel nicht näher brachten, sondern uns weiter von ihm entfernten und es sogar entstellten. Hier war längst nicht immer und überall irgendein böser Wille schuld. Außerdem ist die Frage der Übereinstimmung von Ziel und Mitteln von der Sache her sehr kompliziert. Die entscheidenden Mittel zur Erreichung des NEUEN ZIELS sieht die Autorin von „Störfall" in der chirurgischen und therapeutischen „Behandlung" der Mitmenschen mit dem kranken Bewußtsein, in der Erziehung und Selbsterziehung der Menschen im Geiste des gegenseitigen Verstehens und der gegenseitigen Hilfe und, auf dieser Grundlage, in der Vervollkommnung der Beziehungen zwischen den Menschen. Hinzu kommt die konkrete Arbeit zur Veränderung und Verbesserung der kleinen Dinge des Lebens, die jeder Mensch selbst tun kann, zum Beispiel „sich um eine regelrechte tägliche Buslinie kümmern" (18).

Christa Wolf hat in „Störfall" ihre Fähigkeit zur reinigenden Selbstkritik unter Beweis gestellt; sie hat gezeigt, daß der gesunde Mensch den Weg des neuen Denkens einschlagen kann, er muß nur richtig wollen. Und der KRANKE BRUDER, kann er es auch? Nachdem sie das „Für" und das „Wider" abgewogen hat, gelangt sie zu dem Schluß, daß auch er es unter bestimmten Bedingungen kann. Zunächst muß man ihn aus seinem Krisenzustand befreien. Um den Ernst seiner Situation voll nachempfinden zu können, versetzen wir uns in die Lage des Kranken oder, genauer gesagt, stellen uns vor, daß wir anstelle des Bruders auf dem Operationstisch liegen, das Schädelsegment über dem Tumor ist zurückgeklappt, das Bewußtsein von der Welt abgeschaltet, in der Atmosphäre ziehen die unsichtbaren Wolken der „radioaktiven" Ideen vorüber, die den Lebenswillen lähmen. Und mag der CHIRURG auch noch so geschickt sein, er kann den Menschen, der während der Operation den Lebenswillen verliert, nicht retten. Hier liegt alle Hoffnung bei der SCHWESTER. W. Jaworiwski läßt das einen amerikanischen Chirurgen nach der vollzogenen Knochenmarktransplantation von einem gesunden Bruder auf einen von der Strahlenkrankheit befallenen Bruder sehr überzeugend sagen: „Das ist der einzige Ausweg ... Einen anderen hat die Menschheit nicht. Und das ist nicht nur der Ausweg, sondern auch das Heilmittel." (Maria im Wermut Ende des Jahrhunderts.) In „Störfall" geht es nicht um diejenigen, die wie „diese stumpfsinnigen, abgelebten Zellen in dir, die, tödlich sich langweilend, zu ewiger Wiederholung verurteilt, immer nur das eine können: Tumore bilden" (19f.). Solche müssen sorgfältig von den Gesunden isoliert und vom Kampf um die Rettung der Menschheit ausgeschlossen werden. Hier kommt man ohne einen chirurgischen Eingriff leider nicht aus. Natürlich müssen die besten Spezialisten hinzugezogen werden. Keiner kann jedoch im vorhinein sagen, wieviel Zeit die erfolgreiche Operation beanspruchen wird. Und noch weniger kann man für die vollständige Genesung des Bruders eine Zeitangabe machen. Das wird sich erst im Laufe der Zeit herausstellen.

Außer dem CHIRURGEN und der Hilfe der SCHWESTER benötigt man noch die „Intensivtherapie" – den Tropf mit der physiologischen Lösung. Die LÖSUNG steht symbolisch für all die nichtchirurgischen Mittel, deren hervorstechende Besonderheit die strenge Dosierung Tropfen um Tropfen ist. Geduld und Anstrengung, Anstrengung und Geduld – so lautet die langfristige Perestrojka-Losung für den Bereich des Bewußtseins. Eine andere Methode zur Heilung des BRUDERS (nach der Entfernung des TUMORS) führt zu unerwünschten Ergebnissen. Die CHIRURGIE und die THERAPIE können im Rahmen der gesamten Menschheit nur dann effektiv sein, wenn die Kette der Güte nicht abreißt. Das ist auch der Grund, warum Christa Wolf der Umgestaltung der zwischenmenschlichen Beziehungen erstrangige Bedeutung beimißt. „Brüderlichkeit – ein Wort, das fällig war." (97) Hier kommt es aber darauf an, wirklich bei sich selbst anzufangen.

Doch wie vieles muß der Mensch in sich selbst verändern, will er so wirksam zur Erreichung des ZIELS beitragen wie der Tropfen der physiologischen Lösung zur Gesundung des Kranken! Für alle, ja, für uns alle ist es lebensnotwendig, mit der Säuberung von all dem Schmutz bei uns selbst anzufangen, Millimeter für Millimeter, gründlich und unablässig. Die Schriftstellerin gibt uns ein gutes Beispiel, indem sie uns zeigt, wie sie sorgfältig aus ihrer Seele das Unkraut „ausjätet": Schadenfreude, Aberglauben, Voreingenommenheit, Sorglosigkeit, Fetischisierung und andererseits Unterschätzung der Technik im Dienste des Menschen; „eine neue Erfahrung mit einer bösen Art von Freiheit", „die Freiheit [...], jeglichen Gehorsam aufzukündigen" (30); Zaghaftigkeit und Zögern beim Schreiben, Unbekümmertheit, die gegenwärtig eine Art Epidemie geworden ist. Hinzu kommen so viele Dinge, die getan werden müssen: sein Denken und seine moralischen Kräfte ständig zu vervollkommnen, will man sich des neuen Ziels klar bewußt werden und sein Leben und seine Arbeit mit ihm in Übereinstimmung bringen; den anderen stets in Extremsituationen zu helfen; das Wesentliche vom Unwesentlichen, die Wahrheit von gruppendogmatischen Erscheinungen und Vorurteilen zu unterscheiden; in seinen Kindern und in sich selbst die Nächstenliebe zu entwickeln; sich zu scheuen, ungerecht zu sein; gegen Ungerechtigkeit zu kämpfen; sich nicht nur an der Natur zu erfreuen, sondern im Rahmen seiner Kräfte sie auch zu schützen und zu mehren; für die Vermenschlichung der Technik zu kämpfen; sich dafür einzusetzen, daß die Wissenschaftler sich bei der Erforschung der Materie und des Geistes solchen Wegen zuwenden, die für die Menschheit ungefährlich sind. Über diese und viele andere Notwendigkeiten mehr wird in „Störfall" gesprochen. Doch keine von ihnen berührt die Umformung der Machtstrukturen und -attribute. Hier sehe ich, daß Christa Wolf in ihrem Verständnis des ZIELS etwas ganz Wesentliches ausgelassen hat.

Das Wesen der Sache scheint mir darin zu liegen, daß mit der Selbstvervollkommnung des Menschen gleichzeitig die konkreten historischen Bedingungen, unter denen wir leben, menschlicher gestaltet werden müssen. Dieses Wort vermisse ich nur allzu oft in Christa Wolfs „Störfall". Der Einwand, daß der Mensch das Ziel und die Mittel für seine Entwicklung in sich selbst trägt und daß es demzufolge völlig ausreicht, seinen individuell und national geprägten Charakter, seine Natur insgesamt zu kennen, um richtig handeln zu können, dieser Einwand erfaßt nicht die ganze Frage. Hier geht es im wesentlichen doch darum, daß der Mensch nicht für sich allein lebt, nicht ausschließlich nur dem eigenen Willen unterworfen ist, sondern daß er von objektiven Faktoren, die sich zum beträchtlichen Teil schon vor seiner Geburt herausgebildet haben, abhängt. Die Gesellschaft bzw. das Volk stellt für das Individuum einen Komplex unabhängig von ihm existierender Gegebenheiten dar; die Menschheit ist – nicht nur für das Individuum, sondern auch für die Völker – ein neuer ähnlich gearteter Komplex. Dem Einfluß objektiver Faktoren auf den Menschen kann man sich nicht entziehen. Will man also sein Bewußtsein zielgerichtet verändern, muß man ebenso zielgerichtet auch die Gegebenheiten verändern, obwohl man heute oftmals den Eindruck hat, daß sie ein undurchdringliches und von niemandem beherrschbares Gewirr darstellen.

Ich glaube, daß die Einbeziehung der konkreten Gegebenheiten in die Sphäre der schöpferischen Tätigkeit des Menschen seine Hoffnung auf Überleben stärkt. Das ist in gewisser Weise wie bei einer Arbeit, die man nicht nur mit einer Hand, sondern mit beiden Händen ausführt. Würde sich die Schriftstellerin auf beide „Hände" stützen, wären auch einige ihrer Beobachtungen über die menschliche Natur weniger bedrückend: „[...] denn wir können uns drehen und wenden, wie wir wollen; wir können uns kopfstellen: freundlich sein, das können wir nicht. Wir haben die Geschenke falscher Götter angenommen, und wir alle, jeder einzelne von uns, haben die falschen Speisen von den falschen Tellern mitgegessen." (106f.) Das ist wohl doch zu kategorisch ausgedrückt. Nehmen wir an, daß „alle [...] mitgegessen" haben, so hat das Gift doch nicht bei allen gewirkt. Unser Organismus ist mit Giftstoffen nur so vollgestopft, doch solange er insgesamt gesund ist, neutralisiert er ihre Wirkung hervorragend. Im übrigen meine ich, daß der oben zitierte Satz im Widerspruch zum Glauben der Autorin an die rettende Kraft der Brüderlichkeit zwischen den Menschen steht.

Ich wage zu behaupten, daß die Sprache dieser Erzählung auch für Christa Wolf neu ist. Das ist wohl auch der Grund dafür, daß sie es für notwendig hielt – denn sie möchte natürlich verstanden werden –, auf die wichtigste Besonderheit dieser Sprache hinzuweisen: „Ich habe [...] die Blätter überblickt, einzelne Sätze gelesen und gefunden, daß sie mich kalt ließen. [...] ich habe an gewisse Dokumente denken müssen, auf denen erst unter einer chemischen Behandlung die *wahre, die geheime Schrift* hervortritt, während der ursprüngliche, *absichtlich belanglose* Text sich als Vorwand entpuppt. Unter der Bestrahlung habe ich die Schrift auf meinen Seiten verblassen, womöglich verschwinden sehen, und ob einst ein *dauerhafter Untertext* zwischen den Zeilen hervortreten würde, ist noch ungewiß gewesen." (29f. – Hervorhebung A. K.) „Störfall" ist mit einer Art sympathetischer Tinte geschrieben – dieses Bekenntnis der Autorin ist sehr wertvoll, denn es orientiert auf die Entzifferung des Untertextes. Will man den tieferen Sinn des Textes verstehen, muß man also eine „chemische", d. h. analytische „Behandlung" vornehmen, erst dann kann ein Untertext „zwischen den Zeilen" hervortreten, in Gedanken natürlich, nicht auf dem Papier, worin im übrigen eine neue Schwierigkeit für das richtige Lesen des Textes besteht. Ein Schriftsteller kann verschiedene Gründe haben, einen Untertext zu schaffen. Einer von ihnen wird in „Störfall" beschrieben: „Es ist doch auch eine Art Selbstschutz, nicht verstanden werden zu können." (29) In einer Welt, in der der ideologische Kampf, ähnlich radioaktiven Strahlen, die gesamte Lebensatmosphäre durchdringt, hat jeder das Recht auf Selbstschutz und wohl mehr als alle anderen jener Künstler, der sich in Neuland bewegt und daher weder den Schutz der Tradition noch – in der Regel – den der Kulturpolitik genießt.

Der Text von „Störfall" gibt ein offenes Bekenntnis, einen Bericht darüber, was die Schriftstellerin an jenem Tag dachte, fühlte und tat, als im Kernkraftwerk von Tschernobyl der vierte Reaktor explodierte. Es ist der Bericht über die „Störung", die damals ihre Seele erfaßte. Im Untertext ist „Störfall" eine symbolisch-philosophische Auseinandersetzung über den Menschen von heute, den Menschen des Atomzeitalters, eine Auseinandersetzung auch über die Richtung, in der dieser Mensch sein Denken und sein Bewußtsein verändern muß, damit er sich vor der Selbstvernichtung, die wie ein Damoklesschwert über ihm schwebt, bewahrt.

Die in der Erzählung enthaltenen Gedanken und Bilder gehen aus von der nicht steuerbaren Spaltung der Materie, dieser alltäglichen Phantastik unserer Zeit, und von der eng damit zusammenhängenden „Spaltung" des Bewußtseins des Menschen und seines Verhaltens am Rande des nuklearen Abgrunds. Der Tumor im Gehirn des Bruders ist ein passendes Symbol für die Darstellung der dialektischen Einheit der gegenwärtigen Zerstörungsprozesse im Körper und im Geist des Menschen. Christa Wolf erreicht durch eine ganze Reihe fein nuancierter Überlegungen und gedanklicher Übergänge, daß wir in der Figur des Bruders einen beliebigen Menschen sehen, der an einer Spaltung seines Bewußtseins erkrankt ist. Eines der beeindruckendsten Beispiele der schriftstellerischen Meisterschaft Christa Wolfs ist, wie sie, den aktuellen symbolischen Sinn zeigend, von den beiden Geschwistern im Märchen der Brüder Grimm „Brüderchen und Schwesterchen" erzählt: das „Brüderchen" im Märchen – das ist im wirklichen Leben der Bruder der Erzählerin, er ist der an Seele und Geist kranke Mitbruder, den es verlangt, Wünsche zu befriedigen, die seine Gesundheit und sein Schicksal bedrohen; das „Schwesterchen", die Heldin des Märchens, ist die Autorin der Erzählung, also die SCHWESTER, die den KRANKEN BRUDER vor dem verhängnisvollen Schritt zurückhält. Das zweite typische Beispiel ist das Gespräch zwischen der Schwester und dem Bruder, der sich im Zustand völliger Bewußtlosigkeit befindet. Es ist ein „unwirkliches" Gespräch, im Sinn des Untertextes jedoch zeigt dieses Gespräch mit dem KRANKEN BRUDER einen der wichtigsten Wege zur Rettung eines Menschen, der sich in einer kritischen Phase seines Lebens befindet. Man braucht also nach keiner parapsychologischen Erklärung dafür zu suchen, daß der in Narkose liegende BRUDER die ihm von der Schwester gedanklich übermittelte Botschaft zur Stärkung seines Lebenswillens empfangen hat, die Krise überwinden konnte und so zu gesunden beginnt. Hier geht es nicht um die spiritistische Begabung der SCHWESTER, sondern um die Verbildlichung der rettenden Brüderlichkeit zwischen den Menschen.

Die Komposition und der Stil der Erzählung scheinen mir wichtige Bestandteile des Untertextes von „Störfall" zu sein. „Das Leben als eine Folge von Tagen" – das Wesentliche wechselt mit dem Unwesentlichen, Ereignisse von globaler Bedeutung, die man erst nach Jahren voll erfassen wird, stehen neben dem ganz Alltäglichen, das nichts Geheimnisvolles hat, dessen Bedeutung klar auf der Hand liegt und bei dem keine unterschiedliche Deutung möglich ist. Man kann sich leicht davon überzeugen, daß der Aufbau von „Störfall", die Gliederung, die Wortfolge, oftmals auch die Sätze solch eine „Folge von Tagen" heraufbeschwören. Die innere Struktur der Erzählung bewirkt zweierlei: Einerseits entsteht ein Bild des tatsächlichen dahinfließenden Lebens und Bewußtseinsstroms, was den Text als eine adäquate Widerspiegelung des Lebens begreifen läßt. Andererseits hat man den Eindruck, daß die Autorin von einem Gegenstand zum anderen „springt", daß sie sich vom Wesentlichen ablenken läßt, um sich mit drittrangigen Kleinigkeiten zu beschäftigen. Doch das ist eine Täuschung, von der man sich ganz einfach freimachen kann, wenn man die ähnlich gearteten Figuren und Gedanken miteinander vergleicht, sie analysiert und dabei nicht aus dem Auge verliert, daß sie absichtlich in diesem scheinbar chaotischen Wechsel in den Text eingebaut sind. Es kommt – wenn auch selten – vor, daß die Autorin dem Leser beim Auffinden des tieferen Sinns behilflich ist, indem sie ihm ein kleines Fenster zum Untertext öffnet. Dazu gehört zum Beispiel der Satz über „das tiefe Loch [...] zu den Antipoden", der Satz darüber, „wie schlafwandlerisch sicher alles ineinandergreift" (23) in den Beziehungen zwischen den Herrschenden und den Beherrschten, oder die Analyse von Joseph Conrads Roman „Das Herz der Finsternis".

In „Störfall" wird ein Tag im Leben der Schriftstellerin beschrieben, jener Sonnabend, als im Kernkraftwerk von Tschernobyl ein Reaktor explodierte. Doch der Tag wird nicht nur als eine allgemein anerkannte Zeiteinheit verstanden und dargestellt, sondern auch als eine bedingte, ganz von der Autorin abhängende Größe, einerseits als ein ganz gewöhnlicher Kalendertag, andererseits als „Ein Tag wie tausend Jahre. Tausend Jahre ... wie ein Tag." (64) Der zeitliche Rahmen der Erzählung wird frei in beide Richtungen erweitert: in die Vergangenheit und in die Zukunft. Diese Wirkung erzielt die Autorin mit unterschiedlichen Mitteln. Besonders charakteristisch ist dabei, daß sie sich all dem in der Geschichte zuwendet, was bis heute lebendig geblieben ist und noch lange lebendig bleiben wird, was die Vergangenheit, die Gegenwart und die Zukunft eng miteinander verbindet. Ich würde diese Methode als Symbolisierung des historischen Materials bezeichnen. Dafür gibt es viele Beispiele, die der Leser selbst herausfinden wird. Ich möchte seine Aufmerksamkeit in diesem Zusammenhang lediglich auf den eigenartigen Untertext der Schriftstellerin lenken, auf den scheinbar absurden Satz: „Das ist heute der fünfte Tag gewesen, unter verschärften Bedingungen." (13) Fünf Tage in einem einzigen – so führt sie uns zur symbolischen Betrachtung des TAGES!

Der Bericht darüber, was dieser Tag im Leben der Schriftstellerin bedeutet und welche Wende er in ihrem Empfinden herbeiführt, ist in der Vergangenheitsform geschrieben, obwohl er in der Gegenwartsform stehen müßte, da sie als Zeugin der hier beschriebenen Ereignisse an einer möglichst lebensnahen Darstellung der Vorgänge sehr interessiert ist. Christa Wolf unterstreicht diese Besonderheit von „Störfall“ von Anfang an, sie bleibt jedoch diesem von ihr gewählten Verfahren treu und erklärt es nicht; sie überläßt das dem Leser selbst. Einer der Gründe ist nach meinem Dafürhalten darin zu suchen, daß die Schriftstellerin einen ungewöhnlichen Standpunkt für die Zeitrechnung gewählt hat, die vorteilhafte, aber auch riskante Position eines Beobachters, der aus einer sehr fernen Zukunft zurückschaut. Die Zukunft hat Christa Wolf für sich als eine höhere Instanz anerkannt, sie hat ihr Denken und ihre Vorstellung von allen vergangenen und gegenwärtigen Fesseln befreit. Es ist dies die Position des Sehers, derer die heutige Menschheit so dringend bedarf. Doch schon seit altersher ist diese Position auch mit schweren Belastungen verbunden. Ich sehe in dieser Position den Grund für die künstlerische Besonderheit von „Störfall“ insgesamt, einschließlich der Idee, einen „dauerhaften Untertext“ zu schaffen.

Beim Übergang vom Text zum Untertext werden in „Störfall“ nicht nur die räumlichen, sondern auch die zeitlichen Grenzen der Ereignisse stark erweitert. Das geschieht auf ganz unterschiedliche Art und Weise. Nehmen wir als Beispiel einen scheinbar unbedeutenden Satz im Zusammenhang mit der Nachricht über die Explosion im Kernkraftwerk von Tschernobyl: „Ja, habe ich eine Person in mir denken hören, warum immer nur die japanischen Fischer. Warum nicht auch einmal wir.“ (11) Will man den tieferen Sinn dieser Überlegung erfassen, muß man sein Gedächtnis und sein Vorstellungsvermögen ins Spiel bringen: Man muß sich daran *erinnern*, daß die japanischen Fischer seit Hiroshima mehrere Male radioaktiven Strahlungen ausgesetzt waren, die von der Explosion von Atom- und Wasserstoffbomben herrührten; man muß sich vergegenwärtigen, daß wir, die wir nun in die Strahlen von Tschernobyl geraten sind, auf der in unserer *Vorstellung* vollzogenen Reise von Europa zum Stillen Ozean uns mit den japanischen Fischern als Opfer identifizieren, für die es natürlich gleichgültig ist, von welcher Explosion die Strahlen herrühren, die ihnen Tod bzw. Krankheit bringen. Im Ergebnis dieser gedanklichen Reise entsteht eine neue Sicht auf den

Handlungsort von „Störfall“ (im Text ist es ein Dorf und seine unmittelbare Umgebung), den man nun als einen *Beobachtungspunkt* versteht, von dem aus sich vor unseren Augen alle neuen Räume der ERDE und des KOSMOS eröffnen (vom Stillen Ozean schweift die Vorstellung des Lesers hinüber in die USA, nach Kanada, in die Sowjetunion, nach Afrika, nach Mittel- und Nordeuropa und schließlich zum Mond). So wie der wahre Inhalt von „Störfall“ nach den Worten der Autorin im Untertext liegt, so ist der wahre Maßstab für die Darstellung nicht dieses Dorf, sondern unser Planet und „seine Umgebung“.

Was die Lexik angeht, so nutzt die Autorin in starkem Maße die Vieldeutigkeit der Wörter und die Möglichkeit, ihnen je nach dem Kontext einen neuen Sinn zu verleihen. So ist es z.B. lehrreich und interessant zu verfolgen, wie die häufig wiederkehrenden Wörter „wir“, „sie“, „du“ verwendet werden und welcher Inhalt ihnen gegeben wird. Hier liegen viele Geheimnisse für die tatsächliche Bedeutung der Erzählung.

Abschließend noch ein paar Bemerkungen zur Bedeutung des von Christa Wolf verwendeten „ich“. Ich habe mich mit dem Inhalt des „ich“ in „Störfall“ genauer beschäftigt, und danach haben sich meine Zweifel an der Eindeutigkeit dieses Wortes zerstreut. Im Text der Erzählung verhält sich m.E. die Figur der Schriftstellerin, die in der ersten Person steht und in deren Namen erzählt wird, zur Figur von Christa Wolf selbst wie ein kleiner zu einem großen Kreis, in den er voll hineinpaßt. Den Unterschied zwischen beiden Figuren könnte man als den Unterschied zwischen Christa Wolf als Autorin von „Störfall“ und Christa Wolf als Autorin aller von ihr geschaffenen Werke definieren. Im Untertext wird das Verhältnis dieser Figuren umgedreht, so wie der lokale Maßstab in einen globalen umgewandelt wird. Der Unterschied zwischen den beiden Christa Wolfs scheint darin zu liegen, daß ein Prototyp namens Christa Wolf der auf ihn zurückgehenden Figur der SCHWESTER gegenübergestellt wird, die geistig und moralisch den (insgesamt) gesunden Teil der Menschheit symbolisiert …

Nach der Lektüre von „Störfall“ ist die Gestalt Christa Wolfs für mich – auf letztendlich nicht ganz geklärtem Wege – ganz in die Nähe der Kassandra aus dem „Kassandra"-Roman gerückt und die Atomkraftwerke an die Stelle des Trojanischen Pferdes, das die allzu vertrauensseligen Leute ins Verderben stürzte. Daß sich mir dieser Vergleich aufdrängt, hängt vielleicht z. T. mit dem neuen „Standort" der Autorin zusammen, der irgendwo in ferner Zukunft liegt, an der Grenze zwischen Leben und Tod der Menschheit. Er wird provoziert durch die stark ablehnende Haltung der Schriftstellerin gegenüber der Entwicklung der Kernenergie. Wie haben wir die warnende Stimme Christa Wolfs zu verstehen – als Stimme der „wahnsinnigen" Kassandra oder als Stimme der Seherin? Ist die Beseitigung der Kernkraftwerke Teil des die gesamte Menschheit betreffenden ZIELS oder nicht? Auch darüber sollte meiner Meinung nach „die ganze Welt" nachdenken, grundlegend und allseitig.

1988

Manfred Jäger

Die Grenzen des Sagbaren

Sprachzweifel im Werk von Christa Wolf

1

Christa Wolfs große Prosaarbeit „Kindheitsmuster" schließt mit dem Satz: „Sicher, beim Erwachen die Welt der festen Körper wieder vorzufinden, werde ich mich der Traumerfahrung überlassen, mich nicht auflehnen gegen die Grenzen des Sagbaren." (531) Offenbar ist das ein schwerer Entschluß, der der Rechtfertigung bedarf. Bewußtheit, Klarheit, Genauigkeit erschienen der Autorin immer als erstrebenswerte Voraussetzungen eines verantwortlichen Schreibens. Auch in ihren leidenschaftlichen Plädoyers für die Phantasie bewahrt sie den Anspruch auf einen möglichst hohen Grad von Exaktheit. Wird da Widerstand geleistet gegen eine Versuchung, die vielleicht einmal übermächtig werden könnte? Was soll man tun, wenn die Markierungen, welche die fatale Selbstzensur von der möglicherweise produktiven Selbstdisziplin beim Schreiben unterscheiden, allmählich verblassen und es einem am guten Glauben fehlt, diese Hilfslinien wieder kräftig nachzuziehen?

Der zitierte Satz signalisiert die Bereitschaft der Erzählerin, einige bisher von ihr als selbstverständlich hingenommene oder gar mit voller Absicht errichtete Schranken versuchsweise hochzuziehen. Es geschieht dies mit aller Vorsicht, als ein zeitweiliges Experiment, bei dem sie die Versuchsbedingungen fest in der Hand behalten will. Die Schranken werden nicht niedergerissen und beseitigt. Gewiß, die Erzählerin verkündet ihre Absicht, sich einer nicht-verbalen Sensibilität zu öffnen, sich ihr zu „überlassen", sich nicht mehr „aufzulehnen". Aber es ist dafür gesorgt, daß man sich nicht im ganz und gar Ungewissen verlieren wird. Denn die Autorin setzt als sicher voraus, „beim Erwachen die Welt der festen Körper wieder vorzufinden". Der „Traumerfahrung" wird so nur eine relative Berechtigung eingeräumt. Sie dient dazu, das Wissen zu erweitern, das emotionale Erleben zu vertiefen. Schein und Sein verschwimmen nicht ineinander, bleiben unterscheidbar.

Es wird noch zu untersuchen sein, ob Christa Wolf die „Welt der festen Körper“ noch für eine Welt der zutreffenden Bezeichnungen und der richtigen Namen hält.

Die Formel von den „Grenzen des Sagbaren“ ist das letzte Wort in „Kindheitsmuster“. Sich nicht gegen diese Grenzen aufzulehnen meint wohl zweierlei: Erstens wird anerkannt, daß es Grenzen der Sprache und des Sprechens gibt, und zweitens wird erstrebt, Erfahrungen jenseits dieser Grenzen doch noch auszudrücken, obwohl dies schwierig und schließlich wohl unmöglich ist. Von einer Formel darf man deswegen sprechen, weil diese Wendung im Werk Christa Wolfs häufiger vorkommt, auch in Umschreibungen und Variationen. Das gilt sowohl für Reflexionen in ihrer erzählenden Prosa wie auch für Auskünfte, die sie in Interviews und Essays gegeben hat.

Aufschlußreich sind zum Beispiel die programmatischen Worte am Schluß des mit Joachim Walther geführten Gesprächs vom 31. Oktober 1972: „Im Grunde ist mein Wunsch, daß die Literatur oder das, was ich in der Literatur sagen könnte, mich ohne Rest aufzehrt. Daß die Erfahrungen und Erkenntnisse und die eigene andauernde Veränderung, der eigene andauernde Versuch der Standortbestimmung in dieser Zeit vollkommen ausgedrückt wären, ohne den gewöhnlichen Überhang von Ungesagtem und Unsagbarem. Unerreichbar, natürlich.“[1] Sich einem solchen unerreichbaren Postulat, einem ganz und gar utopischen Ideal auszusetzen bedeutet eine extreme Gefährdung des Schreibenden; es bedarf kräftiger Energien, sich mit diesem eingestandenermaßen vergeblichen Wunsch nicht geradewegs in eine Schreib- und Lebenskrise zu manövrieren. Christa Wolf rettet sich dadurch, daß sie das Problem nicht untergründig destruktiv wirken läßt, sondern in ihren wichtigsten Arbeiten zu einem zentralen Thema werden läßt.

Bedeutsam ist die Unterscheidung von Ungesagtem und Unsagbarem. Die Autorin sieht darauf, die Grenze, hinter der das Unsagbare beginnt, nicht zu früh anzusetzen. Soviel wie irgend möglich soll aus dem Bannkreis des Unausgesprochenen befreit werden. Dieser Impuls hindert sie zugleich, sich einer universellen Sprachskepsis zu überlassen. Theoretische Überlegungen resultieren zumeist aus der Selbstbeobachtung während des Erzählprozesses; es kann dabei geschehen, daß die Erzählerin objektive Grenzen hin und wieder dem eigenen Unvermögen oder wenigstens der eigenen Schwäche anlastet.

Aber der Widerstand, den die Dinge, komplexe Beziehungen in historischer Verknüpfung, wie Christa Wolf sie gern darstellt, dem erzählerischen Zugriff entgegensetzen, läßt sich nicht durch Verlagerung in die Psyche der Autorin brechen. Stichwort: „Schreibhemmungen". Sie sollen zum Verschwinden gebracht werden durch Insistieren auf den heilsamen Prozeß des (gelegentlich heroischen) Weiterschreibens: „Ich weiß dann, daß es sich um Hemmungen handeln muß, die in mir liegen, die ich mir aber in dem Moment nicht bewußtmachen kann; daß Widerstände in mir sind, wirklich das herauszufinden, wonach der Stoff drängt. Denn natürlich hat man beim Schreiben auch Angst vor dem, was herauskommen wird. Niemand setzt freiwillig Angst frei. Das muß man aber, indem man bis an die Grenze des Stoffes geht. Man muß diesen Zustand überwinden, und das geht im Grunde nur schreibend."[2]

Die Psychologisierung, die aus einem Sprachproblem ein bloßes Ausdrucksproblem macht, deutet auf die Zuversicht der Autorin, in der Sprache ein Präzisionsinstrument zu besitzen, dessen adäquater Einsatz vom Geschick und vom Wagemut dessen abhängt, der es handhabt. Den Verdacht, die Sprache sei vielleicht gar nicht jenes willfährige Werkzeug, läßt die Autorin möglichst nicht an sich herankommen. Christa Wolfs kurze Studie über Max Frisch gibt dafür Belege.[3] Gleich am Anfang isoliert sie aus einer längeren Stelle „zur Schriftstellerei" in Frischs „Tagebuch" von 1946 einen Satz, der ihr eigenes Konzept zu bestätigen scheint: „Unser Streben geht vermutlich dahin, alles auszusprechen, was sagbar ist."[4] Nur läßt Christa Wolf den Zusammenhang, in dem dieser Satz sich findet, ganz außer acht. Das Sagbare steht bei Frisch gegen das Lebendige, die Worte sind gleichbedeutend mit der Leere. Auf eine solche Radikalität läßt Christa Wolf sich nicht (noch nicht?) ein. Die Mühsal des Schreibens, möglichst vieles „sagbar" zu machen, gewährt der entmutigenden Erkenntnis keinen Raum, es sei überhaupt nur das formulierbar, „was nicht das Leben ist". Jedenfalls dürfte es kein Zufall sein, daß die Autorin die Auseinandersetzung mit den Sätzen vermeidet, die bei Frisch unmittelbar vor den von ihr zitierten Worten stehen: „Was wichtig ist: das Unsagbare, das Weiße zwischen den Worten, und immer reden diese Worte von den Nebensachen, die wir eigentlich nicht meinen. Unser Anliegen, das eigentliche, läßt sich bestenfalls umschreiben, und das heißt ganz wörtlich: man schreibt darum herum. Man umstellt es. Man gibt Aussagen, die nie unser eigentliches Erlebnis enthalten, das unsagbar bleibt; sie können es nur umgrenzen, möglichst nahe und genau, und das Eigentliche, das Unsagbare, erscheint bestenfalls als Spannung zwischen diesen Aussagen."[5]

Nicht, daß die von Max Frisch hier geschilderte Erfahrung der Autorin fremd wäre – es ist sogar möglich, daß die Interpretation gerade deswegen unterbleibt, weil in diesen Zeilen eine allzu schmerzliche Wahrheit entdeckt wurde. Es gibt im Werk von Christa Wolf öfters Szenen, in denen „das Eigentliche" als das Unsagbare erscheint. Ich erwähne einige Beispiele aus „Nachdenken über Christa T.": „Sie machte sich auf den Weg nach Hause. Vor einem Blumenladen in der Innenstadt standen ein Dutzend Menschen, die schweigend warteten, daß um Mitternacht eine seltene, hell angeleuchtete Orchidee für wenige Stunden ihre Blüte entfalten sollte. Schweigend stellte Christa T. sich dazu. Dann ging sie getröstet und zerrissen nach Hause." (74) – „Ach, nicht doch, sagte sie. Schon früher. Eine Sommerliebe. Und alles, was dazugehört. Aber das ist, fügte sie dann noch hinzu, schwer zu erzählen. Ach, das ist lange her. – Sie nahm ihr Buch wieder auf und verfiel in Schweigen." (48)

In „Kindheitsmuster" ist von der Zone die Rede, wo die Empfindungen „noch ganz sie selbst, nicht mit Worten verquickt sind", und es heißt da weiter: „Und nun, wenn die Worte dazutreten, harmlos, unbefangen, ist alles schon vorbei, die Unschuld verloren." (359) Es gibt noch viele andere Stellen, in denen die nichtverbale Empfindung als das „Eigentliche" aufscheint, in denen das Schweigen einen höheren Ausdruckswert gegenüber den Worten erhält. Auf den ersten Blick sieht das wie eine Bestätigung der zitierten Tagebucheintragung Max Frischs aus, aber dieser Eindruck täuscht. Christa Wolf zögert, ja, sie scheut davor zurück, eine allgemeingültige oder auch nur für sie selbst durchweg gültige Sentenz zu formulieren. Die Aussagen zum Thema sind an ganz konkrete Bezugspunkte fixiert, sie sind situationsbezogen, von den psychologischen Voraussetzungen der Figuren nicht ablösbar.

Mehr noch: Sie sind abhängig von der Position der Erzählerin in einer historisch konkreten Gesellschaft. Damit ist nicht gemeint, daß die Autorin sich etwa kurzatmigen politischen „Notwendigkeiten" verpflichtet fühlte. Christa Wolf gibt dazu selbst einen Hinweis mit einer in Klammern gesetzten Vermutung. In ihrem Essay über Frisch zitiert sie dessen Bemerkung, es gebe für die Schriftsteller heute keine „terra incognita" mehr, und fügt hinzu, diese Ansicht könnten Autoren in sozialistischen Ländern kaum teilen: „Hier überwiegt das Gefühl, der Fülle des Ungesehenen, Ungesagten nicht gewachsen zu sein […]"[6]

Ungesehenes bleibt Ungesagtes. Aber diese Entscheidung fällt weit draußen im Vorfeld des Bereichs, in dem Sprachzweifel beginnen können. Dabei geht es nicht nur um Problemstellungen, die der Schriftsteller aus Unaufmerksamkeit, Flüchtigkeit und Bequemlichkeit vernachlässigt. Das Ungesehene, das ungesagt bleibt, umfaßt auch vieles, das nicht gesehen werden soll, nicht gesehen werden darf. In ihrem Essay über das Tagebuch als Arbeitsmittel und Gedächtnis hat Christa Wolf sich die Leser vorgestellt, die in hundert Jahren die Bücher lesen werden, „in denen wir uns selbst beschreiben". Die Autorin vermutet: „Ein bißchen ratlos werden sie sie wieder aus der Hand legen: Mehr haben die nicht über sich gewußt? Oder: Mehr haben sie nicht sagen wollen?"[7]

Nicht weiterzugeben, was man weiß, bedeutet freilich nicht nur, vor den Erwartungen der Nachwelt zu versagen.[8] Vor allem die Mitwelt, die Mitlebenden haben einen Anspruch darauf, Auskünfte zu erhalten. Christa Wolf, bei der Sarkasmen recht selten sind, äußert sich dazu mit bitterer Schärfe: Solche Ungeduld und Unzufriedenheit macht sich gelegentlich auch in pathetischer Frageform Luft: „Wie lange noch soll die kleine Spitze des Eisbergs beschrieben werden, und sechs Siebentel darunter bleiben unbekannt, unbenannt, unerlöst?"[9]

Benennung wirkt erlösend, bricht den Bann, befreit. Offenbar hegt die Autorin einen starken Glauben an die Macht des Wortes, an die Kraft der Sprache. Das erklärt sich nicht nur aus selbstverständlichen aufklärerischen Grundpositionen, wie sie von Christa Wolf ohne Didaktik und ohne Besserwisserei vertreten werden. Vielmehr bewirkt es die gesellschaftliche Situation, in der offen oder versteckt die Respektierung von Tabuzonen verlangt und, bei allzu kecker Widersetzlichkeit, auch erzwungen wird, daß Autoren ihre „Überzeugung, ihr Wort sei wichtig und vielleicht folgenreich", ständig ex negativo bestätigt bekommen. Christa Wolfs Sprachskepsis ist daher weniger sprachphilosophischer oder erkenntnistheoretischer Ausgangspunkt als Resultat schriftstellerischer Erfahrung und – jedenfalls über weite Strecken im bisherigen Werk – nur von partieller Gültigkeit, also an die Darstellung bestimmter schwieriger Sachverhalte gebunden. Ihre Kritik am begrenzten Ausdrucksvermögen der Sprache kann nur vor dem Hintergrund ihres allmählich relativierten Sprachvertrauens richtig bewertet werden. In einem Briefwechsel mit der Debütantin Gerti Tetzner hat Christa Wolf das Leben als einen dauernden Prozeß der Desillusionierung bezeichnet;[10] im Gespräch mit Hans Kaufmann gab sie ihrer Zuversicht Ausdruck, „daß wir ändern können, was uns stört"[11]. In diesem Spannungsraum von Zuversicht und Desillusionierung haben sich die Sprachzweifel allmählich eingenistet.

Man kann diese Entwicklung im Werk gut verfolgen. Die „Moskauer Novelle" von 1961 hat die Verfasserin vierzehn Jahre nach ihrer Veröffentlichung in dem Aufsatz über „Sinn und Unsinn von Naivität" verworfen. Die Anmaßung, „ein für allemal im Mitbesitz der einzig richtigen, einzig funktionierenden Wahrheit zu sein"[12], drückte sich auch in sprachlicher Eindimensionalität aus. Obwohl der Widerwille der Verfasserin gegen die alte Geschichte sich drastisch äußert, geht die Autorin in ihrem Essay nicht den bequemen Weg einer abstrakt moralisierenden Selbstkritik. Statt dessen historisiert sie eine Erfahrung: Es erscheint als normal, sich über die Gutgläubigkeit früherer Äußerungen erstaunt, vielleicht auch entsetzt zu zeigen. Aber im Lichte späterer Erkenntnisstufen mag die Korrektur, die intelligente Kritik in eigener Sache, auch wieder nur „gutgläubig" gewesen sein. Das räumt Christa Wolf ein, freilich nur in einem flüchtigen Gedanken, den weiter zu verfolgen sie schon deshalb aufgibt, weil sie ihren moralischen Imperativ „Laß dich nicht entmutigen!" unbedingt aufrechterhalten will. Wieder kippt Desillusionierung in Zuversicht um: „Schon im Entstehen zerstörte Hoffnungen brächten jede Produktion und damit die Hoffnung selbst zum Erliegen, während heute, da jedes Wort komplizierteren und strengeren Tests unterworfen wird als früher, die Arbeit zwar mühevoller und langwieriger, aber doch keineswegs unmöglich geworden ist.“[13]

Tests erlauben es, der passenden Wörter habhaft zu werden, um wenigstens umschreiben zu können, was sich der eindeutigen Benennung entzieht. Dabei handelt es sich, wie die beiden Prosawerke „Nachdenken über Christa T.“ und „Kindheitsmuster“ zeigen, nicht etwa nur um größere „sprachliche Sorgfalt“, sondern um die beständige Reflexion der Erzählerin über Probleme der sprachlichen Darstellung.

Im „Geteilten Himmel“ hatte die Erzählerin ihre Ausdrucksprobleme noch an die Figuren delegiert. „Sie schwiegen unlustig“ – so werden politische Gespräche zwischen dem Skeptiker Manfred Herrfurth und seinen fortschrittlichen Kontrahenten abgebrochen, noch ehe sie recht begonnen haben. (168) Rita Seidel lebt Parteilichkeit als eine Art Logik des Herzens vor und bewältigt so ihre Lebenskrise. Sogar im letzten Kapitel ist sie noch einmal „unfähig, die richtigen Worte zu finden“ (234). Aber im wesentlichen war diese Sprachlähmung einer labilen Phase in der Entwicklung des jungen Mädchens zugeordnet worden. Nachdem Rita ihren „krankhaften Gemütszustand“ überwunden hat, heißt es von ihr: „Indem sie die Zeit ihre Arbeit tun ließ, hat sie die ungeheure Macht zurückgewonnen, die Dinge beim richtigen Namen zu nennen.“ (224) Der Rückfall in den Kinderglauben, Wort und Sache zur vollen Übereinstimmung bringen zu können, verschafft der Geschichte aber nur scheinbar ein halbwegs gutes Ende. Nie wieder hat Christa Wolf eine ideologische Gesundung dieser Art zustimmend beschrieben, nie wieder hat sie einer Heldin durch die fraglose Einfügung in einen pflichtenreichen Arbeitsalltag den Kopf zurechtgerückt.

Im Gegenteil, Benennungswahn und Anpassungsbereitschaft werden in dem nachdenklichen Buch über Christa T. zum Gegenstand kritischer Reflexion. Auffällig ist dabei, daß Christa T. deutlichere Aussagen zugeschrieben werden, deren allgemeine Gültigkeit die berichtende und kommentierende Erzählerin gelegentlich einschränkt. Textvergleiche ergeben, daß Christa T. (zum Thema „Sprache und Welt") ausdrückt, was Christa Wolf auch empfindet; die Einwände der Erzählerin dagegen dokumentieren ihren inneren Widerstand gegen die resignierten Schlußfolgerungen aus den unabweisbaren Erkenntnissen. So heißt es im vierten Kapitel: „Sie muß frühzeitig Kenntnis bekommen haben von unserer Unfähigkeit, die Dinge so zu sagen, wie sie sind. Ich frage mich sogar, ob man zu früh klarsichtig, zu früh der Selbsttäuschung beraubt sein kann. So daß man verzichtet und die Dinge ihrem Lauf überläßt." (44) Das Wort „Unfähigkeit" läßt offen, ob eine überwindbare Schwäche oder eine prinzipielle erkenntnistheoretische Unmöglichkeit damit gemeint ist. Merkwürdig bleibt, daß mangelnde Klarsicht und Selbsttäuschung partiell gerechtfertigt werden (wenn auch in Form einer Frage), daß sie als eine Art Voraussetzung für Handeln durch Schreiben gelten sollen. An einen Kernsatz der Christa T., „daß ich nur schreibend über die Dinge komme", werden u. a. folgende Bemerkungen geknüpft: „Der Vorwurf der Schwäche schimmert durch, mit der sie sich gegen die Übermacht der Dinge zu wehren meinte: schreibend. Und, trotz allem, über die Dinge kam. Sie hat nicht gewußt, daß sie das von sich sagen konnte." (44)

Wieder spürt man die Scheu, sich einer radikalen Sprachkritik auszusetzen. Man kann, so heißt es, durch Schreiben nicht nur zu den Dingen, sondern sogar „über die Dinge" kommen, was doch wohl eine Art Bewältigung, vielleicht auch Überwältigung der Wirklichkeit durch Sprache impliziert. Ein trotziges Dennoch richtet sich gegen die Bedrohung durch Sprachverzweiflung. Christa T. wird einmal mit einem Satz zitiert, in dem sie über sich in der dritten Person schreibt: „Es faßte sie plötzlich eine große Angst, daß sie nicht schreiben könne, daß es ihr versagt sein werde, je in Worte zu fassen, was sie erfüllte." (146) Analog vermag Christa Wolf unbefangener von sich zu schreiben, indem sie von Christa T. handelt. Der Glaube, Glückserwartung könne durch Sprachbeherrschung eingelöst werden, wird immer brüchiger. „Schreib doch, Krischan. Warum schreibst du nicht? – Na ja, sagt sie. Ach, weißt du … Sie hatte Angst vor den ungenauen, unzutreffenden Wörtern." (217) Oder: „Christa T. ging in ihrer Wohnung herum wie in einem Käfig. Sie wußte, daß sie nichts denken konnte, was nicht schon millionenmal gedacht, kein Gefühl aufbringen, das nicht in seinem Kern durch Abnutzung verdorben war […] Sie sah sich in eine unendliche Menge von tödlich banalen Handlungen und Phrasen aufgelöst." (199) Die Stelle aus dem siebzehnten Kapitel korrespondiert mit einer anderen aus dem zweiten Kapitel, wo es heißt: „Dichten, dicht machen, die Sprache hilft. Was denn dicht machen und wogegen?" (23) Auflösen und dicht machen – auch dieses Gegensatzpaar bezeichnet das Janusgesicht der Sprache. Hoffnungen und Gefährdungen, die sich mit ihr verbinden, verweisen weit über bloß literarische Gestaltungsprobleme hinaus, zumal Christa Wolfs Arbeiten allesamt eine starke Identität von Leben und Werk dokumentieren. Als die Selbsttäuschung zerging, Sprache könne einen Halt bedeuten, sah Christa T. sich als Person „in Auflösung". Es scheint, daß Christa Wolf sich einer solchen Bedrohung weniger durch intellektuelle Argumentation als durch eine moralische Haltung zu erwehren sucht.

Wenigstens als utopisches Fernziel bleibt die Möglichkeit einer „wirklichen Kommunikation": „Einstweilen mußten wir die Lücke für unser eigentliches Gespräch mit Mitteilungen ausfüllen." (34) Das Eigentliche verschweigen zu müssen ist im politischen Bereich besonders verhängnisvoll, weil sich solche Verdrängungen leicht zu gesellschaftlichen Krisen auswachsen. Am Anfang des fünften Kapitels ist von den Schwierigkeiten die Rede, wahrheitsgemäß über die fünfziger Jahre in der DDR zu schreiben: „Wir wissen nicht viel über diese Jahre, denn man weiß nicht wirklich, was noch nicht ausgesprochen ist – die Möglichkeit, durch Aussprechen zu verfestigen, mit eingerechnet. Das eigene Zögern belehrt mich, daß noch nicht die Zeit ist, flüssig und leicht über alles und jedes zu berichten, wobei man anwesend war oder es doch hätte sein können." (56) Das Buch schließt mit der fordernden Frage: „Wann, wenn nicht jetzt?" (235)

Es ist höchste Zeit, mit der Verschweigetaktik Schluß zu machen, und doch ist die Zeit dafür noch nicht gekommen. Wird sie einmal „kommen", oder muß man sie sich nicht einfach nehmen? Christa Wolf sucht Zuflucht bei zuversichtlichen Bekenntnissen, in die Trauer eingelagert ist: „[…] auch Worte haben ihre Zeit und lassen sich nicht aus der Zukunft hervorziehen nach Bedarf. Zu wissen, daß sie einmal dasein werden, ist viel." (235) Diese Utopie, in der die Furcht ganz von ihr abfallen könnte, es gebe nur die Wahl zwischen Schweigen und „Pseudo", der Kurzformel für Unechtes, Unwahres, Unaufrichtiges, kehrt auch in „Kindheitsmuster" mit beinahe den gleichen Worten wieder. An solchem Glauben kann festgehalten werden, weil er als geistige Tradition wirklich ist. Christa Wolf zitiert aus dem Sonett „An sich" von Paul Fleming, das mit den Worten „Sei dennoch unverzagt" beginnt, die Zeile: „Was du noch hoffen kannst, das wird noch stets geboren." (Das Zitat ist nicht ganz korrekt, bei C. W. steht statt des zweiten „noch" ein „doch".) Ihre Hoffnung zielt auf die vollkommene Identität von Sprache und Sprecher. Wenigstens als vorweggenommene Vorstellung soll gelten dürfen, daß einmal der noch unbekannte Boden gefunden werden könnte, „von dem aus auf neue, heute noch unvorstellbare Weise wieder leichter und freier zu reden wäre, offen und nüchtern über das, was ist; also auch über das, was war. Wo die verheerende Gewohnheit von dir abfiele, nicht genau zu sagen, was du denkst, nicht genau zu denken, was du fühlst und wirklich meinst. Und dir selber nicht zu glauben, was du gesehen hast. Wo die Pseudohandlungen, Pseudoreden, die dich aushöhlen, unnötig würden und an ihre Stelle die Anstrengung träte, genau zu sein [...]" (487f.) Wieder führt ein Schuldvorwurf an die eigene Adresse („verheerende Gewohnheit" usw.) weg von einer prinzipiellen Erkenntnis- und Sprachkritik in den Bereich von Gelingen und Versagen, wo Leistungen und Fähigkeiten bemessen werden. Kein Wunder, daß die Sehnsucht, *leichter und freier* zu reden, höchst widersprüchlich in die *Anstrengung* mündet, genau zu sein. Das heftige Verlangen bricht immer wieder durch, „aus unseren halben Sätzen ganze zu machen". Das unerreichbare Ziel, das nie aus den Augen verloren werden darf: „die Unschärfe aus unserer Rede tilgen" (Nachdenken über Christa T., 36).

Daß einmal die Zeit kommen wird, in der man „flüssig und leicht" über heikle Bereiche wird reden können, die bis heute der Beschreibung entzogen bleiben, scheint mir wenig wahrscheinlich. Am allerwenigsten darf man eine solche Schreibart von Christa Wolf selbst erwarten. Wahrheitsgemäße Darstellung wird wohl eher brüchig und sperrig als flüssig und leicht aussehen. Wer mittendrin steckt, kann schwerlich die Position des souveränen Beobachters einnehmen. Mißtrauen gegenüber Sprache wird leicht zum Mißtrauen gegenüber der eigenen Person: „Ach, sie traute ja diesen Namen nicht. Sie traute sich ja nicht. Sie zweifelte ja, inmitten unseres Rauschs der Neubenennungen, sie zweifelte ja an der Wirklichkeit von Namen, mit denen sie doch umging; sie ahnte ja, daß die Benennung kaum je gelingt und daß sie dann nur für kurze Zeit mit dem Ding zusammenfällt, auf das sie gelegt wurde. Sie zuckte davor zurück, sich selbst einen Namen aufzudrücken, das Brandmal, mit welcher Herde in welchen Stall man zu gehen hat.“ (46) Diese Passage dürfte die konzentrierteste und radikalste Äußerung zu dem hier abgehandelten Thema im Werk von Christa Wolf sein. Die Rücksichtslosigkeit verdankt sich zu einem Teil wiederum der Tatsache, daß Gedanken einer anderen Person, der Christa T., referiert werden. Man muß darin nicht das schriftstellerische Credo der Autorin erblicken, und sie muß diesen Vorwurf, wenn es denn einer wäre, nicht auf sich nehmen. Sprache erscheint hier als Herrschaftsmittel, und es wird die Erkenntnis nicht verdrängt, daß eine andere als diese depravierte Sprache gar nicht zur Verfügung steht.

Die in „Kindheitsmuster“ vorgetragene Sprachkritik steht in engem Zusammenhang mit konkreten Verdrängungsprozessen. Das Erinnerungsvermögen, Voraussetzung aller Ausdrucksfähigkeit, wird einem harten Test unterworfen. Freigelegt werden Szenen aus der Vergangenheit, die noch oder wieder genau vor Augen stehen, verschwimmende Fragmente und viele Lücken. Ein Buch über das Gedächtnis, das kollektive und das individuelle. Dabei beeindruckt der Verzicht auf erbarmungslosen Rigorismus. Die Überlegung, ob wir Schutz brauchen vor den Abgründen der Erinnerung, wird nicht bloß als bequeme Ausrede disqualifiziert: „Wirst dich fragen müssen, was aus uns allen würde, wenn wir den verschlossenen Räumen in unseren Gedächtnissen erlauben würden, sich zu öffnen und ihre Inhalte vor uns auszuschütten?“ (95) Da in dem Buch keine sicheren Ansichten vorgetragen werden können, weil das Gedächtnis dafür kein festes Fundament abgeben kann, sind die Sprachzweifel für diesen Text strukturbestimmend geworden.

Wenn das Lexikon mit definitorischer Sicherheit feststellt, das Gedächtnis gewährleiste das aufnehmende Einprägen, verarbeitende Behalten und sinngemäße Reproduzieren früherer Eindrücke und Erfahrungen, kann Christa Wolf sich auf die knappe Charakterisierung solcher Sprech- und Denkweise beschränken: „Gewährleistet. Starke Worte. Das Pathos der Gewißheit." (50) (Scheppernde Beispielsätze wie „Das Kind gehorcht den Eltern" oder „Die Gesetze dienen den Menschen" und starre Definitionen, die verschiedenen Paragraphen des Hauptkapitels „Der Satz" einer „Kleinen Grammatik der Deutschen Sprache" entnommen wurden, werden das Gerüst ihrer Dankrede zum Bremer Literaturpreis 1977 bilden.) Dagegen setzt sie eine Liste von Wörtern, die in ihrer schmucklosen Aufreihung jene wissenschaftliche Bestimmtheit, die das Wort Vergeßlichkeit nur mit dem Wort Nervenschwäche zusammendenken kann, einfach beiseite schiebt: „Überhören, übersehen, vernachlässigen, verleugnen, verlernen, verschwitzen, vergessen." (197) Der Wunsch, alles möge einfacher sein und sich auch einfacher, eindeutiger darstellen lassen, schwingt dabei noch immer mit. Gelegentlich, erschöpft von der Suche nach dem stimmigen Wort und geplagt von der übernommenen Mitverantwortung für Ungeheuerliches, erfährt die Autorin eine Art (ihr unangenehmer) Erleichterung darüber, daß die Sprache Benennungen erzwingt, daß sie filtert „im Sinne des Erwünschten. Im Sinne des Sagbaren. Im Sinne des Verfestigten." (303) Dabei geht Christa Wolf so weit, einer Beschreibung der militärischen Lage die (ironische) Beobachtung in Klammern hinzuzufügen: „Der Genuß, den es macht, endlich einmal die Sprache so einzusetzen wie ein Marschall seine Truppenverbände: logisch, zwingend, Schlag auf Schlag." (368)

Diese Schreibweise ist jedoch nicht verfügbar, wenn das Desiderat „Moskauer Prozesse – Stalin und die Folgen" auch in diesen Text drängt, weil die notwendigen Bücher darüber dortzulande noch immer keine Chance haben. Der alten Frage „Wann, wenn nicht jetzt?" wird wieder keine Antwort zuteil, sie bleibt rhetorischer Aufruf. Die Erzählerin füllt die Leerstelle mit der intensiven Schilderung einiger Träume aus. Das Schweigegebot wird zur psychischen Belastung: „Wann [...] werden wir auch darüber zu reden beginnen? Das Gefühl loswerden, bis dahin sei alles, was wir sagen, vorläufig und dann erst werde wirklich gesprochen werden." (322)

Christa Wolf hat sich immer geweigert, die Zensur, den äußeren Druck, die Entstehungsbedingungen von Literatur als die alleinige oder wichtigste Ursache aller Verklemmungen und Verkrampftheiten, aller Lücken und Verharmlosungen hinzustellen. Sie hat sich und andere davor gewarnt, die Wächter nicht wahrhaben zu wollen, die man sich vor das eigene Bewußtsein gestellt hat. Selbstbewachung und Selbstbespitzelung erscheinen ihr als allgemeinste Erfahrung der Zeitgenossen, nicht nur der Schriftsteller (298). Sie hielte es für unredlich und leichtfertig, die Schuld für alle Schwierigkeiten während des Schaffensprozesses den kulturpolitischen Instanzen aufzubürden.

Durchgängig versucht Christa Wolf ihre Äußerungen zu ästhetischen und literarischen Fragen durch Ergebnisse ihrer Selbstbeobachtung zu beglaubigen. Durch solche Psychologisierung wird die Sprachproblematik entobjektiviert, zum Spezialfall einer individuellen Befindlichkeit, die freilich viele einzelne betreffen mag. Für die Autorin gilt dabei, daß sie ganz bestimmte Erzählbedingungen braucht, die es ihr ermöglichen, sich selbst die Zunge zu lösen. In „Kindheitsmuster" bedeutet dies, die erlebte Vergangenheit von sich abzutrennen und so beobachtbar zu machen, also eine Entscheidung zu treffen zwischen „sprachlos bleiben oder in der dritten Person leben" (9).

Häufiger wird die Sprachkraft des Schreibers, seltener die Kraft des Wortes der kritischen Analyse überantwortet. Damit hängt zusammen, daß die Grenzen der Sprache an solchen Beispielen wie den vom Faschismus begangenen Verbrechen (Völkermord, Massenvernichtung) verdeutlicht werden sollen. Von den Ungeheuerlichkeiten, die gleichwohl „menschenmöglich" genannt werden müssen, ist aber das Vorstellungsvermögen überhaupt herausgefordert. Wenn die Sprachkritik (als eine an den zu geringen Möglichkeiten der Sprache) erst in diesem Grenzbereich fundamental wird, besteht die Gefahr, die Darstellung des Unscheinbaren, des Alltäglichen, des Durchschnittlichen für eine Leistung zu halten, die man der Sprache selbstverständlich abverlangen könne.

In dem zentralen achten Kapitel von „Kindheitsmuster"

wird von der „Wortunmächtigkeit“ (247) gehandelt, zum Beispiel wie einer namens Leo Siegmann (Namensymbolik als Hilfsmittel!) von der Ermordung polnischer Geiseln berichtet und dabei seinem Telefonpartner Bruno Jordan, Kriegskamerad auf Urlaub, den Satz sagt: „Schade, daß du nicht hier warst.“ Weitere Einzelheiten fehlen, insbesondere wird die Weitergabe dieser Gesprächseindrücke am häuslichen Familientisch nur angedeutet, nicht dargestellt, denn: „Von hier ab verschlägt es die Sprache.“ (236) Diesem achten Kapitel ist ein Motto von Ingeborg Bachmann vorangestellt, von der Christa Wolf 1966 ein einfühlsames literarisches Porträt (mit verdeckt autobiographischen Zügen) gezeichnet hat. In diesem Essay „Die zumutbare Wahrheit“ heißt es über die wahlverwandte Autorin: „Eine Stimme, wahrheitsgemäß, das heißt: nach eigener Erfahrung sich äußernd, über Gewisses und Ungewisses. Und wahrheitsgemäß schweigend, wenn die Stimme versagt.“[14]

Das heißt: Erst in bestimmten Situationen, wenn das Entsetzen die Worte gleichsam in den Hals zurückstößt, verschlägt es einem die Sprache, versagt die Stimme. Der Gedanke an die emotionale Überforderung des Sprechenden überlagert oder verdrängt den Gedanken an die prinzipielle Unzulänglichkeit der Sprache, wie sie ihn einer Christa T. in den Mund legt. (199) In dem Bachmann-Essay gibt es eine Stelle, die nahelegt, die Perspektive einer „bevorstehenden Sprachlosigkeit“ gelte nur dem „ehrlichen Schriftsteller in einer bürgerlichen Umwelt“, nicht für den Autor in einer sozialistischen Gesellschaft.[15] Von den Gründen, die Christa Wolf oft davor zurückschrecken ließen, ihren eigenen mühsamen Kampf gegen die Sprachlosigkeit bis zu allen bitteren Konsequenzen zu durchdenken, war schon die Rede, vor allem von der sprachlichen Intensität, die einem zuwächst, wenn, offen oder verklausuliert, die Aufforderung zum Verschweigen ergeht.

Auch wenn ihre Erfahrungen und Argumentationen sie dahin zu drängen scheinen, meint die Autorin wohl, kein Recht auf Sprachverzweiflung zu haben. Sie leistet gelegentlich heroischen Widerstand gegen unabwendbare Einsichten. Das Lob der Torheit am Ende ihres Aufsatzes über Naivität war ein solcher Sprung, der die Richtung des vorangehenden kritischen Gedankengangs bewußt mißachtete. Da „Frivolität, Zynismus, Resignation" nicht sein dürften, „Kapitulation vor den [...] Techniken der Destruktion" nicht erlaubt sei, kommt es zu Zurücknahmen aus Gründen der praktischen Moralität.[16] Günter Kunert sah in dieser „Abschwächung der vorhergehenden konkreten und präzisen Überlegungen" eine romantische Geste. Er entdeckte in diesem „Trotz alledem!" die „resignative Weisheit", der die Autorin eigentlich entgehen wollte.[17]

Es scheint, als könnte Christa Wolf sich mit vielem identifizieren, was in einem klassischen modernen Text der Sprachlosigkeit, in dem Brief des fiktiven Lord Chandos an Francis Bacon steht, wie ihn Hofmannsthal 1901 entwarf. Aber zugleich meint sie wohl, aus Verantwortungsgefühl könne man sich solche Ansichten eigentlich nicht leisten. Die abstrakten Worte, deren sich die Zunge naturgemäß bedienen müsse, um irgendwelches Urteil an den Tag zu geben, so heißt es bei Hofmannsthal, zerfielen im Munde wie modrige Pilze. Es gelang nicht mehr, die Menschen und ihre Handlungen mit dem vereinfachten Blick der Gewohnheit zu erfassen. Hofmannsthal schrieb in Worten der gehobenen literarisierenden kommunikativen Sprache seine Absage an die vertraute Ausdrucksart auf; auch er konnte dem Paradox nicht entgehen, seine Sehnsucht nach einer Sprache, von deren Worten ihm auch nicht eines bekannt war und in welcher die stummen Dinge sprechen, in den geläufigen Ausdrücken seiner Zeit zu formulieren. Christa Wolf ist in ihrer Danksagung nach dem Empfang des Bremer Literaturpreises 1977 weit in diese Richtung gegangen. Daß die (vorhandene) Sprache „nicht gefaßt" ist auf das, was man sagen will, ist wohl der Kern ihrer sperrigen Analyse: „Das greift um sich: Sprünge in den Wörtern, Risse durch die Sätze, Brüche über die Seiten [...] Eine Sprache, die anfängt, die üblichen Dienstleistungen zu verweigern. Worauf das hinweist, woher es kommt und wozu es führen mag – dies zu erörtern bin ich nicht hier; es ist schwierig und langwierig, entzieht sich auch bis auf weiteres der wörtlichen Rede."[18]

Bis auf weiteres. In ihrem großen Essay „Lesen und Schreiben" aus dem Jahre 1968 steht der Satz: „Zu schreiben kann erst beginnen, wem die Realität nicht mehr selbstverständlich ist."[19] Dieser Sentenz, die Möglichkeiten des Schreibens eröffnen sollte, hat die Autorin seither immer wieder die Überlegung beigesellt, wie das Schreiben fortgeführt werden könne, wenn die Realität der gegebenen Sprache so wenig selbstverständlich wird, daß sie auch in Annäherungen, Modifikationen und selbstkritischen Reflexionen nicht mehr „zur Verfügung" steht. Es scheint immer schwieriger zu werden, die gefährdete schriftstellerische Existenz auch vor den eigenen Einsichten zu behaupten. Ungeachtet ihrer neuerdings entmutigter und nüchterner wirkenden Erkenntnis- und Sprachzweifel hält Christa Wolf daran fest, daß vor allem moralische Gründe eine Aufkündigung des einmal gewählten Schriftstellerdaseins nicht zulassen.

2

In ihrer Rede vor der Deutschen Akademie für Sprache und Dichtung in Darmstadt bei der Entgegennahme des Georg-Büchner-Preises[20] ist Christa Wolf nicht nur noch einmal auf ihren „Selbstzweifel an der gewählten Existenzform" zurückgekommen, sie hat dabei zugleich den engen Zusammenhang zwischen diesem ihrem „Dauerthema" und der Sprachproblematik hervorgehoben. Die Formel kehrt wieder in der Bemerkung, Büchner treibe seine Figuren „bis an die Grenze des Sagbaren". Um den Preis übergroßer Anspannung habe er in seiner Person die Sprachen von Politik, Wissenschaft und Literatur noch zusammenzuhalten vermocht. Das relativiert die Parallelen zwischen dem Verfasser des „Danton", des „Lenz" und des „Woyzeck" und einem Autor/einer Autorin von heute.

Zwar sieht Christa Wolf, wie der Revolutionär des „Hessischen Landboten" ins Paradoxe flieht, als ihm die Gewißheiten schwinden. Aber ihm schien der emphatische Gebrauch politisch-moralischer Grundwörter noch möglich, die heute allesamt zur Propaganda heruntergekommen sind und Sprachekel hervorrufen. „Eine Menge von Wörtern, auf die wir angewiesen zu sein glaubten, aus der Klasse ‚Freiheit', ‚Gleichheit', ‚Brüderlichkeit', ‚Menschlichkeit', ‚Gerechtigkeit' sind uns entzogen und vom Zeitungswesen übernommen worden, da ihnen nichts, auch kein Glaube mehr, entspricht. Nach der Logik der Sprache entfällt auch deren Gegenteil, da mit Wörtern wie ‚schauerlich', ‚heillos', ‚grauenvoll', ‚bedrohlich', ‚barbarisch' die Verhältnisse nicht zu treffen sind. An ihre Stelle, an die Stelle all der bescheid- und besserwissenden, der urteilenden, auftrumpfenden oder aufgebenden Wörter tritt das schlichte stille Wort: verkehrt."[21]

Rührend und altmodisch darf man es wohl nennen, wie die Rednerin sich hier gegen eine Negativliste von Vokabeln, die sich ins Unendliche verlängern ließe, mit einem Zauberwörtchen wehren will. Sie setzt es probeweise in einen Satz hinein und findet, „der Zustand der Welt ist verkehrt" klinge nicht schön, aber richtig. Vielleicht, so fragt die Autorin, könne dieses *verkehrt* „ein erstes Wort einer anderen, zutreffenden Sprache sein, die wir im Ohr, noch nicht auf der Zunge haben"[22].

Im Verlauf der Rede schlägt sie noch andere Wörter für den literarischen Gebrauch vor, nämlich „Gesittung", wobei das Befremden vor einem so überholten Wort als positives Signal gewertet wird. Wer bedrohte Grundwerte bewahren will, sollte nach Meinung Christa Wolfs auch an alten Grundworten festhalten wollen wie „Frieden", „Mond", „Stadt", „Wiese", „Leben", „Tod". Anders lassen sich ihre rhetorischen Fragen kaum verstehen: „Wollen wir sie wirklich fallenlassen? An ihre Stelle die Begriffe ‚nukleares Patt', ‚Erdsatellit', ‚Siedlungsgroßraum', ‚Grünland', ‚Bewegungsform der Materie' und ‚Exitus' setzen?"[23]

Solche kulturkritische Polemik ist unscharf, nicht etwa, weil die Begriffe in den verschiedenen Fachsprachen ihren guten, jedenfalls definierbaren Sinn haben können. (Angesichts der bürokratisch-denkfaulen Verwendungsweisen und des immer mehr verfallenden „Sprachgefühls" ist solche Attacke vielmehr immer wieder dringend nötig.) Halbherzig bleibt die Argumentation vielmehr deshalb, weil sie die Wörter „Frieden", „Mond" usw. ohne überzeugenden Grund von dem zerstörerischen Verschleißprozeß ausnimmt. Auf die Frage, ob Literatur nicht Komplize des Entfremdungs- und Entwirklichungsprozesses sei, vermeidet Christa Wolf eine radikale Antwort und schafft sich statt dessen mit der Formel vom „Mißbrauch der Literatur" einen Ausweg.

Ein Vergleich der voneinander abgesonderten Sprachen

führt die Autorin zu diesem Resultat: „Die Naturwissenschaftler haben ihre Erfindungen mit Hilfe einer Spezialsprache vor ihren eignen Gefühlen in Sicherheit gebracht; scheinlogische Sprachkonstruktionen stützen die fixe Idee von Politikern, die Rettung der Menschheit liege in der Möglichkeit, sie mehrfach zu vernichten."[24] Dieses Resümee ist unvollständig, weil es nicht nach den Naturwissenschaftlern und Politikern die eingeschränkte Rolle der Literaten benennt, die abgegriffenen Redensarten sowenig entgehen können wie verschiedenartigen kulturpolitischen Verwertungen. Christa Wolf schont gleichsam die Scheiben des eigenen Glashauses. Ihre Sprachkritik bleibt konservativ, hält sich ans Bewahren, zum Beispiel von Wörtern, die entweder als schlicht und still vom Geschrei abgehoben oder als altertümlich und halbvergessen wiederentdeckt werden können oder die eine unbeschädigte Aura verheißen. Die sprachschöpferische Innovationskraft, die letztlich das Weiterwirken von Literatur als Dichtung verbürgen könnte, gerät nicht in die Mitte des Blickfelds.

Solche Zurückhaltung ließe sich daraus erklären, daß die Autorin das Stückchen Boden, den schmalen Streifen, der ihre Welt- und Menschendeutung tragen soll, unentwegt befestigen muß, damit ihr Vorhaben gelingen kann, auf keinen Fall aufzugeben. Denn übermächtige Bedrohungen kommen von allen Seiten. Dem Druck nicht mehr widerstehen zu müssen kann auch eine Verführung sein. Die Autorin drückt das auf bewegende Weise in einer Kette von andeutenden Halbsätzen aus: „[...] Zum Schweigen gebracht werden. Schweigen wollen. Schweigen müssen. Endlich schweigen dürfen."[25] (Auf der ersten Seite der Erzählung „Kein Ort. Nirgends" wird diese Spannung in zwei kurze Sätze gefaßt: „Und wir, immer noch gierig auf den Aschegeschmack der Worte. Immer noch nicht, was uns anstünde, stumm.")

Mühsam genug, die subjektiven Voraussetzungen, die psychische Stärke zu behaupten, in Zeiten, in denen vieles, „was zum Sprechenkönnen nötig ist", gebrochen wird, nämlich Mut, Rückgrat, Hoffnung, Unmittelbarkeit. Da ist die starke Überzeugung von der Literatur als einem notwendigen und wirksamen Kontrastprogramm – sehr altmodisch gesagt – eine Quelle der Kraft. Die Sprache der Literatur komme der Wirklichkeit des Menschen heute am nächsten, kann man in der Büchner-Rede lesen, als sei bekannt, was das ist, die Wirklichkeit des Menschen. Literatur verläßt sich in solcher Beschreibung auf ihre Menschenkenntnis. Sie wird definiert in entschiedener Abgrenzung zu den Statistiken, Zahlenspiegeln, Normierungs- und Leistungstabellen. Sie sind nur in einer Vorstufe papieren, denn, so fragt die Autorin, äußere sich die Zeit nicht monströs, düster, selbstverräterisch und mit einer Wucht, die Sprache nicht erreichen könne, in Plaste, Beton und Stahl?[26]

Im Vergleich mit dem Gewäsch und Geschwätz andernorts bekommt Literatur eine Funktion zugewiesen, die sie zu dem ganz Anderen werden läßt. In den Frankfurter Poetik-Vorlesungen hat Christa Wolf eine Eintragung aus ihrem Arbeitstagebuch vom 1. Mai 1981 zitiert, in der sie diese Realitätsbrüche beschreibt, aber zugleich das Wort „realistisch" naiv, vielleicht sogar in umgangssprachlicher Bedeutung verwendet: „Die irrsinnige Tatsache, daß die Literatur in allen ‚zivilisierten' industrialisierten Ländern, wenn sie realistisch ist, eine vollkommen andre Sprache spricht als eine jede öffentliche Verlautbarung. So, als gebe es jedes Land zweimal. Als gebe es jeden Bewohner zweimal: einmal als ihn selbst und als mögliches Subjekt einer künstlerischen Darstellung; zweitens als Objekt der Statistik, der Publizistik, der Agitation, der Werbung, der politischen Propaganda."[27] Die andere Sprache, jenseits des Kommuniquéjargons, hat nach Auffassung der Autorin im „weiblichen Schreiben" einen festen Ort, weil Frauen durch die Zeiten Objekte der Objekte, Beherrschte waren, die insofern eine andere Wirklichkeit erfahren als Männer. Sie sind, wie Christa Wolf es schon in ihrem Geleitwort für Maxie Wander 1978 zeigte, ein Sonderfall der Unterprivilegierten, bei denen sich das dem herrschenden Selbstverständnis Unbewußte, Unaussprechliche und Unausgesprochene finde.[28]

Dabei wird freilich die Macht der Wörter, auf die aus Verantwortungsgefühl nicht verzichtet werden darf, auch nicht überschätzt. Insbesondere scheint die Sprachbrücke zu denen nicht tragfähig, die das „Unsägliche" verbreiten: „Was die anonymen nuklearen Planungsstäbe mit uns vorhaben, ist unsäglich; die Sprache, die sie erreichen würde, scheint es nicht zu geben. Doch schreiben wir weiter in den Formen, an die wir gewöhnt sind. Das heißt: wir können, was wir sehen, noch nicht glauben. Was wir schon glauben, nicht aussprechen."[29]

Die Kassandra-Figur ist ebenfalls hin- und hergerissen zwischen der Überzeugung, mit einer geglückten Wendung, mit Worten also, ließen sich die Erscheinungen festhalten, vielleicht sogar hervorrufen, und dem Schock einer Sprachlosigkeit, der am (tödlichen) Ende nur der Schrei bleibt. („Wer wird, und wann, die Sprache wiederfinden. Einer, dem ein Schmerz den Schädel spaltet, wird es sein." (10) Die Zeitebenen der Sprache werden von der zum Tode Verurteilten existentiell definiert: „Für alles auf der Welt nur noch die Vergangenheitssprache. Die Gegenwartssprache ist auf Wörter für diese düstre Festung eingeschrumpft. Die Zukunftssprache hat für mich nur diesen einen Satz: Ich werde heute noch erschlagen werden." (17)

In tödlicher Bedrohung läßt sich nicht mehr auf die Welt der festen Körper bauen, von der beruhigend am Ende von „Kindheitsmuster" die Rede gewesen war. Kassandra läßt es ohne solche Vorbehalte geschehen, daß „andere Wirklichkeiten in unsre Welt der festen Körper einsickerten. Die die fünf Sinne, auf die wir uns verständigt haben, nicht erfassen, weshalb wir sie verleugnen müssen. Worte. Alles, was ich von jener Erfahrung mitzuteilen suchte, war und ist Umschreibung." (121) Die Kraft der Sprache wird so abgeschwächt, freilich in der situationsabhängigen Rollenprosa einer Figur, nicht in den eigenen Reflexionen der Autorin: „Das Letzte wird ein Bild sein, kein Wort. Vor den Bildern sterben die Wörter." (26)

Die Sprachzweifel sind auch nach 1978 ein Dauerthema bei Christa Wolf geblieben, das sie in unsystematischen Annäherungen und Distanzierungen umkreist und manchmal als Störung abweist, ohne dabei eine „widerspruchsfreie Abklärung" zu suchen. Die trotzige Bereitschaft, nicht aufzugeben, ist in den jüngsten Werken eher noch gewachsen.

Auf eine in ihrer Stockholmer PEN-Rede 1977 (Beispiele ohne Nutzanwendung) offengebliebene Frage hat es aber inzwischen eine eindeutige Antwort gegeben. Damals hatte sie darüber nachgedacht, ob es nütze, wenn Literatur mit Gleichnissen und Mythen arbeite und sich in Verkleidung einschleiche hinter die Abwehrpanzerung ihrer Leser. „Oder sollte sie, im Gegenteil, der Codifizierung der Welt unverstellt entgegentreten, nackt und bloß, auf die Strukturen weisen und in dürren Worten sagen, was ist?"[30] Derlei zu fragen heiße, so hatte sie damals sinngemäß hinzugefügt, die Antwort nicht zu wissen. „Kein Ort. Nirgends" und „Kassandra" sind literarische Entscheidungen zugunsten der Gleichnisse und Mythen, die einen Weg eröffnen, Gegenwartsmaterial so zu verkleiden, daß die befürchtete naturalistische Plattheit vermieden wird.[31] Die Sehnsucht, der heutigen Realitäten unverstellt und unmittelbar habhaft zu werden, bleibt damit freilich auch unerfüllt.

1979/1983

Die Hauptwerke von Christa Wolf werden nach folgenden Ausgaben zitiert:
Der geteilte Himmel. 3. Aufl., Leipzig 1966.
Nachdenken über Christa T. Halle 1968.
Kindheitsmuster. Berlin und Weimar 1976.
Kein Ort. Nirgends. Darmstadt u. Neuwied 1979.
Kassandra. Darmstadt u. Neuwied 1983.

1 Joachim Walther, Meinetwegen Schmetterlinge. Gespräche mit Schriftstellern. Berlin 1973, S. 134.
2 Ebenda, S. 124.
3 Christa Wolf, Max Frisch, beim Wiederlesen oder: Vom Schreiben in Ich-Form. In: Christa Wolf, Lesen und Schreiben – Neue Sammlung. Darmstadt und Neuwied 1982, S. 200–208.
4 Max Frisch, Tagebuch 1946–1949. Frankfurt/M., S. 42.
5 Ebenda.
6 Christa Wolf, Max Frisch, beim Wiederlesen ... In: Wolf, Lesen und Schreiben – Neue Sammlung, S. 203.
7 Christa Wolf, Lesen und Schreiben. Darmstadt und Neuwied 1972, S. 61.
8 Christa Wolf, Über Sinn und Unsinn von Naivität. In: Eröffnungen. Schriftsteller über ihr Erstlingswerk. Hrsg. von Gerhard Schneider. Berlin und Weimar 1974, S. 169.
9 Wolf, Lesen und Schreiben, S. 74.
10 Vgl. S. 41 ff. in diesem Buch; vgl. Christa Wolf, Die Dimension des Autors. Essays und Aufsätze, Reden und Gespräche 1959–1985. Band 1 und 2, Berlin und Weimar 1986, Band 1, S. 111–118.
11 Auskünfte. Werkstattgespräche mit DDR-Autoren. Hrsg. von Anneliese Löffler. Berlin und Weimar 1974, S. 513.
12 Wolf, Über Sinn und Unsinn von Naivität. In: Eröffnungen, S. 172.
13 Ebenda, S. 173.
14 Wolf, Lesen und Schreiben, S. 121.
15 Ebenda, S. 122.
16 Wolf, Über Sinn und Unsinn von Naivität. In: Eröffnungen, S. 174.

17 Günter Kunert, Von der Schwierigkeit des Schreibens. In: Text + Kritik. Zeitschrift für Literatur. Hrsg. von Heinz Ludwig Arnold. Heft 46: Christa Wolf. München 1975, S. 11.

18 Christa Wolf, Ein Satz. Danksagung nach Empfang des Bremer Literaturpreises 1977, S. 56f. in diesem Buch; vgl. Wolf, Die Dimension des Autors, Band 1, S. 54.

19 Wolf, Lesen und Schreiben, S. 209.

20 Christa Wolf, Büchner-Preis-Rede. In: Wolf, Lesen und Schreiben – Neue Sammlung, S. 319–332.

21 Ebenda, S. 322.

22 Ebenda.

23 Ebenda, S. 330.

24 Ebenda, S. 331.

25 Ebenda, S. 330.

26 Ebenda.

27 Christa Wolf, Voraussetzungen einer Erzählung: Kassandra. Darmstadt und Neuwied 1983, S. 114.

28 Vgl. Christa Wolf, Lesen und Schreiben – Neue Sammlung. Darmstadt und Neuwied 1982, S. 214f.

29 Christa Wolf, Voraussetzungen ..., S. 85.

30 Wolf, Lesen und Schreiben – Neue Sammlung, S. 111f.

31 Vgl. Christa Wolf, Kultur ist, was gelebt wird, S. 67ff. in diesem Buch; vgl. Wolf, Die Dimension des Autors, Band 2, S. 422–439.

Bernhard Greiner

„Mit der Erzählung geh ich in den Tod": Kontinuität und Wandel des Erzählens im Schaffen von Christa Wolf

> Der furchtbare Irrtum liegt im Ausdruck „der Mensch"; er ist keine Einheit; was er vergewaltigt hat, enthält er alles in sich.
> *Elias Canetti*[1]

Kontinuität: Erschütterung der Instanz ‚Ich'

Nachdem der Erzähler in „Kein Ort. Nirgends" das Thema intoniert und die Hauptfiguren – Kleist und Günderrode – benannt hat, fährt er fort: „Daß sie sich getroffen hätten: erwünschte Legende. Winkel am Rhein, wir sahn es. Ein passender Ort. Juni 1804. Wer spricht?" (KON 6) An der Nahtstelle zwischen den einführenden Reflexionen des Erzählers und der Welt des Erzählten steht die Frage „Wer spricht?". Sie kann *noch* Frage des Erzählers sein, aber auch *schon* Frage einer der Figuren. So gehört sie beiden Ebenen an, der des Erzählers (erzähltheoretisch: discours) wie der Figurenebene als Gegenstandsbereich des Erzählerberichts (erzähltheoretisch: récit bzw. histoire).[2] Für Christa Wolf ist die Frage „Wer spricht?" aber mehr als eine erzähltheoretische. Es ist *die* aufwühlende Frage ihres Schaffens, entsprechend Leitfaden der Geschichte seiner Bildung und Umbildung. Denn mögliche Antworten auf die zitierte Frage, das Erzählsubjekt spreche oder die Figur Kleist, wären ungenügend. Wer spricht, wenn Kleist spricht? Ist das Selbst, das den Namen Kleist trägt, nicht eine Vielfalt sich kreuzender Stimmen? Ist, was sich als Ich artikuliert, vielleicht eine Illusion, ist das Ich ein Anderer?[3] „Was mich tötet, zu gebären": Christa Wolf liest diesen Satz bei Günderrode, insistiert auf ihm in der Günderrode-Erzählung wie dem Günderrode-Essay (KON 97; LSN 260, 267). Er gewinnt bei ihr Aussagekraft über die Selbsterfahrung der zerbrechenden Günderrode hinaus: als der grundlegende Widerspruch in der Geschichte der Ich-Bildung selbst (LSN 262; KV 89) im Sinne der „Dialektik der Aufklärung", in deren Horizont Christa Wolf seit den späten siebziger Jahren schreibt: „Furchtbares hat die Menschheit sich antun müssen, bis das Selbst, der identische, zweckgerichtete, männliche Charakter des Menschen geschaffen war, und etwas davon wird noch in jeder Kindheit wiederholt."[4] Im gleichen Sinn beruft Christa Wolf den Satz Büchners: „Es wurde ein Fehler gemacht, wie wir geschaffen wurden." (LSN 321)

Wie das Ich der Figuren verschwimmt oder der Prozeß, dem es aufruht, sich als heilloser erweist, so auch das Ich des Erzählers. Ist es sich denn gewiß? Und ist Selbst-Gewißheit, also Bewußtsein, überhaupt der „Schauplatz"[5], auf dem erzählt und geschrieben wird? Wer spricht, wenn die Rede des Erzählers nicht mehr ein Akt der Bemächtigung sein will, mit dem traditionell das Erzähl-Subjekt sich über der Welt des Erzählten als seinem Objekt erhebt? „Ich bin nicht ich. Du bist nicht du. Wer ist wir?" (KON 109) wird später in „Kein Ort. Nirgends" gesagt, als innerer Monolog der Figuren; ebenso liest aber auch Christa Wolf aus einem Bachmann-Gedicht die Erfahrung: „Du bist ich, ich bin er[...] Grammatik der vielfachen gleichzeitigen Bezüge" (KV 129), und auch das Erzähler-Ich kennt bei Christa Wolf diese Erfahrung, wenn es zum Beispiel in „Kindheitsmuster" festhält: „Zwischen dem Selbstgespräch und der Anrede findet eine bestürzende Lautverschiebung statt, eine fatale Veränderung der grammatischen Bezüge. Ich, du, sie, in Gedanken ineinanderschwimmend, sollen im ausgesprochenen Satz einander entfremdet werden." (KM 9) Wer spricht? Das Erzählmedium in „Kindheitsmuster" läßt dies offen: eine „Stimme, die es unternimmt [...], zu sprechen" (KM 9). Die erste Person spaltet sich in eine zweite und dritte, ein Spiel wird das genannt: „Schließlich kann man ein Spiel mit sich um sich beginnen. Ein Spiel in und mit der zweiten und dritten Person, zum Zwecke ihrer Vereinigung." (KM 149) Das Spiel ist aber auch angstbesetzt und sein vorgestelltes Ende nicht nur beglückend, sondern ein Muß: „Der Endpunkt wäre erreicht, wenn zweite und dritte Person wieder in der ersten zusammenträfen, mehr noch: zusammenfielen. Wo nicht mehr ‚du' und ‚sie' – wo unverhohlen ‚ich' gesagt werden müßte." (KM 322)

Das Ich, das sich am Ende von „Kindheitsmuster" als Wunschbild entwirft, ist nicht der gegen andere Personen, die

Außenwelt, das eigene Unbewußte abgegrenzte Charakterpanzer,[6] es ist vielmehr in einem paradoxen Sinn „Grenzüberschreitung“[7]. Grenzüberschreitung horizontal, Bejahen der Erfahrung „Ich ist ein Anderer“, Durchgehen durch andere Personen, selbst Dinge; ebenso Grenzüberschreitung vertikal, Bejahen der Erfahrung „Das Ich ist nicht mehr Herr im eigenen Haus“[8], Durchgehen durch den *ganzen* Raum von Bewußtsein und Unbewußtem: „Nachts werde ich – ob im Wachen, ob im Traum – den Umriß eines Menschen sehen, der sich in fließenden Übergängen unaufhörlich verwandelt, durch den andere Menschen, Erwachsene, Kinder, ungezwungen hindurchgehen. Ich werde mich kaum verwundern, daß dieser Umriß auch ein Tier sein mag, ein Baum, ein Haus sogar, in dem jeder, der will, ungehindert ein- und ausgeht. Halbbewußt werde ich erleben, wie das schöne Wachgebilde immer tiefer in den Traum abtreibt in immer neuen, nicht mehr in Worte faßbaren Gestalten, die ich zu erkennen glaube.“ (KM 378f.)

Solcher Ich-Entwurf löst den Satz aus „Nachdenken über Christa T.“ ein, von dem bezeichnenderweise ungewiß bleibt, ob ihn die erzählte Figur Christa T. schreibt oder das Erzähler-Ich erfindet: „Die große Hoffnung oder über die Schwierigkeit, ‚ich‘ zu sagen“(N 167, auch 168, 173).

Die Erschütterung der Instanz „Ich“, die auf dem Feld der Theorie vor allem Psychoanalyse und eine Philosophie am Leitfaden der „Dialektik der Aufklärung“ vollzogen haben, bestimmt bei Christa Wolf das Ich der erzählten Figuren wie das des Erzählers. „Seine Majestät das Ich“ – „Kindheitsmuster“ zitiert dies Erkennungswort Freuds[9] – wird entthront. Christa Wolf leistet dies nicht als erste Autorin überhaupt, aber bahnbrechend für die DDR und inzwischen, vermöge dessen, dem sie auf diesem Wege Stimme zu geben vermag, mit wachsender Bedeutung auch für das Erzählen im Westen. Sie setzt sich in ihrem Schreiben radikal der Erschütterung des Ich aus, aber sie läßt sich nicht zu einem strukturalistischen Denken „in der Leere des verschwundenen Menschen“[10] weitertreiben, das, erzähltheoretisch angewandt, bei Foucault in die Position mündet „Wen kümmert’s, wer spricht“[11]. Daß das Ich Illusion sei, gewalttätig gegen das Selbst errichtetes Phantasma,[12] ohne sichere Kontur, ein Anderer, eine Vielheit[13]: Solche Erfahrung erscheint bei Christa Wolf als Herausforderung des Schreibens, dem es sich zu öffnen wagt – auf Hoffnung hin.[14] Zur Position „Wen kümmert's, wer spricht" als Fluchtpunkt einer Weise des Schreibens in der Moderne, das die Erfahrung des Ich-Zerfalls hingenommen hat, ist Christa Wolfs Erzählen der Antipode, bohrend die Frage weitertreibend „Wer spricht?". Denn hier wird die Instanz „Ich" nicht aufgegeben, sondern zu bewahren gesucht, indem sie weiter, komplexer, als grenzüberschreitende erschrieben wird. Hierin ist – bei allem thematischen und formalen Wandel – eine in Christa Wolfs Schaffen durchgehaltene Struktur, auf der Ebene des Erzählten wie des Erzählens, zu erkennen.

1. Das Ich der erzählten Figuren

Christa Wolf erschreibt ein Ich, das, in andere Personen (ich vs. du, er/sie, wir) zu flektieren, zugleich die Festlegung auf Bewußtsein (ich vs. es) aufzuheben vermag. Auf der Ebene des Erzählten manifestiert sich dies in dem einen Thema all ihrer Texte, das mit einer Formulierung Freuds als „Erinnern, Wiederholen und Durcharbeiten"[15] gelebten Lebens umschrieben werden kann. Fiktive Biographie (Moskauer Novelle, Der geteilte Himmel, Kassandra), fiktive Autobiographie (Nachdenken über Christa T., Kindheitsmuster, Selbstversuch), Sprechformen der analytischen Praxis wie Trauerarbeit (Unter den Linden) und phantasierende Zitation von Vorgängern (Kein Ort. Nirgends, Neue Lebensansichten eines Katers) bilden entsprechend die literarischen Muster. Gemeinsam ist die Doppelung des Blicks auf ein Ich der Jetztzeit und ein Ich der früheren Zeit, damit die Frage nach der Identität des Ich in der Differenz. Sie wird bei Christa Wolf zunehmend komplizierter und immer skeptischer beantwortet. Das anfängliche Vertrauen in die Möglichkeit, das spätere Ich mit dem früheren zu vermitteln, schwindet; Abgründe, Leerstellen, blinde Flecken werden erspürt; die Vorstellung des Ich als zusammenhängender Reihe von Ich-Leistungen, die aufeinander aufbauen, erscheint als Fälschung, aufrechtzuerhalten nur, wenn Wesentliches unterdrückt wird. So hat das erzählende Ich in „Nachdenken über Christa T." Festigkeit um den Preis erworben, die Möglichkeit Christa T. in sich zu unterdrücken, so weiß das Erzähler-

Ich in „Kindheitsmuster" die Vorstellung, das Kind, das es war, hervorrufen zu können, als Fälschung: „Das Kind selbst aber, das nun zu erscheinen hätte? Kein Bild. Hier würde die Fälschung beginnen." (KM 11) „Weil es schwerfällt, zuzugeben, daß jenes Kind da – dreijährig, schutzlos, allein – dir unerreichbar ist. Nicht nur trennen dich von ihm die vierzig Jahre; nicht nur behindert dich die Unzuverlässigkeit deines Gedächtnisses, das nach dem Inselprinzip arbeitet und dessen Auftrag lautet: Vergessen! Verfälschen! Das Kind ist ja auch von dir verlassen worden. [...] von dem Erwachsenen, der aus ihm ausschlüpfte und es fertigbrachte, ihm nach und nach alles anzutun, was Erwachsene Kindern anzutun pflegen: Er hat es hinter sich gelassen, beiseite geschoben, hat es vergessen, verdrängt, verleugnet, umgemodelt, verfälscht, verzärtelt und vernachlässigt, hat sich seiner geschämt und hat sich seiner gerühmt, hat es falsch geliebt und hat es falsch gehaßt. Jetzt, obwohl es unmöglich ist, will er es kennenlernen." (KM 12f.)

Verleugnen, Verfälschen, Verdrängen schafft zwischen dem früheren und dem späteren Ich Brüche und Abgründe. Die Stimme, mit der „Kein Ort. Nirgends" einsetzt, beruft sie als „arge Spur": „Die arge Spur, in der die Zeit von uns wegläuft. Vorgänger ihr, Blut im Schuh." (KON 5) Die Vorgänger sind nicht Stufen der Pyramide, auf der wir die Spitze bilden, sondern „Blut im Schuh". Die Schuhe, die dem Nachfahren Identität vermitteln sollen – die gesuchte „rechte Braut", Erfüllung des Sehnsuchtsbildes zu sein –, diese Schuhe enthalten die Vorgänger als Blut, das anzeigt, daß da etwas weggeschnitten wurde, daß der Träger des Schuhs einen Gewaltakt gegen sich selbst verübt hat, um die erstrebte Identität zu erschleichen. Die Geschichte der Ich-Bildung als „arge Spur", als Blutspur des Abschneidens der Glieder, der Selbst-Zerstückelung um der Identität eines Selbst willen, die dann nur als Fälschung sich erweisen kann – in diesem Horizont steht Christa Wolfs bohrende Frage: „Wie sind wir so geworden, wie wir heute sind?" (KM 196) oder „[...] wo hat sie eigentlich angefangen, diese entsetzliche Gespaltenheit der Menschen[...]?"[16] Fragen, die zuerst individualpsychologisch zu stellen sind, ehe sie ins Politisch-Geschichtliche und Soziologische übertragen werden. Analog zu dieser Fragestellung Christa Wolfs erscheinen

Heiner Müllers Stücke seit „Philoktet“ und „Mauser“ gleichfalls auf diese „arge Spur“ fixiert.

Im Gang der „argen Spur“ wird Erinnerung, durch die das Ich seine Identität nach rückwärts befestigt, unglaubwürdig. Sie wird denunziert als „Betrugssystem“ (KM 144), entlarvt als Schleier des Vergessens (N 9). Jeder trage „kunstvoll zurechtgeschliffene Erinnerungsbilder“, „Medaillons“ mit sich herum, „denn man muß viel vergessen und viel umdenken und umdeuten, ehe man sich immer und überall ins rechte Licht gerückt hat“ (LSN 24). Das verfälschende Erinnern geschieht im Dienste des Ich, das sich durchgesetzt hat, so ist es Erinnern aus der Perspektive des Siegers. „Sieger“ der Lebensgeschichte ist das Bewußtsein des jetzt schreibenden Ich. Es herrscht und ist – mit einem Wort Benjamins – als Herrscher Erbe aller, die je gesiegt haben,[17] das heißt, es verknüpft die erbrachten Ich-Bildungen zu einer Lebensgeschichte, die dem gewordenen Ich Identität verbürgt. Christa Wolf windet sich aus dieser Perspektive des Siegers heraus. Grundgedanken Freuds wie Benjamins sich nähernd, schärft sie den Blick für die „arge Spur“, das ist für die Akte der Barbarei, der Selbstzerstörung, die die Kulturleistungen der Ich-Bildung mitenthalten. Entsprechend bedeutsam werden ihr die „Leerstellen“ in der scheinbar kohärenten Geschichte eines Ich, die „blinden Flekken“[18] der Erinnerung als Symptome von Entzug, Abkapselung, Verdrängung. Aus gleicher Wurzel speist sich ihre Abneigung gegen die geschlossenen, bruchlosen Geschichten, unter die sie auch ihre eigene erste (Moskauer Novelle) zählt,[19] während „Juninachmittag“ mit den abwehrenden Fragen des Erzähler-Ich einsetzt: „Eine Geschichte? Etwas Festes, Greifbares, wie ein Topf mit zwei Henkeln zum Anfassen und Daraus-Trinken?“ (GE 34)

Der Einfühlung in den Sieger hält Christa Wolf entgegen: „Ich kann Geschichte nicht anders sehen als aus der Perspektive derjenigen, die unterdrückt werden, und derjenigen, die jeweils Verlierer sind.“[20] In ihrem Werk sind das die Figuren, die zu Außenseitern gemacht oder für unmündig erklärt werden, wie Christa T., die stirbt, oder das Kind, dem das Erwachsenen-Ich in „Kindheitsmuster“ vielfältig Gewalt angetan hat, oder die Autoren Kleist, Günderrode, Bettina von Arnim, Büchner, denen Christa Wolf Dichtungen und Essays widmet, um zuletzt in „Kassandra" zu versuchen, die umfassend abgetötete autochthone weibliche Stimme in der Geschichte zum Reden zu bringen. Aus der Perspektive des Verlierers schreiben heißt nun aber nicht, den Sieger mit der nicht verwirklichten entgegengesetzten Geschichte der Unterdrückten zu konfrontieren, also etwa dem Erwachsenen-Ich die „andere" Geschichte des Kindes entgegenzustellen, dem kollektiven „Wir", das die Forderungen der sozialistischen Gesellschaft internalisiert hat, die „andere" Geschichte der gescheiterten Christa T. vorzuhalten, der vom Mann bestimmten Geschichte eine „andere" alternative weibliche Geschichte zu entwerfen. Häufig wird Christa Wolf auf den expliziten oder doch zumindest impliziten Entwurf solcher Gegenbilder festgelegt. So hat man zuletzt aus „Kassandra" einen weiblichen Gegenentwurf zur männlichen Geschichte der Krieger herausgelesen, dessen Keimzelle die in den Höhlen des Ida-Berges im Kybele-Kult versammelten Frauen seien.[21] Die Texte werden damit verfehlt. Der herausgelesene antithetische Gegenentwurf bliebe der gewohnten Geschichtsdialektik verhaftet, nach der der Knecht von heute der Herr von morgen sein, damit der Kette der Sieger sich einreihen wird. Dagegen betont das Erzähler-Ich in „Nachdenken über Christa T.", daß Christa T. „als Beispiel nicht beispielhaft" sei (N 49), also gerade nicht Kristallisationskern eines möglichen Gegenentwurfs;[22] in gleichem Sinn beharrt „Kindheitsmuster" auf dem Doppelsinn, daß sich das Kind, sollte es sich ohne vergewaltigenden Zugriff zeigen (demonstrieren), als ein „Monstrum" erweisen werde (KM 39), und ebenso werden auch die Frauen am Ida-Berg als möglicher geschichtlicher Gegenentwurf zurückgenommen. Sie können keine Tradition bilden, denn sie haben keine Schrift (K 150), ihr Ort, die Höhle unter einer Weide, „deren Wurzeln wie das Schamhaar einer Frau in die Höhlenöffnung hineinfielen" (K 24), weist zwar auf den weiblichen Schoß, damit auf Fortleben im Naturkreislauf, die Weide aber ist altes Symbol für Unfruchtbarkeit.[23] Christa Wolfs Schreiben zielt nicht auf Antithesen, womit sie der Herr-Knecht-Dialektik verhaftet bliebe; sie steht Positionen der Frühromantik nahe, etwa Friedrich Schlegel, der sich wehrt, Mann und Frau als Gegensätze zu erkennen, die sich im Fortzeugen der Geschlechter zum dialektischen Ganzen vereinigen, dessen „Lucinde“ vielmehr zum Skandal wurde, weil sie nach der „vollen ganzen Menschheit“ in *jedem* fragte,[24] nach dem *in* der Frau unterdrückten Mann, nach der *im* Mann unterdrückten Frau. Hierauf zu beharren macht gerade das Moment der Hoffnung in „Kein Ort. Nirgends“ aus, wenn etwa zu Heinrich und Ulrike von Kleist der Satz fällt „Er nicht ganz Mann, sie nicht ganz Frau“ (KON 95) oder Günderrode der Rede von der Spaltung des Menschen in Mann und Frau entgegenhält: „Das meinen Sie nicht, Kleist. Sie meinen, daß in Ihnen selbst Mann und Frau einander feindlich gegenüberstehen. Wie auch in mir.“ (KON 105)

Schreiben aus der Perspektive des Verlierers zielt nicht auf antithetische Entwürfe, die in der Geschichtsdialektik von Herr und Knecht doch wieder vereinnahmt werden als die „ewige Wiederholung“, die Aineias auf sich nimmt, der Kassandra aber den Tod vorzieht (K 132). In „Kindheitsmuster“ hat Christa Wolf ein Bild für das Schreiben aus der Perspektive des Verlierers angedeutet. Wie schon ihre Rede von der „Perspektive des Verlierers“ auf Walter Benjamins geschichtsphilosophische Thesen verweist, so zitiert sie hier das „bucklichte Männlein“ des Kinderliedes,[25] das Benjamin als Fluchtpunkt und Organisator seiner autobiographischen Schrift „Berliner Kindheit um Neunzehnhundert“ berufen hat.[26] Das bucklichte Männlein steht dort, wo das Kind „nicht acht gibt“, wo Forderungen der Außenwelt mit Triebwünschen zusammenstoßen und das Kind lernen muß, „Bewußtsein“ zu bilden; damit wird es zu einem Ich, was Festlegung auf das bedeutet, was das Bewußtsein zuläßt, Anerkennen der Außenwelt, Einschränken des Begehrens nach Lusterfüllung. Die Reihe solcher „Siege“, die einem Ich die Identität in seiner Lebensgeschichte suggerieren, durchschlägt das bucklichte Männlein, das darüber zum „grauen Vogt“ wird, als Hüter des Unterdrückten, Hüter dessen, was in der Geschichte des Ichs vergessen und verdrängt wird: „Doch sonst tat er mir nichts, der graue Vogt, als von jedwedem Ding, an das ich kam, den Halbpart des Vergessens einzutreiben.“[27]

Die Geschichte des Ich aus der Sicht des bucklichten Männleins schreiben zielt nicht auf Gegenentwürfe zum gelebten Leben, sondern auf Eingedenken, zielt darauf, Zugang zu finden und umgehen zu lernen mit dem Negierten, Vergessenen und Verdrängten, mit den durch Stilisierung „stillgelegten Lebensflecken" (LSN 24) der *einen* Geschichte des Ich, der nicht ein alternatives Muster entgegengehalten werden soll. Dies Eingedenken, das man mit dem „Durcharbeiten" und der „Trauerarbeit"[28] in psychoanalytischer Praxis vergleichen kann, ist geboten, weil das Unterdrückte und Verdrängte weiterwirken, dem manifesten Ich so viel Energie abziehen, daß dessen intellektuelle, sinnliche und soziale Fähigkeiten reduziert, wenn nicht zerstört werden.[29] Das stellen die Anfangssätze von „Kindheitsmuster" mit dem Gewicht des Beginns heraus: „Das Vergangene ist nicht tot; es ist nicht einmal vergangen. Wir trennen es von uns ab und stellen uns fremd." (KM 9) Darum betont das Erzähler-Ich in „Nachdenken über Christa T.", daß das Eingedenken nicht als Wiedergutmachung an Christa T., sondern „unseretwegen" geschehe (N 10). Das Ich soll nicht auf ein alternatives Muster „Christa T." gewiesen werden, das es dabei zu befestigen gälte, sondern Zugang finden zu der in ihm selbst verdrängten Möglichkeit Christa T. Dann wird in der Geschichte seiner Ich-Bildung die fatale Kette der Sieger aufgebrochen, kann ein lebendigeres Ich sich bilden.

2. Das Ich des Erzählens

Die Erschütterung der Instanz „Ich" bestimmt Christa Wolfs Schreiben auch auf der Ebene des Erzählens. Die erzählte Welt ist immer ausdrücklich zurückbezogen auf ein Subjekt des Erzählens, dieses aber erweist sich als bedürftig, es erscheint reduziert, von „blinden Flecken" durchzogen, in denen die Gewaltakte gegen sich selbst in der Geschichte seiner Ich-Bildung fortdauern. Das Erzählte wird nicht um seiner selbst willen entworfen, sondern um zu diesen „unberührbaren" Zonen des Erzählsubjekts doch Zugang zu finden, um von dem Aufwand zu entlasten, den das Ich treiben muß, um diese Zonen im dunkeln zu halten, weil er das Ich zu vernichten droht. Es geht dabei nicht um ein Mehr an Aufklärung des Ich über sich selbst, das mit gutem Willen zu leisten wäre, sondern um ein Berühren von Abgespaltenem und Verdrängtem, auf dem das Ich als gefestigte Struktur erst aufruht. Darum erscheint das Erzählen im Dienste des Erzähler-Ichs zugleich von tiefgreifenden Ängsten (der Ich-Auflösung) begleitet (Nachdenken über Christa T., Kindheitsmuster, Unter den Linden, Selbstversuch) oder in abgründige Melancholie getaucht. Die innegewordenen Gewaltakte, die das Ich gegen sich verübt, erscheinen unwiderrufbar, da mit der Ich-Konstitution selbst gesetzt (Kein Ort. Nirgends; Kassandra).

Seit dem „Geteilten Himmel" wählt Christa Wolf die Ich-Erzählform,[30] personalisiert sie mithin das Subjekt des Erzählens. Ihr Erzählen hat damit prinzipiell einen Doppelaspekt: erzählte Welt der Figuren und Subjekt des Erzählens. (In der Er-Erzählform verschwindet das Subjekt des Erzählens nicht, ist aber nur noch medial gefaßt, womit es nur noch einen die erzählte Welt betreffenden Aspekt haben kann.) Auch dort, wo bei Christa Wolf Er-Erzählform zu herrschen scheint (Geteilter Himmel, Kein Ort. Nirgends; auch „Kassandra", wo aus der Innensicht einer Figur gesprochen wird), ist der erzählten Welt ein personal gestaltetes Subjekt des Erzählens vorgelagert (das sich statt in der 1. Person Singular auch in der 1. Person Plural artikulieren kann). Stets gibt sich ein Erzähler-Ich kund, entweder den ganzen Text hindurch oder zumindest in Einleitungs- und Schlußpassagen. Seine Botschaft ist nicht, daß das Erzählte in ihm gründe, das wäre erzähltheoretisch eine Trivialität, sondern daß das Erzählte für das Erzähler-Ich wesentliche Bedeutung, umgestaltende Rückwirkung habe, weil es das Entzogene, die „blinden Flecken" in ihm selbst berühre. So kommt es der Forderung Christa Wolfs nach, es habe eine „andauernde, unerschrockene Arbeit gerade an jenen Vergangenheitskomplexen stattzufinden, deren Berührung schmerzt. Ein Vorgang, der, mit Konsequenz betrieben, zu literarischen Entdeckungen führen könnte, auf die wir nicht gefaßt sind." (LSN 66) Die Rückkoppelung der erzählten Welt an das Erzähler-Ich soll weder dieses bestätigen noch das Erzählen selbst zum Thema machen, sondern eine Art Selbst-Analyse des Erzähler-Ich in Gang setzen als Herantasten an das, was die „arge Spur" seiner Ich-Bildung unter sich begraben hat. Darum vermag die *schreibende* Christa T. zu vermerken: „Ich grab mich aus." (N 149) Erzählen bzw. Schreiben ist bei Christa Wolf nicht auf Bestätigen und Befestigen des Ichs aus, sondern darauf, das Ich als gefestigte Struktur gerade zu erschüttern, seine erworbenen Grenzen, die doch seine Identität ausmachen, aufzubrechen. Das könnten die „literarischen Entdeckungen“ sein, von denen Christa Wolf spricht; eine ungeheure Dynamisierung des Erzählvorgangs dadurch, daß das Subjekt des Erzählens durch den Erzählakt in seiner erworbenen Struktur erschüttert wird. So wird die Frage „Wer spricht?“ auf der Ebene des Erzählens brisant. Entsprechend führt Christa Wolf in ihrer Büchner-Preis-Rede aus, alle, die nach einer neuen, stimmigen Sprache fahnden, „müßten aber wohl ein beinah vollkommenes Schwinden ihres Selbst-Gefühls, ihres Selbst-Bewußtseins ertragen können“ (LSN 322), also Schwinden gerade dessen, was traditionell das Ich definiert.

In der DDR fehlen Kategorien, um diese Dynamisierung des Erzählvorgangs zu fassen,[31] weil hier, materialistisch gewendet, das Ich-Verständnis der idealistischen Philosophie fortbesteht, nach der das Ich Selbst-Bewußtsein ist, Re-Flexion: Bewußtsein, das sich aus der arbeitenden Entäußerung in die Welt auf sich zurückwendet. Christa Wolf umschrieb daher metaphorisch ihr ganz anders orientiertes Erzählen, was in Ost wie West mehr verwirrte als klärte. An Büchners „Lenz“ rühmt sie als „bleibende Entdeckung“, „daß der erzählerische Raum vier Dimensionen hat; die drei fiktiven Koordinaten der erfundenen Figuren und die vierte, ‚wirkliche‘ des Erzählers. Das ist die Koordinate der Tiefe“ (LSN 32). Büchner habe zum vorgestalteten Stoff „sich selbst dazugetan, seinen unlösbaren Lebenskonflikt, die eigene Gefährdung, die ihm wohl bewußt ist“. Diese vierte Dimension des Erzählens meint also nicht subjektive Perspektivierung der erzählten Welt, sondern daß die Wechselwirkung zwischen Erzähltem und Subjekt des Erzählens wesentlich wird als ein Prozeß, in dem Schichten des Erzähler-Ich berührt werden, die dieses Ich gefährden, weil sie die manifeste, erworbene Ich-Struktur in Frage stellen. „Komplizierte Erzählstrukturen“, die durch solch vierdimensionales Erzählen entstünden, vermerkt Christa Wolf, „haben nichts mit Willkür zu tun – so wie Georg Büchner nicht zufällig unvermittelt, von einem Satz zum anderen vom ‚Er‘ zum ‚Ich‘ übergehen kann: eine Methode, die heute noch Befremden erregt“ (LSN 32).

Auch Christa Wolfs vielzitierter Begriff „subjektive Authentizität“ (LSN 75) meint weder subjektive Weltsicht noch moralische Wahrhaftigkeit, sondern Bereitschaft des Erzähl-Subjekts, „sich seinem Stoff rückhaltlos [...] zu stellen, [...] auf die Verwandlungen neugierig zu sein, die Stoff und Autor dann erfahren" (LSN 75); wieder also zuzulassen, daß berührt wird, was das Ich ausgegrenzt hat. Entsprechend weiß Christa Wolf als Folge solcher „subjektiven Authentizität": „es wird viel schwerer, ‚ich' zu sagen, und doch zugleich oft unerläßlich" (LSN 75).[32]

Generell werden Christa Wolfs Schreiben und ihre theoretischen Äußerungen dazu mißverstanden, wo sie auf ein Spannungsverhältnis zwischen Sein und Bewußtsein und auf Theoreme der Vermittlung beider bezogen werden. Das läuft auf mehr oder weniger entwickelte Widerspiegelungstheorien hinaus, denen die „vierte Dimension" des Erzählens nur Erfassen der Wirklichkeit durch ein komplexeres Bewußtsein bedeuten kann. Die Grundspannung jedoch der Texte Christa Wolfs ist die zwischen Bewußtsein und Unbewußtem. Dann ist ein zureichendes Verständnis dieser Texte erst auf der Basis psychoanalytischer Theorien des Selbst möglich bzw. auf der Grundlage eines Denkens, das sich in die Dimension des Unbewußten stellt, um ein Wissen darüber zu gewinnen, was dem Bewußtsein des Menschen gegeben wird oder ihm entgeht.[33] Auf der Ebene des Erzählten führte diese Grundspannung zum Entwurf bisher verhüllter Seelenlandschaften. Das aber macht noch nicht die herausragende Leistung Christa Wolfs aus. Sie besteht auf der Ebene des Erzählens darin, daß Christa Wolf die Blockade, die Abschottung zwischen Bewußtsein und Unbewußtem zum ständigen Vorwurf und das Durchbrechen dieser Blockade zur Hoffnung des Erzählens macht, was die Instanz erschüttern muß, die auf dieser Blokkade aufruht: das Ich als Bewußtsein. Das Bewußtsein stellt Wächter und Zensoren auf, heißt es in „Kindheitsmuster" (203, 211), es ist der Urheber von Verdunkelungen, wehrt ab, was sich in seine Grenzen nicht integrieren läßt. Christa Wolfs Schreiben ist Schreiben gegen das Ich als Bewußtsein, um eines Ich willen, das seine Energie nicht in Abwehr von Verdrängtem verbraucht, sondern lebendig und lebensfähig wird, indem es lernt, sich auf das Unterdrückte und Verdrängte seiner Geschichte einzulassen. Stets enden Christa Wolfs Texte mit Bildern oder doch Erwartungen solch eines lebendiger gewordenen Ich, war dies mithin das Ziel des Schreibens. „Wer sich seiner Vergangenheit nicht erinnert, ist dazu verdammt, sie zu wiederholen“ (KM 251), schreibt Christa Wolf und: „Schreibend den Rückzug der Angst betreiben. Die noch unbefreiten, noch von Angst besetzten Gebiete: Vorgeschichte.“ (KM 329)

Diese „Vorgeschichte“ wird Christa Wolf fortschreitend durcharbeiten. Sie beginnt mit dem Unbewältigten der Ich-Bildung im sozialistischen Staat (Geteilter Himmel, Nachdenken über Christa T.), fragt dann nach der vorausgehenden, verdrängten Ich-Bildung in der faschistischen Ära (Kindheitsmuster), geht weiter zur Ich-Bildung im bürgerlich-aufklärerischen Horizont und deren Reduktionen, für die erstmals die Frühromantiker, auch mit Frauen als Sprecherinnen, eine besondere Sensibilität entwickelten (Kein Ort. Nirgends; Essays in dessen Umkreis), um zuletzt gattungsgeschichtlich nach dem Unbewältigten, dem Verdrängten in der Herauslösung aus dem mythischen Weltzusammenhang zu fragen, die das Ich auf Bewußtsein, auf Geist, auf den apollinischen Charakterpanzer festlegt (Kassandra). Christa Wolf schreibt, wie sie sagt, gegen „die Angst“, die „als Wächter gesetzt ist vor die Höllen der Selbsterfahrung“ (KM 353/354), gegen das „neuzeitliche Erlebnis“, „sich selbst nicht annehmen [zu] können“ (ebenda), für ein „Sich-Kennen-Lernen“[34] als Umgehen auch mit dem, wogegen das Bewußtsein sich abgrenzt, um das Ich – scheinbar – zu erhalten. Immer wieder klagt Christa Wolf den Preis der Ich-Bildung ein, der Festlegung des Ichs auf Bewußtsein, auf das Verhältnis der Herrschaft gegenüber allem Nicht-Ich. Der Mann ist ihr Paradigma dieser Ich-Bildung, zum Beispiel in der Büchner-Preis-Rede: „Von unten, von außen blicken sie [die Frauen – B. G.] auf die angestrengte Geistestätigkeit des Mannes, die, je länger, je mehr darauf gerichtet ist, seine Festung durch Messungen, Berechnungen, ausgeklügelte Zahlen- und Plansysteme abzusichern. Die sich in der eisigsten Abstraktion wohlfühlt und deren letzte Wahrheit die Formel wird. Wie könnte Rosetta argwöhnen, daß es Berührungsangst ist, wenn er sich der Fülle der Wirklichkeit entzieht; daß seine Gebrechlichkeit und die Furcht, ihrer gewahr zu werden, ihn in seine wahnwitzigen Systeme hineintreibt. Daß er, seiner Ganzheit durch erbarmungslose Arbeitsteilung beraubt, ein Verwundeter, Zerrissener, sich in die halsbrecherischsten Geschwindigkeiten hineinhetzt, um nur jene ‚Höllenfahrt der Selbsterkenntnis' nicht antreten zu müssen, ohne die es doch, nach Kant, keine Vernunft gibt. Und daß, wer sich selbst nicht kennt, kein Weib erkennen kann." (LSN 323–24)

3. Erzählen und Ich-Bildung

Ein Satz aus „Kassandra", der sich wieder an der Nahtstelle zwischen Erzählerrede und Rede der erzählten Figur befindet, faßt zusammen, was bisher als Grundriß von Christa Wolfs Schreiben entwickelt wurde. Er kann als Leitsatz dieses Schreibens genommen werden: „Mit der Erzählung geh ich in den Tod." (K 5) Der Akzent kann auf *Tod* gelegt werden, zu verstehen als das dem Ich Entzogene, das Verdrängte, Unbewußte. Christa Wolf fragt nach der Hypothek der Ich-Bildung, an der aber, wie die „Voraussetzungen einer Erzählung: Kassandra" nochmals betonen, „kein Weg vorbeiführt" (KV 116); sie fragt nach der Gewalt, die das Ich sich in seiner Konstitution angetan, und nach dem, was diese Gewalt unter sich begraben hat.

Der Akzent kann auf *ich* gelegt werden, was hieße, daß mit dem Erzählen nicht in den Tod schlechthin, sondern in den Tod des Ich gegangen wird. Christa Wolf will die Grenzen des Ich aufbrechen, seine Abgrenzung als Subjekt gegen die Außenwelt der Objekte, ebenso seine Abgrenzung als Bewußtsein gegen die Inhalte des Unbewußten, weil diese Abgrenzung das Ich zugleich zerstört, das sie hervorbringt. Erzählen als Erschüttern der Instanz „Ich", soweit diese definiert wird durch Subjekt-Objekt-Dialektik und Festlegung auf Bewußtsein: Solches In-den-Tod-Gehen hat Analogien zur psychoanalytischen Praxis, könne als Selbst-Analyse vorgestellt werden. Sein Raum ist aber nicht die analytische Situation, sondern – und auch hierauf kann im zitierten Leitsatz der Akzent gelegt werden – die Erzählung, die Literatur.

Die *Erzählung*/das Erzählen ist Halt auf dem Weg in den Tod des Ichs (das Ich des Erzähl-Subjekts eingeschlossen), gleichzeitig ist das Erzählen aber offenbar auch die Weise des Zugangs zu dem Toten, zu dem, was jenseits der vom Ich errichteten Grenzen liegt. Christa Wolf nähert sich damit strukturalistischen Interpretationen Freuds (zum Beispiel in der Psychoanalyse Lacans),[35] ohne daß eine unmittelbare Rezeption behauptet werden soll. Christa Wolf erkennt Sprache und Ich in ausgezeichneter Weise aufeinander bezogen; sie fragt: „[...]ist es nicht gerade das Wort, das die Herrschaft über unser Inneres angetreten hat? Macht sein Fehlen nicht, daß ich mir verlorengehe? Wie schnell wird Sprach-losigkeit zu Ich-losigkeit?" (KV 25) Die Umkehrung der letzten Frage besagt, daß Sprache das Ich verbürge. Diesen Gedanken finden wir seit dem „Geteilten Himmel" gestaltet: Im wiederkehrenden Motiv der Geburt des Ich im schockhaft erlebten Moment, da es zum erstenmal ‚ich' *sagt*. Schockhaft ist dieser Moment, weil die Aneignung der Sprache, die das Ich gebiert, es zugleich in die Bahn des Selbstverlusts zwingt. Die größte geistige Leistung des Menschen, so reflektiert Christa Wolf in „Voraussetzungen einer Erzählung: Kassandra" (118), sei die Erfindung der Symbole, der Sprache gewesen; weil sie erlaubte, den Druck des Unbewußten zu kanalisieren. Die Ordnung der Symbole – Erzählen aber ist nur deren systematischer Gebrauch – erlaubt mittels der sprachlichen Grundoperationen von Verdichtung (literarisch: die Metapher) und Verschiebung (literarisch: die Metonymie) abzulenken und zu unterdrücken, was das Ich bedroht. Aber sie erlaubt zugleich, dieses – als Verschobenes – festzuhalten, bewahrt so einen Zugang zu ihm. Darum kann Christa Wolf das logoszentrierte Ich als den „vielleicht tiefsten Aberglauben des Abendlandes" bezeichnen und doch zugleich bekennen, daß sie ihm „inbrünstig anhänge" (KV 25). Die symbol- und schriftlosen Frauen am Ida-Berg können daher keine Alternative zur selbstzerstörerischen Geschichte des Ich bieten, die mit den Kriegen der Männer anhebt. Hoffnung in der „argen Spur" der Geschichte des Ich, die „Kassandra" entwirft, erwächst nicht aus Regression in eine Mutterhöhle, sondern aus der Versicherung an die Ordnung der Symbole: „Prophetenglaube ist [...] großenteils Glaube an die Kraft des Wortes." (KV 25) Die Ordnung der Symbole, das Erzählen, erlaubt dem Subjekt des Erzählens in seine nicht bewältigte, vor Berührung abgeschirmte „Vorgeschichte" (KM 329) zu gehen. In „Voraussetzungen einer Erzählung: Kassandra" wird die Geschichte des logoszentrierten Ich, als eine Geschichte fortschreitender Gewaltakte gegen sich selbst, an einem Punkt angekommen erkannt, wo totale Vernichtung droht, damit auch Ende des Ichs als Autor; gleichzeitig aber ist als Hoffnung in dieser „Endzeit-Erfahrung“ das Erzählen gesetzt, die Autorschaft als Weg zu einem umfassenderen, lebendigeren, „grenzenlosen“ Ich. Entwicklung und Wandel von Christa Wolfs Erzählen ist aber nichts anderes als dieser beharrlich begangene Weg.

Wandel: Annäherung an die „Vorgeschichte“ des Ichs

„Wer spricht?“ die Leitfrage; „Mit der Erzählung geh ich in den Tod“ der Leitsatz: Entwicklung und Wandel von Christa Wolfs Erzählen erschließen sich in den verschiedenen Antworten und dem verschiedenen Sinn, den beides jeweils gewinnt. Dabei bleibt die Betrachtung der Werke auf das Konzept des Ichs gerichtet, das sie jeweils erschreiben, und auf Folgerungen für die Erzählweise. Reizvoll ist die Frage nach den Übergängen zu einem jeweils neuen Konzept des Ich. Hier scheinen die kürzeren Erzählungen eine zentrale Rolle zu spielen.

1. Das Ich als Bewußtsein/Arbeit

Mit dem „Geteilten Himmel“ hat Christa Wolf in Ost wie West erstmals große Beachtung gefunden. Der gewählte Stoff war brisant: deutsche Teilung und Mauerbau; kulturpolitisch hatte sich Christa Wolf einem Experiment geöffnet, der *Bitterfelder Bewegung*, die Arbeiter zu literarischem Schaffen, Schriftsteller zur materiellen Basis der gesellschaftlichen Produktion heranführen wollte. Erfahrungsgrundlage des Buches ist auch die zeitweilige Arbeit Christa Wolfs in einer Waggonfabrik. Literarisch überwindet der „Geteilte Himmel“ die gängige Schwarzweiß-Zeichnung. Der Geliebte, der in den Westen geht, wird nicht zum Bösewicht, sein Weggang wird zu einem – fast – tödlichen Verlust. Thema des Romans ist das Durcharbeiten eines wesentlichen Verlusts. Dies hat einen individuellen Aspekt, den Verlust des Geliebten, und einen gesellschaftlichen, die Einmauerung der DDR. Durchgearbeitet wird der individuelle Verlust, die Parallelisierung mit dem gesellschaftlichen nährt aber die Erwartung, daß mit dem einen auch der andere durchgearbeitet werde.

Die Erzählweise etabliert schon den erläuterten Doppelaspekt, den die Ich-Form des Erzählens idealtypisch verwirklicht. Durch die Einleitungs- und Schlußpassage wird die erzählte Welt der Figuren auf ein Subjekt des Erzählens zurückbezogen, das als kollektives Wir (1. Person Plural) erscheint. Die Wirkung des Erzählten auf das Subjekt des Erzählens wird dann aber nicht explizit vorgeführt, dies ist die Leerstelle, die den Leser zwingend in das Erzählgeschehen integriert. Das kollektive Wir, das Subjekt des Erzählens, berichtet von einem Aufatmen, von Erleichterung über ein Davongekommensein aus offenbar naher, tödlicher Gefahr. Bewältigt wurde das Zurückliegende, so scheint es, in Rückversicherung an den Naturkreislauf des Daseins: „Aber die Erde trug sie noch und würde sie tragen, solange es sie gab. [...] Ein Schatten war über die Stadt gefallen, nun war sie wieder heiß und lebendig, sie gebar und begrub, sie gab Leben und forderte Leben, täglich." (GH 7)

Die nachfolgende Geschichte der Heldin aber zeigt, daß die Bewältigung nur behauptet war, daß sie erst noch geleistet werden muß. Der Schluß des Romans nimmt Passagen des Eingangs wieder auf. Jetzt ist das Vertrauen in neues Lebendigsein nicht mehr nur gesetzt, sondern gründet im geleisteten Durcharbeiten des Verlusts. Die Handhabung der erzählten Zeit bestätigt das. Die Zeit des Erzähl-Subjekts, also die Erzählzeit, ist parallel zur erzählten Zeit der Figur, die ihren Verlust durcharbeitet. Wenn das Erzähl-Subjekt am Ende die Eingangssätze wiederholt, befindet es sich entsprechend am gleichen Zeitpunkt wie die Heldin. Auch die gewählte Erzählperspektive unterstützt die Parallelisierung zwischen der Heldin, die ihren Verlust durcharbeitet, und dem kollektiven Wir, das vom Bewältigen einer großen Gefahr spricht. Das Subjekt des Erzählens bindet sich weitgehend an den Erfahrungs- und Wissenshorizont der Heldin. Dies schafft eine Perspektivierung des Erzählens, an der die offizielle Literaturkritik in der DDR Anstoß nahm.[36] Vermißt wurde der jederzeit sichere, gesellschaftlich opportune Standpunkt zum erzählten Geschehen. Insgesamt aber blieb der Roman ganz im Rahmen der philosophischen und psychologischen Theorien, die in der DDR herrschen; gerade sein leitendes Konzept des Ich und seine Auffassung von Ich-Problematik bestätigen dies.

Das Ich, das im Zentrum des Romans steht, wird von seinen Taten eingeholt, die ihm nun – negierend – entgegenstehen. Schon die „Moskauer Novelle" hatte diese Struktur entworfen, jetzt erscheint sie zugespitzter. Das Schaffen, das Handeln des Ichs, das heißt seine Entscheidung, sich vom Geliebten zu trennen und in der sozialistischen Gesellschaft zu bleiben, war Schaffen der eigenen Negation. Sie manifestiert sich in dem mißglückten Selbstmordversuch, mit dem die Handlung einsetzt. Auch damit gestaltet Christa Wolf schon den später bei Günderrode gefundenen Satz „was mich tötet, zu gebären". Er hat hier den Sinn des Marxschen Entfremdungsbegriffs. „Mit der Erzählung in den Tod gehen" meint auf dieser Stufe in die selbstgeschaffene eigene Negation gehen. „Sie kommt von weit her" (GH 8), wird von Rita gesagt, wie ähnlich dann von Christa T. „Sie kam von Gott weiß woher" (N 19). Rita kommt aus dem Toten als dem entfremdeten eigenen Werk (Christa T. demgegenüber aus dem Raum des im Selbst Verdrängten). Die assoziative Verknüpfung der individuellen Handlung mit dem politisch-gesellschaftlichen Geschehen insinuiert weiter, daß analog zur Heldin die Menschen in der DDR mit dem Mauerbau von ihren eigenen, allerdings entfremdeten Taten eingeholt werden.

Die Struktur, in der Ich und Ich-Problematik hier gedacht sind, ist die der *Arbeit*. Das Ich entsteht danach in der arbeitenden Entäußerung in die Welt und seiner Wiederaneignung aus der Entäußerung, indem es sich auf sich zurückwendet – Re-Flexion –, das heißt sich in einem Akt des Bewußtseins in seinen Werken erkennt, so ist es Selbst-Bewußtsein. Die vielberedete „Selbstverwirklichung" ist nichts anderes als der geglückte Akt des Wiedererkennens. Dieses Konzept des Ich als Selbst-Bewußtsein hat die idealistische Philosophie untermauert[37] und Marx dann – materialistisch gewendet – weiter tradiert. Wo das Ich sich nicht in der von ihm gestalteten Welt der Objekte zu erkennen vermag, diese ihm vielmehr als seine Negation entgegensteht, ist die Erfahrung der „Entfremdung" gegeben, ein Begriff, der gleichfalls in der idealistischen Philosophie und der frühromantischen Literatur diesen Sinn erhalten hat und von Marx nur übernommen wurde. Wichtig an dieser Reflexionsfassung des Ich ist, daß das Ich als Selbst-Bewußtsein festgelegt ist auf Subjekt-Objekt-Identität und auf Bewußtsein. Symptom der Festlegung des Ich auf Subjekt-Objekt-Identität ist in der DDR-Literatur die nicht mehr übersehbare Fülle von Werken, die um das immer gleiche Thema ‚Ich und Welt', ‚Individuum und Gesellschaft', ‚Selbstverwirklichung und Entfremdung' nach dem Schema des Entwicklungsromans kreisen, wobei nur der Grad der Entfremdung variiert, der jeweils gestaltet wird. Symptom der Festlegung des Ich auf Bewußtsein ist in der DDR-Literatur eine vorherrschende Personengestaltung, die langweilig und überholt erscheint, weil sie sich immer noch auf dem Stand einer Vor-Freudschen Bewußtseinspsychologie bewegt. Auch Christa Wolfs Roman ist weitgehend diesen beiden Aspekten der Reflexionsfassung des Ich verhaftet. Zur Debatte steht die Erfahrung der Entfremdung, der Raum, in dem um Aufhebung der Entfremdung gerungen wird, ist der des Bewußtseins. Im Durcharbeiten ihrer gelebten Liebe und deren Scheitern macht sich die Heldin ihr „Werk", die Liebe zu opfern zugunsten der weiteren Integration in die sozialistische Gesellschaft, als ihre eigene, von ihr mit guten Gründen gewollte Tat bewußt, so daß diese ihr nicht mehr als ihre Selbstnegation entgegentreten kann. Halt geben ihr in dieser Anstrengung des Bewußtseins – ganz konform mit Zielen der *Bitterfelder Bewegung* – Figuren, in denen sich der materielle Gesellschaftsprozeß als ein fortschrittlicher sozusagen ideal verkörpert hat. Es sind dies einzelne vorbildliche Arbeiter und Arbeiterführer – meist eine Art Vaterfigur –, dann auch die Erfahrung der Integration in das Kollektiv einer sozialistischen Brigade. Aufhebung von Entfremdung als ein Bewußtseinsakt, der solchen Halt hat: Das erwünschte Schema ist allzu durchsichtig. In Bann schlug der Roman seine Leser durch anderes. Zum einen damit, daß er die Erfahrung der Entfremdung auch im sozialistischen Staat ungeschminkt zu gestalten wagte, zum anderen und vor allem aber darin, daß die vorgeführte Aufhebung von Entfremdung nicht als ein Akt heroischer Einnahme einer gesellschaftlich fortschrittlichen Position geleistet wird, sondern mit der vergleichsweise unheldischen psychischen Dynamik von „Trauerarbeit". Im Durcharbeiten der gelebten Liebe wird diese in allen ihren Phasen noch einmal belebt, wobei das Ich vor die Alternative gestellt wird, in jeder dieser Phasen diese Liebe vor dem Forum des Bewußtseins, das es „besser weiß", als jetzt unmögliche anzuerkennen oder sich selbst mit ihr negieren zu müssen. So findet eine schrittweise Ablösung der Ich-Anteile statt, die an den Geliebten und diese Liebe gebunden waren, wird es entsprechend glaubhaft, daß das Ich zuletzt aus seiner Erstarrung erlöst, wieder lebendig erscheint, aus dem vollen lebend, „als gäbe es übergenug von diesem seltsamen Stoff Leben" (GH 289).

Wer spricht in diesem Roman? Das kollektive Wir als Subjekt des Erzählens, das sich weitgehend an den Horizont der Heldin bindet, läßt *zwei* Arten von Stimmen zu. Eine gesellschaftliche Stimme, die von den idealen Arbeitergestalten vorgesprochen wird, und die Stimme der Trauerarbeit, die den geleisteten Verzicht nur schwer und nur schrittweise zu akzeptieren vermag. Der Zusammenbruch der Heldin, mit dem die Geschichte einsetzt, faßt diese beiden Stimmen in ein Bild: Zwei Waggons bewegen sich auf die Heldin zu, sie liegt dort, wo beide sich treffen und – so der Wunsch – sie töten werden. Das Unglück wird abgewehrt, aber die Heldin muß lange diesen Stimmen zuhören, bis sie sich wieder als Lebendige erheben kann. Daß Christa Wolf auch eine zweite Stimme gestaltet hat, die der Trauerarbeit, die in Interpretationen gerne überhört wird, kündigt ein Bedenken gegen das Eingrenzen von „Ich", „Selbstverwirklichung" und „Entfremdung" auf Akte des Bewußtseins an, zeigt sich der Erfahrung offen, daß Aufheben von Entfremdung als Bewußtseinsakt, also sich als Täter der entgegenstehenden Taten bewußt anzuerkennen, noch nicht von der Bindung an das befreit, was das Bewußtsein dabei zu negieren, zu opfern verlangt. Aus der psychoanalytischen Praxis korrespondiert hierzu die Erfahrung, daß der Akt der Erkenntnis eines Traumas bzw. eines konstituierenden Mangels den Patienten keineswegs zu heilen vermag.

2. Erweiterung des Ich-Konzepts, individualpsychologisch

Eine neue Stufe des Erzählens hat Christa Wolf in „Juninachmittag" erreicht, ohne in der DDR damit Anstoß zu erregen, obwohl hier die Erzählweise des ein Jahr später erschienenen

„Nachdenkens über Christa T." schon ausgebildet ist, mit dem sich die Kritiker in der DDR dann so schwer taten. Was springt als neu gegenüber dem „Geteilten Himmel" in die Augen?

Programmatisch stellt der Beginn erwartbare Formmuster in Frage: „Eine Geschichte? Etwas Festes, Greifbares, wie ein Topf mit zwei Henkeln, zum Anfassen und Daraus-Trinken?" (GE 34) Keine geordnete, vorgedeutete, plan überschaubare Geschichte wird geboten, was vor allem durch zwei Neuerungen Christa Wolfs verhindert wird. Zum einen ist jetzt die Ich-Erzählform gewählt und damit ein Doppelaspekt des Erzählens gesetzt, wobei sich das Gewicht von der erzählten Welt zum erzählenden Ich, zum Geschehen *in* ihm verlagert. Das erzählende Ich redet dabei ein nicht weiter konturiertes Du an. Zum anderen ist das, was dieses Ich entwirft, nicht in einer zusammenhängenden Reihe (Parataxe) oder einem System von Abhängigkeiten (Hypotaxe) geordnet, sondern offenbar nach der Technik der freien Assoziation gestaltet. Ausschnitthafte Wahrnehmungen der Außenwelt, Reflexionen, Erinnerungen, Phantasien, Rückblicke, Gesprächsfetzen mit Familienmitgliedern und Nachbarn wechseln einander ohne explizite Überleitungen ab.

Was verleiht diesem Konglomerat dann Einheit? Man könnte an die formale Einheit einer literarischen Gattung denken, hier der Idylle. Der Garten stellt sich mit den Personen, die sich in ihm bewegen, im Sinne der Idylle als umfriedeter Raum harmonischen Einklangs von Mensch und Natur dar, außerhalb geschichtlicher und gesellschaftlicher Wirklichkeit, die diese Einheit zerbrochen haben, wobei diese ausgegrenzte geschichtliche Wirklichkeit aber als dunkler Horizont gegenwärtig bleibt, hier in den Emissären des Unglücks, die ihre Schreckensbotschaften im Garten verkünden, aber auch wieder gehen. Auch die Anspielungen auf den politischen Ort des Gartens, eingebettet zu sein in den Traum des deutschdeutschen und des globalen Ost-West-Gegensatzes, könnten als der gattungsüblichere dunklere Rahmen um die helle Welt der Garten-Idylle gedeutet werden. Die Idylle, die sich da zu etablieren scheint, zerbröckelt aber. Sie wird negiert von innen her, durch eine Grundstimmung der Angst, die aus dem Ich immer wieder hervorbricht. Hierin zeigt es sich mit dem

Erzähl-Subjekt des „Geteilten Himmels" verwandt. War dort von „unhörbaren Stimmen sehr naher Gefahren" die Rede, „die alle tödlich sind in dieser Zeit" (GH 7), so vermerkt das Erzähl-Subjekt hier, „daß es beunruhigend ist, wenn unsere stille Gegend wirklich still wird. Man weiß ja nie, wozu alles den Atem anhält" (GE 36), und am Ende des Textes: „Wer sagt denn, daß der Arm schon unaufhaltsam ausgeholt hat zu dem Schlag, der einem die Hände aus allem herausreißt?" (GE 52f.)

Wenn das Erzähl-Subjekt die Gattungserwartung „Idylle" vernichtet, kann es dann wenigstens selbst den divergierenden Teilen des Textes Zusammenhalt geben? Auch das erscheint fraglich. Mit seinen sprunghaft wechselnden Wahrnehmungen, seinen Assoziationen, seiner inkohärenten Folge innerer Bilder und Stimmungen, seiner Lust auch am Spiel, wie das Spiel mit den Wörtern anzeigt, entzieht sich dies Ich gerade einer Festlegung. Wer spricht? Ein Ich, das viele unterschiedliche Stimmen durch sich hindurchgehen läßt, in ständiger Gestaltung und Umgestaltung begriffen, wie die Wolkenbilder, in denen es sich offenbar erkennt. Sein Gegenpol ist das starre Ich der Ordnungsfanatiker, für die neben dem Nachbarn vor allem der Ingenieur steht, der sich nie aus der Kontrolle seines Bewußtseins entläßt, in jeder Lage sein Gehirn sekundenschnell „umzugraben" weiß (GE 44). Weder die erzählte Welt (als fragliche Idylle) noch das Erzähl-Subjekt (als fragliche identische Größe) verbürgen dem Text Zusammenhalt. Es bleibt der Erzählvorgang selbst, seine Weise, Sinnzusammenhänge zu erstellen. Auffällig sind zwei Verfahren: Montagetechnik und metaphorische „Aufladung". Zur Montagetechnik: Die divergierenden Teile stoßen so aufeinander, daß immer wieder nahegelegt wird, das jeweils Gesagte an die Stelle des Vorherigen oder Nachfolgenden zu setzen. Zum Beispiel: Der Überschallflieger läßt hinter sich, was er anrichtet, hört es nicht; es folgt unvermittelt das Thema „Langeweile"; gilt für sie dasselbe, daß sie aus einem Vergessen, einem Hintersich-Lassen, Unbeachtetlassen von Wesentlichem kommt? Die Langeweile des Kindes wird auf die tödliche Langeweile der Völker projiziert, dann wird die des Kindes erörtert; ihm wird tatsächlich etwas entzogen, die Untat, die Greuel, der ermordete Mann im Bettkasten; das Entzogene ist aber auch ein Verdrängtes; auf die Assoziationen anläßlich der Zeitungsmeldung folgt eine Passage wieder über das Buch, und hier bekennt das Ich, daß es etwas überspringen will, daß es den Verstümmelungen und Ermordungen von Männern vor den Augen ihrer gefesselten Frauen (ist dies nicht auch der später gestaltete Kampf um Troia?) nicht mehr gewachsen sei. Ist das noch individuell aufzufassen? Oder weist es entsprechend der vorherigen Verallgemeinerung der Langeweile auf einen nicht bewältigten, einen verdrängten Grund in der grauenhaften Geschichte der Völker? Die Verknüpfung, eine bestimmte syntagmatische Ordnung der divergierenden Teile, schafft Sinn. Die Grundfigur, nach der diese Sinnbildung erfolgt, ist die Metonymie. Freud erläutert dieselbe Operation in seiner „Traumdeutung" als „Verschiebung" (der Akzent einer Vorstellung kann sich von dieser lösen und auf eine andere übergehen, die mit der ersten durch eine lose Assoziationskette verbunden ist).[38] Andere Beispiele aus dem Text: Das unverschuldete Schicksal, Frau B., und das selbstverschuldete Unglück, Witwe Horn, gehören offenbar doch zusammen, so daß das eine für das andere eintreten kann, wie der Bringer von Schreckensnachrichten in unklarer Weise auch ihr Urheber ist; oder: Der Augenblick des Erwachens des Sexus bei der Tochter verknüpft sich mit der Erfahrung des Todes der Schauspielerfrau, das eine legt sich im Ich auf das andere. In der Liebe ist der Tod, da mit dem erwachenden Sexus die Tochter eine andere wird; im Tod die Liebe, da der Platz der weggerissenen Frau gewissermaßen durch das zur Frau werdende Mädchen ausgefüllt wird.

So schafft der Text vielfältige Sinnverweisungen auf der syntagmatischen Achse durch die Technik der Verschiebung. Sie haben ihren Fluchtpunkt im Versuch, den Augenblick eines Übergangs festzuhalten: vom Ich zum Anderen, von Liebe zu Tod, von lastender Angst zu Erleichterung.

Das zweite Verfahren, durch das der Text Sinnbezüge erstellt, ist das der metaphorischen ‚Aufladung'. Explizite Signale oder ungewohnte Kontexteinstellungen zeigen immer wieder an, daß bestimmte Wörter ein umfassenderes Sinnpotential mit sich führen, daß sie aus dem breiten Paradigma einer Vorstellung herausgelöst wurden, entsprechend andere Aspekte dieses Paradigmas mit vertreten können. So wird gleich zu Beginn der konkrete Garten als Traum eines Gartens, als Urbild, als Garten überhaupt vorgestellt, damit auf das Paradigma Garten zurückbezogen. Dann aber zitiert das Ausgesprochene anderes mit: den Garten Eden, den Garten der Idylle, bestimmte Gärten der Literatur, zum Beispiel Eichendorffs Garten der Kindheit, was erlaubt, die nah und fern niedergehenden Unwetter, aus denen der Garten seinen Gewinn zieht, auf geschichtlich-politisch bedrohliche Lagen zu beziehen, die den Garten als eine Wunschwelt in der Phantasie aufblühen lassen. So lädt der Rückbezug einer Vorstellung das Sinnpotential, das auf der paradigmatischen Achse gelagert ist, mit Bedeutung auf. Die Grundfigur, nach der solche Sinnbildung erfolgt, ist die Metapher; Freud erläutert die ihr entsprechende Operation in seiner „Traumdeutung" als „Verdichtung" (eine einzige Vorstellung vertritt für sich allein mehrere Assoziationsketten, an deren Kreuzungspunkten sie sich befindet).[39] Andere Beispiele für metaphorische Aufladungen im Text: Die dem Kind entzogene Sensationsmeldung von der „Leiche des Ehemanns in der Bettlade" (GE 41) weckt im Erzähl-Subjekt Bilder u.a. von der Ehefrau, die ihren Mann mit dem Beil erschlägt. Im Horizont des mehrfach erwähnten Buches über ein Mittelmeerland zitiert dies auch Klytämnestra, und wenn kurz danach von den Verstümmelungen und Ermordungen die Rede ist, die die Männer sich beibringen, so hat die Sensationsmeldung geschichtsphilosophische Tiefe gewonnen: als Zitation des Grauenhaften, des Selbstzerstörerischen auf dem Grunde der abendländischen Kultur, das das Erzähl-Subjekt nicht mehr zu ertragen vermag. Ähnlich wird noch in den „Voraussetzungen einer Erzählung: Kassandra" von „dunklen, blinden Flecken" in dieser Kultur die Rede sein und wird an die „Leiche im Keller" als abgedroschenes Krimimotiv anläßlich von Ausgrabungen erinnert, die das Wunschbild einer gewaltfreien, weil matriarchalischen, minoischen Kultur zerstören (KV 40, 60).

Die metaphorische Aufladung dieser Sequenz geht aber noch weiter. Zwischen der Reflexion über die „Leiche im Bettladen" und der Erinnerung an die Greuel des Buches ist von einem Aprikosenbäumchen die Rede. Es ist allerdings nur Anlaß, die Gedanken schweifen zu lassen, die Betrachter geben nur vor, es anzusehen, vom Mann wird gesagt, „was er in

Wirklichkeit ansah, weiß ich nicht" (GE 40). Damit ist eine „Leerstelle"[40] angezeigt, die den Leser zum Verfolgen eigener Assoziationsketten auffordert. Die literarische zum Beispiel führt zu Brechts Gedicht „Frühling 1938"[41]. Es stellt einer weiten Perspektive, dem literarischen Kampf gegen die Faschisten, die einen alle vernichtenden Krieg vorbereiten, das ganz Nahe gegenüber, die schützende Hinwendung zur leidenden Natur (ein Aprikosenbäumchen wird gegen plötzlich wiederkommenden Schnee geschützt). Die kleine Geste ist angesichts der großen und nahen Gefahr und der riesigen Aufgabe ebenso sinnlos wie unnütz und wird doch getan als die nicht zu vergessende Geste der Freundlichkeit. Ihre Rechtfertigung hat diese Assoziation darin, daß der Text Christa Wolfs wie der Brechts von einer Grundstimmung der Angst, des Atemholens vor einer ganz nahe gefühlten Gefahr geprägt ist.

Die Sinnverweisungen, die der Text auf der paradigmatischen Achse durch metaphorische „Aufladung" bzw. Verdichtung schafft, laufen gleichfalls in einem Fluchtpunkt zusammen: Zur-Sprache-Bringen eines Entzogenen. „Hundert Jahre sind wie ein Tag. Ein Tag ist wie hundert Jahre." (GE 52) In der geschichtlichen und mythischen Tiefe, die die Augenblicke des „federleichten Nachmittags" nach diesem Prinzip der Verdichtung erhalten, wird immer wieder ein Boden des Grauens, ein blind gehaltener Fleck wuchernder Zerstörung mitberufen, sogar in dieser Formel der Verdichtung selbst; denn sie ist ein Zitat aus der Bibel: „Eines aber sei euch nicht verborgen, ihr Lieben, daß ein Tag vor dem Herrn ist wie tausend Jahre und tausend Jahre wie ein Tag", schreibt Petrus (2. Brief, 3,8 ff.). Der Kontext aber, in dem diese Sätze stehen, ist die mahnende Erinnerung an den vernichtenden Gott am Tag des Gerichts, wozu Untergangsvisionen berufen werden, die so der „federleichte Nachmittag" Christa Wolfs subkutan mit sich führt: „Dann werden die Himmel zergehen mit großem Krachen; die Elemente aber werden vor Hitze schmelzen, und die Erde und die Werke, die drauf sind, werden verbrennen." (Petrus, 2. Brief, 3,10.)

„Mit der Erzählung geh ich in den Tod": Das gilt auch hier. Der Tod, in den da gegangen wird, ist weniger stofflich auf die berufenen Schreckensmeldungen zu beziehen als – in metonymischer Verweisung – auf die Augenblicke des Übergangs, in denen das Ich ein Anderer wird, Eros und Thanatos sich durchdringen wie Grauen und Glück. Gleichzeitig bezieht sich „Tod" aber auch auf das, was in diesen Übergängen abgebrochen, negiert, dem Vergessen anheimgegeben, zum Kapitel wird, das der Leser überschlagen möchte und das metaphorische Verweisungen als das Unausgesprochene mitbenennt. Das Ich aber, das in „Juninachmittag" so in den Tod geht, ist nicht mehr auf den Raum des Bewußtseins begrenzt, es ist für andere Schichten und Stimmen des Selbst offen, seine festen Grenzen sind aufgehoben, es ist tot als festumgrenztes Ich. Dieses weite, in ständiger Umgestaltung sich befindliche Ich zerfällt aber nicht in isolierte Augenblicks- oder Assoziationspartikel. Zusammenhalt gewinnt es durch die Sprache, der es sich überläßt und die mittels der Grundoperationen von Verschiebung und Verdichtung einen integrierenden Sinnzusammenhang erstellt. So ist das Ich Erzählung, die Erzählung aber Vision eines umfassenderen, die Grenzen des Bewußtseins überschreitenden Ich, das sich entfaltet als Traum eines Gartens, des Gartens als Traum. Ich, Erzählung und Garten sind nicht als Subjekt, Prädikat und Objekt geschieden, was hieße, daß da ein Ich sich erzählend eines Gartens bemächtigte; das ergäbe die runde, abgeschlossene Geschichte, die gerade abgewehrt wird zugunsten der Vision. Die Vision aber wird auf einen Traum und damit auf die Weise der Traumarbeit bezogen.

Erzählen als Vision, die sich am Traum orientiert, macht weder das Ich noch den Garten zu Objekten, faßt sie vielmehr als lebendige Gebilde, die wuchern, sich wandeln, die sich „zu erkennen geben" (N 10), um ein Wort Christa Wolfs für das Ziel solchen Erzählens zu berufen. Analog soll sich durch das Erzählen Christa T. „zu erkennen geben" und in „Kindheitsmuster" das Kind „hervorkommen" (vgl. KM 377), ohne daß ihm vom Erzähl-Subjekt neuerdings Gewalt angetan wird. In „Nachdenken über Christa T." und „Kindheitsmuster" wird dies Sich-zu-Erkennengeben vielfach umschrieben. Es erfordert, daß kein kontrollierendes Bewußtsein, Sprachregelungen treffend, über die Gestalten zu verfügen sucht. Dem Sich-zu-Erkennengeben korrespondiert die „Lust, erkannt zu werden" im Sinne der Bibel („Unter den Linden", „Selbstversuch", GE 174, GE 96, GE 54). So zielt dieses Erzählen statt auf Subjekt-Objekt-Spaltung auf erotisches Verschmelzen von Erzähler-Ich und Ich der Figuren, was um so näher liegt, als das Ich der erzählten Figuren bei Christa Wolf in der Regel als abgespaltene oder verdrängte Anteile des Erzähler-Ichs vorzustellen ist. Das nicht verfügende, sondern auf erotisches Verschmelzen gerichtete Erzählen aber setzt ein Erzähl-Subjekt voraus, wie es in „Juninachmittag" erschrieben wird. Offen, nicht hierarchisch organisiert, Verschiedenstes durch sich hindurchgehenlassend wie der Traum, im Erzählakt, der die Sprach-Technik des Traumes artifiziell nachbildet, sich als paradoxe vielheitliche Einheit konstituierend, wofür der wuchernde Garten zum Bild wird, der konkret ist und Traum zugleich, gegenständlich und von einer mythischen, geschichtlichen und literarischen Tiefe.

Was aber treibt solches Erzählen voran? Das immer wieder durchbrechende Gefühl von Bedrohung im Erzähler-Ich, dem im Bild die fern und nah niedergehenden Unwetter entsprechen, sagt es deutlich. Angst nährt dieses Erzählen – den wuchernden Garten, den Traum – ebenso, wie es sie abwehren soll. Vielleicht ist hier die sensibelste Grundlage von Christa Wolfs Schreiben berührt, das Paradox, daß dies Erzählen der Angst ebenso bedarf, wie es sie abwehren will. Mit dieser Angst setzte schon der „Geteilte Himmel" ein, um aus ihr einen Raum des Erzählens zu öffnen (GH 7), in „Nachdenken über Christa T." wiederum vermerkt das Erzähler-Ich schon in den ersten Abschnitten: „Verdächtig, verdächtig, was macht mir diese Angst? [...] Die Angst ja doch." (N 9) Sie gebiert dort das Erzählen als das Weiterdenken, als Versuch, das Verdrängte im Erzähler-Ich zu berühren. Es ist wenig aufschlußreich oder eben nur vordergründig, diese Angst politisch zu konkretisieren: im „Geteilten Himmel" der Mauerbau, in „Juninachmittag" und „Nachdenken über Christa T." die sich versteinernden Verhältnisse der späten Ulbricht-Phase, eingeschlossen das gewaltsame Abwürgen des Prager Frühlings. Diese Angst ist viel ursprünglicher mit dem Subjekt des Erzählens verknüpft. Als Symptom eines „blinden Flecks" (KV 60) von Vergessenem, Verdrängtem, das selbstzerstörend fortwuchert, fördert die Angst im Subjekt ein Erzählen, das in den Tod des Ich (als Instanz des Bewußtseins) zu gehen wagt, um eines offeneren, vielfältigeren Ichs willen. Das steigert im

Erzählakt noch die Angst, Angst vor Selbstauflösung als festumgrenztes Ich. Indem dies Erzählen aber in Übernahme der Sprachtechniken des Traumes das Entzogene, Vergessene und Verdrängte zu berühren und mit ihm umzugehen lernt, ist es gleichzeitig Abbau dieser Angst. Nach derselben Struktur ist noch „Kassandra" gebildet. Nicht nur zitiert das Erzähl-Subjekt die mythische Konstellation des Troischen Krieges, um einer gegenwärtig gespürten Bedrohung Ausdruck zu verleihen. Die gegenwärtige Bedrohung ist vielmehr auch Stimulans, das Unbewältigte, die verdrängten Mythen in der Geschichte der Ich-Bildung selbst „auszugraben".

Christa Wolf spricht selbst davon, daß zwischen dem „Geteilten Himmel" und „Nachdenken über Christa T." ein „entscheidender Umbruch in ihrem Denken und Fühlen" stattgefunden habe, eine „Bewußtseinskrise".[42] Ihre Helden hätten nach diesem Umbruch nicht mehr das Maß an Selbständigkeit erlangen können, das bei aller Erschütterung Rita im „Geteilten Himmel" noch zeige. Das weiter gefaßte Ich, das Ich als Vielheit, das in „Juninachmittag" erschrieben wird, ist der Übergang zum Erzähler-Ich von „Nachdenken über Christa T.". Wieder geht es um Durcharbeiten eines Verlusts, eines Gestorbenen, Abgetöteten. „In den Tod gehen" meint so wörtlich zu Totem gehen, aber auch in den Tod des Ich als Bewußtseins gehen, insofern das Erzähler-Ich sich zum Verdrängten hin öffnet. Ziel des Durcharbeitens ist, unterdrückte Ich-Anteile, für die Christa T. steht, wiederzugewinnen und mit diesen auch die Fähigkeiten zu fühlen, zu erkennen und zu handeln, die an diese Ich-Anteile gebunden sind. Das leitende Ich-Konzept ist jetzt der Psychoanalyse verpflichtet, das Ich bestimmt sich aus der Dynamik zwischen Bewußtsein und Unbewußtem. Zwei leitende Begriffe des Textes sind in diesem Horizont sehr mißverständlich: „Nach-denken", insofern die Hinwendung des Erzähler-Ich zu Christa T. mehr als ein Akt des Bewußtseins sein will, und „Arbeit an Christa T. wenden", insofern hier gerade nicht die arbeitende Aneignung und damit Unterwerfung eines Objekts erstrebt ist. „Arbeit" ist hier auf Vorgänge im Unbewußten zu beziehen, wie etwa Freud von „Traumarbeit" oder von „Trauerarbeit" spricht.

„Trauerarbeit" macht jetzt im wesentlichen das Geschehen

zwischen Erzähler-Ich und erzählter Figur Christa T. aus, allerdings verbunden mit einem eigenartig umgekehrten Übertragungsgeschehen. Christa T. ist ein Aspekt des Erzähler-Ich, das diesen, den Forderungen der Außenwelt sich unterwerfend, gelernt hat, zu unterdrücken und zu verdrängen (Christa T. nimmt Fixierungen durch die Außenwelt nicht hin, will immer wieder neu beginnen, verweigert sich der Spaltung von Vernunft und Sinnlichkeit, will sich als ganzes Ich „ausgraben"). Das erste Kapitel führt an einem Déjà-vu-Erlebnis die ursprüngliche Zugehörigkeit der Möglichkeit Christa T. zum Erzähler-Ich aus. Wenn danach Christa T.s Leben nochmals durchgegangen wird, ist immer gefragt, was aus dem an Christa T. innegewordenen Anteil des Selbst unter den Bedingungen sozialistischer Wirklichkeit geworden ist. Die Möglichkeit Christa T. wird aus der Wirklichkeit gedrängt, Christa T. stirbt. Soweit das Erzähler-Ich eigene Ich-Anteile an Christa T. gebunden erkennt und läßt, birgt dies die Gefahr, zur Selbstnegation getrieben zu werden. Das wäre der Weg in die Melancholie.[43] Der Roman vermeidet ihn, soweit ihm Reintegration des Verdrängten gelingt. Christa T.s Leben wird nicht aus der Perspektive des überlebenden Erzähler-Ich als eines Siegers, das eigene Leben des Erzähler-Ich wird vielmehr aus der Perspektive Christa T.s durchgegangen, das heißt aus der Perspektive der unterdrückten, „vergessenen" Anteile im Ich. Dies ermöglicht eine Art umgekehrte Übertragung: Ablösung von Christa T. ist möglich, indem diese das Verdrängte im Ich wieder lebendig, berührbar werden läßt. Ein autoerotisches Geschehen kommt damit in Gang, vielleicht ist darin der Bann dieses Textes beschlossen, Verschmelzung von Bewußtsein (das sozialisierte Ich) und Unbewußtem (die verdrängten Ich-Anteile); das vorletzte Kapitel führt es als Ineinanderübergehen von Erzähler-Ich und Christa T. vor. Ein Doppeltes wird damit erreicht. Das Ich bricht seine engen Grenzen auf, wird umfassender, freier und sich durchsichtiger; gleichzeitig aber werden die bisher nur innerlichen, unvermittelten Aspekte des Ich, die an Christa T. gebunden waren, durch das Erzähler-Ich, das die Vermittlung zur Außenwelt stets bewahrt hat, erst kommunikativ.

Nachdem so in „Nachdenken über Christa T." die Verzerrungen, die Reduktionen, die blinden Flecken der Ich-Konstitution in sozialistischer Wirklichkeit durchgearbeitet worden sind, stellt sich Christa Wolf in „Kindheitsmuster“ eine noch brisantere Aufgabe. Sie versucht, die Schichten des Selbst freizulegen, die dem Bewußtsein noch weiter entzogen sind, die Kindheit in einer vom Faschismus geprägten Welt, das Ich-Sagen im „Schatten der Öfen von Auschwitz“ (KM 231, 215). Der Weg wird gegangen als Trauerarbeit um all das, was das Kind unter den Bedingungen faschistischer Wirklichkeit in sich zu unterdrücken lernen mußte. Kennzeichnend für die Erzählweise ist ein immer weniger fest umgrenztes Ich. Der Organisator der Trauerarbeit, das Erzähl-Subjekt, will das Kind nicht zum Gegenstand, zum Objekt der Verfügung machen, will ihm nicht erneut Gewalt antun. Daher kehrt sich wieder die Perspektive um. Vom Kind, das „hervorkommen“ soll in eigener Bewegung, wird auf das Erzähl-Subjekt geblickt; das Erzähl-Subjekt ist mithin in der Position des Angeblicktseins, so erklärt sich, was viele Interpreten gestört hat: daß das Erzähl-Subjekt wesentlich nur in der zweiten Person, als angeredetes Du, vorkommt und generell zwischen erster, zweiter und dritter Person wechselt. Der Gang dieser Trauerarbeit kann hier nicht im einzelnen nachgezeichnet werden. Das Ziel, das Wunschbild eines umfassenderen, lebendigen, „grenzenlosen“ Ich, wurde schon zitiert. Damit schien der, wie Christa Wolf selbst sagt, „lange, nicht enden wollende Weg zu sich selbst“ (N 173) doch an ein Ende gelangt, einiges von dem erreicht, was die Formel Freuds fordert: „wo Es war, soll Ich werden“.

3. Erweiterung des Ich-Konzepts, gattungsgeschichtlich

Aber Christa Wolf hat sich bei dem umfassenderen Ich, das mit „Kindheitsmuster“ erschrieben war, nicht beruhigt. Noch in der Zeit der Konzeption von „Kindheitsmuster“ entstehen Erzählungen – später als „unwahrscheinliche Geschichten“ veröffentlicht (Unter den Linden, Neue Lebensansichten eines Katers, Selbstversuch) –, die neue, nicht mehr individual-, sondern gattungsgeschichtliche Reduktionen in der Ich-Konstitution zum Thema machen. Ich-Bildung wird hier viel prinzipieller als Festlegung auf ein falsches Ich-System befragt. Das Ich, das hier zur Debatte steht, ist das rationale, auf

Dialektik von Herrschaft und Knechtschaft, auf arbeitende Bemächtigung der Objektwelt festgelegte Subjekt. Es ist die vom gesellschaftlich-kulturellen Prozeß geforderte Ich-Struktur, die ihre wachsende Selbst-Bedrohung mitbegründet, was mit *Dialektik der Aufklärung* auf den Begriff zu bringen versucht wurde. Als Wesen dieser Ich-Struktur bestimmt Christa Wolf immer entschiedener Angst; Angst, die sich im Mantel der Stärke verbergen muß.[44] Angst war schon immer Ursprung des Erzählens bei Christa Wolf; im Fortgang ihres Schaffens faßt sie sie immer prinzipieller, so daß es immer falscher wird, sie von bestimmten politischen Ereignissen abzuleiten. Es ist Angst aus dem Verdrängungsakt in der Ich-Bildung selbst, Symptom des selbst-zerstörerischen Unterdrückungsaufwands, den diese Ich-Bildung fordert. Die Frau ist nicht Gegen-Utopie zu diesem als männlich apostrophierten rationalen, auf Bemächtigung und Selbst-Unterdrückung ausgerichteten Ich. Daher distanziert sich Christa Wolf zu Recht von aller Art Feminismus.[45] Die Frau ist Paradigma der unterdrückten Stimme in dieser Ich-Konstitution, Stimme des in ihr Unterdrückten. Von jedem Werk Christa Wolfs kann so gesagt werden, was das Erzähler-Ich die Figur Kasssandra sagen läßt: „[...] insgeheim verfolge ich die Geschichte meiner Angst. Oder, richtiger, die Geschichte ihrer Entzügelung, noch genauer: ihrer Befreiung. Ja, tatsächlich, auch Angst kann befreit werden, und dabei zeigt sich, sie gehört mit allem und allen Unterdrückten zusammen." (K 41) „Entzügeln" der Angst steht immer entschiedener über der Frage „Wer spricht?". Das soll Stimme erhalten, was unterdrückt wird in der Bildung zum festumgrenzten, selbstgewissen, zum kriegerischen Ich, zum Ich als dem Sieger. Drei Weisen, dem Stimme zu geben, entwerfen die „unwahrscheinlichen Geschichten" von „Unter den Linden" – in der Titelerzählung mit den Mitteln der Traumerzählung, als Sprache des Abschieds von diesem zur Liebe unfähigen Ich: so kann das romantische Motiv der Undine, aber in Bachmanns Aneignung des „Undine geht", übernommen werden.[46] „Neue Lebensansichten eines Katers" läßt das Unterdrückte nur indirekt zu Wort kommen, als das „Weggeformte"; „Selbstversuch" geht am weitesten, bleibt am Schluß entsprechend offen; die Introjektion des männlichen Ich, ein Mann namens Anders zu werden, um zum Geliebten zu gelangen, wird zurückgenommen, um des Versuchs zu lieben willen.

In „Kein Ort. Nirgends" wird weiter ausgeführt, was in den „unwahrscheinlichen Geschichten" schon angelegt ist: daß der Versuch, sensibel zu machen für den Prozeß der Unterdrükkung, dem das Ich gattungsgeschichtlich aufruht, und der Versuch, dem Unterdrückten Stimme zu verleihen, in der Frühromantik Stützen findet, wenn diese als Selbstkritik der sich herausbildenden Strukturen der Moderne gedeutet wird.[47] „Kassandra" verfolgt dann die „Spur der Angst" in der Ich-Bildung zurück zu den Anfängen der abendländischen Geschichte, wo diese sich als Geschichte des kriegerischen Ich, des Ich, das des logos, das heißt aber auch der Schrift mächtig ist, aus dem Mythos herauslöst. Der Text und die „Voraussetzungen einer Erzählung: Kassandra" stehen Leitgedanken der „Dialektik der Aufklärung" sehr nahe, zum Beispiel im Motiv der „drei Schiffe" als paradoxem Zusammengehen von kulturellem Fortschritt (Ersetzen des Menschenopfers) und Zunahme der Gewalt nach außen wie gegen das Selbst, wobei das Ziel (Helena) zu einem Phantom wird.

„Kassandra" aber geht nicht nur die „Spur der Angst" bis zum Ursprung – weiter zurück kann ich nicht mehr gehen, vermerkt Christa Wolf[48] –, das Werk hat ein zweites Hauptthema, das gewissermaßen nach vorn, auf das Erzählen verweist. Es fragt nach der Rede selbst in dem „Entzügeln der Angst", fragt, was es heißt, dem Unterdrückten Stimme zu geben. Der Status der Rede, des Sprechens in der Ich-Bildung wird zum – bisher nicht beachteten – Thema. So ist die Erzählung nicht nur Archäologie einer unterdrückten Stimme, sondern auch Theorie der Erzählung.

4. Das Ich als Rede des Anderen

Die wahnsinnige Rede überkommt Kassandra erstmals nach dem Verlust des Halbbruders Aisakos, mit dem sie sich in symbiotischer Einheit erfuhr. Aus dem schlechthinnigen Glück dieser symbiotischen Beziehung, die der Text in hinreißenden Bildern beruft (K 50), wird das Kind Kassandra hinausgestoßen: durch die Frau des Aisakos, dann durch deren Tod im Kindbett, der Aisakos' Tod nach sich zieht. Dies Hinausgestoßenwerden wird als Schock der Erschütterung des Primärzustandes (der Mutter-Kind-Dyade) erlebt. Er ist in der Sozialisationsgeschichte des Ich verbunden mit dem Eintritt in die Ordnung der Sprache. Das Kind muß immer wieder die Abwesenheit des primären Bezugsobjekts (in diesem Sinne: der Mutter) erfahren. Die Mutter aber ist abwesend, weil sie in einem anderen Bezug des Begehrens steht, weil sie beim Vater ist. Dieser andere Bezug des Begehrens, das es ausschließt, teilt sich dem Kind als Rede (der Mutter mit dem Vater) mit. Die Rede des Dritten, des Anderen, schaltet sich normierend in die Mutter-Kind-Dyade ein, bricht sie auf. So tritt die Welt der Sprache, die Welt des verbietenden, trennenden Gesetzes in die Welt des Kindes ein.[49]

Die traumatische Erfahrung der Abwesenheit der Mutter und der Begegnung mit dem Dritten als dem Träger der Sprache wird ausgehalten, wenn das Kind lernt, die Abwesenheit der Mutter und damit den dazwischengetretenen Dritten durch Zeichen zu ersetzen.[50] Damit wird die Sprache integriert, aber als Rede des Anderen, nicht des eigenen Begehrens. Das Kind ist über die duale Beziehung mit der Mutter hinausgelangt, ist ein Subjekt geworden, das sich von den beiden anderen Subjekten unterscheidet. Aber es ist Subjekt geworden, indem es die Ordnung der Sprache als Sprache des Anderen übernimmt: dies der konstituierende Entzug, die konstituierende Verdrängung in der Ich-Bildung. Auf solch einen Ersetzungsvorgang wird Kassandra verwiesen. Aisakos, mit dem das Kind das Glück der Symbiose aufrechterhalten will, soll nun, da er tot, da das Glück der Symbiose unwiderruflich zerbrochen ist, durch einen Vogel ersetzt werden, der unter den Schutz der Allgemeinheit gestellt wird (K 50). Die Schreie, mit denen sich Kassandra gegen diesen Ersetzungsvorgang wehrt, sind ihre erste „wahnsinnige" Rede. Aber die Schreie können nicht zurückführen, sie halten nur etwas fest – die Erfahrung primärer Liebe – im Augenblick des endgültigen Entzugs. Kassandra *ist* auf der Bahn der Ersetzungen, ob sie es hinnimmt oder sich aufbäumt, und diese Bahn der Ersetzungen entfaltet ihre eigene Logik. Was von Aisakos getrennt hat, die fremde Frau und deren Kind, wächst in Kassandra fort, wird im Traum zur Kröte in ihrem Mund, die sie ausspeit. Das Geschlecht wird verschoben zum Mund, der aber erhält, wieder als „Ersatz", als „Strafe" für verweigerte geschlechtliche Hingabe, von Apoll die Gabe der seherischen Rede. Die Kröte kehrt, verschoben zum Speichel, den der wölfische Apoll in Kassandras Mund spuckt, in den Ort der Rede zurück. Die prophetische Rede, der niemand glaubt, ist die Rede der Weigerung und zugleich Bestätigung des Hinausgestoßenseins aus der Symbiose der primären Liebe, die kein festumgrenztes Ich kennt, in die ödipale Beziehungskonstellation des sich gegen andere abgrenzenden Ichs.

In „Kassandra" ist die Kröte Signifikant für den Schock der Erschütterung des Zustands primärer Liebe, diese als Entzug festhaltend. Das wirft neues Licht auf die frühere Gestaltung des Motivs in „Nachdenken über Christa T.". Christa T. erlebt dort einen Schüler mit dem Spitznamen „Hammurabi", der einer Kröte den Kopf abbeißt. Für Christa T. gehört dies zu den schockhaften Erfahrungen, die sie aus der Wirklichkeit der anderen hinausdrängen: „Das hört nicht auf." (N 109) Der historische Hammurabi – „warum sie ihn bloß so nennen", wird in „Nachdenken über Christa T." gefragt, mithin der Blick auf das Urbild gefordert –, der historische Hammurabi ist der erste überlieferte Gesetzgeber. Er hat Ordnung errichtet, die Gewalt des Logos, der Schrift, über der flutenden Bewegung sich austauschender Körper. So ist er Repräsentant des herrschaftlichen Ichs in der Gattungsgeschichte der Ich-Bildung. Entsprechend muß ihn Christa T., die Stimme des Unterdrückten im Prozeß der selbst-zerstörenden Ich-Bildung, als Schock erfahren. Mit dem abgebissenen Kopf der Kröte etabliert sich das logoszentrierte Ich „Hammurabi" als der Sieger. Christa T. versucht, das Trauma rückgängig zu machen, es umzuschreiben; sie phantasiert aus, daß Hammurabi hinter seine Tat zurückfalle, über sie weine „wie ein kleines Kind" (N 107), dabei weiß sie: „Fleißig und roh ist er [...] Sein Typ ist noch gefragt. Wenn wir uns bloß nicht täuschen lassen von seiner Tüchtigkeit! Denn – wohin würde das führen?" (N 111) „Kassandra" führt die Geschichte dieser „Tüchtigen" dann vor, die die „Kröte", den Signifikanten des Glücks primärer Liebe in seinem Entzug überwunden, verdrängt haben. Es ist zugleich die Geschichte des Heraustretens aus dem Mythos mit seinen ständig ihre Kontur wechselnden Gestalten in den Raum der Geschichte, der sich konstituiert im Ich, das sich an anderen abarbeitet, so Grenze und Einheit gewinnt. Auch dieser Prozeß, die Geschichte der Kultur, wird gezeigt als einer der „Ersetzung". Das barbarische Menschenopfer wird „ersetzt" durch Zeichen, der Fortschritt aber ist eine Bahn, die immer neue Zerstörung produziert, manifest in den „drei Schiffen", von denen das letzte den troischen Krieg herbeizwingt. Die selbst-entfremdende Rede der Ich-Bildung aber ist die Rede, die dieser Bahn der Geschichte eignet. Der „wahnsinnig" redenden, gegen den Verlust des Aisakos sich wehrenden Kassandra bietet Priamos diese geschichtliche Rede als „Ersatz" an. Die Rede der Politik, des Rates, an dem Kassandra teilnehmen wird, zur Lieblingstochter des Priamos aufgestiegen; es ist die Rede der „Sprachregelungen", die todproduzierende Rede. Kassandra erlernt sie, löst sich aber aus ihr wieder heraus, während Christa T., je mehr sie sie lernt, um so mehr verkümmert. Am Ende begegnet Kassandra in Klytämnestra das Alter ego, beide erkennen sich, beide tragen die gleichen Zeichen, den Schmuck des Heerführers Agamemnon, den beide verachten. Klytämnestra hat sich der geschichtlichen Rede überantwortet, hat sich so auf die Bahn der Sieger, der Zerstörer begeben, in der sie selbst bald zerstört werden wird.

Was aber befähigt Kassandra, herauszutreten aus der Sprache des geschichtsmächtigen und doch zugleich selbst-zerstörenden Ich? Es ist das Paradox ihrer „wahnsinnigen" Rede. Diese Rede wehrt sich gegen den Verlust des Zustands primärer Liebe, gegen dessen Ersetzung durch Zeichen und ist doch als Abwehr zugleich das Abgewehrte, Zeichen, das an der Stelle des unwiederbringlich Entzogenen steht, dieses im Entzug festhaltend. Solche Rede ist aber zugleich Zugang zum Entzogenen, was allerdings verlangt, den Bann des „Wahnsinns" aufzuheben und abzutragen, den das todproduzierende Sprechen des geschichtlich gewordenen Subjekts auf sie gelegt hat. Der fiktive innere Monolog Kassandras jedoch, den das erzählende Ich ausbreitet, ist nichts anderes als solches „Ausgraben" (N 149), solches Befreien der „wahnsinnigen" Rede, nicht mit dem Ziel der Regression in das verlorene symbiotische Dasein, sondern um der „vernünftigen" Rede des geschichtlichen Subjekts das vertriebene, verdrängte Lebendige zurückzugeben: „Für die Griechen gibt es nur entweder

Wahrheit oder Lüge, richtig oder falsch, Sieg oder Niederlage, Freund oder Feind, Leben oder Tod. Sie denken anders. Was nicht sichtbar, riechbar, hörbar, tastbar ist, ist nicht vorhanden. Es ist das andere, das sie zwischen ihren scharfen Unterscheidungen zerquetschen, das Dritte, das es nach ihrer Meinung überhaupt nicht gibt, das lächelnde Lebendige, das imstande ist, sich immer wieder aus sich selbst hervorzubringen, das Ungetrennte, Geist im Leben, Leben im Geist." (K 121f.)

1985

Siglenverzeichnis

GE Gesammelte Erzählungen. Darmstadt und Neuwied 1981 (Sammlung Luchterhand 361).

GH Der geteilte Himmel. Erzählung. München 1973 (dtv 915).

K Kassandra. Erzählung. Darmstadt und Neuwied 1983 (Sammlung Luchterhand 455).

KV Voraussetzungen einer Erzählung: Kassandra. Frankfurter Poetik-Vorlesungen. Darmstadt und Neuwied 1983 (Sammlung Luchterhand 456).

KM Kindheitsmuster. Roman. 10. Auflage, Darmstadt und Neuwied 1983 (Sammlung Luchterhand 277).

KON Kein Ort. Nirgends. Darmstadt und Neuwied 1979 (Sammlung Luchterhand 325).

LSN Lesen und Schreiben. Neue Sammlung. Essays, Aufsätze, Reden. Darmstadt und Neuwied 1980 (Sammlung Luchterhand 295).

N Nachdenken über Christa T. 22. Auflage, Darmstadt und Neuwied 1984 (Sammlung Luchterhand 31).

1 Elias Canetti, Die Provinz des Menschen. Aufzeichnungen 1942 bis 1972. München 1973, S. 64.

2 Begriffe nach: Tzvetan Todorov, Les Catégories du récit littéraire. In: Communications, 1966, Heft 8.
Jürgen Nieraad, Pronominalstrukturen in realistischer Prosa. Beobachtungen zu Erzählebene und Figurenkontur bei Christa Wolf. In: Poetica (München), 10. Jg., 1978, Heft 4, S. 485 bis 506.

3 Zur Ich-Konstitution als Dekonstruktion des Ich: Jacques Lacan, Das Spiegelstadium als Bildner der Ichfunktion, wie sie uns in der psychoanalytischen Erfahrung erscheint. In: Lacan, Schriften I. Ausgewählt und hrsg. von Norbert Haas. Frankfurt a. M. 1975, S. 61–70. Berufung auf Rimbauds „Le je est un autre" bei: Lacan, Ecrits (Paris 1966), S. 118. Auch Hermlin beruft in seiner Autobiographie „Abendlicht" diese Erfahrung Rimbauds, Christa Wolfs Erschütterung der Instanz „Ich" steht mithin nicht solitär in der DDR-Literatur. Zu Hermlins Autobiographie: Bernhard Greiner, Autobiographie im Horizont der Psychoanalyse: Stephan

Hermlins „Abendlicht". In: Poetica. Zeitschrift für Sprach- und Literaturwissenschaft. Hrsg. von Karl Maurer (Amsterdam), 14. Band, Jg. 1982, S.213–249.

4 Max Horkheimer/Theodor W. Adorno, Dialektik der Aufklärung. Frankfurt a.M.1969, S.33.

5 Der „andere Schauplatz" als Ort des Traumes: Sigmund Freud, Die Traumdeutung. In: Freud, Studienausgabe. Band 1–10 und Ergänzungsband. Hrsg. von Alexander Mitscherlich, Angela Richards, James Strachey. Frankfurt a.M.1972, Band 2.

6 Zum Bild des „Charakterpanzers" als wahnhafter Identität: Lacan, Das Spiegelstadium ... In: Lacan, Schriften I, S.67.

7 Zur „Flexion des Ich" als Fluchtpunkt von Christa Wolfs Schreiben: Bernhard Greiner, Die Schwierigkeit, „ich" zu sagen: Christa Wolfs psychologische Orientierung des Erzählens. In: Deutsche Vierteljahrsschrift für Literaturwissenschaft und Geistesgeschichte (Stuttgart), 2/1981, S.323–342.

8 Sigmund Freud, Eine Schwierigkeit der Psychoanalyse. In: Freud, Gesammelte Werke. Band 1–18, Frankfurt a. M. 1960–1968, Band 12, S. 11 (Imago-Ausgabe).

9 KM 83; vgl. Sigmund Freud, Der Dichter und das Phantasieren. In: Freud, Studienausgabe. Band 10, S.176.

10 Michel Foucault, Die Ordnung der Dinge. Frankfurt a.M.1974, S.412.

11 Michel Foucault, Was ist ein Autor? In: Foucault, Schriften zur Literatur. Frankfurt a.M.1979, S.11.

12 Zur Kritik des Denkens am Leitfaden der Subjektivität in der poststrukturalistischen Philosophie: Manfred Frank, Was ist Neostrukturalismus? Frankfurt a.M.1984.

13 Vgl. hierzu Nietzsche: „Die Annahme des *Einen Subjekts* ist vielleicht nicht nothwendig; vielleicht ist es ebensogut erlaubt, eine Vielheit von Subjekten anzunehmen, deren Zusammenspiel und Kampf unserem Denken und überhaupt unserem Bewußtsein zu Grunde liegt. Eine Art *Aristokratie* von ‚Zellen', in denen die Herrschaft ruht? Gewiß von pares, welche miteinander an's Regieren gewöhnt sind und zu befehlen verstehen? Meine Hypothesen: das Subjekt als Vielheit ..." (Sämtliche Werke. Kritische Studienausgabe. Berlin [West] 1980, Band 11, S.650.)

14 Christa Wolf: „Auf diese Hoffnung hin schreibe ich, versuche ich, den Wurzeln der Widersprüche nachzugehen, in denen unsere Zivilisation jetzt steckt. Dies tat ich mit dem Kassandra-Buch" (Das starke Gefühl, gebraucht zu werden. Gespräch mit Brigitte Zimmermann und Ursula Fröhlich. In: Wochenpost [Berlin] vom 10. Februar 1984). – Zum Komplex „Hoffnung" in Christa Wolfs Schaffen: Andreas Huyssen, Auf den Spuren Ernst Blochs. Nachdenken über Christa Wolf. In: Basis. Jahrbuch für deutsche Gegenwartsliteratur. Hrsg. von Reinhold Grimm und Jost Hermand. Band 5, Frankfurt a. M. 1975, S. 100–116. „Vergessen" der Hoffnung als Fehlleistung: KM 268f.; Bewahren der Hoffnung als Appell: „Wenn wir zu hoffen aufhören, kommt, was wir befürchten, bestimmt." (KON 117); über das Verhältnis von Hoffnung und Freiheit: KV 107.

15 Vgl. Sigmund Freud, Erinnern, Wiederholen und Durcharbeiten. In: Freud, Studienausgabe. Ergänzungsband.

16 Christa Wolf, Kultur ist, was gelebt wird. In: Alternative (Berlin [West]), April–Juni 1982, S. 119. Ähnlich äußert Christa Wolf in KV: „Wann hat es angefangen? fragen wir uns. War dieser Verlauf unausweichlich? Gab es Kreuz- und Wendepunkte, an denen die Menschheit, will sagen: die europäische und nordamerikanische Menschheit, Erfinder und Träger der technischen Zivilisation, andere Entscheidungen hätte treffen können, deren Verlauf nicht selbstzerstörerisch gewesen wäre? War denn [...] mit dem Übergang matriarchalisch strukturierter, wenig effektiver Gruppen zu patriarchalischen, ökonomisch effektiveren, der Grund für die weitere Entwicklung gelegt. [...] Hätte es für unsere Länder irgendeine Möglichkeit gegeben, aus diesem Wettlauf auszusteigen, indem wir uns auf andere Werte orientiert hätten?" (KV 107f.)

17 Walter Benjamin, Über den Begriff der Geschichte. In: Benjamin, Illuminationen. Frankfurt a.M. 1955, S. 271.

18 Christa Wolf: „[...] Jeder Mensch erfährt – wenn er sich überhaupt erfährt –, daß er in jedem Stadium seines Lebens einen blinden Fleck hat. Etwas, was er nicht sieht. Das hängt mit seiner Wahrnehmungsfähigkeit, mit seiner Geschichte zusammen. Und so hat auch eine Gesellschaft oder eine Zivilisation einen blinden Fleck. Genau dieser blinde Fleck bringt die Selbstzerstörung hervor. Ihn nicht nur zu umschreiben, sondern in ihn hineinzugehen, sozusagen in den Mittelpunkt des hurricans: das ist meiner Meinung nach Aufgabe der Literatur. Das geht sehr oft über den Weg der Selbsterforschung, weil ich, du, jeder von uns, unsere Erziehung und Sozialisierung ein Teil dieser Zivilisation sind. Diesen Fleck hat die Aufklärung liegengelassen, weil sie nur über die Ratio gegangen ist. [...] Diesen Fleck immer tiefer zu erforschen ist Aufgabe der Literatur" (Documentation: Christa Wolf. In: German Quarterly [Ohio], 57. Jg., 1984, Heft 1, S. 114). Vgl. auch: KV 40; Christa Wolf, Nun ja! Das nächste Leben geht aber heute an. Ein Brief über die Bettine. LSN 284–318.

19 Vgl. ihren Rückblick auf diese Erzählung in: Über Sinn und Unsinn von Naivität. LSN 56–67.

20 Documentation: Christa Wolf. In: German Quarterly, 1984, Heft 1, S. 106.

21 Lothar Köhn, Vergangenheitssprachen. Christa Wolfs „Kassandra" – Franz Fühmanns „Saiäns-Fiktschen" und „Sturz des Engels". In: Literatur in der DDR: neue Orientierungen und geschichtliche Bezüge. Hrsg. von Bernhard Greiner. In: Michigan Germanic Studies 1985 (Ann Arbor), Sonderheft.

22 Die Rezeption des Textes zeigt einen Sog in diese falsche Richtung; vgl. Wirkungsgeschichte von Christa Wolfs „Nachdenken über Christa T.". Hrsg. von Manfred Behn. Königstein 1978.

23 Auf diesen Aspekt weist nachdrücklich: Rolf Günter Renner, Mythos plus Psychologie. In: Literatur in der DDR ... In: Michigan Germanic Studies, 1985, Sonderheft.

24 Friedrich Schlegel, Lucinde. Kapitel Dithyrambische Phantasie über die schönste Situation. In: Kritische Friedrich Schlegel Ausgabe. Band 5, München 1962, S. 10.

25 KM 16ff.; ausführlicher über diesen Zusammenhang: Greiner, Die Schwierigkeit, „ich" zu sagen ... In: Deutsche Vierteljahresschrift für Literaturwissenschaft und Geistesgeschichte, 2/1981, S. 333.

26 Walter Benjamin, Berliner Kindheit um Neunzehnhundert. Frankfurt a.M. 1950.

27 Ebenda, S. 165.

28 Alexander und Margarete Mitscherlich, Die Unfähigkeit zu trauern. Grundlagen kollektiven Verhaltens. München 1980.

29 „Du aber [...] wirst dich fragen müssen, wieviel verkapselte Höhlen ein Gedächtnis aufnehmen kann, ehe es aufhören muß zu funktionieren. Wieviel Energie und welche Art Energie es dauernd aufwendet, die Kapseln, deren Wände mit der Zeit morsch und brüchig werden mögen, immer neu abzudichten. Wirst dich fragen müssen, was aus uns allen würde, wenn wir den verschlossenen Räumen in unseren Gedächtnissen erlauben würden, sich zu öffnen und ihre Inhalte vor uns auszuschütten." (KM 69)
Zu diesem Komplex auch: Margarete Mitscherlich, Überlegungen zu den Autobiographien von Helene Deutsch, Margaret Mead und Christa Wolf. In: Neue Rundschau (Frankfurt a.M.), 2–3/1980.

30 Begriffe „Ich-Form", „Er-Form" des Erzählens nach: Jürgen H. Petersen, Kategorien des Erzählens. Zur systematischen Deskription epischer Texte. In: Poetica. Zeitschrift für Sprach- und Literaturwissenschaft, 9. Band, Jg. 1977, S. 167–195.

31 Vgl. hierzu Interviews mit Christa Wolf in der DDR: Subjektive Authentizität. Gespräch mit Hans Kaufmann. In: Weimarer Beiträge (Berlin), 6/1974, S. 90–112; Hans Kaufmann, Zu Christa Wolfs poetischem Prinzip. Ebenda, S. 113–125; Erfahrungsmuster. Diskussion zu „Kindheitsmuster". In: Sinn und Form, 4/1976, S. 861–888.
Weitere Angaben in: Alexander Stephan, Christa Wolf. Amsterdam 1980 (Forschungsberichte zur DDR-Literatur 1).

32 In einem jüngst gegebenen Interview heißt es noch ähnlich: „Immer werde ich mir darüber klar, daß mein Hauptantrieb für Schreiben Selbsterforschung ist: Immer dann, wenn ich über mein Verhältnis zu meiner Zeit, zu ihren Strömungen, Institutionen, zu Zeitgenossen, zu mir selbst schreibend etwas herausfand, was ich vorher nicht gewußt hatte oder jedenfalls nicht hatte aussprechen können – immer dann stellte sich jener besondere Zustand der Erregung, jenes Gefühl von Authentizität ein, um dessentwillen ich eigentlich schreibe." (Das starke Gefühl, gebraucht zu werden. In: Wochenpost vom 10. Februar 1984.)

33 In dieser Leistung erkennt Foucault der Psychoanalyse (neben der Ethnologie) einen herausragenden Platz in unserem Wissen zu (Foucault, Die Ordnung der Dinge, S. 447 ff.).

34 Vgl. KM 256; Selbstinterview (LSN 51 f.).

35 Als Hinführungen: August Ruhs, Die Schrift der Seele. Einführung in die Psychoanalyse nach Jacques Lacan. In: Psyche. Zeitschrift für Psychoanalyse und ihre Anwendung (Stuttgart), 34. Jg., 1980, Heft 10, S. 885 bis 909; Samuel Weber, Rückkehr zu Freud. Jacques Lacans Ent-Stellung der Psychoanalyse. Frankfurt a. M. 1978; Frank, Was ist Neostrukturalismus?

36 Material zusammengestellt in: Martin Reso, „Der geteilte Himmel" und seine Kritiker. Dokumentation mit einem Nachwort des Hrsg. Halle (Saale) 1965.

37 Zum Verständnis des „ich" in der idealistischen Philosophie: Ernst Tugendhat, Selbstbewußtsein und Selbstbestimmung. Frankfurt a. M. 1979. Zu Christa Wolfs Ablösung von diesem traditionellen Ich-Konzept ausführlicher: Greiner, Die Schwierigkeit, „ich" zu sagen. In: Deutsche Vierteljahrsschrift für Literaturwissenschaft und Geistesgeschichte, 2/1981, S. 324–342.

38 Sigmund Freud, Die Traumdeutung (Kapitel „Die Traumarbeit"); Wortlaut der Definition nach: J. Laplachne/J.–B. Pontalis, Das Vokabular der Psychoanalyse. Band 1 und 2, Frankfurt a.M. 1977, S. 603.

39 Freud, Die Traumdeutung; Wortlaut der Definition nach: ebenda, S. 580.

40 Im Sinne von Wolfgang Iser, Die Appellstruktur der Texte. In: Rezeptionsästhetik. Theorie und Praxis. Hrsg. von R. Warning. München 1975.

41 Bertolt Brecht, Gesammelte Werke. Band 9, Frankfurt a. M. 1977, S. 815f. (werkausgabe edition suhrkamp).

42 Documentation: Christa Wolf. In: German Quarterly, 1984, Heft 1, S. 94.

43 Sigmund Freud, Trauer und Melancholie. In: Freud, Studienausgabe, Band 3.

44 Documentation: Christa Wolf. In: German Quarterly, 1984, Heft 1, S. 107.

45 Ebenda, S. 113.

46 Zur Auseinandersetzung mit romantischer Tradition bei Christa Wolf: Hans-Georg Werner, Zum Traditionsbezug der Erzählungen in Christa Wolfs „Unter den Linden". In: Weimarer Beiträge, 4/1976, S. 26–64.

47 Hierzu ausführlicher: Greiner, Sentimentaler Stoff und fantastische Form. Zur Erneuerung frühromantischer Tradition im Roman der DDR. In: DDR-Roman und Literaturgesellschaft. Hrsg. von Gerd Labroisse/Jos Hoovgen. Amsterdam 1981, S. 249–329.

48 Documentation: Christa Wolf. In: German Quarterly, 1984, Heft 1, S. 107.

49 Jacques Lacan, Funktion und Feld des Sprechens und der Sprache in der Psychoanalyse. In: Lacan, Schriften I, S. 169.

50 Lacans Interpretation des von Freud analysierten „Fort-Da-Spiels". Ebenda, S. 165–169.

Joseph Pischel

Gewebe von Gesittung – Gewebe des Erzählens

Christa Wolfs Verhältnis zu Anna Seghers

„Jetzt sind wir hier. Was jetzt geschieht, geschieht uns."
Anna Seghers, Das siebte Kreuz

„... auf verschiedenen Seiten der Generationsschranke"

So weitgespannt und vielschichtig die schöpferische wie kritische Annäherung Christa Wolfs an Schriftsteller der Vergangenheit oder an Zeitgenossen auch immer war, so einfühlsam und eindringlich sie sich zu Wahlverwandtschaften bekannt hat – zu keinem anderen Autor hat sie sich so intensiv, kontinuierlich und prinzipiell ins Verhältnis gesetzt wie zu Anna Seghers.[1] Für keinen anderen Schriftsteller wurde Anna Seghers' erzählerisches und essayistisches Werk (auch das Werk eines anderen „Klassikers" dieser Generation, Brechts, nicht ausgenommen) auf eine vergleichbare Weise zum Maß eines „fortgesetzten Versuchs" der ästhetisch-poetologischen Selbstverständigung und Profilierung.

Dabei läßt Christa Wolf keinen Zweifel daran, daß das Widersprüchliche dieser Annäherung, der – wie sie einräumt – „notwendige Schmerz der Fremdheit im Bannkreis gewünschter Nähe", nicht nur subjektivem Anderssein geschuldet ist: „Man steht auf verschiedenen Seiten der Generationsschranke."[2] Christa Wolf sieht das Leben der Anna Seghers als gleichnishaft für andere Lebensmuster einer anderen Generation und bewundert ihre erzählerische Leistung aus der Sicht einer nachgeborenen Generation als klassisch. Bei dieser Gewichtung der Erfahrungen und Chancen der Generationen kann sich Christa Wolf auf Anna Seghers selbst berufen: Sie hat oft genug auf unterschiedliche geschichtliche Grunderfahrungen verwiesen, wenn sie erklären wollte, warum der einen Generation klassische Leistungen gelingen, die schon die nachfolgende verfehlen muß. Christa Wolfs Sympathie für die Ältere ist ja nicht zuletzt darin begründet, daß Seghers schon in den dreißiger Jahren „undogmatisch die Generation jener

Schriftsteller verteidigte, denen sich die widerspruchsvolle Wirklichkeit nicht zum olympischen Bild zusammensetzte" (II, 394).

Aber natürlich können und sollen die unterschiedlichen Generationserfahrungen nicht alles erklären. Sonst wäre ja nicht zu verstehen, daß Autoren der gleichen Generation wie Christa Wolf, Heiner Müller, Peter Hacks, Erik Neutsch oder Hermann Kant sehr unterschiedliche Antworten auf ähnliche Grunderfahrungen geben und die ästhetisch-poetologischen Positionsbestimmungen und offenen oder auch verdeckten Debatten wichtiger Schriftsteller ein und derselben Generation eine Spannweite zeigen, die – mit welcher Berechtigung auch immer – mit polaren Begriffen wie „klassisch" und „romantisch" ausgemessen werden kann.

Anna Seghers hat sich einmal prinzipiell so dazu geäußert: „Man kann erklären, aus welcher gesellschaftlichen Lage eine bestimmte Dichtung entstanden ist. Doch hängt es immer von dem Charakter eines Dichters, von seiner spezifischen Eigenart ab, was er ganz besonders erfaßt und darstellt, aus der Fülle der Erscheinungen, die das gesellschaftliche Problem seiner Zeit und seines Landes ihm bietet."[3] Hans Richter verbindet die Akzentuierung des Generationsproblems mit der Frage nach der künstlerischen Individualität, der er sich mit Begriffen wie „Temperament" und „Stil" zu nähern versucht.[4] Bei einem Vergleich der Prosa von Anna Seghers und Christa Wolf ist leicht auszumachen, daß das unverwechselbare Talent der Anna Seghers sich eher im „naiven", sinnlich-anschaulichen Erzählen von Geschichten entfaltet, das von Christa Wolf eher im „sentimentalischen", reflektierenden, diskursiven Nachdenken. Nur wenn man dieses Geflecht individueller Vermittlungen und Brechungen von Generationserfahrungen mitzudenken versucht, kann das Spannungsfeld von Traditionsbewußtsein und Traditionsbruch, von Gewinn und Verlust, von objektiven geschichtlichen Bedingungen und subjektiven künstlerischen Leistungen beschrieben werden.

Vor allen Unterscheidungen, seien sie auf unterschiedliche Generationserfahrungen und Schreibkonzepte oder auf unterschiedliche Ausprägungen von Charakter und Talent zurückzuführen, steht aber die Bewunderung Christa Wolfs für die große künstlerische Leistung und menschliche Integrität der

Anna Seghers: „Sie zaubert. Bezaubert. Wie geht das zu: Zaubern in nüchterner Zeit?" (I, 332) Mit Metaphern wie „zaubern" und „Magie" nähert sich Christa Wolf dem Geheimnis, wie aus Menschenschicksalen und Landschaftsbildern, Geschichten und Legenden, Märchen und Träumen eine Kunstwirklichkeit geschaffen wird, die genauer und intensiver erlebbar ist als die Realität selbst, die uns, den Lesern, auf wunderbare Weise das „Gefühl des Am-Leben-Seins" geben kann. Über alle Generationsschranken hinweg begegnen sich zwei große Erzählerinnen, die sich den Widersprüchen ihres Jahrhunderts aussetzen, sie so wahrhaftig wie möglich darstellen und die Verantwortung des Schreibenden doch darin sehen, menschliche Kräfte zur Verteidigung der menschlichen Existenz zu mobilisieren, die Hoffnung zu stärken auf die Unzerstörbarkeit des Menschen.

„... Werk um Werk zu einem großen Epos unseres Jahrhunderts"

Als Herausgeberin der Essay-Sammlung „Glauben an Irdisches" (1968) stellte Christa Wolf an die Spitze ihrer Auswahl einen Themenkomplex „Volk und Schriftsteller" und gab ihm ein Motto aus dem gleichnamigen Seghers-Aufsatz: „Wir haben im eigenen Volk empfangen, was Goethe den Originaleindruck nennt, den ersten und darum unnachahmlich tiefen Eindruck von allen Gebieten des Lebens, von allen gesellschaftlichen Zuständen, ein Eindruck, an dem wir unbewußt und für immer vergleichen und messen."[5] Die Unverwechselbarkeit und der Reichtum der Menschen und Landschaften der Anna Seghers machen sichtbar, wie „unnachahmlich tief" dieser Eindruck von allen Gebieten des Lebens, nicht nur in seinen politischen Erscheinungsformen, war. Aber unter dem Gesichtspunkt der Generationserfahrung muß doch eine Seite dieses „Originaleindrucks" herausgehoben werden: die Bindung des Schriftstellers an die revolutionäre Bewegung gegen Ausbeutung, Faschismus und Krieg, für ein anderes, erfülltes Leben – auf den Kampfplätzen der Weimarer Republik, in der Illegalität und in den Konzentrationslagern, im Exil und bei den revolutionären Umwälzungen in der DDR. „Unvergeßlich und unersetzbar", hebt Christa Wolf hervor, „ist die Erfahrung, da gewesen zu sein, wo Geschichte gemacht wird, und nicht immer nur da, wo sie kommentiert und konsumiert und verdorben wird." (I, 325)

Weitreichende ästhetische Konsequenzen hatte die im gemeinsamen politischen Kampf immer wieder neu zu erarbeitende Übereinstimmung von politischer Avantgarde und künstlerischer Avantgarde; letztere leitete ihre „Ästhetik des Widerstands" von den Bedürfnissen des politischen Kampfes ab, welche inneren und äußeren Konflikte, welche ästhetischen Kompromisse das auch möglicherweise einschloß.

Geschichte wurde trotz scharfer Einschnitte und lebensbedrohlicher Prüfungen letztlich erlebt und mitgestaltet als in den Grundlinien gesetzmäßiger Prozeß des Fortschritts, dessen Resultate nicht nur vorausgesagt, sondern durch eigene künstlerische und politische Arbeit auch mit herbeigeführt wurden. Diese Grunderfahrung geschichtlicher Folgerichtigkeit half wohl, die Last nicht bewältigter Widersprüche auszuhalten, sie vielleicht auch zu verdrängen. Dieser Grunderfahrung entsprach die Konsequenz der inneren Biographie mit ihren unaufkündbaren Grundsatzentscheidungen, überstandenen Bewährungen und Krisen und im wesentlichen schließlich eingelösten Zukunftshoffnungen – und letztlich auch die innere Geschlossenheit des von tätiger Mitwirkung an der Geschichte gesättigten literarischen Werkes. Politische, moralische und ästhetische Wertsysteme waren wie wohl nie vorher unerbittlichen Prüfungen ausgesetzt, aber letztlich durch den Gang der Geschichte bestätigt worden, so daß man sowohl beim Abschied von der bürgerlichen Gesellschaft als auch bei der Mitarbeit an der „wirklichen Bewegung" in Richtung Sozialismus über genügend „unbezweifelbare und unbezweifelte Gewißheiten" (I, 344) verfügte.

Christa Wolf leitet von dieser Teilnahme an der geschichtlichen Bewegung die Fähigkeit von Anna Seghers her, für die wichtigsten Vorgänge im Leben ihres Volkes den adäquaten Ausdruck zu finden und ein „Gesamtbild der Epoche" zu geben. Ihre frühe Annäherung an Anna Seghers steht im Zeichen eines solchen Maßstabs für große realistische Literatur, den sie schon als Kritikerin in den fünfziger Jahren energisch vertreten hat.

Von Ehm Welks Roman „Im Morgennebel" über Erfahrungen aus der Novemberrevolution 1918/19 zeigt sie sich 1954 vor allem deshalb enttäuscht, weil sie die Chance verschenkt sieht, die in der deutschen Literatur unterentwickelte Tradition des großen Gesellschaftsromans wieder aufzunehmen. Die Gründe dafür sucht sie vorrangig in einem ideologischen Defizit: Sie vermißt „Klarheit des Autors über die historische Bedeutung der miteinander ringenden Kräfte seiner Zeit“[6]. Der Autor überschreite nicht „seine eigenen, klassenmäßig begrenzten Erlebnisse in seiner unmittelbaren Umgebung“ und projiziere seine eigene Problematik des aus dem Kleinbürgertum stammenden Intellektuellen in die Geschichte. So verenge sich die Perspektive des Romans auf den „Blickwinkel eines sich selbst analysierenden und als den Nabel der Welt betrachtenden Kleinbürgers“.[7] Diese Selbstbeschränkung auf das Geschehene, selbst Erlebte sei die entscheidende Schranke für die Gestaltung des „Typischen“, nämlich des in die Zukunft weisenden Kampfes der Arbeiterklasse und ihrer Helden. Da Ehm Welk nicht vermochte, „die Hauptaktions- und Reaktionskräfte dieser Revolution als Zentralgestalten in den Mittelpunkt des Romans zu stellen“, fehle der epische Atem, gelinge keine „klare, dramatische Komposition mit auf die Spitze getriebenen Widersprüchen“.[8] Natürlich kritisiert die Rezensentin auch die Auflösung der Fabel, die sie in Lukács-Nachfolge als „die Erzählung von den kämpfenden Wechselbeziehungen der Menschen untereinander“[9] bestimmt. Dabei setzt sie ganz im Sinne zeitgenössischer ästhetischer Normierungen einen direkten Zusammenhang zwischen der Fabelführung und der Einsicht in die gesellschaftlichen Entwicklungsgesetze voraus: Die innere Notwendigkeit des Handlungsablaufs könne sich „nur aus der ‚gereinigten‘, gehobenen Widerspiegelung der Entwicklungsgesetze in der Wirklichkeit selbst ergeben“. Wo dies nicht geleistet werden könne, treten „viele aneinandergereihte, im einzelnen oft gut gezeichnete Mosaikbilder, eine Fülle von häufig reizvollen, exakt beobachteten Details. Montageelemente“[10].

Das liest man heute nicht ohne Irritation wie eine Zusammenfassung aller Vorwürfe, die später gegen Christa Wolfs Bücher erhoben wurden. Möglicherweise hat schon die prinzipielle Replik Ehm Welks[11] das kritische Selbstbewußtsein der Rezensentin erschüttert. Aber immerhin konnte sie sich auf das Werk einer unbestreitbar großen Erzählerin berufen, die diesen Totalitätsanspruch an den großen Gesellschaftsroman glänzend erfüllte.

Noch die Rezension zur „Entscheidung" (1961) hebt gerade diese Qualität des Romans hervor: „Vor allem rückt sie die Schicksale ihrer Menschen in das untrügliche Licht der großen geschichtlichen Kämpfe unseres Jahrhunderts, die sie in ihren einzelnen Phasen, in ihrer Gesamttendenz und in ihrem gesetzmäßigen Ausgang auf einmal durchschaut und überblickt: Sie sieht die Geschichte von ihrem Ende her. Das gibt ihrer Prosa den großen epischen Atem, das gibt ihr als Erzählerin die strengen, gerechten Maßstäbe; dadurch wirken alle ihre großen Romane und jede kleine Anekdote wie aus demselben großen Strom geschöpft. Das sichere Wissen um die Richtung der künftigen Veränderungen ermöglicht es ihr, mitten in den größten historischen Umwälzungen, mitten in den schwersten Erschütterungen ihres Volkes, unbeirrbar Werk um Werk zu einem großen Epos unseres Jahrhunderts aneinanderzufügen."[12]

Dieser „Werk-Entschluß" (I, 293) wird vor dem Hintergrund der deutschen Geschichte und Literaturgeschichte gewürdigt, die im Unterschied zu der französischen oder russischen Literatur keine Tradition des großen Gesellschaftsromans hervorgebracht habe. Unter Hinweis auf Seghers lassen sich 1961 noch mit großer Zuversicht alle düsteren Prognosen über die Krise des Romans zurückweisen. Die Lebensfähigkeit des Romans werde garantiert durch die innige Verbundenheit des sozialistischen Schriftstellers mit der Wirklichkeit in ihrer revolutionären Entwicklung in Richtung Sozialismus.

„... das Wagnis des ‚Sehens'"

Als sich Christa Wolf 1964 ausdrücklich in die Generation der Dreißig- bis Fünfunddreißigjährigen einordnete, beschwor sie die neuen historischen Voraussetzungen des Schreibens, die ihrer Generation eine ähnlich tiefe Übereinstimmung mit der geschichtlichen Bewegung sichern sollten, wie sie die Generation der „Klassiker" der sozialistischen Literatur herstellen konnte: „Unser Weg ins Leben, unsere Suche nach dem uns gemäßen Platz in diesem Leben fiel – eine einmalige Lage! – mit dem Aufstieg der neuen Gesellschaft zusammen, mit ihrer Suche nach Existenzformen, mit ihrem Wachstum, ihren Irrtümern, ihrer Konsolidierung." (I, 9)

Bis Mitte der sechziger Jahre findet man theoretisch-essayistische Versuche, aus dieser geschichtlichen Übereinstimmung auch den Konsens mit dem im literarischen Leben jener Jahre dominierenden Literaturverständnis zu begründen. In einer Selbstdarstellung – „Einiges über meine Arbeit als Schriftsteller" (1965 erschienen) – hält sie noch ausdrücklich an der Aufgabe fest, „sich das Wissen und die Erlebnisse zu verschaffen, die nötig sind, um ein Gesamtbild der modernen, komplizierten Industriegesellschaft zu bekommen" (I, 11). Der Schriftsteller in der sozialistischen Gesellschaft müsse sich nicht mit „Randerscheinungen" zufriedengeben, sondern werde zum „Wesentlichen" gedrängt. Dem Subjekt des Autors wird bereits eine große Rolle zugesprochen, unter der Voraussetzung allerdings, daß sich dieses Subjekt möglichst mit Hilfe von wissenschaftlichem Weltbild, Ökonomie und Politik „ausweite" in Richtung auf das „Objektive", „Wesentliche": das „Gesamtbild" der modernen Industriegesellschaft.

Andererseits ist sie schon bei ihren ersten Versuchen, vom alltäglichen Leben arbeitender Leute zu erzählen, auf erhebliche Schwierigkeiten gestoßen, solche Ansprüche einzulösen. Ihre Erfahrungen als Mitglied einer Produktionsbrigade im Waggonwerk erscheinen ihr 1960 – verglichen mit den dramatischen Entscheidungssituationen, vor die Anna Seghers' Helden gestellt waren – banal und kaum erzählenswert. Es gelingt ihr nicht, „in dieses fast undurchschaubare Geflecht von Motiven und Gegenmotiven, Handlungen und Gegenhandlungen einzudringen". Deshalb sucht sie nach einer „Überidee", die den als banal erfahrenen Stoff erzählenswert und erzählbar macht, so daß das Leben von arbeitenden Menschen, die zu kleinen Schritten verurteilt schienen, bedeutsam und groß würde.[13]

In den gleichen Notaten aus dem Jahre 1960 reflektiert Christa Wolf zumerstenmal die Schwierigkeit, daß die arbeitsteilig begrenzte Sozialerfahrung des Künstlers und Intellektuellen der literarischen Aneignung wichtiger gesellschaftlicher Bereiche Grenzen setzt und daß es einem Schriftsteller bei aller Verantwortlichkeit für den Inhalt und Umfang seiner Erfahrungen nicht freistehen könnte, „beliebige, vielleicht vom sozialen Standpunkt wünschenswerte Erfahrungen zu machen, für die man durch Herkunft und Charakterstruktur ungeeignet ist“[14].

Auch wenn „Herkunft“ und „Charakterstruktur“ mitbedacht werden müssen, haben wir es nicht nur mit subjektiven Schwierigkeiten Christa Wolfs zu tun. Autoren ihrer Generation werden um so gründlicher mit ihnen konfrontiert, je entschlossener sie sich den kulturpolitischen Forderungen stellen, auf dem Bitterfelder Weg ihren Erfahrungshorizont gerade in Richtung auf die moderne sozialistische Produktion in Industrie und Landwirtschaft auszuweiten und zu objektivieren. Seit Mitte der fünfziger Jahre werden diese neuen Herausforderungen an die Arbeits- und Lebensweise der Schriftsteller diskutiert,[15] die Franz Fühmann dann 1964 in seinem Brief an den Minister für Kultur auf charakteristische Weise zusammenfaßt. Daß Fühmanns selbstquälerische Bemühungen, im „Bergwerk“ auf dieser Einheit zwischen den Produzenten der materiellen Güter und den Produzenten der kulturellen Werte zu bestehen, zwei Jahrzehnte später abgebrochen werden mußten, zeigt noch einmal, daß es nicht um bloße geistige Anstrengungen guten Willens geht.

Für die Besinnung auf die unmittelbare Erfahrung als wichtige Voraussetzung literarischer Arbeit hat Christa Wolf nicht zuletzt in Anna Seghers' Briefwechsel mit Georg Lukács Bestätigung und Ermutigung gefunden. Ausgehend von den Tolstoischen drei Stufen der literarischen Aneignung der Wirklichkeit, hatte Anna Seghers dort die erste Stufe der unmittelbaren Erfahrung besonders akzentuiert. In den konzeptionellen Debatten über die Ankunft der Literatur im Alltag Anfang der sechziger Jahre nahm sie diese Überlegungen noch einmal auf und kritisierte jene Zeitgenossen, die auf der zweiten Stufe des bewußten Verarbeitens und Verallgemeinerns beginnen und enden: Sie wagten nicht, von der Wirklichkeit selbst auszugehen, „die frisch und unmittelbar auf sie wirkte“, sondern gingen von ihrem Bewußtsein aus, „von ihren als richtig erkannten Gedanken, für die sie dann in ihrer Wirklichkeit gleichsam Belege suchen“.[16]

Als Christa Wolf im Kontext der Arbeit an „Nachdenken

über Christa T." ihr eigenes Prosa-Konzept formulierte und etwa gleichzeitig als Herausgeberin der Seghers-Essays auch diese ästhetische Position zu beschreiben versuchte, lag es nahe, die Autorität der sozialistischen „Klassikerin" gegen Mißverständnisse und Vorurteile zu bemühen, die sie gegen ihre eigene Prosa erwarten mußte: „In einer Zeit, da der ‚Besitz' einer bestimmten literarischen Methode fast schon als Garantie für künstlerisches Gelingen gilt, betont Anna Seghers den unersetzlichen Wert der Unmittelbarkeit, verteidigt sie die Ursprünglichkeit der Kunst, ihre Originalität und Neuheit, das Wagnis des ‚Sehens', das jeder Künstler allein und auf seine einmalige Weise auf sich nehmen muß." Durch Anna Seghers wurde sie darin bestärkt, „rücksichtslos ‚auf die Realität loszusteuern', keine ‚Furcht vor Abweichung' vom unmittelbaren Erlebnis zu haben, da diese Furcht ‚entrealisierend' wirkt" (I, 303).

Anna Seghers selbst hat sich allerdings auf vergleichbare Abenteuer der *empirischen* Erkundung neuer Wirklichkeiten nicht mehr eingelassen. Sie konzentrierte sich als Erzählerin auf die großen geschichtlichen Bewährungssituationen Ende der vierziger und Anfang der fünfziger Jahre und stellte ihre Helden in Konflikte, die letztlich immer noch von den großen Epochenantagonismen strukturiert sind. Mit den neuartigen Widersprüchen des Arbeitens und Wirtschaftens, mit denen sich Christa Wolfs Brigademitglieder um 1960 herumzuschlagen haben, werden die Arbeiterfiguren in „Entscheidung" und „Vertrauen" noch kaum konfrontiert. Anna Seghers schrieb diese thematische Linie dann ja auch nicht am Wirklichkeitsstoff der sechziger Jahre fort.

Christa Wolf problematisiert ausdrücklich Generationserfahrungen: „Wir, verbunden mit einer neuen Gesellschaft, Angehörige einer Generation, die mit dieser Gesellschaft zusammen erwachsen wurde und die nun, genau wie sie, ihre erste Jugend hinter sich hat, den glücklichen Zustand früherer Unbefangenheit verlor, blicken uns um: Wo liegt unsere terra incognita, und wie sieht sie aus, bei nüchternem Tageslicht, von Wunschbildern befreit?" (I, 19) Ihre Generation wird mit den neuen Fragen, Ansprüchen und Widersprüchen der sozialistischen Gesellschaft konfrontiert, die die erste Phase rascher, tiefgreifender Umwälzungen zurückgelegt hat und sich seit

Anfang der sechziger Jahre nun schon auf ihren eigenen sozialökonomischen Grundlagen entwickelt. Selbstverständlich ist diese sozialökonomische Zäsur, deren sich die Gesellschaft Anfang der sechziger Jahre bewußt wurde, auch für Anna Seghers' Erzählen und ästhetisches Denken wichtig geworden. Als sie 1966 offene Fragen zu den „Aufgaben des Schriftstellers“ formulierte, leitete sie die neuartigen Konflikte aus den sozialökonomischen Veränderungen ab: „Die alte Ungleichheit, die klassenbedingte, ist überwunden. Jetzt zeigt sich erst die richtige Verschiedenheit, die aus wirklich verschiedenen und auch verschieden großen Fähigkeiten entsteht.“[17] Im gleichen Jahr schrieb Christa Wolf: „Die Jahre, da wir die realen Grundlagen für die Selbstverwirklichung des Individuums legten, sozialistische Produktionsverhältnisse schufen, liegen hinter uns. Unsere Gesellschaft wird immer differenzierter [...] Das Subjekt lebt immer souveräner in seiner Gesellschaft, die es als sein Werk empfindet.“ Und in „Nachdenken über Christa T.“ – etwa gleichzeitig entstanden – resümiert die Erzählerin, daß die Zeit, sich zu unterscheiden, allmählich herangerückt war. In den Seghers-Aufsätzen, die Christa Wolf damals für die Sammlung „Glauben an Irdisches“ sichtete, mußte sie auf den Seghers-Satz stoßen: „Das größte Leid für den Menschen ist, wenn er nicht er selbst sein kann.“[18] Eben das wird das eigentliche, schon auf der ersten Seite angeschlagene Thema von „Nachdenken über Christa T.“: das Nachdenken über den Versuch, „man selbst zu sein“.

Solche Korrespondenzen in der Formulierung des ästhetischen Ideals entfalteter Subjektivität durch Seghers und Wolf finden sich in den sechziger Jahren häufig. Sie entsprechen ja auch einem allgemeinen wissenschaftlichen und politischen Konsens über die gesetzmäßige Zunahme des „subjektiven Faktors“ bei der planmäßigen Entwicklung der sozialistischen Gesellschaft auf ihren systemeigenen sozialökonomischen Grundlagen. Unterschiede zeigen sich erst dann, wenn Ankunft und Verwirklichung der Menschen im Alltag sozialistischer Verhältnisse wirklich erzählerisch erkundet und ästhetisch bewertet werden.

Im ästhetischen Zentrum des „fortgesetzten Versuchs" Christa Wolfs, sich zum erzählerischen Werk und zum poetologischen Denken der Anna Seghers in ein produktives Verhältnis zu setzen, steht das Ideal der Verwirklichung aller Fähigkeiten und Talente der Individuen in der Gesellschaft. Dieses Ideal „aufheben" heißt für sie, die neuen Chancen, aber auch Bedrohungen für die Erfüllung solcher uralter Menschheitssehnsüchte aufzudecken. Was sie an den Menschen der Seghersschen Geschichten fasziniert, ist deren unzerstörbare Sehnsucht nach einem reichen, „dicht besetzten", „gefährlichen" Leben, das die Prosa eines „Nur-eben-dahin-Lebens"[19] aufbricht. „Ob sich ein Mensch entwickeln kann nach seinem Talent und seinen Fähigkeiten oder ob er daran gehindert wird und dauernd zurückgestoßen" (I, 257), das ist für beide der wichtigste Maßstab für die humanistische Qualität einer gesellschaftlichen Ordnung. So treffen sie sich in den sechziger Jahren in ihren Urteilen über die bürgerliche Gesellschaft, in der große menschliche Potenzen nicht gebraucht oder mißbraucht werden. So bekräftigen sie beide immer wieder die tiefe prinzipielle Übereinstimmung zwischen dem humanistischen Wesen der sozialistischen Gesellschaft und der Literatur: „Beide haben das Ziel, dem Menschen zu seiner Selbstverwirklichung zu verhelfen." (I, 33)

Bei Anna Seghers findet Christa Wolf überzeugende und eindrucksvolle Beispiele für ganz unheroische Ausprägungen dieses Ideals; selbstverständlich treffen sie sich schon im ersten Interview in der Sympathie für Robert Lohse, weil er es schwer hat und gerade deshalb die „Kraft der Schwachen" verkörpert und herausfordert.

Christa Wolf hat die Kunst der Anna Seghers, „von Grund auf", vom Alltagsleben des Volkes aus zu erzählen, immer bewundert: „Ihre Figuren sind mit einer Landschaft, einer Familie, einer Klasse verbunden und werden durch echte Bedürfnisse, nicht nur durch psychologische Reize stimuliert." (I, 328) In ihrer Lesart des Romans „Entscheidung" erschien die menschliche Sehnsucht nach Glück, „nach dem gewöhnlichen Leben, nach Brot, Wasser, Wärme, Kindern, Liebe und Freundschaft" als unlösbarer Teil jener größeren Sehnsucht auf ein „starkes, heißes, kühnes Leben".[20] Anna Seghers könne ein episches Bild der Epoche gerade deshalb zeichnen, weil sie den neuen Stoff, die Beziehungen der Menschen in ihrem historischen Gewordensein erfasse, indem sie nicht nur die spektakulären, vordergründig politischen Umwälzungen vorführe, sondern Dauer und Wandlung im alltäglichen, gewöhnlichen Leben aufdecke.

Das Eingangskapitel zum „Siebten Kreuz" ist für Christa Wolf ein in der deutschen Literatur unerreichtes Beispiel, wie Macht und Glanz des gewöhnlichen Lebens dargestellt werden können: „Vor unseren Augen verdichten sich Tätigkeiten, Handlungen, Gedanken zum festen Gewebe des Volksalltags. Ohne Aufhebens werden die Fäden sichtbar gemacht, die von alters her das ganze Gewebe tragen und halten, die dauerhafter sind als so manches, was sich zu seinen Lebzeiten für unsterblich erklärte." (I, 264) Die Basis dieses festen Gewebes des Volksalltags ist die materiell-praktische Arbeit von Arbeitern und Bauern in der Rhein-Main-Ebene, ist der alltägliche Kampf ums Brot. Aus diesem alltäglichen Kampf wächst notwendig der politische Kampf heraus, allerdings auch die verführerische Sehnsucht, im gewöhnlichen Leben unterzutauchen und sich mit dem individuellen Überlebensglück zu bescheiden, zumal das große Glück des Volkes vielleicht in unerreichbarer Ferne liegt.

Christa Wolfs erzählerische Bemühungen Anfang der sechziger Jahre, Alltag in eine solche geschichtliche Dimension zu stellen, orientieren sich deutlich an diesem Vorbild. Wiederholt historisiert sie die „Banalität" alltäglicher Arbeit um das Gramm, die Minute und den Pfennig ausdrücklich als Reaktion auf die „Banalität des Bösen", des Faschismus. Ein Brigadetagebuch aus dem Braunkohlewerk Deuben liest sie als angemessene humane Antwort auf das Tagebuch des ermordeten jüdischen Jungen Dawid Rabinowicz: „Die Banalität des Guten; das Gute als Banales – oder sagen wir jetzt: als Gewöhnliches, Durchschnittliches, Selbstverständliches –, das allein ist wirksame und dauerhafte Garantie gegen Treblinka." (I, 20)

Dem werktätigen Alltag unter dem „geteilten Himmel" will sie dadurch geschichtliche Größe verleihen, daß sie ihn als Gegenkraft aufbaut gegen die aus dem Epochenantagonismus erwachsende Bedrohung friedlich arbeitender Menschheit im schwierigen Jahr 1961. Der Prolog der Erzählung zeigt auffällige Parallelen zum Seghers-Roman. Was aber Anna Seghers als heutiges Leben der Marnets und Mangolds oder des Schäfers Ernst im Taunus-Dorf sinnlich-anschaulich vorführt, wird bei Christa Wolf schon auf die Ebene erzählerischer Verallgemeinerung und Wertung gehoben: „Aber die Erde trug sie noch und würde sie tragen, solange es sie gab. – Also kehrten wir zu unserer täglichen Arbeit zurück, die wir für Augenblicke unterbrochen hatten, der nüchternen Stimme des Radiosprechers lauschend [...] – Also nehmen wir unsere Gespräche wieder auf: Über die Hochzeit, ob sie schon zu Weihnachten sein soll oder erst im Frühjahr, über die neuen Kindermäntel zum Winter; über die Krankheit der Frau und den neuen Vorgesetzten im Betrieb. Wer hätte gedacht, daß einem das alles so wichtig ist? – Wir gewöhnen uns wieder, ruhig zu schlafen. Wir leben aus dem vollen, als gäbe es übergenug von diesem seltsamen Stoff Leben, als könnte er nie zu Ende gehen."[21] Im Epilog werden die letzten Sätze wiederholt. Sie spannen einen gedanklichen Rahmen, der die Geschichte ausdrücklich wieder in die alltäglichen Verrichtungen und Beziehungen ausklingen läßt, mit denen sie begann – „tausend Handgriffe, die getan werden, auch wenn sie am Ende nichts anderes bewirken als einen Teller Suppe, einen warmen Ofen, ein kleines Lied für die Kinder". Rita Seidel geht durch die Straßen und blickt in viele Fenster: „Sie sieht, wie jeden Abend eine unendliche Menge von Freundlichkeit, die tagsüber verbraucht wurde, immer neu hervorgebracht wird. Sie hat keine Angst, daß sie leer ausgehen könnte beim Verteilen von Freundlichkeit."[22] Der Blick durch die fremden Fenster faßt am Ende noch einmal die Erzählperspektive ins Bild, aus der der werktätige Alltag erfaßt wird. Vorher werden die Schwierigkeiten der Lehrerstudentin und Praktikantin Rita Seidel, zum Leben und zur Arbeit ihrer Brigade wirklich dazuzugehören, mit einem anderen Bild beschrieben: „Als Zuschauer saß sie vor einer Bühne mit wechselnder Beleuchtung und Szenerie, sie sah die Spieler agieren, und der Gedanke verfolgte sie, daß alle diese Bruchstücke am Ende ein Schauspiel ergeben müßten, hinter deren Sinn sie alleine kommen sollte."[23] In der Erzählung wird diese Distanz schließlich entsprechend dem dominierenden Literaturverständnis aufgehoben und die Integration der Heldin beim Produzieren und Verteilen von „Freundlichkeit“ vorgeführt.

Dennoch wird dieser Versuch, Alltagserfahrungen aus der Sphäre der materiellen Produktion möglichst authentisch aufzunehmen und sie in einem solchen durch eine Fabel organisierten „Schauspiel“ – also gleichsam in einer Außensicht – vorzuführen, nicht wiederholt. In „Juninachmittag“ wird der Erzählraum auf den Erfahrungsbereich und die Innenperspektive der betroffenen Erzählerin konzentriert. Alltagsleben heißt hier Kommunikation mit den Kindern, dem Ehemann, den Nachbarn, heißt gedankliche Verarbeitung gesellschaftlicher und individueller Gefährdungen und Bedrohungen, die durch Nachrichten, Gespräche, Lektüre, Erinnerungen bewußt werden, heißt vor allem Tätigkeiten und Verhaltensweisen einer Frau und Mutter. Es handelt sich um selbstverständliche und selbstbewußte Äußerungen einer durchaus schöpferischen, wiederum auf „Freundlichkeit“ gerichteten, durch intellektuelle Anstrengungen und Befriedigungen geprägte Lebensform. Darin wird etwas von den Möglichkeiten (einschließlich der Privilegien), aber auch von den Risiken einer freiberuflichen Existenz des „literarischen Einzelproduzenten“ sichtbar. Die materiell vermittelten Sozialbeziehungen in der vergesellschafteten Produktion und bei der politischen Organisation des menschlichen Zusammenlebens sind aus dem Blickfeld der Erzählerin geraten. Versuche, diese Grenze zu überschreiten, wie sie noch in „Dienstag, der 27. September“ (1960) dokumentiert werden, sind nicht mehr zu erkennen.

Aber unübersehbar wird an übergreifender Problemsicht gewonnen. Der Raum der gedanklichen Verarbeitung und diskursiven Erörterung von Lebensfragen des einzelnen und der Gesellschaft wird deutlich über die unmittelbaren Sozialerfahrungen hinaus gespannt. Die relative Unabhängigkeit von institutionellen Einbindungen und von objektiven Zwängen einer arbeitsteilig organisierten, in hohem Grade vergesellschafteten Produktion schafft besondere Bedingungen für die geistige Aneignung dessen, was wirklich ist, wie auch für die spielerische Antizipation dessen, was sein sollte. Sie begünstigt offensichtlich auch Kreativität und Sensibilität im Erproben menschlicher Beziehungen, die mit dem ja schon bei

Brecht programmatischen Begriff der „Freundlichkeit" umschrieben und gegen Gefahren der Entfremdung in einer hochgradig arbeitsteilig organisierten industriellen Produktion gestellt werden.

Die Verständigung über die Selbstverwirklichung des Menschen richtet sich seit Anfang der siebziger Jahre besonders radikal und konfliktbewußt auf die Emanzipation unter dem Gesichtspunkt der historischen Arbeitsteilung der Geschlechter. Das war für Anna Seghers noch kein Problem. Ihre Frauenfiguren sind – wie Christa Wolf registriert – im Unterschied zu den Männern tatsächlich kaum beunruhigt durch jene „Lust auf absonderliche, ausschweifende Unternehmungen"; sie sind „eher unauffällig, still, zäh, bewahrend, auch dienend, treu, anspruchslos, liebend" (I, 355). Diese Charakterisierung trifft selbst auf jene Frauengestalten zu, die wie Agathe Schweigert den privaten Kreis überschreiten und sich dem politischen Kampf der Männer um die Emanzipation (selbstverständlich beider Geschlechter) anschließen. Die Seghers-Forschung mit feministischer Tendenz hat ihr deshalb „männliches Schreiben"[24] nachgesagt, ohne allzusehr nach den historischen Bedingungen, dem Seghersschen „Originaleindruck" zu fragen. Kritisiert wird die Darstellung weiblicher Figuren aus der Perspektive männlicher Figuren, mit denen sich die Autorin weitgehend identifiziere. Gemeint ist aber auch die Orientierung an „männlichen" Erzähltraditionen epischer Objektivierung. Christa Wolf scheint hier die Distanz besonders deutlich wahrzunehmen. Als ein Gesprächspartner diese „männliche" Schreibweise der Seghers mit Formeln wie „kategorische Feststellungen", „endgültige Wahrheiten" kennzeichnet und Christa Wolfs Erzählhaltung gegenüberstellt, deren Ton durch „Überlegungen, Nachdenken, Vermutungen" geprägt sei, stimmt sie jedenfalls kommentarlos zu (II, 392).

Das Alltagsleben erscheint wie bei Anna Seghers als Raum, in dem das dauerhafte Gewebe menschlicher Beziehungen geknüpft wird, das seit Jahrtausenden Muster von Gesittung prägt. Alltägliche Verrichtungen und Genüsse werden als Garantie für die Kontinuität menschlicher Geschichte vorgeführt, als das „Gerüst, welches das Leben über tote Zeiten trägt"[25]. Von „Dienstag, der 27. September" und „Juninachmittag" bis zu „Kassandra" und „Störfall" wird eine thematische

Linie erkennbar, auf der allerdings immer energischer ein geschichtsphilosophischer Akzent gesetzt wird, der bei Anna Seghers so gut wie keine Rolle spielte: Alltagsleben wird fast ganz reduziert auf jene Bereiche der Familie und des Privaten, in die die Frauen in der Geschichte der Männergesellschaften abgedrängt wurden. „Weibliche" Tätigkeiten vom Stillen eines Kindes bis zur Zubereitung des Gastmahls, in denen sich auf anschauliche Weise menschliche Zuwendung ausdrückt, werden liebevoll und ausführlich vorgeführt, weil sie als Alternative zu den einseitig auf wissenschaftlich-technische und ökonomische Effektivität und Verwertbarkeit gerichteten Tätigkeiten der Männer gewürdigt werden sollen.

Die Schranken und Gefährdungen, die Christa Wolf für die Realisierung des Ideals ganzer, tätiger Menschlichkeit beobachtet, bleiben weitgehend außerhalb des Blickfeldes von Anna Seghers. Auch wenn sie in „Sagen von Unirdischen" vor einer Reduzierung des Fortschritts auf technologischen Fortschritt warnt und die humanisierende Rolle der Kunst gegen eine solche Vereinseitigung von Rationalität aufbietet, gehört es zu den von Christa Wolf zitierten „unbezweifelbaren und unbezweifelten Gewißheiten" der Anna Seghers, daß die Schaffung sozialistischer Produktionsverhältnisse die Gewähr bietet für die planmäßige Entwicklung der Produktivkräfte einschließlich der Wissenschaften zum Wohl des Menschen und seiner Emanzipation. Deshalb lag es Anna Seghers fern, Begriffe wie „Entfremdung" (zur Kennzeichnung des Verlusts geschichtlicher Subjektivität) oder „Industriegesellschaft" auf die gegenwärtige krisenhafte Bedrohung menschlicher Existenz anzuwenden, ohne genau zwischen den Gesellschaftsformationen zu unterscheiden.

Christa Wolf sprach 1968, als sie Anna Seghers' Dostojewski-Aufsätze interpretierte, mindestens ebenso von sich selbst wie von Anna Seghers: Dostojewskis und Thomas Manns Teufel stellt sie als Prinzip der Kälte und des Zynismus dem menschlich schöpferischen Prinzip gegenüber und fragt nach der Kraft der Menschheit, „den gefährlichen Zwiespalt zu überwinden, in den die Möglichkeit des Mißbrauchs ihrer größten Entdeckungen und Erfindungen sie geführt hat" (I, 316). Sie erwägt, was einen neuen Faust bestimmen könnte, sich noch einmal dem Teufel zu verschreiben. Die Antworten lauten „gesellschaftliche Isolierung“, „technische Neugier“, „zynische Hybris“ und verweisen schon auf jene Bedrohung durch die wissenschaftlich-ökonomisch-technische „Mega-Kultur“, die sie dann in den Kassandra-Vorlesungen diagnostiziert.

„Avantgarde ohne Hinterland“

Den „Originaleindruck“, der ihre schriftstellerische Arbeit geprägt hat, beschreibt Christa Wolf im Unterschied zu dem Originaleindruck der Seghers-Generation als Bewußtsein tiefer Brüche im Reifeprozeß ihrer Generation. Ihre eigene Kindheit, die sie vor allem als Widerspruch zwischen der Trivialität der kleinbürgerlich-familiären Umgebung und öffentlichem Fanatismus erfahren hat, habe als einzigen Ausweg eine „geheime Überspanntheit“ produziert, die sie für vielerlei Pseudoideale aufnahmefähig und bereit machte (I, 36). Dann erlebte ihre Generation auf der Schwelle zwischen Jugend und Erwachsensein den Zusammenbruch dieser Welt von Pseudoidealen. Es sei aber kein wirklicher Reifeprozeß möglich gewesen, weil sich dieser radikale Bruch so rasch vollzogen habe, daß er nicht wirklich verarbeitet werden konnte. Sosehr das Weltbild sich verändert hatte, „die *Art* zu denken war nicht so schnell zu ändern, und noch weniger waren es bestimmte Reaktionen und Verhaltensweisen, die, in der Kindheit eingeschleust, die Struktur der Beziehungen eines Charakters zu seiner Umwelt weiter bestimmen: die Gewohnheit der Gläubigkeit gegen übergeordnete Instanzen, der Zwang, Personen anzubeten oder sich doch ihrer Autorität zu unterwerfen, der Hang zur Realitätsverleugnung und eifervollen Intoleranz“ (I, 51).

Diese „Spät-Reife“ (I, 50) habe es dieser Generation erschwert, „sich ein neues, ruhiges Selbstbewußtsein zu erwerben“, ohne das jenes „Maßhalten“, jene epische „Gelassenheit“ nicht zu haben sind, die Christa Wolf bei Anna Seghers so bewundert wie wohl auch befremdlich findet. Daher wurden neue Ent-Täuschungen und krisenhafte Erschütterungen unvermeidlich. Ende der siebziger Jahre mußte Christa Wolf schmerzhaft erfahren, daß ihr Konzept einer direkten Einmischung der Literatur in die gesellschaftlich-politische Praxis nicht aufging. Die Reaktion auf diese Erfahrungen in „Kein Ort. Nirgends" und manche theoretische Äußerungen bis Mitte der achtziger Jahre sind gewiß nicht Christa Wolfs letztes Wort. Aber die Einheit von Schriftsteller und Volk, von künstlerischer und politischer Avantgarde und die daraus erwachsende Zukunftsgewißheit, wie sie die „Klassiker" der sozialistischen Literatur in den Siegen und Niederlagen dieses Jahrhunderts mit seinen erfüllten wie enttäuschten Hoffnungen errungen haben, scheint ihr nicht wiederherstellbar. In den Kassandra-Vorlesungen bleibt nur „eine tapfere, wenn auch boden-lose Anstrengung, zugleich der frei schwebenden Vernunft und sich selbst ein Obdach zu schaffen: in der Literatur"[26].

Christa Wolf erinnert gern an die vielfach wiederholten Hinweise Anna Seghers' auf jene unverstandenen, früh in Selbstmord oder Wahnsinn endenden deutschen Dichter, die an der Zurückgebliebenheit und Kleinlichkeit der deutschen Verhältnisse zerbrachen: Lenz und Bürger, Hölderlin und Büchner, Kleist und Günderrode. Über die Brüche im Leben und Werk Dostojewskis, der ja im Unterschied zu Tolstoi keineswegs zum Traditionskanon realistischer Literatur gerechnet wurde, schrieb Anna Seghers verständnisvolle Essays. In den Jahren 1935 oder 1938 ging es ihr weniger um die Legitimierung eigener Arbeit, sondern um die Verteidigung des Erbes der künstlerischen Avantgarde im 20. Jahrhundert gegen dogmatische Einengungen durch die marxistische Ästhetik und Literaturkritik. Anna Seghers, so räumt Christa Wolf ein, „wollte sich der Gefährdung nicht hingeben, aber sie verstand, was es bedeutet, wenn die Konflikte der Epoche durch einen Schriftsteller hindurchgehen – Hölderlin, Dostojewski" (II, 394). Anna Seghers hat das Scheitern dieser Autoren ganz aus den deutschen Zuständen erklärt, die auf eine erbärmliche Weise hinter der durch die Französische Revolution eröffneten Epochenumwälzung zurückgeblieben waren. Die Ergebnisse der Revolution selbst standen noch keineswegs zur Diskussion. Christa Wolf dagegen interessiert sich mehr und mehr für jene Generation nach 1800, die den Widerspruch zwischen den hochgespannten Idealen der Revolution und der prosaischen Wirklichkeit des sich entfaltenden Kapitalismus als Verlust der klassischen Utopie zu verarbeiten hatte. Offenbar wächst die Neigung, direkte Analogien zwischen den „Kindern der nachrevolutionären Zeit" nach 1800 und ihrer eigenen Generation „nach einer vollen Drehung des Rades der Geschichte" zu ziehen, weil Christa Wolf die jugendliche Euphorie einer radikalen revolutionären Umwälzung erneut in die ernüchternde Erfahrung einmünden sieht, daß man vielleicht doch „nicht Subjekt, sondern Objekt der Geschichte ist", daß man selbst vielleicht auch zu einer künstlerischen „Avantgarde ohne Hinterland" (II, 58) gehört.

1968 hat Christa Wolf im Nachwort zu den Seghers-Essays mit dem programmatischen Titel „Glauben an Irdisches" – diese Metapher hat Anna Seghers von Pablo Neruda übernommen – den „Glauben an Irdisches" gegen den „äußersten Unglauben an den Wert menschlicher Arbeit, menschlichen irdischen Daseins" gesetzt: als „irdische Vernunft, denkende, mitfühlende und handelnde Vernunft", als „Mut zur revolutionären Tat, die Kühnheit scheinbar aussichtsloser Unternehmungen, die, mögen viele von ihnen scheitern, in ihrer Summe doch allein den Fortbestand des Irdischen sichern können" (I, 317). Trotz aller Ernüchterungen und Enttäuschungen hat Christa Wolf als Schriftstellerin seitdem nicht aufgehört, gegen die Verführungskraft blinder Schicksalsgläubigkeit an der Wiedererweckung und Verteidigung dieser irdisch tätigen Vernunft mitzuarbeiten. Ende der achtziger Jahre gibt es ermutigende Anzeichen dafür, daß die „boden-lose Anstrengung" der Literatur, die „frei schwebende Vernunft" sich wieder enger mit der politisch-praktischen Vernunft verbünden kann und dadurch festeren realpolitischen Boden unter die Füße bekommt. Auf dem Internationalen Schriftstellergespräch „Berlin – ein Ort für den Frieden" im Mai 1987 räumte Christa Wolf ein, daß ihre Visionen und Beschwörungen Anfang der achtziger Jahre – 1981 arbeitete sie an den Kassandra-Vorlesungen und sprach auf der ersten Berliner Schriftstellerbegegnung – buchstäblich in der Luft hingen, daß die durch die Friedensinitiativen der Sowjetunion auf den Weg gebrachten Abrüstungsverhandlungen der Großmächte jetzt aber neue reale Perspektiven eröffneten – auch für die Literatur.[27]

1965 hatte Anna Seghers auf dem Internationalen Schriftstellertreffen in Weimar das Bild von einem unzerstörbaren Netz aus lebenden Längen- und Breitengraden benutzt, das Literatur zwischen Menschen guten Willens, schreibenden und lesenden, spannen sollte.[28] Christa Wolf sprach 1983, in ihrer Grazer Rede, von einem „Gewebe“, einem „Netzwerk“ auf der imaginären Landkarte der Literatur mit einer Topographie von menschlichen Gesichtern, einer Landkarte, die sie den geheimen Landkarten der Generalstäbe mit ihren Operationsbasen und Zielpunkten entgegenhalten will.

Beide richten ihren Blick auf die „Topographie der Gesichter“, auf die Individuen. Beide sehen das Geheimnis der Literatur darin, daß sie auf ungebahntem Wege „ins Innere des Menschen“ vordringt und durch kathartische Erschütterungen die Leser für die unerschöpfliche Vielfalt von Menschlichkeit sensibilisiert. Aber die erzählerischen Verfahren, mit denen Christa Wolf diese Sensibilisierung erreichen will, unterscheiden sich immer deutlicher von den nun schon „klassischen“ Erzählmustern der Anna Seghers.

Je kräftiger sich Christa Wolf als Prosa-Erzählerin profiliert, um so weniger fühlt sie sich noch durch die „großen Gesellschaftsromane“ der Seghers zur produktiven Auseinandersetzung herausgefordert. Die notwendige literarische Erkundung gesellschaftlichen Neulands erscheint Christa Wolf 1972 nicht mehr in jenen großen, übersichtlichen Demonstrationsmodellen möglich, auf die die Klassiker der sozialistischen Literatur die schon „fertige“, zur Ablösung „reife“ bürgerliche Gesellschaft bringen konnten: „Volkstümlichkeit in großen Helden und großen Gestalten, in großen, einfachen Vorgängen, ist aus den zeitgenössischen Verhältnissen nicht so leicht zu gewinnen wie aus gewissen archaischen Grundmustern oder aus Verhältnissen, die turbulente Ereignisse, schärfere äußere Konflikte hervorbrachten, sagen wir: Kriegszeiten oder die Zeit des Faschismus, Klassenkämpfe eben, wo eine Polarisierung von Einstellungen und Handlungen da war, ihre Bewertung unzweideutig ist und es noch dazu um Leben und Tod ging.“ (II, 304) Die zeitgenössischen, vergleichsweise alltäglichen Entscheidungen und Konflikte, die sich eigentlich auf der Ebene der gesellschaftlichen Moral abspielten, seien schwerer beschreibbar durch äußere Handlungselemente; die Einführung der Reflexion sei bei solcher Art Material nicht Willkür des Autors.

In Anna Seghers' Briefen an Lukács, die Christa Wolf schon während ihres Studiums zur Kenntnis genommen haben dürfte, findet sie dabei Ermutigung. Immerhin hat Seghers die von Lukács gegen „Formalismus" und „Dekadenz" verteidigte Genrehierarchie in Frage gestellt. Stilbrüche, formale Experimente, „Scherben" und sonderbare Mischformen wollte sie nicht kurzschlüssig als Ausdruck von gebrochener Weltanschauung und Verfall bewertet wissen. Wenigstens hielt sie die unvoreingenommene Prüfung für notwendig, ob es sich nicht um Versuche handeln könnte, etwas Neues anzufangen. Kein Wunder, daß Christa Wolf hier, bei aller Verhaltenheit, etwas wie eine Losung erkennt und aufnimmt: „Die Gestaltung der neuen Kunsterlebnisse müsse beginnen: *die Kunst unserer Epoche*." (I, 304; Hervorhebung von Ch. W.)

Aus dem Briefwechsel Seghers-Lukács zitiert sie mit besonderem Nachdruck zur Begründung ihres eigenen Konzepts der „subjektiven Authentizität" Anna Seghers' Forderung an die Kritiker, dem Kunstwerk und dem Künstler gerecht zu werden als „einzigartige, eigentümliche gesellschaftliche Verknüpfung von subjektivem und objektivem Faktor, Umschlagstelle vom Objekt zum Subjekt und wieder zum Objekt"[29].

Unter den Büchern der Seghers werden zwei daher für Christa Wolf immer wichtiger: „Transit" und „Der Ausflug der toten Mädchen". Im Seghers-Interview 1965 bezieht sich schon die erste Frage auf „eine Ihrer schönsten Erzählungen", weil sie als einzige direkte biographische Züge trage und die Erzählerin hier einmal unverblümt „Ich" sage. Eigentlich teilt Christa Wolf mit Anna Seghers die Zurückhaltung gegen allzu freie Bekundungen des Biographisch-Intimen. Sie hat sich immer gewehrt, wenn sie zu „unwichtigen und irreführenden Geständnissen" (I, 45) verleitet werden sollte. Sie fragt, inwieweit sich eigenes Erleben des Autors in einem verwickelten Prozeß künstlerischer Arbeit nicht nur in bestimmten Produkten, dem literarischen Text, niederschlägt, inwieweit Schreiben selbst eine Form der Bewältigung dieses Erlebens ist. Christa Wolfs Sicht auf die „Dimension des Autors" meldet sich hier bereits an, während Anna Seghers gegenüber der „speziellen Biographie" des Autors skeptisch bleibt: „Sie mag keine Entblößung, sie hat klassische Zurückhaltung lieber." Auch sei die Seghers beunruhigt gewesen „über das Unmaß an Ungewissen, aus dem Nachgeborene (auch darum ohne Aussicht auf klassische Vollkommenheit) wieder glauben schöpfen zu müssen" (I, 345).

In der Rezension zum Roman „Entscheidung" (1961) rühmt Christa Wolf gerade die Fähigkeit der Epikerin, „die Geschichte von ihrem Ende, ihrem gesetzmäßigen Ausgang her" zu begreifen und zu erklären. Geschichte werde für Anna Seghers erzählbar, „wenn sie ‚weit' genug ‚zurückliegt', so daß man sie in ihrem Ursprung und ihren Folgen überschauen kann und selbst nicht mehr zu stark mit den handelnden Personen und ihren vielleicht falschen oder überflüssigen Gefühlen verquickt ist"[30]. Christa Wolf bringt diese epische Distanzierung und Historisierung auf die wiederholt zitierte Formel: „Was erzählbar ist, ist überwunden." Zunächst, daran hat sie im Gespräch mit Hans Kaufmann erinnert, entspricht das durchaus ihren eigenen Schreibintentionen. Dann macht sie aber die Erfahrung, daß der Prosa-Autor gezwungen sein könnte, „das strenge Nacheinander von Leben, ‚Überwinden' und Schreiben aufzugeben und um der inneren Authentizität willen, die er anstrebt, den Denk- und Arbeitsprozeß, in dem er steht, fast ungemildert [...] im Arbeitsprozeß mit zur Sprache zu bringen" (II, 322). Im Selbstinterview 1965 heißt es schon sehr apodiktisch: „Sie haben also, indem sie schreiben, etwas erfahren wollen, was sie vorher nicht wußten? Ja." (I, 31) Auch Christa T. kommt nur „schreibend über die Dinge", weil man nicht wirklich wisse, was nicht ausgesprochen sei.[31]

Die Anna Seghers zugeschriebene Formel wird daher immer häufiger umgekehrt: „Und wenn gilt: ‚Was erzählbar geworden ist, ist überwunden', so gilt doch auch: Was überwunden werden muß, soll erzählt werden." (I, 307) Nun ist aber die Abgrenzung zur Objektivität der Epikerin an diesem Satz gar nicht festzumachen. Vielmehr hat Anna Seghers oft Erzählsituationen in ihren Büchern aufgebaut, in denen Erzählen als Prozeß des Begreifens, Überwindens, Sinngebens vorgeführt wird, auch für jene vielzitierte Stelle in „Transit" gilt das: Ein Fremdenlegionär erzählt dem Ich-Erzähler des Romans seine abenteuerliche Lebensgeschichte, und der Ich-Erzähler kommentiert diesen Vorgang so: „Ich wußte, daß er erst jetzt, in dieser Minute, an diesem Tisch, sein vergangenes Leben abschloß. Denn abgeschlossen ist, was erzählt wird. Erst dann hat er diese Wüste für immer durchquert, wenn er seine Fahrt erzählt hat."[32]

Eine ganz ähnliche Erzählsituation in „Überfahrt": Im Erzählen erschließt sich dem Arzt Triebel, was er bisher von seinem Schicksal nicht verstanden hat. Auch hier gibt es also zwischen Seghers und Wolf keine wesentlichen Unterschiede in der Bewertung des Erzählens als uralter Kulturleistung der Anteilnahme, Verständigung und Sinngebung.

Berechtigt ist diese Abgrenzung von Anna Seghers aber in einem übergreifenden Sinne: In den Seghers-Geschichten führen zwar Erzähler-Figuren mitunter diesen Prozeß der erzählerischen Sinngebung vor, aber die Erzählerin Anna Seghers hat – mit wenigen Ausnahmen – tatsächlich von einer Position des historischen Überblicks geschrieben, mit dem nüchtern abwägenden Blick der Epikerin, die gewiß ist, über Gesetzmäßigkeiten geschichtlicher Vorgänge und ihre Perspektiven zuverlässige Einsichten und notwendige Handlungsimpulse vermitteln zu können.

Da gerade diese aufklärerische Sicherheit seit Mitte der sechziger Jahre problematisch geworden ist, interessiert sich Christa Wolf für die Ausnahmen. Wenn sie über „Einflüsse" reden solle, falle ihr als erstes die Suggestivkraft des Tonfalls und der Haltung der Ich-Erzählerin in „Der Ausflug der toten Mädchen" ein: die Haltung nicht eines objektiven, zur Distanz fähigen Beobachters, sondern der direkten Betroffenheit von einer individuellen Existenzbedrohung und gesellschaftlichen Krisensituation. „Rückhaltlos" benenne die Erzählerin ihre Erlebnisse und ihre Verfassung in einer dissonanten, heillosen Welt. Die Stichworte sind Trauer, schwarzes Gefühl von Sinnlosigkeit, Müdigkeit, Heimatlosigkeit. In dieser Lage ist Schreiben ein Versuch, gegen die Hoffnungslosigkeit anzugehen. Erzählt wird, um zu überwinden, um sich zu retten.

Ähnlich liest sie in den achtziger Jahren „Transit": „Alles, womit man sich identifizieren konnte, ist zerschlagen, verraten, es schwindet, wenn man genau drauf sieht. So muß die Identität des namenlosen Erzählers unscharf sein" (I, 368).

Trotz dieser Unschärfe macht für Christa Wolf der Zusammenhang zwischen den Erfahrungen der Autorin und der absichtsvoll changierenden Person des Erzählers die unbedingte Authentizität dieses Buches aus, so daß es von Zeitgenossen und Nachgeborenen als Gleichnis gelesen werden kann – Transit als alptraumhaftes Gleichnis für die Grenzübergänge des Lebens. Nicht zuletzt auf „Ausflug der toten Mädchen" wendet Christa Wolf ihr zentrales ästhetisch-poetologisches Bild des erzählerischen „Gewebes" oder „Netzwerkes" an, das sie seit Anfang der sechziger Jahre gegen den verdächtig gewordenen Fabel-Begriff stellt. Dieses erzählerische Gewebe oder Netzwerk erfasse am genauesten jenes in der Realität vorhandene Grundnetz und Gewebe menschlicher Beziehungen, die sich in Jahrtausenden im Alltagsleben der Völker herausgebildet haben. Es versuche nicht „den Erscheinungen, die es nachzeichnet und miteinander verknüpft, Gewalt anzutun" (I, 74).

Diese Bestimmung des erzählerischen Gewebes oder Netzwerks steht schon in einem Kontext von geschichtsphilosophischen und ästhetischen Positionsbestimmungen der siebziger und achtziger Jahre, bei denen der Seghers-Bezug notwendigerweise zurücktritt: im Kontext der Polemik gegen die „Werk-Ästhetik" mit ihrem „Gattungs- und Regelwerk", gegen geschlossene Formen als Ausdruck geschlossener Denkmuster, in denen das „unheimliche Wirken von Entfremdungserscheinungen"[33] vermutet wird, der Versuch nämlich, „sich die Wirklichkeit vom Leib zu halten, sich vor ihr zu schützen"[34].

Die Anwesenheit der Erzählerin schaffe einen Raum der Hoffnung mit einer Erzählhaltung, „die, weit zurückreichend in die Vergangenheit, offen bleibt für eine Zukunft, welche für den Zeitpunkt des Schreibens fast utopisch erscheinen muß" (I, 362). So wird nicht nur ein Gewebe mit vielerlei Motiven, Einschüssen, Verknüpfungen und verschlungenen Fäden im Raum strukturiert, sondern auch in der Zeit: „Gegenwart, mehrere ‚reale' Vergangenheiten und mehrere Möglichkeitsformen von Vergangenheit und Zukunft. An dieser Erzählung, fand ich schon immer, könnte man lesen lernen. Hier wird erzählt, um die Zeit zu verstehen, aber auch, um sie zu verkürzen, und die Voraussetzung dafür ist, sie im wahrsten Sinn des Wortes zu durchschauen, ihre Schichtungen durchsichtig zu machen: Das kann, von allen künstlerischen Ausdrucksformen, nur die Literatur. Sich in dem Rahmen, den Ort und Zeit aufspannen, ungezwungen bewegen; das schwebende künstlerische Bewußtsein im Medium Zeit steigen und sinken lassen, Jahrzehnte vorbeigehen lassen, einen Augenblick fixieren. Eine Form der Freiheit in einer, wenn auch fiktiven, Realität vorführen, nach der wir im Traum uns sehnen; intensives Dasein in seinem künstlerischen Widerschein, das aber weniger scheinhaft künstlich und ersatzweis ist als das wirkliche Leben der meisten." (I, 356f.)

In den „Kassandra"-Vorlesungen und in „Störfall" erhält das Bild des erzählerischen Gewebes oder Netzwerks eine zusätzliche Dimension. Der traditionelle Prosabegriff wird überhaupt fragwürdig: „Alles, was ich habe denken und empfinden können, ist über den Rand der Prosa hinausgetreten."[35] Heinz-Jürgen Staszak spricht daher von einem ästhetischen Gebilde, „in dem nicht einfach traditionelle Erzählstrukturen durch essayistisch-reflektorische Elemente komplementarisiert werden, sondern in dem Fiktives und Reales, Dokumentarisches und Erdachtes, Gedankliches und Erträumtes, Gesellschaftliches und Intimstes, Menschheitliches und Persönliches, Gewußtes und Erahntes in wechselnden Darbietungsformen miteinander kombiniert werden, sich durchdringen, ergänzen, widersprechen und gegenseitig aufheben, so jene von Widersprüchen zerrissene und doch faszinierende Einheit, die wir als ‚Ich' fassen, in ihrem unaufgelösten Wechselspiel von Denken *und* Fühlen, von Bewußtem, Unbewußtem und Unterbewußtem ästhetisch reproduzierend"[36].

Muster für die Leistungsfähigkeit solcher „offener", subjektiver Prosaformen, die den Leser gerade durch ihre fragmentarische oder montagehafte, „diskursive" Struktur in die Verständigung über individuelle und gesellschaftliche Erfahrungen insbesondere „weiblichen" Alltags einbeziehen, findet Christa Wolf nun eher bei Ingeborg Bachmann und Virginia Woolf. In den Kassandra-Vorlesungen wird die Metapher vom „erzählerischen Netzwerk" ausdrücklich auf Virginia Woolf bezogen.[37] Dennoch hören die essayistischen Bemühungen um das Werk der Anna Seghers nicht auf. Dabei geht es nun aber immer weniger um Nachfolge, sondern immer selbstbewußter um die Profilierung des Eigenen: „Es ist der seltene

Glücksfall, daß ein anhaltendes, eindringliches Interesse an einem von Grund auf anderen Lebensmuster mir erlaubt hat, Genaueres über mich selbst zu erfahren." (I, 343)

1 Zu den elf größeren Aufsätzen bzw. Interviews kommt die Herausgabe des Sammelbandes „Glauben an Irdisches. Essays aus vier Jahrzehnten" (1969), des Bandes „Ausgewählte Erzählungen" (1983) sowie die Mitarbeit am Drehbuch zum Film „Die Toten bleiben jung" (1968).

2 Christa Wolf, Die Dimension des Autors. Essays und Aufsätze, Reden und Gespräche 1959–1985. Auswahl von Angela Drescher. Band 1 und 2, Berlin und Weimar 1986, Band 1, S. 343 (fortan im Text zitiert: I, 343).

3 Anna Seghers, Glauben an Irdisches. Essays aus vier Jahrzehnten. Leipzig 1974, S. 136.

4 Hans Richter, Generationen, Temperamente, Schreibweisen. In: Sinn und Form (Berlin), 1/1986, S. 79–92.

5 Seghers, Glauben an Irdisches, S. 7.

6 Christa Wolf, Probleme des zeitgenössischen Gesellschaftsromans. Bemerkungen zu dem Roman „Im Morgennebel" von Ehm Welk. In: Neue Deutsche Literatur (Berlin), 1/1954, S. 142.

7 Ebenda, S. 144.

8 Ebenda, S. 147.

9 Ebenda, S. 148.

10 Ebenda, S. 145.

11 Ehm Welk, Probleme der zeitgenössischen Buchkritik. In: Neue Deutsche Literatur, 6/1954, S. 154.

12 Christa Wolf, Land, in dem wir leben. Die deutsche Frage in dem Roman „Die Entscheidung" von Anna Seghers. In: Neue Deutsche Literatur, 5/1961, S. 50f.

13 Christa Wolf, Erzählungen. Berlin und Weimar 1985, S. 32.

14 Ebenda, S. 23f.

15 Vgl. Eva Braun, Der Auftrag. In: Neue Deutsche Literatur, 2/1954, S. 153.

16 Seghers, Glauben an Irdisches, S. 87.

17 Ebenda, S. 289.

18 Ebenda, S. 35.

19 Anna Seghers, Transit. Roman. Gesammelte Werke in Einzelausgaben. Band V, Berlin 1951, S. 197.

20 Wolf: Land, in dem wir leben. In: Neue Deutsche Literatur, 5/1961, S. 52.

21 Christa Wolf, Der geteilte Himmel. Halle (Saale) 1963, S. 7.

22 Ebenda, S. 317.

23 Ebenda, S. 49.

24 Vgl. Irene Loriska, Frauendarstellungen bei Irmgard Keun und Anna Seghers. Frankfurt a. Main 1985, S. 2.

25 Christa Wolf, Störfall. Nachrichten eines Tages. Berlin und Weimar 1987, S. 14.

26 Christa Wolf, Kassandra. Vier Vorlesungen. Eine Erzählung. Berlin und Weimar 1983, S. 110.

27 Berlin – ein Ort für den Frieden. Internationales Schriftstellergespräch

anläßlich des 750jährigen Jubiläums der Stadt 5.–8. Mai 1987. Veranstaltet vom Schriftstellerverband der DDR. Berlin und Weimar 1987, S. 124.

28 Seghers, Glauben an Irdisches, S. 280.

29 Ebenda, S. 181.

30 Wolf: Land, in dem wir leben. In: Neue Deutsche Literatur, 5/1961, S. 64f.

31 Christa Wolf, Nachdenken über Christa T. Halle (Saale) 1968, S. 44.

32 Seghers, Transit, S. 201.

33 Wolf, Kassandra, S. 9.

34 Ebenda, S. 191.

35 Wolf, Störfall, S. 66.

36 Heinz-Jürgen Staszak, Erzählen globaler Probleme. In: DDR-Literatur '87 im Gespräch. Berlin und Weimar 1988, S. 26–57.

37 Wolf, Kassandra, S. 150.

Christoph Hein

Leserpost oder Ein Buch mit sieben Siegeln

Für Christa Wolf

Im April 1825 findet Goethe in seiner Post einen ungewöhnlichen Brief, den er am Abend Eckermann zeigt. Ein junger Student bittet ihn darin „um den Plan zum zweiten Teil des FAUST, indem er den Vorsatz habe, dieses Werk seinerseits zu vollenden. – Trocken, gutmütig und aufrichtig geht er mit seinen Wünschen und Absichten frei heraus und äußert zuletzt ganz unverhohlen, daß es zwar mit allen übrigen neuesten literarischen Bestrebungen nichts sei, daß aber in ihm eine neue Literatur frisch erblühen solle."

Goethe ist über den Brief nicht nur belustigt. Er äußert aus diesem Anlaß einige mißmutige Gedanken zur Menschheit und seinen Deutschen. Die angebotene Hilfe des „jungen Studierenden" schlägt er bekanntlich aus und beendet ohne Hilfe des unbekannt gebliebenen neuen Sterns der deutschen Literatur in den folgenden sechs Jahren den zweiten Teil des „Faust".

„Geht nur", bemerkt er dazu, „und laßt mir das Publikum, von dem ich nichts hören mag. Die Hauptsache ist, daß es geschrieben steht; mag nun die Welt damit gebaren, so gut sie kann, und es benutzen, soweit sie es fähig ist."

Und er will nichts von dem Publikum hören, nichts von dessen Gebaren und Gebrauch seiner Arbeit, und er teilt den Freunden Zelter, Reinhard, Boisserée und Humboldt mit, er habe das Werk, an dem er sein Leben lang gearbeitet, nun versiegelt und verschlossen, „damit es mir aus den Augen und aus allem Anteil sich entfernte".

Es sollte geschrieben sein. Alles andere ist für Goethe ohne jedes Interesse.

Und Eckermann berichtet: „Goethe übergab mir heute das Manuskript des zweiten Teiles seines ‚Faust', um es nebst seinem übrigen Nachlaß demnächst herauszugeben. ‚Sie lesen es wohl noch einmal', sagte er, ‚und bemerken wohl, was Ihnen etwa auffällt, damit wir es nach und nach ins reine bringen.

Ich wünsche übrigens nicht, daß es jemand anders lese. Sie wissen, ich habe Zelter davon einiges gezeigt; aber sonst kennt es außer Ottilien und Ihnen niemand. Anderen guten Freunden, die nach dem Manuskript fragten, habe ich weisgemacht, ich hätte es mit sieben Siegeln belegt und fest verschlossen. Wir wollen es dabei bewenden lassen, damit ich nicht ferner geplagt werde.'"

Misanthropie eines älteren Herren? Die Bemerkung Goethes vermag uns zu kränken, da wir nicht nur ausgeschlossen werden, unser uns so wertvolles Urteil bleibt unerbeten, selbst unser uneingeschränktes Lob ist unerwünscht und wird mit einer müden Handbewegung verscheucht wie eine belästigende Fliege.

Selbst Gott, wenden wir ein, läßt sich vom Chor der Engel um seiner Werke loben. Als Antwort kommt nur ein stummer Blick, der uns mit dem Gedanken vertraut macht, daß der lobende Engelchor eine äußerst fragliche Vermutung sei, eine Erfindung von Gottes Eckermann; denn da Gott selbst sein Werk für gut befunden, was bedarf es da fremden Lobes. „Wir wollen es dabei bewenden lassen, damit ich nicht ferner geplagt werde."

Die Frage, für wen ein Autor schreibt, kennt einige Antworten. Goethes Antwort ist an Schroffheit nicht zu übertreffen. Freundlicher klingen da andere Aussagen, etwa: für die Menschheit, für die Gebildeten, für die Jugend, für die Arbeiterklasse, für die Befreiung der Unterdrückten. Freilich sind diese Antworten im Ton nicht nur verbindlicher, sie sind zugleich in der Sache völlig unverbindlich. Sie haben etwas Obszönes, da sie die herablassende Geste verdeutlichen: der Autor, der sich zu einer Masse neigt, sie so gut zu kennen meint, daß er ihr das ihr Nötige zu reichen vermag; der Prophet und die Schar gläubiger Jünger, der Schäfer und die Schafe.

Ernsthafter und glaubwürdiger scheinen uns einschränkende Antworten, etwa: für meine Geliebte, für meine Schwester, für meine Freunde, für mich, für meinen Ruhm. Wir sind zwar ausgeschlossen, aber bleiben verwandt im Geist, denn mit Sentiment und Egoismus können auch wir aufwarten.

Unter den letzten Antworten finden wir vielleicht eine mögliche Antwort von Goethe, war er doch glücklich, als er den „Faust" beendete. „Mein ferneres Leben", sagte er, „kann ich nunmehr als ein reines Geschenk ansehen, und es ist jetzt im Grunde ganz einerlei, ob und was ich noch etwa tue."

Der Satz verdeutlicht, daß er aus Respekt geschrieben hat, aus Respekt vor dem Leben. Er hat gearbeitet, um die Jahre, die ihm gegeben waren, zu nutzen und nicht zu vertun. Ehrfurcht vor dem Leben nannte das Albert Schweitzer, und er meinte die Ehrfurcht vor dem Leben des anderen, vor jedem Leben. Goethe spricht von seinem eigenen Leben, was, denke ich, keine Einschränkung ist, sondern eine Erweiterung. Nur wenn ich die Zeit, die mir zu leben gegeben ist, als kostbar, unwiederbringlich und von tausend Verlusten bedroht begreife, werde ich auch Ehrfurcht vor dem Leben und der Zeit anderer haben.

Aber das Goethesche Desinteresse an jedem Anteil, das Versiegeln und Verschließen seiner Arbeit, die ihn selbst der Welt verschließt, läßt uns eher Hochmut denn Ehrfurcht erkennen, mehr Verachtung als Achtung des anderen. Kalt zeigt er sich sogar den Freunden, um nicht „ferner geplagt" zu werden. Immerhin, einem der Freunde, dem stets und um seiner Arbeit willen sehr hoch geschätzten Wilhelm von Humboldt, begründet er wenige Tage vor seinem Tod die uns verwunderliche Haltung. Am 17. März 1832 schrieb der greise Goethe an den fast zwanzig Jahre jüngeren Freund: „Ganz ohne Frage würd es mir unendliche Freude machen, meinen werten, durchaus dankbar anerkannten, weit verteilten Freunden auch bei Lebzeiten diese sehr ernsten Scherze zu widmen, mitzuteilen und ihre Erwiderung zu vernehmen. Der Tag aber ist wirklich so absurd und konfus, daß ich mich überzeuge, meine redlichen, lange verfolgten Bemühungen um dieses seltsame Gebäu würden schlecht belohnt und an den Strand getrieben, wie ein Wrack in Trümmern daliegen und von dem Dünenschutt der Stunden zunächst überschüttet werden. Verwirrende Lehre zu verwirrtem Handel waltet über die Welt, und ich habe nichts angelegentlicher zu tun, als dasjenige, was an mir ist und geblieben ist, wo möglich zu steigern und meine Eigentümlichkeiten zu kohobieren, wie Sie es, würdiger Freund, auf Ihrer Burg ja auch bewerkstelligen."

Die Welt, sagt Goethe, hat gewechselt, und an diesem

Wechsel hat er keinen Anteil, will an ihm nicht teilhaben. Verwirrt erscheint ihm Denken und Handeln in dieser neuen Welt, er will sich durch sie nicht verwirren lassen, vielmehr hat er „nichts angelegentlicher zu tun", als sich und seine Arbeit weiter zu destillieren. Und er befürchtet den schlechten Lohn. Ihn schreckt die Aussicht, daß sein gesamtes Lebenswerk, und dafür steht der „Faust", unter die Trümmer und den Müll des neu heraufgekommenen Jahrhunderts gerät. Er versiegelt es, weil er Störung fürchtet.

Fünf Tage später stirbt er. Wenige Monate darauf wird der ganze „Faust" postum herausgegeben. Die Welt ehrt ihn, indem sie seine Befürchtungen bestätigt: für Jahrzehnte stößt das Buch mit den sieben Siegeln auf Unverständnis und teilweise heftige Ablehnung.

Das Werk der Welt zu Lebzeiten zu verweigern ist, so scheint es nun, weniger der Haltung eines Jupiters geschuldet, Goethe fürchtet vielmehr die Verletzungen, denen er sich durch eine Veröffentlichung aussetzte. Die Neugier auf die Welt ist geschwunden, die Eitelkeiten und Sehnsüchte sind befriedigt. Er kann auf Resonanz völlig verzichten, seine Verdienste kennt er, und er muß sie nicht mehr mitteilen.

Ich vermute, Goethe fürchtete, jener eingangs erwähnte „junge Studierende" bekomme das fertige Stück zu Gesicht und antworte ihm. Diese Antworten waren ihm und sind uns denkbar. Goethe kann darauf verzichten und verschließt das Werk.

Jener dümmliche Brief – „trocken, gutmütig und aufrichtig" – war für Goethe, meine ich, Anlaß für jene rätselhafte, uns befremdende Entscheidung. Eine Vermutung, die noch einiger erklärender Worte bedarf.

Gewiß, jener Brief offenbart in außerordentlich krasser Art ein Unverständnis für Kunst und künstlerische Produktion. Aber das Unangemessene und Lächerliche sollte uns nicht von dem Verständnis seiner tätsächlichen Bedeutung abhalten, die Goethe möglicherweise zu seinem Entschluß führte. Die Absicht des Studenten, das noch fragmentarische Werk entsprechend den Vorstellungen Goethes zu vollenden, weshalb er eben um jenen Plan zum zweiten Teil des „Faust" bittet, ist ungewöhnlich allein in der radikalen Fortführung einer bis heute üblichen Praxis der Kunstbetrachtung.

Kommentar und Interpretation, das sind die gewöhnlich gewordenen Arten der Annäherung an Kunst. Interpretation und Kommentar sind dabei längst nicht allein eine Domäne der Kunst- und Literaturwissenschaft, sie wurden die gewöhnliche Reaktion eines jeden Kunstbetrachters, ja, sie gelten als Führer zum eigentlichen Verständnis von Kunst. Goethe sieht dies als Unglück an, und er beklagt bei dem Erhalt des Briefes jenes Studenten, „daß niemand sich des Hervorgebrachten freuen, sondern jeder seinerseits selbst wieder produzieren will. Auch denkt niemand daran, sich von einem Werk der Poesie auf seinem eigenen Wege fördern zu lassen, sondern jeder will sogleich wieder dasselbige machen. Es ist ferner kein Ernst da, der ins Ganze geht, kein Sinn, dem Ganzen etwas zuliebe zu tun, sondern man trachtet nur, wie man sein eigenes Selbst bemerklich mache und es vor der Welt zu möglichster Evidenz bringe. – Dieses falsche Bestreben zeigt sich überall, und man tut es den neuesten Virtuosen nach, die nicht sowohl solche Stücke zu ihrem Vortrage wählen, woran die Zuhörer reinen musikalischen Genuß haben, als vielmehr solche, worin der Spielende seine erlangte Fertigkeit könne bewundern lassen. Überall ist es das Individuum, das sich herrlich zeigen will, und nirgends trifft man auf ein redliches Streben, das dem Ganzen und der Sache zuliebe sein eigenes Selbst zurücksetzte."

Es ist eine stolze und selbstbewußte Klage, die Goethe hier führt und die den aristokratischen Geist verrät: eine Haltung gegen einen kapitalistischen Kunstbetrieb wie gegen einen demokratischen. Goethe verachtet sie und mißtraut beiden, von ihnen erwartet er nichts Gutes und schon gar nicht Kunstwerke.

Grundsätzlich aber spricht er sich – und nicht hier allein – gegen die Interpretation aus. Einhundertfünfzig Jahre später formuliert Susan Sontag Vergleichbares in ihrem „Against interpretation".

Der Kommentar und die Interpretation zerstören das Kunstwerk, indem sie es zu ersetzen suchen. Post festum erfolgt eine Überschreibung, ein Überschreiben des Textes, ein Übermalen des Bildes. Diese Überschreibung, Übermalung läßt das Werk noch immer hervorleuchten, scheinbar unangetastet, nun jedoch erklärt.

Jener Student versuchte, seinen Kommentar und seine Interpretation präventiv vorzubringen. Er wollte die Arbeit vollenden, und er war davon überzeugt, daß ihn die Kenntnis von Goethes Konzept dafür ausreichend befähigt. Im Besitz des Plans, wäre er, wie er glaubte, imstande zu dichten. Tatsächlich aber würde er interpretieren und kommentieren (und seine Hoffnung, damit schreibe er den „Faust", offenbart lediglich etwas von einem weit verbreiteten Selbstverständnis des Interpreten). Denn was er in Wahrheit mitzuteilen hatte, war der alte, vertraute Satz: Damit will Goethe uns sagen ...

Seine Voreiligkeit übersah, daß die Übermalung zuvor als Untergrund das Kunstwerk benötigt. Kommentar wie Interpretation sind nicht zu denken ohne die Existenz des zu kommentierenden, zu interpretierenden Werkes. Diese Metaebene trachtet danach, sich selbständig zu machen, so daß schließlich nur noch die Interpretation, der Streit der Kommentatoren von Interesse ist und das auslösende Werk kaum oder gar nicht mehr zur Kenntnis genommen wird, auf Kommentar und Interpretation keinen Einfluß mehr nimmt.

Goethe beklagt den Zustand. Seine Lösung: die postume Herausgabe seines Werkes. Dieser Ausweg, der für das Individuum Goethe von vollkommener Evidenz ist – mit dem Tod löst jedes Individuum die Welt auf und jedes Problem –, er ist für uns unannehmbar. Wir suchen nach dem Gesetz, nach der verallgemeinerbaren Formel, da ist Individualismus nicht zu tolerieren.

Susan Sontag bot eine Lösung an: Vernachlässigung des traditionell überschätzten Inhalts eines Kunstwerkes und Hinwendung zu Form und Stil. Die Inhalte, das Thema, der Stoff seien äußerlich, liegen außen, im Inneren stecke der Stil, die Form. Die größere Schwierigkeit, so dürfen wir vermuten, an den inneren Gehalt des Kunstwerkes zu gelangen, ermöglicht größere Kenntnis und adäquate Sicht auf das Werk. Zweifellos muß das Innere eines Werkes uns näher an sein Geheimnis bringen, ist doch die Form, wie Goethe anmerkte, ein Geheimnis den meisten – oder, nach anderer Lesart, ein Geheimnis der Meister.

Ein Unbehagen aber bleibt. Die Entthronung des Inhalts und die verstärkte Hinwendung zur Form als dem wesentlicheren Bestandteil des Kunstwerks löst nicht das Problem der Interpretation, sondern verschiebt lediglich unsere Kalamität.

Die Betrachtung des strukturellen Prinzips eines Werkes führt uns in Räume, die dem Produktionsraum sehr viel näher liegen als jene der Fakten, der Story oder des Handwerks. Erst mit dem Versuch, der Struktur eines Werkes zu folgen, kommen wir in die Lage, uns nicht von der Oberfläche des Werkes führen und verführen zu lassen, nicht der Botschaft oder Moral zu folgen, die das Werk absichtsvoll, scheinbar oder spielerisch für sich beansprucht. Denn Botschaft und Moral, die wir in jedem Kunstwerk entdecken können – eine Entdeckung, die weitgehend von uns selbst bestimmt ist, wir finden das, was wir suchen –, erhellen uns die Ideologie des Künstlers, sein Jahrhundert, dessen politische Tendenz und künstlerische Moden, häufiger aber nur unsere eigene Ideologie, Tendenz, unsere eigene Befangenheit in der Zeit. Botschaft und Moral führen uns nie zum Kunstwerk, sie sind lediglich Teil der zeitgenössischen Interpretation, sie sind Kommentar der Zeit. Wäre es anders, müßte mit jeder Veränderung der Ethik und jeder gesellschaftlichen Umwälzung und Reform auch der ihnen entsprechende Teil an Kunstwerken nichtssagend werden, da ihre Botschaft und Moral nun ins Leere zielen. Das Erstaunen über die so viele Veränderungen überlebenden Werke führte den Kommentar dazu, der Kunst die ewigen Werte zuzuordnen. Der Wunsch nach Frieden und Freiheit, die Sehnsucht nach Glück und Liebe wurden die Krücken, um ein Überleben des interpretativen Verständnisses zu retten.

Susan Sontag nennt dies die moderne Weise des Mißverstehens, die Rache des Intellekts an der Kunst und an der Welt, die die Welt arm und leer macht und die Kunst manipulierbar und bequem. „Wirkliche Kunst“, sagt sie, „hat die Eigenschaft, uns nervös zu machen. Indem man das Kunstwerk auf seinen Inhalt reduziert und diesen dann interpretiert, zähmt man es.“

Die Interpretation des Gehalts zu verwerfen und sich der Struktur zuzuwenden erlaubt uns gewiß größere Annäherung und ein Verständnis von Motiven, Einflüssen, Assoziationen, Gesetz und Zufall im Entstehungsprozeß. Aber es ist eine Annäherung an Imponderabilien.

Sind die Interpretation des Inhalts und der Kommentar unbefriedigend, weil sie bei den Fakten bleiben und allein das

Äußere des Werkes, das allen Sichtbare benennen, so ist bei einer Betrachtung der Struktur unumgänglich, daß nunmehr die Spekulation die Interpretation ergänzt. Von der Struktur des Werkes besitzen wir nur das im Produkt festgehaltene Ergebnis. Unstrittig ist aber, daß die Struktur des Produkts nur ein verkürzter, summierender Teil der Struktur der Produktion ist. Die Produktion selbst muß betrachtet werden, ihre Struktur nur kann die Struktur des Produkts offenlegen.

Aus der Interpretation des Inhalts geraten wir in die Interpretation der Struktur. Die Oberfläche der Fakten verwerfend, schwimmen wir nun in Vermutungen. Die Wahrheit und Schlüssigkeit dieser Interpretationen beruhen auf der Schlüssigkeit und Vollständigkeit des interpretativen Gebäudes; ihre Gültigkeit kreist um sich selbst; das sich über dem Werk erhebende System von Aussagen emanzipiert sich von ihm in dem Maß, wie es sich vervollständigt. Vom Inhalt zur Form überzugehen erhöht die Schwierigkeit wissenschaftlicher Aussagen und erhöht gegebenenfalls den Aussagewert, sie befreit uns aber keinesfalls von der voluntaristischen Interpretation. Die Interpretation des Inhalts durch eine Interpretation der Form zu ersetzen ermöglicht lediglich, die interpretierende und kommentierende Auffassung von Kunst spekulativ zu verlängern und zu verbreitern.

Die Ergebnisse dieser neuen oder doch anderen Interpretation ergeben gewiß neue oder doch andere Einsichten, denn das veränderte Herangehen muß notwendigerweise anderes entdecken. Aber wieder ist es Interpretation. Wieder wird dem Kunstwerk Gewalt angetan, wird es zu einem Gebrauchsgegenstand von Kategorien, Theorien, Kommentaren. Nur so ist es erklärlich, daß Susan Sontag trotz ihres heftigen und energischen Engagements gegen Interpretation bei der Betrachtung einzelner Autoren und Werke ebenfalls interpretiert. Sie kommt nicht umhin, zu erklären, zu deuten, zu schlußfolgern, zu kommentieren.

Eisslers psychoanalytische Studie über Goethe ist eines jener Werke, die bereits im Ansatz vehement die traditionelle Interpretation verlassen. Das Ergebnis ist eine schlüssige Gesamtsicht – sofern ich den psychoanalytischen Ansatz akzeptiere und damit die spekulative Interpretation. Es wird dann ein Zugang zu Bereichen, für die uns das Werk allein keinen

Weg weist. Es eröffnet sich ein Zugang zur Struktur der Produktion wie der diese Struktur bedingenden Voraussetzungen. Oder es sind völlig freie Fantasien und Interpretationen, die durch keine eineindeutigen Fakten, sondern allein durch Mutmaßungen gedeckt sind, selbst psychoanalytisch fragwürdig, da sie den überkommenen Aussagen nur unbedingte Wahrheitswerte zuordnen und nicht die relativierenden Werte, die psychoanalytische Fallstudien durch persönliche Kenntnis, durch wiederholtes Befragen usw. erreichen können. Die schlußfolgernden Entscheidungen sind nicht wissenschaftlich zu fällen, sie sind von Interpretationen bedingt, von Haltungen des Urteilenden. Kommentar und Interpretation gehören dann in allen Kunstwissenschaften wie in allen gesellschaftlichen zu den Glaubenssätzen. Theologie wird dann wieder zur Mutter der Wissenschaft.

Ein anderer, weitaus zurückhaltenderer Versuch ist Elias Canettis „Der andere Prozeß". Der Versuch, dem Roman „Der Prozeß" den Briefwechsel Kafkas mit Felice Bauer zu unterlegen, überzeugt im Ergebnis und ist schlüssig und erhellend. Genauer gesagt: er ist es für mich. Mich überzeugt Canettis Interpretation mehr als Eisslers, unter anderem weil Canetti weniger direkt die Schlüsse zieht und apodiktische Urteile vermeidet. Er überzeugt mich, weil er meiner Interpretation entspricht oder doch nicht widerspricht. Aber selbstverständlich ist es Interpretation, trotz aller Zurückhaltung und äußerst vorsichtiger Argumentation. Auch Canetti spekuliert, und trotz des mich überzeugenden Nachweises und der behutsamen Annäherung bleibt ein Unbehagen, weil ein Kunstwerk aufgelöst wird in erklärende Verweise seiner Herkunft und Entstehung, gedeutet wird durch die Biografie des Autors, seine Ängste, Obsessionen und Hoffnungen.

Wir gewinnen Klarheit über die Produktion, genauer gesagt: mutmaßliche Wahrheit über die mögliche Art der Produktion, und eine gewichtige, nahezu alles umfassende Kenntnis über die Biografie des Autors, über den Autor. Verlustig geht uns dabei das Kunstwerk. Wir sind nun nicht mehr in der Lage, Romane wie den „Wilhelm Meister" oder „Der Prozeß" zu lesen, wir lesen verschlüsselte Nachrichten über einen Autor. Und unsere Bildung, Kultur, unser Kunstverständnis erweist sich in dem Entschlüsseln der privaten Mitteilungen über die Befindlichkeiten, Ängste, Verletzungen einer Person, die Goethe oder Kafka heißt.

Unser Jahrhundert hat kein gewichtiges Kunstwerk seiner Zeit von dieser Betrachtung ausgenommen. Die Röntgenstrahlen zur psychischen und personengeschichtlichen Spurenlese vermitteln uns nicht allein Kenntnisse, sondern auch Annäherungen. Unsere Verklemmungen, Ängste, Unvollkommenheiten, Lädierungen, wir entdecken sie alle im Autor des Kunstwerks wieder. Die Röntgenstrahlen offenbarten uns die Pinselstriche der Produktion, und die Pinselstriche verrieten uns die Person. Wir haben nunmehr das Röntgenbild des Kunstwerks, das uns den Autor erklärt, verloren haben wir das Kunstwerk. Das Geheimnis des Werkes ist gelüftet, unsere Interpretation beweist sich selbst durch ihre Schlüssigkeit, und von dem Werk bleiben die sezierten Splitter, die keine andere Bedeutung haben als unseren Kommentar.

Vor zwei Jahren besuchte ich in Helsinki eine vielgerühmte „Hamlet"-Inszenierung. Ich war eine halbe Stunde früher in das Theater gegangen, um meine Eintrittskarte abzuholen. Im Foyer wartete ich auf den Beginn der Vorstellung und kam dabei mit einem Nordamerikaner ins Gespräch. Er war etwa gleichaltrig und arbeitete seit längerer Zeit in Finnland als Ingenieur für, ich glaube, Wärmetechnik. Im Gespräch erkundigte er sich nach meiner Kenntnis der finnischen Sprache, und ich mußte gestehen, daß ich Finnisch überhaupt nicht verstehe. Er war verwundert, daß ich dennoch ins Theater gehe, um mir ein Stück anzusehen, welches in finnischer Übersetzung gespielt wird. Ich verstand seine Verwunderung nicht ganz und sagte, gerade bei diesem Stück seien die Verständnisschwierigkeiten doch nicht unüberwindlich, habe man es doch hin und wieder gelesen und gesehen; ich fürchte also keineswegs, nicht zu verstehen. Ach, Sie kennen das Stück? fragte er überrascht. Sehr zögernd sagte ich Ja, zögernd, nicht weil ich meine tatsächlichen Kenntnisse bezweifelte, eher die Ernsthaftigkeit seiner Frage. Und ich erkundigte mich bei ihm, noch zurückhaltender, um ihn nicht zu kränken: Sie kennen Shakespeares „Hamlet" nicht? Nein, er kannte das Stück nicht, er hatte nie von diesem Stück gehört. Finnische Freunde hatten dem Ingenieur diese Aufführung empfohlen.

Für eine Sekunde war ich fassungslos, dann war ich nur noch neidisch, neidisch auf diesen vermutlich so technikbesessenen Mann, daß er selbst Shakespeares „Hamlet“ bisher nicht zur Kenntnis genommen hatte.

Ich wußte, ich werde in die Vorstellung gehen, den Kopf angefüllt mit einer Vielzahl von Kommentaren und Interpretationen des Theaters, der Literatur, der Wissenschaft. Ich werde sehen, nur um immerfort zu vergleichen. Ich gehe in die Vorstellung, um Entsprechungen zu finden oder zu vermissen, ich werde zustimmend nicken oder empört den Kopf schütteln. Ich gehe in das Theater, nicht um „Hamlet“ wirklich zu sehen – das ist mir auf Grund meiner Bildung nicht mehr möglich –, sondern um diesen „Hamlet“ mit meinen von mir erkannten oder anerkannten Interpretationen zu vergleichen, zu überprüfen.

Und ich war auf den Ingenieur neidisch, weil er etwas erleben würde, was mir vor einer Ewigkeit verlorenging. Er würde etwas sehen, wo ich nur etwas bemerken, anmerken könnte. Er wird Hamlet kennenlernen, den klagenden Geist des alten Hamlet, er wird von Beschuldigungen hören und den vielfältigen Unmöglichkeiten, Klarheit zu gewinnen und zu einer richtigen Entscheidung zu kommen.

Ich dagegen werde vielleicht von einem Kostüm überrascht, von der ungewöhnlichen Führung einer Nebenfigur, von einer bedenkenswerten oder bedenklichen Sicht auf Ophelia.

Der Ingenieur wird ein Kunstwerk sehen, ich vielleicht nur eine Interpretation. Er wird etwas erleben, ich dagegen den Kommentaren in meinem Kopf einen weiteren hinzufügen.

Die Interpretationen und Kommentare haben uns die Sicht auf das Kunstwerk genommen. Wenn Kunst die Welt poetisch spiegelt, indem sie künstliche Welten schafft, die von unserer Welt berichten, so sind wir nur noch in der Lage, die Bilder der Bilder der Bilder wahrzuhaben. Second-hand erhalten wir alles, was uns wesentlich ist, also interpretationswürdig. Aus erster Hand erreicht uns allein die keinen Kommentar werte Trivialkunst. Vielleicht ist das auch einer der Gründe für den weltweiten Erfolg des Trivialen. (Die Theoretiker der Postmoderne entdeckten soeben die tieferen Bedeutungen und psychosoziologischen Verästlungen der Trivialkunst; die Zukunft wird es erweisen, ob es ihnen dadurch gelingt, die Unbefangenheit des Konsumenten dieser Kunst zu brechen und den Verkaufserfolg nachhaltig einzudämmen.)

Jedes andere Kunstwerk aber, das also von der Kunstwissenschaft die hohe Weihe ihrer Würdigung empfangen hat, was bereits die erste Kommentierung ist, erfährt das Schicksal aller uns wichtigen Werke: Anlaß für Interpretation zu werden.

Als vor einhundertfünfzig Jahren der Philosoph und Theologe David Friedrich Strauß seine kritische Schrift „Das Leben Jesu" veröffentlichte, schrieb er in der Einleitung: „Wo immer eine auf schriftliche Denkmale sich stützende Religion in weiteren Raum- und Zeitgebieten sich geltend macht, und ihre Bekenner durch mannigfaltige und immer höher steigende Entwickelungs- und Bildungsstufen begleitet: da thut sich früher oder später eine Differenz hervor zwischen demjenigen, was jene alten Urkunden bieten, und der neuen Bildung derer, welche an dieselben als an heilige Bücher gewiesen sind. Diese Differenz [...] tritt [...] selbst an den wesentlichen Inhalt heran, und [...] (wird) dahin streben, entweder das Göttliche als nicht so Geschehenes darzustellen, also den alten Urkunden die historische Geltung abzusprechen, oder das Geschehene als so nicht Göttliches aufzuweisen, also aus jenen Büchern den absoluten Inhalt hinwegzuerklären. In beiden Fällen kann die Auslegung befangen oder unbefangen zu Werke gehen: befangen, wenn sie gegen das Bewußtsein der Differenz zwischen der neuen Bildung und der alten Urkunde sich verblendet, und nur den ursprünglichen Sinn der letzteren zu ermitteln sich einbildet; unbefangen, wenn sie klar erkennt und offen eingesteht, daß sie das, was jene alten Schriftsteller erzählen, anders ansieht, als diese selbst es angesehen haben."

Unser Unbehagen an der Interpretation und die unauflösbare Differenz formuliert Strauß mit einer uns auch heute noch überraschenden Schärfe. Seine daraus geschlossene Alternative des befangenen oder unbefangenen Herangehens an das zu betrachtende Werk erscheint mir für die Praxis weitreichender und sinnvoller als die von Susan Sontag vorgegebene Verschiebung der Interpretation.

Wie können wir das uns heilige Buch, das Kunstwerk, der

fatalen, weil immer verfälschenden Interpretation entziehen? Wie einem Kommentar entgehen, der – wie gut, genau und sorgfältig auch immer – stets ein anderer Text ist, der uns das Werk verstellt und schließlich, alles verhüllend, für uns verbirgt? Wie ist eine Tektur zu vermeiden, in die eingebettet jedes Kunstwerk uns zu einem Buch mit sieben Siegeln wird?

In den letzten Jahrzehnten häuften sich die Selbstkommentare der Autoren. Bei unterschiedlichen Gelegenheiten hören wir die Produzenten von Kunst über die Kunst sprechen, über ihre Kunst und ihre Ästhetik. Werkstattberichte nennt man diese Art von Vorträgen, und der Name legt nahe, daß hier Aussagen zu haben sind, die besonders eng an die Produktion gebunden sind und damit bedeutsame Annäherungen an das Produkt uns ermöglichen.

Aber selbst die Kunstwissenschaft nutzt diese Selbstkommentare mit großer Vorsicht und Zurückhaltung, eher als feuilletonistische Beigabe denn als göttliches Paralipomenon. Und tatsächlich ist auch hier nur Interpretation zu haben, unwissenschaftliche zumal, häufig selbstgerechte, immer selbstbezogene, egozentristische. Wir bekommen allenfalls die Interpretation des Autors, die aber keinesfalls genauer oder gültiger ist als jede andere, die sorgsam und werkgerecht erfolgt.

Überdies fehlt zumeist der objektivierende Vergleich, die selbstlose Haltung des wissenschaftlich Betrachtenden, die klärende Distanz. Nur wenn wir diese Autoreninterpretationen interpretierend nutzen, also eingeschränkt und verändert, bekommen wir jene abstrakte Gültigkeit, die zum Wahrheitsbegriff gehört, den die Wissenschaft von uns verlangt. Aber mit der Interpretation der Interpretation ist eine Annäherung an das Kunstwerk nicht möglich, jedenfalls keine interpretationsfreie. Alles, was ein Künstler uns mitzuteilen hat, steckt in dem Werk, dem Kunstprodukt. Darüber hinaus werden wir von ihm nichts erhalten, was uns dieses Werk reicher, verständlicher oder erschließbarer macht. Es ist verlorene Zeit, dem Künstler – writer in residence, genauer: writer as his own commentator in residence – zuzuhören, verloren für uns wie für ihn. Bilde, Künstler, rede nicht, bemerkte Goethe dazu.

Ist das Unbehagen an der Interpretation aufzulösen durch ein wie auch immer geartetes Ende der Interpretation?

Ein radikales Ende ist das Schweigen. Goethe versiegelte sein Werk, um dieses Schweigen für sich zu erlangen, um den „Faust“ der Interpretation zu entziehen. Ein Schweigen, gültig und zu erreichen allein für ihn, für seine Lebenszeit.

Der Ingenieur in Finnland erlangte das Schweigen durch Unkenntnis, durch Ignoranz. Dies ermöglichte ihm ein Kunsterlebnis, das mir versagt war. Er wurde zufällig und völlig überraschend an einem Abend in Helsinki mit einem der schönsten Stücke der Weltliteratur konfrontiert. Und ich hoffe, er hatte Augen, um zu sehen, und Ohren, um zu hören. Seine Naivität war aber nicht natürlich, sondern durch bornierte Abstinenz erkauft.

Tatsächlich kann das Schweigen eine vornehme und stolze Annäherung an das Kunstwerk sein. Es ist vielleicht die würdigste und angemessenste Art, auf Kunst zu reagieren. Jeder, der Kunst erlebt hat, von einem Kunstwerk je berührt wurde, wird dieses Schweigen, das Verstummen angesichts eines ihn überwältigenden Werkes kennen. Dann ist das Schweigen der Ausdruck eines tiefen, sinnlichen Begreifens von Kunst, der Rest, der bleibt.

Aber selbst das Schweigen ist nicht frei von Interpretation. Das Kunstwerk existiert an sich und für sich nur so lange, wie es verschlossen, versiegelt bleibt. Wenn es zu einem Werk für uns wird, von uns erlebt wird, wird es durch uns verändert. Das Erleben, das Überwältigtwerden durch ein Werk setzt voraus, daß ich mich zu ihm ins Verhältnis setze und daß ich das Werk in Relation zu mir bringe. Ich werde berührt, weil ich mich sehe, weil ich mich erkenne. Da aber der Künstler von sich erzählte, sich ins Bild setzte, ist mein Wiedererkennen bereits eine nonverbale Interpretation. Das Kunstwerk, das ich betrachte, ist ein anderes als jenes, das der Künstler aus der Hand gab. Er sprach von sich, ich aber sehe mich. Ich habe interpretiert, ich habe mir das Werk übersetzt. Ohne diese Übersetzung bliebe das Werk für sich, könnte mich nicht berühren, könnte ich es nicht erleben.

Wenn also Interpretation die Voraussetzung für das Kunsterlebnis ist, so ist sie unabdingbar an das Kunstwerk, genauer gesagt: an das Erleben von Kunst geknüpft. Was ich mir aneignen will, muß ich mir zu eigen machen, mir entsprechend machen, mir interpretieren. Ohne Interpretation bleibt das Kunstwerk eine Arbeit an sich und für sich; erst die Interpretation, meine Interpretation, macht das Werk erfahrbar, macht es zu einem Kunstwerk für mich. Das Unbehagen an der Interpretation ist also nicht aufhebbar oder gar zu beenden, sondern nur durch ein Bewußtmachen der Interpretation zu kompensieren. Wenn ich bei der Annäherung an das Werk mir beständig vor Augen halte, daß jede meiner Aussagen, ja bereits meine Empfindungen ein interpretierendes Verfälschen sind, wenn ich mir der andersartigen Charaktere des Kunstwerks und der Kunstwahrnehmung bewußt bin (wenn ich also unbefangen herangehe, wie Strauß sagte, und erkenne und eingestehe, daß die Werke anderes erzählen, als wir es sehen), nur dann habe ich die Chance, nicht allein meine Sicht, meinen Kommentar wahrzuhaben, sondern auch das Werk.

Ich plädiere also für Zurückhaltung, für Unsicherheit, für eine zögernde Annäherung. Ich plädiere für die jeder Interpretation vorangestellte und sie abschließende einschränkende Wendung: nach meiner Meinung.

Das ist für eine die Kunst betrachtende Wissenschaft eine unzumutbare Forderung, da sie jede Gültigkeit absichtsvoll und vorsätzlich in Frage stellt. Es könnte aber die ohnehin unumgänglichen Interpretationen und Kommentare dem Kunstwerk entsprechender machen. Die Selbsteinschränkung der Interpretation bräche für uns die sieben Siegel auf, die zuvor das Werk vor Überschreibung, Übermalung, Zerstörung durch Kommentar zu retten hatten. Es befreite uns endlich aus der fatalen Verwandtschaft mit jenem Studenten, der nur auf den Plan für den zweiten Teil des „Faust" wartete, um mit seinem Kommentar loslegen zu können.

Zurückhaltung, sagte ich. Christa Wolf sprach in einem nicht so sehr verschiedenen Zusammenhang von einer notwendigen anderen Sprache, um uns in der verkehrten Welt auszudrücken, zurechtzufinden. „Damit man einander doch wieder etwas sagen und erzählen könnte, ohne sich schämen zu müssen. Die nach dieser Sprache fahnden wollen, müßten aber wohl ein beinah vollkommenes Schwinden ihres Selbst-Gefühls, ihres Selbst-Bewußtseins ertragen können, weil ja all die Muster, in denen zu reden, zu erzählen, zu denken und zu dichten wir gewöhnt sind, nicht mehr verfügbar wären. Sie würden wohl erfahren, was es wirklich heißt: die Fassung verlieren."

Der Gewinn aber wäre das Erleben von Kunst, und da geht die Fassung uns ohnehin verloren. Nach meiner Meinung und Erfahrung.

1987

Christa Wolf

Ansprachen und Briefe

Brief an Franz Fühmann

Neu Meteln, 27. Juni 79

Lieber Franz,

als ich gestern in Wismar war, die Postsendungen aufgeben – auch die mit meinem Büchlein für Dich (wobei ich übrigens ein Lehrmädchen auf der Post nur mit Mühe daran hindern konnte, mir ganze hundert Mark zuviel herauszugeben: Sie hatte die enorme Rechenleistung, von fünfhundert Mark dreihundertvierzig abzuziehn, nicht selbst vollführen können, sondern sie einer Rechenmaschine anvertraut, und der glaubte sie nun mehr als meinem simplen Vorrechnen mit den Fingern: Dies nur als Vor-Beispiel zum Hoffmannschen Maschinenmenschen, der an den Automaten festhängt, die er gleichwohl nicht zu bedienen weiß) – als ich dann noch frisches Brot, den wunderbaren frischen Mecklenburger Zuckerkuchen, Zwiebeln, große und mittlere Briefumschläge, Farbbänder, Schlagschaum und schieres Rindfleisch gekauft, mußte ich leider zum Zahnarzt, und auch wenn ich auf dem Wege dorthin mit Gerd zusammen gegen jede Regel eine halbe Platte des herrlichen Kuchens im Auto aufaß (was ein großes Achtelblech ist) und mir die Zahnlücken mit Kuchenkrümeln und Zucker verstopfte, so konnte das doch meine Angst nicht besänftigen: Denn der Zahnarzt würde – und das tat er denn auch – an meinen beiden Vorderzähnen herumschleifen, von denen ein paar Jackettkronen (schreiben die sich so?) abgesprungen waren, und er würde mich, wenigstens für drei Tage, mit zwei Zahnstummeln vorne oben entlassen. Und dies tat er auch, der böse Mann, wenn er mir auch, entgegen meiner Erwartung, sonst keinen Schmerz zugefügt hatte. Aber nun war ich, bin ich, was mein Gebiß betrifft, drei unselig-gesegnete Tage lang im Hexenstand, und es muß von da eine Wirkung auf meine Rezeptionsfähigkeit von Hexischem, Zaubrischem, Unheimlich-Schaurigem ausgegangen sein, denn seit wir aus Wismar zurück sind bis eben, das heißt vierundzwanzig Stunden lang, mit Schlaf- und Eßpausen allerdings, las ich Dein Büchlein über E. T. A. Hoffmann, und es regte mich auf.

Und das nicht nur als Mit-Hexe, sondern als Mit-Lebende,

als Mit-hier-Lebende, eine Feststellung, an die ich, als Frage, gleich eine Vermutung anfügen will: Glaubst Du eigentlich, daß man Deine Essays anderswo genauso verstehen, daß man ihnen in ihre Voraussetzungen, Assoziationen, ihre Betroffenheiten, Grimmigkeiten, ihre Polemik, ihre Inständigkeit, ihre beinah flehentlichen Beschwörungen und ihre schmerzlichen Schlüsse genauso folgen kann? Denn es ist ja nicht die Hoffmann-Lektüre, die sie hervorgebracht, es ist ja Deine Teil-Identifikation mit einem Mann, einem Autor, der im Grenzbereich zwischen zwei Wert-Systemen leben muß, die einander beeinflussen, aber nicht aufheben, geschweige durchdringen können – obwohl sie sehr wohl gleichzeitig in jedem Menschen wirken und er sehr oft nur die Wahl hat, nach dem einen oder nach dem andern, oft sogar: nach beiden schuldig zu werden. Denn das dritte, neue, „gültige" Wert-System ist nicht in Sicht, und unserm Mann bleibt nichts, als seine gespenstisch beklommene Lage exakt, das heißt in Gespenstern, darzustellen: Und dies ist genau die Situation, die wir kennen, wenn wir sie auch spät – manchmal denk ich: für literarische Ausbeute *zu* spät – erkannt haben.

Dabei gab es doch schon diesen Bulgakow und seinen Roman „Meister und Margarita" – ein von mir inbrünstig verehrtes Stück Literatur –, der ja doch nicht aus Versehen und purem Zufall erst dreißig Jahre, nachdem er geschrieben, gedruckt worden ist und der die zeit- und ortsgerechte Variante jenes Teufelspuks „zwischen den Zeiten" beschreibt, zu der Hoffmann zu seiner Zeit seinen Beitrag leistet.

Denn mit den banalen Wörtern „Glauben" und „Enttäuschung" ist's ja nicht getan, wenn diese Wörter auch das, was uns geschehen ist, im einzelnen Leben mit decken. Doch ich habe mir gerade jene Stellen in Deinen Aufsätzen dick angekreuzt, welche die Dialektik dieses Prozesses betonen („und die Sünde war ja nicht immer Sünde, auch sie war einmal, wenn auch nicht Tugend, so doch das Notwendige gewesen") und jene über die „rigorose Verdinglichungspraxis": über diese furchtbarste Erfahrung, vom Geliebten – auch von der „geliebten Sache" – zum Werkzeug mißbraucht, zum Objekt gemacht zu werden: „Und daß es so gewöhnlich ist, daß man's nur bemerkt, wenn es einen selbst trifft, doch dann mitten ins Herz." So ist es, und an solchen und manchen anderen Stellen hatte ich das unheimliche, nicht aber schauerliche Gefühl, Du arbeitest mir zu, vielleicht, wir arbeiten uns gegenseitig zu … Ich nage zur Zeit an dem gleichen Kloben, tat es schon mit Kleist und Günderrode. Kennst Du die letzten Prosaarbeiten der Bachmann? In „Todesarten“ wird nichts anderes beschrieben als eben das: Das zum Sterben schauerliche Mißbrauchtwerden von dem, den sie am meisten geliebt.

Ich frage mich, ob jene ebenfalls schauerlichen Mädchen bei Hoffmann, diese Veronikas, die Hofrätinnen werden wollen, auf die Du öfter mit Recht schaudernd zurückkommst – ob nicht sie, unbewußt natürlich und ohne daß sie dadurch gerechtfertigt werden, eine Vor-Rache nehmen an dieser Männergesellschaft, die sie zur Geschichtslosigkeit verdammte? Was sollten sie denn sonst werden wollen als Hofrätin? Gretchens und Klärchens Schicksal ist ja so nachstrebenswert nicht: sich dem an sein Amt und die Politik, vielleicht sein Genie (Faust) gebundenen Mann ganz hinzugeben führt schnurstracks zum Tode. Wer leben will von diesen Mädchen, der hat von Müttern und Großmüttern die Erfahrung geerbt, daß er – also sie – des Mannes *Amt* lieben muß und sein Genie zum Gebrauchswert (für sich) zurechtstutzen: So sieht es ja, von den Mädchen her gesehen, aus, wenn auch natürlich der durchs weibliche Geschlecht zutiefst verwundete Hoffmann seinerseits in den seinen Schmerz- und Racheträumen entsprungenen Marionettenweibchen ganz wahr ist. Das ist es ja eben: Auf keiner Seite liegt das „Recht“, in solchen heillosen Zeiten muß eins das andere kaputtmachen und zerstören.

Muß es das wirklich? Werden, müssen die sich verselbständigenden Surrogate weiter und immer weiter Surrogate zeugen, Surrogate von Surrogaten, Ersatzgefühle, Ersatzleben, Ersatzmenschen? Was setzen wir dem, schreibend, entgegen? In mir ist seit einiger Zeit wieder eine große Sehnsucht nach dem Positiven, ohne Anführungszeichen, nach dem, was bleibt. Ich schäme mich schon, mich zu tief in Scheingefechte verstrickt, gegen vorgeschobene Schattenfiguren gefochten und in diesem Kampf meine Kräfte zerschlissen zu haben. Vielleicht war auch diese Erfahrung nötig, die, da ich nun mal eine Frau bin, auch zu der nicht unwichtigen Zusatzerfahrung geführt hat, daß Frauen, wenn sie in die Geschichte eintreten, mit keinem Pardon, keiner Schonung mehr zu rechnen haben;

daß sie dann, wenn sie wirklich anfangen wollen, sich einzumischen, (natürlich) den gleichen Prozessen unterworfen sind wie die Männer jahrhundertelang, darunter Verdinglichungsprozessen, darunter den von ihnen selbst oft akzeptierten Anpassungsprozessen, die zu ihrer Neutralisierung führen. Also was tun? Sich raushalten? Schreiben? Ich weiß keine Lösung, die den *ganzen* Menschen befriedigen würde …

Aber das ist vielleicht schon wieder ein zu hoher Anspruch. Ich will Dir nur zeigen, wie Dein Buch einen ganzen Schwarm von Gedanken in mir aufgestört hat, der mir gerade recht kommt. Dankeschön, und mach's gut.

Deine C.

Für Erich Fried zum 65. Geburtstag

Berlin, d. 27.4.86

Lieber Erich Fried,
entsinnst Du Dich eigentlich, wo wir uns zum erstenmal begegnet sind? Es war beim „Steirischen Herbst" in Graz, im Jahr 1980. Das Thema hieß: „Männersprache – Frauensprache", und das Forum im Stadtpark barst vor den so lange niedergehaltenen Leidenschaften, die endlich zum Ausbruch kamen. Ich fand es anstrengend, und mit Staunen sah ich Dir zu, wie Du Deiner scheinbaren Gebrechlichkeit vom frühen Morgen bis in die späte Nacht eine unermüdliche, ununterbrochene passionierte Teilnahme abgewannst: Wohin man auch kam – Du warst schon da, warst gerade dort gewesen oder wurdest erwartet. Wie Du das all die Jahre machst und dabei schreibst, schreibst, schreibst – das ist mir rätselhaft; aber es ist nicht das, worüber ich sprechen wollte. Ich wollte erzählen, wie Du, ausgerechnet Du, Dich als Macho entlarvtest.

Es war bei der letzten Veranstaltung, erinnerst Du Dich? Noch einmal waren alle Autoren, die gelesen und diskutiert hatten, auf der Bühne versammelt, Du saßest zu meiner Rechten. Wieder kochte der Saal, nicht nur Vernünftiges wurde emphatisch vorgetragen. Leider weiß ich den Anlaß nicht mehr, der zu einem immer heftiger werdenden Dialog zwischen Dir und einer der Frauen im Auditorium führte, ich gebe zu, logisch waren die Anklagen oft nicht, die wir alle anhören mußten, aber an diesem Morgen eben besonders Du zu hören kriegtest; es liegt ja auch in den Verhältnissen, die Frauen zu solchen Anklagen treiben, keine Logik. In meiner Erinnerung versuchst Du, zu einem klärenden Wort, schließlich überhaupt nur noch zu Wort zu kommen – statt dessen wurde Dir ein besonders aggressiver, maßloser, unvertretbarer Satz entgegengeschleudert, auf den Du, bis zum äußersten provoziert und ebenfalls schier außer Dir, zurückschriest: Ja, sind Sie denn verrückt!

Daraufhin, nach dem atemlosen Bruchteil einer Sekunde, das drohend anschwellende Geheul des Saales. Zum erstenmal in meinem Leben sah ich mich nach einem Notausgang von der Bühne um. Du aber, lieber Erich, warst total zerknirscht.

Während der Disput weiterging, fingst Du an, Dich zu martern, Dein Unbewußtes zu durchforschen nach den Quellen dieses Dir selbst vorher nicht bekannten Machismo. Du machtest mich zum Zeugen dieser Selbsterforschung, es hat Dir kein Essen geschmeckt, Du warst damit beschäftigt, den Kopf über Dich zu schütteln. Einspruch ließest Du nicht gelten. Und ich, überzeugt, daß Du es nicht nötig hattest, dieses selbstkritische Kopfschütteln – ich merkte bald: Ich hatte es nötig. An Dir kann ich immer erneut lernen, daß eines ohne das andere dem Autor nicht gestattet ist: die scharfe, mutige, unbestechliche, niemals nachlassende Kritik an den Mißständen der Welt, der Systeme, Institutionen *nicht* ohne die wachsame, ja: überredliche Aufmerksamkeit gegenüber der eigenen Gefährdung und Fehlbarkeit. Ich brauche und danke Dir beides.

Für mich bist Du einer von diesen Emissären, deren es in jeder Zeit eine Handvoll gibt. Deine Botschaft: daß es menschenmöglich ist, diese Spannung, in die Du Dich gestellt hast, über Jahre, Jahrzehnte auszuhalten und produktiv zu machen. Vielleicht ist gerade sie es, aus der Du Deine unerschöpfliche Energie ziehst. So kann ich Dir ein Nachlassen dieser Spannung nicht wünschen. Ich wünsche Dir ihre Dauer und die Dauer Deiner Produktivität.

Verlesen auf der offiziellen Geburtstagsfeier in Wien, April 1986

Zum 80. Geburtstag von Hans Mayer

Verehrter Hans Mayer, meine Damen und Herren,
heute vor einer Woche träumte ich, in einem mir unbekannten schönen Haus fände ein großes Fest statt, viele, die ich kenne, seien gekommen – die meisten übrigens maskiert –, ich aber säße in einem kleinen Arbeitsraum über dem Festsaal und schriebe an dieser Rede, die ich noch vor Ende des Festes halten sollte. Immer wieder sah jemand besorgt und drängend zu mir herein, schließlich erwachte ich von einer lauten Stimme, die sagte: Ich werde nicht fertig. Es dauerte eine Weile, bis ich diese Stimme als meine eigene erkannte, und dann kam mir die Idee, den Wink ernst zu nehmen, warum sollte ich nicht einfach hingehen und sagen können: Herr Professor, ich werde nicht fertig, und warum sollte der Angeredete nicht, großzügig, wie er sein kann, erwidern: Sie brauchen Verlängerung? Genehmigt! Die Erleichterung hielt nicht lange vor, mir fiel ein, daß man ein Geburtstagsdatum nicht verschieben kann und daß ich von früh auf meine Lehrer und mich leider an Pünktlichkeit gewöhnt habe – pünktlich habe ich zum Beispiel mein erstes Referat bei Ihnen gehalten, es war im Spätherbst 1951 und ging über Romain Rollands „Johann Christoph“, Sie erinnern sich nicht, es war in Ihrer Übung über „Große Romane der Weltliteratur“, lieber wäre ich in Ihr Oberseminar gekommen, aber Sie mußten, durchaus höflich, der Studentin, die aus Jena kam, Ihr Oberseminar versagen, ganz habe ich erst bei der Lektüre Ihrer Erinnerungen verstanden, warum, und falls Sie argwöhnten, da sitze eine durch Ihre Antipoden aus dem Kreis um Professor Scholz Infizierte, hatten Sie recht, nur schien mir später der Graben zwischen Ihren Auffassungen über den deutschen „Sturm und Drang“ und denen, die mich in Jena die Scholz-Mitarbeiterin Edith Braemer gelehrt hatte, nicht unüberbrückbar zu sein. Gleichviel, nun hatte ich über Rolland zu arbeiten, in zwei leeren Zimmern in Gohlis, zum Schreiben eine extrem unbequeme Wandbank und ein sogenanntes Clubtischchen aus einer aussterbenden Gattung, die Wände aber behängt mit düsteren Ölgemälden aus dem Besitz des Hauptmieters, ich mußte fürchten, das Kind, das ich bald zur Welt bringen

würde, könnte durch den allzu frühen Anblick dieser Bilder Schaden nehmen, das mag zum Teil erklären, warum meine Erinnerungen an die vier Semester in Leipzig, soweit sie den Universitätsbetrieb betreffen, nicht sehr deutlich sind: Ich war anderweitig okkupiert, wenn auch, das muß ich zugeben, nicht nur durch die Bedrängnisse einer Studentin mit Kind, die trotzdem pünktlich – da ist es wieder, das Wort! – ihre Zwischenprüfungen machen muß, nein: Auch das, was Sie später „Religionsgespräche“ nennen werden, nahm mich stark in Anspruch. Es ging um den rechten Glauben an die reine Lehre, um die endlosen Auseinandersetzungen über Abweichungen und Abweichler, zu denen man nicht gerne gehören wollte, unter die man doch manchmal geriet, erneutes Bemühen um den „richtigen Standpunkt“, viel vergebliche Liebesmüh, viel Fremdheit und Zweifel, überdeckt durch Selbstquälerei und Rigorismus – nein: *Mein* Ort war das Leipzig der frühen fünfziger Jahre nicht, erneut wurde es mir klar, als ich Ihren bündigen Satz „Mein Ort war der Hörsaal 40 in Leipzig“ mit Bewegung wiederlas. „Augenblicke meines Lebens, wo ich ganz bei mir selbst war: der Blick vom Katheder in den einstigen Hörsaal 40 der Leipziger Universität [...]“ Nun: den Gegenblick *aufs* Katheder könnte ich Ihnen beschreiben, aus der siebten oder achten Reihe, rechterhand, von Ihnen aus gesehen, dort habe ich meistens gesessen. Auch, wie Sie einmal zornig wurden, weiß ich noch: Auf Ihre Ankündigung hin, Ihre nächste Vorlesung müsse wegen einer Auslandsverpflichtung ausfallen, hatten wir fröhlich-pennälerhaft Beifall geklopft, statt Bedauern zu zeigen. Anekdotisches. Der Lebensgeschichte hinter der Verletzbarkeit des Professors haben wir nicht allzu begierig nachgefragt.

Ich fange an, in alten Kartons zu wühlen, da kann ich natürlich nie fertig werden, was ich suche, finde ich nicht, dafür kommt mein Studienbuch zutage, ich kann nun also dokumentieren, daß Sie in den fraglichen drei Semestern (im vierten, dazwischenliegenden war ich ja beurlaubt, „wegen Krankheit“ steht da geschrieben, aber seit wann ist eine Entbindung eine Krankheit, und was soll der amtliche Stempel bedeuten: „Studiengebühren durch Gebührenerlaß vereinnahmt!“) – daß Sie, sage ich, folgende Hauptvorlesungen hielten: Deutsche Literatur im Imperialismus. Literatur des demokratischen

Deutschland. Deutsche Literatur seit 1830 – welch letztere ein Kolleg über Goethe erforderte, ich zögere, mich auf diesen Namen hier einzulassen, wohin soll mich das führen; wie Sie in einem Ihrer Bücher mit dem perfiden Titel „Goethe. Versuch über den Erfolg" säuberlich der Kette von Mißerfolgen und von Versagen nachgehen, die, zuweilen und bei einer bestimmten Art von Personen, am Ende den „Erfolg" ausmachen – das lese ein jeder selbst, ich aber will nun auf die „Goethetage der Jugend" in Weimar zu sprechen kommen, 1949, vergeblich habe ich nach dem Programm jener Veranstaltung gesucht, bei der Sie, ger[illegible] aus Frankfurt am Main übergesiedelt, zum erstenmal auf dem Boden der sowjetischen Besatzungszone als Festredner auftraten, „Spiegelungen Goethes in der Gegenwart", und ich muß dabeigewesen sein, mit einer Einladung bedacht für eine Arbeit zum Thema „Goethes Auffassung von Persönlichkeit und Gesellschaft", die habe ich übrigens gefunden, sie ist recht umfangreich. Jedoch ich war im August in Weimar – ist es denn sicher, daß Sie am 22. März dort gesprochen haben? Wirklich: Es war heiß, als ich dort war; laue Nächte, zwei Jünglinge, ebenfalls Preisträger des Aufsatzwettbewerbs, die mich nach dem „Faust" (mit Lothar Müthel als Mephisto) spätabends ins Quartier begleiteten, der eine zu groß für mich, der andere zu klein, passend keiner, doch soviel ist sicher: Otto Grotewohl habe ich auch reden hören: „Du mußt steigen oder sinken, leiden oder triumphieren, Amboß oder Hammer sein!", es hat mir eingeleuchtet, und wenn Sie schreiben: „Goethe war ich verfallen", so hätte ich Ihnen, mit dem schuldigen Respekt meiner zwanzig Jahre, erwidern können: Ich auch. Ich *muß* damals in Ihrem Auditorium gesessen haben (haben Sie Ihre Ansprache womöglich im August wiederholt?), den Schauspieler, den Sie erwähnen, und seine Interpretation von Goethes „Symbolum" glaube ich im Ohr zu haben, in- und auswendig hätte ich es mitsprechen können: „Versäumt nicht, zu üben / Die Kräfte des Guten": Das gehörte ja zu dem Grundbestand an Lebenshilfe- und Vorsatzliteratur, den ich mir nach dem Krieg in fliegender Eile angelegt hatte, eine Art Selbstrettungsaktion. „Wir heißen euch hoffen!" Das vor allem, und was denn auch sonst. Ja, Sie haben recht: Es *waren* die Jahrgänge 1929, 1930, die da vor Ihnen im Weimarer Nationaltheater saßen, und kein Zufall, sondern die Notwendigkeit des „geschichtlichen Augenblicks" – um eines Ihrer Haupt-Wörter aufzunehmen – hatte Sie und uns aus weiß Gott verschiedenen Richtungen zu jenem Anlaß und an jenem Ort zusammengeführt. *Wir* begannen zu empfinden, wie dringlich wir Lehrer wie Sie brauchten – *Sie* hatten genau diesen besonderen Lehrauftrag, der über die bloße Wissensvermittlung weit hinausging, gerade angenommen. „Nicht wahr, o Mutter, wen die Götter lieben, den führen Sie dahin, wo man sein bedarf" – den Satz des Elpenor, den Goethe für sich auf Weimar münzte, Sie aber für sich auf Leipzig bezogen, fanden Sie, wie eine Botschaft, erst spät – Ihrem Gefühl hätte er damals wohl schon entsprochen. Zwischen Gebrauchtwerden und Nichtmehrgebrauchtwerden liegt dann der Ausschlag für die Entscheidung von Bleiben- oder Gehenmüssen, das verstehe ich heute noch weit tiefer als 1963; auch damals akzeptierte ich es mit Bedauern; wie ich auch jene Sehnsucht nachfühle, die Sie als ein, vielleicht als *das* Motiv Ihrer weitgehenden Annäherung an Kommunisten und die kommunistische Bewegung artikulieren: „einer Gemeinschaft anzugehören, mit anderen gemeinsam für etwas zu wirken, auf etwas hinzuleben". Diese Sehnsucht war nicht generationsgebunden. Es ging um das dem Nationalsozialismus von Grund auf Entgegengesetzte, um das Anknüpfen an die verschüttete, uns Jungen vollkommen unbekannte, zuletzt zerknüppelte republikanisch-demokratisch-sozialistische Tradition in der deutschen Geschichte, an die progressiv-bürgerliche, plebejisch-sozialistische Tradition in der deutschen Literatur. Uns allen, denke ich, die wir da 1949 im Weimarer Nationaltheater zusammenkamen, Goethe zu ehren, ging es um eine lebbare Alternative. – „Das wilde Prinzip Hoffnung".

Daß es hart werden würde, hätte jemand uns damals schon voraussagen können, der imstande und willens gewesen wäre, alle Seiten aller Widersprüche zu überblicken, die in jenem geschichtlichen Augenblick beschlossen waren. Würde ich auch nur anfangen, sie aufzuzählen – ich würde nicht fertig werden, ich kann mit ihnen nicht „fertig" werden. Sie, verehrter Hans Mayer, haben ihre volle Schärfe zu spüren bekommen: „Deutscher auf Widerruf" – nicht freiwillig, das kann man wohl sagen –, haben Sie sich doch zugleich unwiderruflich, ohne auf ein Einspruchsrecht zu pochen, allen Zerreißproben ausgesetzt, die ein deutscher Schriftsteller in den beiden deutschen Staaten erfahren konnte. Wie sagt doch Elpenors Mutter: „Wer edel ist, der suchet die Gefahr, und sie sucht ihn, so müssen sie sich treffen." Ich weiß nicht, wie Sie es heute sehen, aber mir scheint, die Beihilfe an der Überwindung jenes „unglücklichen Bewußtseins" der Deutschen, vornehmlich der deutschen Intellektuellen, lohnte und lohnt bis heute jede Anstrengung – auch die Über-Anstrengung, um jenes erneute „Auseinanderklaffen der politischen und geistigen ‚Deutschheit'" (wie Sie in Ihrem bisher letzten Buch das „unglückliche Bewußtsein" unter anderem definieren) zu verhindern, zu vermindern, zu verzögern, wenigstens bewußt zu halten. Schon in Ihren Leipziger Vorlesungen – daß ich es zugebe: auch eine Vorlesungsmitschrift habe ich aufgestöbert – fragen Sie, mit Ihrer besonderen Art von Instrument die Lebensläufe der Dichter abtastend, den heiklen Punkten nach, da die persönlichsten Antriebe der Autoren sich treffen – oder eben häufig: kollidieren – mit den gesellschaftlichen Gegebenheiten; entwickeln, aus harmlosen Fragen: Warum schrieb Heinrich Mann in den ersten Jahrzehnten dieses Jahrhunderts seine literarischen Essays nur über französische, Thomas Mann dagegen nur über deutsche Schriftsteller? Warum ging Goethe 1786 nach Italien? – ein Panorama der Zeitwidersprüche, führen die Entscheidungen eines jeden, auch die eines Johann Wolfgang Goethe, vor als „gesättigt mit Zeitlichkeit", reduzieren also schon damals, als das noch keineswegs selbstverständlich war, die Motive für dessen Flucht nach Italien nicht auf seine privaten Eigenschaften, auf die berühmten „Enttäuschungen" am Weimarer Hof oder die „Mißhelligkeiten" mit einer Dame, sondern Sie untersuchen die tiefe Lebenskrise eines politischen Menschen, der sich durch die zeitgenössisch-miserablen Verhältnisse „auf die Kreation zurückverwiesen" sieht, auf ein – entsetzlicher Gedanke! – „gesellschaftsloses Schöpfertum".

Man nimmt ja auf, auch wenn man sich später nicht ausdrücklich an Einzelheiten erinnert, ich wundere mich heute, warum ich mich damals, in Leipzig, nicht fragte, woher der Professor eigentlich diesen plausiblen, unbekümmert dachte ich wohl: einzig plausiblen Umgang mit Literatur nahm. Viel später erst, durch die Bücher nämlich, die Sie nach Ihrem

Weggang aus Leipzig schrieben, lernte ich Sie besser kennen, fand Worte bei Ihnen, die ich nicht erwartet hätte, eines von ihnen, immer an entscheidend-krisenhaften Punkten Ihrer Biographie: „Erweckung"; eine der ersten Erweckungen erleben Sie im Zusammenhang mit der frühen Lektüre von Georg Lukács, der dem Einundzwanzigjährigen „nachwies", „wo ich im geschichtlichen Augenblick stand oder auch stehen könnte. Nun war es innerlich vorbei mit dem lethargischen Hinnehmen des Bestehenden, das mir immer unerträglicher vorkam: obwohl oder weil es an nichts fehlte. Außer an irgendeinem Sinn. Ich entdeckte die Geschichte und das marxistische Denken." Diese Entdeckung ist, so zahlreiche und weitgehende Differenzierungen der Achtzigjährige selbstverständlich an ihr hat vornehmen müssen, nicht widerrufen worden, eine Alternative zu ihr hat sich nicht aufgetan. Ein anderer Lehrer, in der Schweizer Emigration, Carl J. Burckhardt, hat Sie gelehrt, „die Werke der Schriftsteller nicht als Indizien für Historisches zu benutzen, sondern als Schöpfungen eigenen Rechts ernst zu nehmen": Da hatten Sie also die Grundbestandteile Ihres späteren Instrumentariums als Literaturwissenschaftler, aber, vor allem: Von nun an akzeptieren Sie die Bestimmung, ein Schriftsteller zu sein, mit Neigung zur Dramatik, übrigens: „Warum wurde ich kein Dramatiker?" Gestatten Sie mir, eine Vermutung zu wagen: Weil Ihrem Ich die Rollen, die das Theater geboten hätte, in gewisser Weise nicht genügten, es brauchte die der Dichter: noch tiefere Verstecke, noch zuverlässigere Masken, noch geheimere Möglichkeiten der Identifizierung. Ich weiß nicht, ob Ihnen bewußt ist, wie häufig Wörter wie „geheim", „insgeheim" in Ihren Erinnerungen vorkommen, verständnisinnig habe ich Sie wichtigste Bekenntnisse in beiläufige Nebensätze, auch sonst an „entlegener Stelle" der beiden Bücher unterbringen sehen – da mag sie finden, wer will, was heißt: wer genau und mit Sympathie und Einfühlung liest.

Daß nicht der verwirklichte Zustand der einst erhofften, sicherlich auch zu ungeduldig herangewünschten Alternative die Lebensform linker deutscher Intellektueller in diesem Jahrhundert sein kann, sondern die nie aufgegebene Suche nach ihr und die Arbeit für sie – diese Einsicht mag eine neue Färbung in das „unglückliche Bewußtsein" bringen, jedenfalls verbietet sie, sich in ihm einzurichten. Siebenunddreißig Jahre nach der Goethefeier in Weimar, dreiundzwanzig Jahre nach Ihrem Weggang aus Leipzig haben wir wieder zusammen in einem Saal gesessen, Sie wissen, worauf ich anspiele, wieder waren Sie der Vortragende, das Thema diesmal: Karl Kraus, der Saal gehört zur Akademie der Künste der DDR, es war der November 1986. Ein neuer geschichtlicher Augenblick, der, irre ich mich nicht, neben immensen, noch gesteigerten „Gefahren" doch auch Ansätze von Hoffnung in sich zu bergen scheint – Hoffnung in sehr veränderter Gestalt, mir schien es nicht übertrieben, Ihr Hier-Sein (also Da-Sein) unter die Hoffnungszeichen zu rechnen. Und wieder geht es, besonders für die, die heute jung sind, um eine lebbare Alternative – ein Anspruch, das wird sich zeigen, der nicht durch Sichern des nackten Überlebens allein, so vordringlich es heute ist, zu erfüllen sein wird. Vielmehr wird das nackte Überleben, ohne daß an der Frage: Wozu und wofür? gearbeitet wird, auf Dauer nicht zu sichern sein, also nicht ohne die Entwicklung eines eingreifenden alternativen Denkens. Wenn ich Sie richtig lese, arbeiten Sie rastlos daran, das Dictum, das Sie sozusagen mit der einen Hand erteilen: Die Aufklärung ist gescheitert!, mit der anderen in Frage zu stellen und aufzuheben, aber eine Aufhebung des Verdikts der Folgenlosigkeit der Aufklärung ist ja nur denkbar, wenn man sich vortastet bis zu den Wurzeln dieser Folgenlosigkeit: daß sie, die Aufklärung, ein imponierendes Denk-Gebäude einer kleinen Gruppe europäischer intellektueller Männer war, die, was „menschlich" sein sollte, an sich selber maß.

Erinnern Sie sich an unser Abendessen in Tübingen, im Frühjahr 1976, als Sie mir Forelle empfahlen („Forelle blau, das kann man hier unbesorgt essen" – gilt das eigentlich noch?) und mir Ihr neuestes Buch schenkten: „Außenseiter". Da erst verstand ich die existentielle Bedeutung des Schreibens für Sie, aus einer nicht primär wissenschaftlich, sondern künstlerisch angelegten extremen Empfänglichkeit für das Problematische im Menschlichen. Erfahrungen durch Schmerz machen, sein Thema nicht wählen können, sondern von ihm gewählt werden.

„Das Monstrum als Ernstfall der Humanität" – dieser Satz traf mich, er wirft leicht Licht auf den durch den Aufklärungsrationalismus ins Verborgene gedrängten Untergrund dieser Zivilisation, gespannt verfolgte ich die Wendungen, die Sie ihm über die Kapitel „Judith und Dalila", „Sodom" und „Shylock" geben – nein, nicht „autobiographisch", da stimme ich Ihnen zu, aber doch wohl als Stücke einer großen Konfession. (Daß sich die monströse Lage vieler Frauen heute, die durch das Emanzipationsangebot in total männlich verwalteten Gesellschaften in die Gefahr gebracht werden, ihre Identität nicht finden und neu definieren zu können, sondern erst recht zu verlieren, – daß sich dieses Dilemma in den Kunstfiguren „Judith" und „Dalila" nicht fassen läßt, wird Ihnen bewußt sein; Kunstfiguren, die es ganz ausdrücken würden, hatten Sie allerdings nur wenige zur Hand.)

Je wichtiger gerade dieses radikalste Ihrer Bücher mir wurde, um so mehr tat es mir leid, daß mein neuestes Buch kurze Zeit später Sie nicht für sich einnehmen konnte – die Wahrheit, die Sie damals mir abverlangten, war nicht meine Wahrheit, was Sie erwarteten, konnte ich nicht wollen. Das war kein Mißverständnis, das waren verschiedene Sichtweisen auf Grund unterschiedlicher Entscheidungen. Auf „Unaufrichtigkeit" ließen sich die Mängel meines Buches nicht zurückführen, der auch für mich zentrale Konfliktstoff, den Sie unter anderem vermißten – die Deformierung der kommunistischen Bewegung in der Stalinzeit und ihre Folgen für jeden, der ihr angehörte –, *konnte* in meiner Auseinandersetzung mit dem deutschen Faschismus nur am Rand erscheinen, und die Problematik des Landes, an dessen Veränderung ich immer noch mitzuwirken hoffte, mußte ich anders akzentuieren als Sie, dem die Möglichkeit einzugreifen entzogen worden war. Da ich zu dieser Entscheidung keine Alternative sah, bin ich immer, auch als Autorin, sehr behutsam umgegangen mit allen, selbst bescheidenen Anzeichen von schöpferischen Veränderungen in der gesellschaftlichen Praxis. (Behutsam, nicht unkritisch oder unaufrichtig, das darf ich sagen.) Diese Lebenszeichen noch oder eben nicht mehr wahrnehmen zu können war für mich eine existentielle Frage, sie ist es geblieben, ich merke es in diesen Monaten wiederauflebender Hoffnung.

Es gibt auch ein authentisches Schweigen, es kann beredt sein, ich glaube nach der Lektüre Ihrer Erinnerungen, daß Sie mit diesem Satz von Grund auf vertraut sind und ihm stillschweigend Geltung verschaffen, nicht alles ist jederzeit sagbar und muß und soll gesagt werden. Dies gilt auch für diese Rede, mit der ich, nun müssen auch Sie es zugeben, nicht fertig werden kann.

Ich muß nämlich noch auf einen Sprung zurück nach Leipzig, das Bezugspunkt bleibt, da hilft alles nichts, und ich kann uns die Erwähnung einer Szene nicht ersparen, die wiederum in Ihrem Dienstzimmer spielt und einer gewissen Komik nicht entbehrt. Ich hatte es mir, zu Anfang des Jahres 1953!, in den Kopf gesetzt, meine Staatsexamensarbeit (pünktlich, was denn sonst) über die Prosaliteratur der DDR zu schreiben, Sie sagten unwirsch – was Sie dann, nachzulesen in Ihren Erinnerungen, sich nicht enthalten konnten, auch öffentlich zu sagen –: „Rotangestrichene Gartenlauben!", übergingen meinen Widerspruch und meine Empörung (ein paar Titel hätte ich Ihnen immerhin entgegenhalten können, von Seghers, Claudius, Strittmatter) und gaben mir, gar nicht so dumm, sage ich heute, das Thema: Das Problem des Realismus bei Hans Fallada. Nun. Meinen Lukács hatte ich ja auch gelesen, über Realismus wußte ich also alles, mit allmählich nachlassender Empörung fuhr ich jeden Tag die weite Strecke in die Deutsche Bücherei und saß denn da, damit beschäftigt, den hohen Stapel der Falladaschen Romane langsam kleiner zu lesen, aber bald – ich fürchte: von Anfang an – war mir klar, was ich dem Autor würde nachweisen können: Wie sehr nämlich seine kleinbürgerliche Ideologie dem Realismus seiner Bücher geschadet hat. Sie waren's zufrieden – erstaunlicherweise, kann ich nur sagen, nachdem ich nun auch diese wieder ans Tageslicht gekommene Arbeit nochmals überflogen habe. Nein, Zeugnis einer „Erweckung" ist sie nicht, aber mit frischem Diplom konnte ich mich endlich der Literaturszene der DDR zuwenden, die nun einmal eine unwiderstehliche Anziehungskraft auf mich ausübte (bald, übrigens, schrieb ich auch gegen die rotangestrichenen Gartenlauben), und so trennten sich, wiederum nicht zufällig, unsere Wege, Sie fanden eine neue literarische Heimat in der Gruppe 47, ich empfand etwas wie einen Phantomschmerz, als ich las, mit welcher Wärme Sie von ihren Zusammenkünften schreiben – die Freundeskreise und Gruppen, in denen *wir* uns trafen, hatten keine Namen, sie blieben im Westen unbeachtet wie übrigens auch sehr lange die Literatur, die da entstand; politische Enthaltsamkeit, die zum Reglement der Gruppe 47 gehörte, hätten wir uns allerdings nicht vorstellen können, im Gegenteil: Vielleicht haben wir die Politik zu sehr ins Zentrum gestellt, so bekam sie Macht, zu binden und zu lösen. Der Weggang von Gefährten, der ja in vielen, nicht in allen Fällen von nachlassender Integrationskraft der eigenen Gesellschaft zeugt, ist eine sehr schmerzliche Erfahrung.

Nein: Ich werde nicht fertig. Ich komme zum Schluß. Wieder ein Saal, in dem wir zusammen sitzen. Verkehrte Voraussetzungen: Ich spreche zu Ihnen. Wer mir, zu einem beliebigen Zeitpunkt der Vergangenheit, hätte prophezeien wollen, daß ich Ihnen, verehrter Hans Mayer, zu oder jedenfalls kurz vor Ihrem 80. Geburtstag in der Westberliner Akademie der Künste öffentlich gratulieren würde, den hätte ich zum Phantasten erklärt. Sie wollten es so. Ich wollte mich diesem für mich nicht nur traumhaften, auch bedrängenden, schwierigen Arrangement eigentlich lieber entziehen. Pünktlich bin ich nun also doch wieder gewesen, um Verlängerung habe ich nicht nachgesucht – bin ich Ihnen auch gerecht geworden? Ich wünschte es. Ich wünsche, daß dies ein festlicher, ein „erfüllter" Augenblick für Sie sei – in dem Sinn, wie Sie die glückhaft-erfüllten Augenblicke Ihres Lebens beschrieben haben. Ich wünsche, daß Sie ihn genießen können und daß er in Ihnen nachwirkt.

Ich danke Ihnen.

Gehalten im März 1987 in der Akademie der Künste Berlin [West]

Prioritäten setzen

Diskussionsbeitrag zum Internationalen Schriftstellergespräch „Berlin – ein Ort für den Frieden"

Die Zeit schreitet voran, die Foren wechseln, man glaubt, zu dem Thema, das uns zusammenführt, sei alles gesagt, trotzdem läßt man sich, gegen den eigenen Widerstand, von sich selbst überreden, noch einmal etwas zu sagen, damit es nicht einmal zu wenig sei. Seitdem wir vor sechs Jahren in größtenteils anderer Zusammensetzung, von Stephan Hermlin eingeladen, auch hier in Berlin zusammenkamen zur „Berliner Begegnung", ist dieser Teil von Berlin nicht nur weiter aufgebaut worden, vor allem wurde er zuerst einmal um- und umgegraben. Ich wohne in Berlin-Mitte. Monatelang habe ich, wohin ich auch von meiner Wohnung aus zu gehen hatte, in Gräben gesehen, bin auf provisorischen Holzbrücken über andere Gräben balanciert, in denen verrostete, verwitterte wirre Kabelbündel lagen, die zu erneuern waren. Manchmal geriet ich an Ausgrabungen, die, zum Beispiel mitten unter dem Verlauf einer heutigen Straße, Kellerecken früherer Gebäude freigelegt hatten und, wiederum ein Stockwerk und eine Epoche tiefer, die beinahe unbeschädigte Kachelwand einer Fleischerei. Manchmal Schichten, die durch verbrannte Balken voneinander getrennt waren. Angekohlte Mauerstücke. Für mich wuchs die Stadt in die Raum- und Zeittiefe, ein mögliches Objekt der Archäologie wie Pompeji: Auch Schichten von Ascheregen haben sich unter der letzten Schicht, den Bürgersteigen, auf denen wir entlanglaufen, abgelagert. Eine sehr alte, ernste Stadt, die unverdientes Unglück genauso erfahren hat, wie sie sich mit Schuld beschmutzte. Ihre heutige Gestalt, eine Erscheinungsform, die sie zu einer der aufregendsten, anstrengendsten und auch gefährlichsten Städte Europas macht (auch zu einer der absurdesten, das wurde gestern hier gesagt), offenbart eine Bruchstelle der Geschichte, so wie die Grabenwände die materiellen Bruchstellen bloßlegen, die die Geschichte, was heißt: die Kriege der letzten Jahrhunderte, der Stadt geschlagen haben. Ich gebe zu, daß ich vor sechs Jahren nicht nur für diese Stadt, aber auch für sie, von Visionen verfolgt wurde, die ich mich scheute, aufzuschreiben. Es regierte die Doktrin vom Gleichgewicht des Schreckens, ein absurder Wahnsinn, der nach meiner Überzeugung nur in ein Ende mit Schrecken münden konnte. Die Beschwörungen, die wir, auch ich, damals ausstießen, hingen buchstäblich in der Luft.

Heute beziehen sie sich auf konkrete Vorschläge, von denen einige schon Verhandlungsgegenstand geworden sind, auf jenes neue Denken, das die UdSSR an die Stelle der heillosen Fixierung auf ein Feindbild setzt und womit sie zu meiner großen Erleichterung Realität auf den Verhandlungstisch bringt, Realität mit ihren konkreten Widersprüchen, der ja das wahnwitzige Jonglieren mit Zahlen von Raketen und Sprengköpfen gerade ausweichen wollte. Soviel ich weiß, hat in der Geschichte der Menschheit noch niemals die Möglichkeit zur Diskussion gestanden, schon vorhandene Waffen und Waffensysteme ersatzlos zu vernichten – ein Vorgang, der, so stelle ich mir vor, in den Köpfen von Millionen von Menschen eine Blokkierung lösen könnte, die sie bis heute hindert, ihre wirklichen Interessen und mögliche Wege, sich ihrer anzunehmen, zu sehen. Die Angst, die das Wesen dieser Blockierung ist, hat sich auch in eben diesen Waffensystemen materialisiert, Raketen sind – außer daß sie in einem Teil der Welt Geschäftsobjekte sind – verkörperte Angst. Wenn nämlich die Millionen sogenannter einfacher Leute, die keinen Heller an Aufrüstung verdienen, diese Angst nicht hätten, so hätten sich – selbst bei dem hohen Grad der Entfremdung, der das kapitalistische Wirtschaftssystem bestimmt – die Konzerne wohl doch andere Gelegenheiten einfallen lassen müssen, ihren Maximalprofit zu machen.

Wir, für die Aufrüstung eine unerträgliche Belastung ist und keinen Profit bringt, müssen etwas tun gegen die Angst der vielen. Natürlich spreche ich nicht davon, daß wir versuchen sollen, Leute zu überzeugen, die ihre Angst nur heucheln. Zweifel hege ich auch in bezug auf jene Techniker und Wissenschaftler, die sich in den Rausch der Vision von totaler Sicherheit verrannt haben – der Kehrseite des Aufrüstungsfiebers. Der sehr deutsche Mythos von Siegfried, dem Helden, der den Lindwurm tötet und sich mit dessen Blut bestreicht, das ihn unverwundbar macht bis auf die eine Stelle seines Körpers, die er nicht erreicht, den Fleck zwischen den Schulterblättern, wo der Speer ihn dann durchbohrt, dieser Mythos sollte uns lehren: Immer gibt es eine Stelle, an der wir verwundbar sind, es ist unsere lebendige, menschliche Stelle, wenn wir auch die verschließen, hören wir auf zu atmen und sind tot. Diese Stadt, in der wir leben, diese zwei Städte mit Namen Berlin – sie sind militärisch nicht zu verteidigen. Sie sind verletzbar. Welchen Vorschlag machen uns diejenigen, die sich jetzt gegen eine Null-Lösung für *alle* in Europa stationierten Raketen wenden, für diese Stadt?

Wovor haben sie wirklich Angst: vor den sowjetischen Raketen oder vor den neuen sowjetischen Ideen? Vor ihren Soldaten oder vor ihren Filmemachern und Schriftstellern? Der Prozeß, der in der Sowjetunion in Gang gekommen und mit dem Namen Gorbatschow verknüpft ist, hat eine bewegende Logik. Es zeigt sich, daß eine radikale, mit Kühnheit und Konsequenz betriebene Friedenspolitik, deren *erster* Schritt die Abrüstung ist, nach und nach alle Gebiete des Lebens einer Gesellschaft ergreifen muß, weil nämlich Frieden auf Dauer nicht die Abwesenheit von Krieg ist, sondern Konfliktfähigkeit, ein langer mühsamer Lernprozeß, der in den Staaten und Gesellschaftsordnungen, im Umgang mit den realen Widersprüchen, mit Andersdenkenden und Minderheiten zu beginnen hat, um nach außen hin glaubwürdig zu sein, das heißt: Angst abzubauen und wirksam zu werden. In einem solchen Prozeß übrigens kann die Kunst, kann besonders die Literatur, wie sich zeigt, wieder eine ihr gemäße Rolle spielen.

Ich bin dafür, Prioritäten zu setzen. Ich bin für die Priorität der Abrüstung, und ich bin sehr froh, daß die Regierung der DDR diesen Prozeß unterstützt und mit vorantreibt, aus innerer Überzeugung, wie ich glaube, und nicht als taktisches Manöver. Von da ausgehend, könnte Gorbatschows Forderung, die Moral nicht mehr von der Politik zu trennen, sich vielleicht allmählich ausbreiten – auch eine jener Wunschphantasien, die uns aus unseren Manuskripten als naiv gestrichen werden, solange nicht eine Weltmacht sie zu dem macht, was sie immer schon waren: Äußerungen des gesunden Menschenverstandes. Ich habe es erlebt, wie innerhalb eines Jahrfünftes eine Reihe solcher gestrichener Sätze zu Aussagen und Forderungen der großen Politik werden, die in den Zeitungen stehen. Mir macht das Spaß, aber es regt mich auch an, weiterzudenken, über das hinaus, was heute noch nicht in den Zeitungen steht; denn wenn die Angst vor der globalen Vernichtung nachläßt – noch sind wir lange nicht soweit –, dann fängt die eigentliche Arbeit ja erst an. Dann müssen wir uns ohne den infantilen Ausweg der Gewalt, die alles zerschlägt, mit dem aggressiven Charakter unserer Zivilisation wirklich auseinandersetzen, der mit dem Verschwinden der Waffensysteme ja nicht verschwinden würde. Dann würde sich vielleicht deutlicher noch als jetzt zeigen, was es über eine Kultur aussagt, wenn sie ihren verschwenderischen Bedarf an Energie mehr und mehr durch einen Kraftwerkstyp deckt, der selbst zu einer Gefahrenquelle ersten Ranges werden kann. – In Leserbriefen werde ich gefragt: Wann und wo hat es denn das in der Menschheitsgeschichte gegeben, daß herrschende Klassen oder privilegierte Schichten freiwillig auf ihre Privilegien, was einschließt: auf den Mißbrauch und die mißbräuchliche Ausbeutung der irdischen Güter, verzichtet hätten? Glauben Sie nicht, schreibt man mir, daß Rüstung und Überrüstung auch die Angst der reichen Nationen ausdrücken, ihr bequemes Leben, ihren Luxus noch einmal zur Disposition stellen zu müssen, wenn dieser Planet, bestehend aus Nord- *und* Südhalbkugel, wirklich befriedet werden soll? Ja, das glaube ich allerdings, und auf die Frage, wie wahrscheinlich es ist, daß sich auch in dieser Hinsicht die Vernunft durchsetzen kann, habe ich keine Antwort. Eine fast unlösbar erscheinende Problematik, die ich hier nur angerissen habe, weil ich davon überzeugt bin, daß auf Dauer der Frieden nur zu sichern ist, wenn man weiß, wozu und wofür.

1987

Laudatio für Thomas Brasch

Verehrte Anwesende – das „Kleistische" war es, was ich zu suchen begann, nachdem mir das schwierige Amt zugefallen war, dieses Jahr einen Träger des Kleist-Preises zu finden. Das Kleistische in und an einem heutigen Autor. Und: Ich wollte versuchen, der Tradition gerecht zu werden, in der dieser Preis seit den zwanziger Jahren steht. Sie ist anspruchsvoll, drückt einen aber auch in eine bestimmte Richtung. Als mir Thomas Brasch einfiel, war ich erleichtert, er schien mir beide Bedingungen zu erfüllen. Jetzt, da ich alles von ihm wieder oder neu gelesen habe, bin ich dessen sicher. Inzwischen stiegen noch Nebenmotive für die Wahl gerade dieses Namens in mein Bewußtsein, sie haben zu tun mit der spannungsreichen Entwicklung der Literatur in der DDR, mit den Widersprüchen, der Fremdheit, der Neugier, dem Neid zwischen den Generationen, der Neigung zu Schuldgefühlen Älterer gegenüber Jüngeren, den diffusen Anziehungs- und Abstoßungsvorgängen zwischen Frau und Mann. Ich will das alles nicht ausführen, will nicht zu ergründen suchen, wie viele von diesen mir damals dunklen Antrieben meine Entscheidung beeinflußt haben. Ganz sicher war mir eine Szene gegenwärtig, die vor elf Jahren in unserer Berliner Wohnung stattfand. Thomas Brasch sagte, er wolle weggehen. Er war nicht der erste, der da saß, aber er war der erste, dem ich nicht mehr abraten konnte. Insofern war sein Weggehen, das weiß er nicht, auch für mich ein Einschnitt, plötzlich gab es eine neue Frage, die hieß: Warum bleiben? und die mußte nicht nur verbal, sie mußte hauptsächlich arbeitend beantwortet werden, denn nur die Produktion kann jene innere Freiheit hervorbringen, die den Zweifel über die Wahl des Lebens- und Arbeitsortes aufhebt. Wenn ich es richtig sehe, gehört Brasch zu denjenigen, die nicht aufhören können, sich mit ihren Erfahrungen auseinanderzusetzen, nachdem sie das Land verlassen haben, und die fähig geblieben sind, Entwicklungen zu erkennen, neue Schlüsse zu ziehen.

Was fällt mir zuerst ein, wenn ich „Kleist" denke? Der Riß der Zeit, der durch den Mann geht. Die Abwehr Braschs gegen insistierende Deutungsversuche spürte ich deutlich, je länger ich in seinen Texten las, eine Scheu vor Entblößung, eine Warnung vor Zudringlichkeit. Ich will diesen Appell respektieren. Es ist das gleiche Gefühl, das ich bei Kleist habe: daß er seine Arbeiten gegensätzlichen, beinahe gleich starken Bedürfnissen abpreßt: sich unsichtbar zu machen, aber auch, sich vollkommen zu enthüllen. Der Riß? In ich-nahen Texten ist er auffindbar an der Spur, die er in ihnen hinterlassen hat.

Wie viele sind wir eigentlich noch.
Der dort an der Kreuzung stand,
war das nicht von uns einer.
Jetzt trägt er eine Brille ohne Rand.
Wir hätten ihn fast nicht erkannt.

Wie viele sind wir eigentlich noch.
War das nicht der mit der Jimi-Hendrix-Schallplatte.
Jetzt soll er Ingenieur sein.
Jetzt trägt er einen Anzug und Krawatte.
Wir sind die Aufgeregten. Er ist der Satte.

Wer sind wir eigentlich noch.
Wollen wir gehen. Was wollen wir finden.
Welchen Namen hat dieses Loch,
in dem wir, einer nach dem andern,
verschwinden.

Ein Zitat aus dem Zyklus „Papiertiger", Mitte der siebziger Jahre, das jeder seiner Generationsgenossen, auf die dieses „Wir" sich bezog, verstand. Brasch war ihr Sprecher. Ich möchte dieses Gedicht auch dem hiesigen Publikum nicht „erklären", vielleicht ist das nicht nötig. Aber es gibt eine, auch gutwillige, Erwartungshaltung an Literatur aus dem anderen deutschen Staat, die Texte nicht nur falsch interpretieren, sondern bestimmte Texte auflösen kann – so, als mache der andere Hintergrund ihre scharfen Konturen unsichtbar. Thomas Brasch hat diese Erwartung niemals bedient, sehr bald hat er, hier angekommen, den Kampf gegen das Verschlucktwerden aufgenommen. Um den Preis, möglicherweise, des Übersehenwerdens in seiner Eigenart. Dichter vom Kleistschen Typus wollen gebraucht werden und sehen sich in der deutschen Literaturgeschichte der letzten zweihundert Jahre gegen ihren Willen auf die exzentrische Bahn geschleudert.

Was ich habe, will ich nicht verlieren, aber
wo ich bin, will ich nicht bleiben, aber
die ich liebe, will ich nicht verlassen, aber
die ich kenne, will ich nicht mehr sehen, aber
wo ich lebe, da will ich nicht sterben, aber
wo ich sterbe, da will ich nicht hin:
Bleiben will ich, wo ich nie gewesen bin.

Der Utopie-Rest, nie ganz aufgezehrt, die Sehnsucht nach dem Land, das die Deutschen sich nicht zu schaffen wußten, in dem menschengemäß zu leben, *mit* dem menschengemäß auszukommen wäre. Wenn aber nicht, da aber nicht: der Riß, der nun durch das Land geht, die Wunde offenlegt, die unverstanden bleibt, wenn man sie leugnet oder nur bejammert, unheilbar, wenn man nicht ihre Entstehung bis zu den frühen, feinsten Gründen hin verfolgt: Braschs Eulenspiegel-Vision. Braschs zornig-traurige Bauernkriegsbeschreibung in „Hahnenkopf", das Heer der Bauern vor der Stadt Weinsberg.

„Am Morgen stürmten sie / Die Tore der Stadt. / Trieben die Fürsten / Durch eine Straße aus Spießen. / Am Abend stritten sie sich. / Nachts gingen sie / In drei Richtungen auseinander: / Gegen das Heer der Fürsten im Süden. / Über die Grenze. / In ihre Dörfer. / Aus drei Richtungen kommend. / Zerschlug die Fürstenarmee. / Zwei Wochen später. / Was vom Bauernheer übrig geblieben war / Und fing: / Was geflohen war / Und köpfte. / Was sich. / In den Scheunen. / Versteckt hatte …"

Und die Fürsten machten Ordnung und schärfere Gesetze, Gehorsam und Unterordnung, und der Prinz von Homburg bricht diese Gesetze und soll sterben: Staatsräson. Aber Natalie, die ihn liebt, tritt dem Kurfürsten entgegen, indem sie miteinander Unvereinbares in zwei Zeilen zwingt:

Das Kriegsgesetz, das weiß ich wohl, soll herrschen,
Jedoch die lieblichen Gefühle auch.

Wiederum Utopie, nur noch aus Weibermund einklagbar: Ein Vaterland, „das braucht nicht diese Bindung, kalt und öd". Das die geheiligte, wenn auch unnatürliche Ordnung zugunsten einer menschenfreundlichen Unordnung aufgibt. „Ein Traum, was sonst?"

„Dazu" Brasch, hundertsiebzig Jahre später:

Hamlet gegen Shakespeare

Das andere Wort hinter dem Wort.
Der andere Tod hinter dem Mord.
Das Unvereinbare in ein Gedicht:
Die Ordnung. Und der Riß, der sie zerbricht.

Die Figur macht ihrem Erfinder eine Rechnung auf, die allzu lange offengeblieben ist. Die zitierten Texte, bis auf den letzten, sind aus dem Band „Kargo. 32. Versuch auf einem untergehenden Schiff aus der eigenen Haut zu kommen". Kargo sei ein Kult, der besage, Männer mit weißer Haut seien Geister von Toten, die ihr Ende nicht finden, leben nicht mehr und sind noch nicht tot. Das „untergehende Schiff" ist der Erdteil Europa. An Eurozentrismus leidet Brasch nicht.

Er ist in England geboren, seine Eltern, Kommunisten, die Mutter Jüdin, lebten dort im Exil, der Sohn wächst in der DDR auf, von seinem zehnten Jahr an eine Zeitlang in der später aufgelösten Kadettenanstalt. Wie Kleist. Merkwürdiger Zufall. „Eine herrschende Klasse, an Erhaltung und Zementierung des von ihr geführten Staates arbeitend, entledigt sich ihrer Kinder und überantwortet deren Erziehung der von ihr bestellten und bezahlten Bürokratie": Brasch über „Die Verwirrung des Zöglings Törleß" von Robert Musil. Der eigene Sohn, fährt er fort, im Internat zum blutig geräderten Ödipus heruntergekommen und aufgestiegen, werde im nächsten Krieg als Offizierswerkzeug zerbrechen oder er werde den väterlichen Staat – beschreiben. – Unbillige, allzu billige Schlüsse scheuend, kann ich doch diese harsche und genaue Äußerung über gerade diesen Gegenstand nicht zufällig nennen. – Wie der junge Kleist widmet sich der junge Brasch einer Philosophie, wie jener erleidet dieser den Erkenntnis- und Ernüchterungsschock, mit einem freilich entscheidenden

Unterschied: Kleist verzweifelt, in das unendliche Spiegel-Spiel des subjektiven Idealismus geraten, an Erkenntnismöglichkeit überhaupt. Brasch will die Veränderung der Verhältnisse nach den Vorschlägen der marxistischen Philosophie konsequenter, kompromißloser, auch anarchischer. „Daß einer auf dem Messer gehen muß, um ein Stück vorwärts zu kommen, ist für Sie wahrscheinlich sentimental." Ein unerträgliches Reizwort übrigens für einen Autor seiner Art, gerade weil seine Unverfrorenheit doppelt, dreifach mit Gefühl gefüttert ist. Ich würde hier nicht von Sentiment sprechen wollen, sondern von einer bestimmten Art von Radikalität, die seit Hölderlin, bei Lenz, Kleist, natürlich bei Büchner, und dann wieder in unserem Jahrhundert, jungen deutschen Dichtern aufgezwungen wird. Brasch, der den sozialistischen Staat von links kritisiert, „sowohl kindliche wie plebejische Formen von Widerstand" ausprobiert – Formen, die der Staat, jedenfalls damals, nicht toleriert – , Brasch wird zu Gefängnis verurteilt, eine Erfahrung, über die er sich nur karg äußert. Das folgende Gedicht scheint es zu erklären:

> Die Stille ist die Schwester des Wahnsinns.
> Zwischen Hocker und Tür fünf Schritte und
> der Herzschlag zwischen den Schläfen.
> Die Posen:
> Widerstand / Härtetest / Selbstmitleid / Jammer / Gelächter
> sind verbraucht: Leitartikel im eigenen Zentralorgan.

Danach: Arbeit in einem Betrieb – eine deutliche, bedeutsame Spur in den Texten jener Zeit. „Vor den Vätern sterben die Söhne." Ein Schmerz, der in schnoddrige oder höhnische oder zynische Sätze versteckt wird. Der mythologische Held vom Herakles-Typus hat sich erledigt, auf komplizierten ästhetischen Wegen muß ein Dichter wie Brasch zu anderen, höchst fragwürdigen Figuren kommen, mit denen eine immer gefährdete Identifikation, Teilidentifikation möglich wird. Er zeigt keine Berührungsfurcht vor „kaputten Typen" – im Gegenteil, die ziehen ihn gerade an. Lovely Rita. Sindbad. Rotter. Lackner. Im Westen dann: Der Raubmörder Gladow. Die Schauspielerin Lisa. Die arbeitslosen Sakko und Oi – ein merkwürdiges Ensemble, ungewöhnlich für beide deutsche

Literaturen. Nicht eine „Gestalt" im herkömmlichen Sinn, die sich dadurch legitimierte, daß sie aus einem unantastbaren „inneren Kern" heraus lebte. Schwer durchschaubare Dramaturgien. Der Film „Domino" sei, zum Beispiel, „ein Spiel mit Bildern über die Spaltung der Phantasie". So hätte aber Kleist, bloß daß er keine Filme machte, ein jedes seiner Stücke auch beschreiben können. Sentenz der Lisa, die in Zeitlupe aus ihrem Schauspieler-Beruf herausfällt: Das Alte geht nicht und das Neue auch nicht. Und jetzt sitzt ihr da.

Dichter, denen Brasch sich nahe fühlt, wurden genannt. Kafka gehört noch in diese Reihe, eigenartig nimmt Tschechow sich in ihr aus, den er übersetzt. (Überhaupt: Die russische, die frühe sowjetische Literatur – Majakowski –, ein Pfund aus seinen DDR-Jahren, das er nicht verkommen läßt.) Hinzuzufügen wäre Georg Heym, „Lieber Georg". „Da dieses Stück um eine Vorkriegssituation geht und die Hauptfigur ein Dichter, also Georg Heym ist, den diese Vorkriegssituation extrem angeht, das heißt, der Riß, der durch die Gesellschaft geht, läuft auch durch ihn, und die Figur des Georg Heym auch für mich eine Möglichkeit war, äußerst autobiographisch zu sein und ein Stück nach 'ner neuen, für mich neuen Dramaturgie zu schreiben [...]" Vorletzte Szene, Überschrift: „Außerhalb des Spiels 1979", den Nachrüstungsbeschluß reflektierend:
„Meine Hand mit der Kreide bewegt sich schnell über die Steine und ich weiß jetzt daß ich ein Theaterstück schreibe das von einem Dichter handelt mitten in einem betäubend stillen Vorkrieg zwischen den unsichtbaren Gesetzen der Ökonomie unter dem Gewicht einer alten Ästhetik [...] Ich muß den Dichter von dem mein Theaterstück handelt und der an einem Theater auftreten soll das es nicht mehr gibt oder noch nicht auf die schnellste Weise zu Fall bringen Denke ich und meine Hand schreibt den Titel für die letzte Szene."

Dieser Titel heißt: „Endlich im Eis". – „[...] ein früher Tod Das ist auch was Da brauchen wir den Beruf nicht zu lernen". – „Grell und geschmacklos" hat man Braschs Tonart genannt. Mit Recht. Kreativität, ein Grundwert bei Brasch, findet er nur noch bei Künstlern und Kriminellen.

Auch Kleist hat Goethen, wie er sich auch um dessen Gunst verzehren mochte, die gutartigen klassischen Widersprüche nicht servieren können, nicht die säuberliche Trennung der Konflikte in gut und böse, gesund und krank, anständig und kriminell. Widerspruch wäre ein zu behäbiges Wort für die Dauer-Reibung, in die neuere Autoren sich hineinbegeben müssen. Banal, auf die Verletztheit und Verletzbarkeit zu verweisen, die hinter aggressiven Gebärden meistens steht. Weil in der deutschen Geschichte nichts human zu Ende geführt wurde, müssen immer die Jüngeren sich gegen ihre Väter, Mütter erheben. „Vor den Vätern sterben die Töchter" – auch das gilt. Lovely Rita sagt es, und gleich danach sagt sie: Pathos. Einen Horror vor Pathos teilt Brasch mit seinen Figuren. „Sie müssen keine Girlande um jedes Wort hängen. Gefühlsgymnastik will ich hier nicht sehen." Braschs Ekel vor erhabenen Gedanken und Gefühlen und den dazu passenden literarischen Wendungen.

Von den Rändern her – aber dies ist ja der Ort seiner Protagonisten: „Meine Figuren sind sicher die, die am Rand, aus Unfähigkeit oder weil's ihnen in der Mitte zu eng ist, sich aufhalten. Da sind sie natürlich immer gefährdeter, [...] gefressen zu werden; auf der anderen Seite gehören sie zu etwas, und gleichzeitig haben sie das Offene neben sich" –, von den Rändern her nähere ich mich jenem zentralen Punkt, den ich vor allen anderen bei Brasch „kleistisch" nennen will: Zwischen zwei Wertsystemen stehen, die ihn beide vor falsche Alternativen stellen. Das muß bei unbedingten Naturen zu paradoxen Lebensentscheidungen führen: Kleist, der sich von Paris aus zur französischen Küste begibt, willens, im Dienst seines Erzfeinds Napoleon gegen England kämpfend zu sterben. Brasch, der sehenden Auges, aber damals bleibt ihm nichts anderes übrig, den Boden verläßt, der ihn – sei es durch Engagement, Übereinstimmung, Mitarbeit, Anstrengung, Reibung, Widerspruch, Widerstand – kreativ gemacht hat. Geht, als sein Bedürfnis, „eine Sache öffentlich zu machen", nicht befriedigt werden kann; als seine Stücke, „Gebrauchsgegenstände", in der Schublade liegenbleiben, wo sie ihren Autor „nichts lehren"; als er schließlich anfangen muß, sich selber zu fragen: „Baue ich in die Dinge kleine Spitzen ein, um weiter die Dornenkrone des Verbots tragen zu dürfen?" Brasch, geprägt durch Wertvorstellungen dieses anderen Staates; dessen zentraler Begriff „Arbeit" war und bleibt, Arbeit als soziale Kategorie; als Mittel, den einzelnen mit der Gesellschaft zu verbinden; kollektive Arbeit, die die Beziehungen der Menschen und Gruppen zueinander verändern sollte und imstande wäre, neue Bedürfnisse hervorzubringen: Brasch trifft im Westen auf die Macht des Geldes, auf Konsumzwang, und er trifft auf den Markt. Auf den „Verfall der Ordnung, die Staat heißt, und ihren wütenden Überlebenskampf zwischen dem Alten, das tot ist, aber mächtig, und dem Neuen, das lebensnotwendig ist, aber nicht in Aussicht". Schnell ist er der Fremde mit dem bösen Blick. Der Exote. Der Mann, der die für seinen Fall maßgeschneiderten Kategorien unhöflich, undankbar ablehnt; nicht „Dissident", nicht „Exilschriftsteller", auch nicht „im Westen lebender DDR-Schriftsteller" genannt sein will; der gleich wieder anfängt, sich zu wehren: „Für mich sind alle diese Kategorien nicht mehr als hilflose Versuche, einen Schreiber leichter konsumierbar zu machen, indem man ihn auf einen Punkt reduziert." Erstaunt registriert er „die fast vollständige Abwesenheit eines sozialen Erlebnishintergrundes bei den meisten Kunstproduzenten meiner Generation in diesem Land". Das habe sicher mit der Art des Reichtums zu tun, die es hier gebe ... Die Frage, ob er künstlerische Erkenntnis produzieren oder den Markt bedienen will, hat er entschieden. Das Instrumentarium für die Kritik der Gesellschaft von ihren Wurzeln her, in der DDR erworben, legt er nicht weg. Erfährt, daß seine Arbeit wiederum, „auf eine andere Weise, nicht gebraucht, benutzt oder zu einer Debatte verwendet wird".

„Kleistisch"? Ich will mich hüten, Brasch meinerseits auf einen Punkt zu reduzieren. Ein Satz, der viel über das Spannungsfeld in seiner Arbeit aussagt: „Der Stoff von gestern, und die Form von morgen." Noch in der DDR schreibt er ein Stück, „Rotter", das er „ein Märchen aus Deutschland" nennt. Ein Stück über einen für jede Gesellschaft gebrauchsfertigen Menschen – ein „verhinderter Woyzeck". Auch Kleist schreibt Märchen, oder wie soll man das „Käthchen von Heilbronn" sonst nennen, das zu „Rotter" steht wie das Positiv zum Negativ böser Alpträume. „Der Prinz von Homburg" („Ein Traumspiel"), „Penthesilea" – alles Märchen, schöne und schlimme Märchen für Erwachsene, in denen ein Kern von Utopie glüht. Bei Brasch steckt der „Entwurf von einer

Welt, die lebenswert und erstrebenswert wäre", weniger in den Aktionen der Figuren (sie können ja nicht handeln), schon gar nicht im Finale – er steckt in der Struktur der Texte. Experimente mit neuen Formen und Dramaturgien, die er weit revolutionärer findet als die Inhalte, die sie vermitteln könnten. Er setzt mit ihnen dem Bedürfnis der bürgerlichen Kunstkonsumenten nach Genuß einen Widerstand entgegen. Ein Publikum sieht sich unbedient, das sich die Kompromisse, die es nach steckengebliebenen Revolutionen eingeht, die Restaurationen, in die es sich nach unverstandenen Katastrophen rettet, mit seinen heroischen oder banalen Illusionen verdrängen oder erklären muß. Brasch versucht, den Film der von angestauten verqueren Wünschen gesättigten, verkommenen nachbürgerlichen Beziehungen und Pseudo-Werte durch die Schärfe seiner Form, sie wie ein Skalpell benutzend, anzuritzen.

Zweimal nennt Brasch den Namen Kleist direkt, beide Male hat diese Erwähnung etwas mit Tod zu tun. In „Lieber Georg" erzählt eine Figur von einem Doppelmörder namens Brunke, der zwei Schwestern erschossen und es dann nicht fertiggebracht habe, sich, wie vereinbart, selbst umzubringen. Er habe, sagt er vor Gericht, an den Dichter Kleist gedacht. Darauf Heym: „Kleist Daß ich nicht lache Kopien überall".

Die zweite Erwähnung Kleists geschieht in einem Interview über Braschs Stück „Lovely Rita". Die Kraft des Gedankens sei bei Penthesilea, sagt Brasch – und das sei ja eines der Vorbilder von Rita –, so ungeheuer scharf, daß sie sich selbst zu Tode denke. Rita dagegen „scheitert tödlich, indem sie überlebt".

Eine weibliche Identifikationsfigur für einen männlichen Autor – ähnlich wie Penthesilea für Kleist. Rita, die einer „geschichtslosen Generation" angehöre, sich nicht „mit dem identifizieren" könne, „was war, [...] und nicht mit dem, was zu werden scheint", und die sich aus der Diskrepanz zwischen ihrem hohen Anspruch und der trivialen Realität eine „Zeit herauskriminalisiert, die der eigenen Vorstellung von Glück oder von Lebenswerten am ehesten entgegenkommt".

Folgt eine eigenartige Betrachtung über das Weibliche in der Kunst. Kunst sei nicht aus Zufall weiblich. „Das Undenkbare denken zu können hat etwas sehr Weibliches. Etwas Ungeheuerliches denken, das tun viel eher Frauen. [...] Kunstarbeit von Männern ist die Arbeit von Männern, die sich das Privileg nehmen, weiblich zu reagieren, das heißt etwas durchspielen."

Dies nun hätte Kleist nicht sagen können, sosehr es auf ihn zutraf: Zu stark fühlte er sich durch „das Weibliche" in sich bedroht. Seine tiefste Verletzung als Mann mußte er in einer militanten weiblichen Figur ausdrücken: Penthesilea. Seine tiefste, „weibliche" Sehnsucht nach einer Vernunftordnung, in der Gefühle Geltung haben sollten, legte er in die Figur eines preußischen Offiziers. Er riß sich, wenn das denkbar wäre, über Kreuz auseinander. Brasch muß sich nicht zerreißen, um den Schmerz, den die Normalität ihm antut, durch Übersteigerung zu betäuben. Vor die Wahl zwischen zwei Übeln gestellt, wählt er eines der Übel, hört nicht auf, es als Übel zu sehen, begründet seine Wahl, schonungslos auch gegen sich selbst, und preßt seiner Lage die Möglichkeit zu arbeiten ab. Sich nicht ins Aus treiben lassen – vielleicht ist dies eine neue Moral, die Schule machen könnte. Den Prozeß der Arbeit – bei Brasch möglichst ein kollektiver Prozeß – wichtiger nehmen als das Ergebnis. Die Verfertigung der Gedanken beim Reden vorführen. Radikale Existenzformen, die nicht in A-Sozialität, Tod oder Selbsttötung, in Isolierung oder Gewaltaktionen münden, in Haß, Ekel und Selbstekel, in totale Unwirksamkeit, hat die deutsche Geschichte für ihre männliche Avantgarde nicht entwickelt. Von der weiblichen schweige ich; sie ist nicht vorgesehen. Wenn „etwas Ungeheuerliches denken", „weiblich reagieren", „etwas durchspielen" heute hieße, alle Möglichkeiten, auch die geringste Chance des Gebrauchtwerdens wahrzunehmen – in des Wortes Doppelbedeutung ... Hier könnte Brasch mich fragen, ob ich nicht sehe, daß die „Leistungsgesellschaft schon auf die ehemals jungfräulichen Erdteile übergeschwappt" ist. Ob ich die Meldung nicht gehört habe, daß in naher Zukunft sechs Multi-Konzerne sich die Medien- und Unterhaltungsbranchen der westlichen Welt untereinander aufgeteilt haben werden. – Ja, ich habe diese Meldung gehört.

Doch ich kann nicht umhin, wie ein Signal, das mir bekannt vorkommt, und mit einem Anflug von Freude zu lesen, was Brasch kürzlich einem Interviewer in der DDR sagte: „Möglich, ja, vielleicht wird meine Arbeit jetzt in der DDR gebraucht. Das wäre für mich mehr als eine Hoffnung, es wäre produktiv, das heißt: ich könnte etwas lernen; und wer nicht mehr lernen kann, kann sterben."

Gehalten anläßlich der Verleihung des Kleist-Preises, Oktober 1987 in Frankfurt a. M.

Dankrede für den Geschwister-Scholl-Preis der Stadt München

Verehrte Anwesende, dieser Preis hat mich seit dem Tag, an dem ich davon erfuhr, nicht zur Ruhe kommen lassen, wegen der Namen, an die er geknüpft ist. Vieles ist mir in den letzten Wochen, da ich nach Ansatzpunkten für diese Rede suchte, durch den Kopf gegangen. Ich mußte mich fragen, ob denn mein eigenes Verhältnis zum deutschen Faschismus sich noch weiter verändert hat, seit ich über seine Auswirkungen auf meine Kindheit schrieb. Mir ist bewußt geworden: Das Unheil dieser zwölf Jahre hat sich nicht von uns entfernt; es ist, als rücke es immer noch näher. Es wächst die Trauer um die Opfer, das Wort „Auschwitz" steigert noch seine düstere Ausstrahlung. Ich beobachte an mir, wie schwer es mir immer noch fällt, mir bestimmte Augenblicke aus dem Leben, vor allem aus dem Sterben von Sophie und Hans Scholl bis in die letzte Einzelheit vorzustellen, und nicht seltener, sondern häufiger tauchen die Vernichtungsmaschinerien, denen die Opfer ausgeliefert wurden, vor meinem inneren Auge auf. In trostlosen Momenten wollen mir die heutigen Formen von Zerstörungswut und Menschenverachtung übermächtig erscheinen. Dagegen versuche ich anzuschreiben – auch in dem Buch, das heute hier benannt wird.

Auf die neuerdings wieder hochgespielte Frage, warum sich denn keine historische Distanz herstellen will zu dieser Epoche der deutschen Vergangenheit wie zu anderen Geschichtsetappen, in denen doch auch gemordet wurde, müßte eigentlich jeder die Antwort in sich selber finden können.

Diese Vergangenheit ist nicht vergangen. An sie zu rühren weckt Schmerz, Scham, Schuldgefühle. Ich sah mich gezwungen, mich noch einmal zurückzubegeben in die Zeit der „verabscheuungswürdigsten Tyrannis, die unser Volk je erduldete" (Hans Scholl), mich noch einmal mit den Bildern jener Jahre zu konfrontieren, darunter jenen, deren Schein-Normalität sich mit der Zeit immer mehr ins Schauerliche verschoben hat. Auch die Erinnerung an den Schrecken kam wieder auf, der mich damals viele Jahre verfolgte, als ich begriffen hatte, wozu meine Generationsgenossen, auch ich, herangezogen und ausersehen waren. Nie habe ich etwas wie „Gnade" über den späten Zeitpunkt meiner Geburt, etwas wie Entlassensein aus der Verantwortung empfinden können, immer nur diesen Schrecken über die Verführbarkeit durch ein Wahn-System an Menschenfeindlichkeit. Mit fünfzehn, sechzehn Jahren mußten wir beginnen, uns noch einmal hervorzubringen, eine Gunst, gewiß, aber vor allem die Verpflichtung zu einer zweiten Geburt, die lebenslänglich anhält. Schneller, leichter konnten wir die Irrlehren, die Ideologie des Ungeistes durchschauen, als wir unsere tiefe Verunsicherung, die Verführbarkeit durch Macht, den Hang zu Schwarzweiß-Denken und zu geschlossenen Gedankengebäuden überwinden konnten. Mir scheint, daß vielen Angehörigen meiner Generation – unterschiedlich ausgeformt je nach den unterschiedlichen Angeboten und Zwängen in Ost und West – von ihren frühen Prägungen her der Hang zur Ein- und Unterordnung geblieben ist, die Gewohnheit zu funktionieren, Autoritätsgläubigkeit, Übereinstimmungssucht, vor allem aber die Angst vor Widerspruch und Widerstand, vor Konflikten mit der Mehrheit und vor dem Ausgeschlossenwerden aus der Gruppe. Es ist uns schwergefallen, erwachsen zu werden, Selbständigkeit, Souveränität zu erwerben und eine im guten Sinn soziale Haltung. Dies ist eine Erfahrung, die ich von innen her kenne und die noch nicht beschrieben ist, eine noch uneingelöste Schreib-Schuld. Nur in diesem Sinn, als Gewissensschärfung, als Impuls, konsequenter den eigenen Einsichten nachzuleben, auch nachzuschreiben, kann ich mich der Herausforderung einer Stunde wie dieser stellen.

Mit wachsender Erschütterung habe ich in den Briefen und Tagebüchern von Sophie und Hans Scholl die sinnlich erfaßbaren Umstände ihres Alltagslebens verfolgt, habe versucht, dem Weg ihrer Überzeugungen nachzugehen, dessen Wegmarken ja von früh an, neben den entscheidend wichtigen religiösen Erfahrungen, Bücher und Schriftsteller waren. Falls also Zweifel in mir aufkommen wollen, ob denn die Bemühung, aus dem eigenen Zentrum heraus zu schreiben, auch für andere sinnvoll sein könnte: Diese Literaturbesessenheit, dieser Ernst, mit dem beide geistige Nahrung aus – damals natürlich zumeist verbotenen – Büchern sogen, muß diesen Zweifel mildern. Ein grelles Beispiel riß zugleich den Zwiespalt auf, in den literarische Texte geraten können, die Fehldeutung, vor der sie nicht geschützt sind, und die Fehlwirkung, in die man sie treiben kann. Ich erinnere mich daran, wie für uns Vierzehnjährige unsere Deutschlehrerin Goethes „Allen Gewalten zum Trotz sich erhalten“ für die nationalsozialistische Weltanschauung vereinnahmte. Diese selbe Zeile haben die Scholls ganz anders gelesen, sie zu einem ihrer Losungswörter gemacht. Hans Scholl hat sie in die Wand seiner Todeszelle geritzt.

Nicht genügend bekannt ist, glaube ich, die tiefe Wirkung des Rußland-Erlebnisses auf Hans Scholl und Alexander Schmorell, sein Vergleich zwischen Goethe und Dostojewski, seine Erkenntnis, daß sie auch die deutschen Dichter, die deutsche Kultur zu verteidigen hatten. Zitieren aber möchte ich eine Aufzeichnung vom November 1941, in der er seine Vision von einem Nachkriegsdeutschland notiert hat: „Der Krieg wird uns alle sehr arm machen. [...] Zunächst werden der Hunger und das Elend keinen Schritt von unserer Seite weichen, indes aus zerstörten Städten, zerstörten Ländern, zerstörten und halb ausgerotteten Völkern die Menschen nach Diamanten suchen, die unzerstörbar im Schutt vergraben sind.

Dennoch wünschen wir, der Kelch möge nicht an uns vorübergehen. Er soll bis zur Neige ausgetrunken werden. Unsere Feinde sollen nicht vom Dachziegel erschlagen werden und nicht vom Erdboden verschwinden. Sie sollen vielmehr an ihrer eigenen Unfähigkeit vollkommen scheitern, sie sollen in ihrem eigenen Sumpf ersticken.

Nur so wird künftig eine falsche Glorifikation der Geschichte unmöglich sein.“

Die Feinde, die Hans Scholl meint, sind zwar militärisch vollkommen geschlagen worden, aber hat es eine „falsche Glorifikation“ hier in bestimmten Kreisen nicht dennoch gegeben? Flackert sie nicht immer wieder auf, dadurch nämlich, daß es nicht gelungen ist, die Identifizierung großer Teile des deutschen Volkes mit dem Nationalsozialismus bis zum Grund aufzulösen? Besteht nicht die Gefahr, daß sie auf Teile der jungen Generation überspringt? Eben darum sehe ich mit Besorgnis jene Versuche, das Vermächtnis, das der deutsche Widerstand gegen den Faschismus uns hinterlassen hat, in den Gewissen derer, die dabei waren, und im Bewußtsein ihrer Kinder zu dämpfen, zu blockieren, womöglich zu löschen: indem man die Verbrechen in ihrer Einzigartigkeit zu relativieren sucht, Ursache und Wirkung vertauscht, ein eindeutig antifaschistisches Geschichtsbewußtsein denunziert und unterhöhlt. – Ich kann sagen, daß an einem solchen Geschichtsbewußtsein in der DDR von Anfang an gearbeitet wurde, von Staats wegen, und nicht unwirksam. Aber nach meiner Ansicht hat der Staat, an dessen Spitze viele ehemalige Widerstandskämpfer standen und stehen, von einem bestimmten Zeitpunkt an die Bürger von der notwendigen Auseinandersetzung mit ihrem Anteil an der Schuld der braunen Jahre entlastet, indem er diese Vergangenheit an den anderen deutschen Staat delegierte. Bestimmte Beobachtungen an jungen Menschen lassen mich auch befürchten, daß die Darstellung des Nationalsozialismus für sie zum Ritual erstarrt ist. Eine Tendenz zur Verharmlosung des deutschen Faschismus gibt es in der DDR nicht. Auch jene Einseitigkeit, nur einen Teil des deutschen Widerstands für sich zu beanspruchen, andere Richtungen aber zu ignorieren, wird in den letzten Jahren in der DDR überwunden. Die Männer des 20.Juli, die Mitglieder der „Weißen Rose" werden öffentlich gewürdigt. Ob in der Bundesrepublik das gleiche für den bedeutenden kommunistischen Widerstand gilt, möchte ich hier nur fragen.

Warum spreche ich darüber überhaupt? Nach ihrer Rückkehr aus der UdSSR, wo sie als Soldaten waren, fingen Hans Scholl und Alexander Schmorell an, Verbindungen zu anderen Widerstandskreisen und -gruppen zu knüpfen. Sie trafen Falk Harnack, den Bruder von Arvid Harnack, einem Mitglied der stark kommunistisch orientierten Widerstandsgruppe „Rote Kapelle". In einem der Flugblätter der „Weißen Rose", das durch diese Begegnung beeinflußt sein könnte, heißt es: „Glaubt nicht der nationalsozialistischen Propaganda, die Euch den Bolschewistenschreck in die Glieder gejagt hat!" Wenig später waren die ersten Mitglieder der „Weißen Rose" aufgespürt, gefangen, ermordet. Eine Keimzelle für Zukunftshoffnungen war zerschlagen.

Unglücklich das Land, das Helden nötig hat – dieser Satz von Brecht ist mir immer wieder eingefallen, gerade angesichts der Lebenszugewandtheit von Sophie und Hans Scholl, angesichts ihrer Fähigkeit zu Freundschaft und Liebe, ihrer

Hingabe an die Natur, an die Kunst, aber auch an unscheinbare Alltagsverrichtungen, an Arbeit überhaupt. Diese sehr jungen Menschen hatten ein reiches, erfülltes Leben zu verteidigen, an dem sie hingen. Die Todessüchtigen waren die anderen, die sie umbrachten, die schwer in ihrer Menschlichkeit Beschädigten. Ich habe Angst, daß die Industriegesellschaften, in denen wir leben, vielen Menschen eine Existenzweise aufzwingen, die ihnen gerade diese Lebenslust und Liebesfähigkeit entzieht, und sie so auf Ersatzbedürfnisse hin manipulieren, welche Politiker, Medien und Konsumindustrie mit ihren Techniken auf das simpelste befriedigen können. Der mündige Bürger entsteht so nicht.

Natürlich frage ich mich, wie ich, schreibend, andere, produktive Bedürfnisse entwickeln helfen kann, die nur in innerlich unabhängigen, kritisch denkenden und verantwortlich handelnden Menschen entstehen. Stark beschäftigen mich die Ursachen für die destruktiven Tendenzen in unserer Zivilisation: Was Hitler wollte, nicht ganz geschafft hat – Europa zu vernichten –, wäre heute machbar; mich reizt es aber vor allem, Alternativen zu diesen Untergangstendenzen aufzuspüren, und seien sie noch so schwach, oder mögen sie noch so utopisch erscheinen. Vom „neuen Denken" ist jetzt viel die Rede, ein Begriff, der in Gefahr gerät, zum Schlagwort zu verkommen. Ich möchte ihn ernst nehmen. So viele historische Chancen werden wir doch nicht mehr haben, daß wir es uns leisten könnten, eine auszuschlagen. Für mich ist dieses neue Denken in seinem Kern nicht ökonomisch-technisch-militärisches, überhaupt nicht pragmatisches Denken, sondern eine Aufforderung, den Zielen und Werten dieser Kultur noch einmal gründlich nachzufragen, durch ein geistig-ethisches Konzept diesem Abendland noch eine Chance zu geben. Dies hat, von verschiedenen Gesichtspunkten aus, der kleine Kreis der Münchener Studenten um Hans Scholl schon damals bedacht.

Heute stehen wir, glaube ich, in einem heiklen geschichtlichen Augenblick, weil die Auflösung verhärteter Frontstellungen und Feindbilder in Gruppen und Menschen, denen gerade diese Härte Halt gibt, Angst und Aggressivität freisetzt. Wer da zu vermitteln sucht, muß sich auf Haß und Beschimpfungen gefaßt machen; darüber zu reden, ist dies nicht der Ort. Besonnen, doch unbeirrt sollte man in der Gesellschaft, in der man lebt, soweit wie möglich an Veränderungen mitwirken, die notwendig sind, um diese Erde für das nächste Jahrtausend bewohnbar zu erhalten. Mein Buch verstehe ich als eine Stimme in einem größeren Dialog, der trotz aller Zweifel, die uns immer wieder befallen mögen, geführt werden muß.

In einem der letzten Briefe von Hans Scholl stieß ich auf Sätze, die mich bewegten. Er schreibt: „Denn immer noch habe ich eine gewisse Scheu vor der Schreiberei. Im Gespräch dagegen lockt ein Wort das andere hervor, und aus Frage und Satz entsteht bald das innere geistige Gerüst des anderen sichtbar vor Augen. – Von dem Kreis, welchen ich hier zusammengebracht habe, wirst Du schon gehört haben. Du würdest Deine Freude an diesen Gesichtern haben, wenn Du sie sehen könntest. Alle Kraft, die man dort verschwendet, fließt unvermindert wieder zurück ins eigene Herz ..."

Wir wissen, von welchem Kreis er hier spricht. Ich habe diese Sätze ganz persönlich genommen. Haben wir nicht alle Sehnsucht danach, derart human miteinander umzugehen? Im Gespräch das „geistige Gerüst" des anderen achten zu lernen? Und der eigenen Freude in den Gesichtern der anderen wiederzubegegnen?

Ich danke Ihnen.

Die Geldsumme dieses Preises geht an die Chilenin Carmen Gloria Quintana. Sie wurde am 2. Juli 1986 während eines Streiks in Santiago de Chile von Sicherheitskräften der Militärjunta Pinochets zusammengeschlagen, mit Benzin übergossen und angezündet. Ihr Begleiter starb an seinen Verletzungen. Sie selbst hält sich in Kanada auf, um ihre Gesundheit, soweit das möglich ist, wiederherzustellen.

Gehalten im November 1987 in München

Brief an den X. Schriftstellerkongreß der DDR

Liebe Kollegen!
Wegen anderer Verpflichtungen kann ich nicht am Schriftstellerkongreß teilnehmen, möchte aber die wichtigsten Punkte, über die ich sonst ausführlich gesprochen hätte, wenigstens in gedrängter Form in diesem Brief übermitteln.

In den letzten Jahren sind von sozialistischen Ländern Ansätze zu einem neuen Denken ausgegangen, daraus folgend erste konkrete Abrüstungsschritte, erste Gründe für Hoffnung auf eine lebbare Zukunft. Viele Kollegen erkennen die Bedeutung dieser Prozesse, denken über neue Verhaltensformen nach, überprüfen alte Positionen und wollen zu Veränderungen beitragen, die das Verhältnis der Autoren in der DDR zueinander und das literarische Leben streitbarer, die Literatur wirksamer machen würden.

In der Geschichte des Schriftstellerverbandes der DDR gibt es nach meiner Ansicht Vorgänge, mit denen er sich auseinandersetzen muß, damit seine Arbeit produktiver werden könnte. Ich meine die Folgen der Unterschriften gegen die Ausbürgerung Wolf Biermanns 1976 und den ungerechtfertigten Ausschluß einer Reihe von Kollegen aus dem Schriftstellerverband 1979.

Jeder, der mich kennt, weiß, daß ich meinen Einspruch gegen diese Maßnahme immer aufrecht erhalten und auch nicht relativiert habe. Damals habe ich zu erreichen versucht, daß Widersprüche auf gleichberechtigter Basis ausgetragen werden. Als ich erkennen mußte, daß dies im Schriftstellerverband nicht möglich war, habe ich meine weitere Mitarbeit aufgegeben und dies in einem Brief an das Präsidium begründet.

Inzwischen sind zehn Jahre vergangen. Eine Anzahl von Kollegen, unter ihnen bedeutende Autoren, haben die DDR verlassen, jüngere sind ihnen später gefolgt, unter anderem, weil der Verband nicht fähig war, sie zu integrieren. Ich habe mich nicht daran gewöhnen können und wollen. Ich vermisse Freunde, Gesprächs- und Arbeitspartner, ich vermisse ihren Anteil an unserem geistigen Leben, auch dann, wenn ich in einigen Fällen ihre Haltung nicht teile. Ich spreche nicht von denen, die die DDR als Gegner verlassen haben. Ich spreche von jenen – und jetzt nicht nur von den Autoren, die gegangen, sondern auch von solchen, die geblieben sind –, die Konflikte, schmerzhafte Enttäuschungen, Restriktionen erfahren haben und die bis heute kaum Anzeichen von Verständnis oder Dialogbereitschaft von der Organisation erhielten, die auch sie vertreten soll. Ich spreche aber vor allem auch von den jungen Schriftstellern, die außerhalb des Schriftstellerverbandes bleiben, entweder weil man sie dort nicht aufnimmt oder weil sie dort keinen Ort für die offene Diskussion ihrer Probleme finden.

Manches hat sich in den letzten Jahren verändert, in der Publikationspolitik der Verlage, in den Medien. Arbeiten von Kollegen, die früher in der DDR lebten, wurden publiziert oder sind zum Druck vorgesehen. Ist es nicht an der Zeit, daß auch der Schriftstellerverband diese ermutigenden Ansätze stärker unterstützt? Voraussetzung für eine Normalisierung der Verhältnisse mit den Kollegen, die die DDR verlassen haben, ist es, das Gespräch mit allen, die es wünschen, zu suchen. Ich glaube, es ist die Aufgabe des Verbandes, wenn er den Perspektiven der Zeit gerecht werden will, gegenwärtige und vergangene Probleme rückhaltlos und grundsätzlich auszutragen und den Ursachen für Konflikte nachzugehen. Nicht die Ausgrenzung, sondern die Integration besonders der jungen kritischen Autoren stünde ihm an. Die Brechtschen Forderungen für uneingeschränkte Publikation literarischer Werke mit den Einschränkungen, die wir alle kennen und billigen, sollten Gültigkeit bekommen.

November 1987

Rede auf der Berliner Bezirksversammlung des Schriftstellerverbandes der DDR

Ausgangspunkt für meine Überlegungen, die ich heute hier vortragen möchte, ist der Inhalt des Briefes, den ich an den Schriftstellerkongreß gerichtet habe. Dieser Brief wurde wohl vom Präsidium als eine Art Angriff oder Provokation aufgefaßt, sonst könnte ich mir den hartnäckigen Widerstand dagegen, daß er vorgelesen wurde, kaum erklären, ebensowenig die Tatsache, daß Hermann Kant weit mehr als doppelt so lange, wie der Text des Briefes selbst ist, gegen die Art und Weise polemisierte, durch die er an den Kongreß gelangte. Diese Polemik, sicherlich effektvoll, nach meiner Ansicht in Teilen demagogisch, hat ihren Zweck erreicht: den Inhalt des Briefes abzuwehren. Überzeugen konnte sie mich nicht. Ich konnte beim Kongreß nicht anwesend sein, das war keine Finte; ich fand und finde es nicht anmaßend oder undemokratisch, bestimmte Gedanken trotzdem in einem Brief äußern zu wollen; daß dieser Brief in ein spektakuläres Licht gerückt werden würde, habe ich nicht vorausgesehen, und es war nicht meine Absicht. Mehr will ich dazu nicht sagen, und da weder Hermann Kant noch Günter de Bruyn heute hier sein können, verbietet es sich, diesen Punkt weiter zu erörtern.

Ich wollte und will auch heute Vorgänge aus der Geschichte des Schriftstellerverbandes zur Sprache bringen, die in Gefahr sind, in Vergessenheit zu geraten, und nach meiner Ansicht eine produktive Arbeit in der Gegenwart schwer machen oder ganz verhindern. Oder gehört es nicht zur Geschichte des Verbandes, daß seit 1976 eine verhältnismäßig große Zahl von Schriftstellern – darunter sehr bedeutende, auch wenig oder gar nicht bekannte Verbandsmitglieder und Nichtverbandsmitglieder – die DDR verlassen hat. Ich habe kein öffentliches Zeugnis dafür gefunden, daß der Schriftstellerverband der DDR erkannt und reflektiert hätte, was ein solcher Vorgang für ein Land, für eine Literatur, für einen Berufsverband von Schriftstellern bedeutet, wie er historisch bewertet werden wird und welche Verantwortung diejenigen übernehmen, die bewußt hier bleiben, hier arbeiten und wirken wollen. Seit langem vermisse ich Äußerungen von Erschrecken und Trauer über den Verlust von Kollegen, und ich vermisse vor allem ein kollektives Nachdenken, eine tiefgreifende Analyse der Ursachen von Resignation und Entmutigung, die bei vielen dem Entschluß, die DDR zu verlassen, vorausgingen.

Im Gegenteil: Der Verband selbst hat ja in einigen Fällen durch den Ausschluß von Kollegen diesen Prozeß befördert. Nun hat – das war übrigens mit auslösend für meinen Brief an den Kongreß – Hermann Kant sich auf der Wahlversammlung des Berliner Bezirksverbandes, soviel ich weiß zum ersten Mal, zu jenem Vorgang im Juni 1979 geäußert. Er sagte: „Was wir damals beschlossen haben, den Abschied von einer Reihe von Kollegen, ihren Ausschluß, das muß ja nicht für die Ewigkeit gelten." Mir fiel auf, daß es anscheinend gar nicht so wenig Kollegen gibt, die nicht recht wissen, wovon da eigentlich die Rede ist. Die dabei waren, haben zum Teil eine merkwürdige Art von Gedächtnisschwund erlitten, die nicht dabei waren, sind vollkommen unorientiert. Hermann Kant bediente sich zur Umschreibung des Sachverhalts Metaphern: „Wir haben hier auf literarischen Tod und literarisches Leben miteinander gekämpft, wir haben unsere eigenen Untergänge erlebt und die von anderen Leuten. Wir haben nach innen geblutet." – Vielleicht läßt sich dieses Kapitel der Verbandsgeschichte nüchterner und konkreter benennen; ich habe es so erlebt: Im Juni 1979 hat der Berliner Schriftstellerverband in einer unglückseligen Versammlung – nach meiner und anderer Kollegen Ansicht ungerechtfertigterweise – neun Kollegen mit großer Mehrheit aus dem Verband ausgeschlossen. Die Gegenstimmen wurden auch auf ausdrücklichen Antrag hin nicht gezählt. Stephan Hermlin, der vor diesem Massenausschluß warnte, sagte damals, was auch ich empfand: „Dies wäre nicht das Ende unserer Sorgen, sondern der Beginn der nächsten Schraubendrehung." Ich erlaube mir die Vermutung, daß mit der neuen Bezirksleitung der Partei eine Versammlung in derartigem Geist und Stil nicht mehr denkbar wäre. Mir hat sie die weitere Mitarbeit im Verband unmöglich gemacht.

Fünf der neun ausgeschlossenen Kollegen verließen die DDR: Kurt Bartsch, Karl-Heinz Jakobs, Klaus Poche, Klaus Schlesinger, Joachim Seyppel. Vier von ihnen leben hier: Adolf Endler, Stefan Heym, Rolf Schneider, Dieter Schubert.

Ich möchte dazu beitragen, daß die „ausgestreckte Hand“, von der Hermann Kant auch sprach, keine leere Geste bleibt. Ich könnte mir folgendes vorstellen:

Stefan Heym wird im nächsten Monat fünfundsiebzig Jahre alt. Der Schriftstellerverband sollte diesen Tag zum Anlaß nehmen, sein Verhältnis zu Stefan Heym auf eine neue Grundlage zu stellen, einen Dialog mit ihm zu beginnen, dessen Ziel es sein sollte, ihn wieder in den Schriftstellerverband aufzunehmen. Voraussetzung dafür wäre, daß sich im Plenum des Berliner Verbands eine Mehrheit für einen solchen Schritt fände. Ich bitte darum, mit dieser Korrektur nicht mehr lange zu warten.

Gleichzeitig sollten Gespräche mit den anderen drei von mir genannten Kollegen stattfinden, deren Ziel das gleiche sein sollte. Mir ist bewußt, daß die Entwicklungen der einzelnen in der Zwischenzeit unterschiedlich verliefen, daß auch die Ergebnisse unterschiedlich sein können. Wichtig erscheint es mir, daß der Verband auf diese Kollegen zugeht – nicht, um eigene Überzeugungen aufzugeben; aber doch mit der Bereitschaft, frühere Standpunkte zu überprüfen, Verhärtungen zurückzunehmen, mit der Bereitschaft, vorbehaltlos zuzuhören, auch Kritik anzunehmen und, wo immer möglich und nötig, zu lernen.

Meine dritte Anregung: Der Schriftstellerverband sollte versuchen, auch auf diejenigen seiner ehemaligen Mitglieder zuzugehen, die heute im Westen leben. Über die Schwierigkeiten, die einem solchen Schritt entgegenstehen, mache ich mir keine Illusionen. Doch wir können nicht in unseren Texten den Abbau von Feindbildern fordern, ohne selbst in einem uns besonders angehenden Bereich damit zu beginnen. In einer Zeit, die – welche Irritationen auch immer zeitweise dagegen zu sprechen scheinen – auf Dauer doch auf Verständnis und Verständigung angewiesen ist, auf den Dialog selbst zwischen Vertretern konträr entgegengesetzter Meinungen, sollten Schriftsteller es fertigbringen, mit ihren ehemaligen Verbandskollegen wieder ins Gespräch zu kommen. Der Anfang, der auf dem Friedenstreffen von Stephan Hermlin mit einigen Kollegen gemacht wurde, ist nicht wieder aufgegriffen oder fortgesetzt worden, auch vom Schriftstellerverband nicht. Ich glaube Gründe zu kennen, die auch von einigen der weggegangenen Kollegen geliefert wurden, die diese Fortsetzung erschwerten. Ich bleibe dabei, daß man auch in diesen Fällen nach den Ursachen ihres heutigen Verhaltens fragen muß.

Andererseits gibt es positive Posten: Es erscheinen Bücher von Jurek Becker, von Klaus Schlesinger in DDR-Verlagen. Titel von Günter Kunert und Sarah Kirsch werden vorbereitet. Hans Mayer hat neulich auch im Deutschen Theater sprechen können, unter gebührender Aufmerksamkeit der Presse. An solche Zeichen könnte der Schriftstellerverband doch anknüpfen, und zwar in seinem eigenen Interesse.

Ich denke, das Verhältnis zwischen den Schriftstellerverbänden der beiden deutschen Staaten hängt mit ab von der Entkrampfung der Beziehungen zu den ehemaligen DDR-Kollegen, die heute zum Teil Mitglieder im VS der Bundesrepublik sind. Wichtiger noch: Es scheint mir Sache des Schriftstellerverbandes zu sein, die Gründe für das Weggehen der Kollegen – es folgten ja den von mir hier namentlich Genannten eine ganze Reihe Jüngerer in den letzten Jahren – genau zu kennen und zu analysieren und dann daran mitzuwirken, diese Gründe zu beheben, damit der Wegzug von talentierten Menschen, die durch nichts, was dieses Land sonst hervorbringen könnte, zu ersetzen sind, nicht weitergeht. Ich plädiere also für vielfältige Formen von Begegnungen und Gesprächen mit Kollegen, die heute im Westen leben und die dazu bereit sind, für einen intensiven Austausch von Erfahrungen, für Annäherung.

Ich plädiere, auch aus den Gründen, über die ich hier heute spreche, dringend dafür, daß der Schriftstellerverband sich beharrlich für eine Änderung der bei uns praktizierten Druckgenehmigungsverfahren für Bücher einsetzt – in dem Sinne, in dem Christoph Hein und Günter de Bruyn auf dem Kongreß darüber gesprochen haben.

Und ich plädiere – dies ist mein Ceterum censeo und wäre einer gründlichen Behandlung wert – für eine entschiedene Hinwendung des Verbandes zu den jungen Schriftstellern dieses Landes – dafür, daß er ihre Entwicklung, ihre ethischen Vorstellungen, literarischen Ziele, ihre Lebensbedingungen, Konflikte und Schwierigkeiten gründlich kennenlernt und ihre Interessen wirksam vertritt.

Ich höre schon die Stimmen, die mir sagen werden, ich stochere in alten Geschichten herum. Diese alten Geschichten gehören zu unserer Lebensgeschichte, ob wir nun Verursacher, Beteiligte oder Objekte waren. Nichts, was wir tun oder lassen, bleibt in unserem eigenen Leben ohne Folgen, und unfehlbar werden wir irgendwann mit diesen Folgen konfrontiert. Nicht nur das gegenwärtige Leben eines einzelnen Menschen, auch das einer Institution (und natürlich einer Gesellschaft, eines Staates) geraten um so mehr in Gefahr, in unproduktive Stagnation zu verfallen, je weniger die Fehler, Konflikte und Widersprüche aus der Vergangenheit – auch und gerade die schmerzlichen und beschämenden – im Bewußtsein bleiben und verarbeitet werden. Die Gedanken, Vorschläge, das Aufbegehren, die Kritik von anderen, die wir nicht zulassen, sondern ausgrenzen, unterdrücken, die verdrängen wir zugleich in uns selbst; ein Teil unseres Denkens und Fühlens wird tabu, unsere Kreativität eingeschränkt, in einigen Fällen zum Erliegen gebracht. Ich glaube, die meisten Kollegen werden wissen, wovon ich spreche. Gerne hätte ich die Worte und den Ton gefunden, die euch überzeugen könnten, daß Ähnliches auch einer Institution passieren kann und daß der Schriftstellerverband, je mehr Integrationsfähigkeit und Offenheit er entwickelt, um so stärker befähigt wäre, jene schöpferische Rolle in der Gesellschaft zu spielen, die den Potenzen seiner Mitglieder entspricht.

März 1988

Rosemarie Geist / Maritta Rost

Auswahlbibliographie

Gliederung

Vorbemerkung

Die Auswahlbibliographie „Christa Wolf“ basiert auf den bibliographischen Nachweisen, die in einem Gemeinschaftsunternehmen der Akademie der Künste der DDR und der Deutschen Bücherei 1972–1986 ermittelt wurden. Für die Jahre 1961–1971 und ab 1987 wurden sie von Mitarbeitern der Deutschen Bücherei im Auftrag des Aufbau-Verlages ergänzt.

Zur Primärliteratur:

Es sind *nur* selbständig erschienene Veröffentlichungen verzeichnet, bei denen – einschließlich der Übersetzungen – Vollständigkeit angestrebt wurde. Der Inhalt von Sammelbänden ist in der Annotation der Titelbeschreibung aufgeführt. Bei den Nachauflagen wird nur die erste und die jeweils letzte angegeben.

Zur Sekundärliteratur:

Die Auswahl gibt einen ersten Überblick über die weltweite Wolf-Rezeption. Vollständigkeit konnte aus Raumgründen nicht angestrebt werden.

Rezensionen, die später in einem Sammelband erschienen („Der geteilte Himmel und seine Kritiker“, vgl. Nr. 370, und „Wirkungsgeschichte von Christa Wolfs ‚Nachdenken über Christa T.‘“, vgl. Nr. 535), sind nur in der Annotation zum Sammelband aufgeführt.

Beiträge, die sich mit mehreren Werken Ch. Wolfs befassen, werden nur bei dem zuerst erschienenen Werk als Rezension aufgeführt, die anderen besprochenen Titel werden durch das Werkregister erschlossen.

Zur Gliederung:

Die Primärliteratur ist chronologisch gegliedert. Im Anschluß an die Titelbeschreibungen der deutschsprachigen Ausgaben folgen die Übersetzungen nach dem Alphabet der Sprachen.

In der Sekundärliteratur sind die Beiträge zu Leben und Werk im allgemeinen alphabetisch nach Verfassern und Sachtiteln geordnet. Die Beiträge zu einzelnen Werken folgen der Chronologie der Primärliteratur. Ihre Binnenordnung ist alphabetisch.

Der Bibliographie lag das Prinzip der Autopsie zugrunde. Veröffentlichungen, die aus anderen Quellen ohne Autopsiemöglichkeit übernommen werden mußten, sind mit * gekennzeichnet. Mit ** sind Beiträge aus dem Archiv Christa Wolfs versehen, die nicht in ihrem originalen Zusammenhang überprüft werden konnten.

Das Werkregister ist alphabetisch – unter Umgehung des Artikels – geordnet und weist auch die Rezensionen nach. Auf ein Personenregister mußte aus Raumgründen verzichtet werden.

Redaktionsschluß: Mai 1988

Primärliteratur

1. Selbständige Buchveröffentlichungen

1961

Moskauer Novelle

1 Moskauer Novelle / [Ill.: Hans Mau]. – Halle (Saale): Mitteldeutscher Verlag, 1961. – 104 S.

Dass. 2. Aufl. – 1962. – Mit Grafiken von Wilhelm Schmied.

2 Griechische Hochzeit / Herbert Otto. Moskauer Novelle / Christa Wolf. – Berlin: Verlag Volk und Welt, 1966. – 95 S. – (Romanzeitung; 204)

S. [96] kurze Biographie.

3 Moskauer Novelle. – Leipzig: Deutsche Zentralbücherei für Blinde, [um 1974]. (Best.-Nr. 1079)

In Blindenschrift kzp = Kurzschrift, Zwischenpunktdruck.

1963

Der geteilte Himmel

4 Der geteilte Himmel. Erzählung. – Halle (Saale): Mitteldeutscher Verlag, 1963. – 293 S.

Dass. 2. Aufl. – 1963 bis 17. Aufl. – 1974.
1. und 2. Aufl. mit Grafiken von Willi Sitte.

5 Der geteilte Himmel. Erzählung. – Berlin: Verlag Kultur und Fortschritt, 1964. – 318 S.

6 Der geteilte Himmel. Roman. – Berlin-Schöneberg: Weiß, 1964. – 317 S.

Dass. 2. Aufl. – 1967.

7 Der geteilte Himmel. Erzählung. – Leipzig: Reclam, 1964. – 233 S. – (Reclams Universal-Bibliothek ; 188)

Dass. 2. Aufl. – 1965 bis 6. Aufl. – 1976.

8 Der geteilte Himmel. Roman. – Wien: Die Buchgemeinde, [1964]. – 317 S.

9 Der geteilte Himmel. Roman. – [1.–25. Tsd.] – [Reinbek b. Hamburg]: Rowohlt-Taschenbuch-Verlag, 1968. – 154 S. – (rororo ; 1073)

S. [2] Zu diesem Buch.
Dass. 26.–35. Tsd. – 1969.

10 Der geteilte Himmel / choix de textes présentés et annotés par Nicole Meunier. – Halle (Saale): Mitteldeutscher Verlag ; Paris: Odeon-diffusion, 1972. – 89 S. : 4 Taf. – (Collection lettres allemandes)

S. 5–6 Introduction.

11 Der geteilte Himmel. Erzählung. – München: Deutscher Taschenbuch-Verlag, 1973. – 197 S. – (dtv ; 915)

S. [3] Das Buch – Die Autorin.
Dass. 3. Aufl. – 1974 bis 21. Aufl. – 1987.
2. Aufl. nicht nachweisbar.

12 Der geteilte Himmel. Erzählung. – Leipzig: Deutsche Zentralbücherei für Blinde, [um 1974]. (Best.-Nr. 1104)

2 Bände in Blindenschrift kzp = Kurzschrift, Zwischenpunktdruck.

13 Der geteilte Himmel. – 1. Aufl. – Berlin ; Weimar: Aufbau-Verlag, 1975. – 271 S.

Dass. 2. Aufl. – 1985.

14 Der geteilte Himmel. – Berlin: Verlag Volk und Welt, 1977. – 123 S. – (Romanzeitung ; 329)

15 Der geteilte Himmel / [Ill.: Oskar Jørgensen]. – Kopenhagen: Grafisk Forlag ; Stuttgart: Klett [u. a.], 1978. – 80 S. : Ill. – (Easy readers : B)

Gekürzt und vereinfacht für Schule und Selbststudium.
Dass. [1979].

16 Der geteilte Himmel. Erzählung. – München: Deutscher Taschenbuch-Verlag, 1979. – 285 S. – (dtv ; 2520 : dtv-Großdr.)

S. [1] Das Buch. – Die Autorin.
Dass. 2. Aufl. – 1981 bis 4. Aufl. – 1987.

17 Der geteilte Himmel. – Morsbach/Sieg: Tholenaar Verlag, 1984. – 387 S. – (G- + D-Bücherei ; 60 : Großdr.-Ausg.)

18 Der geteilte Himmel / ed. by Agnes Cardinal. – London: Methuen Educational Ltd., 1987. – 294 S. – (Methuen's twentieth century german texts)

S. VIII–X Biographie.
S. 1–37 Einleitung, S. 38–41 Bibliographie.
S. 276–294 Worterklärungen und Wortverzeichnis.

Übersetzungen

Bulgarisch

19 Razdelenoto nebe. Roman / prevede ot nemski Georgi Georgiev. Chudožnik Petăr Petrunov. – Sofija: Narodna Kultura, 1965. – 222 S.: 1 Titelb.

S. 217–[223] V o l f , Krista: Za sebe si i za svojata kniga.

Englisch

20 Divided heaven. A novel of Germany today / [transl. by Joan Becker. Transl. ed.: Lucy Abbott]. – Berlin: Seven Seas Publishers, 1965. – 218 S. – (Seven Seas Books)

S. [1] Briefly, about the book.
S. [220] Briefly, about the author.
Dass. [Neudr.]. – 1968.

21* Divided heaven / transl. by Joan Becker. – New York: Adler's Foreign Books, 1976.

S. 1–33 Zipes, Jack: Christa Wolf. Novellist as Marxist.

Finnisch

22 Jaettu taivas / [suomentanut Maija Tikka]. – Helsinki: Kirjayhtymä, [1966]. – 304 S. – (Arena-Sarja ; [9])

Französisch

23 Le ciel partagé. Roman / trad. de l'allemand par Bernard Robert. – Paris: Éditeurs Français Réunis, 1964. – 265 S. : 1 Titelb.

Georgisch

24 Gaqoili zeca. Romani / germanulidan thargmna Inesa Gačečiladzem. – Thbilisi: Sabçotha Sakharthwelo, 1983. – 230 S.

Italienisch

25 Il cielo diviso / trad. e introd. a cura di Maria Teresa Mandalari. – Roma: Edizioni e/o, 1983. – 222 S.

S. 5–10 Mandalari, Maria Teresa: Introduzione.
Dass. 2. ed. – 1984 bis 5. ed. – 1987.

26 Il cielo diviso / trad. e introd. a cura di Maria Teresa Mandalari. – Roma: Mondadori, 1987. – 230 S.

S. 5–10 Mandalari, Maria Teresa: Introduzione.

Japanisch

27 Hikisakareta sora / [übers. von] Inoue Shôzô. – Tôkyô: Shûeisha, 1967. – 347 S.

S. 341–347 Inoue Shôzô: [Nachwort des Übersetzers].
Dass. 1973.
Dass. 1977.

Lettisch

28 Sašķeltās debesis. Romāns / [tulkojusi Lūcija Rambeka]. – Rīgā: Izdevniecība Liesma, 1966. – 326 S.

S. 319–327 Volfa, Krista: Padomju lasītājam.

Litauisch

29 Perskeltas dangus. Romanas / [verte J. Kabelka]. – Vilnius: VAGA, 1966. – 206 S.

S. [208] Trumpai apie autorę.

Mazedonisch

30 Podelono nebo / [prevela Elica Nikodinova-Samardžiska]. – Skopje: Makedonska Kniga, 1967. – 192 S. – (Biblioteka Sovremenici ; 3)

S. 187–191 P o l e n z , Wolfgang von: Pogovor.

Polnisch

31 Niebo podzielone. Opowieść / przeł. Zofia Rybicka. – Warszawa: Wydawnictwo Ministerstwa Obrony Narodowej, 1966. – 341 S.

32 Niebo podzielone / przeł. Zofia Rybicka. – Wyd. 2. – Poznań: Wydawnictwo Poznańskie, 1980. – 221 S. – (Kolekcja literatury Niemieckiej Republiki Demokratycznej)

Rumänisch

33 Cerul dragostei. Povestire / în româneste de Camil Baltazar. – București: Editura Pentru Literatura Universală, 1965. – 235 S.

S. 5–10 S c h l e s a k , Dieter: Cuvînt înainte.

Russisch

34 Raskolotoe nebo / [perevod s nem. N. Bunin]. – Moskva: Chudožestvennaja Literatura, 1964. – 95 S. – (Roman gazeta ; 12 ⟨312⟩)

2. Umschlagseite: S u č k o v , B.: Roman Kristy Vol'f „Raskolotoe nebo".

35 Raskolotoe nebo. Roman / perevod s nem. I. Karincevoj i N. Kasatkinoj. – Moskva: Izdatel'stvo Progress, 1964. – 230 S.

S. 5–13 V o l ' f , Krista: K sovetskomy čitatel'ju.

Serbokroatisch

36 Podijeljeno nebo / [s njem. prevela Tatjana Praštalo]. – Sarajevo: Svjetlost, 1966. – 225 S. – (Biblioteka Džepna Knjiga ; 379)

Slowakisch

37 Rozdelené nebo / z nem. orig. prel. Perla Bžochova. – Bratislava: Vydavatel'stvo Politickej Literatúry, 1965. – 193 S. : 1 Titelb.

Spanisch

38 Cielo dividido / [trad. al español Raquel Catalá]. – La Habana: Instituto Cubano del Libro, 1971. – 272 S. – (Coleccion Cocuyo)

Tadshikisch

39 Jak bomu du havo / [az rusī tar'gimai Muteullo Naǵmiddinov]. – Dušanbe: Našriëti Irfon, 1969. – 239 S.

S. 3–10 V o l ' f , Krista: Sarsuchan.

Tamil

40* Divided heaven. – Madras: Mallikai Pathippakam, 1967. – 297 S.

Tschechisch

41 Rozdělené nebe. Novela / [z něm. orig. přel. a doslov napsala Kamila Jiroudková]. – Praha: Státní Nakladatelství Krasné Literatury a Umění, 1964. – 192 S. – (Soudobá svetová Próza ; 181)

S. 189–[193] J i r o u d k o v á , Kamila: („Rozděleným nebem", svou druhou knihou ...).

Ukrainisch

42 Rozkolote nebo. Povist' / z nim. pereklav Bogdan Gavryškin. – Kyiv: Vydavnystvo CK LKSMU Molod', 1967. – 188 S.

S. [2] Kurzer einführender Text.

Ungarisch

43 Kettészelt ég. Regény / [ford. Kovács Vera]. – Budapest: Európa Könyvkiadó, 1964. – 241 S.

S. [243] Christa Wolf.

1968

Nachdenken über Christa T.

44 Nachdenken über Christa T. – 1. Aufl. – Halle (Saale): Mitteldeutscher Verlag, 1968. – 235 S.

Dass. 2. Aufl. – 1972 bis 3. Aufl. – 1974.

45 Nachdenken über Christa T. – Neuwied ; Berlin [West]: Luchterhand, 1969. – 235 S.

46 Nachdenken über Christa T. – [Frankfurt a. M.]: Büchergilde Gutenberg, 1971. – 293 S.

47 Nachdenken über Christa T. – Sonderausg. – Neuwied ; Berlin [West]: Luchterhand, 1971. – 235 S. – (Sammlung Luchterhand ; 31)

Dass. Sonderausg., 2. Aufl. – 1972 bis Sonderausg., 26. Aufl. – 1987.

Ab Sonderausg., 12. Aufl. – 1979: Darmstadt ; Neuwied.

48 Nachdenken über Christa T. – Stuttgart: Deutscher Bücherbund, [1972]. – 238 S.

Dass. Stuttgart ; München: Deutscher Bücherbund, [1986]. – 243 S. : 1. Portr. – (Bibliothek des 20. Jahrhunderts)

49 Nachdenken über Christa T. – 1. Aufl. – Berlin ; Weimar: Aufbau-Verlag, 1975. – 205 S.

Dass. 2. Aufl. – 1977 bis 8. Aufl. – 1988.

50 Nachdenken über Christa T. – Sonderausg. – Darmstadt ; Neuwied: Luchterhand, 1984. – 249 S.

S. 237–249 M a y e r , Hans: Christa Wolf / Nachdenken über Christa T.

Übersetzungen

Dänisch

51 Tanker om Christa T. / på dansk ved Else Hansen. – [København]: Gyldendal, 1970. – 161 S.

Englisch

52 The quest for Christa T. / transl. by Christopher Middleton. – New York: Farrar, Straus & Giroux, 1970. – 185 S.

Dass. 1979. – 185 S. – (First Farrar, Straus and Giroux paperback edition)

53 The quest for Christa T. / transl. by Christopher Middleton. – London: Hutchinson, 1971. – 185 S.

54 The quest for Christa T. / transl. by Christopher Middleton. – New York: Dell Publishing Co., 1972. – 185 S. – (A Delta Book)

55 The quest for Christa T. / transl. by Christopher Middleton. – London: Virago Press, 1982. – 185 S. – (Virago modern classics)

Finnisch

56 Erään naisen elämä / [suomentanut Keijo Kylävaara]. – Helsinki: Kirjayhtymä, 1970. – 211 S. – (Arena-Sarja)

Französisch

57 Christa T. Roman / trad. de l'allemand par Marie-Simone Rollin. Éd. étrangère autor. par l'auteur. – Paris: Editions du Seuil, 1972. – 189 S.

Italienisch

58 Riflessioni su Christa T. / [trad. dal tedesco di Amina Pandolfi]. – Milano: Mursia, 1973. – 221 S. – (Narratori sovietici e dell'Europa Orientale ; 2 : Europa Orientale ; 1)

Dass. 1987. – 221 S. – (Letture economiche Mursia ; 13)

Japanisch

59 Kurisuta T. no tsuisô / übers. Fujimoto Atsu. – Tôkyô: Kawade Shobô Shin-sha, 1973. – 252 S. – (Konnichi no kaigai shôsetsu)

Niederländisch

60 Nadenken over Christa T. / vert. [uit het Duits van] Mischa de Vreede. – Bussum: C. de Boer jr., 1971. –157 S. – (De Boer paperbacks)

Norwegisch

61 Om Christa T. / overs. av Ursula Monsen. – Oslo: Tiden Norsk, 1970. – 175 S.

Polnisch

62 Rozmyślania nad Christą T. / prel. z niemieckiego Teresa Jętkiewicz. – Wyd. 1. – Poznań: Wydawnictwo Poznańskie, 1974. – 178 S.

S. 173 –[179] O r ł o w s k i , Hubert: Posłowie.

Dass. Wyd. 2. – 1986. – 154 S. – S. 149–154 Orłowski, Hubert: Posłowie.

Portugiesisch

63 Em busca de Christa T. / tradução de Andreas Amaral. – São Paulo: Art Editora, 1987. – 216 S. – (As escritoras ; 10)

Schwedisch

64 Vem var Christa T.? / övers. av Margaretha Holmqvist. – Stockholm: Norstedt, 1971. – 190 S.

Slowenisch

65 Premišljevanje o Christi T. / [prevedla Mimi Malenšek]. – v Ljubljani: Prešernova Družba, 1974. – 214 S. – (Ljudska knjiga ; 133)

S. [216] O pisateljici.

Spanisch

66 Noticias sobre Christa T. / trad. de Maria Nolla. – Barcelona: Barral, 1972. – 183 S.

Tschechisch

67 Návraty ke Christě T. / [z německého orig. přel. Jaroslav Střítecký]. – Vyd. 1. – Praha: Odeon, 1977. – 229 S. – (Malá řada soudobé světové prózy)

S. 225–[230] H á j e k , Jiři: Příběh nelítostné opravdovosti.

Ungarisch

68 Ki volt Christa T.? / Róna Ilona ford. – Budapest: Európa Könyvkiadó, 1976. – 246 S. : Titelb.

1972

Lesen und Schreiben

69 Lesen und Schreiben. Aufsätze u. Betrachtungen. – Berlin ; Weimar: Aufbau-Verlag, 1972. – 234 S. – (Edition Neue Texte)

Enthält: 1: Deutsch sprechen. – Eine Rede. – Fünfundzwanzig Jahre. – Probe Vietnam. – 2: Blickwechsel. – Zu einem Datum. – Brecht und andere. – Der Sinn einer neuen Sache – Vera Inber. – Tagebuch – Arbeitsmittel und Gedächtnis. – 3: Glauben an Irdisches. – Bei Anna Seghers. – 4: Ein Besuch. – Lesen und Schreiben.

S. 225–[235] S t u b b e , Hans: Begegnung mit Christa Wolf.

Dass. 2., erw. Aufl. – 1973. – 245 S. – Erweitert um die Beiträge: Selbstinterview. – Die zumutbare Wahrheit – Prosa der Ingeborg Bachmann. – Gedächtnis und Gedenken – Fred Wander: Der siebente Brunnen.

70 Lesen und Schreiben. Aufsätze u. Prosastücke. – Darmstadt ; Neuwied: Luchterhand, 1972. – 220 S. – (Sammlung Luchterhand ; 90)

Inhaltsgleich mit Nr. 69 [2. Aufl., ohne Nachwort].

Dass. 2. Aufl. – 1977 bis 3. Aufl. – 1978.

Übersetzung

Englisch

71 The reader and the writer. Essays, sketches, memories / transl. by Joan Becker. – Berlin: Seven Seas Publishers, 1977. – 222 S. – (Seven seas books)

Enthält: S. 5 Acknowledgements.

P a r t I : Plain German [Deutsch sprechen]. – A speech [Eine Rede]. – Twenty-five years [Fünfundzwanzig Jahre]. – Vietnam experiment [Probe Vietnam]. – P a r t I I : Changing viewpoint [Blickwechsel]. – On a date [Zu einem Datum]. – Brecht and others [Brecht und andere]. – The meaning of a new thing – Vera Inber [Der Sinn einer neuen Sache – Vera Inber]. – Diary – Aid to work and memory [Tagebuch – Arbeitsmittel und Gedächtnis]. – Interview with Myself [Selbstinterview]. – P a r t I I I : Truth that can be faced – Ingeborg Bachmann's prose [Die zumutbare Wahrheit – Prosa der Ingeborg Bachmann]. – Remembrance and memorial – Fred Wander: The seventh well [Gedächtnis und Gedenken – Fred Wander: Der siebente Brunnen]. – P a r t I V : Faith in the terrestrial [Glauben an Irdisches]. – A visit to Anna Seghers [Bei Anna Seghers]. – P a r t V : The snapdragon [Ein Besuch]. – The reader and the writer [Lesen und Schreiben].

S. 215–222 S t u b b e , Hans: Meeting Christa Wolf.

S. [224] Briefly, about the author.

72* The reader and the writer. Essays, sketches, memories / transl. from Joan Becker. – New York: Signet, 1977. – 222 S.

Vermutlich inhaltsgleich mit Nr. 71.

1973

Till Eulenspiegel

73 Till Eulenspiegel. Erzählung für d. Film / Christa Wolf ; Gerhard Wolf. – 1. Aufl. – Berlin ; Weimar: Aufbau-Verlag, 1973. – 222 S. – (Edition Neue Texte)

Besteht aus: I. Die List der Schwachen. – II. Die Kunst des Narren.
S. 217–223 H e i s e , Wolfgang: Nachbemerkung.
Dass. 2. Aufl. – 1974 bis 4. Aufl. – 1986.

74 Till Eulenspiegel / Christa Wolf ; Gerhard Wolf. – Darmstadt: Luchterhand, 1974. – 246 S.

Inhaltsgleich mit Nr. 73 [ohne Nachwort].

75 Till Eulenspiegel / Christa Wolf ; Gerhard Wolf. – [Frankfurt a. M.]: Fischer-Taschenbuch-Verlag, 1976. – 169 S. – ([Fischer-Bücherei]; 1718)

Inhaltsgleich mit Nr. 73 [ohne Nachwort].
S. [2] Über dieses Buch. – Die Autoren.
Dass. 16.–20. Tsd. – 1978 bis 21.–25. Tsd. – 1980.

76 Till Eulenspiegel / Christa Wolf ; Gerhard Wolf. – Darmstadt ; Neuwied: Luchterhand, 1982. – 192 S. – (Sammlung Luchterhand ; 430)

Inhaltsgleich mit Nr. 73 [ohne Nachwort].
Dass. 2. Aufl. – 1984 bis 4. Aufl. – 1987.

1974

Unter den Linden

77 Unter den Linden. 3 unwahrscheinl. Geschichten. – 1. Aufl. – Berlin ; Weimar: Aufbau-Verlag, 1974. – 132 S. : 3 Ill.

Enthält außerdem: Neue Lebensansichten eines Katers. – Selbstversuch.
Dass. 2. Aufl. – 1975 bis 5. Aufl. – 1983.

78 Unter den Linden. 3 unwahrscheinl. Geschichten. – Darmstadt: Luchterhand, 1974. – 168 S.

Inhaltsgleich mit Nr. 77.

Übersetzungen

Bulgarisch

79 Unter den Linden. 3 neverojatni istorii / [prevod ot nemski: Viktorija Avramova]. – 1. izd. – Plovdiv: Izdatelstvo Christo G. Danov, 1977. – 90 S. : 1 Ill.

Enthält: S. 7–10 A v r a m o v a , Viktorija: Edna žena osăštestvjava sebe si. Unter den Linden. – Novite žitejski văzgledi na edin kotarak [Neue Lebensansichten eines Katers]. – Opit săs sebe si [Selbstversuch].

Rumänisch

80 Unter den Linden. 3 povestiri neverosimile / trad., pref. şi note de Sevilla Răducanu. – Bucureşti: Editura Univers, 1978. – 162 S. – (Colecţia Globus ; 299)

Enthält: S. 5–18 Răducanu, Sevilla: O lume vrăjită, misterioasa. Unter den Linden. – Noile concepţii despre viaţă ale unui motan [Neue Lebensansichten eines Katers]. – Experienţă pe propria piele. Tratat anexat unui proces-verbal [Selbstversuch].

Spanisch

81 Bajo los tilos / trad. de Marisa Presas. – Barcelona: Editorial Laia, 1986. – 101 S. – (Laia literatura)

Enthält: Bajo los tilos [Unter den Linden]. – Nuevas opiniones de un gato sobre la vida [Neue Lebensansichten eines Katers]. – Experimento personal. Acotaciones a un informe [Selbstversuch].

Tschechisch

82 Berlin, pod lipami / [z německého orig. přel. Kamila Jiroudková]. – Vyd. 1. – Praha: Československý Spisovatel, 1977. – 115 S. – (Svět: Malá řada)

Enthält: Pod lipami [Unter den Linden]. – Nové životní názory jednoho kocoura [Neue Lebensansichten eines Katers]. – Pokus na sobě. Doplněk k protokolu [Selbstversuch].

1976

Kindheitsmuster

83 Kindheitsmuster. – 1. Aufl. – Berlin ; Weimar: Aufbau-Verlag, 1976. – 534 S.

Dass. 2. Aufl. – 1977 bis 11. Aufl. – 1987.

84 Kindheitsmuster. Roman. – Darmstadt ; Neuwied: Luchterhand, 1977. – 480 S.

Dass. 2. Aufl. – 1977 bis 4. Aufl. – 1978.

85 Kindheitsmuster. – Zürich: Buchclub Ex Libris, 1978. – 480 S.

86 Kindheitsmuster. – Berlin: Buchclub 65, 1979. – 530 S.

87 Kindheitsmuster. Roman. – 1. Aufl. – Darmstadt ; Neuwied: Luchterhand, 1979. – 380 S. – (Sammlung Luchterhand ; 277)

Dass. 2. Aufl. – 1979 bis 16. Aufl. – 1987.

88 Kindheitsmuster. Roman. – Frankfurt a. M. ; Wien ; Zürich: Büchergilde Gutenberg, 1979. – 548 S.

89 Kindheitsmuster. Roman. – Stuttgart ; Hamburg ; München: Deutscher Bücherbund, 1979. – 548 S.

Englisch

90 A model childhood / transl. by Ursule Molinaro and Hedwig Rappolt. – 1. print. – New York: Farrar, Straus and Giroux, 1980. – 407 S.

91 A model childhood / transl. by Ursule Molinaro and Hedwig Rappolt. – New York: Virago Press, 1982. – 407 S.

92 A model childhood / transl. by Ursule Molinaro and Hedwig Rappolt. – London: Virago, 1983. – 407 S. – (Virago modern classics)

93 Patterns of childhood. Formerly A model childhood / transl. by Ursule Molinaro and Hedwig Rappolt. – New York: Farrar, Straus and Giroux, 1984. – 407 S.

Estnisch

94 Lapsepõlvelõimed / [tõlkinud Evi Auling]. – Tallinn: Eesti Raamat, 1982. – 382 S. – (Nüüdisromaan)

S. 381–[383] T a s a , Rita: Christa Wolf.

Französisch

95 Trame d'enfance / texte français Ghislain Riccardi. – Aix-en-Provence: Alinea, 1987. – 461 S.

S. 456–460: P r é v o s t , Claude: Postface.

Japanisch

96 Yônenki no kôzu = Kindheitsmuster / Hosaka Kazuo yaku. – Dai 1 han dai 1 satsu hakkô. – Tôkyô Kôbun-sha, 1981. – 502 S.

S. 485–502 [H o s a k a , Kazuo]: Kurisuta Vorufu shoron.

Polnisch

97 Wzorce dzieciństwa / przeł. Sławomir Błaut. – Wyd. 1. – Warszawa: Czytelnik, 1981. – 497 S.

Rumänisch

98 Model de copilărie / trad. şi pref. de Octavian Nicolae. – Bucureşti: Univers, 1987. – XIV, 461 S. – (Romanul XX secolului)

S. V–XIV N i c o l a e , Octavian: Prefaţă.

Schwedisch

99 Barndomsmönster / övers. av Margaretha Holmqvist. – Stockholm: Norstedt, 1979. – 348 S. – (Panter)

Serbokroatisch

100 I djetinjstvo, zar ne? / [preveo s njemačkog Predrag Kostič]. – Sarajevo: Svjetlost, 1979. – 498 S. – (Biblioteka Feniks)

S. 491–498 K o s t i č , Predrag: Pogovor.

Slowakisch

101 Model detstva / [z nemeckého orig. prel. Eduard V. Tvarožek]. – Bratislava: Smena, 1980. – 481 S. – (Edícia Eva ; 71)

S. 481–[482] C v r k a l , Ivan: Christa Wolfová.

Spanisch

102 Muestra de infancia / trad. de Manuel Olasagasti. – Madrid: Ediciones Alfaguara, 1984. – 433 S. – (Literatura Alfaguara ; 146)

103 Muestra de infancia / [trad.: Manuel Olasagasti]. – Barcelona: Círculo de Lectores, 1985. – VIII, 356 S. – (Narradores del mundo)

S. I-[IX] C a r a n d e l l , José María: Introducción.

Tschechisch

104 Vzory dětství / [z německého orig. přel. Jaroslav Střítecký]. – Vyd. 1. – Praha: Odeon, 1981. – 474 S. – (Soudová světova próza ; 351)

S. 465–[475] K o v á ř , Jaroslav: Neobyčejná kniha o „obyčejném" fašismu.

Ungarisch

105 Visszaperelt emlékezet / [ford. Gergely Erzsébet]. – Budapest: Magvető Kiadó, 1980. – 516 S. : 1 Port. – (Világkönyvtár)

Kota Maksymiliana nowe poglądy na życie

106 Kota Maksymiliana nowe poglądy na życie. Wybór opowiadań. – Wyd. 1. – Poznań: Wydawnictwo Poznańskie, 1976. – 136 S.

Enthält: Unter den Linden [Übers. von Maria Szematowicz]. – Kota Maksymiliana nowe poglądy na życie [Neue Lebensansichten eines Katers. Übers. von Stefan H. Kaszyński]. – Doświadczyć siebie. Aneks do protokołu [Selbstversuch. Übers. von Janina Wieczerska]. – Czerwcowe popołudnie [Juninachmittag. Übers. von Stefan H. Kaszyński]. – Retrospekcja [Blickwechsel. Übers. von Maria Szematowicz].

1977

Christa Wolf – elevbog

107* Christa Wolf – elevbog / [udgivet af]: Hilde Nissen. – København: Danmarks Radio, Undervisningsafdelingen, 1977. – 64 S. : Ill.

Enthält in Deutsch: „Juninachmittag" und „Nachdenken über Christa T." (Auszüge).

J'écris sur ce qui m'inquiète

108* J'écris sur ce qui m'inquiète. [Extraits traduits de l'allemand du] débat [publié] dans „Sinn und Form" sur son dernier roman / préface de Claude Prévost. – Paris: CERM : Odéon Diffusion, 1977. – 42 S. – (Les cahiers du Centre d'études et de recherches marxistes ; 139)

Deutsche Erstveröffentlichung in: Sinn und Form. – Berlin (1976) 4 unter dem Titel „Diskussion mit Christa Wolf". Vgl. Nr. 673.

Unter den Linden

109 Unter den Linden. – Darmstadt ; Neuwied: Luchterhand, 1977. – 74 S. – (Sammlung Luchterhand ; 249)

Dass. 2. Aufl. – 1978 bis 13. Aufl. – 1987.

110 Unter den Linden. – 1. Aufl. – Stuttgart: Klett. – (Lesehefte für den Literaturunterricht ; 7)

[Hauptbd.] / mit Materialien zsgest. von Birgit Johanna Lermen u. Annemarie Haase. – 1981. – 79 S.

Enthält: S. 3–54 Unter den Linden.
Ab S. 56 Materialien: 1. Walter von der Vogelweide: Under der Linden. – 2. Die Autorin Christa Wolf. – 3. Literatur und Gesellschaft in der DDR. 3.1. Funktion von Literatur und Kunst in der sozialistischen Gesellschaft. – 3.2. Das Verhältnis von Literatur und Gesellschaft aus der Sicht von Christa Wolf. – 4. Das veränderte Realismusbild in der DDR. 4.1. Die Freiheit der subjektiven Erfahrung. – 4.2. Zur neuen Schreibweise der Autorin. – 4.3. Christa Wolf über ihre Rolle als Schriftstellerin in einem sozialistischen Staat. – Kunert, Günter: Zum künstlerischen Standort der Künstlerin. (Aus: Zweige vom selben Stamm, vgl. Nr. 208 u. 209). – 5. Christa Wolf in der westdeutschen Literaturkritik. 5.1. Ploetz, Dagmar: „Die Sünde der Lieblosigkeit". – 5.2. Ploetz, Dagmar: „Der Versuch zu lieben" (beide aus: Vom Vorteil, eine Frau zu sein, vgl. Nr. 208). – 5.3. Jäger, Manfred: Die Grenzen des Sagbaren (Auszug, vgl. Nr. 208 u. 209).

Lehrerheft / [bearb. von Birgit Johanna Lermen u. Annemarie Haase]. – 1983. – 22 S.

Übersetzung

Katalanisch

111 L'avinguda dels til·lers (Unter den Linden) / trad. i notes: Jordi Ibáñez. – 1. ed. – Barcelona: Columna Edicions, 1986. – 58 S. – (Columna: Novel·la ; 40)

1979

Fortgesetzter Versuch

112 Fortgesetzter Versuch. Aufsätze, Gespräche, Essays. – 1. Aufl. – Leipzig: Reclam, 1979. – 345 S. – (Reclams Universal-Bibliothek ; 773)

Enthält: I: Lesen und Schreiben. – II: Selbstinterview. – Über Sinn und Unsinn von Naivität. – Unruhe und Betroffenheit [Gespräch mit Joachim Walther]. – Die Dimension des Autors [Gespräch mit Hans Kaufmann]. – Erfahrungsmuster [Diskussion zu „Kindheitsmuster", 1975]. – Ein Satz [Bremer Rede, 1978]. – III: Fragen an Konstantin Simonow. – Gespräch mit Elke Erb. – IV: Das siebte Kreuz. – Glauben an Irdisches. – Begegnungen mit Anna Seghers [=1. Bei Anna Seghers, 1970. – 2. Fortgesetzter Versuch, 1974]. – V: Brecht und andere. – Der Sinn einer neuen Sache [Vera Inber]. – Das Eigene [Jurij Kasakow]. – Die zumutbare Wahrheit [Ingeborg Bachmann]. – Gedächtnis und Gedenken [Fred Wander]. – Sinnwandel [zu Thomas Mann]. – Max Frisch, beim Wiederlesen oder: Vom Schreiben in Ich-Form. – biblioteka universalis. – Berührung [Maxie Wander]. – VI: Der Schatten eines Traumes. Karoline von Günderrode – ein Entwurf.

Dass. 2. Aufl. – 1980.

Dass. 3., erw. Aufl. – 1982 bis 4., erw. Aufl. – 1985. – Erweitert um die Beiträge: Beispiele ohne Nutzanwendung [Stockholmer Rede, 1977]. – Von Büchner sprechen [Darmstädter Rede, 1980]. – Vorwort zu: Netty Reiling, Jude und Judentum im Werke Rembrandts. – Preisverleihung [Günter de Bruyn]. – Nun ja! Das nächste Leben geht aber heute an. Ein Brief über d. Bettine.

Izbrannoe

113 Izbrannoe / per. s nemeckogo. [Sost. G. Kaspar]. – Moskva: Chudožestvennaja Literatura, 1979. – 548 S. : Titelb.

Enthält: S. 3–20 M o t y l e v a , T.: Proza Kristy Vol'f. – S. 23–30 V o l ' f , Krista: K sovjetskomu čitatelju.

Raskolotoe nebo [Der geteilte Himmel. Übers. von I. Karincevaja und N. Kasatkinaja]. – Razmyšlenija o Kriste T. [Nachdenken über Christa T. Übers. von S. Fridljand]. – R a s s k a z y i o č e r k i : Ijun'skij den' [Juninachmittag. Übers. von G. Bergel'son]. – Unter-den-Linden [Unter den Linden. Übers. von S. Šlapoberskaja]. – Žitejskie vozzrenija kota v novom variante [Neue Lebensansichten eines Katers. Übers. von G. Bergel'son]. – Opyt na sebe. Razmyšlenija k protokolu odnogo ėksperimenta [Selbstversuch. Übers. von I. Karincevaja]. – Novyj vzgljad [Blickwechsel. Übers. von I. Karincevaja]. – Po povodu odnoj daty [Zu einem Datum. Übers. von N. Vlasenko]. – Dnevnik – rabočie zametki i pamjat' pisatelja [Tagebuch – Arbeitsmittel und Gedächtnis. Übers. von L. Fominaja]. – Samointerv'ju [Selbstinterview. Übers. von L. Fominaja]. – Uroki čtenija i pis'ma [Lesen und Schreiben. Übers. von G. Bergel'son].

Juninachmittag

114 Juninachmittag / erl. von Kayoko Kobayashi u. Fumiko Nagahashi. – [Tokyo]: Daisan-Shobo, 1979. – 47 S.

Erläuterungen teilweise in japanischer Schrift.

Erstveröffentlichung in: Neue Texte. Ein Almanach für dt. Literatur. – Berlin; Weimar 6 (1967).

115 Kein Ort. Nirgends. – 1. Aufl. – Berlin ; Weimar: Aufbau-Verlag, 1979. – 173 S.

Dass. 2. Aufl. – 1980 bis 7. Aufl. – 1988.

116 Kein Ort. Nirgends. – Darmstadt ; Neuwied: Luchterhand, 1979. – 151 S.

Dass. 4. Aufl. – 1980.
2. und 3. Aufl. nicht nachweisbar.

117 Kein Ort. Nirgends. – 1. Aufl. – Darmstadt ; Neuwied: Luchterhand, 1981. – 119 S. – (Sammlung Luchterhand ; 325)

Dass. 3. Aufl. – 1982 bis 12. Aufl. – 1987.
Dass. 13. Aufl. – Darmstadt: Luchterhand-Literaturverlag, 1988.
2. Aufl. nicht nachweisbar.

Übersetzungen

Englisch

118 No place on earth / transl. from the German by Jan van Heurck. – 1. print. – New York: Farrar, Straus, Giroux, 1982. – 129 S.

S. 122–[130] Heurck, Jan van: Translator's Notes.
Dass. 2. Aufl. – 1983.

119 No place on earth / transl. from the German by Jan van Heurck. – London: Virago, 1983. – 129 S.

S. 1 [Bibliographische Angaben].
S. 123–[130] Heurck, Jan van: Translator's Notes.

Französisch

120 Aucun lieu. Nulle part / trad. par Alain Lance. – [Paris]: Hachette, 1981. – 125 S. – (Bibliotheque allemande)

121 Aucun lieu. Nulle part / trad. de l'allemand par Alain Lance avec la collaboration de Renate Lance-Otterbein. – Aix-en-Provence: Alinea, 1987. – 108 S. – (Domaine allemand)

Italienisch

122 Nessun luogo. Da nessuna parte / trad. di Maria Grazia Cocconi e Jan-Michael Sobottka. – 1. ed. – Milano: Rizzoli, 1984. – 113 S. – (La piccola scala)

Niederländisch

123 Geen plek. Nergens. Roman / vertaald door Tinke Davids. – Amsterdam: Van Gennep, 1985. – 130 S.

S. 111–130 Wiegmann, Roswitha: Nawoord.

Polnisch

124 Ni miejsca na ziemi / przeł. Sławomir Błaut. – Wyd. 1. – Poznań: Wydawnictwo Poznańskie, 1982. – 89 S.

Rumänisch

125 Nicăieri. Niciunde / în româneşte de Ana Mureşanu. – Bucureşti: Univers, 1984. – 111 S.

S. 5–12 Tartler, Grete: Între nespus şi indicibil.

Schwedisch

126 Landet som icke är / övers. av Margaretha Holmqvist. – Stockholm: Norstedt, 1982. – 143 S. – (Panter)

1980

Gesammelte Erzählungen

127 Gesammelte Erzählungen. – Darmstadt ; Neuwied: Luchterhand, 1980. – 226 S.

Enthält: Blickwechsel. – Dienstag, der 27. September. – Juninachmittag. – Unter den Linden. – Neue Lebensansichten eines Katers. – Kleiner Ausflug nach H. – Selbstversuch. Traktat zu e. Protokoll.

128 Gesammelte Erzählungen. – Darmstadt ; Neuwied: Luchterhand, 1981. – 187 S. – (Sammlung Luchterhand ; 361)

Inhaltsgleich mit Nr. 127.

Dass. 2. Aufl. – 1982 bis 8. Aufl. – 1987.

Lesen und Schreiben. Neue Sammlung

129 Lesen und Schreiben. Neue Sammlung. Essays, Aufsätze, Reden. – 1. Aufl. – Darmstadt ; Neuwied: Luchterhand, 1980. – 320 S. – (Sammlung Luchterhand ; 295)

Enthält: 1: Lesen und Schreiben. – 2: Selbstinterview. – Über Sinn und Unsinn von Naivität. – Die Dimension des Autors. Gespräch mit Hans Kaufmann. – Ein Satz. Bremer Rede. – Beispiele ohne Nutzanwendung. Beitrag zum PEN-Kongreß Stockholm. – 3: Glauben an Irdisches. – Bei Anna Seghers. – Fortgesetzter Versuch. – 4: Brecht und andere. – Der Sinn einer neuen Sache [Vera Inber]. – Das Eigene [Juri Kasakow]. – Die zumutbare Wahrheit [Ingeborg Bachmann]. – Gedächtnis und Gedenken [Fred Wander]. – Sinnwandel [zu Thomas Mann]. – Max Frisch, beim Wiederlesen. – Berührung [Maxie Wander]. – 5: Der Schatten eines Traumes. Karoline von Günderrode. – Nun ja! Das nächste Leben geht aber heute an. Ein Brief über d. Bettine.

Dass. 2., erw. Aufl. – 1981 bis 6. Aufl. – 1985. – 334 S. – Erweitert um den Beitrag: Büchner-Preis-Rede 1980.

Selbstversuch

130 Geschlechtertausch. 3 Geschichten über d. Umwandlung d. Verhältnisse / Sarah Kirsch ; Irmtraud Morgner ; Christa Wolf. – 1. Aufl. – Darmstadt ; Neuwied: Luchterhand, 1980. – 127 S. – (Sammlung Luchterhand ; 315)

Enthält: S. 5–24 Kirsch, Sarah: Blitz aus heiterm Himmel.
S. 25–63 Morgner, Irmtraud: Gute Botschaft der Valeska in 73 Strophen.
S. 65–100 Wolf, Christa: Selbstversuch. Traktat zu e. Protokoll.
S. 101–127 Emmerich, Wolfgang: Nachwort.
Dass. 2. Aufl. – 1982 bis 8. Aufl. – 1988.

Übersetzung

Italienisch

131 Fulmine a ciel sereno. Tre racconti di una mutazione di sesso / Sarah Kirsch ; Irmtraud Morgner ; Christa Wolf. Trad. di: Laura Fontana e Umberto Gandini. – Milano: La Tartaruga, 1981. – 109 S.

Enthält: S. 6–25 Kirsch, Sarah: Fulmine a ciel sereno [Blitz aus heiterm Himmel].
S. 27–68 Morgner, Irmtraud: La buona novella di Valeska in 73 strofe [Gute Botschaft der Valeska in 73 Strophen].
S. 69–107 Wolf, Christa: Mutazione [Selbstversuch].
S. 109 Le autrici.

1981

Kein Ort. Nirgends / Der Schatten eines Traumes

132 Kein Ort. Nirgends / Der Schatten eines Traumes. Karoline von Günderrode – ein Entwurf. – [Frankfurt a. M. ; Wien ; Zürich]: Büchergilde Gutenberg, 1981. – 206 S.

S. 7–10 Wolf, Christa: Einleitung.

133 Kein Ort. Nirgends / Der Schatten eines Traumes. Karoline von Günderrode, ein Entwurf. – Stuttgart ; Hamburg ; München: Deutscher Bücherbund, [1982]. – 206 S.

S. 7–10 Wolf, Christa: Einleitung.

134 Kein Ort. Nirgends / Der Schatten eines Traumes. Karoline von Günderrode – ein Entwurf. – Zürich: Buchclub Ex Libris, 1982. – 206 S.

S. 7–10 Wolf, Christa: Einleitung.

Übersetzungen

Bulgarisch

135 Njama mjasto. Nikăde / prevela ot nemski Fedja Filkova. – 1. izd. – Sofija: Narodna Kultura, 1981. – 145 S. : Titelb.

Enthält: S. 5–7 Stajčeva, Emilija: Meždu realnostta i iljuzijata.
Njama mjasta. Nikăde [Kein Ort. Nirgends]. – Sjankata na edin săn. Karoline von Gjunderrode – opit za portret [Der Schatten eines Traumes].

Spanisch

136 En ningún lugar. En parte alguna, precedido de Karoline von Günderrode: la sombra de un sueño / [trad. de Marisa Presas]. – 1. ed. – Barcelona: Editorial Laia, 1984. – 131 S. – (Laia literatura)

Enthält: La sombra de un sueño. Karoline von Günderrode: un esbozo [Der Schatten eines Traumes]. – En ningún lugar. En parte alguna [Kein Ort. Nirgends].

Neue Lebensansichten eines Katers. Juninachmittag

137 Neue Lebensansichten eines Katers. Juninachmittag. Erzählungen. – Stuttgart: Reclam, 1981. – 68 S. – (Universal-Bibliothek ; 7686)

S. 62–68 Schmitt, Hans-Jürgen: Nachwort.
Dass. [Nachdr.]. – 1986 bis [Nachdr.]. – 1988.

**Dass.* 1986. – 68 S. – (Universal-Bibliothek ; 7686). – In der Kassette: Autoren der Gegenwart.

1982

Dinsdag, de 27ste september en andere verhalen

138 Dinsdag, de 27ste september en andere verhalen / vertaald door Evelien van Leeuwen. – Amsterdam: Van Gennep, 1982. – 114 S.

Enthält: Veranderd perspectief [Blickwechsel]. – Dinsdag, de 27ste september [Dienstag, der 27. September]. – Unter den Linden. – Nieuwe lebensvisie van een kater [Neue Lebensansichten eines Katers]. – Experiment. Verhandeling bij een protocol [Selbstversuch].

S. 107–114 Wiegmann, Roswitha: Nawoord.

1983

Kassandra. Erzählung

139 Kassandra. Erzählung. – Darmstadt ; Neuwied: Luchterhand, 1983. – 156 S.

Dass. 2. Aufl. – 1983 bis 14. Aufl. – 1985.

140 Kassandra. Erzählung. – Gütersloh: Bertelsmann-Club ; Stuttgart: Europäische Bildungsgemeinschaft ; Wien: Buchgemeinschaft Donauland ; Zug/Schweiz: Buch- und Schallplattenfreunde GmbH ; Berlin [West] ; Darmstadt ; Wien: Deutsche Buch-Gemeinschaft, [1984]. – 157 S.

141 Kassandra. Erzählung / mit Radierungen von Nuria Quevedo. – Vorzugsausg., 1. Aufl. – Leipzig: Reclam, 1984. – 143 S. : 11 Ill. ; Ill.-Beil. (1 Bl.)

120 numerierte Exemplare mit je einer signierten und numerierten Radierung von Nuria Quevedo.

142 Kassandra. Erzählung / mit Radierungen von Nuria Quevedo. – 1. Aufl. – Leipzig: Reclam, 1984. – 143 S. : 11 Ill.

Dass. 2. Aufl. – 1987.

143 Kassandra. Erzählung. – Darmstadt ; Neuwied: Luchterhand, 1986. – 160 S. – (Sammlung Luchterhand ; 455)

Dass. 2. Aufl. – 1986 bis 5. Aufl. – 1987.
Dass. 6. Aufl. – Darmstadt: Luchterhand-Literaturverlag, 1988.

Übersetzungen

Bulgarisch

144 Kasandra. Povest / prevela ot nemski Fedja Filkova. – Sofija: Narodna Kultura, 1986. – 124 S.

S. 5–12 N a t e v , Atanas: Zloščastieto na proroka.

Dänisch

145 Kassandra. En fortælling / på dansk ved Per Øhrgaard. – København: Vindrose, 1984. – 147 S.

Finnisch

146 Kassandra /suomentanut Oili Suominen. – Helsinki: Kirjayhtymä, 1985. – 146 S. – (Arena)

Isländisch

147 Kassandra. Saga / Jórunn Sigurðardóttir þýdd. – Reykjavik: Mál og Menning, 1987. – 154 S.

S. 149–154 S i g u r ð a r d ó t t i r , Jórunn: Eftirmáli þýðanda.

Italienisch

148* Cassandra / trad. e introd. a cura di Anita Raja. – Roma: Edizioni e/o, 1984. – 153 S.

Katalanisch

149 Cassandra / trad. de Núria Roig. – 1. ed. – Barcelona: Edicions de la Magrana/Edicions 62, 1986. – 179 S. – (Venecies ; 4)

Dass. 2. ed. – 1987.

Neugriechisch

150 Kassandra / [übers. von] Thomas Nicolaou. – Athen: Nea Sinopa, 1986. – 186 S.

Niederländisch

151 Kassandra. Verhaal / vertaald door Tinke Davids. – Amsterdam: Van Gennep, 1984. – 149 S.

S. 140–149 B r ü g m a n n , Margret: Nawoord.
Dass. 2. dr. – 1985 bis 3. dr. – 1986.

Norwegisch

152 Kassandra. Fortelling / overs. av Elsbeth Wessel. – Oslo: Gyldendal, 1985. – 159 S.

Spanisch

153 Casandra / trad. de Miguel Sáenz. – Madrid: Ediciones Alfaguara, 1986. – 163 S. – (Literatura Alfaguara ; 199)

154 Casandra / Ilustraciones de Núria Quevedo. [Trad.: Miguel Sáenz]. – Barcelona: Circulo de Lectores, 1987. – 156 S. : Ill.

S. 149–156 Gonzáles-Palacio Alonso, Manuel: Relación de los personajes míticos y legendarios más importantes que aparecen en „Casandra".

Tschechisch

155 Kassandra / přel. Jaroslav Střítecký. – Praha: Odeon, 1987. – 165 S. – (Malá rada Soudobé svetové prózy)

S. 155–165 Střítecký, Jaroslav: Rozum světa a svět rozumu.

Ungarisch

156 Kasszandra / [ford. Gergely Erzsébet]. – Budapest: Magvető Kiadó, 1986. – 226 S. – (Világkönyvtár)

Kassandra. Vier Vorlesungen. Eine Erzählung

157 Kassandra. Vier Vorlesungen. Eine Erzählung. – 1. Aufl. – Berlin ; Weimar: Aufbau-Verlag, 1983. – 349 S. : Ill.

Enthält: Voraussetzungen einer Erzählung. Vier Vorlesungen: [Vorrede]. – Erste Vorlesung. Ein Reisebericht über d. zufällige Auftauchen u. d. allmähliche Verfertigung e. Gestalt. – Zweite Vorlesung. Fortgesetzter Reisebericht über d. Verfolgung e. Spur. – Dritte Vorlesung. Ein Arbeitstagebuch über d. Stoff, aus dem d. Leben u. d. Träume sind [gekürzte Fassung]. – Vierte Vorlesung. Ein Brief über Eindeutigkeit u. Mehrdeutigkeit, Bestimmtheit u. Unbestimmtheit; über sehr alte Zustände u. neue Seh-Raster; über Objektivität. – Kassandra. Erzählung.

S. 345–350 Literaturangaben zu den Vorlesungen.
Dass. 2. Aufl. – 1984 bis 5. Aufl. – 1987.
Dass. 6. Aufl. – 1988. [3.Vorlesung vollständig.]

158 Kassandra. Erzählung u. Poetik-Vorlesungen. – [Frankfurt a. M.]: Büchergilde Gutenberg, [1984]. – 382 S. : Ill.

159 Kassandra. Erzählung u. Frankfurter Poetik-Vorlesungen. – [Stuttgart: Deutscher Bücherbund], 1984. – 382 S. : Ill.

Inhaltsgleich mit Nr. 158.

160 Kassandra. Erzählung u. Frankfurter Poetik-Vorlesungen. – Zürich: Buchclub Ex Libris, 1984. – 382 S. : Ill.

Inhaltsgleich mit Nr. 158.

Englisch

161 Cassandra. A novel and four essays / transl. from the German by Jan van Heurck. – New York: Farrar, Straus & Giroux, 1984. – 305 S.

162 Cassandra. A novel and four essays / transl. from the German by Jan van Heurck. – London: Virago, 1984. – 305 S.

Dass. 1984. – 305 S. – (Virago Fiction ; 573)

Französisch

163 Cassandre. Le récit et les prémisses / trad. de l'allemand par Alain Lance avec la collab. de Renate Lance-Otterbein. – Aix-en-Provence: Alinea, 1985. – 271 S.

Schwedisch

164 Kassandra. Berättelse / övers. av Margaretha Holmqvist. – Stockholm: Norstedt, 1984. – 283 S. – (Panter)

Enthält: Kassandra. – Förutsättningar för en berättelse: Kassandra [Voraussetzungen einer Erzählung].
S. 281–283 Litteraturanvisningar.

Slowakisch

165 Kassandra. Poviedka a štyri prednášky. – Vyd. 1. – Bratislava: Slovenský Spisovatel', 1987. – 296 S. – (Edícia Vavrín)

S. 285–293 C v r k a l , Ivan: L'udská aktivita literatury.
S. 295–[297] C r v k a l , Ivan: Životopisné údaje Christy Wolfovej.

Voraussetzungen einer Erzählung: Kassandra

166 Voraussetzungen einer Erzählung: Kassandra. Frankfurter Poetik-Vorlesungen. – Darmstadt ; Neuwied: Luchterhand, 1983. – 160 S. – (Sammlung Luchterhand ; 456)

Enthält: [Vorrede]. – Erste Vorlesung. Ein Reisebericht über das zufällige Auftauchen u. d. allmähliche Verfertigung e. Gestalt. – Zweite Vorlesung. Fortgesetzter Reisebericht über d. Verfolgung e. Spur. – Dritte Vorlesung. Ein Arbeitstagebuch über d. Stoff, aus dem d. Leben u. d. Träume sind. – Vierte Vorlesung. Ein Brief über Eindeutigkeit u. Mehrdeutigkeit, Bestimmtheit u. Unbestimmtheit; über sehr alte Zustände u. neue Seh-Raster; über Objektivität.
S. 156–160 Literaturnachweise.

Dass. 2. Aufl. – 1983 bis 11. Aufl. – 1987.

Übersetzungen

Italienisch

167 Premesse a Cassandra. Quattro lezioni su come nasce un racconto / trad. e introd. a cura di Anita Raja. – Roma: Edizioni e/o, 1984. – 172 S.

S. 5–6 R a j a , Anita: Avvertenza.
S. 169–172 Bibliografia.

Niederländisch

168 In de ban van Kassandra. Lezingen over het ontstaan van een verhaal / vert. [uit het Duits] door Tinke Davids. – Amsterdam: Van Gennep, 1987. – 182 S.

S. 177–178 Vertaling van de gedichten.
S. 179–182 Literatur.

1984

Příběhy pravdivě pomyslné

169 Příběhy pravdivě pomyslné / Christa a Gerhard Wolfovi. [Z nemeckých orig. přel. Jitka Fučíková a Eva Pátková]. – 1. vyd. – Praha: Mladá Fronta, 1984. – 248 S. – (Edice Proud)

Enthält: Till Eulenspiegel. I. Lest slabých [Die List der Schwachen]. II. Bláznovo umění [Die Kunst des Narren]. – Není místo. Nikde [Kein Ort. Nirgends].
S. 239–248 Karlach, Hanuš: Tvorba s odkrytým hledím.

1985

Erzählungen

170 Erzählungen. – 1. Aufl. – Berlin ; Weimar: Aufbau-Verlag, 1985. – 157 S. – (bb ; 554)

Enthält: S. [1] (Christa Wolf erzählt Unglaubliches, ...).
Blickwechsel. – Dienstag, der 27. September. – Juninachmittag. – Unter den Linden. – Neue Lebensansichten eines Katers. – Selbstversuch.

Übersetzung

Italienisch

171 Sotto i tigli. [Racconti] / trad. e postfazione a cura di Anita Raja. – Roma: Edizioni e/o, 1986. – 169 S.

Enthält: Mutamento di prospettiva [Blickwechsel]. – Martedì 27 settembre [Dienstag, der 27. September]. – Pomeriggio di giugno [Juninachmittag]. – Unter den Linden. – Nuovi punti di vista e considerazioni di un gatto sulla vita [Neue Lebensansichten eines Katers]. – Autoesperimento [Selbstversuch].
S. 161–169 Raja, Anita: Postfazione.

Dass. 2. ed. – 1986.

Ins Ungebundene gehet eine Sehnsucht

172 Ins Ungebundene gehet eine Sehnsucht. Gesprächsraum Romantik. Prosa, Essays / Christa Wolf ; Gerhard Wolf. – 1. Aufl. – Berlin ; Weimar: Aufbau-Verlag, 1985. – 403 S.

Enthält von Ch. Wolf: Kein Ort. Nirgends. – Kleists „Penthesilea". – Der Schatten eines Traumes. Karoline von Günderrode – ein Entwurf. – Nun ja! Das nächste Leben geht aber heute an. Ein Brief über d. Bettine. – Projektionsraum Romantik. Ein Gespräch.

Dass. 2. Aufl. – 1986.

1986

Changement d'optique

173 Changement d'optique / trad. de l'allemand par Yasmin Hoffmann ; Maryvonne Litaize ; Marie-Ange Roy. – Aix-en-Provence: Alinea, 1986. – 123 S.

Enthält: S. 7–12 Grandjonc, Jacques: Préface.
Changement d'optique [Blickwechsel]. – Mardi 27 Septembre [Dienstag, der 27. September]. – Apres-Midi de juin [Juninachmittag]. – Avenue Unter den Linden [Unter den Linden].

Die Dimension des Autors

174 Die Dimension des Autors. Essays u. Aufsätze, Reden u. Gespräche. 1959–1985 / [Ausw.: Angela Drescher]. – Berlin ; Weimar: Aufbau-Verlag.

Bd. 1. – 1. Aufl. – 1986. – 470 S.

Enthält: Selbstauskünfte: Einiges über meine Arbeit als Schriftsteller. – Tagebuch – Arbeitsmittel und Gedächtnis. – Abgebrochene Romane. – Selbstinterview. – Gegenwart und Zukunft. – Dankrede zum Fontane-Preis. – Über Sinn und Unsinn von Naivität. – Ein Satz. Bremer Rede. – biblioteka universalis. – Auskunft. – Anekdotisches. – Irritation. – Netzwerk. – Warum schreiben Sie? – Wiener Rede. – Zeitgenossen I: Brecht und andere. – Die zumutbare Wahrheit. Prosa der Ingeborg Bachmann. – Das Eigene. Juri Kasakow. – Der Sinn einer neuen Sache. Vera Inber. – Ein Briefwechsel. – Gedächtnis und Gedenken. Fred Wander: Der siebente Brunnen. – Fragen an Konstantin Simonow. – Sinnwandel. Zu Thomas Mann. – Max Frisch, beim Wiederlesen oder: Vom Schreiben in Ich-Form. – Gespräche mit Elke Erb. – Berührung. Maxie Wander. – Zum Tod von Maxie Wander. – Begegnungen. Max Frisch zum 70. Geburtstag. – Preisverleihung. Günter de Bruyn. – Lieber Heinrich Böll. Zum 65. Geburtstag. – Franz Fühmann. Trauerrede. – Struktur von Erinnerung. Elisabeth Reichart: Februarschatten. – Erinnerung an Friedrich Schlotterbeck. – Zeitgenossen II: Fragen an Anna Seghers. – Das siebte Kreuz. – Ein Gespräch mit Anna Seghers. – Glauben an Irdisches. – Anmerkungen zu Geschichten. – Bei Anna Seghers. – Fortgesetzter Versuch. – Die Dissertation der Netty Reiling [= Vorwort zu Netty Reiling, Jude und Judentum im Werke Rembrandts]. – Zeitschichten. – Transit: Ortschaften. – Zeitgeschehen: Probleme junger Autoren. – Diskussionsbeitrag zur zweiten Bitterfelder Konferenz 1964. – Eine Rede. – Notwendiges Streitgespräch. – Fünfundzwanzig Jahre. – Deutsch sprechen. – Probe Vietnam. – Zu einem Datum. – Diskussionsbeitrag zum VII. Schriftstellerkongreß der DDR 1973. – Diese Lektion: Chile. – Berliner Begegnung. – Haager Treffen. – Antwort an einen Leser [= Ein Brief]. – Zwei Briefe. – Der weiße Kreis.
S. 461–[471] Nachweise.

Bd. 2. - 1. Aufl. - 1986. - 491 S.

Enthält: E s s a y s u n d R e d e n I : Lesen und Schreiben. - Beispiele ohne Nutzanwendung. Stockholmer Rede. - Der Schatten eines Traumes. Karoline von Günderrode - ein Entwurf. - Nun ja! Das nächste Leben geht aber heute an. Ein Brief über d. Bettine. - Von Büchner sprechen. Darmstädter Rede. - Vierte Frankfurter Vorlesung. Ein Brief ... - Kleists „Penthesilea". - Rede auf Schiller. - E s s a y s u n d R e d e n I I : Ein Besuch. - Krankheit und Liebesentzug. Fragen an d. psychosomatische Medizin. - G e s p r ä c h e : Unruhe und Betroffenheit. Gespräch mit Joachim Walther. - Subjektive Authentizität. Gespräch mit Hans Kaufmann [= Die Dimension des Autors]. - Erfahrungsmuster. Diskussion zu „Kindheitsmuster". - Kiefern und Sand von Brandenburg. Gespräch mit Adam Krzemiński. - Arbeitsbedingungen. Interview mit Richard A. Zipser. - Ich bin schon für eine gewisse Maßlosigkeit. Gespräch mit Wilfried F. Schoeller. - Projektionsraum Romantik. Gespräch mit Frauke Meyer-Gosau. - Aus einer Diskussion an der Ohio State University. Gespräch mit Christa und Gerhard Wolf. - Ursprünge des Erzählens. Gespräch mit Jacqueline Grenz. - Zum Erscheinen des Buches „Kassandra". Gespräch mit Brigitte Zimmermann u. Ursula Fröhlich.

S. 485-488 Nachweise.

S. 489 [D r e s c h e r , Angela]: Zu dieser Ausgabe.

175 Die Dimension des Autors. Essays u. Aufsätze, Reden u. Gespräche. 1959-1985 / [Ausw.: Angela Drescher]. - Darmstadt ; Neuwied: Luchterhand, 1987. - 956 S.

Inhaltsgleich mit Nr. 174.

Dass. 2. Aufl. - 1987.

176 Die Dimension des Autors. Essays u. Aufsätze, Reden u. Gespräche. 1959-1985 / [Ausw.: Angela Drescher]. - Frankfurt a. Main ; Olten ; Wien: Büchergilde Gutenberg, 1987. - 956 S.

Inhaltsgleich mit Nr. 174.

1987

Skyggen af en drøm

177 Skyggen af en drøm. Essays i udvalg / ved Jette Lundbo Levy. Oversat af J. William Saxtorph. - København: Vindrose, 1987. - 179 S.

Enthält: S. 7-13 L u n d b o L e v y , Jette: Forord.

Selvinterview [Selbstinterview]. - Berøring [Berührung. Maxie Wander]. - Skyggen af en drøm. Karoline von Günderrode - en skitse [Der Schatten eines Traumes. Karoline von Günderrode]. - Takketale for Büchner Prisen 1980 [Büchner-Preis-Rede 1980]. - Forudsœtninger for en fortœlling: Kassandra [Voraussetzungen einer Erzählung: Kassandra. 3. und 4. Vorlesung].

S. 168-178 Tekstoplysninger.

S. 179-[180] S a x t o r p h , William J.: Om oversœttelsen.

178 Störfall. Nachrichten e. Tages. – 1. Aufl. – Berlin ; Weimar: Aufbau-Verlag, 1987. – 117 S.

Dass. [1. broschierte Aufl.]. – 1987.

179 Störfall. Nachrichten e. Tages. – Darmstadt ; Neuwied: Luchterhand, 1987. – 119 S. – (Sammlung Luchterhand ; 777)

S. [2] Über dieses Buch. – Über die Autorin.

Dass. 2. Aufl. – 1987 bis 6. Aufl. – 1987.

Dass. 7. Aufl. – Darmstadt: Luchterhand-Literaturverlag, 1988.

180 Störfall. Nachrichten e. Tages. – Frankfurt a. M. ; Olten ; Wien: Büchergilde Gutenberg, 1987. – 164 S. – (Die kleine Reihe)

181 Störfall. Nachrichten e. Tages. – Gütersloh: Bertelsmann-Club ; Stuttgart: Europäische Bildungsgemeinschaft ; Wien: Buchgemeinschaft Donauland ; Zug/Schweiz: Buch- und Schallplattenfreunde GmbH ; Berlin [West] ; Darmstadt ; Wien: Deutsche Buch-Gemeinschaft, 1987. – 126 S.

182 Störfall. Nachrichten e. Tages. – Stuttgart ; München: Deutscher Bücherbund, [1987]. – 143 S.

Übersetzungen

Dänisch

183 Havari. Beretning om en dag / på dansk ved Hanne-Lisbeth Rasmussen. – København: Vindrose, 1987. – 111 S.

Italienisch

184 Guasto. Notizie di un giorno / ed. ital. a cura di Anita Raja. – Roma: Edizioni e/o, 1987. – 137 S.

S. 123–137 R a j a , Anita: I guasti del cervello.

Katalanisch

185 Accident. Notícies d'un dia / traducció de Núria Roig. – Barcelona: Edicions de la Magrana, 1988. – 109 S. – (Edicions ; 62)

Niederländisch

186 De cesuur. Berichten van een dag / vertaald door Tinke Davids. – Amsterdam: Van Gennep, 1987. – 109 S.

Schwedisch

187 Hotets dag / övers. av Margaretha Holmqvist. – Stockholm: Norstedt, 1987. – 120 S.

Trois histoires invraisemblables

188 Trois histoires invraisemblables / trad. de l'allemand par Yasmin Hoffmann ; Maryvonne Litaize ; Marie-Ange Roy. – Aix-en-Provence: Alinea, 1987. – 114 S. – (Domaine allemand)

Enthält: Nouvelles considérations d'un chat sur la vie [Neue Lebensansichten eines Katers]. – Petite excursion à H. [Kleiner Ausflug nach H.]. – Auto-Experimentation. Rapport annexe [Selbstversuch].

2. Herausgaben

189 In diesen Jahren. Ausgew. dt. Prosa von Jurij Brĕzan ... / hrsg. von Christa Wolf. – 1.–10. Tsd. – Leipzig: Reclam, 1957. – 400 S. – (Reclams Universal-Bibliothek ; 8301/05)

S. 3–4 W o l f , Christa: Vorwort.
Dass. u. d. T.: In diesen Jahren. Dt. Erzähler d. Gegenwart. – 2. Aufl. – 1959. – *Dass.* 3. Aufl. – 1960.

190 Proben junger Erzähler. Ausgew. dt. Prosa / hrsg. von Christa Wolf. – 1. Aufl. – Leipzig: Reclam, 1959. – 353 S. – (Reclams Universal-Bibliothek ; 8307/10)

S. 3–4 W o l f , Christa: Vorwort.
Dass. 2. Aufl. – 1961.

191 Wir, unsere Zeit / [hrsg. u. eingel. von Christa u. Gerhard Wolf]. – Berlin: Aufbau-Verlag.

[1.] Prosa aus zehn Jahren. – 1959. – 858 S.
S. 9–12 W o l f , Christa u. Gerhard: Vorwort.
[2.] Gedichte aus zehn Jahren. – 1959. – 257 S.
S. 11–13 W o l f , Christa u. Gerhard: Vorwort.

192 *Seghers,* Anna: Glauben an Irdisches. Essays aus 4 Jahrzehnten / [hrsg. von Christa Wolf]. – 1. Aufl. – Leipzig: Reclam, 1969. – 398 S. – (Reclams Universal-Bibliothek ; 469)

S. 371–393 W o l f , Christa: Nachwort.
Dass. 2. Aufl. – 1974.

193 *Günderrode,* Karoline von: Der Schatten eines Traumes. Gedichte, Prosa, Briefe, Zeugnisse von Zeitgenossen / hrsg. u. mit e. Essay von Christa Wolf. – 1. Aufl. – Berlin: Buchverlag Der Morgen, 1979. – 346 S.

S. 5–65 W o l f , Christa: Der Schatten eines Traumes. Karoline von Günderrode – ein Entwurf.
Dass. 2. Aufl. – 1981.

194 *Günderrode,* Karoline von: Der Schatten eines Traumes. Gedichte, Prosa, Briefe, Zeugnisse von Zeitgenossen / hrsg. u. mit e. Essay von Christa Wolf. – Darmstadt ; Neuwied: Luchterhand, 1979. – 346 S.

S. 5–65 W o l f , Christa: Der Schatten eines Traumes. Karoline von Günderrode – ein Entwurf.

195 *Günderrode,* Karoline von: Der Schatten eines Traumes. Gedichte, Prosa, Briefe, Zeugnisse von Zeitgenossen / hrsg. u. mit e. Essay von Christa Wolf. – 1. Aufl. – Darmstadt ; Neuwied: Luchterhand, 1981. – 276 S. – (Sammlung Luchterhand ; 348)

S. 5–52 W o l f , Christa: Der Schatten eines Traumes. Karoline von Günderrode – ein Entwurf.

Dass. 2. Aufl. – 1983 bis 6. Aufl. – 1986.

Übersetzung

Italienisch

196* *Günderrode,* Karoline von: L'ombra di un sogno. Prose, poesie, lettere / scelta e trad. di Vanda Perretta. – Milano: La Tartarugo Edizioni, 1984. – 178 S. – (La Tartarugo classica)

197 *Seghers,* Anna: Ausgewählte Erzählungen / hrsg. von Christa Wolf. – Darmstadt ; Neuwied: Luchterhand, 1983. – 372 S.

S. 363–372 W o l f , Christa: Zeitschichten. Nachwort.

Sekundärliteratur

1. Zu Leben und Werk

1.1. Bibliographien

198 [*Albrecht,* Günter]: Christa Wolf. – In: Literatur der Deutschen Demokratischen Republik. Einzeldarst. Bd. 1 / von e. Autorenkollektiv unter Leitung von Hans Jürgen Geerdts. – 1. Aufl. – Berlin: Volk und Wissen, 1974. – S. 581–585.

Dass. 2. Aufl. – 1976. – S. 581–585.

199 *Bock,* Hans-Michael: Christa Wolf. – In: Kritisches Lexikon zur deutschsprachigen Gegenwartsliteratur = KLG / hrsg. von Heinz Ludwig Arnold. – München: Edition Text + Kritik, 1978ff. – Grundwerk 5 S. und 4. Nachlieferung 5 S.

Stand 1. 7. 1978 und 1. 2. 1980.

200 Christa Wolf. – In: Internationale Bibliographie zur Geschichte der deutschen Literatur von den Anfängen bis zur Gegenwart. T. 2,2. Von 1789 bis zur Gegenwart / erarb. ... unter Leitung von Günter Albrecht u. Günther Dahlke. – Berlin: Volk und Wissen, 1972. – S. 642–643.

Dass. – In: Internationale Bibliographie zur Geschichte der deutschen Literatur von den Anfängen bis zur Gegenwart. T. 2,2. Von 1789 bis zur Gegenwart / erarb. ... unter Leitung von Günter Albrecht u. Günther Dahlke. – München-Pullach ; Berlin [West]: Verlag Dokumentation, 1972. – S. 642–643.

201 *Koch,* Hans-Albrecht ; *Koch,* Uta: Wolf, Christa. – In: Internationale Germanistische Bibliographie 1981. IGB / Hans-Albrecht Koch ; Uta Koch. – München ; New York ; London ; Paris: Saur, 1982. – S. 807–808.

202 [*Oehlke,* Gabriele]: Christa Wolf. 50. Geburtstag d. DDR-Schriftstellerin. – In: Bibliographische Kalenderblätter der Berliner Stadtbibliothek. – Berlin 21 (1979) 3. – S. 45–59.

Vgl. auch Nr. 204–206, 208–211, 213, 221, 224–226, 228, 310, 322, 407, 416, 483, 527, 535, 720, 731a, 919, 949.

1.2. Selbständige Veröffentlichungen

202a* *Baumer,* Franz: Christa Wolf. – Berlin [West]: Colloquium-Verlag, 1988. – 102 S. – (Köpfe des 20. Jahrhunderts ; 110)

203 *Bircken,* Margrid: Der Selbstverständigungsprozeß der Schriftsteller Günter de Bruyn und Christa Wolf in Poetologie und Prosa. Möglichkeiten für e. produktive Funktionsbestimmung u. -erprobung von Literatur in d. entwickelten sozialist. Gesellschaft. – 1981. – 289 Bl. Potsdam, Pädagog. Hochsch., Histor.-Philolog. Fak., Diss. A, 1981.

204 *Buehler,* George: The death of socialist realism in the novels of Christa Wolf. – Frankfurt a. M. ; Bern ; New York: Lang, 1984. – 209 S. – (European university studies : Ser. 1 ; 787)

Mit einer Bibliographie auf S. 188–209.

205 Christa Wolf / hrsg. von Heinz Ludwig Arnold. – München: Edition Text + Kritik, 1975. – 55 S. – (Text + Kritik ; 46)

Enthält: W o l f, Ch.: „Kindheitsmuster“. Aus d. zweiten Kapitel. – K u n e r t, Günter: Von der Schwierigkeit des Schreibens. – K ö h n, Lothar: Erinnerung und Erfahrung. Christa Wolfs Begründung d. Literatur. – B e k k e r m a n n, Thomas: Das Abenteuer einer menschenfreundlichen Prosa. Gedanken über d. Tod in d. sozialist. Literatur. – S t e p h a n, Alexander: Die „subjektive Authentizität“ des Autors. Zur ästhetischen Position von Christa Wolf. – J ä g e r, Manfred: Die Literaturkritikerin Christa Wolf. – S t e p h a n, Alexander: Auswahlbibliographie zu Christa Wolf. – Notizen.

Dass. 2., rev. u. erw. Aufl. – 1980. – 68 S. – Erweitert um den Beitrag: D r e w i t z, Ingeborg: Stil und Existenz gehören zusammen. Christa Wolfs „Kindheitsmuster“ u. „Kein Ort. Nirgends“.

206 Christa Wolf / hrsg. von Heinz Ludwig Arnold. – 3., erw. Aufl. – München: Edition Text + Kritik, 1985. – 136 S. – (Text + Kritik ; 46)

Enthält: W o l f, Ch.: Kleists Penthesilea. – K u n e r t, Günter: Von der Schwierigkeit des Schreibens. – S t e p h a n, Alexander: Die „subjektive Authentizität“ des Autors. Zur ästhetischen Position von Christa Wolf. – S t e p h e n s, Anthony; W i l s o n, Judith: Entwurf einer Poetik der Klage. – K ö h n, Lothar: Erinnerung und Erfahrung. Christa Wolfs Begründung d. Literatur. – B e c k e r m a n n, Thomas: Das Abenteuer einer menschenfreundlichen Prosa. Gedanken über d. Tod in d. sozialist. Literatur. Für C. – D r e w i t z, Ingeborg: Stil und Existenz gehören zusammen. Christa Wolfs „Kindheitsmuster“ u. „Kein Ort. Nirgends“. – W e i g e l, Sigrid: Vom Sehen zur Seherin. Christa Wolfs Umdeutung d. Mythos u. d. Spur d. Bachmann-Rezeption in ihrer Literatur. – G i d i o n, Heidi: Wer spricht? Beobachtungen zum Zitieren u. zum Sprechen mit d. eigenen Stimme an Christa Wolfs Günderrode- u. Kassandra-Projekt. – J ä g e r, Manfred: Die Literaturkritikerin Christa Wolf. – S t e p h a n, Alexander: Bibliographie. – Zur Person der Autorin.

207* Christa Wolf. Begleith. zur Ausstellung d. Stadt- u. Universitätsbibliothek, Frankfurt am Main, 5. Mai –12. Juni 1982 / [Ausstellung u.

Begleith.: Winfried Giesen]. – Frankfurt a. M.: Stadt- u. Universitätsbibliothek, 1982. – 38 S. : Ill.

Enthält u. a.: L i n d n e r , Burkhardt: Schreiben auf diesem hauchdünnen Boden ...? Über das Engagement Christa Wolfs.

208 Christa Wolf, Materialienbuch / hrsg. von Klaus Sauer. – Darmstadt ; Neuwied: Luchterhand, 1979. – 172 S. – (Sammlung Luchterhand ; 265)

Enthält: Außenansichten I: B ö l l , Heinrich: Wo habt ihr bloß gelebt? – K u n e r t , Günter: Zweige vom selben Stamm. – B r u y n , Günter de: „Sie, Kleist, nehmen das Leben gefährlich ernst". – *Selbstzeugnisse:* W o l f , Ch.: Über Sinn und Unsinn von Naivität. – Diskussion mit Christa Wolf nach Lesungen aus „Kindheitsmuster" in d. Akademie d. Künste d. DDR, Okt. u. Dez. 1975 [Auszüge]. – W o l f , Ch.: Ein Satz. Danksagung nach Empfang d. Bremer Literaturpreises 1977. – „Ich bin schon für eine gewisse Maßlosigkeit". Christa Wolf im Gespräch mit Wilfried F. Schoeller. – *Außenansichten II:* S a u e r , Klaus: Der lange Weg zu sich selbst. Christa Wolfs Frühwerk. – H u y s s e n , Andreas: Auf den Spuren Ernst Blochs. Nachdenken über Christa Wolf. – P l o e t z , Dagmar: Vom Vorteil, eine Frau zu sein. Frauenbild u. Menschenentwurf in Christa Wolfs Prosa. – E m m e r i c h , Wolfgang: Der Kampf um die Erinnerung. Laudatio auf Christa Wolf anläßl. d. Verleihung d. Bremer Literaturpreises 1977. – S c h a c h t s i e k - F r e i t a g , Norbert: Vom Versagen der Kritik. Die Aufnahme von „Kindheitsmuster" in beiden dt. Staaten. – J ä g e r , Manfred: Die Grenzen des Sagbaren. Sprachzweifel im Werk von Christa Wolf.
Mit einer Bibliographie auf S. 146-170.

209 Christa Wolf, Materialienbuch / hrsg. von Klaus Sauer. – Neue, überarb. Aufl. – Darmstadt ; Neuwied: Luchterhand, 1983. – 194 S. – (Sammlung Luchterhand ; 265)

Enthält: *Außenansichten I*: B ö l l , Heinrich: Wo habt ihr bloß gelebt? – K u n e r t , Günter: Zweige vom selben Stamm. – B r u y n , Günter de: „Sie, Kleist, nehmen das Leben gefährlich ernst". – W a l t h e r , Joachim: Persönlich werden. – *Selbstzeugnisse*: W o l f , Ch.: Über Sinn und Unsinn von Naivität. – T e t z n e r , Gerti ; W o l f , Ch.: Ein Briefwechsel. – W o l f , Ch.: Ein Satz. Danksagung nach Empfang d. Bremer Literaturpreises 1977. – W o l f , Ch.: Ein Brief. – W o l f , Ch.: Kultur ist, was gelebt wird. Gespräch mit Frauke Meyer-Gosau. – *Außenansichten II*: S a u e r , Klaus: Der lange Weg zu sich selbst. Christa Wolfs Frühwerk. – H u y s s e n , Andreas: Auf den Spuren Ernst Blochs. Nachdenken über Christa Wolf. – E m m e r i c h , Wolfgang: Der Kampf um die Erinnerung. Laudatio auf Christa Wolf anläßl. d. Verleihung d. Bremer Literaturpreises 1977. – C r a m e r , Sibylle: Eine unendliche Geschichte des Widerstands. Zu Christa Wolfs Erzählungen „Kein Ort. Nirgends" u. „Kassandra". – J ä g e r , Manfred: Die Grenzen des Sagbaren. Sprachzweifel im Werk von Christa Wolf.
Mit einer Bibliographie auf S. 163–192.
Dass. 3. Aufl. – 1987. – 194 S.

210 Erinnerte Zukunft. 11 Studien zum Werk Christa Wolfs / hrsg. von Wolfram Mauser. – Würzburg: Königshausen & Neumann, 1985. – 336 S.

Enthält: M o h r , Heinrich: Die zeitgemäße Autorin – Christa Wolf in der DDR. – G u t j a h r , Ortrud: „Erinnerte Zukunft". Gedächtnisrekonstruktion

u. Subjektkonstitution im Werk Christa Wolfs. – W e b e r , Heinz-Dieter: „Phantastische Genauigkeit". Der historische Sinn d. Schreibart Christa Wolfs. – G r e i n e r , Bernhard: „Mit der Erzählung geh ich in den Tod". Kontinuität u. Wandel d. Erzählens im Schaffen von Christa Wolf. – Z a h l - m a n n , Christel: „Kindheitsmuster". Schreiben an d. Grenze d. Bewußtseins. – M a r x , Jutta: Die Perspektive des Verlierers – ein utopischer Entwurf. – M a u s e r , Wolfram: „Gezeichnet zeichnend". Tod u. Verwandlung im Werk Christa Wolfs. – R o e b l i n g , Irmgard: „Hier spricht keiner meine Sprache, der nicht mit mir stirbt". Zum Ort d. Sprachreflexion in Christa Wolfs „Kassandra". – N e u m a n n , Gerhard: Christa Wolf: „Kassandra". Die Archäologie d. weiblichen Stimme. – R e n n e r , Rolf Günter: Mythische Psychologie und psychologischer Mythos. Zu Christa Wolfs „Kassandra". – M a u - s e r , Helmtrud: Zwischen Träumen und Wurfspeeren. „Kassandra" u. d. Suche nach e. neuen Selbstbild.
Mit einem Literaturverzeichnis auf S. 316–326.

211 *Greif,* Hans-Jürgen: Christa Wolf, „Wie sind wir so geworden wie wir heute sind?" – Bern ; Frankfurt a. M. ; New York: Lang, 1978. – 152 S. – (Europäische Hochschulschriften : Reihe 1 ; 237)
Mit einem Literaturverzeichnis auf S. 149–152.

212 *Hanowski,* Wolfgang: Zur literarischen Konzeption von Christa Wolf unter besonderer Sicht der Zusammenhänge zwischen schaffens- und wirkungsästhetischen Intentionen. – 1981. – 188 Bl.
Erfurt-Mühlhausen, Pädag. Hochsch., Histor.-philol. Fak., Diss. A, 1981.

213 *Hilzinger,* Sonja: Christa Wolf. – Stuttgart: Metzler, 1986. – VII, 191 S. – (Sammlung Metzler ; 224)
S. 1–5 B r u y n , Günter de: Fragment eines Frauenporträts.
S. 148–187 Bibliographie und Literaturverzeichnis.

214 *Hilzinger,* Sonja: Kassandra. Über Christa Wolf. – Frankfurt a. M.: Haag und Herchen, 1982. – 63 S.
Enthält: Kassandra: Geliebt zu werden und die Wahrheit sagen zu können. Über Christa Wolfs Vorlesungen an d. Universität Frankfurt im Mai 1982. – Der Wunsch nach „Berührung". Über d. Schreiben von Frauen am Beispiel d. DDR-Autorin Christa Wolf.
**Dass.* 2., neubearb. u. erw. Aufl. – 1984. – 107 S.

215 *Jurgensen,* Manfred: Deutsche Frauenautoren der Gegenwart. Bachmann, Reinig, Wolf, Wohmann, Struck, Leutenegger, Schwaiger. – Bern: Francke, 1983. – 342 S. : Ill.
S. 81–121 behandelt.

216* *Kingsbury,* Alice Victoria: The writings of Christa Wolf. From objective to subjective authenticity. – 1982.
East Lansing, Michigan State Univ., Diss., 1982.

217 *Kröber,* Hartmut: Die Korrelation zwischen dem Aufbau des Raum-Zeit-Modells und der Gestaltung des Erzählmediums als bedeutsames Kriterium zur Bestimmung des Autorenstandpunktes in den Werken

Christa Wolfs. Unter bes. Berücks. d. Romans „Kindheitsmuster". – 1983. – 193 Bl.
Leipzig, Pädag. Hochsch., Wissenschaftl. Rat, Diss. A, 1983.

218 *Melchert,* Monika: Der epische Spielraum im Roman. Zusammenhang von Thema u. ep. Spielraum im Roman u. d. soziale Standort d. Autors, dargest. anhand e. Vergleichs zwischen Romanen von Max Frisch u. Christa Wolf / vorgelegt von Monika Melchert [geb. Eisenmann]. – 1981. – 184 Bl. in getr. Zählung, Anh.
Berlin, Humboldt-Univ., Gesellschaftswiss. Fak., Diss. A, 1981.

219 *Melzer,* Bernd: Theoretische Selbstverständigung und Prosa. Christa Wolfs Beitr. zur Entwicklung d. Literatur in d. Dt. Demokrat. Republik. – 1981. – 361, 11 Bl.
Rostock, Univ., Fak. für Gesellschaftswiss., Diss. A, 1982.

220 Die Neutralisierung des Ich, oder: Wer spricht? „Weibliches Schreiben" u. „subjektive Authentizität" im Werk Christa Wolfs. – Essen: Verlag Die Blaue Eule, 1987. – 107 S. – (Literatur: Männlichkeit, Weiblichkeit ; 1)

Enthält: Popp, Wolfgang: Die Neutralisierung des Ich, oder: Wer spricht? Anmerkungen zur literaturwiss. Rede von d. Geschlechtern – am Beispiel Christa Wolf. – Greve, Astrid: „Kassandra" – Die subjektive Authentizität d. Christa Wolf.

221 *Renoldner,* Klemens: Utopie und Geschichtsbewußtsein. Versuche zur Poetik Christa Wolfs. – Stuttgart: Akademischer Verlag, 1981. – 165 S. – (Stuttgarter Arbeiten zur Germanistik ; 92)

Zugl.: Salzburg, Univ., Diss., 1978.
Mit Literaturangaben auf S. 147–163.

222 *Salisch,* Marion von: Zwischen Selbstaufgabe und Selbstverwirklichung. Zum Problem d. Persönlichkeitsstruktur im Werk Christa Wolfs. – 1. Aufl. – Stuttgart: Klett, 1975. – 78 S. – (Literaturwissenschaft, Gesellschaftswissenschaft ; 12)

223 *Schlegelmilch,* Gabriele: Untersuchungen zum Individualstil Christa Wolfs. – 1980. – 172 Bl., Anh.
Jena, Univ., Gesellschaftswiss. Fak., Diss. A, 1980.

224 *Smith,* Colin E.: Tradition, art and society. Christa Wolf's prose. – Essen: Verlag Die Blaue Eule, 1987. – 365 S. : Ill. – (Germanistik in der Blauen Eule ; 10)

Zugl.: Manchester, Univ., Diss., 1986.
Mit einer Bibliographie auf S. 341–365.

225 *Stephan,* Alexander: Christa Wolf. – München: Beck : Edition Text + Kritik, 1976. – 142 S. – (Autorenbücher ; 4)

Mit einer Bibliographie auf S. 141–143.
Dass. 2., erw. Aufl. – 1979. – 166 S. – (Autorenbücher ; 4). – Mit einer Bibliographie auf S.163–167.
Dass. 3., überarb. Aufl. – München: Beck, 1987. – 198 S. – (Becksche Reihe ; 603 : Autorenbücher). – Mit einer Bibliographie auf S. 190–196.

226 *Stephan,* Alexander: Christa Wolf. – Amsterdam: Rodopi, 1980. – 139 S. – (Forschungsberichte zur DDR-Literatur ; 1)

Mit einer Bibliographie auf S. 83–139.

227 *Weber,* Heinz-Dieter: Über Christa Wolfs Schreibarbeit. – Konstanz: Universitätsverlag, 1984. – 62 S. – (Konstanzer Universitätsreden ; 131)

228 *Wittstock,* Uwe: Über die Fähigkeit zu trauern. Das Bild d. Wandlung im Prosawerk von Christa Wolf u. Franz Fühmann. – Frankfurt a. M.: Athenäum-Verlag, 1987. – 218 S. – (Hochschulschriften Literaturwissenschaft ; 82)

Mit einer „Bibliographie Christa Wolf" auf S. 191–199.

229 Wolf. Darstellung – Deutung – Diskussion / hrsg. von Manfred Jurgensen. – Bern ; München: Francke, 1984. – 177 S. – (Queensland studies in German language and literature ; 9)

Enthält: Vorwort des Herausgebers. – J u r g e n s e n , M.: Christa Wolf „Moskauer Novelle". – B e i n s s e n - H e s s e , Silke: Zum Realismus von Christa Wolfs „Der geteilte Himmel". – T a n n e r , Anne: Wendepunkt: Christa Wolfs „Juninachmittag". – A d a m s , Marion: Christa Wolf und die Vergangenheit. – E i f l e r , Margret: Christa Wolf: Materialistische Blickpunkte ihrer Romantikdarstellung. – T u n n e r , Erika: Auf der Suche nach Kassandra. – S t e p h e n s , Anthony: „Die Verführung der Worte" – von „Kindheitsmuster" zu „Kassandra". – S t e p h a n , Alexander: Frieden, Frauen und Kassandra.

1.3. Aufsätze in Büchern, Zeitschriften und Zeitungen

230 *Adams,* Marion: Christa Wolf: Marxismus und Patriarchat. – In: Frauenliteratur. Autorinnen, Perspektiven, Konzepte / hrsg. von Manfred Jurgensen. – Bern ; Frankfurt a. M.: Lang, 1983. – S. 122–137.

Besonders „Der geteilte Himmel", „Nachdenken über Christa T." und „Kindheitsmuster" behandelt.

Dass. – In: Frauenliteratur. Autorinnen, Perspektiven, Konzepte / hrsg. von Manfred Jurgensen. – München: Deutscher Taschenbuch-Verlag, 1985. – S. 110–121. – (dtv ; 10391)

231 *Anderle,* Hans Peter: Christa Wolf. – In: Anderle: Mitteldeutsche Erzähler. Eine Studie mit Proben u. Porträts. – Köln: Verlag Wissenschaft u. Politik, 1965. – S. 210–214.

Mit Literaturhinweisen und einem Auszug aus „Der geteilte Himmel" auf S. 214–219.

Dass. – In: Anderle: Mitteldeutsche Erzähler. – Gütersloh: [Bertelsmann-Lesering, 1967]. – S. 210–219.

232 *Anderle,* Hans Peter: Rendezvous mit sich selbst. Autorenporträt: Christa Wolf. – In: Publik. – Frankfurt a. M. 2 (1969) 24. – S. 20.

Mit Foto.

233 *Baab,* Patrik: Romantische Stilelemente in der Prosa Christa Wolfs. Zur Romantik-Rezeption in d. DDR. – In: Diskussion Deutsch. – Frankfurt a. M. 17 (1986) 88. – S. 171–187.

S. 180–184 zu „Kein Ort. Nirgends".
Erweiterte Fassung von Nr. 762.

234* *Bauer,* Alexander: Stimme von „drüben": Christa Wolf. – In: Darmstädter Echo. – Darmstadt (1971–09–02).

**Dass.* – In: Rhein-Zeitung. – Koblenz (1971–10–02/03).

235 *Beicken,* Peter ; *Goebel,* Rolf J.: Erzählerische Selbstverständigung. Christa Wolf zwischen Moderne u. Tradition. – In: Monatshefte für deutschen Unterricht, deutsche Sprache und Literatur. – Madison, Wisc. 74 (1982) 1. – S. 59–71.

236 *Beicken,* Peter: Nachfolge, nicht Nachahmung. Zur Beziehung Anna Seghers – Christa Wolf. – In: Deutsche Exilliteratur. Literatur d. Nachkriegszeit. Akten d. III. Exilliteratur-Symposiums d. Univ. of South Carolina / hrsg. von Wolfgang Elfe … – Bern ; Frankfurt a. M. ; Las Vegas: Lang, 1981. – S. 114–132. – (Jahrbuch für Internationale Germanistik : Reihe A ; 10)

237 *Berghahn,* Klaus L.: Die real existierende Utopie im Sozialismus. Zu Christa Wolfs Romanen. – In: Literarische Utopie von Morus bis zur Gegenwart / Klaus L. Berghahn ; Hans Ulrich Seeber (Hrsg.). – Königstein / Ts.: Athenäum-Verlag, 1983. – S. 275–297.

238 *Bock,* Stephan: Literatur, Gesellschaft, Nation. Materielle u. ideelle Rahmenbedingungen d. frühen DDR-Literatur (1949–1956). – Studienausg. – Stuttgart: Metzler, 1980. – IX, 328 S.

S. 168–171 behandelt im Abschnitt „Das Beispiel Christa Wolf".

239 *Brettschneider,* Werner: Zwischen literarischer Autonomie und Staatsdienst. Die Literatur in d. DDR. – Berlin [West]: E. Schmidt, 1972. – 321 S.

S. 120–130 behandelt.
Dass. 2., verb. u. erg. Aufl. – 1974. – S. 114–124.
Dass. 3., unveränd. Aufl. – 1980. – S. 114–124.

240 Christa Wolf. – In: Acht DDR-Erzähler / H. Dieling … – Zutphen: Thieme, 1971. – S. 32–33.

Mit Foto.

241 Christa Wolf. Am 18. März 1979 wird d. Schriftstellerin 50 Jahre alt. Biographie. – In: Buchclub 65. – Berlin (1979) 1. – S. 31.

Mit Foto.

242 *Clausen,* Jeanette: The difficulty of saying „I" as theme and narrative technique in the works of Christa Wolf. – In: Amsterdamer Beiträge zur neueren Germanistik. – Amsterdam 10 (1980). – S. 319–333.

243 *Cohen,* Robert: Die befohlene Aufgabe machen: Anna Seghers' Erzählung Der Ausflug der toten Mädchen. – In: Monatshefte für deutschen Unterricht, deutsche Sprache und Literatur. – Madison, Wisc. 79 (1987) 2. – S. 186–198.

Über den Einfluß von Anna Seghers auf Christa Wolfs Schaffen.

244 *Corino,* Karl: Immerdar das Positive. Christa Wolfs Literaturmuster. Porträt e. Preisträgerin. – In: Stuttgarter Zeitung. – Stuttgart 36 (1980–07–17) = 163. – S. 26.

Zur Verleihung des Georg-Büchner-Preises 1980 in Darmstadt.

245 *Delarue-Gozlan,* Martine: Rencontre avec Christa Wolf. – In: Revue d'Allemagne et des pays de langue allemande. – Strasbourg 6 (1974) 4. – S. 115–124.

Über eine Begegnung im September 1972.

246 *Denecke,* Rolf: Christa Wolf. – In: Denecke: Gestalten deutscher Dichtung. Eine Literaturgeschichte. – 4. Aufl. – Frankfurt a. M.: Hirschgraben-Verlag, 1972. – S. 166–167.

Dass. 5. Aufl. – 1972 bis 6. Aufl. – 1974.
In 1. Aufl. – 1965 bis 3. Aufl. – 1967 nicht enthalten.

247** *Dolei,* Guiseppe: Christa Wolf o la difficoltà di adattarsi. – In: Dolei: Tre saggi sulla letteratura tedesca contemporanea. – Catania: Università, 1979. – S. 49–79.

248 *Durzak,* Manfred: Ein exemplarisches Gegenbeispiel. Die Romane von Christa Wolf. – In: Durzak: Der deutsche Roman der Gegenwart. – Stuttgart ; Berlin [West] ; Köln ; Mainz: Kohlhammer, 1971. – S. 250–273. – (Sprache und Literatur ; 70)

Besonders zu „Der geteilte Himmel" (S. 254–263) und „Nachdenken über Christa T." (S. 263–273).
Dass. 2., erw. Aufl. – 1973. – S. 270–293.

249 *Durzak,* Manfred: Rollenzwang und Individuation. Die Romane von Christa Wolf. – In: Durzak: Der deutsche Roman der Gegenwart. – 3., erw. u. veränd. Aufl. – Stuttgart ; Berlin [West] ; Köln ; Mainz: Kohlhammer, 1979. – S. 184–221. – (Sprache und Literatur ; 70)

Besonders zu „Der geteilte Himmel" (S. 190–199), „Nachdenken über Christa T." (S. 199–209) und „Kindheitsmuster" (S. 209–221).

250 *Fehervary,* Helen: Christa Wolf's prose. A landscape of masks. – In: New German Critique. – Milwaukee, Wisc. (1982) 27. – S. 57–87.

251* *Fenyves,* Katalin: Literaturgeschichte, Literatur und Leben in den neuen Romanen von Christa Wolf und Günter Grass. – In: Acta Litteraria Academiae Scientiarum Hungaricae. – Budapest 21 (1979). – S. 432–440.

252 *Förster,* Gerd: Vom Kritiker zum Schriftsteller. – In: Junge Generation. – Berlin 18 (1964) 2. – S. 40–42.

Mit einem Foto im Text und auf der 3. Umschlagseite.

253 *Frankfurter,* Johannes: (Heute, wo Zynismus ...). – In: Deutsche Literatur. Jahresüberblick 1984 / hrsg. von Volker Hage in Zusammenarbeit mit Adolf Fink. – Stuttgart: Reclam, 1985. – S. 57. – (Universal-Bibliothek ; 8045)

Aus der Laudatio anläßlich der Verleihung des Franz-Nabl-Preises an Christa Wolf am 8. 3. 1984 in Graz.

254 Frei für die Entfaltung aller Kräfte. Kolloquium mit Christa Wolf im Leipziger Institut für Deutsche Literaturgeschichte. – In: Neue Zeit. – Berlin 19 (1963–05–16) = 112. – S. 4.

Mit „G. A." gezeichneter Bericht. – Mit Foto.

255 *Fries,* Marilyn Sibley: Christa Wolf's use of image and vision in the narrative structuring of experience. – In: Studies in GDR culture and society. 2. Proceedings of the 7. Internat. Symposium on the German Democratic Republic [was held from June 19–26, 1981, Conway, New Hampshire] / Ed.: Margy Gerber ... – Washington: University Press of America, 1982. – S. 59–74.

256 *Fürnberg,* Louis: An Christa Wolf. – In: Für Dich. – Berlin (1965) 27. – S. 18.

Brief, datiert: Františkovy Lažně, 15. 6. 1956. – Aufforderung, mit dem Schreiben zu beginnen.

257* *Gargano,* Antonella: Ingeborg Bachmann e Christa Wolf. La „menzogna del racconto". – In: Studi germanici. 21/22 (1983/84). – Roma: Istituto Italiano di Studi germanici, 1987. – S. 303–311.

258 *Gargano,* Antonella: Il mitologema dell' individualità collettiva nella scrittura di Christa Wolf. – In: Studi Tedeschi. – Napoli 28 (1985) 1/3. – S. 423–443.

259 *Greiner,* Bernhard: Die Schwierigkeit, „ich" zu sagen. Christa Wolfs psychologische Orientierung d. Erzählens. – In: Deutsche Vierteljahrsschrift für Literaturwissenschaft und Geistesgeschichte. – Stuttgart 55 (1981) 2. – S. 323–342.

Dass. – In: Greiner: Literatur der DDR in neuer Sicht. Studien u. Interpretationen. – Frankfurt a. M. ; Bern ; New York: Lang, 1986. – S. 80–102.

260 *Greiner,* Bernhard: Wer spricht? Kontinuität u. Wandel d. Erzählens im Schaffen von Christa Wolf. – In: Greiner: Literatur der DDR in neuer Sicht. Studien u. Interpretationen. – Frankfurt a. M ; Bern ; New York: Lang, 1986. – S. 103–130.

Umgearbeitete und gekürzte Fassung des Aufsatzes „Mit der Erzählung geh ich in den Tod ..." (Aus: Erinnerte Zukunft, vgl. Nr. 210).

261 *Gugisch,* Peter: Christa Wolf. – In: Literatur der DDR in Einzeldarstellungen / hrsg. von Hans Jürgen Geerdts. – Stuttgart: Kröner, 1972. – S. 395–415. – (Kröners Taschenausgabe ; 416)

Dass. – In: Literatur der Deutschen Demokratischen Republik. Einzeldarst. Bd. 1 / von e. Autorenkollektiv unter Leitung von Hans Jürgen Geerdts. – 1. Aufl. – Berlin: Volk und Wissen, 1974. – S. 344–360. – *Dass.* 2. Aufl. – 1976. – S. 344–360.

Japanisch u. d. T.: Kurisuta Vorufu. – In: Doitsu Minshukyôwakoku no gendai sakka-tachi. 1. – Nagoya: Aichi Kenritsu Daigaku doitsugo Kenkyûshitsu, 1982. – S. 187–202. – Übersetzt von Kobayashi Masako.

Russisch u. d. T.: Krista Vol'f. – In: Pisateli Germanskoj Demokratičeskoj Respubliki / [sost. A. Gugnina]. – Moskva: Raduga, 1984. – S. 379–395. – Übersetzt von S. Giždeu. – Mit Foto.

262* *Gugnin,* A. A.: Krista Vol'f. – In: Gugnin: Sovremennye pisateli GDR literatura. – Moskva: Znanie, 1986. – (Novoe v žizni, nauke, technike : Literatura ; 7)

263* *Hardy,* Beverly: Christa Wolf and „Weltseele". – In: GDR-Monitor. – Dundee (1983) 9. – S. 10–20.

264* *Helbling,* Hanno: Künstlerische Kraft, moralische Leistung ... und umgekehrt. Gedanken über Christa Wolf. – In: Neue Zürcher Zeitung. Fernausg. – Zürich (1980–02–01) = 25. – S. 29.

265 *Helbling,* Hanno: Laudatio auf Christa Wolf. – In: Deutsche Akademie für Sprache und Dichtung Darmstadt. Jahrbuch. – Heidelberg (1980) 2. – S. 62–66.

Zur Verleihung des Georg-Büchner-Preises am 16. 10. 1980 in Darmstadt.

Dass. – In: Büchner-Preis-Reden. 1972–1983. – Stuttgart: Reclam, 1984. – S. 135–140. – (Universal-Bibliothek ; 8011)

266* *Herrmann,* Anne: „Intimate, irreticent and indiscreet in the extreme". Epistolary essays by Virginia Woolf and Christa Wolf. – In: New German Critique. – Milwaukee, Wisc. (1986) 38. – S. 161–180.

Herrmann, Elizabeth s. *Rütschi Herrmann,* Elizabeth

267 *Hildebrandt,* Irma: Der geteilte Himmel. Christa Wolf. – In: Hildebrandt: Zwischen Suppenküche und Salon. 18 Berlinerinnen. – 1. Aufl. – Köln: Diederichs, 1987. – S. 135–141. – (Diederichs-Kabinett)

Mit Foto auf S. 135.

Dass. 2. Aufl. – 1987. – S. 135–141.

Dass. 3. Aufl. – 1987. – S. 135–141.

268 *Hildebrandt,* Irma: Vom Eintritt der Frau in die Literatur. Schreibend d. Leben bewältigen. – München: Profil-Verlag, 1983. – 182 S.

S. 92–93 und 111–115 behandelt.

269* *Hoffmeister,* Donna L.: Rewriting literary history through fiction: Karin Reschke and Christa Wolf. – In: South Atlantic review. – University, Ala. 49 (1984) 4. – S. 3–17.

270 *Holloway,* Evelyn: Christa Wolf.– In: Eine Frau ist eine Frau ist eine Frau … Autorinnen über Autorinnen / zsgest. von Elfriede Gerstl. – Wien: Promedia-Druck- und Verlagsgesellschaft, 1985. – S. 174–185.

Mit Porträtfoto auf S. 174.

271* *Hosaka,* Kazuo: Kurisuta Vorufu ni okeru ⟨watakushi⟩ no hakken to sono kinô ni tsuite. – In: Tôkyô Daigaku Kyôyôgakubu. Gaikokugoka kenkyû kiyô. – Tôkyô (1985) 33,4. – S. 1–48.

272* *Ignée,* Wolfgang: Die Wörter blicken mißtrauisch. Christa Wolf in Stuttgart. – In: Stuttgarter Zeitung. – Stuttgart 35 (1979–05–12) = 109. – S. 37.

273 Im Reisegepäck das Notizbuch. – In: Der Morgen. – Berlin 24 (1968–08–03) = 182. – S. 4.

Mit „A. Z." gezeichneter Bericht über ein Gespräch mit Ch. Wolf über „Nachdenken über Christa T." und über ihre Reise in die Sowjetunion anläßlich der Maxim-Gorki-Feierlichkeiten. – Mit Foto.

274 *Jäger,* Manfred: Auf dem langen Weg zur Wahrheit. Fragen, Antworten u. neue Fragen in d. Erzählungen, Aufsätzen u. Reden Christa Wolfs. – In: Jäger: Sozialliteraten. Funktion u. Selbstverständnis d. Schriftsteller in d. DDR. – Düsseldorf: Bertelsmann-Universitätsverlag, 1973. – S. 11–101. – (Literatur in der Gesellschaft ; 14).

275* *Jäger,* Manfred: Zwiegespräche von Dichtung und Utopie. – In: Deutsches Allgemeines Sonntagsblatt. – Hamburg 33 (1980–07–06)

276 *Kähler,* Hermann: Christa Wolf erzählt.– In: Weggenossen. 15 Schriftsteller d. DDR / [hrsg. vom Inst. für Gesellschaftswiss. beim ZK d. SED]. – 1. Aufl. – Leipzig: Reclam, 1975. – S. 214–232. – (Reclams Universal-Bibliothek ; 627)

Dass. – In: Weggenossen. 15 Schriftsteller d. DDR / [hrsg. vom Inst. für Gesellschaftswiss. beim ZK d. SED]. – 1. Aufl. – Frankfurt a. M.: Röderberg-Verlag, 1975. – S. 214–232. – (Röderberg-Taschenbuch ; 40)

277 *Kafel,* Anatol J.: Zur Problematik der Selbstverwirklichung des Individuums anhand der Prosa von Christa Wolf. – In: Acta Universitatis Lodziensis. Folia Litteraria. – Łodź (1982) 6. – S. 139–152.

278 *Karel'skij,* A[l'bert]: Poėzija i mysl'. Zametki o tvorčestve Kristy Vol'f. – In: Inostrannaja literatura. – Moskva (1988) 1. – S. 219–223.

279 *Kaufmann,* Hans: Zu Christa Wolfs poetischem Prinzip. – In: Weimarer Beiträge. – Berlin ; Weimar 20 (1974) 6. – S. 113–125.

Dass. überarb. Fassung. – In: Kaufmann, Eva ; Kaufmann, Hans: Erwartung und Angebot. Studien zum gegenwärtigen Verhältnis von Literatur u. Gesellschaft in d. DDR. – Berlin: Akademie-Verlag, 1976. – S. 45–61. – (Literatur und Gesellschaft)

Dass. – In: Kaufmann, Hans: Über DDR-Literatur. Beiträge aus 25 Jahren. – 1. Aufl. – Berlin ; Weimar: Aufbau-Verlag, 1986. – S. 48–67. – (Dokumentation, Essayistik, Literaturwissenschaft)

280* *Kinder,* Hermann: Nachdenken über Rita S., Christa T., Christa W. und Marcel R. R. Christa Wolf u. d. westdt. Literaturkritik. – In: Hefte. Zeitschr. für dt. Sprache u. Literatur. – [Amsterdam?] (1970) 6. – S. 14–23.

281 *Knoll,* Renate: Das „innerste Innere“. Christa Wolf u. d. Tradition d. 18. Jh. Eine phänomenolog. Skizze. – In: Text & Kontext. – München 7 (1979) 1. – S. 146–165.

282 *Kolb,* Christine: Repères biographiques sur Christa Wolf et son œuvre. – In: Allemagnes d'aujourd'hui. – Paris (1985) 91. – S. 71–79.

283 *Krogmann,* Werner: Moralischer Realismus – ein Versuch über Christa Wolf. – In: Zur Literatur und Literaturwissenschaft der DDR / hrsg. von Gerd Labroisse. – Amsterdam: Rodopi, 1978. – S. 233–261. – (Amsterdamer Beiträge zur neueren Germanistik ; 7)

284 *Krogoll,* Johannes: Radikalität, die ein Geheimnis hat. Johannes Krogoll über Christa Wolf. – In: Uni-hh. Berichte, Meinungen aus d. Univ. Hamburg. – Hamburg 16 (1985) 4 (Juni/Juli). – S. 6–9.

Laudatio zur Verleihung der Ehrendoktorwürde der Universität Hamburg an Ch. Wolf am 15. 5. 1985. – Mit Foto.

Lafuente, Maria s. *Suarez Lafuente,* Maria Socorro

285 *Lennartz,* Franz: Wolf, Christa. – In: Lennartz: Deutsche Dichter und Schriftsteller unserer Zeit. – 10., erw. Aufl. – Stuttgart: Kröner, 1969. – S. 761–762. – (Kröners Taschenausgabe; 151)

Dass. Erweiterte Fassung. – In: Lennartz: Deutsche Schriftsteller der Gegenwart. – 11., erw. Aufl. – 1978. – S. 803–806.
In vorhergehenden Auflagen nicht enthalten.

286 *Lennox,* Sara: Christa Wolf and the women romantics. – In: Studies in GDR culture and society. 2. Proceedings of the 7. Internat. Symposium on the German Democratic Republic [was held from June 19–26, 1981, Conway, New Hampshire] / Ed.: Margy Gerber ... – Washington: University Press of America, 1982. – S. 31–43.

287 *Lennox,* Sara: „Der Versuch, man selbst zu sein“. Christa Wolf u. d. Feminismus. – In: Die Frau als Heldin und Autorin. Neue krit. Ansätze zur dt. Literatur / [10. Amherster Kolloquium zur Dt. Literatur]. Hrsg. von Wolfgang Paulsen. – Bern ; München: Francke, 1979. – S. 217–222.

288* *Ludorowska,* Halina: Die Gattungsprobleme der Kurzprosa von Christa Wolf. – In: Proben. Konferenzbeiträge. – 1987. – S. 45–54.

289 [*Luščik,* L. G.]: Krista Vol'f. – In: Literatura GDR. Proza, poezija, dramaturgija, literaturnye portrety / pod red. K. A. Šachovoj. – Kiev: Višča Škola, 1982. – S. 172–190.

290* *Matsunaga,* Mibo: Kurisuta Vorufu no bungaku ni okeru yume to vijon. – In: Tôkyô Daigaku Bungakubu doitsu bungaku kenkyûshitsu. Shi gengo dôjinkai. Shi gengo. – Tôkyô (1986) 29. – S. 1–20.

291 *Mauser,* Wolfram: Schiller-Gedächtnispreis 1983. Laudatio für Christa Wolf. – In: Literatur und bildende Kunst. Lyrikdiskussion. Schillerpreis für Christa Wolf / hrsg. von Paul Gerhard Klussmann u. Heinrich Mohr. – Bonn: Bouvier, 1985. – S. 165–172. – (Jahrbuch zur Literatur in der DDR ; 4. 1984)

292 *McPherson,* Karin: Ist der Schriftsteller an sein Geschlecht gebunden? Zu Christa Wolfs Prosa seit Beginn d. 70er Jahre. – In: Die Horen. – Hannover (1983) 132. – S. 68–75.

293 *Melzer,* Bernd: Zu Christa Wolfs Prosaarbeiten der siebziger Jahre. – In: Wissenschaftliche Zeitschrift der Wilhelm-Pieck-Universität. – Rostock 31 (1982) 8. – S. 9–22.

294 *Mlečina,* Irina: Krista Vol'f. Pomoč' čeloveku najti samogo sebja. – In: Mlečina: Žizn' romana. O tvorčestve pisatelej GDR 1949–1980. – Moskva: Sovetskij Pisatel', 1984. – S. 282–302.

295 *Motyleva,* T[amara Lazarevna]: O tvorčestve Kristy Vol'f. – In: Motyleva: Roman – svobodnaja forma. Stat'i poslednich let. Čerty sovremennoj prozy. Tolstoj i Dostoevskij za rubežom. O literature GDR. – Moskva: Sovetskij Pisatel', 1982. – S. 304–330.

296 *Nalewski,* Horst: Christa Wolf. – In: Deutsch als Fremdsprache. – Leipzig 10 (1973) So.-H. – S. 88–90.
Mit Foto.

297 *Nawrocki,* Joachim: Christa Wolf, die Frösche und die Grundsatzfrage. – In: Nawrocki: Das geplante Wunder. Leben u. Wirtschaften im anderen Deutschland. – Hamburg: Wegner, 1967. – S. 268–271.
Zu einem Diskussionsbeitrag Ch. Wolfs auf dem VII. Parteitag der SED (April 1967).

298 *Nieraad,* Jürgen: Prominalstrukturen in realistischer Prosa. Beobachtungen zu Erzählebene u. Figurenkontur bei Christa Wolf. – In: Poetica. – München 10 (1978) 4. – S. 485–506.

299 *Nieraad,* Jürgen: Subjektivität als Thema und Methode realistischer Schreibweise. Zur gegenwärtigen DDR-Literaturdiskussion am Beispiel Christa Wolfs. – In: Literaturwissenschaftliches Jahrbuch. – Berlin [West] 19 (1978). – S. 289–316.

300 *Pausch,* Holger A.: Sprachmodelle. Bedeutung u. Umfang d. modernen literar. Sprachbegriffs im dt. Sprachraum. – Frankfurt a. M.: Athenäum, 1988. – 281 S. – (Athenäums Monographien : Literaturwissenschaft ; 86)

Im Kapitel „Die Suche nach der ‚inneren Authentizität'" auf S. 135–137 behandelt.

301 *Pleßke,* Gabriele: Zum Kathartischen bei Christa Wolf. – In: DDR-Literatur der sechziger und siebziger Jahre. Wissenschaftl. Konferenz d. Staatl. Georg. Univ. Tbilissi u. d. Friedrich-Schiller-Univ. Jena. – Jena: Abt. Wissenschaftl. Publikationen d. Friedrich-Schiller-Univ., 1985. – S. 91–96.

302* *Posor,* Monika: Die Rezeption Christa Wolfs in Polen. – In: Acta Universitatis Lodziensis. Ser. 1. – Łodź (1980) 54. – S. 191–197.

303 *Posor,* Monika: Zum Forschungsstand Christa Wolfs. – In: Germanica Wratislaviensia. 21. – Warszawa ; Wrocław: Państwowe Wydawnictwo Naukowe, 1975. – S. 73–86. – (Acta Universitatis Wratislaviensis ; 258)

Forschungsbericht.

304 *Promies,* Wolfgang: „Daß wir aus dem vollen leben ...". Versuch über Christa Wolf. – In: Positionen im deutschen Roman der sechziger Jahre / [hrsg. von Heinz Ludwig Arnold u. Theo Buck]. – München: Boorberg, 1974. – S. 110–126. – (Edition Text + Kritik)

Dass. – In: Zum Roman in der DDR / hrsg. von Marc Silberman. – 1. Aufl. – Stuttgart: Klett, 1980. – S. 119–130. – (Literaturwissenschaft, Gesellschaftswissenschaft : LGW-Interpretationen ; 46)

305 *Raddatz,* Fritz J.: Ich verstehe diese Vernünftigkeit nicht. Christa Wolf. – In: Raddatz: Eros und Tod. Literarische Portraits. – 1.–5. Tsd. – Hamburg: Knaus, 1980. – S. 201–222.

S. 201–211 zu „Der geteilte Himmel" und „Nachdenken über Christa T." (vgl. auch Nr. 407), S. 211–212 zu „Unter den Linden", S. 212–218 zu „Kindheitsmuster", S. 218–219 zu „Kein Ort. Nirgends", S. 219–221 zu „Der Schatten eines Traumes".

306* *Ratgauz,* G. I.: Razdum'ja o Kriste Vol'f. – In: Literaturnoe obozrenie. – Moskva (1980) 3.

307 *Renoldner,* Klemens: Im ungeistigen Raum unserer traurigen Länder. Zu Utopie u. Geschichte bei Christa Wolf u. Ingeborg Bachmann. – In: Der dunkle Schatten, dem ich schon seit Anfang folge. Ingeborg Bachmann, Vorschläge zu e. neuen Lektüre d. Werks / hrsg. von Hans Höller. – Wien ; München: Löcker, 1982. – S. 185–198.

308 *Reso,* Martin: Unser Porträt: Christa Wolf. – In: Börsenblatt für den deutschen Buchhandel. – Leipzig 132 (1965) 1. – S. 25–26.

Mit Foto.

309 [*Rütschi Herrmann,* Elizabeth ; *Huttenmaier Spitz,* Edna]: Christa Wolf. – In: German women writers of the twentieth century / ed. by Elizabeth Rütschi Herrmann and Edna Huttenmaier Spitz. – 1. ed. – Oxford ; Frankfurt a. M. [u. a.]: Pergamon Press, 1978. – S. 92–93. – (Pergamon international library of science, technology engineering and social studies)

310 [*Rusakova,* A. V.]: Krista Vol'f. – In: Istorija literatury GDR / [A. L. Dymšic (otv. red.) ...]. Akademija Nauk SSSR, Institut Mirovoj Literatury Im. A. M. Gor'kogo. – Moskva: Izdatel'stvo Nauka, 1982. – S. 328–335.

Mit einem Foto, einer Illustration und Literaturangaben.

311 *Saalmann,* Dieter: Anmerkungen zum Thema Christa Wolf – Max Frisch. – In: Neophilologus. – Groningen 66 (1982) 4. – S. 589–601.

312 *Scharfschwerdt,* Jürgen: Literatur und Literaturwissenschaft in der DDR. Eine histor.-krit. Einführung. – Stuttgart ; Berlin [West] ; Köln ; Mainz: Kohlhammer, 1982. – 217 S. – (Sprache und Literatur ; 116)

S. 119–125, 136, 138, 151–152 und S. 164–174 im Kapitel „Der exemplarische Weg Christa Wolfs" behandelt.

313 *Seemann,* Hellmut: Normalität beunruhigt. Zur Person: Christa Wolf. – In: Deutsches Allgemeines Sonntagsblatt. – Hamburg 35 (1982) 21. – S. 2.

314 *Seghers,* Anna: Für Christa Wolf. – In: Sinn und Form. – Berlin 31 (1979) 2. – S. 282–283.

Brief, datiert: Berlin, 8. 3. 1979. – Zum 50. Geburtstag.

315 *Seibt,* Ursula: Christa Wolf. Auf d. Suche nach d. Ganzheit. – In: Buchhändler heute. – Düsseldorf 34 (1980) 1. – S. 91–94.

Mit Foto. – Besonders zu „Kein Ort. Nirgends".

316 *Serke,* Jürgen: „Ich kann die Liebe nicht vertagen". Stern-Autor Jürgen Serke über d. Schriftstellerin Christa Wolf. – In: Stern. – Hamburg 32 (1979) 14. – S. 147–153.

Mit Fotos auf S. 147, 149 und 153. – Besonders zu „Kein Ort. Nirgends".
Dass. – In: Serke: Frauen schreiben. Ein neues Kap. deutschsprachiger Literatur. – 1. Aufl. – Hamburg: Gruner & Jahr, 1979. – S. 164–173. – (Ein Stern-Buch)
**Dass.* – In: Serke: Frauen schreiben. Ein neues Kap. deutschsprachiger Literatur. – Frankfurt a. M.: Fischer-Taschenbuch-Verlag, 1982. – ([Fischer-Bücherei] ; 3721)

317 *Sevin,* Dieter: Christa Wolf: Georg Büchner prize and Büchner reception. – In: Studies in GDR culture and society. 4. Selected papers from the 9th New Hampshire symposium on the German Democratic Republic / Ed.: Margy Gerber ... – Lanham ; London: University Press of America, 1984. – S. 31–43.

Sibley, Marilyn s. *Fries,* Marilyn Sibley

318* *Simons,* Elisabeth: Historisierung der Gegenwart in Romanen von Christa Wolf und Hermann Kant. – In: Evolution of the novel = L' evolution du roman = Die Entwicklung des Romans / ed. by Zoran Konstantinović. – Innsbruck: Innsbrucker Gesellschaft zur Pflege der Geisteswissenschaften ; Innsbruck: Institut für Sprachwissenschaft der Universität, 1982. – S. 79–83. – (Proceedings of the 9. congress of the International Comparative Literature Association ; 4) (Innsbrucker Beiträge zur Kulturwissenschaft ; So.–H. 53)

319 *Smith,* Colin: Christa Wolf and Anna Seghers. – In: German Life and Letters. – Oxford 41 (1987/88) 3. – S. 235–247.

Socorro, Maria s. *Suarez Lafuente,* Maria Socorro

320 *Starkmann,* Alfred: Leise Mahnerin. – In: Die Welt. – Hamburg (1980–07–07) = 155. – S. 6.

Mit Foto.

321* *Stelzmann,* Rainulf A.: Mit Menschen- und mit Engelszungen. Gott u. Welt in d. Werken Christa Wolfs u. Mary Gordons. – In: Stimmen der Zeit. – Freiburg/Br. 110 (1985) 10. – S. 693–703.

322 *Stephan,* Alexander: Christa Wolf. – In: Neue Literatur der Frauen. Deutschsprachige Autorinnen d. Gegenwart / hrsg. von Heinz Puknus. – München: Beck, 1980. – S. 149–158. – (Beck'sche schwarze Reihe ; 227)

Mit einer Bibliographie auf S. 338–342.

323* *Stephan,* Alexander: The emancipation of man. Christa Wolf as a woman writer. – In: GDR Monitor. – Dundee (1979/80) 2. – S. 23–31.

324 *Stephens,* Anthony ; *Wilson,* Judith: Christa Wolf. – In: The modern German novel / ed. by Keith Bullivant. – Leamington Spa ; Hamburg ; New York: Berg, 1987. – S. 276–295. – (Oswald Wolff Books)

325* *Suarez Lafuente,* Maria Socorro: Christa Wolf. Una voz universal desde la Republica Democrática Alemana. – In: Comunicaciones Germanicas. – Valladolid 7 (1982). – S. 65–72.

326 *Światłowski,* Zbigniew: Auf der Suche nach dem Land Utopia. Zur poetolog. Position von Ingeborg Bachmann u. Christa Wolf. – In: Acta Universitatis Lodziensis. Folia Litteraria. – Łodź (1984) 11. – S. 85–100.

Dass. – In: Weimarer Beiträge. – Berlin ; Weimar 30 (1984) 12. – S. 2011–2027.

327* *Tunner,* Erika: So und anders. Zum Problem d. Spaltung bei Christa Wolf. – In: Duitse Kroniek. – Amsterdam 32 (1981/82) 1/2. – S. 61–69.

Dass. – In: Frauen über Frauen / hrsg. von Jan Aler u. Charlotte van Praag. – Amsterdam: Rodopi, 1982. – S. 61–69.

328 *Wallmann,* Jürgen P.: Literatur der Gegenwart. Christa Wolf u. ihr Werk. – In: Universitas. – Stuttgart 36 (1981) 2. – S. 121–126.

329 *Werner,* Hans-Georg: Romantische Traditionen in epischen Werken der neueren DDR-Literatur. Franz Fühmann u. Christa Wolf. – In: Zeitschrift für Germanistik. – Leipzig 1 (1980) 4. – S. 398–416.

330 *Wilmanns,* Gerda: Christa Wolf. – In: Deutsche Dichter der Gegenwart. Ihr Leben u. Werk / hrsg. von Benno von Wiese. – Berlin [West]: E. Schmidt, 1973. – S. 605–618.

Vgl. auch Nr. 69, 71, 72, 101, 113, 165.

2. *Beiträge zu einzelnen Werken*

1961

Moskauer Novelle (1961)

331 *Funke,* Christoph: Wiedersehen nach 15 Jahren: „Moskauer Novelle" von Christa Wolf, Mitteldeutscher Verlag Halle. – In: Der Morgen. – Berlin 17 (1961–10–29) = 254. – S. 6.

332* *Kumada,* Yasuaki: „Mosukuwa monogatari". Kurisuta Vorufu daiichi sakuhin ni okeru shudai settei to katari. – In: Bôei Daigakukô kiyô. (Jimbun kagaku-hen). – Yokosuka (1985) 51. – S. 191–211.

333** *Lenčo,* Jan: Pozornhodný debut. – In: Mlada tvorba. Literatura Umenie Život. – Bratislava (1961) 12. – S. 38.

334 *Mieth,* Günter: Komposition, Erzählerperspektive, Gattungsprobleme. – In: Deutschunterricht. – Berlin 19 (1966) 4. – S. 217–223.

Vergleichende Analyse von G. de Bruyns „Renata", Ch. Wolfs „Moskauer Novelle" und F. Fühmanns „Böhmen am Meer".

335 *Połczyńska,* Edyta: Christa Wolf, Moskauer Novelle. – In: Deutsche Novellen und Erzählungen der Gegenwart. Schriftsteller d. DDR. Bd. 3 / hrsg. von Jan Chodera. – Warszawa ; Poznań: Państwowe Wydawnictwo Naukowe, 1973. – S. 277–280.

Einleitung zum Abdruck der Erzählung auf S. 281–339.

336 *Reso,* M[artin]: Christa Wolf. Eine Kritikerin stellt sich d. Kritik. – In: Berliner Zeitung. – Berlin 17 (1961–08–11) = 220. – S. 6.

Mit einer Porträtzeichnung von Friedrich Gäbel.

337 *Schultz,* Gerda: Ein überraschender Erstling. – In: Neue Deutsche Literatur. – Berlin 9 (1961) 7. – S. 128–131.

338 *Stockmann,* Gisela: Frau von heute besuchte Christa Wolf. – In: Frau von heute. – Leipzig 17 (1962) 2. – S. 26–27.

Mit Foto.

339 *Thadea,* Thomas: Um ein neues Ethos. Zu Christa Wolfs „Moskauer Novelle". – In: National-Zeitung. – Berlin 14 (1961–11–30) = 280. – S. 5.

340 *Victor,* Walther: Ein Kleinod der Gegenwartsliteratur. Christa Wolfs „Moskauer Novelle". – In: BZ am Abend. – Berlin 13 (1961–12–07) = 284. – S. 3.

341 [*Wirth,* Günter]: Mit offenem Visier leben. Zu Christa Wolfs „Moskauer Novelle". – In: Neue Zeit. – Berlin 18 (1962–02–25) = 48. – S. 3.

Mit „G. W." gezeichnet.

342 *Zacharias,* Ernst-Ludwig: Sozialistische Selbsterkenntnis und internationalistisches Weltverständnis – ein Beitrag über die Beziehung zwischen DDR-Literatur und Sowjetliteratur. – In: Wissenschaftliche Zeitschrift der Pädagogischen Hochschule „Dr. Theodor Neubauer". Gesellschafts- u. sprachwiss. Reihe. – Erfurt ; Mühlhausen 14 (1977) 2. – S. 76–91.

S. 82–84 behandelt.

1963

Der geteilte Himmel (1963)

343 *Berger,* Christel: Der geteilte Himmel (1963) von Christa Wolf. – In: Sonntag. – Berlin 38 (1984) 35. – S. 4.

Unter der Rubrik: Bücher, die Geschichte machten.

344 *Berger,* Christine [sonst: Christel]: Der Held in der erzählenden Prosa und Möglichkeiten der Wertorientierung. T. 1.2.3. – 1980. – 76 Bl.; Bl. 77–239 ; Bl. 240–359, 17 Bl.

Berlin, Akad. für Gesellschaftswiss. beim ZK d. SED, Inst. für marxist.-leninist. Kultur und Kunstwiss., Diss. B, 1981.

Bl. 122–126 zu „Der geteilte Himmel", Bl. 190–207 zu „Nachdenken über Christa T.".

345 *Bernhardt,* Rüdiger: Wertvorstellungen und Leistungswillen in der gegenwärtigen Literatur. – In: Positionen. 1. Wortmeldungen zur DDR-Literatur / [hrsg. von Eberhard Günter]. – Halle ; Leipzig: Mitteldeutscher Verlag, 1984. – S. 32–50.

S. 33–34 zu „Der geteilte Himmel", S. 48–49 zu „Kein Ort. Nirgends".

346 [*Bonk,* Jürgen]: Christa Wolf. – In: Willi Bredel. Leben u. Werk / [Lilli Bock]. Junge Prosa der DDR (1). Ein Abriß / [Jürgen Bonk]. – Berlin: Volk und Wissen, 1964. – S. 272–285. – (Schriftsteller der Gegenwart ; 12)

347 *Bonk,* Jürgen: Jeder muß sich entscheiden. – In: ich schreibe. – Leipzig (1964) 9. – S. 21–22.

Dass. – In: Volkskunst. – Leipzig 13 (1964) 9. – S. 93–94.

348 *Bonk,* Jürgen: Der Roman in der DDR. Stationen, Tendenzen, Probleme. 10. Der geteilte Himmel. – In: ich schreibe. – Leipzig 8 (1967) 6. – S. 3–6.

349 *Brandt,* Sabine: Annäherung an die moderne Literatur? – In: Frankfurter Allgemeine. Zeitung für Deutschland. – Frankfurt a. M. (1963–10–08) = 233. – S. 28.

Zu Ch. Wolfs „Der geteilte Himmel" und B. Reimanns „Die Geschwister".

350 *Brett,* Doris: „Tacit knowledge" in „Der geteilte Himmel" and „Nachdenken über Christa T." – In: Colloquia Germanica. – Bern 17 (1984) 3/4. – S. 257–264.

351 *Bunge,* Hans: Im politischen Drehpunkt. – In: Alternative. – Berlin [West] 7 (1964) 35. – S. 13–15.

Zu U. Johnsons „Mutmaßungen über Jakob" und Ch. Wolfs „Der geteilte Himmel".

352* *Caute,* David: Divided hearts at the wall. – In: The Nation. – New York (1967–02–13). – S. 215–216.

Zu U. Johnsons „Zwei Ansichten" und Ch. Wolfs „Der geteilte Himmel".

352a *Cercignani,* Fausto: Existenz und Heldentum bei Christa Wolf: Der geteilte Himmel u. Kassandra. – Würzburg: Königshausen & Neumann, 1988. – 146 S.

353 *Chiarloni Pegoraro,* Anna: Christa Wolf „Der geteilte Himmel". – In: Studi Tedeschi. – Napoli 24 (1981) 1/2. – S. 119–133.

In italienischer Sprache. – S. 316 Zusammenfassung in italienischer und deutscher Sprache.
Deutsch. – In: Colloquia Germanica. – Bern 18 (1985) 4. – S. 332–343.

354* *Cirker,* Willkie K.: The socialist education of Rita Seidel. – In: University of Dayton Review. – Dayton (1978) 2. – S. 105–111.

355 *Cosentino,* Christine: Eine Untersuchung des sozialistischen Realismus im Werke Christa Wolfs. – In: The German Quarterly. – Appleton 47 (1974) 2. – S. 245–261.

Zu „Der geteilte Himmel" und „Nachdenken über Christa T."

356 *Crimmann,* Ralph P.: Ist die Rede von der „christlichen Literatur" zulässig? Eine Interpretation von Christa Wolfs „Der geteilte Himmel". – In: Stimmen der Zeit. – Freiburg/Br. 108 (Bd. 200) (1982) 10. – S. 703–709.

357 *Dahlke,* Günther: Nicht Glück oder Unglück, sondern Unglück und Glück ist hier die Frage. Eine Polemik für Christa Wolfs „Geteilten Himmel". – In: Film. Wissenschaftl. Mitteilungen. – Berlin 5 (1964) 1. – S. 24–44.

Dass. Überarb. Fassung. – In: Kritik in der Zeit. Der Sozialismus, seine Literatur, ihre Entwicklung / [Hrsg.: Klaus Jarmatz]. – Halle/S.: Mitteldeutscher Verlag, 1970. – S. 652–671. – (Essay-Reihe ; So.-Bd.)

358 *Dittmann,* Gerhart: Auseinandersetzung mit der Gegenwart: „Der geteilte Himmel" im Literaturunterricht. – In: Deutschunterricht. – Berlin 19 (1966) 2. – S. 86–96.

359* *Driver,* Margarete Katharina Martha: De omnibus dubitandum. Zur bürgerl. u. marxist. Rezeption von Christa Wolfs Roman „Der geteilte Himmel" (1963–1978). – Ann Arbor, Mi.: University Microfilms Internat., 1980. – 5 Mikrofiches : 11 × 15 cm.

Zugl.: Brunswick, Rutgers Univ., Diss., 1980.

360 *Eckert,* Horst: Ahnungen, Auslegungen oder wissenschaftliche Untersuchungen? Zur Diskussion über Christa Wolfs „Der geteilte Himmel" in d. Hallenser Zeitung „Freiheit". – In: Forum. – Berlin 17 (1963) 22. – S. 6, 8–9.

Gekürzter Vortrag vor Studenten der Martin-Luther-Universität Halle und Bericht über die anschließende Diskussion.

361 *Einhorn,* Barbara: Der Roman in der DDR 1949–1969. Die Gestaltung d. Verhältnisses von Individuum u. Gesellschaft. – Kronberg/Ts.: Scriptor Verlag, 1978. – 543 S. – (Monographien Literaturwissenschaft ; 40)

S.401–448 Vergleich der Erzählungen „Der geteilte Himmel", „Eine Liebesgeschichte" von J. Brĕzan und „Die Geschwister" von B. Reimann. – S. 449–478 „Nachdenken über Christa T." behandelt.

362 *Feitknecht,* Thomas: Die sozialistische Heimat. Zum Selbstverständnis neuerer DDR-Romane. – Bern ; Frankfurt a. M.: Lang, 1971. – 102 S. – (Europäische Hochschulschriften : Reihe 1 ; 53)

S. 71–74 zu „Der geteilte Himmel", S. 75–80 zu „Nachdenken über Christa T."

363 *Fradkina,* Jewgenia: Der Roman von Christa Wolf „Der geteilte Himmel" in russischer Sprache. – In: Sowjet-Literatur. – Moskau (1964) 10. – S. 182–185.

364** *Freschi,* Marino: Il cielo resta diviso. – In: Il Mattino. – Napoli (1983–05–11).

365* *Fukumoto,* Keita: „Hiki-sakareta sora" to sono ato. 60nendai no Kurisuta Vorufu. – In: Ôsaka Gaikokugo Daigaku. Doitsugo kenkyûshitsu. Sprache und Kultur. – Minô (1987) 20. – S. 107–123.

366 *Geisthardt,* Hans-Jürgen: Das Thema der Nation und zwei Literaturen. Nachweis an Christa Wolf – Uwe Johnson. – In: Neue Deutsche Literatur. – Berlin 14 (1966) 6. – S. 48–69.

Zu „Mutmaßungen über Jakob" und „Der geteilte Himmel".

Dass. – In: Geschichte der deutschen Literatur aus Methoden. Bd. 2. Westdeutsche Literatur von 1945–71 / Heinz Ludwig Arnold (Hrsg.). – Frankfurt a. M.: Athenäum-Fischer-Taschenbuch-Verlag, 1972. – S. 223–239. – (Fischer-Athenäum-Taschenbücher ; 2031). – *Dass.* Frankfurt a. M.: Athenäum-Verlag, 1973. – S. 223–239.

Dass. Überarb. Fassung. – In: Literatur im Blickpunkt. Zum Menschenbild in d. Literatur d. beiden deutschen Staaten / hrsg. von Arno Hochmuth. – 2., veränd. u. erw. Aufl. – Berlin: Dietz Verlag, 1967. – S. 212–231. – Ohne Angabe des Verfassers. – In 1. Aufl. nicht enthalten.

367 *Geisthardt,* Hans Jürgen: Weltanschauung und Romanaufbau. – In: Konturen und Perspektiven. Zum Menschenbild in d. Gegenwartsliteratur d. Sowjetunion u. d. Dt. Demokrat. Republik. – Berlin: Akademie-Verlag, 1969. – S. 167–189.

Zu „Der geteilte Himmel" u. U. Johnsons „Mutmaßungen über Jakob". Nicht identisch mit Nr. 366.

368 *Gerlach,* Ingeborg: Bitterfeld. Arbeiterliteratur u. Literatur d. Arbeitswelt in d. DDR. – Kronberg/Ts.: Scriptor Verlag, 1974. – 168 S. – (Skripten Literatur + Sprache + Didaktik ; 2)

S. 124–133 behandelt.

369 Gestaltung der Perspektive im Menschenbild. Zu Christa Wolf: Der geteilte Himmel. – In: Literatur im Blickpunkt. Zum Menschenbild in d. Literatur d. beiden dt. Staaten / hrsg. von Arno Hochmuth. – 1. Aufl. – Berlin: Dietz Verlag, 1965. – S. 167–185.

Dass. 2., veränd. u. erw. Aufl. – 1967. – S. 193–211.

370 „Der geteilte Himmel" und seine Kritiker. Dokumentation / Martin Reso. – Halle/S.: Mitteldeutscher Verlag, 1965. – 303 S.

Enthält: Vorbemerkung des Herausgebers. – K o c h , Hans: Sicher auf dem neuen Ufer. – W i r t h , Günther: Den Blick zum klaren Horizont gewonnen [gekürzt]. – L i e r s c h , Werner: Literaturkritik im Deutschlandsender [gesendet am 29. April 1963]. – K u r e l l a , Alfred: Begründung der Zuteilung des Heinrich-Mann-Preises für 1963. – Z a k , Eduard: Tragische Erlebnisse in optimistischer Sicht. – F u n k e , Christoph: Der Verzicht auf eine Liebe [gekürzt]. – G e e r d t s , Hans Jürgen: Menschen mitten unter uns [gekürzt]. – Der geteilte Himmel. [Mit „c. b." gezeichnet]. – H e i s e , Rosemarie: Der geteilte Himmel. – B o n k , Jürgen: Das mußt du lesen: Christa Wolf – Warum eine Liebe zerbrach? – Nach der Lektüre einer bemerkenswerten Erzählung [gekürzt]. – [Funke, Christoph]: Westliche Himmelskunde. [Mit „-ke" gezeichnet]. – Grundlach, Heinz: „Die Welt" und „Der geteilte Himmel". – Herrmann, Georg: Christa Wolfs Erzählung „Der geteilte Himmel" [gekürzt]. – Allert, Dietrich ; Wetzelt, Hubert: Die große Liebe. – Engelhardt, Manfred: Wagnisse. – Schleifer, Siegfried: Nicht einverstanden mit Kritik. – Eckert, Horst: Wem nützt das? – Nowojski, Walter: Kommentar von Radio DDR [gesendet am 29. September 1963]. – Neutsch, Erik: Einige Bemerkungen zur Literaturdiskussion. – Werth, Wolfgang: Die neue Stimme von drüben [gekürzt]. – Ilberg, Werner: Von der wahren Parteilichkeit des Kritikers [gekürzt]. – Zirkel schreibender Arbeiter des VEB Waggonbau Ammendorf: (An Christa Wolf) [gekürzt]. – Konrad Wolf über die Verfilmung des „Geteilten Himmels". – Werner, Hans-Georg ; Heinemann, Dieter: Konflikt und Motiv. – Böhm, Hans: „Der geteilte Himmel" [gekürzt]. – Osten, Walter: Der geteilte Himmel [gekürzt]. – Sachs, Heinz: Fabel und Aussagekraft. – Sambale, Hans: Probleme aus Christa Wolfs Erzählung auf einem Diskussionsabend des DSV in Dresden [gekürzt]. – Nützlicher Streit. Schlußbemerkung d. Redaktion d. „Freiheit". – Schmidt, Irma: „Veränderung bewirken und sich mit verändern" [gekürzt]. – Koch, Hans: Aus der Rede vor dem Vorstand des DSV in Halle, Dezember 1963. – Haase, Horst: Wie äußert sich die Parteilichkeit des Schriftstellers. – Schlenstedt, Dieter: Motive und Symbole in Christa Wolfs Erzählung „Der geteilte Himmel". – Schulz, Max Walter: Prüfung unserer Menschlichkeit. – Dahlke, Günther: „Geteilter Himmel" und geteilte Kritik. – Reso, Martin: Nachwort.

371 Geteilter Himmel. Christa Wolfs Roman. – In: Frankfurter Allgemeine. Zeitung für Deutschland. – Frankfurt a. M. (1964–11–24) = 273. – Beil.: Literaturblatt. – S. 6.

Mit „B. J." gezeichnet.

372 *Giese,* Rüdiger ; *Floto,* Christian: Christa Wolf: Der geteilte Himmel. – In: Giese ; Floto: Basisinterpretationen der Sekundarstufen. Band VI. Romane u. Novellen aus d. 20. Jahrhundert. – Hollfeld: Bange, 1985. – S. 96–104. – (Bange-Lernhilfen. Deutsch, Sekundarstufe I/II) (Banges Unterrichtshilfen)

373 *Greiner,* Bernhard: Von der Allegorie zur Idylle. Die Literatur d. Arbeitswelt in d. DDR. – Heidelberg: Quelle & Meyer, 1974. – 256 S. – (Uni-Taschenbücher ; 327)

S. 144–149 behandelt.

374 *Hamm,* Peter: Der Blick in die westdeutsche Ferne. Zwei DDR-Autorinnen beschreiben Republikflüchtlinge u. solche, die es werden wollen. – In: Die Zeit. – Hamburg 19 (1964) 13. – S. 17.

Zu Ch. Wolfs „Der geteilte Himmel" und B. Reimanns „Die Geschwister".

375 *Herminghouse,* Patricia: Wunschbild, Vorbild oder Porträt? Zur Darstellung d. Frau im Roman d. DDR. – In: Literatur und Literaturtheorie in der DDR / hrsg. von Peter Uwe Hohendahl u. Patricia Herminghouse. – 1. Aufl. – Frankfurt a. M.: Suhrkamp, 1976. – S. 281–334. – (Edition Suhrkamp ; 779)

S. 304–306 zu „Der geteilte Himmel", S. 314–318 zu „Nachdenken über Christa T."

376 *Hillmann,* Heinz: Subjektivität in der Prosa. – In: Hansers Sozialgeschichte der deutschen Literatur vom 16. Jahrhundert bis zur Gegenwart. Bd. 11. Die Literatur der DDR / hrsg. von Hans-Jürgen Schmitt. – München ; Wien: Hanser, 1983. – S. 385–434.

S. 396–409 zu „Der geteilte Himmel", S. 413–424 zu „Nachdenken über Christa T."

Dass. – In: Hansers Sozialgeschichte der deutschen Literatur vom 16. Jahrhundert bis zur Gegenwart. Bd. 11. Die Literatur der DDR / hrsg. von Hans-Jürgen Schmitt. – München: Deutscher Taschenbuch-Verlag, 1983. – S. 396–409 u. S. 413–424. – (dtv ; 4353)

377 *Hölsken,* Hans-Georg: Zwei Romane: Christa Wolf „Der geteilte Himmel" und Hermann Kant „Die Aula". Voraussetzungen u. Deutung. – In: Der Deutschunterricht. – Stuttgart 21 (1969) 5. – S. 61–99.

378* *Hollis,* Andy: Christa Wolf's „Der geteilte Himmel". Love story or political metaphor? – In: Modern languages. Journal of modern studies. – London 66 (1985). – S. 97–103.

379 *Hutchinson,* Peter: Literary presentations of divided Germany. The development of a central theme in East German fiction 1945–1970. – Cambridge ; London ; New York ; Melbourne: Cambridge University Press, 1977. – VII, 204 S. – (Anglica Germanica ; Ser. 3)

S. 42–43, 62, 84–85, 90–99, 109–110 behandelt.

380 *Ilberg,* Werner: Genug Exaktheit – genug Phantasie. – In: Kulturelles Leben. – Berlin 10 (1963) 6. – S. 27–28.

381 *Joyce,* Steven: The politics of love. Ideology and romance in Christa Wolf's „Der geteilte Himmel". – In: New German Studies. – Hull 13 (1985) 1. – S. 31–49.

382* *Kanzaki,* Iwao: Kurisuta Vorufu „Hiki-sakareta sora". – In: Waimaru tomo no kai. Kaihô. – Tôkyô (1969) 7. – S. 29–30.

383 *Kerekes,* Gábor: Die geteilte Kritik. Der Geteilte Himmel als Werk e. neuen Phase d. Literatur d. DDR. – In: Acta universitatis Szegediensis de Attila József nominatae. Acta Germanistica. – Szeged 1 (1987). – S. 199–232.

384 *Kirsch,* Sarah ; *Kirsch,* Rainer: Der gevierteilte Himmel. – In: Freiheit. – Halle/S. 18 (1963-10-12) = 240. – Beil.: blick. – S. 12.

385 *Klingmann,* Ulrich: Zum Versuch, Moral in die Welt zu bringen. Christa Wolfs „Der geteilte Himmel" im Rückblick. – In: Acta Germanica. Jahrbuch d. Südafrikanischen Germanistenverbandes. – Windhoek, SWA/Namibia 14 (1981). – S. 131–146.

386 *Kloehn,* Ekkehard: Christa Wolf: Der geteilte Himmel. Roman zwischen sozialistischem Realismus u. kritischem Sozialismus. – In: Der Deutschunterricht. – Stuttgart 20 (1968) 1. – S. 43–56.

387 *Koerner,* Charlotte: Divided heaven – by Christa Wolf? A sacrifice of message and meaning in translation. – In: The German Quarterly. – Cherry Hill 57 (1984) 2. – S. 212–230.

388 *Kormann,* Gottfried: Das sozialistische Menschenbild und das Wesen der kulturellen Grundaufgabe beim umfassenden Aufbau des Sozialismus. – In: Wissenschaftliche Zeitschrift / Karl-Marx-Univ. Leipzig, Gesellschafts- u. sprachwiss. R. – Leipzig 12 (1963) 5. – S. 835–847.

Zu E. Strittmatters „Ole Bienkopp" und Ch. Wolfs „Der geteilte Himmel".

389 *Kreuter,* Uta: Übersetzung und Literaturkritik. Aspekte d. Rezeption zeitgenöss. deutschsprachiger Literatur in Großbritannien 1960–1981. – Frankfurt a. M. ; Bern ; New York: Lang, 1985. – 347 S. – (Europäische Hochschulschriften : Reihe 1 ; 873)

S. 141, 185, 189–190 und 212–213 zu „Der geteilte Himmel" und „Nachdenken über Christa T."

390 *Krumbholz,* Eckart: Warum denn eine eigene Spalte? – In: Forum. – Berlin 17 (1963) 19. – S. 23–24.

Zusammen mit Beiträgen anderer Autoren unter der Gesamtüberschrift „Der kleine Holzhammer" veröffentlicht. – Zur Diskussion um die Erzählung „Der geteilte Himmel" in der „Freiheit", Halle (vgl. Nr. 370).

391 *Kunze,* Ingeborg: Zum Frauenbild in der Literatur des „Bitterfelder Weges". – In: Wissenschaftliche Zeitschrift / Karl-Marx-Univ. Leipzig. Gesellschafts- u. sprachwiss. R. – Leipzig 15 (1966) 4/5. – S. 687–697.

S. 689, 690–692 behandelt.

392 *Langer,* Eduard R.: Literaturpolitik und Literaturdiskussion in der SBZ. Dargestellt an drei sowjetzonalen Bestsellern. – Pfaffenhofen: Ilmgau-Verlag, 1966. – 56 S. – (Die Orientierung ; 7. Beiheft)

Zu E. Strittmatters „Ole Bienkopp", E. Neutschs „Die Spur der Steine" und Ch. Wolfs „Der geteilte Himmel".

393 *Lapsa,* A. P. ; *Popik,* L. V.: Gestaltung der Perspektive im Menschenbild. Zu Christa Wolf: Der geteilte Himmel. – In: Lapsa ; Popik: Deutsche Lesetexte. – Rigā: Izdatel'stvo „Zvaigzne", 1973. – S. 75–80.

Mit einer Porträtzeichnung von Friedrich Gäbel.

394* *Leonhardt,* Rudolf Walter: German literary letter. – In: The New York Times Book Review. – New York (1965-09-12). – S. 18–19.

395 *Liebold,* H[arald]: Zur französischen Übersetzung des Romans „Der geteilte Himmel" von Christa Wolf. – In: Fremdsprachen. – Leipzig (1968) 3. – S. 193–198.

396 *Lützeler,* Paul Michael: Von der Arbeiterschaft zur Intelligenz. Zur Darstellung sozialer Mobilität im Roman d. DDR. – In: Literatur und Literaturtheorie in der DDR / hrsg. von Peter Uwe Hohendahl u. Patricia Herminghouse. – 1. Aufl. – Frankfurt a. M.: Suhrkamp, 1976. – S. 241–280. – (Edition Suhrkamp ; 779)

S. 249 und 272 zu „Der geteilte Himmel", S. 272–273 zu „Nachdenken über Christa T."

397 Materialien Christa Wolf, Der geteilte Himmel / ausgew. u. eingel. von Karin Lau. – Stuttgart: Klett, 1981. – 44 S. – (Editionen für den Literaturunterricht)

Enthält zur Erzählung ab S. 20: *Christa Wolf zur Rolle des Schriftstellers*: W o l f , Ch.: [„Die Leidenschaften dieses Jahrhunderts … sind öffentlich"]. – W o l f , Ch.: [„Es gibt eine Wahrheit jenseits der wichtigen Welt der Fakten"]. – W o l f , Ch.: [„Der Autor nämlich ist ein wichtiger Mensch"]. – W o l f , Ch.: Ich bin schon für eine gewisse Maßlosigkeit. – P l o e t z , Dagmar: Vom Vorteil, eine Frau zu sein. – *Zur Diskussion über den „Geteilten Himmel" in der DDR*: Z a k , Eduard: Tragische Erlebnisse in optimistischer Sicht. – G e e r d t s , Hans Jürgen: Menschen mitten unter uns. – H e i s e , Rosemarie: [„Eine nationale Entscheidung"]. – A l l e r t , Dietrich ; W e t z e l t , Hubert: [Es erhebt sich die Frage nach dem Standpunkt der Autorin]. – N e u t s c h , Erik: Einige Bemerkungen zur Literaturdiskussion. – Zirkel schreibender Arbeiter des VEB Waggonbau Ammendorf: [Nicht nur Beifall, sondern auch kritische Diskussionen]. – Redaktion der „Freiheit": Schlußbemerkungen zur Diskussion über die Erzählung „Der geteilte Himmel" von Christa Wolf. Nützlicher Streit. – Zeittafel zu Leben und Werk.

398 *Meyer-Gosau,* Frauke: Bildlose Zukunft – verlorene Geschichte. Die „Ankunftsliteratur" zwischen 1961 u. 1964 in exemplarischen Studien. – 1982. – [541 S.]: 6 Microfiches
Bremen, Univ., Diss., 1980.

S. 147–255 u. 368–486 behandelt.

399 *Mlečina,* I[rina] V[ladimirovna]: Tipologija romana GDR. – Moskva: Nauka, 1985. – 301 S.

S.105–106 zu „Der geteilte Himmel", S. 211–212 zu „Kindheitsmuster", S. 229–230, 233–235 und 292 zu „Nachdenken über Christa T."

400 *Nalewski,* Horst: „Sprachkünstlerische Gestaltung". Stilkritische Anmerkungen zur jüngeren Epik. – Halle/S.: Mitteldeutscher Verlag, 1968. – 131 S.

S. 27–28 und 34–50 behandelt.

401** *Natoli,* Aldo: Il muro invisible. Finalmente tradotto in italiano „Il cielo diviso" di Christa Wolf. – In: La Republica. – Roma (1983–05–28).

402 *Pallus,* Walter: Geschichte der Prosaliteratur der DDR vom Ende der fünfziger bis zum Anfang der siebziger Jahre. – 1975. – XVI, 252 Bl.
Greifswald, Univ., Wissenschaftl. Rat, Diss. B, 1976.

Bl. 98–103 zu „Der geteilte Himmel", Bl. 104–107 zu „Nachdenken über Christa T."

403* *Pareigis,* Gottfried: Kritische Analyse der Realitätsdarstellung in ausgewählten Werken des „Bitterfelder Weges". (Karl-Heinz Jakobs: Beschreibung eines Sommers, Erik Neutsch: Spur der Steine, Hermann Kant: Die Aula, Christa Wolf: Der geteilte Himmel). – Kronberg/Ts.: Scriptor-Verlag, 1974. – 364 S. – (Monographien : Literaturwissenschaft ; 2)

Zugl.: Hamburg, Univ., Fachbereich Sprachwiss., Diss., 1973.

404 Parteilichkeit und Volksverbundenheit. Zu theoret. Grundfragen unserer Literaturentwicklung / [Institut für Gesellschaftswiss. beim ZK d. SED. Lehrstuhl für marxist.-leninist. Kultur- u. Kunstwiss. Bearb. u. Red.: Helga Herting u. Werner Jehser]. – Berlin: Dietz Verlag, 1972. – 355 S.

S. 178–182 zur Diskussion um den „Geteilten Himmel", S. 142 und S. 226–237 zu „Nachdenken über Christa T."

405 *Pawlowitz,* Ingrid: Der Selbstverständigungsprozeß der Schriftsteller der DDR und die grundlegende Bestimmung der Funktion der Literatur bei der Gestaltung der entwickelten sozialistischen Gesellschaft (1962–1969). – 1977. – 217 Bl.
Berlin, Akad. für Gesellschaftswiss. beim ZK d. SED, Diss., 1977.

Bl. 90–115 zu „Der geteilte Himmel", Bl. 164–170 zu „Nachdenken über Christa T."

Pegoraro, Anna s. *Chiarloni Pegoraro,* Anna

406 *Prévost,* Claude: Romans à l'Ouest et à l'Est, mais romans allemands. – In: Alternative. – Berlin [West] 7 (1964) 38/39. – S. 101–106.

S. 106 behandelt. – Von Lilo Schmidt ins Deutsche übersetzt.

407 *Raddatz,* Fritz J.: Eine neue sozialistische Literatur entsteht. Jurek Becker, Brigitte Reimann, Christa Wolf, Manfred Bieler, Fritz Rudolf Fries. – In: Raddatz: Traditionen und Tendenzen. Materialien zur Literatur d. DDR. – Frankfurt a. M.: Suhrkamp, 1972. – S. 372–400.

S. 379–385 zu „Der geteilte Himmel", S. 385–390 zu „Nachdenken über Christa T." (vgl. auch Nr. 305). – Mit einer Kurzbiographie auf S. 627 und einer Bibliographie auf S. 671–672.
Dass. Erw. Ausg. Bd. 1. – 1976. – S. 379–390. – (Suhrkamp-Taschenbuch ; 269). – Mit einer Kurzbiographie auf S. 627 und einer Bibliographie auf S. 686–688.

408 *Redeker,* Horst: „Abbildung und Aktion". Versuch über d. Dialektik d. Realismus. – Halle/S.: Mitteldeutscher Verlag, 1966. – 187 S.

S. 16, 24, 63, 103–104, 112, 123, 124, 179–180 behandelt.

409 *Reinig,* Christa: Der ungeteilte Hades. Über Christa Wolf: „Der geteilte Himmel". – In: Der Spiegel. – Hamburg 19 (1965) 3. – S. 70–71.

Mit Foto.

410 *Reinowski,* Werner: Kernstück: Parteilichkeit. Ein Beitrag zur Diskussion über d. Erzählung von Christa Wolf „Der geteilte Himmel". – In: Freiheit. – Halle/S. 18 (1963–09–05) = 208. – S. 5.

411 *Reitschert,* Gerhard: Die neuen Mythen. – In: Alternative. – Berlin [West] 7 (1964) 35. – S. 11–13.

Romero, Christiane s. *Zehl Romero,* Christiane

412 *Rossade,* Werner: Literatur im Systemwandel. Zur ideologiekrit. Analyse künstler. Literatur aus d. DDR. Bd. 1, 2. – Bern ; Frankfurt a. M. ; New York: Lang, 1982. – X, 452 S. ; S. 453–955. – (Europäische Hochschulschriften : Reihe 1 ; 580)

S. 294–322 zu „Der geteilte Himmel", S. 389–452 zu „Nachdenken über Christa T.", S. 616–689 zu „Kindheitsmuster", S. 804–808 zum Vorwort „Berührung" zu M. Wanders „Guten Morgen, du Schöne".

413 *Sachs,* Heinz: Eine Antwort ist herangereift. Notizen zu Christa Wolfs „Der geteilte Himmel". – In: Berliner Zeitung. – Berlin 19 (1963–06–28) = 174. – S. 8.

414 *Satonski,* Dmitri: (Im Jahr 1992 erklärt sich eine wissenschaftliche Mitarbeiterin ...). – In: Sinn und Form. – Berlin 28 (1976) 1. – S. 145–157.

Zusammen mit zwei anderen Beiträgen u. d. T. „Stimmen über den Roman der DDR aus Moskau, Paris und Tbilissi" veröffentlicht. – S. 145 zu „Selbstversuch", S. 145–147 zu „Der geteilte Himmel", S. 147–148 zu „Nachdenken über Christa T." – Übersetzt von Jürgen Schlenker.
Dass. u. d. T.: Zur gegenwärtigen Romanentwicklung in der DDR. – In: Urteile und Entdeckungen. DDR-Literatur in d. sowjet. Kritik / hrsg. von Günter Warm. – Halle ; Leipzig: Mitteldeutscher Verlag, 1978. – S. 228–230.
Ukrainisch u. d. T.: Mistetctvo stati ljudinoju. (Rozdumi pro roman NDR). – In: Zatons'kyj: Šljach čerez XX stolittja. Statti pro nimec'komovni literatury. – Kyiv: Vydavnictvo Chudožn'oi Literatury Dnipro, 1978. – S. 87–88, 88–92, 92–94.

415 *Schonauer,* Franz: „Parteilichkeit" oder „Tendenz". Anmerkungen zur erzählenden Literatur in d. DDR. – In: Du-atlantis. – Zürich 26 (1966) Juni. – Beil.: Das Wort. – 7 (1966) 6. – S. 492–494.

S. 494 behandelt.

416 *Sevin,* Dieter: Christa Wolf, Der geteilte Himmel, Nachdenken über Christa T. Interpretation. – 1. Aufl. – München: Oldenbourg, 1982. – 123 S. – (Interpretationen für Schule und Studium)

S. 119–122 Bibliographie und Literaturverzeichnis.
Dass. 2., überarb. u. erg. Aufl. – 1988. – 136 S. – (Oldenburg-Interpretationen ; 28). – Bibliographie auf S. 131–133.

417 *Stern,* Kurt: „Wenn ich nicht brenne ...". Gedanken zu Christa Wolfs Buch. – In: Sonntag. – Berlin 18 (1963) 22. – S. 11.

418 *Stolpmann,* Günter: Der Konflikt und Probleme seiner literarisch-künstlerischen Gestaltung. – 1974. – 351 Bl.
Erfurt-Mühlhausen, Pädag. Hochsch., Diss. A, 1974.
Bl. 179–193 behandelt.

419 *Trempelmann,* Gisela: Untersuchung zum Passiv und zu Passivsynonymen in der deutschen Gegenwartssprache. – 1973. – IV, 325 Bl.
Potsdam, Pädag. Hochsch., Hist.-phil. Fak., Diss. A, 1973.
Bl. 186–296 das Passiv mit „sein", Passivsynonyme und das Passiv mit „werden" u. a. an D. Nolls „Abenteuer des Werner Holt" und Ch. Wolfs „Geteiltem Himmel" untersucht.

420 *Weniger,* Volker: Persönlichkeitsbild und Problembewußtsein. Entwicklungslinien im DDR-Roman seit d. 1. Bitterfelder Konferenz 1959. – 1982. – 254 S.
Berlin [West], Freie Univ., Fachber. Germanistik, Diss., 1983.
S. 44–68 behandelt.

Zatons'kyj, Dmitrij s. *Satonski,* Dmitri

421 *Zehl Romero,* Christiane: Changing patterns of male and female identity in recent GDR prose. – In: Studies in GDR culture and society. 6. Selected papers from the 11. New Hampshire Symposium on the German Democratic Republic [was held in Conway, June 21–28, 1985] / Ed.: Margy Gerber ... – Lanham ; New York ; London: University Press of America, 1986. – S. 93–108.
S. 97–98 zu „Der geteilte Himmel", S. 99–101 zu „Nachdenken über Christa T.", S. 103–104 zu „Kassandra".

422 *Zehm,* Günter: „Weil es uns schlecht geht, sind wir dafür". Christa Wolfs „Der geteilte Himmel" – Dokument über d. Seelenzustand d. Intellektuellen in d. Zone. – In: Die Welt. – Hamburg (1963–07–30) = 174. – S. 9.

1967

Juninachmittag (1967)

423* *Emmerich,* Wolfgang: Der verlorene Faden. Probleme des Erzählens in d. siebziger Jahren. – In: Literatur der DDR in den siebziger Jahren / hrsg. von Peter Uwe Hohendal u. Patricia Herminghouse. – 1. Aufl. – Frankfurt a. M.: Suhrkamp, 1983. – S. 153–192. – (Edition Suhrkamp ; 1174: N. F. 174)

424 *Faix,* Waltraut ; *Findeisen,* Wolf-Jürgen: Zur Raum-Zeit-Problematik in der Erzählprosa der DDR-Literatur. – In: Wissenschaftliche Studien der Pädagogischen Hochschule „Clara Zetkin". – Leipzig (1974) 3. – S. 78–80.
Zu Ch. Wolfs „Juninachmittag" und H. Kants „Krönungstag".

425 *Frey,* Eberhard: Gesellschaftskritische Vieldeutigkeit in Christa Wolfs Erzählung „Juninachmittag". – In: Frey: Stil und Leser. Theoret. u. prakt. Ansätze zur wissenschaftlichen Stilanalyse. – Bern ; Frankfurt a. M.: Lang, 1975. – S. 101–112. – (Europäische Hochschulschriften : Reihe 1 ; 116)

426 *Giesecke,* Almut: Zum Leistungsvermögen einer Prosaform. Analysen zu „Der Schmied von Kosewalk" von Sarah Kirsch u. „Juninachmittag" von Christa Wolf. – In: Weimarer Beiträge. – Berlin ; Weimar 23 (1977) 8. – S. 110–139.

S. 123–139 behandelt.

427 *Hollis,* Andrew: Timelessness and the game. Christa Wolf's „Juninachmittag" and Joachim Walther's „Wochenende im Grünen". – In: New German Studies. – Hull 7 (1979) 3. – S. 145–167.

428 *Jäckel,* Günter: „Grunderlebnisse" in poetischer Prägnanz. Tendenzen u. Strukturen in d. Kurzprosa d. DDR-Literatur zwischen 1965 u. 1977. – Wrocław: Wydawnictwa Uniwersytetu Wrocławskiego, 1980. – 251 S. – (Acta Universitatis Wratislaviensis ; 579 : Germanica Wratislaviensia ; 46)

S. 60–63 behandelt. – Nicht identisch mit Nr. 429.

429 *Jäckel,* Günter: Nachrichten und poetische Informationen. – In: Jäkkel, Günter ; Roisch, Ursula: Große Form in kleiner Form. Zur sozialist. Kurzgeschichte. – Halle/S.: Mitteldeutscher Verlag, 1974. – S. 7–105.

S. 82–84 behandelt.

430 *Posor,* Monika: Christa Wolfs „Juninachmittag". Versuch e. Konfrontation. – In: Acta Universitatis Nicolai Copernici. Filologia Germańska II. – Toruń (1976) 70. – S. 59–68.

Polnische Zusammenfassung auf S. 69.

431 *Zimmermann,* Werner: Christa Wolf, Juninachmittag (1967). – In: Zimmermann: Deutsche Prosadichtungen unseres Jahrhunderts. Bd. 2. – Neuausg., 3., veränd. Aufl. – Düsseldorf: Pädagogischer Verlag Schwann, 1974. – S. 351–372.

Dass. 4. Aufl. – 1976. – S. 351–372.
Dass. 5. Aufl. – 1981. – S. 351–372.
Dass. 6., verb. Aufl. – 1985. – S. 351–372.

In früheren Auflagen nicht enthalten.

Nachdenken über Christa T. (1968)

432* *Aamold,* Wenche: Christa T. Er der plass til henne i DDR-samfunnet. – In: Nordisk Tidsskrift for Literaturforskning. – [s. l.] (1975). – S. 45–52.

433 *Aschka,* Fritz: Auf dem Rückzug. Die bemerkenswerte Entwicklung d. Ostberliner Autorin Christa Wolf. Zweifel an Sprache u. Realität in d. neuen Roman „Nachdenken über Christa T." – In: Nürnberger Nachrichten. – Nürnberg 25 (1969–10–01) = 227. – S. 15.

Mit Foto.

434* *Beckelmann,* Jürgen: Der Versuch, man selbst zu sein. Zu Christa Wolfs neuem Roman. – In: Tages-Anzeiger. – Zürich (1969–07–15).

Dass. – In: Süddeutsche Zeitung. – München 25 (1969–07–26/27) = 178. – S. 126. – Mit Foto.

435 *Behn,* Manfred: DDR-Literatur in der Bundesrepublik Deutschland. Die Rezeption d. ep. DDR-Literatur in d. BRD 1961–1975. – Meisenheim am Glan: Hain, 1977. – 190 S. – (Hochschulschriften Literaturwissenschaft ; 34)

S. 102–105 und S. 158–170 behandelt.

436 *Berger,* Michael: Literarische Charaktere untersucht an ausgewählten Werken der DDR-Literatur des Zeitraumes 1968–1974. – 1975. – 198 Bl. in getr. Zählung.

Berlin, Humboldt-Univ., Gesellschaftswiss. Fak., Diss. A, 1975.

Bl. 65–81, 154–155 behandelt.

437 Bestseller aus der DDR. – In: Medical Tribune. Ausg. für Deutschland. – Wiesbaden 5 (1970) 20. – S. 31.

438* *Bilke,* Jörg B.: Der neue Stern zeigt sich nicht. Bemerkungen zu Christa Wolfs Roman „Nachdenken über Christa T." – In: Freiheitsglocke. – Bonn (1970) März.

439 *Bilke,* Jörg B.: Die Wirklichkeit ist anders. Kritik u. Pessimismus in drei neuen „DDR"-Romanen. – In: Rheinischer Merkur. – Köln 24 (1969) 41. – S. 44–45.

Zu Ch. Wolfs „Nachdenken über Christa T.", I. Morgners „Hochzeit in Konstantinopel" und M. Bielers „Maria Morzeck".

440* *Bonnefoy,* Claude: Un visage, un être, une vérité. – In: La Quinzaine Littéraire. – Paris (1972) 742.

441 *Bussmann,* Rudolf: Nachdenken über Christa T. – In: Drehpunkt. Schweizer Literaturzeitschrift. – Solothurn 4 (1972) 14. – S. 28–30.

Dass. Reprint. – Basel: Lenos, 1980. – S. 348–350.

442 Christa Wolf: Nachdenken über Christa T. – In: Literatur und Kritik. – Salzburg (1970) 46. – S. 373–374.

443 Christa Wolf: Nachdenken über Christa T. – In: Die Welt der Bücher. Literar. Beihefte zur Herder-Korrespondenz. – Freiburg/Br. 4 (1969/73) 3. – S. 167.

444 Christa Wolf. Zum Buch „Nachdenken über Christa T.". – In: Neue Zürcher Zeitung. Fernausg. – Zürich 190 (1969–09–28) = 594. – S. 94.

445 (Christa Wolf wurde 1929 in Landsberg (Warthe) geboren ...). – In: Lesen. – Hamburg (1970) 3. – S. 16.

Unter der Rubrik „Auf dem Sellerteller" veröffentlicht. – Mit Foto.

446 *Cicora,* Mary A.: Language, identity, and the woman in „Nachdenken über Christa T." A post-structuralist approach. – In: The Germanic Review. – Washington 57 (1982) 1. – S. 16–22.

447* *Coleman,* John: From behind the wall. – In: The Observer. – London (1971–05–16).

448 Departing from the norm. – In: The Times Literary Supplement. – London (1969–07–24) = 3,517. – S. 809.

449 *Drewitz,* Ingeborg: Metamorphosen der DDR-Literatur. – In: Deutsche Studien. – Bremen 7 (1969) 26. – S. 147–158.

S. 153, 157–158 behandelt, S. 154–156 Auszug aus dem Roman.

Dass. – In: Drewitz: Zeitverdichtung. Essays, Kritiken, Portr. Ges. aus 2 Jahrzehnten. – Wien ; München ; Zürich: Europaverlag, 1980. – S. 332–337.

450* *Ember,* Maria: Nachdenken über Christa T. – In: Nagyvilág. – Budapest (1970) 1.

451 *Engel,* Willem P.: Die Schwierigkeit „ich" zu sagen. Christa Wolfs neuer Roman. – In: Telegraf. – Berlin [West] 25 (1970–10–18) = 243. – S. 39.

452 *Engler,* Jürgen: Untersuchungen zum Verhältnis von Ästhetischem und Moralischem, von Kunst und Moral. (Über d. Kunstfreundlichkeit d. sozialist. Moral u. d. Moral d. sozialist.-realist. Gegenwartsliteratur) Bd. 1. 2. – 1972. – 192 Bl. ; 193–387 Bl.

Leipzig, Univ., Sekt. Kulturwiss. u. Germanistik, Diss. A., 1972.

Bl. 100–152 Kapitel: Christa Wolfs „Nachdenken über Christa T." – Moral ohne Welt.

453 *Ezergailis,* Inta: Woman writers, the divided self. Analysis of novels by Christa Wolf, Ingeborg Bachmann, Doris Lessing and others. – Bonn: Bouvier, 1982. – 120 S. – (Studien zur Germanistik, Anglistik und Komparatistik ; 109)

Durchgehend behandelt und gegenübergestellt werden u. a. „Nachdenken über Christa T.", „Malina" von I. Bachmann und „The Golden Notebook" von D. Lessing.

454 *Franke,* Konrad: Ihrer Generation voraus. – In: Frankfurter Hefte. – Frankfurt a. M. 25 (1970) 7. – S. 524–525.

455 *Geissler,* Klaus: Zur Romanliteratur im zwanzigsten Jahr der Deutschen Demokratischen Republik. – In: Wissenschaftliche Zeitschrift der Friedrich-Schiller-Universität. Gesellschafts- u. sprachwiss. R. – Jena 20 (1971) 3. – S. 473–483.

S. 479–480 behandelt.

456 *Gomez,* Jean: Entwicklung und Perspektiven der Literaturwissenschaft in der DDR. – Paris: Société d'Edition „Les Belles Lettres", 1978. – 193, 20 S. – (Bibliothèque de la Faculté de Philosophie et Lettres de l'Université de Liège ; 224)

S. 168–177 Kapitel: Konkretes Beispiel: Rezeption von Christa Wolfs Roman „Nachdenken über Christa T.".

457 *Greiner,* Bernhard: „Sentimentaler Stoff und fantastische Form". Zur Erneuerung frühromantischer Tradition im Roman d. DDR (Christa Wolf, Fritz Rudolf Fries, Johannes Bobrowski). – In: DDR-Roman und Literaturgesellschaft / hrsg. von Jos Hoogeveen u. Gerd Labroisse. – Amsterdam: Rodopi, 1981. – S. 249–328. – (Amsterdamer Beiträge zur neueren Germanistik ; 11/12)

S. 260–274 und 281–282 behandelt.

458 *Hammer,* Jean-Pierre: L'individu dans la société socialiste. – In: Allemagne d'aujourd'hui. – Paris (1970) 21. – S. 61–70.

459 *Hanke,* Irma: Politik und Erfahrung. Probleme polit. Sozialisation. – In: Die DDR-Gesellschaft im Spiegel ihrer Literatur / hrsg. von Gisela Helwig. – Köln: Verlag Wissenschaft und Politik, 1986. – S. 21–37.

S. 23–24 zu „Nachdenken über Christa T.", S. 27 zu „Kindheitsmuster", mit Textauszügen auf S. 38–40.

460* *Hill,* Linda: Loyalism in Christa Wolf's „Nachdenken über Christa T.". – In: Michigan Germanic studies. – Ann Arbor 7 (1981) 2. – S. 249–261.

461 *Hilzinger,* Sonja: „Als ganzer Mensch zu leben ...". Emanzipator. Tendenzen in d. neueren Frauen-Literatur d. DDR. – Frankfurt a. M. ; Bern ; New York: Lang 1985. – 262 S. – (Europäische Hochschulschriften : Reihe 1 ; 867)

Zugl.: Mainz, Univ., Diss., 1985.
S. 51–62 zu „Nachdenken über Christa T.", S. 66–80 zu „Unter den Linden", S. 169–176 zu „Selbstversuch", S. 177–191 zu „Kindheitsmuster".

462 [*Hodjak,* Franz]: Christa Wolfs Roman „Nachdenken über Christa T.". – In: Deutsche Literatur. Lehrbuch für d. 10. Kl. / Dorothea Götz ... – București: Editura Didactică și Pedagogică, 1980. – S. 95–98.

Dass. In: Deutsche Literatur. Lehrbuch für d. 10. Kl. / Michael Markel ... – București: Editura Didactică și Pedagogică, 1982. – S. 95–98. – *Dass.* 1985. – S. 90–92.

463 *Höllerer,* Walter: Anmerkungen zur DDR-Literatur. Rede in Berlin-Weißensee 1979. – In: Akzente. – München 26 (1979) 4. – S. 489–499.

S. 492–493 behandelt.

464 *Hörnigk,* Therese: Ein Buch des Erinnerns, das zum Nachdenken anregte. Christa Wolfs „Nachdenken über Christa T." – In: Werke und Wirkungen. DDR-Literatur in d. Diskussion / [hrsg. von Inge Münz-Koenen]. – 1. Aufl. – Leipzig: Reclam, 1987. – S. 168–213. – (Reclams Universal-Bibliothek ; 1207)

465 *Hoffmann,* Hans: Der Versuch, zu sich selbst zu kommen. Zu Christa Wolfs Roman „Nachdenken über Christa T." – In: Frau und Beruf. – Düsseldorf (1969) Nov./Dez. – S. 12.

466 Istorija Kristy T. – In: Literaturnaja gazeta. – Moskva 41 (1969) 20. – S. 15.

Deutsche Übersetzung vgl. Nr. 535.

467 *Janikowska,* Maria: Der neue Held in der Prosa der DDR: Christa Wolf, Ulrich Plenzdorf, Wolfgang Joho, Rolf Schneider, Volker Braun. – In: Germanica Wratislaviensia. 36. – Warszawa ; Wrocław: Państwowe Wydawnictwo Naukowe, 1980. – S.73–87. – (Acta Universitatis Wratislaviensis ; 441)

S. 74–77 behandelt.

468 *Jochmann,* Hans-Georg: Das schriftstellerische und publizistische Schaffen als Gegenstand der künstlerischen Darstellung in der neueren Erzählprosa der DDR. – 1980. – 180, 57 Bl.
Leipzig, Pädagog. Hochsch., Wissenschaftl. Rat., Diss. A, 1980.

Bl. 40–44 zum publizistischen Schaffen, Bl. 83–84, 89 zu „Nachdenken über Christa T.", Bl. 100–105 zu „Kindheitsmuster".

469 *Kaiser,* Herbert: Christa Wolf: Nachdenken über Christa T. Erzählen als Modell geschichtlichen Interpretierens. – In: Literatur für Leser. – München (1978) 3. – S. 200–213.

470 *Kersten,* Heinz: Christa Wolfs „Nachdenken über Christa T.". Zu e. literar. u. e. kulturpolit. Ereignis. – In: Frankfurter Rundschau. – Frankfurt a. M. 25 (1969-06-21) = 140. – Beil.: Zeit und Bild. – Nr. 25. – S. IV.

471 *Klausenitzer,* Hans-Peter: Das sterbende Ich. Christa Wolfs Diagnose über Christa T. – In: Publik. – Frankfurt a. M. 2 (1969) 40. – Beil.: Publik-Visuell (Literatur). – S. 2.

Mit Foto.

Kleinbord, Ester s. *Labovitz,* Ester Kleinbord

472 *Knipp,* Wolfgang: Zum Verhältnis von Individuum und Gesellschaft in ausgewählten Romanen der DDR-Literatur. Anm. zum sozialist. Menschenbild. – Köln: Pahl-Rugenstein, 1980. – III, 638 S. – (Pahl-Rugenstein-Hochschulschriften ; 41 : Ser. Literatur u. Geschichte)

Zugl.: Bremen, Univ., Diss.
S. 358–396 Kapitel: Wirklichkeitsaneignung in der Spannung zwischen „Anpassung" und „Sich-Verlieren". Christa Wolf, „Nachdenken über Christa T.".

473 *Köhn,* Lothar: Christa Wolf: Nachdenken über Christa T. – In: Deutsche Romane des 20. Jahrhunderts. Neue Interpretationen / hrsg. von Paul Michael Lützeler. – Königstein/Ts.: Athenäum-Verlag, 1983. – S. 340–355.

474** *Krysztofiak,* Maria: Rozmyślania nad Christą T. – In: Nurt. – Poznań 10 (1974) 114. – S. 7.

475* *Krzemiński,* Adam: Rytm pokoleniowy. – In: Polityka. – Warszawa (1969-05-17).

476 *Kuhn,* Anna K.: Ich-Erweiterung und Ich-Aufspaltung. Überlegungen zu Max Frischs „Mein Name sei Gantenbein" u. Christa Wolfs „Nachdenken über Christa T." – In: Frauensprache – Frauenliteratur? Für und wider einer Psychoanalyse literarischer Werke / hrsg. von Inge Stephan u. Carl Pietzcker. – Tübingen: Niemeyer, 1986. – S. 87–91. – (Kontroversen, alte und neue [= Akten d. VII. Internationalen Germanisten-Kongresses, Göttingen 1985] ; 6)

477* *Labovitz,* Ester Kleinbord: The myth of the heroine. The female Bildungsroman in the twentieth century. Dorothy Richardson, Simone de Beauvoir, Doris Lessing, Christa Wolf. – New York ; Berne ; Frankfurt a. M.: Lang, 1986. – V, 272 S. – (American university studies: General literature ; 4)

Zugl.: New York, Univ., Diss., 1982.

478* *Liddell,* Peter: Individuality and collectivism. The evolving theory and practice of socialist realism in East Germany reflected in three novels of the 1960's. – 1976.
Vancouver, Univ., Diss., 1976.

479 *Love,* Myra: Christa Wolf and feminism. Breaking the patriarchal connection. – In: New German Critique. – Milwaukee (1979) 16. – S. 31–53.

480 *Luthardt,* Ernst: Tendenzen der Lyrisierung in deutschsprachigen Erzählwerken des 20. Jahrhunderts. – 1978. – 345 Bl.
Jena, Univ., Gesellschaftswiss. Fak., Diss. A, 1978.

Bl. 202–253 Kapitel: Selbstergründung durch forcierte Subjektivität – Chr. Wolfs „Nachdenken über Christa T.".

481 *Mannack,* Eberhard: Zwei Beispiele der DDR-Literatur nach Bitterfeld. – In: Literaturwissenschaft und Geschichtsphilosophie. Festschrift für Wilhelm Emrich / hrsg. von Helmut Arntzen ... – Berlin [West] ; New York: de Gruyter, 1975. – S. 575–590.

Zu H. Kants „Impressum" und Ch. Wolfs „Nachdenken über Christa T." (S. 586–590).

Dass. u. d. T.: Zwei Beispiele der DDR-Literatur in der Epoche des „entwickelten gesellschaftlichen Systems des Sozialismus". – In: Mannack: Zwei deutsche Literaturen? – Kronberg/Ts.: Athenäum-Verlag, 1977. – S. 13–34. – (Athenäum-Taschenbücher ; 2123)

482 *Mauser,* Wolfram: „Am Starkstrom Gegenwart". Christa Wolfs Kassandra: Eine Identität – sprengende Phantasie? – In: Ein Inuk sein. Interdisziplinäre Vorlesungen zum Problem d. Identität / Gaetano Benedetti ; Louis Wiesmann (Hrsg.). – Göttingen: Vandenhoeck & Ruprecht, 1986. – S. 282–297.

S. 283–287 zu „Nachdenken über Christa T.", S. 287–296 zu „Kassandra".

483 *Mauser,* Wolfram ; *Mauser,* Helmtrud: Christa Wolf: Nachdenken über Christa T. – München: Fink, 1987. – 120 S. – (UTB für Wissenschaft : Uni-Taschenbücher ; 1457) (Text und Geschichte ; 22)

Mit einem Literaturverzeichnis auf S. 117–[121].

484 *Mauser,* Wolfram: Subjektivität – Chance oder Verirrung? Zu Christa Wolfs „Nachdenken über Christa T.". – In: Sprachkunst. – Wien 12 (1981) 1. – S. 171–185.

485 *McGauran,* Fergus: ‚Gebrochene Generationen': Christa Wolf und Theodor Storm. – In: German Life and Letters. – Oxford 31 (1977/78) 4. – S. 328–335.

Vergleich zwischen „Nachdenken über Christa T." und Storms „Auf dem Staatshof".

486 *McHaffie,* Margaret: See no evil. – In: The Times Literary Supplement. – London (1982–06–04) = 4, 131. – S. 608.

Zu „The quest for Christa T." (New York: Virago Modern Classics) und zu „A model childhood" (New York: Virago Press).

487 *Menzel,* Claus: Nachdenken. Gefährlich für die DDR: Christa Wolfs neuer Roman. – In: Deutsches Allgemeines Sonntagsblatt. – Hamburg 22 (1969) 23. – S. 22.

488 *Mohr,* Heinrich: DDR-Geschichte als Thema der DDR-Literatur. Geschichte, Dichtung u. Geschichtsschreibung. – In: Deutschland-Archiv. – Köln 12 (1979) So.-H.: 30 Jahre DDR. – S. 63–89.

S. 80–81 behandelt.

489 *Mohr,* Heinrich: Literatur als Kritik und Utopie der Gesellschaft. – In: Deutschland-Archiv. – Köln 10 (1977) So.-H.: Kultur u. Gesellschaft in d. DDR. – S. 57–70.

S. 63–67 behandelt.

490* *Moscoso-Gongora,* Peter: The quest for Christa T. – In: Saturday Review. – New York (1971–05–08). – S. 31–32.

491 *Motyleva,* Tamara: Vsmatrivajas' v novoe. – In: Voprosy literatury. – Moskva (1972) 5. – S. 31–59.

S. 50–51 behandelt.

Deutsch u. d. T.: Betrachtung des Neuen im sozialistischen Realismus. – In: Kunst und Literatur. – Berlin (1972) 8. – S. 806–807.

Dass. u. d. T.: Zur Entwicklung der Prosa in sozialistischen Ländern Europas. – In: Urteile und Entdeckungen. DDR-Literatur in d. sowj. Kritik / hrsg. von Günther Warm. – Halle ; Leipzig: Mitteldeutscher Verlag, 1978. – S. 279–280.

Motyljowa, Tamara s. *Motyleva,* Tamara

492* *Mudrich,* Heinz: Wer war Christa T.? Ein bedeutender deutscher Roman von drüben. – In: Saarbrücker Nachrichten. – Saarbrücken (1969–12–19).

493* *Nemoto,* Motoko: Bungaku to ronri. C. Vorufu no „Kurisuta T no tsuisô" to E. Burohho no kibô no tetsugaku ni tsuite. – In: Tôkai daigaku kiyo bungakubu. – Tôkyô (1974) 21. – S. 33–39.

494 *Nemoto,* Motoko: Kyokô to genjitsu. C. Vorufu no „Kurisuta T no tsuisô" ni kanshite. – In: Gâden-kai. Hikô. Dokubungaku kenkyûshi. – Yokosuka (1973) 7. – S. 16–32.

495 *Neumann,* Günther: Literarische Gestalten im Konflikt. Zu einigen ästhetischen Erscheinungen in d. Erzählliteratur d. DDR Ende d. sechziger Jahre. – 1976. – II, 206, CCXXXI Bl.
Greifswald, Univ., Sekt. Germanistik, Kunst- u. Musikwiss., Diss. A, 1976.

Bl. 186–207 Kapitel: Konfliktquellen und -ursachen auf dem Wege zur Selbstverwirklichung in der Sicht des Erzähler–Mediums in Ch. Wolfs Buch „Nachdenken über Christa T."

496 *Nitsche,* Hellmuth: Quo vadis Christa Wolf? – In: Német filológiai tanulmányok = Arbeiten zur deutschen Philologie. – Debrecen 5 (1970). – S. 155–171.

497 *Nolte,* Jost: Die schmerzhaften Erfahrungen der Christa T. – In: Nolte: Grenzgänge. Berichte über Literatur. – Wien: Europaverlag, 1972. – S. 176–181.

498 *Orłow,* Peter: Der erste Tauwetter-Roman im DDR-Winter. – In: Die Orientierung. – Pfaffenhofen (1969) 246. – S. 11–20.

499 *Orłowski,* Hubert: „Nachdenken über Christa T." – In: Annäherung und Distanz. DDR-Literatur in d. poln. Literaturkritik / Manfred Diersch ; Hubert Orłowski. – Halle ; Leipzig: Mitteldeutscher Verlag, 1983. – S. 480–487.

Nachwort zur polnischen Übersetzung (vgl. Nr. 62).

500 *Parkes,* K. S.: An all-German dilemma: some notes on the presentation of the theme of the individual and society in Martin Walser's „Halbzeit" and Christa Wolf's „Nachdenken über Christa T." – In: German Life and Letters. – Oxford 28 (1974/75) 1. – S. 58–64.

501* *Pawel,* Ernst: The quest for Christa T. – In: The New York Times Book Review. – New York (1971-01-31). – S. 7, 33.
Deutsche Übersetzung vgl. Nr. 535.

502* *Pomps,* Helga: Christa Wolf: „Nachdenken über Christa T." A study of human development. – 1973.
Colorado, Univ., Diss., 1973.

503* *Posor,* Monika: Zur ethischen Problematik und zur Komposition des Romans „Nachdenken über Christa T." von Christa Wolf. – In: Acta Universitatis Nicolai Copernici. Filologia Germańska. – Toruń 5 (1978). – S. 21–34.

504 The problems of purity. – In: The Times Literary Supplement. – London (1971-08-13) = 3, 624. – S. 961.

505* *Probst,* Gerhard F.: Thematization of alterity in Christa Wolf's „Nachdenken über Christa T." – In: University of Dayton Review. – Dayton 13 (1978) 2. – S. 25–35.

506 *Raddatz,* Fritz J.: Mein Name sei Tonio K. Fritz J. Raddatz über Christa Wolf: „Nachdenken über Christa T." – In: Der Spiegel. – Hamburg 23 (1969) 23. – S. 153–154.
Mit Foto auf S. 154.
Vgl. auch Nr. 305, 407, 535.

507* *Richard,* Lionel: Héros positif, héros negatif? – In: Magazine Littéraire. – Paris (1972) 73. – S. 30–31.

508 *Risch-Kohl,* Heidemarie: Das historische Subjekt und die gesellschaftliche Perspektive in der Literatur der DDR nach dem VI. Parteitag der SED. – 1979. – 414 S.
Berlin [West], Freie Univ., Fachbereich Germanistik, Diss., 1977.
S. 295–337 Romananalyse, S. 338–353 Gemeinsamkeiten und Differenzen der Romane „Spur der Steine" von E. Neutsch, „Mein namenloses Land" von J. Knappe und „Nachdenken über Christa T."

509 *Rohrwasser,* Michael: Das Selbstmordmotiv in der DDR-Literatur. – In: Probleme deutscher Identität. Zeitgenöss. Autobiographien, Identitätssuche u. Zivilisationskritik / hrsg. von Paul Gerhard Klussmann u. Heinrich Mohr. – Bonn: Bouvier, 1983. – S. 209–231. – (Jahrbuch zur Literatur in der DDR ; 3)
S. 218–219 zu „Nachdenken über Christa T.", S. 221–223 zu „Kein Ort. Nirgends".

510 *Rother,* Siegfried: Der „neue sozialistische Mensch“ in der Literatur der DDR. – In: Stimmen der Zeit. – Freiburg/Br. 101 (Bd. 194) (1976) 10. – S. 675–688.

S. 680–686 behandelt.

511* Rozmyślania nad Christą T. – In: Nurt. – Poznań (1974) 10. – S. 26.

512 *Sänger,* Peter: Christus und sein Kreuz in deutscher Gegenwartsprosa. Erzählmotive bei Ingeborg Bachmann u. Christa Wolf. – In: Sänger: Spiegelbild. Interpretationsversuche, Stellungnahmen, Thesen zum Thema „Kirche u. Literatur“. – 1. Aufl. – Berlin: Evangelische Verlagsanstalt, 1983. – S. 82–118.

S. 98–118 behandelt.

513 *Sander,* Hans-Dietrich: Die Gesellschaft und Sie. Christa Wolf: Nachdenken über Christa T. – In: Deutschland-Archiv. – Köln 2 (1969) 6. – S. 599–603.

514 *Sander,* Volkmar: Erinnerungen an die Zukunft: Christa Wolfs „Nachdenken über Christa T.“ – In: Perspectives and personalities. Studies in modern German literature. Honoring Claude Hill / ed. by Ralph Ley ... – Heidelberg: Carl Winter Universitätsverlag, 1978. – S. 320–329. – (Beiträge zur neueren Literaturgeschichte : Folge 3 ; Bd. 37)

515 *Schmitt,* Hans-Jürgen: Von den „Mutmaßungen“ zu den „Neuen Leiden“. Zur Wirkungsgeschichte d. DDR-Literatur. – In: Hansers Sozialgeschichte der deutschen Literatur vom 16. Jahrhundert bis zur Gegenwart. Bd. 11. Die Literatur der DDR / hrsg. von Hans-Jürgen Schmitt. – München ; Wien: Hanser, 1983. – S. 15–41.

S. 30–33 zur Rezeption von „Nachdenken über Christa T.“.

Dass. – In: Hansers Sozialgeschichte der deutschen Literatur vom 16. Jahrhundert bis zur Gegenwart. Bd. 11. Die Literatur der DDR / hrsg. von Hans-Jürgen Schmitt. – München: Deutscher Taschenbuch-Verlag, 1983. – S. 30–33. – (dtv ; 4353)

516* *Schmitz-Sipos,* Nicoletta: „Christa T.“ ha messo d'accordo politica e letteratura. – In: Cronaca di Milano. – Milano (1969–12–05).

517 *Schonauer,* Franz: Selbstsein und Sozialismus. Christa Wolfs „Nachdenken über Christa T.“ – In: Stuttgarter Zeitung. – Stuttgart 25 (1969–11–22) = 269. – Beil.: Die Brücke zur Welt. – S. 52.

Dass. Leicht gekürzt u. d. T.: Erinnerungen an eine Tote. Christa Wolf „Nachdenken über Christa T.“ – In: Die Weltwoche. – Zürich 37 (1969) 1880. – S. 35. – Mit Foto.

518 *Schuhmann,* Klaus: Aspekte des Verhältnisses zwischen Individuum und Gesellschaft in der Gegenwartsliteratur der DDR. – In: Weimarer Beiträge. – Berlin ; Weimar 21 (1975) 7. – S. 5–36.

S. 26–31 behandelt.

Dass. u. d. T.: Zu einigen Aspekten des Verhältnisses von Individuum und Gesellschaft in der sozialistischen Gegenwartsliteratur der sechziger und siebziger

Jahre. – In: Literatur und Geschichtsbewußtsein / hrsg. von Manfred Diersch u. Walfried Hartinger. – 1. Aufl. – Berlin ; Weimar: Aufbau-Verlag, 1976. – S. 113–119.

519 *Schultze,* Sabine: Biographie oder Autobiographie. – In: Rhein-Neckar-Zeitung. – Heidelberg 26 (1970–02/03–28/01) = 49. – Beil.: Literatur und Leben. – Nr. 23. – S. 1.

Mit Foto.

520 *Schuster,* Karl: Christa Wolf: Nachdenken über Christa T. Rezeptionsprobleme mit e. DDR-Roman. – In: Deutsche Romane von Grimmelshausen bis Walser. Interpretationen für d. Literaturunterricht. Bd. 1/2. / Jakob Lehmann (Hrsg.). – Königstein/Ts.: Scriptor-Verlag, 1982. – S. 469–487.

Dass. Bd. 2. Von A. Seghers bis M. Walser. – 1982. – S. 469–487. – (Scriptor Taschenbücher ; S 167 : Literatur + Sprache + Didaktik)

521 *Schwab,* Sylvia: Autobiographik und Lebenserfahrung. Versuch e. Typologie deutschsprach. autobiograph. Schriften zwischen 1965 u. 1975. – Würzburg: Königshausen & Neumann, 1981. – 269 S. – (Epistemata : Reihe Literaturwiss. ; 4)

S. 115–162 Vergleich der Romane „Nachdenken über Christa T." von Ch. Wolf, „Lenz" von P. Schneider, „Versuch über die Pubertät" von H. Fichte, „Montauk" von M. Frisch, „Häutungen" von V. Stefan und „Schönes Gehege" von G. Wohmann.

522 *Seiler,* Bernd W.: Nachdenken über Theodor S. ‚Innerlichkeit' bei Storm u. Christa Wolf. – In: Schriften der Theodor-Storm-Gesellschaft. – Heide 27 (1978). – S. 9–25.

523 *Sevin,* Dieter: The plea for artistic freedom in Christa Wolf's „Lesen und Schreiben" and „Nachdenken über Christa T.". Essay and fiction as mutually supportive genre forms. – In: Studies in GDR culture and society. 2. Proceedings of the 7. Internat. Symposium on the German Democratic Republic [was held from June 19–26, 1981, Conway, New Hampshire] / Ed.: Margy Gerber ... – Washington: University Press of America, 1982. – S. 45–58.

524 *Sommer,* Dietrich: Zum Verhältnis von Individuum und Gesellschaft in neueren Romanen der sozialistischen Gegenwartsliteratur. – In: 1. [Erster] Internationaler Hochschulferienkurs für deutsche Sprache und Kultur der Martin-Luther-Universität Halle–Wittenberg. Reden u. Vorträge / [Red.: Burchard Thaler]. – Halle/S., 1970. – S. 51–72. – (Wissenschaftliche Beiträge der Martin-Luther-Universität Halle–Wittenberg; 1970/2 ⟨F 5⟩)

S. 55–60 behandelt.

525 *Spinner,* Kaspar H.: Prosaanalysen: Th. Bernhard und Christa Wolf. – In: Literatur und Kritik. – Salzburg (1974) 90. – S. 608–621.

S. 614–621 behandelt.

526 *Swiatłowski,* Zbigniew: „Nachdenken über Christa T." von Christa Wolf. Versuch e. literaturgeschichtlichen Standortbestimmung. – In: Germanica Wratislaviensia. 32. – Wrocław: Wydawnictwa Universytetu Wrocławskiego, 1978. – S. 13–26. – (Acta Universitatis Wratislaviensis ; 400)

527 *Thomassen,* Christa: Der lange Weg zu uns selbst. Christa Wolfs Roman „Nachdenken über Christa T." als Erfahrungs- u. Handlungsmuster. – Kronberg/Ts.: Scriptor-Verlag, 1977. – 273 S. – (Monographien Literaturwissenschaften ; 39)

Zugl.: Mainz, Univ., Phil. Diss., 1977.
Mit einer Bibliographie auf S. 267–271.

528 *Tilliger,* Günter: Als Beispiel nicht beispielhaft? „Nachdenken über Christa T." – jetzt auch bei uns. – In: Frankfurter Neue Presse. – Frankfurt a. M. 24 (1969–10–11/12) = 236. – S. 19.

529 *Ulshöfer,* Robert: Kontinuität und Wandel. Mensch u. Gesellschaft in Romanen nach 1945 – d. Wandel d. literar. Menschenzeichnung. Modell für e. Leistungskurs auf Jahrgangsstufe 12, dargest. am Beispiel von „Homo Faber", „Ansichten eines Clowns", „Die Aula", „Nachdenken über Christa T.". – In: Der Deutschunterricht. – Stuttgart 32 (1980) 6. – S. 124–149.

S. 140, 141, 147–149 behandelt.

530 *Vormweg,* Heinrich: Ein weites Feld. Neuerscheinungen Herbst 1969 u. Frühjahr 1970. – In: Jahresring 70/71. Beiträge zur dt. Literatur u. Kunst d. Gegenwart / [bearb. von Rudolf de le Roi ...]. – Stuttgart: Deutsche Verlags-Anstalt, 1970. – S. 355–363.

S. 358–359 behandelt.

531 *Weniger,* Volker: Persönlichkeitsbild und Problembewußtsein. Entwicklungslinien im DDR-Roman seit d. 1. Bitterfelder Konferenz 1959. – 1982. – 254 S.

Berlin [West], Freie Univ., Fachber. Germanistik, Diss., 1983.

S. 107–129 behandelt.

532 *Werth,* Wolfgang: Nachricht aus einem stillen Deutschland. – In: Der Monat. – Hamburg 21 (1969) 253. – S. 90–98.

533* *Whillett,* John: The quest for East Germany. – In: New York Review of Books. – New York (1971–09–02). – S. 21–23.

534* *Whitley,* John: Quest for Christa T. – In: Sunday Times. – London (1971–05–16).

535 Wirkungsgeschichte von Christa Wolfs „Nachdenken über Christa T." / Manfred Behn (Hrsg.). – Königstein/Ts.: Athenäum-Verlag, 1978. – VI, 194 S. – (Athenäum-Taschenbücher ; 2140)

Enthält: B e h n , Manfred: Einleitung. – W o l f , Christa: Nachdenken über Christa T. [Selbstinterview]. – K ä h l e r , Hermann: Christa Wolfs Elegie [gekürzt]. – Zehm, Günter: Nachdenken über Christa W. [gekürzt]. – Haase, Horst: Nachdenken über ein Buch [gekürzt]. – Adamek, Heinz: Kunstwerke entstehen nicht im Selbstlauf [gekürzt]. – Sachs, Heinz: Verleger sein heißt ideologisch kämpfen [gekürzt]. – Istorija Kristy T. – Michaelis, Rolf: Selbstkritik eines Verlegers in der „DDR". – Reich-Ranicki, Marcel: Christa Wolfs unruhige Elegie [gekürzt]. – Michaelis, Rolf: Der doppelte Himmel [gekürzt]. – Schulz, Max Walter: Das Neue und das Bleibende in unserer Literatur [gekürzt]. – Raddatz, Fritz: Mein Name sei Tonio K. [gekürzt]. – Wiegenstein, Roland: Verweigerung der Zustimmung [gekürzt]. – Zehm, Günter: Rückzug ins private Glück im Winkel [gekürzt]. – Hermlin, Stephan: Stellungnahme auf eine Umfrage [gekürzt]. – Wallmann, Jürgen P.: Rezension [gekürzt]. – Mayer, Hans: Rezension [gekürzt]. – Pracht, Erwin; Neubert, Werner: Sozialistischer Realismus – Positionen, Probleme, Perspektiven [gekürzt]. – Tempel, Gudrun: A great story. – Pawel, Ernst: The quest for Christa T. [gekürzt]. – Mohr, Heinrich: Produktive Sehnsucht [gekürzt]. – Bruyn, Günter de: Fragment eines Frauenportraits [gekürzt]. – Haase, Horst: [Diskussionsbeitrag auf dem VII. Schriftstellerkongreß der DDR]. – Kunert, Günter: Interview [gekürzt]. – Reich-Ranicki, Marcel: Christa Wolf. – Wolf, Christa: Gespräch mit Hans Kaufmann [= Die Dimension des Autors, gekürzt]. – Kaufmann, Hans: Zu Christa Wolfs poetischem Prinzip [gekürzt]. – Zur Gestaltung des Arbeiters in unserer gegenwärtigen epischen Literatur. Ein Streitgespräch zwischen Jürgen Engler u. Karin Hirdina [gekürzt]. – Bartsch, Kurt: Mumps [Parodie]. – Meyer, Frauke: Zur Rezeption von Christa Wolfs „Nachdenken über Christa T." [gekürzt]. – Huyssen, Andreas: Auf den Spuren Ernst Blochs. Nachdenken über Christa Wolf [gekürzt]. – Braun, Volker: Die Anspruchslosen. – Pracht, Erwin: Einführung in den sozialistischen Realismus [gekürzt]. – Lebrun, Jean-Claude: [Über den Roman der DDR, gekürzt]. – Batt, Kurt: Realität und Phantasie. Tendenzen in d. Erzählliteratur d. DDR [gekürzt]. – Wolf, Christa: [Diskussion über „Kindheitsmuster" = Erfahrungsmuster, gekürzt]. – Reschke, Renate: Ästhetik – Wissenschaft vom Schönen? [gekürzt]. – Pariser Gespräch über die Prosa der DDR [gekürzt]. – Mandelkow, Karl Robert: Neuer und sozialistischer Realismus [gekürzt]. – Geschichte der Literatur der Deutschen Demokratischen Republik [gekürzt]. – Richter, Helmut: Zur Rezeption deutschsprachiger Erzähler der zweiten Hälfte des 19. Jahrhunderts in der Epik der sechziger Jahre [gekürzt]. – Schulz, Max Walter: [Gespräch mit Klaus Schuhmann, gekürzt].

Mit einem Literaturverzeichnis auf S. 187–191.

536 *Wohmann*, Gabriele: Frau mit Eigenschaften. Christa Wolfs vielerörterter neuer Roman. – In: Christ und Welt. Deutsche Zeitung. – Stuttgart 22 (1969) 49. – S. 41.

Mit Foto.

537* *Wurmser*, André: Une saison sur la terre. – In: Lettres françaises. – Paris (1972-05-03).

538 *Zanasi*, Giusi: Christa Wolf: La traccia dei fatti e la curva della scrittura. – In: Studi Tedeschi. – Napoli 25 (1982) 3. – S. 435–472.

Zu „Nachdenken über Christa T." und „Kein Ort. Nirgends".

1970

Blickwechsel (1970)

539 *Schoeps,* Karl H.: Wandel und Erinnerung: Christa Wolfs Erzählung „Blickwechsel“ als Paradigma ihrer Erzählstruktur. – In: The German Quarterly. – Appleton 52 (1979) 4. – S. 518–525.

1972

Lesen und Schreiben (Essay, 1972)

540 *Kaufmann,* Ulrich: Ein Vormärzdichter als Medium. Büchner bei DDR-Schriftstellern. – In: Generationen, Temperamente, Schreibweisen. DDR-Literatur in neuer Sicht / [hrsg. von Hans Richter]. – Halle; Leipzig: Mitteldeutscher Verlag, 1986. – S. 151–176.

S. 159–160 zu „Lesen und Schreiben“, S. 172–175 zur „Büchner-Preis-Rede“ (1980).

541 *Mannack,* Eberhard: Zur Erzähltheorie: Robbe-Grillet – Uwe Johnson – Christa Wolf. – In: Mannack: Zwei deutsche Literaturen? Zu G. Grass, U. Johnson, H. Kant, U. Plenzdorf u. Ch. Wolf. – Kronberg/ Ts.: Athenäum-Verlag, 1977. – S. 50–65. – (Athenäum-Taschenbücher ; 2123)

S. 62–64 behandelt.

Lesen und Schreiben. Aufsätze u. Betrachtungen (1972)

542 *Auer,* Annemarie: Geglückte Versuche. – In: Neue Deutsche Literatur. – Berlin 21 (1973) 2. – S. 118–125.

543 *Bilke,* Jörg Bernhard: Zumutbare Wahrheiten. Christa Wolfs Essayband „Lesen und Schreiben“. – In: Basis. Jahrbuch für deutsche Gegenwartsliteratur. – Frankfurt a. M. 4 (1973). – S. 192–200.

Dass. Bearb. Fassung. – In: Deutsche Studien. – Hamburg 11 (1973) 43. – S. 331–336.

544 *Cosentino,* Christine: [Rez.]. – In: The German Quarterly. – Appleton 51 (1978) 4. – S. 578–580.

Zu: The reader and the writer. Essays, sketches, memories / transl. by Joan Bekker. – New York: International Publishers, 1977.

545 *Cwojdrak,* Günther: Nachdenken über Prosa. – In: Sinn und Form. – Berlin 24 (1972) 6. – S. 1293–1299.

Dass. – In: Cwojdrak: Konturen. Kritik u. Polemik. – Halle ; Leipzig: Mitteldeutscher Verlag, 1982. – S. 39–51. – (Essay-Reihe)

546 *Ebell,* Götz: [Rez.]. – In: Germanistik. – Tübingen 15 (1974) 2. – S. 237.

Kurzrezension.

547 *Heimberger,* Bernd: Sprache in der Verantwortung. Aufbau-Verlag edierte Christa Wolfs Essayband „Lesen und Schreiben". – In: Neue Zeit. – Berlin 28 (1972-05-04) = 105. – S. 6.

548 *Hirdina,* Karin: Genau, zupackend, veränderlich. Zu Christa Wolfs „Lesen und Schreiben". – In: Sonntag. – Berlin 26 (1972) 34. – S. 6.

549 *Jäger,* Manfred: Lesen und Schreiben in der DDR. Es geht um Erinnerung, um Wirklichkeit u. Wahrheit. Prosa von Christa Wolf. – In: Deutsches Allgemeines Sonntagsblatt. – Hamburg 26 (1973) 6. – S. 22.

550 *Kähler,* Hermann: [Rez.]. – In: Referatedienst zur Literaturwissenschaft. – Berlin 6 (1974) 3. – S. 352–353.

Rezension der 2., erw. Auflage des Aufbau-Verlages.

551* *Keckeis,* Johann: Aufsätze und Betrachtungen von Christa Wolf. – In: Zürichsee-Zeitung. – Stäfa (1973-02-02).

552 „Lesen und Schreiben. Aufsätze u. Betrachtungen". – In: Allemagnes d'aujourd'hui. – Paris (1972) 34. – S. 46–48.

553 Lesen und Schreiben in dieser Zeit. Über Aufsätze u. Betrachtungen von Christa Wolf in d. Edition Neue Texte. – In: Der Morgen. – Berlin 28 (1972-05-13) = 113. – S. 7.

Mit „brs." gezeichnet.

554 *Melchert,* Rulo: ... auf neue Art zu schreiben. Christa Wolfs Aufsätze u. Betrachtungen lassen über Schaffensfragen tiefer nachdenken. – In: Junge Welt. – Berlin 26 (1972-04-07) = 83. – Beil.: du und das Buch. – Nr. 4. – S. 12.

555* *Posor,* Monika: Christa Wolfs Essayband „Lesen und Schreiben". – In: Acta Universitatis Nicolai Copernici. Filologia Germańska. – Toruń 3 (1977). – S. 107–114.

556 *Raddatz,* Fritz J.: Vom Lesen und Schreiben – drüben. Christa Wolfs gesammelte Aufsätze. – In: Süddeutsche Zeitung. – München 29 (1973-02-24/25) = 46. – S. 137.

557 *Światłowski,* Zbigniew: Die theoretischen Positionen der Literaturwissenschaft in der DDR nach 1965. – Rzeszów: Wydawnictwo Uczelniane Wyższej Szkoły Pedagogicznej, 1982. – 237 S.

S. 100–105 behandelt und zitiert.

558 Vital values. – In: The Times Literary Supplement. – London (1973–04–06) = 3,709. – S. 396.

559 *Wallmann,* Jürgen P.: Christa Wolf: Lesen und Schreiben. – In: Neue Deutsche Hefte. – Berlin [West] 20 (1973) 1 (137). – S. 164–167.

Dass. Leicht veränd. Fassung u. d.T.: Plaidoyer [!] für das Schreiben. Christa Wolfs literar. Betrachtungen. – In: Rheinischer Merkur. – Köln 28 (1973) 15. – S. 36. – Mit Foto.

560 *Wermer,* Ute: Die genaue, brauchbare Sprache der Vernunft. „Lesen und Schreiben" von Christa Wolf in 2. Auflage. – In: Berliner Zeitung. – Berlin 29 (1973–12–11) = 342. – S. 6.

561 *Werth,* Wolfgang: Verbotene Früchte gezüchtet. Essays d. Verfasserin d. „Geteilten Himmels". Christa Wolfs Plädoyer gegen e. Erstarrung d. Literatur. – In: Die Zeit. – Hamburg 28 (1973) 11. – S. 26.

Mit Foto.

562 *Wiegenstein,* Roland H.: Stimmen aus der DDR – laut und leise. Zu neuen Büchern von Volker Braun u. Christa Wolf. – In: Merkur. – Stuttgart 27 (1973) 6. – S. 579–582.

S. 581–582 behandelt.

1973

Selbstversuch (1973)

563 *Bahr,* Gisela E.: Blitz aus heiterm Himmel. Ein Versuch zur Emanzipation in d. DDR. – In: Die Frau als Heldin und Autorin. Neue krit. Ansätze zur dt. Literatur / [10. Amherster Kolloquium zur Dt. Literatur]. Hrsg. von Wolfgang Paulsen. – Bern ; München: Francke, 1979. – S. 223–236.

S. 224–227 behandelt.

564 *Bormann,* Claus von: Der „Geschlechtertausch" in psychoanalytischer Sicht. – In: Man müßte ein Mann sein ...? Interpretationen u. Kontroversen zu Geschlechtertausch-Geschichten in d. Frauenliteratur / Bettina Hurrelmann ; Maria Kublitz ; Brigitte Röttger (Hrsg.). – Düsseldorf: Pädagogischer Verlag Schwann, 1987. – S. 35–56.

Vergleich der drei im Buch „Geschlechtertausch" (vgl. Nr. 130) enthaltenen Geschichten. – S. 39, 42–43, 46–47, 55 behandelt.

565 *Chiarloni Pegoraro,* Anna: „Mann" versus „Mensch". Zu Christa Wolfs Erzählung „Selbstversuch". – In: Colloquia Germanica. – Bern 15 (1982) 3. – S. 239–252.

566 *Damm,* Sigrid ; *Engler,* Jürgen: Notate des Zwiespalts und Allegorien der Vollendung. – In: Weimarer Beiträge. – Berlin ; Weimar 21 (1975) 7. – S. 37–69.

S. 41–46 zu „Selbstversuch", S. 50–51 zu „Unter den Linden".

567 *Demko,* Michael: Ein Problem von Frau und Mann. Eine Anthologie macht Ernst mit dem Spiel. – In: Junge Welt. – Berlin 29 (1975-04-04) = 80. – Beil.: du und das Buch. – Nr. 4. – S. 11–12.

568 *Emmerich,* Wolfgang: Identität und Geschlechtertausch. Notizen zur Selbstdarstellung d. Frau in d. neueren DDR-Literatur. – In: Basis. Jahrbuch für deutsche Gegenwartsliteratur. Bd. 8 / hrsg. von Reinhold Grimm u. Jost Hermand. – 1. Aufl. – Frankfurt a. M.: Suhrkamp-Taschenbuch-Verlag, 1978. – S. 127–154. – (Suhrkamp-Taschenbuch ; 457)

S. 143–145 und 149–154 behandelt.

569 *Erdbrügge,* Wolfgang: Die Versöhnung der Töchter. Diskurstheoret. Reflexion. Zur Analyse d. Anthologie „Geschlechtertausch" u. e. ihr entsprechenden Unterrichtsreihe. – In: Man müßte ein Mann sein ...? Interpretationen u. Kontroversen zu Geschlechtertausch-Geschichten in d. Frauenliteratur / Bettina Hurrelmann ; Maria Kublitz ; Brigitte Röttger (Hrsg.). – Düsseldorf: Pädagogischer Verlag Schwann, 1987. – S. 123–143.

S. 130–131, 135, 136, 138, 140, 141 behandelt.

570 *Fehervary,* Helen ; *Lennox,* Sara: Introduction. – In: New German Critique. – Milwaukee (1978) 13. – S. 109–112.

Einführung zum Abdruck der Erzählung in englischer Übersetzung (S. 113–131).

571 *Fienhold,* Renate: Zum Problem der Perspektivgestaltung. (Untersuchung an ausgewählten Novellen u. Erzählungen d. DDR im Zeitraum von 1965 bis 1975). – 1981. – VII, 237 Bl.

Leipzig, Univ., Sekt. Germanistik u. Literaturwiss., Diss. A, 1981.

Bl. 88–102 behandelt.

572 *Gerhardt,* Marlis: Kein bürgerlicher Stern, nichts, nichts konnte mich je beschwichtigen. Essay zur Kränkung d. Frau. – Neuwied ; Darmstadt: Luchterhand, 1982. – 146 S. – (Sammlung Luchterhand ; 393)

S. 140–144 behandelt.

573 *Hurrelmann,* Bettina: Textverstehen im Gesprächsprozeß. Zur Empirie u. Hermeneutik von Gesprächen über d. „Geschlechtertausch"-Erzählungen. – In: Man müßte ein Mann sein ...? Interpretationen u. Kontroversen zu Geschlechtertausch-Geschichten in d. Frauenliteratur / Bettina Hurrelmann ; Maria Kublitz ; Brigitte Röttger (Hrsg.). – Düsseldorf: Pädagogischer Verlag Schwann, 1987. – S. 57–82.

Bericht über Gespräche über die drei im Buch „Geschlechtertausch" (vgl. Nr. 130) enthaltenen Geschichten. – S. 58, 59, 61, 63–64, 67–68 behandelt.

574 *Kakabadse,* Nodar: Antiutopische Tendenzen in der DDR-Prosa der siebziger Jahre. – In: DDR-Literatur der sechziger und siebziger Jahre. Wissenschaftl. Konferenz d. Staatl. Georg. Univ. Tbilissi u. d.

Friedrich-Schiller-Univ. Jena. – Jena: Abt. Wissenschaftl. Publikationen d. Friedrich-Schiller-Univ., 1985. – S. 15–22.

S. 16–18 zu „Neue Lebensansichten eines Katers", S. 19 zu „Selbstversuch".

575 *Korff*, F[riedrich] W[ilhelm]: Assoziationen zu Christa Wolf. – In: Neue Deutsche Hefte. – Berlin [West] 22 (1975) 2 (146). – S. 327–333.

576 *Kublitz*, Maria: Die „Geschlechtertausch"-Geschichten – feministisch gelesen. – In: Man müßte ein Mann sein ...? Interpretationen u. Kontroversen zu Geschlechtertausch-Geschichten in d. Frauenliteratur / Bettina Hurrelmann ; Maria Kublitz ; Brigitte Röttger (Hrsg.). – Düsseldorf: Pädagogischer Verlag Schwann, 1987. – S. 13–33.

Vergleich der drei im Buch „Geschlechtertausch" (vgl. Nr. 130) enthaltenen Geschichten. – S. 16, 17, 19, 21–22, 24–25, 27 behandelt.

Pegoraro, Anna s. *Chiarloni Pegoraro*, Anna

577 *Stephan*, Inge: „Daß ich Eins und doppelt bin ...". Geschlechtertausch als literar. Thema. – In: Die verborgene Frau. 6 Beitr. zu e. feminist. Literaturwiss. / mit Beitr. von Inge Stephan u. Sigrid Weigel. – 1.–4. Tsd. – Berlin [West]: Argument-Verlag, 1983. – S. 153–175. – (Literatur im historischen Prozeß : N.F.; 6) (Argument: So.-Bd. ; 96)

S. 156–157 behandelt.

578 *Tschumburidse*, Tamar: Die Entwicklungstendenzen in der DDR-Novelle der siebziger Jahre. – In: DDR-Literatur der sechziger und siebziger Jahre. Wissenschaftl. Konferenz d. Staatl. Georg. Univ. Tbilissi u. d. Friedrich-Schiller-Univ. Jena. – Jena: Abt. Wissenschaftl. Publikationen d. Friedrich-Schiller-Univ., 1985. – S. 23–27.

S. 25 behandelt.

579* *Wichmann*, Brigitte: From sex-role identification toward androgyny. A study of major works of Simone de Beauvoir, Doris Lessing and Christa Wolf. – 1978. – 180 S.

West Lafayette, Ind., Purdue Univ., Diss., 1978.

580 *Woesler de Panafieu*, Christine: Der menschliche Körper – Neutrum der Wissenschaft? – In: Weibliche Wissenschaft, männliche Wissenschaft. Symposion an d. Univ. Oldenburg vom 15.–16. Juni 1983. Tagungsbeiträge. – Oldenburg: Bibliotheks- und Informationssystem d. Univ. Oldenburg, 1983. – S. 83–86.

Bericht über die Arbeitsgruppe „Der Körper – Neutrum der Wissenschaft?" Diskussionsgrundlage war Ch. Wolfs „Selbstversuch". – S. 84–86 Textuntersuchung mit Textauszügen.

Till Eulenspiegel (1973)

581 *Brunkhorst*, Annegrit: Ch. und G. Wolfs ‚Till Eulenspiegel'. Modell zur Einführung rezeptionsgeschichtl. Arbeitsweisen auf d. Sekundarstufe II. – In: Der Deutschunterricht. – Stuttgart 29 (1977) 3. – S. 68–82.

582 *Brunkhorst-Hasenclever*, Annegrit: Till Eulenspiegel – zur Rezeptionsgeschichte einer literarischen Figur. – In: Universitas. – Stuttgart 38 (1983) 7. – S. 717–724.
S. 721–722 behandelt.

583 *Eichler*, Wilfriede: Lust und Leid des klugen Narren Till. Die Eulenspiegel-Erzählung von Christa u. Gerhard Wolf. – In: National-Zeitung. – Berlin 26 (1973–12–16) = 297. – S. 7.

584 *Franke*, Konrad: Eulenspiegel als Aufklärer. Ein Buch zum Film im Kopf d. Lesers. – In: Bücherkommentare. – Freiburg/Br. 23 (1974) 3. – S. 8.

585 *Grün*, Max von der: Till Eulenspiegels Vermächtnis. Neuer Roman von Christa u. Gerhard Wolf über d. legendären Schelm. Eine fesselnde Deutung d. ganzen Epoche. – In: Nürnberger Nachrichten. Ausg. A. – Nürnberg 30 (1974–03–22) = 69. – S. 19.

586 *Hartl*, Edwin: Nachdenken über Till Eulenspiegel. – In: Die Furche. – Wien (1974) 41. – S. 12.

587 *Heimberger*, Bernd: Die List der Schwachen. Zu Christa u. Gerhard Wolfs Filmerzählung „Till Eulenspiegel". – In: Neue Zeit. – Berlin 30 (1974–04–28) = 99. – S. 4.

588 *Heuer*, Rolo: Der Grund zu lachen. Till Eulenspiegel von Christa u. Gerhard Wolf. – In: Deutsche Volkszeitung. – Düsseldorf 22 (1974) 15. – S. 15.

589 *Hirsch*, Helmut: Klugheit als Aktion. – In: Neue Deutsche Literatur. – Berlin 22 (1974) 8. – S. 136–139.

590 *Jost*, Dominik: Spiel dir den Film von Till. Christa u. Gerhard Wolf über d. Volkshelden. – In: Die Zeit. – Hamburg 29 (1974) 15. – Literaturbeil. – S. 6.
Mit einer Illustration.

591 *Kähler*, Hermann: Panorama der Zeit des Bauernkrieges. – In: Neues Deutschland. – Berlin 29 (1974–02–13) = 44. – Beil.: Literatur. – Nr. 2. – S. 6.

592* *Keckeis*, Johann: Eulenspiegel in der DDR. – In: Neue Zürcher Zeitung. – Zürich (1974–08–23).

593 *Krättli,* Anton: Literatur der DDR und westliche Kritik. Christa u. Gerhard Wolfs „Till Eulenspiegel" als Beispiel. – In: Neue Zürcher Zeitung. Fernausg. – Zürich 195 (1974–07–05) = 182. – S.51.

594 *Kraus,* Candida: [Rez.]. – In: Die Presse. – Wien (1974–05–18) = 7838. – S.27.

595 *Lämmert,* Eberhard: Zum Sehen geschrieben. Christa u. Gerhard Wolfs neuer „Eulenspiegel". – In: Frankfurter Allgemeine. Zeitung für Deutschland. – Frankfurt a.M. (1974–04–06) = 82. – Beil.: Bilder und Zeiten. – S.5.

Dass. – In: Ein Büchertagebuch. Buchbesprechungen aus d. Frankfurter Allgemeinen Zeitung. – Frankfurt a.M. (1974). – S.99–100.

596 *Lersch,* Bärbel ; *Lersch,* Franz-Josef: Die Eulenspiegel-Bearbeitung von Christa u. Gerhard Wolf. Bedeutung u. Funktion im Entwicklungszusammenhang d. DDR-Literatur. – In: Till Eulenspiegel in Geschichte und Gegenwart / [hrsg. von Thomas Cramer]. – Bern ; Frankfurt a. M.; Las Vegas: Lang, 1978. – S. 119–148. – (Beiträge zur älteren deutschen Literaturgeschichte ; 4)

597 List und Kunst des Till Eulenspiegel. – In: Der Morgen. – Berlin 29 (1973–12–08) = 290. – S.3.

598 *L'vov,* S.: [Rez.]. – In: Sovremennaja chudožestvennaja literatura za rubežom. – Moskva (1975) 4. – S.39–41.

In russischer Sprache.

599 *Melchert,* Rulo: Tills Rat: Vergeßt den Knoten nicht! – In: Junge Welt. – Berlin 28 (1974–01–04) = 4. – Beil.: du und das Buch. – Nr.1. – S.12.

600 *Meyer,* Dieter ; *Wulf,* Wilfried: Die engagierte Neugestaltung einer mittelalterlichen Volksfigur. „Dil Ulenspiegel" (1515) als Vorlage für „Till Eulenspiegel" (1972) von Christa u. Gerhard Wolf. – In: Till Eulenspiegel in Geschichte und Gegenwart / [hrsg. von Thomas Cramer]. – Bern ; Frankfurt a.M. ; Las Vegas: Lang, 1978. – S.93–118. – (Beiträge zur älteren deutschen Literaturgeschichte ; 4)

601 *Nolte,* Jost: Taube unterm Büßerhemd rettet vor dem Strick. Christa u. Gerhard Wolfs großes Zeitbild. – In: Deutsche Zeitung. Christ u. Welt. – Stuttgart (1974) 17. – S.12.

602 *Raddatz,* Fritz J.: Narrheit als Zeitkritik – so und so. – In: Merkur. – Stuttgart 28 (1974) 9. – S.888–891.

Zu J. Fetschers „Märchen-Verwirrbuch" und Ch. Wolfs „Eulenspiegel" (S.889–891).

603 *Schoeller,* Wilfried F.: List der Schwachen. Das „Till Eulenspiegel"-Szenario von Christa u. Gerhard Wolf. – In: Frankfurter Rundschau. –

Frankfurt a. M. 30 (1974–06–08) = 131. – Beil.: Zeit und Bild. – Nr. 23. – S. IV.

604 *Schonauer,* Franz: Till Eulenspiegel – ein Aufrührer? Christa u. Gerhard Wolf sehen d. Schalksnarren aus DDR-Sicht. – In: Der Tagesspiegel. – Berlin [West] 30 (1974–06–16) = 8740. – S. 47.

605 *Töpelmann,* Sigrid: Till Eulenspiegel. Erzählung für d. Film von Christa u. Gerhard Wolf, Aufbau-Verlag. – In: Sonntag. – Berlin 28 (1974) 6. – S. 4.

606 *Wallmann,* Jürgen P.: Neuinterpretation des Till Eulenspiegel. – In: Deutschland-Archiv. – Köln 7 (1974) 4. – S. 421–422.

* *Dass. u. d. T.:* Till Eulenspiegel in neuer Sicht. – In: Die Tat. – Zürich 39 (1974–04–12).

607 *Werth,* Wolfgang: Der Narr als Systemkritiker. Christa Wolfs neuer Eulenspiegel. – In: Süddeutsche Zeitung. – München 30 (1974–04–03) = 79. – Beil.: Buch und Zeit. – S. 1 u. 2.

1974

Neue Lebensansichten eines Katers (1974)

608 *Castein,* Hanne: Christa Wolfs „Neue Lebensansichten eines Katers". Ein Beitrag zur Hoffmann-Rezeption in d. DDR. – In: Mitteilungen der E. T. A. Hoffmann-Gesellschaft. – Bamberg (1983) 29. – S. 45–53.

609 *Grohnert,* Dietrich: „... eine anrührende Stimme aus einer lange vergangenen Zeit". Zur Romantik-Rezeption in d. DDR-Literatur. – In: Deutsch als Fremdsprache. – Leipzig 24 (1988) So.-H. – S. 74–78.

S. 76–77 zu „Neue Lebensansichten" und „Kein Ort. Nirgends".

610 *Jørgensen,* Sven-Aage: Valium des Volks? Die utopist. Science-Fiction in d. DDR. – In: Text & Kontext. – Kopenhagen ; München 12 (1984) 2. – S. 225–243.

S. 237–238 behandelt.

611 *Lermen,* Birgit: Das Menschenbild in Christa Wolfs Erzählung „Neue Lebensansichten eines Katers". – In: Festschrift für Friedrich Kienekker zum 60. Geburtstage / hrsg. von Gerd Michels. – Heidelberg: Groos, 1980. – S. 97–116.

612 *Meier,* Gerhard: Zur Produktivität der Romantik-Rezeption in der DDR-Literatur. – In: Zu einigen Positionen der Romantik-Forschung in der DDR und zur Rezeption der Romantik in der DDR-Literatur. Materialien e. Konferenz d. Wissenschaftsbereiches Literaturwiss. d. Sektion Germanistik/Geschichte/Musikerziehung d. Pädag. Hochschule „Karl Liebknecht" Potsdam / Hrsg.: Horst Hartmann. – Pots-

dam, 1980. – S. 147–166. – (Potsdamer Forschungen der Pädagogischen Hochschule „Karl Liebknecht". Gesellschaftswiss. Reihe ; 39)
S. 152–155 u. 163–164 behandelt.

613 *Rücker*, Helmut: Mathematisiertes Glück. Zur literar. Utopie bei Evgenij Zamjatin und Christa Wolf. – In: Commentationes linguisticae et philologicae Ernesto Dickenmann lustrum claudenti quintum decimum / ed.: Friedrich Scholz ... – Heidelberg: Winter, 1977. – S. 321–334.
S. 329–333 behandelt.

614 *Svensson*, Sture E.: Gesellschaftliche Utopie in der DDR-Literatur. Christa Wolfs „Neue Lebensansichten eines Katers". – In: Moderna språk. – Nacka 77 (1983) 3. – S. 223–227.

Unter den Linden. Erzählung (1974)

615 *Bradley*, Brigitte L.: Christa Wolfs Erzählung „Unter den Linden". Unerwünschtes u. erwünschtes „Glück". – In: The German Quarterly. – Cherry Hill 57 (1984) 2. – S. 231–249.

Vgl. auch Nr. 110.

Unter den Linden. Sammlung (1974)

616 *Abicht*, Ludo: [Rez.]. – In: New German Critique. – Milwaukee (1975) 6. – S. 164–169.

617 *Beckmann*, Heinz: Ein neuer Kater Murr. Christa Wolfs Sprung in d. Satire. – In: Rheinischer Merkur. – Köln 29 (1974) 45. – S. 29.

618 *Bohm*, Gunhild: Der Anspruch des einzelnen. – In: Deutschland-Archiv. – Köln 8 (1975) 3. – S. 296–299.

619 *Brandt*, Sabine: Bilanz einer Generation. Christa Wolfs Erzählungen „Unter den Linden". – In: Frankfurter Allgemeine. Zeitung für Deutschland. – Frankfurt a. M. (1975–02–08) = 33. – Beil.: Bilder und Zeiten. – S. 5.

620 *Casanova*, Nicole: Christa Wolf ou le marxisme fantastique. – In: Allemagnes d'aujourd'hui. – Paris (1975) 48. – S. 69–71.

621 *Corino*, Karl: Das totale Glück. Neue Erzählungen d. DDR-Autorin Christa Wolf. – In: Deutsche Zeitung. Christ und Welt. – Bonn (1975) 12. – S. 12.

622 *Eichler*, Wilfriede: Unter den Linden ein goldener Fisch. Zu 3 phantastischen Erzählungen von Christa Wolf. – In: National-Zeitung. – Berlin 27 (1974–10–20) = 250. – S. 7.

623 *Engler*, Jürgen: Plädoyers für Empfindsamkeit. – In: ich schreibe. – Leipzig 16 (1975) 4. – S. 85–87.

624 *Funke*, Christoph: „Unter den Linden" von Ch. Wolf. – In: Der Morgen. – Berlin 30 (1974–10–04) = 235. – S. 6.

625 *Gundlach*, Christine: Lichtpünktchen des Kommenden? – In: Ostsee-Zeitung. – Rostock 23 (1974–11–30) = 285. – Beil.: OZ-Wochenend. – Nr. 44. – S. 6.

626 *Häussermann*, Bernhard: Diese Männer – was für eine Gesellschaft! Zu e. Band Erzählungen von Christa Wolf. Emanzipation „Unter den Linden". – In: Hannoversche Allgemeine. – Hannover (1974–12–14/15) = 291. – Beil.: Der siebente Tag. – S. 5.

Mit Foto.

627 *Heidenreich*, Elke: Traum, Satire, Utopie. Drei unwahrscheinliche Geschichten von Christa Wolf. – In: Bücherkommentare. – Freiburg/Br. 24 (1975) 1. – S. 4.

628 *Hinz*, Klaus-Michael: Der bürgerliche Kater. Neue Erzählungen von Christa Wolf. – In: Stuttgarter Zeitung. – Stuttgart 31 (1975–03–29) = 73. – S. 50.

629 *Jarmatz*, Klaus: Handeln, indem man erkennt. Zu Christa Wolfs neuem Erzählungsband „Unter den Linden". – In: Berliner Zeitung. – Berlin 30 (1974-12-01) = 332. – S. 10.

630 *Krättli*,, Anton: „Unwahrscheinliche Geschichten" aus der DDR. „Unter den Linden", neue Erzählungen von Christa Wolf. – In: Neue Zürcher Zeitung. Fernausg. – Zürich 195 (1974–11–29) = 504. – S. 85.

631 *Krenzlin*, Leonore: Unter den Linden. – In: Sonntag. – Berlin 29 (1975) 3. – S. 8.

Dass. In: Kritik 75. Rezensionen zur DDR-Literatur / hrsg. von Eberhard Günther … – Halle/S.: Mitteldeutscher Verlag, 1976. – S. 222–224.

632 *Last*, Rex: Identical issues. – In: The Times Literary Supplement. – London (1975–10–10) = 3,839. – S. 1208.

632a *Manger*, Philip: Auf der Suche nach dem ungelebten Leben. Christa Wolf: „Unter den Linden". – In: Wissen aus Erfahrungen. Werkbegriff u. Interpretation heute. Festschrift für Herman [!] Meyer zum 65. Geburtstag / in Verbindung mit Karl Robert Mandelkow u. Anthonius H. Touber hrsg. von Alexander von Bormann. – 1. Aufl. – Tübingen: Niemeyer, 1976. – S. 903–916.

633 *Mehnert*, Elke: [Rez.]. – In: Deutschunterricht. – Berlin 28 (1975) 11. – S. 649–652.

Mit Foto.

634 *Melchert,* Rulo: Erfindungen als Wahrheit. Christa Wolf: Unter den Linden. – In: Sinn und Form. – Berlin 27 (1975) 2. – S.439–446.
Nicht identisch mit Nr.635.

635 *Melchert,* Rulo: „Ich sollte mich wiederfinden ...“ – In: Junge Welt. – Berlin 28 (1974–09–06) = 212. – Beil.: du und das Buch. – Nr. 9. – S. 12.

636 *Michaelis,* Rolf: Recht auf Trauer. – In: Die Zeit. – Hamburg 29 (1974) 53. – S. 14.

637 *Motyleva,* T[amara]: Grani talanta Kristy Vol'f. – In: Inostrannaja literatura. – Moskva (1975) 3. – S. 263–265.

638 *Plavius,* Heinz: Mutmaßungsmut. – In: Neue Deutsche Literatur. – Berlin 22 (1974) 10. – S. 154–158.

639 *Raddatz,* Fritz J.: Unter den Linden. Christa Wolfs jüngste Schlenkerübungen. – In: Süddeutsche Zeitung. – München 30 (1974–10–09) = 233. – Beil.: Buch und Zeit. – S.5.

640 *Simon,* Horst: Zur Erfindung dessen, den man lieben kann. – In: Neues Deutschland. – Berlin 29 (1974-10-09) = 279. – Beil.: Literatur. – Nr.10. – S.9.

641 *Stephan,* Alexander: [Rez.]. – In: Neue Deutsche Hefte. – Berlin [West] 22 (1975) 1 (145). – S. 144–147.

642 *Struzyk,* Brigitte: Drei unwahrscheinliche Geschichten. „Unter den Linden“ von Christa Wolf im Aufbau-Verlag. – In: Das Volk. – Erfurt 30 (1974–10–11) = 242. – Beil.: das Volk zum wochenend, Kultur. – S.4.

643 *Szymańska-Orlikowska,* A.: Zur Problematik des Phantastischen in den Erzählungen von Christa Wolf: „Unter den Linden“. – In: Acta Universitatis Lodziensis. – Łodź (1975). – Ser. 1. – Nr.59. – S.91–98.

644 *Töpelmann,* Sigrid: Christa Wolf. Unter den Linden. – In: Der Bienenstock. – Berlin (1974) 105. – S.5.
Mit Foto.

645 „Tri neverojatnye istorii“. – In: Inostrannaja literatura. – Moskva (1975) 1. – S.271.

646 *Werner,* Hans-Georg: Zum Traditionsbezug der Erzählungen in Christa Wolfs „Unter den Linden“. – In: Weimarer Beiträge. – Berlin ; Weimar 22 (1976) 4. – S. 36–64.
Dass. – In: Arbeiten mit der Romantik heute / hrsg. von Heide Hess ; Peter Liebers. – Berlin: Akademie der Künste der DDR : Henschelverlag, 1978. –

S. 52–61. – (Arbeitshefte / Akad. d. Künste d. DDR ; 26) – Leicht gekürzt.
Dass. u. d. T.: „Unter den Linden" von Christa Wolf. – In: Erworbene Tradition. Studien zu Werken d. sozialist. dt. Literatur / hrsg. von Günter Hartung, Thomas Höhle u. Hans-Georg Werner. – 1. Aufl. – Berlin ; Weimar: Aufbau-Verlag, 1977. – S. 256–298.

647** *Zelger-Vogt*, M.: „... daß Menschen reif und frei sein könnten". – In: Neue Zürcher Zeitung. – Zürich (1980–04–11).

1976

Kindheitsmuster (1976)

648 *Adler*, Hildegard: Scham und Schuld. Barrieren d. Erinnerns in Christa Wolfs und Peter Härtlings Kindheitsmustern u. im psychoanalyt. Prozeß. – In: Der Deutschunterricht. – Stuttgart 35 (1983) 5. – S. 5–20.

649 *Auer*, Annemarie: Gegenerinnerung. – In: Sinn und Form. – Berlin 29 (1977) 4. – S. 847–878.
Berichtigung dazu: Auer, A.: Auf schnellstem Wege. – In: Die Weltbühne. – Berlin 72 (32) (1977) 38. – S. 1213–1214.
Vgl. auch Nr. 668 u. 729.

650 *Badstübner*, Friedel: An Christa Wolf. – In: Das Haus in der Französischen Straße. 40 Jahre Aufbau-Verlag. Ein Almanach. – 1. Aufl. – Berlin; Weimar: Aufbau-Verlag, 1985. – S. 284–288.
Brief, datiert: Karl-Marx-Stadt, 12. 2. 1977.

651 *Barbe*, Jean-Paul: Par l'écriture, faire reculer la peur. – In: Allemagnes d'aujourd'hui. – Paris (1977) 58. – S. 98–103.

652 *Bartos*, Krzystof: Abrechnung mit dem Faschismus und subjektive Authentizität. – In: Neue Deutsche Literatur. – Berlin 26 (1978) 5. – S. 166–168.

653 *Beckelmann*, Jürgen: Der Führer in der Magengegend. „Kindheitsmuster" – d. neue Buch d. DDR-Autorin Christa Wolf ist erschienen. – In: Stuttgarter Zeitung. – Stuttgart 33 (1977–03–19) = 65. – S. 50.

654 *Behn*, Manfred: Neuere antifaschistische Prosa in der DDR. – In: Sammlung. Jahrbuch für antifaschist. Literatur u. Kunst. – Frankfurt a. M. 1 (1978). – S. 61–70.
S. 68–70 behandelt.

655 *Berger*, Christel: Die Pflicht, sich zu erinnern. – In: Wochenpost. – Berlin 24 (1977) 14. – S. 14.

656 *Bialik*, Włodzimierz: Christa Wolfs Abrechnung mit der Abrechnung. – In: Studia Germanica Posnaniensia. – Poznań 8 (1979). – S. 73–83.
Dass. – In: Annäherung und Distanz. DDR-Literatur in d. poln. Literaturkritik / Manfred Diersch ; Hubert Orłowski. – Halle ; Leipzig: Mitteldeutscher Verlag, 1983. – S. 207–219.

657 *Bilke*, Jörg Bernhard: Christa Wolf: Kindheitsmuster. – In: Neue Deutsche Hefte. – Berlin [West] 24 (1977) 2 (154) – S.373–377.

* *Dass. u.d.T.*: Vergebliche Reise nach Landsberg. – In: Der Literat. – Frankfurt a.M. (1977) 4.

Nicht identisch mit Nr.658.

658 *Bilke*, Jörg Bernhard: Das Vergangene ist nicht tot, wir stellen uns nur fremd. Christa Wolf gibt in e. autobiograph. Werk Auskunft über ihre Kindheit. – In: Die Welt. – Hamburg (1977–03–12) = 60. – Beil.: Welt des Buches. – S. V.

Mit Foto.

659 *Bilke*, Jörg Bernhard: Zensur über das eigene Ich. – In: Die Welt. – Hamburg (1978–01–28) = 24. – S.35.

Bericht über die Verleihung des Bremer Literaturpreises 1978 für Ch. Wolfs „Kindheitsmuster". Besonders zur Laudatio von Wolfgang Emmerich (vgl. Nr.208, 209).

660 *Birmele*, Jutta: Christa Wolf: A quest for „Heimat". – In: Der Begriff Heimat in der deutschen Gegenwartsliteratur = The concept of „Heimat" in contemporary German literature / hrsg. von Helfried W. Seliger. – München: Iudicium-Verlag, 1987. – S.71–80.

Zu „Kindheitsmuster", „Kein Ort. Nirgends" und „Kassandra". Vortrag auf dem Symposium über den Heimatbegriff in der deutschen Gegenwartsliteratur, an der University of Toronto, Kanada, im April 1986.

661 *Bock*, Sigrid: Christa Wolfs Kindheitsmuster. – In: Weimarer Beiträge. – Berlin ; Weimar 23 (1977) 9. – S.102–130.

Dass. – In: Zum Roman in der DDR / hrsg. von Marc Silbermann. – 1. Aufl. – Stuttgart: Klett, 1980. – S.131–151. – (Literaturwissenschaft, Gesellschaftswissenschaft ; 46 : LGW-Interpretationen)

662 *Böhnisch*, Klaus: Vorläufige Bemerkungen zu den Romanen „Kindheitsmuster" von Christa Wolf und „Der Aufenthalt" von Hermann Kant. – In: Der Weg zum Nachbarn. Beiträge zur Thematisierung dt.-poln. Beziehungen in d. Literatur d. 20. Jh. / hrsg. von Edyta Połczyńska. – Poznań: Wydawnictwo Naukowe Uniwersytetu im. Adama Mickiewicza, 1982. – S.91–100. – (Seria filologia germańska ; 24)

663 *Bossinade*, Johanna: Haus und Front. Bilder d. Faschismus in d. Literatur von Exil- u. Gegenwartsautorinnen. Am Beispiel Anna Seghers, Irmgard Keun, Christa Wolf u. Gerlind Reinhagen. – In: Neophilologus. – Groningen 60 (1986) 1. – S.92–118.

Überarbeitete Fassung eines Vortrags, der im Dezember 1983 an der Nimwegener Winteruniversität für Frauenstudien im Rahmen der Reihe „Frauen, Literatur und Faschismus" gehalten wurde.

S.107–113 Gegenüberstellung von Ch. Wolfs „Kindheitsmuster" und G. Reinhagens „Sonntagskinder".

664 *Braatz*, Ilse: Christa Wolf: „Kindheitsmuster". Eine sehr subjektive Rezension. – In: Mamas Pfirsiche. Frauen u. Literatur. – Münster (1977) 8. – S.119–126.

665 *Bresson*, Daniel: La langue et les relations grammaticales dans l'organisation du récit: „Kindheitsmuster" de C. Wolf. – In: Cahiers d'Etudes Germaniques. – Aix-en-Provence (1982) 6. – S. 123–149.

666 *Brettschneider*, Werner: „Kindheitsmuster". Kindheit als Thema autobiograph. Dichtung. – Berlin [West]: E. Schmidt, 1982. – 118 S.

S. 94–97 behandelt.

667 *Brettschneider*, Werner: Zorn und Trauer. Aspekte dt. Gegenwartsliteratur. – Berlin [West]: E. Schmidt, 1979. – 219 S.

S. 57–60 behandelt.
Dass. 2., durchges. Aufl. – 1981. – S. 57–60.

668 Briefe an Annemarie Auer. – In: Sinn und Form. – Berlin 29 (1977) 6. – S. 1311–1322.

Briefe von Wolfgang Hegewald, Stephan Hermlin, Kurt und Jeanne Stern, Helmut Richter, Dieter Schiller und Leonore Krenzlin.
Mit einer Vorbemerkung von Wilhelm Girnus.
Bezieht sich auf Nr. 649.

669 *Chiarloni Pegoraro*, Anna: La prosa nella RDT. Christa Wolf „Kindheitsmuster". – In: Studi tedeschi. – Napoli 20 (1977) 3. – S. 175–183.

Mit einer Zusammenfassung in italienischer und deutscher Sprache auf S. 223.

670 *Corino*, Karl: Die Todsünde dieser Zeit. Nachrichten aus d. braunen Provinz. Christa Wolfs Roman „Kindheitsmuster". – In: Deutsche Zeitung. Christ und Welt. – Bonn (1977) 14. – S. 13.

Mit Foto.

671 *Crick*, Joyce: Dichtung und Wahrheit. Aspects of Christa Wolf's „Kindheitsmuster". – In: London German studies II / ed. by J. P. Stern. – London: Institute of Germanic Studies, Univ. of London, 1983. – S. 168–183. – (Publications of the Institute of Germanic Studies ; 32)

Vortrag in Englisch, gehalten auf dem Symposium „Gegenwartsprobleme der DDR-Literatur" (29.–30. 4. 1981) im Institute of Germanic Studies.

672 *Cwojdrak*, Günther: „Kindheitsmuster" – ein Probestück. – In: Die Weltbühne. – Berlin 72 (32) (1977) 18. – S. 550–552.

Dass. – In: Kritik 77. Rezensionen zur DDR-Literatur / hrsg. von Eberhard Günther ... – Halle/S.: Mitteldeutscher Verlag, 1978. – S. 170–173.

Dass. – In: Cwojdrak: Konturen. Kritik u. Polemik. – Halle ; Leipzig: Mitteldeutscher Verlag, 1983. – S. 80–83. – (Essay-Reihe)

673 Diskussion mit Christa Wolf. – In: Sinn und Form. – Berlin 28 (1976) 4. – S. 861–888.

Ausschnitte aus den Diskussionen nach Ch. Wolfs Lesungen aus dem Roman am 8. 10. und 3. 12. 1975 in der „Stunde der Akademie" im Plenarsaal der Akademie der Künste der DDR.
Nicht identisch mit Nr. 700.

674 *Dollenmayer*, David: Generational patterns in Christa Wolf's „Kindheitsmuster". – In: German Life and Letters. – Oxford 39 (1985/86) 3. – S.229–234.

675 *Drewitz*, Ingeborg: Christa Wolf: „Kindheitsmuster". – In: Drewitz: Zeitverdichtung. Essays, Kritiken, Portr. Ges. aus 2 Jahrzehnten. – Wien ; München ; Zürich: Europaverlag, 1980. – S.346–349.

Vgl. auch Nr. 205 (2. Aufl.) und 206.

676 *Eichler*, Wilfriede: Gedanken um Nelly Jordans Leben. – In: National-Zeitung. – Berlin 30 (1977-05-24) = 122. – S.7.

677 *Ester*, Hans: [Rez.]. – In: Deutsche Bücher. – Amsterdam 7 (1977) 3. – S.200–202.

678 *Fauconneau-Dufresne*, Eva: En quête du moi. Pronoms variables dans le roman allemand contemporain. – In: Etudes Germaniques. – Paris 40 (1985) 2. – S.195–208.

S.201–208 behandelt.

679 *Frieden*, Sandra: „Falls es strafbar ist, die Grenzen zu verwischen". Autobiographie, Biographie u. Christa Wolf. – In: Vom Anderen und vom Selbst. Beiträge zu Fragen d. Biographie u. Autobiographie / Reinhold Grimm ; Jost Hermand (Hrsg.). – Königstein/Ts.: Athenäum-Verlag, 1982. – S.153–166.

Aus dem Amerikanischen von Bernd Fischer. – Überarb. Fassung von Nr. 680. S.156–161 zu „Kindheitsmuster", S. 161–165 zu „Kein Ort. Nirgends".

680 *Frieden*, Sandra: „In eigener Sache": Christa Wolf's „Kindheitsmuster". – In: The German Quarterly. – Cherry Hill 54 (1981) 4. – S.473–487.

In englischer Sprache.

Dass. u. d. T.: Christa Wolf's „Kindheitsmuster". – In: Frieden: Autobiography: self into form. German-language autobiographical writings of the 1970's. – Frankfurt a. M. ; Bern ; New York: Lang, 1983. – S. 154–171. – (Forschungen zur Literatur- und Kulturgeschichte ; 2)

681 *Funke*, Christoph: Tiefe der Erinnerung – Raum für Zukunft. Zu Christa Wolfs Buch „Kindheitsmuster". – In: Der Morgen. – Berlin 33 (1977-05-14/15) = 114. – S. 7.

682 *Geerdts*, Hans Jürgen: „Wo habt ihr bloß alle gelebt?" Christa Wolf, Kindheitsmuster, Aufbau-Verlag. – In: Ostsee-Zeitung. – Rostock 26 (1977-02-12/13) = 37. – Beil.: OZ-Wochenend. – Nr.6. – S. 4.

683 *Gumtau*, Helmut: Forschungsreise in die Vergangenheit. Chronik u. Erkenntniskritik. – In: Der Tagesspiegel. – Berlin [West] 33 (1977-04-03) = 9585. – S. 53.

684 *Hammerschmidt,* Volker ; *Naumann,* Uwe: ... das Vergessen schwieriger machen. Christa Wolfs neuer Roman „Kindheitsmuster". – In: Die Tat. – Frankfurt a.M. 28 (1977) 25. – S.10.

Mit Foto.

685* *Heidenreich,* Elke: Im Zickzack-Kurs. – In: Bücherkommentare. – Freiburg/Br. 26 (1977) 3. – S.5.

686 [*Helbling,* Hanno]: Gültiges Zeugnis. Christa Wolf: „Kindheitsmuster". – In: Neue Zürcher Zeitung. Fernausg. – Zürich 198 (1977–04–02) = 78. – S.41.

Mit „Hg." gezeichnet.

687 *Helmecke,* Monika: Kindheitsmuster. – In: Sinn und Form. – Berlin 29 (1977) 3. – S.678–681.

688* *Herminghouse,* Patricia: Vergangenheit als Problem der Gegenwart. Zur Darstellung d. Faschismus in d. neueren DDR-Literatur. – In: Literatur der DDR in den siebziger Jahren / hrsg. von Peter Uwe Hohendahl u. Patricia Herminghouse. – 1. Aufl. – Frankfurt a. M.: Suhrkamp, 1983. – S.259–293. – (Edition Suhrkamp ; 1194 : N.F. ; 174)

689 *Hildebrandt,* Irma: Warum schreiben Frauen? Befreiungsnotstand, Rollenhader, Emanzipation im Spiegel d. modernen Literatur. – Freiburg ; Basel ; Wien: Herder, 1980. – 142 S. – (Herderbücherei ; 799)

S.23–26 behandelt.

690 *Hille,* Ursula: Christa Wolf: Kindheitsmuster. – In: Német filológiai tanulmányok = Arbeiten zur deutschen Philologie. – Debrecen 12 (1978). – S.141–149.

691 *Hirdina,* Karin: (Der eigenen, unserer Gegenwart geht Christa Wolf in diesem Buch nach ...). – In: Der Bienenstock. – Berlin (1977) 113. – S.8.

692 *Jackson,* Neil ; *Saunders,* Barbara: Christa Wolf's Kindheitsmuster. An East German experiment in political autobiography. – In: German Life and Letters. – Oxford 33 (1979/80) 4. – S.319–329.

693 *Jäckel,* Günter: Nachdenken über Polen. Zu „Kindheitsmuster" von Christa Wolf. – In: Wissenschaftliche Konferenz zum Thema Polnische Motive in der deutschsprachigen Literatur (1750–1850) / veranstaltet von d. Internationalen Lenau-Gesellschaft u.d. Neuphilologen-Komitee d. Polnischen Akad. d. Wissenschaften in Trzebieszowice b. Kłodzko vom 3.–8. Okt. 1976. – Warszawa ; Wrocław: Państwowe Wydawnictwo Naukowe, 1978. – S.195–212. – (Germanica Wratislaviensia ; 34) (Acta Universitatis Wratislaviensis ; 431)

694 *Jäger,* Manfred: „Wo habt Ihr bloß alle gelebt?" Selbstprüfung anläßl. e. späten Reise in d. verlorene Heimat. – In: Deutsches Allgemeines Sonntagsblatt. – Hamburg 30 (1977) 14. – S.25.

695 *Jarmatz,* Klaus: „Kindheitsmuster". Zu Christa Wolfs Roman. – In: Neues Deutschland. – Berlin 32 (1977–03–05/06) = 55. – S.14.

696 *Joly,* Françoise ; *Roques-Mathieu,* Régine: La réception de „Kindheitsmuster" par la critique. – In: Connaissance de la RDA. – Paris (1978) 6. – S.74–80.

697 *Jurgensen,* Manfred: „Die Suche nach dem verlorenen Ich". Christa Wolf: „Kindheitsmuster". – In: Jurgensen: Erzählformen des fiktionalen Ich. Beiträge zum deutschen Gegenwartsroman. – Bern ; München: Francke, 1980. – S.58–94.

698** *Kane,* B.M.: In search of the past: Christa Wolf's „Kindheitsmuster". – In: Modern Languages. Journal of modern studies. – London 59 (1978) 1 (March). – S.19–22.

699 *Kant,* Hermann: Kindheitsmuster. Über d. Roman von Christa Wolf. – In: Sonntag. – Berlin 31 (1977) 7. – S.5–6.

Dass. – In: Kritik 77. Rezensionen zur DDR-Literatur / hrsg. von Eberhard Günther ... – Halle/S.: Mitteldeutscher Verlag, 1978. – S.174–182.
Dass. – In: Kant: Zu den Unterlagen. Publizistik 1957–1980. – 1. Aufl. – Berlin; Weimar: Aufbau-Verlag, 1981. – S. 137–144. – (Dokumentation, Essayistik, Literaturwissenschaft). – *Dass.* 2.Aufl. – 1987. – S.137–144.
Dass. – In: Kant: Unterlagen. Zu Literatur und Politik. – Darmstadt ; Neuwied: Luchterhand, 1982. – S.91–99. – (Sammlung Luchterhand ; 424)

700 „Kindheitsmuster". „Dialog am Abend", 27. April 1977. – In: Wolf, Konrad: Konrad Wolf im Dialog. Künste u. Politik / hrsg. von Dieter Heinze u. Ludwig Hoffmann. Akad. d. Künste d. DDR. – Berlin: Dietz Verlag, 1985. – S.275–288. – (Veröffentlichung der Nationalen Forschungs- und Gedenkstätten der DDR für Deutsche Kunst und Literatur des 20.Jahrhunderts)

Diskussionsteilnehmer: Peter Weiss, Christa Wolf, Stephan Hermlin, Konrad Wolf.
Nicht identisch mit Nr.673.

701 *Klawohn,* Lothar: Kollektives Bewußtsein und Literatur in der DDR. Christa Wolfs „neue Art zu schreiben". – In: Beiträge zum wissenschaftlichen Sozialismus. – Hamburg (1978) 1. – S.135–146.

702 *Koczy,* Karol: Sage, was gewesen ist ... Zum Problem d. Vergangenheit bei Bobrowski, Wolf u. Kant. – In: Germanistisches Jahrbuch DDR-VRP. – Warszawa (1977/78). – S.167–175.

S.170–173 behandelt.

Dass. Gekürzte Fassung u.d.T.: Die Abrechnung mit der Vergangenheit in der Literatur der DDR. – In: Annäherung und Distanz. DDR-Literatur in d. poln. Literaturkritik / Manfred Diersch ; Hubert Orłowski. – Halle ; Leipzig: Mitteldeutscher Verlag, 1983. – S.253–254.

703 *Konjetzky,* Klaus: Der Versuch einer Bewältigung. „Kindheitsmuster", e. neues Buch von Christa Wolf. – In: Deutsche Volkszeitung. – Düsseldorf 25 (1977) 10. – S. 13.
Mit Foto.

704 *Konowalowa,* Tatiana: Zur Auseinandersetzung mit dem Thema Krieg und Faschismus in der DDR-Literatur der 70er Jahre, insbesondere im Zeitraum 1973–1977 / vorgelegt von Tatiana Konowalowa [verehel. Kuchavenok]. – 1979. – 10, 176 Bl.
Berlin, Humboldt-Univ., Gesellschaftswiss. Fak., Diss. A, 1979.
Bl. 41–78 behandelt.

705 *Krieger,* Gerd: Ein Buch im Streit der Meinungen. Untersuchung literaturkrit. Reaktionen zu Christa Wolfs „Kindheitsmuster". – In: Weimarer Beiträge. – Berlin ; Weimar 31 (1985)1. – S.56–75.

706* *Lamse,* Mary Jane: Kindheitsmuster in context. The achievement of Christa Wolf. – In: University of Dayton Review. – Dayton 15 (1981). – S.49–56.

707 *Liebing,* Jürgen: Man muß aufhören zu schweigen. Christa Wolfs neuer Roman „Kindheitsmuster": Ist die Wahrheit nun unsagbar geworden? – In: Vorwärts. – Bonn (1977) 5. – S.26.
Mit Foto.

708 *Linn,* Marie-Luise: Doppelte Kindheit. Zur Interpretation von Christa Wolfs „Kindheitsmuster". – In: Der Deutschunterricht. – Stuttgart 30 (1978) 2. – S.52–66.

709 *Linsmayer,* Charles: Die wiedergefundene Fähigkeit zu trauern. Christa Wolfs Roman „Kindheitsmuster". – In: Neue Rundschau. – Frankfurt a.M. 88 (1977) 3. – S.472–478.

710* *Matsunaga,* Mibo: Kurisuta Vorufu „Yônenki no kôzu". Monogatari kûkan no kanôsei. – In: Tôkyô Daigaku. Shi gengo dôjinkai. Shi gengo. – Tôkyô (1985) 24. – S.15–25.

711 *Mayer,* Hans: Der Mut zur Unaufrichtigkeit. Über Christa Wolf: „Kindheitsmuster". – In: Der Spiegel. – Hamburg 31 (1977) 16. – S.185, 188, 190.
Mit Foto auf S.188.

712* *McPherson,* Karin: Christa Wolf's „Kindheitsmuster". – In: The writer and society in the GDR / ed. by Jan Wallace. – Tayport: Hutton Press, 1984. – S.103–119.

713 *Meyer,* Günter: Nelly, Lenka und wir. Zu Christa Wolfs Roman „Kindheitsmuster". – In: Volksstimme. – Magdeburg 31 (1977-11-23) = 277. – S.7.

714 *Mitscherlich,* Margarete: Die Frage der Selbstdarstellung. Überlegungen zu d. Autobiographien von Helene Deutsch, Margaret Mead u. Christa Wolf. – In: Neue Rundschau. – Frankfurt a. M. 91 (1980) 2/3. – S. 291–316. – ([Fischer-Bücherei] ; 9010)

S. 284–296, 308–316 behandelt.

715 [*Motyleva,* Tamara]: Antifaschistische Literatur gestern und heute. – In: Kunst und Literatur. – Berlin 33 (1985) 2. – S. 152–170.

S. 163–165 behandelt.

716 *Motyleva,* T[amara]: Krista Vol'f. Primer odnogo detsva. – In: Sovremennaja chudožestvennaja literatura za rubežom. – Moskva (1977) 3 (123). – S. 24–26.

Motyljowa, Tamara s. *Motyleva,* Tamara

717 *Nagahashi,* Fumiko: Kurisuta Vorufu „Yôshôki no patân". ‚Taiken no kôzô to monogatari no kôzô'. – In: Kenkyû hôkoku = Forschungsberichte der „Freunde von Weimar" / „Waimaru Tomo no Kai" Nihon – DDR Gerumanisutiku kôryûshin kyôkai. „Freunde von Weimar" Gesellschaft zur Förderung des wissenschaftlichen Austausches der Germanistik Japan – DDR. – Tôkyô 4 (1979). – S. 104–112.

718 *Neumann,* Oskar: Wieviel Zukunft ist in der Gegenwart? – In: Unsere Zeit. – Düsseldorf 9 (1977–03–17) = 64. – S. 7.

Mit Foto.

719 *Øhrgaard,* Per: Ein Foto mit Hut – Bemerkungen zu Christa Wolf: Kindheitsmuster. – In: Orbis litterarum. – Copenhagen 42 (1987) 3/4. – S. 375–387.

720 *Ortmann,* Dorothea: Christa Wolfs „Kindheitsmuster" als Beitrag zur individuellen Faschismusauseinandersetzung für christliche Leser. – Essen: Verlag Die Blaue Eule, 1987. – 170 S. – (Theologie im Gespräch ; 3)

Zugl.: Rostock, Univ., Diss., 1985.
S. 152–170 Literaturverzeichnis und Bibliographie.

Pegoraro Chiarloni, Anna s. *Chiarloni Pegoraro,* Anna

721 *Plavius,* Heinz: Gewissensforschung. Wege moderner Prosa. – In: Neue Deutsche Literatur. – Berlin 25 (1977) 1. – S. 139–151.

Dass. – In: Plavius: Kriterien und Kritik. – Rostock: Hinstorff Verlag, 1977. – S. 61–81.
Dass. – In: Kritik 77. Rezensionen zur DDR-Literatur / hrsg. von Eberhard Günther ... – Halle/S.: Mitteldeutscher Verlag, 1978. – S. 183–200.

722 *Raddatz,* Fritz J.: „Wo habt ihr bloß alle gelebt". Über d. neuen Roman „Kindheitsmuster". – In: Die Zeit. – Hamburg 32 (1977) 11. – S. 48.

Mit Foto.

723 *Reich-Ranicki,* Marcel: Christa Wolfs trauriger Zettelkasten. Zu ihrem Buch „Kindheitsmuster". – In: Frankfurter Allgemeine. Zeitung für Deutschland. – Frankfurt a. M. (1977–03–19) = 66. – Beil.: Bilder und Zeiten. – S.5.

Dass. u. d. T.: Ein trauriger Zettelkasten. – In: Reich-Ranicki: Entgegnung. Zur dt. Literatur d. siebziger Jahre. – Stuttgart: Deutsche Verlags-Anstalt, 1979. – S.212–217. – *Dass.* – In: Reich-Ranicki: Entgegnung. – Erw. Neuausg. – Stuttgart: Deutsche Verlags-Anstalt, 1981. – S.249–254. – *Dass.* – In: Reich-Ranicki: Entgegnung. – Erw. Neuausg. – Stuttgart ; Hamburg ; München: Deutscher Bücherbund, [1981]. – S. 249–254. – *Dass.* – In: Reich-Ranicki: Entgegnung. – Erw. Neuausg. – München: Deutscher Taschenbuch-Verlag, 1982. – S. 249–254. – (dtv ; 10018)

724 *Reimann,* Angelika: Die Reflexionsgestaltung in den Romanen „Der Wundertäter, zweiter Band", „Der Aufenthalt" und „Kindheitsmuster". Charakter, Formen u. Funktionen. – 1982. – 196 Bl.
Leipzig, Pädag. Hochsch., Wissenschaftl. Rat, Diss. A, 1982.

725 *Richter,* Hans: Moralität als poetische Energie. – In: Sinn und Form. – Berlin 29 (1977) 3. – S.667–678.

Dass. – In: Richter: Werke und Wege. Kritiken, Aufsätze, Reden. – Halle ; Leipzig: Mitteldeutscher Verlag, 1984. – S.57–72.

726 *Roshnowski,* Stanislaw W.: Der Roman als Form des historischen Bewußtseins. „Kindheitsmuster" von Christa Wolf u. „Der Aufenthalt" von Hermann Kant. – In: Literatur im Wandel. Entwicklungen in europ. sozialist. Ländern 1944/45 – 1980 / [Akad. d. Wiss. d. DDR, Zentralinst. für Literaturgesch. ; Akad. d. Wiss. d. UdSSR, Inst. für Slawistik u. Balkanistik]. Hrsg. von Ludwig Richter ... – 1. Aufl. – Berlin ; Weimar: Aufbau-Verlag, 1986. – S.430–447.

Aus dem Russischen von Ulrike Herbst.

727 *Schaper,* Christine: Christa Wolf: „Kindheitsmuster", epische Struktur und Gehalt. – 1980. – 185, XXX Bl., Anh.
Halle, Univ., Philos. Fak., Diss. A, 1980.

728 *Scherpe,* Klaus R.: „Dieses Gefühl einer Lücke". Neue Romane von Christa Wolf, Alfred Andersch u. Peter Weiss als Muster antifaschist. Literatur für d. Gegenwart. – In: Antifaschistische Literatur. Bd. 3. Prosaformen / Lutz Winckler (Hrsg.) in Zusammenarbeit mit Christiane Fritsch. – Königstein/Ts.: Scriptor-Verlag, 1979. – S. 227–253. – (Reihe Literatur im historischen Prozeß ; 12)

Zu „Kindheitsmuster" von Ch. Wolf, „Winterspelt" von A. Andersch u. „Ästhetik des Widerstands" von P. Weiss.

729 *Schick,* Bernd: Brief eines Nachgeborenen. Zu Christa Wolf u. Annemarie Auer. – In: Sinn und Form. – Berlin 30 (1978) 2. – S.422–426.

Bezieht sich auf die Diskussion mit Ch. Wolf in der Akademie der Künste (vgl. Nr.673) und A. Auers Rezension (vgl. Nr.649).

730 *Schoeller,* Wilfried F.: „Das Kind, das in mir verkrochen war. Christa Wolfs ‚Kindheitsmuster'." – In: Frankfurter Rundschau. – Frankfurt a.M. 33 (1977–04–23) = 94. – Beil.: Zeit und Bild. – Nr.16. – S.II.

Mit Foto.

Dass. u.d.T.: Nachdenken über Christa W. Christa Wolfs Abschied von gestern: „Kindheitsmuster". – In: Die Weltwoche. – Zürich 45 (1977) 17. – S.35. – Mit Foto.

731 *Schuller,* Marianne: Schreiben und Erinnerung. Zu Christa Wolfs „Kindheitsmuster" u. „Kein Ort. Nirgends". – In: Wege der Literaturwissenschaft / hrsg. von Jutta Kolkenbrock-Netz ; Gerhard Plumpe ; Hans Joachim Schrimpf. – Bonn: Bouvier, 1985. – S.405–413.

731a *Shirer,* Robert K.: Difficulties of saying „I". The narrator as a protagonist in Christa Wolf's „Kindheitsmuster" and Uwe Johnson's „Jahrestage". – New York ; Berne ; Frankfurt a. M. ; Paris : Lang, 1988. – 274 S. – (Germanic studies in America ; 57)

Mit einer Bibliographie auf S. 270–274.

732 *Siefken-Schulte,* Ursula: Utopie und Ästhetik der Gegenwartsliteratur. Christa Wolfs „Kindheitsmuster": Raum gewordene Zeit. – In: Die Horen. – Hannover 26 (1981) Bd.4 (Ausg. 124). – S.100–108.

Mit Foto.

733 *Silbermann,* Marc: Soll und Haben. Überlegungen zum Roman d. DDR. – In: Deutsche Gegenwartsliteratur. Ausgangspositionen u. aktuelle Entwicklungen / hrsg. von Manfred Durzak. – Stuttgart: Reclam, 1981. – S.495–516.

S.498–500 behandelt.

734 *Sommer,* Dietrich: Vergangenheitsbewältigung und Zukunftshoffnung. Zu Christa Wolfs „Kindheitsmuster". – In: Freiheit. – Halle/S. 32 (1977–03–17) = 65. – S.5.

735* *Spender,* Stephan: Review of a Model Childhood by Christa Wolf. – In: The New York Times Book Review. – New York (1980–10–12). – S.11 u. 34.

736 *Stephan,* Alexander: [Rez.]. – In: New German Critique. – Milwaukee (1977) 11. – S.178–182.

737 *Stephan,* Alexander: Von Aufenthalten, Hosenknöpfen und Kindheitsmustern: Das Dritte Reich in d. jüngeren Prosa d. DDR. – In: Akten des VI. Internationalen Germanisten-Kongresses Basel 1980. T. 4 / hrsg. von Heinz Rupp u. Hans-Gert Roloff. – Bern ; Frankfurt a.M. ; Las Vegas: Lang, 1980. – S. 552–558. – (Jahrbuch für Internationale Germanistik ; Reihe A : Kongressberichte ; 8)

Zu H.Kants „Aufenthalt", A.Wellms „Pugowitza" und Ch.Wolfs „Kindheitsmuster".

Dass. – In: Studies in GDR culture and society. Proceedings of the 6. International Symposium on the German Democratic Republic, [was held in Conway, New Hampshire, from June 13–20, 1980] / Ed.: Margy Gerber … – Washington: University Press of America, 1981. – S.127–139.

738 *Stephens,* Anthony: Vom Nutzen der zeitgenössischen Metafiktion: Christa Wolfs „Kindheitsmuster". – In: Erzählung und Erzählforschung im 20. Jahrhundert. Tagungsbeiträge e. Symposiums d. Alexander-von-Humboldt-Stiftung Bonn-Bad Godesberg, veranstaltet vom 9.–14. Sept. 1980 in Ludwigsburg / hrsg. von Rolf Kloepfer ... – Stuttgart ; Berlin [West] ; Köln ; Mainz: Kohlhammer, 1981. – S. 359–370. – (Internationale Fachgespräche / Alexander-von-Humboldt-Stiftung Bonn-Bad Godesberg)

739 *Stolt,* Birgit: Empfehlenswerte Lektüre. Zweimal Reise in die Vergangenheit. – In: Moderna språk. – Saltsjö-Duvnäs 71 (1977) 3. – S. 239–241.

Vergleich von Ch. Wolfs „Kindheitsmuster" u. L. Ossowskis „Weichselkirschen".

740 *Széll,* Zsuzsa: Essay und / oder / als Epik. – In: Vier deutsche Literaturen? Literatur seit 1945 – nur die alten Modelle? Medium Film – das Ende der Literatur? / hrsg. von Karl Pestalozzi ; Alexander von Bormann ; Thomas Koebner. – Tübingen: Niemeyer, 1986. – S. 167–170. – (Kontroversen, alte und neue [= Akten des VII. Internationalen Germanisten-Kongresses, Göttingen 1985] ; 10)

Zu M. Frischs „Stiller", I. Bachmanns „Malina" und Ch. Wolfs „Kindheitsmuster".

741 *Thun,* Nyota: Krieg und Literatur. Studien zur sowjet. Prosa von 1941 bis zur Gegenwart. – Berlin: Akademie-Verlag, 1977. – 299 S. – (Literatur und Gesellschaft)

S. 251–252 u. 255–267 behandelt.

742 *Veselá,* Gabriela ; *Veselý,* Jiři: Typologische Möglichkeiten des Erzählens in der Gegenwartsprosa der DDR. Christa Wolfs „Kindheitsmuster" u. Hermann Kants „Aufenthalt". – In: Literaturwissenschaftliches Kolloquium „DDR-Literatur und revolutionärer Geschichtsprozeß". Referate u. Diskussionsbeiträge. Cikháj 22.–25. Okt. 1979 / Universiteta J. E. Purkyně v Brně, Lektorat für Dt. Sprache u. Literatur beim KIZ d. DDR. – [Brno], 1979. – S. 208–221. – (Brünner Beiträge zur Germanistik ; Sonderdr.)

743* *Viollet,* Catherine: Autobiographie et disparition du „je": „Kindheitsmuster" de Christa Wolf. – In: Leçons d'écriture. Ce que disent les manuscrits. Textes réunis par Almuth Grésillon et Michaël Werner en hommage à Louis Hay. – Paris: Minard, 1985. – S. 195–206.

744 *Wallmann,* Jürgen P.: „Das Vergangene ist nicht tot". Zu Christa Wolfs neuem Roman. – In: Deutschland-Archiv. – Köln 10 (1977) 3. – S. 310–312.

Dass. u. d. T.: Nach Landsberg. Christa Wolfs dritter Roman. – In: Rheinischer Merkur. – Köln 32 (1977) 9. – S. 18.

Dass. Gekürzte Fassung u. d. T.: Christa Wolf: Kindheitsmuster. – In: Die Welt der Bücher. – Freiburg/Br. 5 (1977) 7. – S. 332–333.

745 *Watson*, Martin Norman: The literary presentation of „Youth" in GDR fiction: 1971–1980. – Stuttgart: Akademischer Verlag Heinz, 1987. – 457 S. – (Stuttgarter Arbeiten zur Germanistik ; 152)

Zugl.: Nottingham, Diss., 1984.
S.58–78 und 383–395 behandelt.

746 *Weiß*, Ruth: Zwischen Selbstgespräch und Anrede. Überlegungen zu Christa Wolfs Buch „Kindheitsmuster". – In: Die Christenlehre. – Berlin 32 (1979) 7. – S.213–217.

747* *Wendt-Hildebrandt*, Susan: Kindheitsmuster. Christa Wolf's „Probestück". – In: Seminar. A journal of Germanic studies. – Toronto 17 (1981) 2. – S.164–176.

748 *Werth*, Wolfgang: „Wie sind wir so geworden ...?" Zu Christa Wolfs neuem Buch „Kindheitsmuster". – In: Süddeutsche Zeitung. – München 33 (1977-03-05/06) = 53. – Beil.: Buch und Zeit. – S.102.

Mit Foto.

749 *Wicklein*, Ursula: Kindheitsmuster. Anmerkungen zu Christa Wolfs neuem Buch. – In: Die Union. – Dresden 32 (1977-04-23/24) = 96. – Beil.: Weg und Zeit. – Nr.16. – S.2.

750 *Wiegenstein*, Roland H.: Kassandra hat viele Gesichter. – In: Merkur. – Stuttgart 31 (1977) 10 (353). – S.989–1006.

S.989–995 behandelt.

751 *Wuckel*, Dieter: Vielschichtige Rückschau in die Vergangenheit. Zum Roman „Kindheitsmuster" von Christa Wolf. – In: Märkische Volksstimme. – Potsdam 32 (1977-06-10) = 136. – Beil.: bei uns. – Nr.22. – S.2.

752 *Zahlmann*, Christel: Christa Wolfs Reise „ins Tertiär". Eine literaturpsycholog. Studie zu „Kindheitsmuster". – Würzburg: Königshausen & Neumann, 1986. – 257 S. – (Epistemata : Reihe Literaturwissenschaft ; 19)

Zugl.: Freiburg i.Br., Univ., Diss., 1985.

753 *Zhixing*, Bao: Zur Rezeption der DDR-Literatur in China. – In: Zeitschrift für Germanistik. – Leipzig 8 (1987) 6. – S.751–754.

S.754 zur Aufnahme von „Kassandra" und „Kindheitsmuster" in China.

1977

Berührung (1977)

754 *Schelbitzki Pickle*, Linda: „Unreserved subjectivity" as a force for social change. Christa Wolf and Maxie Wander's „Guten Morgen, du Schöne". – In: Studies in GDR culture and society. 2. Proceedings of

the 7. Internat. Symposium on the German Democratic Republic [was held from June 19–26, 1981, Conway, New Hampshire] / Ed. Margy Gerber ... – Washington: University Press of America, 1982. – S.217–230.

Zu Ch. Wolfs Vorwort zu: Wander, Maxie: Guten Morgen, du Schöne. – Berlin: Buchverlag Der Morgen, 1977.

1978

Ein Satz (1978)

755 *Krogmann*, Werner: Christa Wolfs Deutschstunde in Bremen. Randbemerkungen zu e. Preisverleihung. – In: Deutschland-Archiv. – Köln 11 (1978) 4. – S.402–404.

Zu Ch. Wolfs Dankrede bei der Entgegennahme des Bremer Literaturpreises 1978.

1979

Fortgesetzter Versuch (1979)

756 *Bilke*, Jörg Bernhard: Menschliche Schwächen in Heldenstadt. Warum Genosse Zahlbaum sein Geschick beklagt. Erzählungen u. Aufsätze von Christa Wolf. – In: Die Welt. – Hamburg (1980–06–07) = 131. – Beil.: Geistige Welt. – S.V.

Zu „Gesammelte Erzählungen", „Lesen und Schreiben. Neue Sammlung" und „Fortgesetzter Versuch". – Mit Foto.
Nicht identisch mit Nr. 757.

757 *Bilke*, Jörg [Bernhard]: Quellklare Tropfen. Im Literaturmuseum d. DDR. Christa Wolf in d. Schußlinie d. SED. – In: Rheinischer Merkur. Christ und Welt. – Bonn 35 (1980) 26. – S.19.

Zu „Fortgesetzter Versuch" und „Lesen und Schreiben. Neue Sammlung".

758 *Hörnigk*, Therese: [Rez.]. – In: Referatedienst zur Literaturwissenschaft. – Berlin 15 (1983) 1. – S.99–100.

759 *Motyleva*, T[amara]: [Rez.]. – In: Sovremennaja chudožestvennaja literatura za rubežom. – Moskva (1980) 1. – S.33–38.

Zu „Fortgesetzter Versuch" und „Kein Ort. Nirgends".

Kein Ort. Nirgends (1979)

760** *Abicht*, Ludo: Christa Wolf en de Romantiek. – In: De Nieuwe Boeken. – Amsterdam (1979–09–14) = 11.

761 *Albrecht*, Christel ; *Seidel*, Brigitte: Vielsagende blicke. Versprachlichungen nonverbalen verhaltens, insbesondere durch phraseologis-

men, in vier trivialen frauenromanen u. e. belletrist. erzähltext. – In: Wirkendes Wort. – Düsseldorf 37 (1987) 5. – S. 308–330.

S.323–330 behandelt.

762 *Baab*, Patrik: Die Mitwelt hat Anspruch auf Auskunft. Konzeptionelle Wandlung d. Rezeption d. „negativen“ romant. Erbes in d. DDR am Beispiel von Christa Wolf. – In: Die Horen. – Hannover (1984) 136. – S.49–62.

Zu „Kein Ort. Nirgends“ und „Schatten eines Traumes“.
Vgl. auch Nr. 233.

763 *Bilke*, Jörg Bernhard: Die Zeit vor dem Selbstmord. Christa Wolf spekuliert über d. Begegnung zwischen Kleist u. Günderrode. – In: Die Welt. – Hamburg (1979–04–14) = 88. – Beil.: Geistige Welt. – S.5.

764 *Bock*, Sigrid: Christa Wolf. Kein Ort. Nirgends. – In: Weimarer Beiträge. – Berlin ; Weimar 26 (1980) 5. – S.145–157.

765 *Brandes*, Ute: Zitat und Montage in der neueren DDR-Prosa. – Frankfurt a.M. ; Bern ; New York: Lang, 1984. – 227 S. – (Forschungen zur Literatur- und Kulturgeschichte ; 3)

S.61–100 Kapitel: Das Zitat als Beleg. Christa Wolf „Kein Ort. Nirgends“.

766 *Drewitz*, Ingeborg: Im Sog des Todes. „Kein Ort. Nirgends“ – das neue Buch von Christa Wolf. – In: Nürnberger Nachrichten. – Nürnberg 35 (1979–03–29) = 75. – S.20.

Dass. – In: Drewitz: Zeitverdichtung. Essays. Kritiken, Portr. Ges. aus 2 Jahrzehnten. – Wien ; München ; Zürich: Europaverlag, 1980. – S.350–351.
Vgl. auch Nr. 205 (2.Aufl.) und 206.

767 *Eichler*, Wilfriede: Gewißheit aus dem Entwurf. „Kein Ort. Nirgends“ – eine Künstlernovelle von Christa Wolf. – In: National-Zeitung. – Berlin 32 (1979–06–18) = 141. – S.7.

768 *Engler*, Jürgen: Herrschaft der Analogie. – In: Neue Deutsche Literatur. – Berlin 27 (1979) 7. – S.128–133.

Zusammen mit einer Rezension von U. Püschel unter der Gesamtüberschrift „Im Spannungsfeld von Gedanke und Tat“ veröffentlicht.
Dass. – In: Kritik 79. Rezensionen zur DDR-Literatur / hrsg. von Eberhard Günther ; Werner Liersch ; Klaus Walther. – Halle ; Leipzig: Mitteldeutscher Verlag, 1980. – S.227–234.

769* *Fehervary*, Helen: The gender of autorship. Heiner Müller and Christa Wolf. – In: Studies in twentieth century literature. – Lincoln 5 (1980/81). – S.41–58.

Deutsch, erweiterte Fassung u. d. T.: Autorschaft, Geschlechtsbewußtsein und Öffentlichkeit. Versuch über Heiner Müllers „Die Hamletmaschine“ u. Christa Wolfs „Kein Ort. Nirgends“. – In: Entwürfe von Frauen in der Literatur des 20.Jahrhunderts / hrsg. von Irmela von der Lühe. – 1.–4.Tsd. – Berlin [West]: Argument-Verlag, 1982. – S. 132–153. – (Literatur im historischen Prozeß : N.F. ; 5) (Das Argument : So.-Bd. ; 92)

770 *Firle*, Marga: Erzählstrukturen in Christa Wolfs „Kein Ort. Nirgends". – In: Hallesche Studien zur Wirkung von Sprache und Literatur. 10 / hrsg. von Thomas Höhle ... – Halle/S.: Martin-Luther-Universität, 1985. – S. 4–15. – (Wissenschaftliche Beiträge ; 1985, 26 ⟨F 54⟩)

771* *Ganguli*, Selina: Looking for utopia. Christa Wolf's story „Kein Ort. Nirgends". – In: German studies in India. „Indo-German". – Trivandrum 5 (1981) 2. – S.91–95.

772 *Gentikow*, Barbara ; *Søholm*, Kirsten: Christa Wolfs „Kein Ort. Nirgends" und „Kassandra" oder Lebensbedingungen des Utopischen in der Literatur und ästhetischen Theorie der DDR. – In: Text & Kontext. – Kopenhagen ; München 12 (1984) 2. – S.387–409.

773 *Gidion*, Heidi: „Was mich tötet, zu gebären". Emanzipation als (tödlicher) Erkenntnisprozeß – demonstriert an Kassandra, Günderrode, Kleist. – In: Anstösse. – Hofgeismar 32 (1985) 4. – S.165–172.

Zu „Kassandra", „Voraussetzungen einer Erzählung", „Kein Ort. Nirgends" und „Der Schatten eines Traumes".

774 *Gros*, Christine: Kein Ort. Nirgends de Christa Wolf et le realisme socialiste. – In: Connaissance de la RDA. – Paris (1987) 24. – S.29–44.

775 *Grunenberg*, Antonia: Träumen und Fliegen. Neue Identitätsbilder in d. Frauenliteratur d. DDR. – In: Probleme deutscher Identität. Zeitgenöss. Autobiographien, Identitätssuche u. Zivilisationskritik / hrsg. von Paul Gerhard Klussmann u. Heinrich Mohr. – Bonn: Bouvier, 1983. – S.157–184. – (Jahrbuch zur Literatur in der DDR ; 3)

S.176–181 behandelt.

776** *Guégan*, Jean: Une vie inviable. Rencontre imaginaire entre deux écrivains romantiques. – In: L'Humanité. – Paris (1981–12–22).

777 *Hartung*, Günter: Christa Wolf: Kein Ort. Nirgends. – In: Connaissance de la RDA. – Paris (1981) 13. – S.25–34.

778 *Herminghouse*, Patricia: The rediscovery of romanticism. Revisions and reevaluations. – In: Studies in GDR culture and society. 2. Proceedings of the 7. Internat. Symposium on the German Democratic Republic [was held from June 19–26, 1981, Conway, New Hampshire] / Ed.: Margy Gerber ... – Washington: University Press of America, 1982. – S.1–17.

S.13–14 „Kein Ort. Nirgends" und „Der Schatten eines Traumes" behandelt. *Deutsch, erweiterte Fassung u. d. T.*: Die Wiederentdeckung der Romantik: zur Funktion d. Dichterfiguren in d. neueren DDR-Literatur. – In: DDR-Roman und Literaturgesellschaft / hrsg. von Jos Hoogeveen u. Gerd Labroisse. – Amsterdam: Rodopi, 1981. – S. 230–231 u. S. 242–247. – (Amsterdamer Beiträge zur neueren Germanistik ; 11/12)

779 *Herminghouse*, Patricia: Trends in literary reception coming to terms with classicism. Goethe in GDR literature of the 1970's. – In: The German Quarterly. – Cherry Hill 56 (1983) 2. – S.273–284.
S.281–282 behandelt.

780 *Hillman*, Roger: A „gesteigerter Tasso"? Christa Wolf: „Kein Ort. Nirgends". – In: GDR Monitor. – Dundee (1980) 3. – S.17–24.

781 *Hirdina*, Karin: Begegnung zwischen den Zeiten. – In: Sinn und Form. – Berlin 31 (1979) 5. – S.1099–1104.

Im Spannungsfeld von Gedanke und Tat vgl. Nr.768 und 803.

782 *Jäger*, Manfred: Verzweifelte Utopie, lockere Ironie. – In: Deutsches Allgemeines Sonntagsblatt. – Hamburg 32 (1979) 15. – S.26.
Zu Ch.Wolfs „Kein Ort. Nirgends" und G.de Bruyns „Märkische Forschungen".

783 *Jarmatz*, Klaus: Die Geschichte und die Literatur. – In: Neues Deutschland. – Berlin 35 (1980–05–14) = 113. – S.4.
Zu „Kein Ort. Nirgends" und „Der Schatten eines Traumes".

784** *Krättli*, Anton: In Teltge und nirgends. Literaturgeschichte als Fiktion bei Günter Grass u. Christa Wolf. – In: Schweizer Monatshefte für Politik, Wirtschaft, Kultur. – Zürich 59 (1979). – S.463–472.

785 *Krechel*, Ursula: Stillstand im milden Licht. – In: Merkur. – Stuttgart 33 (1979) 5 (372). – S.489–491.

786 *Kricheldorff*, Hans: [Rez.]. – In: Neue Deutsche Hefte. – Berlin [West] 26 (1979) 2 (162). – S.371–374.

787* *Küntzel*, Heinrich: Der andere Kleist. Wirkungsgeschichte u. Wiederkehr Kleists in d. DDR. – In: Jahrbuch zur Literatur in der DDR. – Bonn 1 (1980). – S.105–139.

788** *Lebrun*, Jean-Claude: Pourquois écrire? – In: Révolution. – Paris 10 (1981–12–19).

789 *Leonhard*, Sigrun D.: Strategie der Annäherung. Zur Erzähltechnik in Christa Wolfs „Kein Ort. Nirgends". – In: The Germanic Review. – Washington 60 (1985) 3. – S.99–106.

790** *Linsmayer*, Charles: Kleist an einer Teegesellschaft von 1804. Christa Wolfs brillanter histor. Roman „Kein Ort. Nirgends". – In: Luzerner Neuste Nachrichten. – Luzern (1979–05–22).

791 [Kein Nachweis]

792 *Mannack*, Eberhard: [Rez.]. – In: Deutsche Bücher. – Amsterdam 10 (1980) 3. – S.197–198.

793 *McHaffie*, Margaret: Meeting of true minds. – In: The Times Literary Supplement. – London (1983–05–13) 4, 180. – S.498.

794 *Melchert*, Monika: Dichter zwischen Klassik und Romantik. – In: Junge Welt. – Berlin 33 (1979–06–26) = 148. – S.12.

795 [*Meyer*, Martin]: Jemandsland. – In: Neue Zürcher Zeitung. Fernausg. – Zürich 200 (1979–03–31) = 75. – S.39.

Mit „mey." gezeichnet.

796 *Michaelis*, Rolf: Eine andere Art von Tod. Christa Wolfs Erzählung „Kein Ort. Nirgends". Wunschtraumgeschichte aus d. DDR – d. Begegnung zweier Dichter u. Außenseiter: Kleist u. Günderrode. – In: Die Zeit. – Hamburg 34 (1979) 12. – S.53.

Mit Foto.

Dass. – In: Fischer-Almanach der Literaturkritik 1978/79 / hrsg. von Andreas Werner. – Frankfurt a.M.: Fischer-Taschenbuch-Verlag, 1980. – S.297–299. – (Fischer-Bücherei ; 6450)

797* *Miyajima*, Takashi: Kurisuta Vorufu: „Basho wa nai. Doko ni mo". – In: Kyûshû Kôgyô Daigaku. Kenkyû hôkoku. Jimbun shakai kagaku. – Kitakyûshû (1985) 33. – S.155–162.

798 *Nalewski*, Horst: Monologisches Sprechen. Christa Wolf „Kein Ort. Nirgends". – In: Neue Literatur. – București 32 (1981) 3. – S.66–77.

Dass. – In: Selbsterfahrung als Welterfahrung. DDR-Literatur in den 70er Jahren / hrsg. von Horst Nalewski u. Klaus Schuhmann. – 1. Aufl. – Berlin ; Weimar: Aufbau-Verlag, 1981. – S.149–162. – Mit Literaturhinweisen S.252–254.

799* [*Pahlmann*, Marianne]: Karoline von Günderrode, originalneu angewandt. – In: Die Presse. – Wien (1980–02–16/17) = 9571. – Beil.: Spectrum. – S.6.

Mit „M.P." gezeichnet.

800 *Pleßke*, Gabriele: Entwürfe kathartischen Selbstbewußtseins. Christa Wolfs Erzählung „Kein Ort. Nirgends". – In: DDR-Literatur der sechziger und siebziger Jahre. Wissenschaftl. Konferenz d. Staatl. Georg. Univ. Tbilissi u. d. Friedrich-Schiller-Univ. Jena. – Jena: Abt. Wissenschaftl. Publikationen d. Friedrich-Schiller-Univ., 1985. – S.97–105.

801 *Ploetz*, Dagmar: Zügel, die ins Fleisch schneiden. Christa Wolfs Prosastück „Kein Ort. Nirgends". – In: Deutsche Volkszeitung. – Düsseldorf 27 (1979) 10. – S.27.

802 *Posor,* Monika ; *Koch,* Hermann: Zur Sprachverwendung in Christa Wolfs Erzählung „Kein Ort. Nirgends." – In: Funktion der Sprachgestaltung im literarischen Text / hrsg. von Willi Steinberg. – Halle/S.: Martin-Luther-Univ. Halle-Wittenberg, 1981. – S. 298–311. – (Kongreß- u. Tagungsberichte d. Martin-Luther-Univ. Halle-Wittenberg) (Wissenschaftliche Beiträge ; 1981, 52 ⟨F. 33⟩)

803 *Püschel,* Ursula: Zutrauen kein Unding, Liebe kein Phantom. – In: Neue Deutsche Literatur. – Berlin 27 (1979) 7. – S. 134–139.

Zusammen mit einer Rezension von J. Engler unter der Gesamtüberschrift „Im Spannungsfeld von Gedanke und Tat" veröffentlicht.

Dass. u. d. T.: Liebe kein Unding, Zutrauen kein Phantom. Bemerkungen zu Christa Wolfs „Kein Ort. Nirgends". – In: Püschel: Mit allen Sinnen. Frauen in d. Literatur. Essays. – Halle ; Leipzig: Mitteldeutscher Verlag, 1980. – S. 163–170. – *Dass.* 2. Aufl. – 1982. – S. 170–177.

804* *Pulver,* Elsbeth: Begreifen, daß wir ein Entwurf sind. Zum neuen Roman von Christa Wolf. – In : Aargauer Tagblatt. – Aargau (1979–08–25).

805* *Ramburer,* Jean-Louis de: Brève rencontre de deux romantiques. – In: Le Monde des Livres. – Paris (1981) Dez.

806 *Renner,* Rolf Günter: Gemalte und geschriebene Landschaften. Zu e. Beziehung zwischen Malerei u. Literatur in d. DDR. – In: Literatur und bildende Kunst. Lyrikdiskussion. Schillerpreis für Christa Wolf / hrsg. von Paul Gerhard Klussmann u. Heinrich Mohr. – Bonn: Bouvier, 1985. – S. 69–102. – (Jahrbuch zur Literatur in der DDR ; 4. 1984)

S. 84–85, 87–88 behandelt.

807 *Rohde,* Hedwig: Kleist und die Günderrode. Christa Wolfs erdachte Begegnung. – In: Der Tagesspiegel. – Berlin [West] 35 (1979–04–22) = 10208. – S. 55.

808** *Ross,* Werner: Apokalypse jetzt. Zu neuen Erzählungen von Max Frisch, Christa Wolf, Günter Grass. – In: Die politische Meinung. – Osnabrück 24 (1979) 185. – S. 44–48.

809** *Schärer,* Bruno: Verstehen, daß Sehnsucht keiner Begründung bedarf. Zu d. neuen Buch d. ostdeutschen Autorin Christa Wolf. – In: Tages-Anzeiger. – Zürich (1979–04–20).

810* *Scheller,* Wolf: [Rez.]. – In: Die Presse. – Wien (1979–03–24) = 9301. – S. 20.

811 *Schlenstedt,* Silvia ; *Schlenstedt,* Dieter: Kein Ort. Nirgends. Von Christa Wolf. – In: Sonntag. – Berlin 33 (1979) 32. – S. 6.

Dass. u. d. T.: Elegische Provokation. – In: Kritik 79. Rezensionen zur DDR-Literatur / hrsg. von Eberhard Günther ; Werner Liersch ; Klaus Walther.– Halle ; Leipzig: Mitteldeutscher Verlag, 1980. – S. 235–240.

812 *Schoeller*, Wilfried F.: Nicht gelungen, gewiß nicht. Christa Wolfs Erzählung aus d. Literaturgeschichte: d. Treffen H. v. Kleists mit d. Günderrode. – In: Frankfurter Rundschau. – Frankfurt a. M. 35 (1979–04–07) = 83. – Beil.: Zeit und Bild. – Nr. 14. – S.II.

Dass. – In: Die Weltwoche. – Zürich 47 (1979) 15. – S.31. – Mit Foto.

813 *Schorno*, Paul: Christa Wolf kommt draus und flüstert weiter. – In: Basler Zeitung. – Basel 137 (1979–05–05) = 104. – S.55.

814 *Schreiber*, Jürgen: Ein Denkmal für eine Empfindsame. Das Buch d. DDR-Autorin Christa Wolf wurde e. Bestseller. – In: Frankfurter Rundschau. – Frankfurt a.M. 35 (1979–06–11) = 133. – S.16.

815 *Schuhmann*, Klaus: Schriftsteller im Spannungsfeld von Revolution und Restauration. Anmerkungen zu Erik Neutsch u. Christa Wolf. – In: Wissenschaftliche Zeitschrift der Karl-Marx-Universität Leipzig. Gesellschafts- u. sprachwiss. Reihe. – Leipzig 32 (1983) 6. – S.608–612.

S.610–612 zu „Kein Ort. Nirgends" und „ Der Schatten eines Traumes".

816 *Sobull*, Dagmar: Gefangen im Geschlecht. Christa Wolfs „Kein Ort. Nirgends". Kleist u. d. Günderrode. – In: Deutsche Zeitung. Christ und Welt. – Bonn (1979) 16. – S.23.

Mit Foto.

817 *Stolt*, Birgit: [Rez.]. – In: Moderna språk. – Saltsjö-Duvnäs 74 (1980) 1. – S.71–72.

818 *Streller*, Siegfried: Christa Wolf: Kein Ort. Nirgends. – In: Weimarer Beiträge. – Berlin ; Weimar 29 (1983) 2. – S.359–362.

819 *Thi Mai Tran*: Christa Wolf. Une façon d'être – hors-la-phrase. Kein Ort. Nirgends. – In: Cahiers d'Etudes Germaniques. – Aix-en-Provence (1982) 6. – S.151–157.

820 *Totten*, Monika: Zur Aktualität der Romantik in der DDR. Christa Wolf u. ihre Vorläufer(innen). – In: Zeitschrift für deutsche Philologie. – Berlin [West] ; Bielefeld ; München 101 (1982) 2. – S.244–262.

Zu „Kein Ort. Nirgends", „Der Schatten eines Traumes" und „Nun ja! Das nächste Leben geht aber heute an".

821 *Trempelmann*, Gisela: „Sag bitte, danke". Gedanken zur sprachlichen Gestaltung in „Kein Ort. Nirgends" von Christa Wolf. – In: Wissenschaftliche Zeitschrift der Pädagogischen Hochschule „Karl Liebknecht". – Potsdam 29 (1985) 5. – S.837–846.

822 *Ullrich*, Helmut: Vermutungen über eine Begegnung. Zu Christa Wolfs Buch „Kein Ort. Nirgends" im Aufbau-Verlag. – In: Neue Zeit. – Berlin 35 (1979–07–16) = 165. – S.4.

823 *Wallmann,* Jürgen P.: „Erwünschte Legende". – In: Deutschland-Archiv. – Köln 12 (1979) 8. – S.879–880.

Dass. u. d. T.: Vorgänger ihr, Blut im Schuh ... Christa Wolf oder Heinrich von Kleist beim Tee-Klatsch. – In: Rheinischer Merkur. – Köln 34 (1979) 19. – S.22.

824 *Werner,* Hans-Georg: Romantische Traditionen in epischen Werken der neueren DDR-Literatur. Franz Fühmann u. Christa Wolf. – In: Zeitschrift für Germanistik. – Leipzig 1 (1980) 4. – S.398–416.

S. 407–411 zu „Kein Ort. Nirgends", S. 411–414 zu „Der Schatten eines Traumes".

825 *Werth,* Wolfgang F.: Für Unlösbares gibt es keine Form. Christa Wolf fingiert e. Begegnung zwischen Kleist u. d. Günderrode. – In: Süddeutsche Zeitung. – München 35 (1979–04–04) = 79. – Beil.: Buch und Zeit. – S.1.

826 *Wille,* Klaus: „Welch ein Trost, daß man nicht leben muß" – zum utopischen Aspekt der Erzählung „Kein Ort. Nirgends" von Christa Wolf. – In: Doitsu Bungaku = Die deutsche Literatur. – Tôkyô (1981) 67. – S.32–39.

827 *Wirsing,* Sibylle: Das Malheur zu allem Unglück. Christa Wolfs Erzählung „Kein Ort. Nirgends". – In: Frankfurter Allgemeine. Zeitung für Deutschland. – Frankfurt a. M. (1979–03–24) = 71. – Beil.: Bilder und Zeiten. – S.5.

Dass. – In: Ein Büchertagebuch. Buchbesprechungen aus d. Frankfurter Allgemeinen Zeitung. – Frankfurt a.M. (1979). – S.94–96.

828 *Zacharias,* Ernst-Ludwig: Auf der Suche nach Identität. (Bemerkungen zur Romantikrezeption in Christa Wolfs Erzählung „Kein Ort. Nirgends"). – In: Wissenschaftliche Zeitschrift der Pädagogischen Hochschule „Dr. Theodor Neubauer". – Erfurt ; Mühlhausen 16 (1979) 3. – S.141–146.

Dass. – In: Zu einigen Positionen der Romantik-Forschung in der DDR und zur Rezeption der Romantik in der DDR-Literatur. Materialien e. Konferenz d. Wissenschaftsbereiches Literaturwiss. d. Sektion Germanistik/Geschichte/Musikerziehung d. Pädag. Hochschule „Karl Liebknecht" Potsdam / Hrsg.: Horst Hartmann. – Potsdam, 1980. – S. 167–174. – (Potsdamer Forschungen der Pädagogischen Hochschule „Karl Liebknecht". Gesellschaftswiss. Reihe ; 39)

829 *Znamenskaja,* Galina: Der Künstler und das Geschichtsbewußtsein. Zu einigen Problemen d. DDR-Literatur d. sechziger u. siebziger Jahre. – In: Weimarer Beiträge. – Berlin ; Weimar 27 (1981) 4. – S.109–121.

S.117–119 behandelt.

830 *Borchmeyer*, Dieter: Werthers romantische Schwester. Christa Wolf u. d. Günderrode. – In: Süddeutsche Zeitung. – München 35 (1979–10–10) = 234. – Beil.: Buch u. Zeit. – S. VI.

831 *Klessmann*, Eckart: Keine Liebestragödie. Warum d. junge Karoline von Günderrode d. Freitod wählte. – In: Die Welt. – Hamburg (1979–10–10) = 237. – Beil.: Welt des Buches. – S. VI.

832* *Kranich*, Doris: „Drum leb' ich, ewig Träume zu betrachten". Christa Wolf stellt d. Dichterin Karoline von Günderrode vor. – In: Badische Neueste Nachrichten. – Karlsruhe (1980–01–23).

833 *Lennox*, Sara: Trends in the literary theory: The female aesthetic and German women's writing. – In: The German Quarterly. – Cherry Hill 54 (1981) 1. – S. 63–75.

S. 71–72 behandelt.

834** *Matt*, Beatrice von: Der Schatten eines Traumes. Zur Günderrode-Edition von Christa Wolf. – In: Neue Zürcher Zeitung. – Zürich (1980–04–12/13).

835* *Meyer*, Barbara: „Die Erde ist mir Heimat nicht geworden". Christa Wolf zu Karoline von Günderrode. – In: Schweizer Monatshefte für Politik, Wirtschaft, Kultur. – Zürich 59 (1979). – S. 823–830.

836 *Plavius*, Heinz: Wiederentdeckung einer fast Vergessenen. – In: Junge Welt. Ausg. B. – Berlin 33 (1979–12–18) = 298. – S. 12.

837* *Roseneck*, Orest: „In Tränen war solch Leben eingetaucht". Karoline von Günderrode: e. Dichterin wurde wiederentdeckt. – In: Coburger Tageblatt. – Coburg (1979–10–06/07).

838* *Schlaffer*, Hannelore: Lieder wie Turteltauben. Christa Wolf stellt e. Werkausgabe d. Günderrode vor. – In: Stuttgarter Zeitung. – Stuttgart 35 (1979–09–29) = 226. – S. 50.

839 *Schoeller*, Wilfried F.: Die Leuchtkraft des einzelnen Beispiels. Christa Wolfs Sammlung d. Günderrode-Schriften. – In: Frankfurter Rundschau. – Frankfurt a. M. 35 (1979–12–29) = 302. – Beil.: Zeit und Bild. – Nr. 52. – S. IV.

840 *Ullrich*, Helmut: „ausgestoßen aus meiner süßen Heimat". Beispielhafte Rezeption d. literar. Erbes – d. Günderrode. – In: Neue Zeit. – Berlin 36 (1980–02–02/03) = 28. – S. 7.

841 *Wirsing*, Sibylle: Karoline von Günderrode – ein Seelenfragment der Romantik. Die Wiederbegegnung mit d. hessischen Dichterin. Zu e. neuen Ausgabe. – In: Frankfurter Allgemeine. Zeitung für Deutschland. – Frankfurt a. M. (1979–11–24) = 275. – Beil.: Bilder und Zeiten. – S. 6.

Gesammelte Erzählungen (1980)

842* *Bachem*, Michael: [Rez.]. – In: World Literature Today. – Norman, Okl. 55 (1981) 2. – S.310.

843 *Bondy*, Barbara: Spiegelbild. Christa Wolfs Gesammelte Erzählungen. – In: Süddeutsche Zeitung. – München 36 (1980–04–02) = 79. – Beil.: Buch und Zeit. – S.50.

844 *Brandt*, Sabine: Fingerübungen und Reste. Erzählungen u. Essays von Christa Wolf. – Frankfurter Allgemeine. Zeitung für Deutschland. – Frankfurt a.M. (1980–06–30) = 148. – S.18.
Zu „Gesammelte Erzählungen" und „Lesen und Schreiben. Neue Sammlung".

845** *Hopf*, Heribert: [Rez.]. – In: Nachrichten der Evangelisch-Lutherischen Kirche Bayerns. – München (1980) 20.

846 *Jäger*, Manfred: Brisante Signale aus der Geschichte. – In: Deutsches Allgemeines Sonntagsblatt. – Hamburg 33 (1980) 15. – S.19.
Zu „Gesammelte Erzählungen" und „Lesen und Schreiben. Neue Sammlung".

847 *Kane*, Martin: [Rez.]. – In: Pen international. Bulletin of selected books. – London 32 (1982) 1. – S.13–14.
In englischer Sprache.

848 *Liebing*, Jürgen: Ein Bewußtsein für Widersprüche. Die westdt. Ausgabe von Christa Wolfs Werken rundet sich ab. – In: Vorwärts. – Bonn (1980) 11. – Beil.: Buch '80. – S.11.
Zu „Gesammelte Erzählungen" und „Lesen und Schreiben. Neue Sammlung".

849 *Meidinger-Geise*, Ingeborg: Wendekreis des Zorns. – In: Frankfurter Hefte. – Frankfurt a.M. 36 (1981) 3. – S.70–72.
Sammelbesprechung u.a. zu „Gesammelte Erzählungen".

850 *Nerval*, Rainer: Die Vertreibung aus dem Paradies. Literatur im „Jahrhundert der Frau". – In: Bücherkommentare. – München ; Hamburg 29 (1980) 2. – S.19–20.
Sammelbesprechung u.a. zu „Gesammelte Erzählungen". – Mit Foto.

851* *Zelger-Vogt*, Marianne: „... daß Menschen reif und frei sein könnten". – In: Neue Zürcher Zeitung. – Zürich (1980–04–11) = 84. – S.39.

Lesen und Schreiben. Neue Sammlung (1980)

852 *McPherson*, Karin: In search of the new prose. Christa Wolf's reflections on writing and the writer in the 1960s and 1970s. – In: New German Studies. – Hull 9 (1981) 1. – S. 1–13.

Nun ja! Das nächste Leben geht aber heute an (1980)

853 *Krogmann,* Werner: Das dritte Leben. Bemerkungen zu e. Brief Christa Wolfs über Bettina von Arnim. – In: Deutschland-Archiv. – Köln 14 (1981) 4. – S. 419–425.

854* *Lennox,* Sara: „Nun ja! Das nächste Leben geht aber heute an“. Prosa von Frauen u. Frauenbefreiung in d. DDR. – In: Literatur der DDR in den siebziger Jahren / hrsg. von Peter Uwe Hohendahl u. Patricia Herminghouse. – 1. Aufl. – Frankfurt a. M.: Suhrkamp, 1983. – S. 224–258. – (Edition Suhrkamp ; 1174 : N. F. ; 174)

855 *Lindner,* Gabriele: Natürlich geht das nächste Leben heute an. Wortmeldung zu Christa Wolfs Brief über d. Bettine. – In: Weimarer Beiträge. – Berlin ; Weimar 28 (1982) 9. – S. 166–171.

1983

Frankfurter Poetik-Vorlesungen (1983) s. Voraussetzungen einer Erzählung

Kassandra. Erzählung (1983)

856 *Adelson,* Leslie A.: The bomb and I. Peter Sloterdijk, Botho Strauß and Christa Wolf. – In: Monatshefte für deutschen Unterricht, deutsche Sprache und Literatur. – Madison 78 (1986) 4. – S. 500–513.

857 *Adrian,* Sylvia: Die vierte Dimension. – In: Stuttgarter Zeitung. – Stuttgart (1983-07-09) = 155. – S. 50.

858 *Altenburg,* Matthias: Keiner muß Kassandra sein. Christa Wolfs neues Werk ist e. Lichtblick in all d. zweifelhaften Friedensliteratur. – In: Konkret. – Hamburg (1983) 6. – S. 97.
Zu „Kassandra“ und „Voraussetzungen einer Erzählung“. – Mit Foto.

859 *Baumgart,* Reinhard: Ein Marmorengel ohne Schmerz. Reinhard Baumgart über Christa Wolfs Erzählung „Kassandra“. – In: Der Spiegel. – Hamburg 37 (1983) 14. – S. 208 u. 210.
Mit Foto und Abb. des Schutzumschlages.

860 *Bennholdt-Thomsen,* Anke: Die Schiffe in Christa Wolfs „Kassandra“ und die Verfahrensweise des poetischen Geistes. – In: Literatur für Leser. – München (1986) 1. – S. 53–60.

861 *Benseler,* Frank: „Kassandra“ oder die Bedingungen des Friedens. Zur Erzählung von Christa Wolf. – In: Deutsche Volkszeitung. – Düsseldorf 31 (1983) 28. – S. 11.

862 *Bergelt,* Martin: Empathische Vernunft. Über d. Erzählung „Kassandra" von Christa Wolf. – In: Zerstörung, Rettung des Mythos durch Licht / hrsg. von Christa Bürger. – Frankfurt a. M.: Suhrkamp 1986. – S. 111–127. – (Hefte für kritische Literaturwissenschaft ; 5) (Edition Suhrkamp ; 1329 : N. F. 329)

863** *Bernstein,* Nina: A call into the future. – In: Sunday [s.l.] (1984–09–02).

864 *Bondy,* Barbara: Im letzten Licht. Christa Wolfs Kassandra-Monolog. – In: Süddeutsche Zeitung. – München 39 (1983–03–30) = 74. – Beil.: Literatur. – S. 51.

865** *Braun,* Karl: Contra „L'Empedreïment en la Pedra". Sobre „Casandra" de Christa Wolf. – In: El Món. – Barcelona (1986–07–04) = 219. – S. X–XI.

866 *Brinkmann,* Henning: Aufeinanderfolge von Sätzen in Christa Wolfs Erzählung „Kassandra". – In: Studien zur deutschen Grammatik. Johannes Erben zum 60. Geburtstag / unter Mitw. von Monika Jonas u. Michael Bürkle. Hrsg. von Erwin Koller u. Hans Moser. – Innsbruck: Inst. für Germanistik, Univ. Innsbruck, 1985. – S. 75–92. – (Innsbrucker Beiträge zur Kulturwissenschaft : Germanist. Reihe ; 25)

867 *Buchholtz,* Elisabeth: Zum Problem der doppelten Historizität in Christa Wolfs „Kassandra". Plädoyer für e. Behandlung d. Erzählung im Unterricht. – In: Literatur und Medien in Wissenschaft und Unterricht. Festschrift für Albrecht Weber zum 65. Geburtstag / hrsg. von Walter Seifert ... – Köln ; Wien: Böhlau, 1987. – S. 37–46. – (Literatur und Leben ; N. F. 31)

868 *Carsten,* Catarina: [Rez.]. – In: Neue Deutsche Hefte. – Berlin [West] 30 (1983) 3 ⟨179⟩. – S. 591–592.

869** *Chiarloni,* Anna: La figlia di Priamo a Berlino Est. L'ultimo libro di Christa Wolf. – In: Il manifesto. – Roma 14 (1983–09–22).

870 *Chiarloni,* Anna: Zu Christa Wolfs Kassandra. – In: The GDR in the 1980s / ed. by Ian Wallace. – Dundee, Scotland: GDR-Monitor, 1984. – S. 89–99. – (GDR Monitor special series ; 4)

871 *Cramer,* Sibylle: Kassandra, eine weibliche Widerstandsfigur. Christa Wolfs episches Antikenprojekt. – In: Frankfurter Rundschau. – Frankfurt a. M. 39 (1983–05–21/22) = 117. – Beil.: Zeit und Bild. – Nr. 20. – S. IV.

Zu „Kassandra" und „Voraussetzungen einer Erzählung".

872** *Cramer,* Sibylle: Weiblicher Widerstand gegen eine männliche Ästhetik. Christa Wolfs „Kassandra" – Auf d. Suche nach neuen Schreibformen. – In: Aachener Nachrichten. – Aachen (1983–06–25).

873 *Cwojdrak,* Günther: Kassandra heute. – In: Die Weltbühne. – Berlin 79 (1984) 45. – S. 1431–1433.

Dass. – In: Kritik 84. Rezensionen zur DDR-Literatur. – Halle ; Leipzig: Mitteldeutscher Verlag, 1985. – S. 202–204.

874* *Daun,* Denise: Du mythe à la réalité. Prémisses d'un récit. Cassandre de Christa Wolf. – In: Connaissance de la RDA. – Paris (1983) 17. – S. 45–68.

875 *Deliniere,* Jean: Christa Wolf: Kassandra. – In: Nouveaux Cahiers d'Allemand. – Nancy 3 (1985) 1. – S. 99–107.

Rezension in französischer Sprache mit einem deutschen Textauszug auf S. 99.

876 *Drewitz,* Ingeborg: Seherin von Ängsten geschüttelt: Kassandra. – In: Radius. – Stuttgart 29 (1984) 1. – S. 48.

Zu „Kassandra" und „Voraussetzungen einer Erzählung".

877 *Ebach,* Jürgen: Kassandra und Jona. Ein Essay mit Knüpfungen. – In: Ebach: Kassandra und Jona. Gegen d. Macht d. Schicksals. – Frankfurt a. M.: Athenäum, 1987. – S. 15–125.

Untersucht wird die Kassandra der griechischen Literatur und Mythologie und die Kassandra der Erzählung von Ch. Wolf.

878 *Engelhardt,* Michael von ; *Rohrwasser,* Michael: Kassandra – Odysseus – Prometheus. Modelle d. Mythosrezeption in d. DDR-Literatur. – In: L '80. Zeitschr. für Literatur u. Politik. – Köln (1985) 6. – S. 46–76.

S. 47–51 behandelt.

879* *Engelhardt,* Michael von ; *Rohrwasser,* Michael: Mythos und DDR-Literatur. – In: Michigan Germanic studies. – Ann Arbor 8 (1982) 1/2. – S. 13–50.

880** *Eramo,* Luce d': E' il tempo di Cassandra. – In: Minerva. – Roma 95 (1985) März. – S. 31–32.

881** *Eribon,* Didier: Qui a peur de Christa Wolf. – In: Le nouvel Observateur. – Paris (1985–05–24/30).

882 *Foldenauer,* Karl: Annäherung an Kassandra. Zu Christa Wolfs „Voraussetzungen" und Erzählung „Kassandra". – In: Nouveaux Cahiers d'Allemand. – Nancy 2 (1984) 3. – S. 295–309.

883 *Foldenauer,* Karl: „Diese sicheren Anfaenge ..." Zum Erzählanfang von Christa Wolfs „Kassandra". – In: Nouveaux Cahiers d'Allemand. – Nancy 2 (1984) 4. – S. 393–401.

884** *Freschi,* Marino: Cassandra continua a profetizzare. L'ultimo libro di Christa Wolf premessa arcaica a un' utopia. – In: Il Mattino. – Napoli (1985–02–15).

885** *Freschi,* Marino: La Germania si interroga in riva all' Egeo. Esce in Italia „Cassandra", il nouvo romanzo di Christa Wolf. – In: Il Mattino. – Napoli (1984–04–10).

886 *Fries,* Marilyn Sibley: The fetters of allusion. The Daedalus myth in the German Democratic Republic. – In: The German Quarterly. – Cherry Hill 59 (1986) 4. – S. 528–546.
S. 528–529, 543 behandelt.

887 *Fuhrmann,* Manfred: [Rez.]. – In: Arbitrium. – München (1984) 2. – S. 209–215.
Zu „Kassandra" und „Voraussetzungen einer Erzählung".

888 *Grauert,* Wilfried: Eine moderne Dissidentin. Zu Christa Wolfs Erzählung „Kassandra". – In: Diskussion Deutsch. – Frankfurt a. M. 18 (1987) 97. – S. 423–435.

889* *Graves,* Peter J.: Christa Wolf's „Kassandra". The censoring of the GDR edition. – In: Modern language review. – Cambridge 81 (1986). – S. 944–956.

890 *Haase,* Horst: Zur Spezifik der Literatur der Deutschen Demokratischen Republik. – In: Vier deutsche Literaturen? Literatur seit 1945 – nur die alten Modelle? Medium Film – das Ende der Literatur? / hrsg. von Karl Pestalozzi ; Alexander von Bormann ; Thomas Koebner. – Tübingen: Niemeyer, 1986. – S. 72–76. – (Kontroversen, alte und neue [= Akten d. VII. Internationalen Germanisten-Kongresses, Göttingen 1985] ; 10)
S. 74–76 behandelt.
Dass. – In: Weimarer Beiträge. – Berlin ; Weimar 32 (1986) 4. – S. 673–674.

891** *Hammer,* Jean-Pierre: Le roman-parabole de Christa Wolf. – In: La Quinzaire Littéraire. – Paris (1985–07–15).

892 *Harbers,* Henk: „Widersprüche hervortreiben". Eros, Rationalität u. Selbsterkenntnis in Christa Wolfs Erzählung „Kassandra". – In: Neophilologus. – Groningen 71 (1987) 2. – S. 266–284.

893* *Hatsumi,* Hideko: Yomu kokoromi. Kurisuta Vorufu no „Kasandora". – In: Toritsu Daigaku Gakuin. Dokubun ronshû. – Tôkyô (1984) 4. – S. 31–45.
Mit Leseprobe.

894 *Herden,* Werner: Annäherung an eine Figur. Zu d. Erzählung „Kassandra" von Christa Wolf, erschienen im Aufbau-Verlag. – In: Tribüne. – Berlin 40 (1984–03–30) = 65. – S. 14.

895 *Heukenkamp,* Ursula: Versuche über Menschlichkeit. – In: DDR-Literatur '84 im Gespräch / hrsg. von Siegfried Rönisch. – 1. Aufl. – Berlin ; Weimar: Aufbau-Verlag, 1985. – S. 7–23.
S. 14–19 behandelt.

896** *Hilzinger,* Sonja: Eine Art Utopie. „Kassandra" von Ch. Wolf. – In: Courage. – Berlin [West] 8 (1983) März.

897 *Hilzinger,* Sonja: Weibliches Schreiben als eine Ästhetik des Widerstands. Über Christa Wolfs „Kassandra"-Projekt. – In: Neue Rundschau. – Frankfurt a. M. 96 (1985) 1. – S. 84–101. –([Fischer-Bücherei] ; 9010)

898 *Hinck,* Walter: Die vielen Botschaften der Christa Wolf. Ihre Erzählung „Kassandra" u. d. Text ihrer Frankfurter Poetik-Vorlesungen. – In: Frankfurter Allgemeine. Zeitung für Deutschland. – Frankfurt a. M. (1983–04–23) = 94. – Beil.: Bilder und Zeiten. – S. 5.

Zu „Kassandra" und „Voraussetzungen einer Erzählung".

Dass. – In: Ein Büchertagebuch. Buchbesprechungen aus d. Frankfurter Allgemeinen Zeitung. – Frankfurt a. M. (1983). – S. 133–135.

899 *Hoyer-Kraus,* Brigitte: Kassandra – Prophetin des Unheils. – In: Reformierte Kirchenzeitung. – Neukirchen-Vluyn 125 (1984) 112. – S. 318–323.

900* *Hübsch,* Reinhard: Der Riß der Zeit. – In: Badische Zeitung. – Freiburg (1983–11–14) = 263.

901 *Jäger,* Manfred: Ein kleines bißchen Trotz. Christa Wolfs Entmythologisierung d. Kassandra. – In: Titel. – München (1983) 3. – S. 18–20.

Mit Foto.

902 *Jäger,* Manfred: Mythos und Utopie. Kassandra: Wider d. Macht d. Erfahrung. – In: Deutsches Allgemeines Sonntagsblatt. – Hamburg 36 (1983) 22. – S. 23.

903* *Kamishina,* Tomoko: Kurisuta Vorufu no „Kasandora". Sakuhin no uchi-teki kôzô to sono hyôgen ni tsuite. – In: Tsurumi Daigaku Kiyô [Nr.] 42, 2. [Abt.] Gaikokugo gaikoku bungaku hen. – Yokohama (1987). – S. 165–189.

904** Kassandra antwortet Herakles. – In: Umbruch. – [Frankfurt a. M.?] 4 (1984–04–06). – S. 22 ff.

Mit „P. K." gezeichnet.

905** Kassandra – ein blühender Unsinn? – In: Sozialismus. Marxist. Zeitschr. – Hamburg (1983) 5.

906 „Kassandra" von Christa Wolf. [Für u. Wider]. – In: Weimarer Beiträge. – Berlin ; Weimar 30 (1984) 8. – S. 1353–1381.

Mit Beiträgen von Sigrid Bock, Ursula Heukenkamp, Karin Hirdina, Therese Hörnigk, Siegfried Rönisch und Hans-Georg Werner.

907** *Kebir,* Sabine: Kassandra – ein Epochengemälde. – In: Sozialismus. Marxist. Zeitschr. – Hamburg (1983) 5. – S. 62–63.

908* *Keller,* Thomas: Die Wolfsträume der „Kassandra“. Über e. weibliche Mythologie d. Friedens u. e. männliche Logik d. Krieges bei Christa Wolf. – In: Recherches germaniques. – Strasbourg 15 (1985). – S. 151–174.

909 *Kirschey-Feix,* Ingrid: Eine Leseart zu einer überlieferten Frauengestalt. Christa Wolf, Kassandra. – In: Junge Welt. – Berlin 38 (1984–02–07) = 32. – S. 10.

910 *Kjaer,* Jørgen: Christa Wolf, Kassandra. Die Welt d. Lebens u. d. Welt d. Todes. – In: Augias. – Aarhus (1985) 17. – S. 35–45.

911* *Köhn,* Lothar: Vergangenheitssprachen: Christa Wolfs „Kassandra“, Franz Fühmanns „Saiäns Fiktschen“ u. „Der Sturz des Engels“. – In: Michigan Germanic studies. – Ann Arbor 8 (1982) 1/2. – S. 171–196.

**Dass.* – In: Literatur in der DDR. Neue Orientierungen u. geschichtl. Bezüge / B. Greiner (Hrsg.). – Ann Arbor, 1985. – (Michigan Germanic studies ; So.-H.)

912 *Kuhn,* Anna K.: Christa Wolfs „Kassandra“. Kanon, Umdeutung, Utopie. – In: Literatur und bildende Kunst. Lyrikdiskussion. Schillerpreis für Christa Wolf / hrsg. von Paul Gerhard Klussmann u. Heinrich Mohr. – Bonn: Bouvier, 1985. – S. 135–163. – (Jahrbuch zur Literatur in der DDR ; 4. 1984)

913 *Kunz-Bürgel,* Barbara: Kassandra. – In: Linkskurve. Magazin für Kunst u. Kultur. – Kiel (1984) 1. – S. 12.

914 *Kurz,* Paul Konrad: Kassandra – wider den programmierten Untergang. – In: Orientierung. – Zürich 47 (1983) 17. – S. 187–189.

Dass. u. d. T.: Zeugin wider den programmierten Untergang. – In: Kurz: Apokalyptische Zeit. Zur Literatur d. mittleren 80er Jahre. – 1. Aufl. – Frankfurt a. M.: Knecht, 1987. – S. 37–42.

915** *Lebrun,* Jean-Claude: Cassandre sort de son silence. – In: Révolution. – Paris 13 (1984–02–10).

916** *Lehmann-Haupt,* Christopher: Books of the times: Kassandra. – In: The New York Times. – New York (1984–07–31).

917 *Lersch,* Barbara: „Hervorbringen müssen, was einen vernichten wird“. Mimik als poetisches Prinzip in Christa Wolfs Erzählung „Kassandra“. – In: Deutsche Vierteljahrsschrift für Literaturwissenschaft und Geistesgeschichte. – Stuttgart 59 (1985) 1. – S. 145–166.

918 *Löffler,* Roland: Bildende Kunst und ihre literarische Rezeption. Hoffnungsmüdigkeit u. Hoffnungsmut. – In: Buchhändler heute. – Düsseldorf 41 (1987) 6. – S. 84–86.

Zu „Kassandra“ und „Voraussetzungen einer Erzählung“.

919 *Maisch,* Christine: Ein schmaler Streifen Zukunft. Christa Wolfs Erzählung „Kassandra". – Würzburg: Königshausen & Neumann, 1987. – 112 S.

Bibliographie und Literaturverzeichnis auf S. 91–112.

920** *Mandalari,* Maria Teresa: Christa Wolf di fronte a Cassandra. – In: La Nuova Rivista Europea. – Milano 8 (1984) 48/49. – S. 97–98.

921* *Matsunaga,* Mibo: Asu o kobanda onna. Vorufu „Kasandora" ni okeru arutanatîve to yûtopia. – In: Tôkyô Daigaku. Shi gengo dôjinkai. Shi gengo. – Tôkyô (1986) 26.– S. 1–10.

922 *Matt,* Beatrice von: Kassandras Appell. Zu den neuesten Büchern von Christa Wolf. – In: Neue Zürcher Zeitung. Fernausg. – Zürich 204 (1983–04–29) = 98. – S. 29.

Zu „Kassandra" und „Voraussetzungen einer Erzählung".

923 *Mauser,* Wolfram: Das „dunkle Tier" und die Seherin. Zu Christa Wolfs „Kassandra"-Phantasie. – In: Freiburger literaturpsychologische Gespräche. Bd. 4 / hrsg. von Johannes Cremerius ... besorgt von Carl Pietzcker. – Würzburg: Königshausen & Neumann, 1985. – S. 139–157.

924 *Mechtenberg,* Theo: Kassandra – die Gegenwartsnähe eines Mythos. Prometheus' Leben – Kassandras Tod. – In: Deutsche Studien. – Lüneburg 24 (1986) 94. – S. 108–120.

Zu „Kassandra" und „Voraussetzungen einer Erzählung".

925** *Meyer-Gosau,* Frauke: Unsere Christa. – In: Emma. – Köln (1984) 6. – S. 44–45.

926 *Motyleva,* T[amara]: Krista Vol'f: Kassandra. – In: Inostrannaja literatura. – Moskva (1986) 1. – S. 100–101.

Mit Abdruck der Erzählung S. 102–171, einem Foto und biographischen Angaben.

927** *Natoli,* Aldo: La lezione di Cassandra. – In: Republica. – Roma [1983–06–15 oder 1983–09–23].

928* *Nemoto,* Motoko: Kasandora. Mesei no bigaku e no kokoromi. – In: Hikô. Dokubungaku kenkyûshi. Gâden-kai. – Yokosuka (1984) 16. – S. 46–50.

929 *Nicolai,* Rosemarie: Christa Wolf „Kassandra". Quellenstudien u. Interpretationsansätze. – In: Literatur für Leser. – München (1985) 3. – S. 137–155.

930 *Obermüller,* Klara: Ringen um Autonomie. – In: Die Weltwoche. – Zürich 51 (1983) 24. – S. 25.

Zu „Kassandra" und „Voraussetzungen einer Erzählung".

931 *Oorschot,* Theo G. M. van: Frieden und Krieg in Christa Wolfs Erzählung „Kassandra". – In: Annäherungen. Studien zur dt. Literatur u. Literaturwiss. im 20. Jh. / hrsg. von Hans Ester u. Guillaume van Gemert. – Amsterdam: Rodopi, 1985. – S. 157–170. – (Amsterdamer Publikationen zur Sprache und Literatur ; 64)

932 *Pankraz:* Ch. Wolf und das beleidigte Orakel. – In: Die Welt. – Hamburg (1984–08–06) = 182. – S. 19.

933** *Parmentier,* Hanno: Die Logik der Gewalt in Zweifel ziehen. Christa Wolfs Erzählung „Kassandra" u. d. Poetikvorlesungen u. deren Entstehung. – In: Die Tat. – Frankfurt a. M. 33 (1983) 36.

934** *Pawel,* Ernst: Prophecies and heresies. – In: The Nation. – New York (1984–09–22).

935* *Peter,* Emanuel: „Kassandra" – die epische Seherin. Zur Auseinandersetzung Christa Wolfs mit Bertolt Brecht. – In: Runa. Revista portuguesa de estudos germanisticos. – Lisboa 4 (1985). – S. 101–119.

936** *Pickerodt,* G.: Die Fragen von heute und die Literatur. – In: Deutsche Volkszeitung. Die Tat. – Düsseldorf (1983–12–16). – S. 9.

937* *Pickle,* Linda Schelbitzki: „Scratching away the male tradition". Christa Wolfs „Kassandra". – In: Contemporary literature. – Madison 27 (1986). – S. 32–47.

938 *Pleßke,* Gabriele: Das ferne Maß der Harmonie. Kulturkritisches von Irmtraud Morgner, Christa Wolf u. Inge von Wangenheim. – In: Generationen, Temperamente, Schreibweisen. DDR-Literatur in neuer Sicht / [hrsg. von Hans Richter]. – Halle ; Leipzig: Mitteldeutscher Verlag, 1986. – S. 210–241.

S. 222–226 und 234–241 behandelt.

939** *Ponzi,* Mauro: Cassandra ora vive a Berlino. – In: L'Unità. – Roma (1984–04–11). – S. 11.

940** *Prévost,* Claude: Christa Wolf et le mythe de Cassandre. – In: L'Humanité. – Paris (1985–04–02).

941** *Pulver,* Elsbeth: Der Zorn gegen Achill. Zu Christa Wolfs „Kassandra" u. d. Frankfurter Vorlesungen „Voraussetzungen einer Erzählung". – In: Schweizer Monatshefte für Politik, Wirtschaft, Kultur. – Zürich (1983) Sept.

942 *Raddatz,* Fritz J.: Das Gedächtnis – eine andere Form des Sehens. Christa Wolfs Erzählung „Kassandra" u. e. Bd. mit Überlegungen zur Poetik. – In: Die Zeit. – Hamburg 38 (1983) 13. – Beil.: Literatur. – S. 1–2.

Zu „Kassandra" und „Voraussetzungen einer Erzählung". – Mit Foto.

943** *Rambures,* Jean-Louis de: Christa Wolf réinvente l'histoire de Troie ... – In: Le Monde. – Paris (1985–07–26).

944** *Redgrove,* Peter: Cassandra's ghost. – In: The Guardian. – London (1985) Jan.

945* *Reid,* J. H.: Woman, myth and magic. On Christa Wolf's Kassandra and Irmtraud Morgner's Amanda. – In: Honecker's Germany / ed. by David Childs. – London: Allen Unwin, 1985. – S. 97–117.

946 *Richter,* Lutz: Christa Wolf: „Kassandra" – ein Menschheitsmuster? – In: Deutsch als Fremdsprache. – Leipzig 23 (1986) So.-H. – S. 69–73.
Mit Foto und Anmerkungen.

947 *Ries,* Wolfgang: Bewundert viel und viel gescholten, Aischylos. Christa Wolf auf d. Suche nach d. historischen Kassandra. – In: Wirkendes Wort. – Düsseldorf 35 (1985) 1. – S. 5–17.

948 *Risse,* Stefanie: Wahrnehmen und Erkennen in Christa Wolfs Erzählung „Kassandra". – Pfaffenweiler: Centaurus-Verlagsgesellschaft, 1986. – 135 S. – (Reihe Sprach- und Literaturwissenschaft ; 10)
Mit einem Literaturverzeichnis auf S. 131–135.

949 *Rohde,* Hedwig: Die unbelehrbaren Besiegten. Christa Wolfs Kassandra-Monolog. – In: Der Tagesspiegel. – Berlin [West] 39 (1983–05–29) = 11452. – S. 59.

950 *Rollin,* Marie-Simone: Cassandre ou l'anti-Iliade. – In: Allemagnes d'aujourd'hui. – Paris (1985) 91. – S. 54–61.
Zu „Kassandra" und „Voraussetzungen einer Erzählung".

Romero, Christiane s. *Zehl Romero,* Christiane

951 *Ross,* Werner: Kassandra kämpft für die Frauen. Unter d. Last d. Gedanken. Eine Erzählung mit Kommentar dazu von Christa Wolf. – In: Die Welt. – Hamburg (1983–04–23) = 94. – Beil.: Geistige Welt. – S. V.
Zu „Kassandra" und „Voraussetzungen einer Erzählung". – Mit Foto.

952 *Schachtsiek-Freitag,* Norbert: „Verfluchter Krieg?". – In: Frankfurter Hefte. – Frankfurt a. M. 38 (1983) 12. – S. 75–77.
Zu „Kassandra" und „Voraussetzungen einer Erzählung".

Schelbitzki, Linda s. *Pickle,* Linda Schelbitzki

953 *Schmid-Bortenschlager,* Sigrid: „Ich glaube nicht an die Wirklichkeit, ich glaube nur an Wirklichkeiten". Beobachtungen zur Frauenliteratur heute. – In: Der Deutschunterricht. – Seelze 38 (1986) 3. – S. 87–102.
S. 98–100 behandelt.

954* *Schmidt,* Ricarda: Über gesellschaftliche Ohnmacht und Utopie in Christa Wolfs „Kassandra". – In: Oxford German studies. – Oxford 16 (1985). – S. 109–121.

955 *Schneider,* Michael: Kassandra oder die Menschwerdung vor dem Untergang. Über Christa Wolfs Erzählung „Kassandra". – In: Linkskurve. Magazin für Kunst u. Kultur. – Kiel (1984) 1. – S. 14–17.

Dass. – In: Nürnberger Lehrer-Zeitschrift. – Nürnberg (1986) 4 (Sept./Dez.) – S. 9–11. – Mit Foto auf S. 10.

956* *Schoeller,* W. F.: Vorläufige Entzifferung. Zu Christa Wolfs zwei „Kassandra"-Büchern. – In: Lesezeichen. Zeitschr. für neue Literatur. – Frankfurt a. M. (1983) 4.

Zu „Kassandra" und „Voraussetzungen einer Erzählung".

957 *Schuscheng,* Dorothe: Arbeit am Mythos Frau. Weiblichkeit u. Autonomie in d. literar. Mythenrezeption Ingeborg Bachmanns, Christa Wolfs u. Gertrud Leuteneggers. – Frankfurt a. M. ; Bern ; New York ; Paris: Lang, 1987. – 389 S. – (Europäische Hochschulschriften : Reihe 1 ; 1006)

Zugl.: Düsseldorf, Univ., Diss., 1987.
S. 141–184 behandelt.

958** *Seifert,* Jürgen: „Daß wir zu siegen aufhören können". Christa Wolfs „Kassandra". – In: Vorgänge. – München (1983) 4/5. – S. 171–175.

Sibley, Marilyn s. *Fries,* Marilyn Sibley

959 *Sprigath,* Gabriele: Frauen und Männer und die Wirklichkeit der Kunst. Gedanken beim Lesen d. Erzählung „Kassandra" von Christa Wolf, d. Romans „Amanda" von Irmtraud Morgner, d. Romans „Die Klavierspielerin" von Elfriede Jelinek u. d. Romans „In Wirklichkeit ist alles ziemlich gut" von Irmela Brender. – In: Kürbiskern. – Neuss ; München (1983) 4. – S. 147–154.

960 *Strauch,* Ulrike: Literatur heute muß Friedensforschung sein. Einige Anmerkungen u. Interpretationshilfen zu Christa Wolf: „Kassandra". – In: Nouveaux Cahiers d'Allemand. – Nancy 2 (1984) 3. – S. 311–325.

Zu „Kassandra" und „Voraussetzungen einer Erzählung".

961 *Tunner,* Erika: Eumelos, le „Transfigurateur". A propos d'un personnage secondaire dans le récit „Kassandra" de Christa Wolf. – In: Allemagnes d'aujourd'hui. – Paris (1985) 91. – S. 62–70.

Deutsch vgl. Nr. 229.

962 *Vesper,* Elke: Troja als Modell für Europa. – In: Unsere Zeit. – Neuss 15 (1983-07-28) = 166. – S. 7.

Mit Foto.

963 *Waldstein,* Edith: Prophecy in search of a voice. Silence in Christa Wolf's „Kassandra". – In: The Germanic Review. – New York 62 (1987) 4. – S. 194–198.

964 *Wallmann,* Jürgen P.: „Ich will Zeugin bleiben". – In: Deutschland-Archiv. – Köln 16 (1983) 11. – S. 1194–1195.

Dass. Leicht bearb. Fassung u. d. T.: Die Seherin der Machtlosen. Christa Wolfs „Kassandra". Vage Utopie e. weibl. Gegenwelt. – In: Rheinischer Merkur. Christ und Welt. – Koblenz 38 (1983) 29. – S. 17.

965* *Zehl Romero,* Christiane: „Weibliches" Schreiben – Christa Wolf's „Kassandra". – In: Studies in GDR culture and society. 4. Selected papers from the 9. New Hampshire Symposium on the German Democratic Republic / Ed.: Margy Gerber ... – Lanham ; London: University Press of America, 1984. – S. 15–29.

966 *Zeplin,* Rosemarie: Romanfrauen und ihre Schöpfer. Männl. Projektion u. weibl. Imagination. – In: Die Zeichen der Zeit. – Berlin 39 (1985) 11. – S. 269–276.

Referat, gehalten auf einer Tagung der Evangelischen Akademie Berlin-Brandenburg im Januar 1985. – S. 275–276 behandelt.

967** *Zwicker,* Christoph: Den Mythos neu lesen. Christa Wolfs „Kassandra". – In: Umbruch. – Frankfurt a. M. (1985) 1 (Febr./März).

Kassandra. Vier Vorlesungen. Eine Erzählung (1983)

968 *Apt,* S.: [Rez.]. – In: Inostrannaja literatura. – Moskva (1984) 5. – S. 239–241.

In russischer Sprache.

969 Die gekürzte Kassandra. Christa Wolfs Anschauungen sind in d. DDR unwillkommen – Dokumentation e. Zensurmaßnahme. – In: Frankfurter Allgemeine. Zeitung für Deutschland. – Frankfurt a. M. (1984–02–25) = 48. – S. 23.

Mit „Wsk" gezeichnet.

970 *Kahle,* Werner: Ein Modell für eine Art von Utopie. – In: Sonntag. – Berlin 38 (1984) 19. – S. 4.

971 *Kaufmann,* Hans: Wider die trojanischen Kriege. – In: Sinn und Form. – Berlin 36 (1984) 3. – S. 653–663.

Dass. – In: Kritik 84. Rezensionen zur DDR-Literatur. – Halle ; Leipzig: Mitteldeutscher Verlag, 1985. – S. 205–221.

Dass. – In: Kaufmann: Über DDR-Literatur. Beitr. aus 25 Jahren. – 1. Aufl. – Berlin ; Weimar: Aufbau-Verlag, 1986. – S. 215–230. – (Dokumentation, Essayistik, Literaturwissenschaft)

972 *Lewin,* Waldtraut: Der Gang zu den Müttern. – In: Sonntag. – Berlin 38 (1984) 19. – S. 4.

973 *Nagahashi,* Fumiko: Christa Wolfs „Kassandra" als Antikriegsbuch. – In: Zeitschrift für Germanistik. – Leipzig 9 (1988) 1. – S. 57–59.

974 *Pischel,* Joseph: Welt- und Kunstanschauung im Essay. – In: DDR-Literatur '83 im Gespräch / hrsg. von Siegfried Rönisch. – 1. Aufl. – Berlin ; Weimar: Aufbau-Verlag, 1984. – S. 7–32.

S. 15–17 und 20–23 behandelt.

975 *Püschel,* Ursula: „... die Reflexion der weißen Frau auf sich selbst". – In: Neue Deutsche Literatur. – Berlin 32 (1984) 8. – S. 132–151.

Dass. – In: Kritik 84. Rezensionen zur DDR-Literatur. – Halle ; Leipzig: Mitteldeutscher Verlag, 1985. – S. 222–248.

976 *Streller,* Siegfried: Göttinnen, Seherinnen, Hexen. Zur Goethe-Rezeption in Christa Wolfs „Kassandra" und Irmtraud Morgners Hexenroman „Amanda". – In: Streller: Wortweltbilder. Studien zur dt. Literatur. – 1. Aufl. – Berlin ; Weimar: Aufbau-Verlag, 1986. – S. 255–271.

Überarbeitete Fassung eines Vortrags, gehalten am 25. 10. 1984 an den Nationalen Forschungs- und Gedenkstätten der klassischen deutschen Literatur in Weimar. – S. 255–263 behandelt.

977 *Streller,* Siegfried: Selbstbildnis im Angesicht des Todes. Christa Wolf, „Kassandra. Vier Vorlesungen. Eine Erzählung". – In: DDR-Literatur '83 im Gespräch / hrsg. von Siegfried Rönisch. – 1. Aufl. – Berlin ; Weimar: Aufbau-Verlag, 1984. – S. 190–201.

Dass. – In: Streller: Wortweltbilder. Studien zur dt. Literatur. – 1. Aufl. – Berlin ; Weimar: Aufbau-Verlag, 1986. – S. 220–231.

978 *Waldstein,* Edith: [Rez.]. – In: The German Quarterly. – Menasha, Wisc. ; Appleton 59 (1986) 3. – S. 503–504.

Rezension zu Wolf, Ch.: Cassandra. A novel and four essays. – New York: Farrar, Straus, Giroux, 1984.

979 *Werner,* Jürgen: Kassandras Botschaft. – In: Leipziger Volkszeitung. – Leipzig 39 (1984–03–24/25) = 72. – S. 13.

Kleists Penthesilea (1983)

980 *Biener,* Joachim: [Rez.]. – In: Beiträge zur Kleist-Forschung / Kleist-Gedenk- u. Forschungsstätte Frankfurt (Oder). – Frankfurt (Oder), 1984. – S. 56–62.

Sammelrezension, u. a. zu Ch. Wolfs Nachwort zu: Kleist, H. von: Penthesilea, ein Trauerspiel. – Berlin: Buchverlag Der Morgen, 1983.

981 *Fuhrmann,* Manfred: Christa Wolf über „Penthesilea". – In: Kleist-Jahrbuch. – Berlin [West] (1986). – S. 81–92.

Vortrag, gehalten am 23. 11. 1985 auf der Jahrestagung der Heinrich-von-Kleist-Gesellschaft in Berlin.

Voraussetzungen einer Erzählung: Kassandra (1983)

982 *Ebell,* Götz: [Rez.]. – In: Germanistik. – Tübingen 26 (1985) 2. – S. 507.

983 *Girnus,* Wilhelm: ... kein „Wenn und Aber" und das poetische Licht Sapphos: noch einmal zu Christa Wolf. – In: Sinn und Form. – Berlin 35 (1983) 5. – S. 1096–1105.

Erwiderung auf Ch. Wolfs Antwort „Zur Information" (Sinn und Form 1983, H. 4) auf W. Girnus Rezension „Wer baute das siebentorige Theben? (vgl. Nr. 984).

Dass. – In: Linkskurve. Magazin für Kunst u. Kultur. – Kiel (1984) 1. – S. 26–27.

984 *Girnus,* Wilhelm: Wer baute das siebentorige Theben? Krit. Bemerkungen zu Christa Wolfs Beitrag [„Aus den Frankfurter Vorlesungen"] in Sinn und Form 1/83. – In: Sinn und Form. – Berlin 35 (1983) 2. – S. 439–447.

Dass. – In: Linkskurve. Magazin für Kunst u. Kultur. – Kiel (1984) 1. – S. 20–24.

985** *Krättli,* Anton: Weißer polierter Marmor: Kassandra. Christa Wolf: Die Erzählung „Kassandra" u. d. Poetik-Vorlesungen. – In: Aargauer Tagblatt. – Aargau (1983–06–04).

986 *Wernitz,* Margit: Wahrhaben, was ist – wahrhaben, was sein soll. – In: Linkskurve. Magazin für Kunst u. Kultur. – Kiel (1984) 1. – S. 17–18.

987* *Wille,* Klaus: Mit diesen uralten brennenden Augen – zur Ästhetik der „Kassandra"-Vorlesungen von Christa Wolf. – In: Gakushûin Daigaku bungakubu. Kenkyû nempô. – Tôkyô (1984) [hrsg. 1985] 31. – S. 155–185.

1985

Erzählungen (1985)

988 *Benzien,* Rudi: Bücher. – In: Neues Leben. – Berlin (1985) 9. – S. 18–19.

Sammelbesprechung, u. a. zu Ch. Wolf: Erzählungen.

Ins Ungebundene gehet eine Sehnsucht (1985)

989 *Fetter,* Erich: Auskünfte über Vorgänger. Prosa, Briefe, Essays von Christa u. Gerhard Wolf zum Gesprächsraum Romantik. – In: National-Zeitung. – Berlin 39 (1986–07–28) = 176. – S. 7.

990 *Hörnigk,* Therese: Romantische Literatur als Bezugspunkt zur Gegenwart. – In: DDR-Literatur '85 im Gespräch / hrsg. von Siegfried Rönisch. – 1. Aufl. – Berlin ; Weimar: Aufbau-Verlag, 1986. – S. 267–273.

991 *Schmitz,* Reiner: Zum Beispiel Romantik. – In: Neue Zeit. – Berlin 39 (1986–06–09) = 134. – S. 5.

1986

Die Dimension des Autors (1986)

992 *Berger,* Christel: Streitbare Überlegungen für Gegenwart und Zukunft. Zu Christa Wolfs „Die Dimension des Autors" u. „Störfall". – In: Berliner Zeitung. – Berlin 43 (1987–04–29) = 100. – S. 7.

993 *Felden,* Dietmar: Gemeinsam zur Wahrheit kommen. „Die Dimension des Autors", Essayistik von Christa Wolf. – In: National-Zeitung. – Berlin 40 (1987–05–18) = 115. – S. 7.

994 *Gugnin,* A.: [Rez.]. – In: Sovremennaja chudožestvennaja literatura za rubežom. – Moskva (1988) 1. – S. 37–40.
In russischer Sprache.

995 *Hage,* Volker: Unser strahlender Himmel. „Die Dimension des Autors": Christa Wolfs Aufsätze, Gespräche, Selbstkommentare – u. d. Tschernobyl-Erzählung „Störfall". – In: Die Zeit. – Hamburg 42 (1987) 25. – S. 47.
Mit Foto.

996 *Heimberger,* Bernd: Für die Verständigung mit sich und mit anderen. Ausgewählte Essays von Christa Wolf im Aufbau-Verlag. – In: Tribüne. – Berlin 43 (1987–03–13) = 51. – S. 14.

997 *Hörnigk,* Therese: Christa Wolf: Die Dimension des Autors. Die Literatur u. d. „blinden Flecke" unserer Kultur. – In: Weimarer Beiträge. – Berlin ; Weimar 33 (1987) 9. – S. 1464–1468.
Nicht identisch mit Nr. 998.

998 *Hörnigk,* Therese: [Rez.]. – In: Referatedienst zur Literaturwissenschaft. – Berlin 19 (1987) 2. – S. 221–222.

999 *Jarmatz,* Klaus: „Wunder aus einem Widerspruch ...". – In: Wochenpost. – Berlin 34 (1987) 8. – S. 14.
Mit Foto.

1000 *Leistner,* Bernd: Schreiben als Selbstversuch. – In: Sinn und Form. – Berlin 40 (1988) 1. – S. 229–239.

1001 *Melchert,* Rulo: Imagination. „Die Dimension des Autors". Christa Wolfs Aufsätze, Essays, Gespräche u. Reden sowie Bemerkungen zur DDR-Essayistik. – In: Sonntag. – Berlin 41 (1987) 44. – S. 5.

1002 *Motyleva,* T[amara]: Razmyšlenija Kristy Vol'f. – In: Voprosy literatury. – Moskva (1987) 9. – S. 268–274.

1003 *Neubert,* Sabine: In die Verantwortung entlassen. – In: Neue Zeit. – Berlin 43 (1987–06–01) = 127. – S. 4.

1004 *Richter,* Hans: Die Richtung auf das eigentlich Menschliche. – In: Neue Deutsche Literatur. – Berlin 35 (1987) 11. – S. 151–156.

1005 *Wallmann,* Jürgen P.: Christa Wolf einst und heute. – In: Neue Deutsche Hefte. – Berlin [West] 34 (1987) 3 (195). – S. 582–585.

1006 *Wittstock,* Uwe: Christa Wolf und der fremde, unbekannte Gott. Zwei Bücher d. DDR-Schriftstellerin u. e. Essayband über sie. – In: Frankfurter Allgemeine. Zeitung für Deutschland. – Frankfurt a. M. (1987–04–14) = 88. – Beil.: Literatur. – S. 3.

Zu „Die Dimension des Autors", zu „Störfall" und zu „Erinnerte Zukunft" / hrsg. von Wolfram Mauser (vgl. Nr. 210). Mit einer Karikatur von Loredano.
Dass. – In: Ein Büchertagebuch. Buchbesprechungen aus d. Frankfurter Allgemeinen Zeitung. – Frankfurt a. M. (1987). – S. 161–165.

Krankheit und Liebesentzug (1986)

1007 *Genz,* Monika: Nachdenken über einen Beitrag von Christa Wolf. – In: Neue Deutsche Literatur. – Berlin 35 (1987) 2. – S. 160–162.

Ch. Wolfs Festvortrag anläßlich einer Tagung der Arbeitsgruppe Gynäkologie in der Gesellschaft für psychosomatische Medizin. Erstveröffentlichung in: Neue Deutsche Literatur. – Berlin (1986) 10.

1008 *Gießler,* Christa: Begrenzungen. – In: Neue Deutsche Literatur. – Berlin 35 (1987) 2. – S. 162–165.

1009 *Graser,* Marlies: (An Walter Nowojski). – In: Neue Deutsche Literatur. – Berlin 35 (1987) 10. – S. 169–171.

Undatierter Brief an den Chefredakteur der NDL zu Ch. Wolfs Vortrag und den Leserbriefen dazu (vgl. Nr. 1007, 1008).

1987

(Meine Damen und Herren ..., 1987)

1010 *Reich-Ranicki,* Marcel: Macht Verfolgung kreativ? Polemische Anmerkungen aus aktuellem Anlaß. Christa Wolf u. Thomas Brasch. – In: Frankfurter Allgemeine. Zeitung für Deutschland. – Frankfurt a. M. (1987–11–12) = 263. – S. 25.

Zu Ch. Wolfs Rede anläßlich der Verleihung des Kleist-Preises an Thomas Brasch.

Störfall (1987)

1011** *Antosch,* Georg: Öffentlicher Störfall. Alte Begriffe schwinden, neue fordern Verständnis. Bemerkungen zu Christa Wolfs neuem Buch. – In: Der Neue Weg. – Halle 42 (1987–06–18). – S. 3.

1012 *Biskupek,* Matthias: Literatouristik. – In: Eulenspiegel. – Berlin 34 (42) (1987) 44. – S. 13.

Zu Ch. Wolfs „Störfall" und zu Marianne und Ernst Dörflers „Zurück zur Natur".

1013 *Eberlein,* Sybille: Beunruhigung und Hoffnung auf neue Lebensgewißheit. Gedanken zu Christa Wolfs „Störfall", erschienen im Aufbau-Verlag. – In: Tribüne. – Berlin 43 (1987–05–22) = 100. – S. 6.

1014 *Eichler,* Wilfriede: Über die Chance des Lebens. Zur Erzählung „Störfall" von Christa Wolf. – In: National-Zeitung. – Berlin 40 (1987–06–01) = 127. – S. 7.

1015** *Götze,* Karl Heinz: Die friedliche Nutzung eines Störfalls. Christa Wolfs Bericht über ihren Tschernobyl-Tag. – In: Frankfurter Rundschau. – Frankfurt a. M. 43 (1987–05–16). – Beil.: Zeit und Bild. – S. 4.

Mit Foto.

1016 *Griebner,* Angelika: Ein anderer Tag. Menschheitsfragen in Christa Wolfs jüngstem Buch „Störfall". – In: Junge Welt. – Berlin 41 (1987–04–07) = 82. – S. 12.

1017 *Gugisch,* Peter: Tiefe der Selbsterfahrung. – In: Die Weltbühne. – Berlin 82 (1987) 34. – S. 1067–1069.

1018 *Gutschke,* Irmtraud: Monolog, als Dialog gelesen. – In: Für dich. – Berlin (1987) 25. – S. 18–19.

Mit Foto.

1019 *Jäger,* Manfred: Das Herz der Finsternis. Christa Wolf: Störfall. Nachrichten e. Tages – Tschernobyl. – In: Deutsches Allgemeines Sonntagsblatt. – Hamburg 40 (1987) 16. – Beil.: Magazin. – S. V.

Mit Foto.

1020 *Karradt,* Sabine: Beunruhigende Fragen. Zu Christa Wolfs Prosaband „Störfall", im Aufbau-Verlag erschienen. – In: Der Morgen. – Berlin 43 (1987–05–09/10) = 108. – S. 4.

1021 *Kaufmann,* Hans: Dringliches Forschen. – In: Neue Deutsche Literatur. – Berlin 35 (1987) 8. – S. 134–138.

1022 *Kosorukov,* A[leksandr]: V poiskach istiny. O povesti Kristy Vol'f „Avarija". – In: Inostrannaja literatura. – Moskva (1988) 1. – S. 223–228.

1023 *Krug,* Jutta: Suche nach Wurzeln der Zerstörungslust. Christa Wolfs Buch im Zeichen von Tschernobyl. – In: Hamburger Abendblatt. – Hamburg 40 (1987–04–23) = 95. – S. 11.

1024 *Melchert,* Rulo: Störfall. Nachrichten eines Tages. Erzählung von Christa Wolf, Aufbau-Verlag.* – In: Sonntag. – Berlin 41 (1987) 17. – S. 4.

1025 *Nalewski,* Horst: Der Bruder Mensch. – In: Neue Literatur. – București 38 (1987) 9. – S. 53.

1026 *Nalewski,* Horst: Nachdenkliche Gerechtigkeit. Christa Wolfs „Störfall" – Nachdenken über Existenzfragen d. Menschheit. – In: Leipziger Volkszeitung. – Leipzig 42 (93) (1987–05–02/03) = 102. – Beil.: In Freien Stunden. – S. 13.

1027 *Neubert,* Sabine: In die Verantwortung entlassen. – In: Neue Zeit. – Berlin 43 (1987–06–01) = 127. – S. 4.

1028 „Očen' ličnaja i očen' važnaja kniga". – In: Inostrannaja literatura. – Moskva (1987) 9. – S. 249.

1029 *Olejnik,* Boris: Skvoz' okuljar dojadernogo opyta? – In: Inostrannaja literatura. – Moskva (1988) 1. – S. 228–230.

1030 [Rez.]. – In: Der Bund. – Bern 138 (1987–07–04) = 153. – Beil.: Der kleine Bund. – S. 4.
Mit „W. O." gezeichnet.

1031 *Rosendorfer,* Herbert: Literatur als Störfall. – In: Literatur in Bayern. – Pfaffenhofen (1987) 10. – S. 28–33.

1032 *Schoeller,* Wilfried F.: Ein Tag wie keiner davor. Christa Wolfs Prosa über d. „Störfall". – In: Süddeutsche Zeitung. – München 43 (1987–04–14) = 87. – Beil.: Literatur. – S. 53.

1033 *Schönewerk,* Klaus-Dieter: Nachdenken über Geschichte und Zukunft menschlicher Vernunft. Christa Wolfs jüngster Prosaband „Störfall" erschien im Aufbau-Verlag. – In: Neues Deutschland. – Berlin 42 (1987–04–30) = 101. – S. 4.

1034 *Walther,* Klaus: Ein Tag wie tausend Jahre. Ansichten zu neuen Büchern. – In: Wochenpost. – Berlin 34 (1987) 23. – S. 15.

1035 *Winnard,* Andrew: Divisions and transformations: Christa Wolf's „Störfall". – In: German Life and Letters. – Oxford 41 (1987) 1. – S. 72–81.

Werkregister

Anhang

Daten zu Leben und Werk

1929	Geboren am 18. März in Landsberg/Warthe (heute Gorzów Wielkopolski) als Tochter des Kaufmanns Otto Ihlenfeld.
1939–45	Besuch der Oberschule in Landsberg.
1945	Nach Mecklenburg umgesiedelt.
1945–46	Verschiedene Tätigkeiten. Schreibkraft beim Bürgermeister in Gammelin bei Schwerin.
1946	Besuch der Oberschule in Schwerin. Aufenthalt in einem Lungensanatorium.
1947	Umzug nach Bad Frankenhausen (Kyffhäuser).
1949	Abitur. Eintritt in die SED.
1949–53	Studium der Germanistik in Jena und Leipzig. Diplomarbeit bei Hans Mayer über „Probleme des Realismus im Werk Hans Falladas".
1951	Heirat mit Gerhard Wolf.
1952	Geburt der Tochter Annette.
1953	Umzug nach Berlin.
1953–55	Wissenschaftliche Mitarbeiterin beim Deutschen Schriftstellerverband.
1955–77	Mitglied des Vorstandes des Deutschen Schriftstellerverbandes (seit 1973 Schriftstellerverband der DDR).
1956	Cheflektorin des Verlages Neues Leben. Geburt der Tochter Katrin.
1958–59	Redakteurin der Zeitschrift „Neue Deutsche Literatur".
1959	Umzug nach Halle.
1959–62	Lektoratsarbeit für den Mitteldeutschen Verlag in Halle.
1960–61	Studienaufenthalt im VEB Waggonwerk Ammendorf.
1961	„Moskauer Novelle". Kunstpreis der Stadt Halle.
1962	Umzug nach Kleinmachnow bei Berlin, seitdem freischaffende Schriftstellerin.
1963	„Der geteilte Himmel" (Erzählung). Heinrich-Mann-Preis der Akademie der Künste der DDR.
1963–67	Kandidatin des ZK der SED (vom VI. bis VII. Parteitag der SED).
1964	DEFA-Film „Der geteilte Himmel", Regie Konrad Wolf. Nationalpreis III. Klasse für Kunst und Literatur. Rede auf der Zweiten Bitterfelder Konferenz.
1965	Mitglied des PEN-Zentrums der DDR. Teilnahme am Internationalen PEN-Kongreß in Bud (Jugoslawien). Diskussionsbeitrag auf dem 11. Plenum des ZK der SED.
1967	„Juninachmittag" (Erzählung).
1968	„Nachdenken über Christa T.".
1972	„Lesen und Schreiben. Aufsätze und Betrachtungen". „Till Eulenspiegel. Erzählung für den Film" (gemeinsam mit Gerhard Wolf). Theodor-Fontane-Preis des Bezirkes Potsdam.
1973	Teilnahme an der Tagung der PEN-Exekutive in Stockholm.

1974 „Unter den Linden. Drei unwahrscheinliche Geschichten".
Mitglied der Akademie der Künste der DDR.
Writer in Residence am Oberlin College, Ohio, USA.

1975 DEFA-Film „Till Eulenspiegel" nach Motiven der Filmerzählung, Regie Rainer Simon.

1976 Umzug nach Berlin.
Unterzeichnung des „Offenen Briefes" gegen die Ausbürgerung Wolf Biermanns.
„Kindheitsmuster".

1977 Literaturpreis der Freien Hansestadt Bremen.

1978 Gastvorlesungen an der University of Edinburgh, Edinburgh, Schottland.
Teilnahme am PEN-Kongreß in Stockholm.

1979 „Kein Ort. Nirgends". „Fortgesetzter Versuch. Aufsätze, Gespräche, Essays". Karoline von Günderrode, „Der Schatten eines Traumes. Gedichte, Prosa, Briefe, Zeugnisse von Zeitgenossen" (Herausgabe).
Aufnahme in die Deutsche Akademie für Sprache und Dichtung, Darmstadt.

1980 Reise nach Griechenland.
Georg-Büchner-Preis der Deutschen Akademie für Sprache und Dichtung.

1981 Teilnahme an der „Berliner Begegnung zur Friedensförderung". Mitglied der Akademie der Künste Berlin [West].

1982 Poetik-Vorlesungen an der Universität Frankfurt a. M.
Teilnahme am Haager Treffen.

1983 „Kassandra. Vier Vorlesungen. Eine Erzählung".
Friedrich-Schiller-Gedächtnis-Preis des Landes Baden-Württemberg. Ehrendoktorwürde der Ohio State University, Columbus, Ohio, USA. Dort Gastprofessor.

1984 Mitglied der Europäischen Akademie der Künste und Wissenschaften, Paris. Franz-Nabl-Preis der Stadt Graz.

1985 „Ins Ungebundene gehet eine Sehnsucht. Gesprächsraum Romantik. Prosa, Essays" (mit Gerhard Wolf).
Honorary Fellow der Modern Language Association of America. Österreichischer Staatspreis für Europäische Literatur. Ehrendoktorwürde der Universität Hamburg.

1986 „Die Dimension des Autors. Essays und Aufsätze. Reden und Gespräche 1959–1985".
Teilnahme am PEN-Kongreß in Hamburg. Mitglied der Freien Akademie der Künste, Hamburg.

1987 „Störfall. Nachrichten eines Tages".
Teilnahme am Internationalen Schriftstellergespräch „Berlin – ein Ort für den Frieden". Nationalpreis I. Klasse für Kunst und Literatur. Geschwister-Scholl-Preis der Stadt München. Gastprofessur für ein Schreibseminar an der Eidgenössischen Technischen Hochschule, Zürich.

Editorische Notiz

Nur wenige Autoren haben so kontroverse und extreme Reaktionen auf ihre Bücher erfahren wie Christa Wolf. Unser Arbeitsbuch möchte mit Lesarten zum Werk bekannt machen, mit Studien, Essays und Interpretationen, die sich von der Tagespolemik abheben und tiefgreifende Zusammenhänge erkennen lassen. Beiträge von namhaften Literaturwissenschaftlern des In- und Auslandes und von Freunden und Kollegen Christa Wolfs wurden gesammelt, die produktive Forschungsansätze und neuartige Problemstellungen vertreten und die vor allem eines gemeinsam haben: Sie sollen durch ihre unverwechselbare Art, sich Literatur zu nähern, den Leser anregen, die Texte Christa Wolfs unter verschiedenen Aspekten aufzunehmen und neu zu lesen.

Christa Wolf hat in den Jahren, die seit dem Erscheinen der Sammlung „Die Dimension des Autors“ vergangen sind, Briefe veröffentlicht und Ansprachen gehalten, die ihren Umgang mit Literatur und ihre Position zu Zeitfragen deutlich werden lassen und in jedem Fall Auseinandersetzung mit sich selbst und den eigenen historischen Erfahrungen bedeuten. Diese Selbstzeugnisse, die in manchem die Äußerungen der Wissenschaftler ergänzen, erweitern oder in Frage stellen und in einen indirekten Dialog mit ihnen eintreten, bilden den zweiten Teil.

Trotz der angestrebten Vielfalt, die von der wissenschaftlichen Untersuchung bis zum persönlichen Bekenntnis reicht, kann der hier gegebene Einblick in das Spektrum der Aufsätze und Betrachtungen zu Christa Wolfs Werk nur fragmentarisch sein, auf sehr viele wesentliche Untersuchungen mußte verzichtet werden. Die Auswahlbibliographie soll daher einen Eindruck von der Fülle der bereits vorliegenden Sekundärliteratur in aller Welt geben.

Ich möchte allen danken, die am Zustandekommen dieses Buches Anteil haben: zunächst den Autoren, die eigens für dieses Projekt Beiträge verfaßten; allen, die mir Material überließen und übersetzten oder die mir Hinweise gaben; Frau Maritta Rost und Frau Rosemarie Geist von der Deutschen Bücherei in Leipzig, die in sehr kurzer Zeit sachkundig und gewissenhaft die Bibliographie zusammenstellten; meiner Lektorin Maria Hermann für Rat und Mitarbeit und natürlich Christa Wolf, die mir ihr Archiv zugänglich machte.

Angela Drescher

Quellenverzeichnis

... mit der Jugend zu rechnen als mit einem Aktivposten. Gespräch mit Christa Wolf. In: Forum (Berlin), Nr. 51–52, 1962.

Anna Seghers, Ein Brief. Akademie der Künste der Deutschen Demokratischen Republik. Nationale Forschungs- und Gedenkstätten der DDR für deutsche Kunst und Literatur des 20. Jahrhunderts, Anna-Seghers-Archiv.

Hans Bunge, Im politischen Drehpunkt. In: Alternative (Berlin [West]), Nr. 35, 1964, S. 13–15.

Anna Chiarloni, Christa Wolf: „Der geteilte Himmel". In: Colloquia Germanica. Internationale Zeitschrift für germanische Sprach- und Literaturwissenschaft. Hrsg. von Bernd Kratz. (Bern), Heft 4, 1985, S. 332–343.

Heinrich Mohr, Produktive Sehnsucht. Struktur, Thematik und politische Relevanz von Christa Wolfs „Nachdenken über Christa T.". In: Der Roman im 20. Jahrhundert. Band 2: Analysen und Materialien zur Theorie und Soziologie des Romans hrsg. von Manfred Brauneck. Bamberg 1976, S. 145–164.

Włodzimierz Białik, Christa Wolfs Abrechnung mit der Abrechnung. In: Manfred Diersch/Hubert Orłowski, Annäherung und Distanz. DDR-Literatur in der polnischen Literaturkritik. Halle – Leipzig 1983, S. 207–219.

Heinrich Böll, Wo habt ihr bloß gelebt? In: Christa Wolf. Materialienbuch. Hrsg. von Klaus Sauer. Neue, überarbeitete Ausgabe, Darmstadt und Neuwied 1983, S. 7–15 (Sammlung Luchterhand 265).

Catherine Viollet, Nachdenken über Pronomina. Zur Entstehung von Christa Wolfs „Kindheitsmuster". In: LiLi. Zeitschrift für Literaturwissenschaft und Linguistik (Göttingen), Nr. 68, 1988, S. 52–62.

Margarete Mitscherlich-Nielsen, Gratwanderung zwischen Anspruch und Verstrickung. In: Emma (Köln), Sommer 1982.

Sandra Frieden, „Falls es strafbar ist, die Grenzen zu verwischen": Autobiographie, Biographie und Christa Wolf. In: Vom Anderen und vom Selbst. Beiträge zu Fragen der Biographie und Autobiographie. Hrsg. von Reinhold Grimm und Jost Hermand. Königstein 1982, S. 153–166.

Karin Hirdina, Begegnung zwischen den Zeiten. Christa Wolf, „Kein Ort. Nirgends". In: Sinn und Form (Berlin), 5/1979, S. 1099–1104.

Ingeborg Drewitz, Im Sog des Todes. „Kein Ort. Nirgends" – das neue Buch von Christa Wolf. In: Nürnberger Nachrichten vom 29. März 1979.

Günter de Bruyn, „Sie, Kleist, nehmen das Leben gefährlich ernst". In: Christa Wolf. Materialienbuch, S. 21–23.

Günter Kunert, Zweige vom selben Stamm. In: Christa Wolf. Materialienbuch, S. 15–20.

Jürgen Engler, Herrschaft der Analogie. Christa Wolf, „Kein Ort. Nirgends". In: Neue Deutsche Literatur (Berlin), 7/1979, S. 128–139.

Sigrid Weigel, Vom Sehen zur Seherin. Christa Wolfs Umdeutung des Mythos und die Spur der Bachmann-Rezeption in ihrer Literatur. In: Text + Kritik. Zeitschrift für Literatur. Hrsg. von Heinz Ludwig Arnold. Heft 46: Christa Wolf. 3., erw. Aufl., München 1985, S. 67–92.

Heidi Gidion, Wer spricht? Beobachtungen zum Zitieren und zum Sprechen mit der eigenen Stimme an Christa Wolfs Günderrode- und Kassandra-Projekt. In: Text + Kritik, Heft 46, S. 93–101.

Sonja Hilzinger, Weibliches Schreiben als eine Ästhetik des Widerstands. Über Christa Wolfs „Kassandra"-Projekt. In: Neue Rundschau (Frankfurt a. M.), 1/1985, S. 84–101.

Alexander Kosorukow, Auf der Suche nach der Wahrheit. Über Christa Wolfs Erzählung „Störfall". In: Inostrannaja literatura (Moskau), 1/1988, S. 223–228.

Manfred Jäger, Die Grenzen des Sagbaren. Sprachzweifel im Werk von Christa Wolf. In: Christa Wolf. Materialienbuch, S. 143–162.

Bernhard Greiner, „Mit der Erzählung geh ich in den Tod": Kontinuität und Wandel des Erzählens im Schaffen von Christa Wolf. In: Erinnerte Zukunft. 11 Studien zum Werk Christa Wolfs. Hrsg. von Wolfram Mauser. Würzburg 1985, S. 107–140.

Brief an Franz Fühmann. In: Zwischen Erzählen und Schweigen. Ein Buch des Erinnerns und Gedenkens. Franz Fühmann zum 65. Geburtstag. Hrsg. von Horst Simon unter Mitarbeit von Barbara Richter. Rostock 1987, S. 69–72.

Prioritäten setzen. Diskussionsbeitrag zum Internationalen Schriftstellergespräch „Berlin – ein Ort für den Frieden". In: Berlin – ein Ort für den Frieden. Internationales Schriftstellergespräch anläßlich des 750jährigen Jubiläums der Stadt 5.–8. Mai 1987. Veranstaltet vom Schriftstellerverband der DDR. Berlin und Weimar 1987, S. 123–127.

Laudatio für Thomas Brasch. In: Frankfurter Rundschau vom 31. Oktober 1987 unter dem Titel „Rede auf Thomas Brasch".

Dankrede für den Geschwister-Scholl-Preis der Stadt München. In: Süddeutsche Zeitung (Stuttgart) vom 24. November 1987 unter dem Titel „Erinnerung, die Scham erweckt".

Brief an den X. Schriftstellerkongreß der DDR. In: Neue Deutsche Literatur (Berlin), 3/1988, S. 88–89.

Inhalt

Lesarten

Christa Wolf: Ansprachen und Briefe

Rosemarie Geist/Maritta Rost: Auswahlbibliographie

Anhang